Konfliktpartnerschaft

SCHRIFTENREIHE INDUSTRIELLE BEZIEHUNGEN

Band 1　　　　　　　　herausgegeben von Walther Müller-Jentsch

Walther Müller-Jentsch (Hg.)

Konfliktpartnerschaft

Akteure und Institutionen
der industriellen Beziehungen

3., überarbeitete und erweiterte Auflage

Rainer Hampp Verlag   München und Mering   1999

Die Deutsche Bibliothek – CIP-Einheitsaufnahme

Konfliktpartnerschaft : Akteure und Institutionen der industriellen Beziehungen / Walther Müller-Jentsch (Hg.). 3., überarb. u. erw. Aufl. – München ; Mering : Hampp, 1999
(Schriftenreihe Industrielle Beziehungen ; Band 1)
ISBN 3-87988-358-0

1. Auflage 1991
2., erweiterte und verbesserte Auflage 1993
Studienausgabe 1993
3., überarbeitete und erweiterte Auflage 1999

Schriftenreihe Industrielle Beziehungen: ISSN 0937-6445

Liebe Leserinnen und Leser!
Wir wollen Ihnen ein gutes Buch liefern. Wenn Sie aus irgendwelchen Gründen nicht zufrieden sind, wenden Sie sich bitte an uns.

∞   *Dieses Buch ist auf säurefreiem und chlorfrei gebleichtem Papier gedruckt.*

© 1999   Rainer Hampp Verlag München und Mering
Meringerzeller Str. 16 D – 86415 Mering

    Alle Rechte vorbehalten. Dieses Werk einschließlich aller seiner Teile ist urheberrechtlich geschützt. Jede Verwertung außerhalb der engen Grenzen des Urheberrechtsgesetzes ist ohne schriftliche Zustimmung des Verlags unzulässig und strafbar. Das gilt insbesondere für Vervielfältigungen, Mikroverfilmungen, Übersetzungen und die Einspeicherung in elektronische Systeme.

Inhalt

Vorwort des Herausgebers zur 3. Auflage — 7

I. Theoretische Grundlagen und Konzepte

1. Arbeitsbeziehungen zwischen Markt und Hierarchie
   Wolfgang Brandes und Peter Weise — 13

2. Konflikt und Kooperation: Die Organisation der industriellen Beziehungen im Betrieb
   Paul Edwards — 31

3. Gewerkschaften und Arbeitgeberverbände: Probleme der Verbandsbildung und Interessenvereinheitlichung
   Franz Traxler — 57

II. Akteure und Regelungssysteme

4. Das Management als Akteur der industriellen Beziehungen
   Hansjörg Weitbrecht und Wolf-Matthias Braun — 79

5. Der Betriebsrat als Akteur der industriellen Beziehungen
   Rudi Schmidt und Rainer Trinczek — 103

6. Direkte Partizipation contra Mitbestimmung? Herausforderung durch diskursive Koordinierung
   Heiner Minssen — 129

7. Von der Unternehmung zum Unternehmungsnetzwerk – Interessenvertretungsfreie Zonen statt Mitbestimmung?
   Jörg Sydow und Carsten Wirth — 157

8. Flächentarifvertrag und betriebliche Interessenvertretung
   Reinhard Bispinck und Thorsten Schulten   185

III. Industrielle Beziehungen im Kontext

9. Kollektives und individuelles Arbeitsrecht
   Ralf Rogowski   213

10. Privatwirtschaft und Öffentlicher Dienst: Parallelen und Differenzen in den Arbeitspolitiken
    Berndt Keller und Fred Henneberger   233

11. Interessenvertretung in Klein- und Mittelbetrieben
    Josef Hilbert, Hans Joachim Sperling und Rainer Fretschner   257

12. Technik als Rahmenbedingung und Gestaltungsoption industrieller Beziehungen
    Walther Müller-Jentsch   273

13. Industrielle Beziehungen im Spannungsfeld von Globalisierung und europäischer Mehrebenen-Regulation
    Klaus Dörre   297

Autoren   325

Vorwort des Herausgebers zur 3. Auflage

(zugleich eine Einleitung in die Thematik)

Die *Schriftenreihe Industrielle Beziehungen* ist vom Herausgeber und Verlag vor zehn Jahren begründet worden. Ihr liegt die Absicht zugrunde, wissenschaftliche Texte über einen Gegenstandsbereich zu versammeln, dessen empirische Erforschung und theoretische Reflexion in der Bundesrepublik Deutschland – damals sicherlich mehr als heute – einen eher randständigen Status hat. Gemeint sind die wirtschaftlichen Austauschverhältnisse und sozialen Kooperations- und Konfliktbeziehungen zwischen Kapital und Arbeit beziehungsweise zwischen den sie repräsentierenden Akteuren. In Anlehnung an die englische Terminologe haben wir sie als *Industrielle Beziehungen* bezeichnet. Obwohl Dahrendorf diese wörtliche Übersetzung aus dem Englischen schon früh in seiner „Industrie- und Betriebssoziologie" von 1962 (Sammlung Göschen) verwandte, haben wir es mit einem Begriff zu tun, der gleichsam als Kunstwort ins Deutsche einzubürgern war. Einfacher hatten es dagegen seine Synonyme: Arbeitsbeziehungen, Arbeitgeber-Arbeitnehmer-Beziehungen, Sozialpartnerschaft. Warum wir diese als Fachtermini für weniger geeignet halten, sei kurz erläutert. Bei dem, was wir mit *Industriellen Beziehungen* bezeichnen, handelt es sich nicht nur um ein Verhältnis zwischen Arbeitgebern und Arbeitnehmern, sondern auch und vor allem um die Beziehungen zwischen deren repräsentativen Organisationen; mit anderen Worten: wir haben es zu tun mit (betrieblichen) Arbeits- *und* (überbetrieblichen) Tarifbeziehungen, mit dem Arbeitgeber-Arbeitnehmer-Verhältnis *und* den Interaktionen zwischen Gewerkschaften und Arbeitgeberverbänden, und schließlich mit kooperativen *und* konfliktorischen Beziehungen.

Mit der Entscheidung für *Industrielle Beziehungen* gaben wir einem relativ neutralen und konnotationsarmen Begriff den Vorzug, der freilich dem Mißverständnis ausgesetzt bleibt, daß das unter ihm Subsumierte als „zur Industrie gehörig" zu verstehen sei. Vor diesem Mißverständnis können wir ihn bewahren, wenn wir uns der ursprünglichen Bedeutung von *Industrie* und dem breiteren Verständnis dieses Begriffs im Angelsächsischen versichern. Im Lateinischen war mit *industria* der (Gewerbe-)Fleiß gemeint, und im Englischen behielt *industry* die Bedeutung von Gewerbe und Fleiß bei. Man spricht von *banking industry* ebenso wie von *service industry*; aber auch im Deutschen sind Komposita wie Kultur*industrie* und Film*industrie* im selbstverständlichen Gebrauch. Wenn Marx von der „großen Industrie" sprach, meinte er die kapitalistische Fabrikindustrie. Dort bildete sich heraus, was die Angelsachsen *industrial relations* nannten: soziale Beziehungen in der Industrie, im Gewerbe, in der Arbeitswelt.

Wir benutzen *Industrielle Beziehungen* folglich als Fachterminus für die sozialen, vornehmlich: *kollektiven Beziehungen in der Arbeitswelt*. Im Brennpunkt des Gegenstandsbereichs stehen die Auseinandersetzungen und Kompromisse der beteiligten Akteure (einschließlich staatlicher Institutionen) über die faktische Gestaltung und normative Regelung von Arbeitsverhältnissen abhängig Beschäftigter sowie die aus diesen Prozessen hervorgehenden Normen, Verträge, Institutionen und Organisationen.

Anders als in den angelsächsischen Ländern haben die *Industriellen Beziehungen* in Deutschland keine eindeutige wissenschaftliche Verortung – etwa als eigenständige Wissenschaftsdisziplin – gefunden. Eine Erklärung dafür bietet die unterschiedliche politische Geschichte. Während in den Ländern des politischen Pluralismus und Pragmatismus auch die vom *mainstream* wie immer abweichenden Ideen, Interessen und Bewegungen früh Anerkennung fanden, blieben in den kontinentaleuropäischen Ländern mit starken, marxistisch orientierten Arbeiterbewegungen jene Interessen wissenschaftlich exterritorial, die ihre Protagonisten als (antagonistische) Klasseninteressen definiert hatten. Wenn ihnen Raum für akademische Beschäftigung eingeräumt wurde – etwa von den Kathedersozialisten –, geschah dies vornehmlich in gesellschaftlichen Umbruch- und Reformperioden oder nach reformistischen Uminterpretationen.

Zum Konzept der Konfliktpartnerschaft

Mit der „Erschöpfung der utopischen Ressourcen" (Habermas) und der „Verwestlichung" der politischen Kultur der Bundesrepublik Deutschland ging auch eine Entdramatisierung jenes Interessenkonflikts einher, der den Sozialwissenschaften so lange als zentraler, als Haupt- und Grundwiderspruch kapitalistischer Gesellschaften galt. In der Wahl des Begriffs *Konfliktpartnerschaft* als Titel dieses Sammelbandes reflektiert sich die angedeutete Entwicklung. Sie trägt dem Umstand Rechnung, daß die Interessenkonflikte zwischen Kapital und Arbeit heute schwerlich noch nach dem Interpretationsschema des Klassenkampfes zu begreifen sind, daß sie aber andererseits mit dem Begriff der Sozialpartnerschaft bagatellisiert, wenn nicht eskamotiert werden.

Aus der „Natur der Sache" heraus wird es weiterhin Interessenkonflikte geben zwischen denen, die als „Beschäftiger" über die Arbeitskraft der „Beschäftigten" gebieten, und denen, die sie gegen Entgelt zur Verfügung stellen, auch wenn beide Seiten schließlich nur auf dem Wege der Kooperation und der gemeinsamen Problemlösungen zu effizienten wirtschaftlichen Ergebnissen gelangen können. In diesem ambivalenten Verhältnis von Konflikt und Kooperation steht neben dem Verteilungskampf (*distributive bargaining*[1]) das Problemlösungsverfahren (*integrative bargaining*); entspricht

---

[1] Die Unterscheidung zwischen *distributive bargaining*, einem harten Verhandeln, und *integrative bargaining*, einem kooperativen Verhandeln und Problemlösen, stammt von Richard. E. Walton and Robert B. McKersie (1991): A Behavioral Theory of Labor Negotiations. Second edition. Ithaca.

ersteres einem Nullsummen-, dann letzteres einem Positivsummenspiel. Daß dieses zwei Seiten einer Medaille sind, ist lange Zeit nicht wahrgenommen worden.

In historischen Lernprozessen, an denen neben den direkten Akteuren auch staatliche Institutionen maßgeblich beteiligt waren, entstanden Sozialgebilde mit emergenten Eigenschaften, sprich *intermediäre* Organisationen und Institutionen. Sozial innovativ an ihnen ist, daß sie die Interessen- und Handlungslogik nicht nur eines der beteiligten Akteure, sondern auch die des Gegenspielers zumindest teilweise inkorporieren. Mit anderen Worten: In den Institutionen und Organisationen der industriellen Beziehungen haben sich, als Produkt vielfältiger sozialer Bewegungen, historischer Kompromisse und politischer Entscheidungen, (Handlungs-)Programme zur pragmatischen Vermittlung zwischen den Interessen von Kapital und Arbeit sedimentiert.

Paradigmatisch läßt sich dies am System der deutschen industriellen Beziehungen aufzeigen. Zwar finden wir in den Systemen anderer Länder des westlichen Kapitalismus ebenfalls intermediäre Institutionen und Organisationen, aber mit teilweise stark differierenden Merkmalen und Ausprägungen. Charakteristisch für das deutsche System ist seine duale Regelungsstruktur: Es haben sich zwei verschiedene *Arenen* der Repräsentation und Vermittlung kollektiver Interessen funktional ausdifferenziert. In der einen – Tarifautonomie – sind Gewerkschaften, in der anderen – Betriebsverfassung – Betriebsräte für die Interessenvertretung der Arbeitnehmer zuständig. Während der Lohnkonflikt und der Arbeitskampf Sache der Gewerkschaften bleibt, kann sich die davon entlastete betriebliche Interessenvertretung auf die konkreten Arbeits- und Beschäftigungsbedingungen konzentrieren.

Die Gewerkschaften sind nach ihrem Entstehungszusammenhang reine Arbeitnehmerkreationen; erst der Verlauf ihrer konfliktreichen Sozialgeschichte machte sie zu „intermediären Organisationen". Neben Veränderungen in ihren organisations- und interessenpolitischen Grundlagen waren es die sozio-ökonomischen Funktionen, in welche Gewerkschaften mit zunehmender Anerkennung durch Unternehmer, Staat und Gesellschaft hineinwuchsen, die sie zu einer Politik und Praxis der Mediatisierung von Mitgliederinteressen und zur Kooperation mit Staat und Kapital konditionierten. Entscheidend beigetragen hatte dazu die Entwicklung eines Systems sektoraler Tarifverträge, womit die Gewerkschaften nicht nur Schutz- und Verteilungsfunktionen für ihre Mitglieder, sondern auch Kartell-, Ordnungs- und Befriedungsfunktionen für die Unternehmer übernahmen. Nimmt doch der sektorale Tarifvertrag die Löhne und Arbeitszeiten durch ihre Standardisierung aus der Konkurrenz und garantiert den Unternehmen für die vertragliche Laufzeit sozialen Frieden und stabile Kalkulationsgrundlagen.

Der Institution des Betriebsrats ist bereits durch die gesetzliche Konstruktion ein „intermediäres Programm" implantiert worden. Er ist Interessenvertretung der Arbeitnehmer, aber eben nicht Interessenvertretung pur, sondern unter expliziter Beachtung der wirtschaftlichen Betriebsziele. Eine derartige Verknüpfung zweier tendenziell gegensätzlicher Interessensphären und Handlungslogiken in einer einzigen Institution ist keineswegs der Regelfall für betriebliche Arbeitnehmervertretungen. Wie Entwicklungen in anderen westlichen Ländern zeigen, ist von den Akteuren des industriellen Konflikts vielmehr die Bildung unabhängiger Vertretungsorgane, die sich der je eigenen Interessensphäre eindeutig zuordnen lassen, zu erwarten. Anders gesagt: Eine intermediäre Institution wie der Betriebsrat konnte nur mit der Geburtshilfe des Staates entstehen und nur durch die gesetzliche Verankerung auch Zeiten verschärfter Interessenkämpfe überleben.

Wenn in jüngeren, ökonomisch orientierten Analysen selbst das Management als „Mediator der Interessen der relativ dauerhaft Beschäftigten, Anteilseigner und Konsumenten"[2] charakterisiert und in sozialwissenschaftlichen Untersuchungen der Betriebsrat zuweilen als „Co-Manager" apostrophiert wird, zeigt das, wie eng die Betriebsparteien in der Interessenvermittlung und gemeinsamen Problemlösung bereits aneinander gerückt sind.

Resümierend sei festgehalten, daß Intermediarität in dem hier verstandenen Sinne als jene emergente Eigenschaft von Institutionen und Organisationen zu verstehen ist, die Interessengegensätze durch Verknüpfung divergenter Handlungslogiken zu überbrücken vermag; ihre Genese kann sich sowohl einem Konstruktionsplan wie kontingenten historischen Ereignissen verdanken.

Zu den Beiträgen dieses Bandes

Die Beiträge in diesem Band dokumentieren den Erkenntnis- und Forschungsstand zum Gegenstandsbereich im deutschsprachigen Raum. Ihr Kompositionsprinzip war die sachkundige und essayistische Darstellung eines Segments der industriellen Beziehungen, meist anhand eines komplementären oder polaren Paarbegriffs, der zu Brechungen und wechselseitigen Spiegelungen anreizen sollte. In einigen Fällen (wie beim Management und Betriebsrat) boten sich dafür, statt eines, zwei separate Beiträge an, die gleichwohl parallel gelesen werden wollen. Dem Erkenntnisfortschritt in dieser Disziplin folgend, sind, gegenüber der 1. und 2. Auflage des Bandes, erhebliche Veränderungen und Erweiterungen vorgenommen worden. Neue Schwerpunkte verlangten nach neuen Analysen; zudem wurden die wiederaufgenommenen Beiträge gründlich überarbeitet und auf den aktuellen Stand gebracht.

Die drei Aufsätze des einleitenden Teils spannen den konzeptionellen Rahmen. Mit analytisch durchdachten und komparativen Abhandlungen – einmal aus arbeitsökonomischer, ein andermal aus organisations- beziehungsweise verbändesoziologischer Sicht – öffnen sie den Blick für zentrale Themen, Prozesse und Akteure der industriellen Beziehungen und tragen somit zum theoretischen Verständnis des Gegenstandbereichs bei.

---

[2] Freeman R.B./Medoff J.L. (1984): What Do Unions Do? New York, S. 12

In prismatischer Brechung illuminieren die fünf Beiträge des Mittelteils die Kernthematik der industriellen Beziehungen: das ausdifferenzierte System der kollektiven Regelung von Arbeitsverhältnissen mit seinen unterschiedlichen Akteuren, Regelungsbereichen und -instrumenten. Stärker aufgefächert als in den früheren Auflagen, umfaßt das Themenspektrum neben den traditionellen Gegenständen auch neuere Phänomene wie direkte Partizipation und Mitbestimmung in Unternehmensnetzwerken.

Der dritte Teil schließlich besteht aus fünf Arbeiten, welche die industriellen Beziehungen in einem weiteren Kontext abhandeln. Der analytische Blick richtet sich dabei auf den Akteur Staat – einmal als Gesetzgeber (Arbeitsrecht), ein andermal als Arbeitgeber (öffentlicher Dienst) – sowie auf die Beteiligungschancen in Klein- und Mittelbetrieben. Des weiteren werden relevante Theorieansätze nach dem Stellenwert befragt, den sie der Technik bzw. Technologie einräumen; sie zählt seit Dunlops Klassiker (Industrial Relations Systems, 1958) zu den entscheidenden Rahmenbedingungen der *industrial relations*. Den Abschluß bildet eine Arbeit über die Chancen und Risiken der Internationalisierung, Globalisierung und Europäisierung der industriellen Beziehungen.

* * *

Für die geduldige und versierte Unterstützung bei der nicht immer amüsanten redaktionellen Arbeit an den Manuskripten und bei der Einrichtung des Textes zur (kamerafertigen) Druckvorlage danke ich insbesondere Susanne Sohn; daneben gebührt Vera Schiemann mein Dank für penibles Korrekturlesen. Als studentische Hilfskräfte wurden beide aus Mitteln der Ruhr-Universität Bochum finanziert, der ich hiermit ebenfalls meinen Dank ausspreche.

Bochum, im Dezember 1998   Walther Müller-Jentsch

Arbeitsbeziehungen zwischen Markt und Hierarchie

Wolfgang Brandes und Peter Weise

Nach einem Bericht der „Zeit", versammeln sich jeden Werktagmorgen vor 7.30 Uhr bis zu 200 Studenten in der von ihnen so genannten „Jobber-Höhle", einer Außenstelle des Arbeitsamtes im Keller der Hamburger Universität an der Edmund-Siemers-Allee. Sie alle suchen einen Job – für einen Tag, für ein paar Wochen, manchmal auch für länger. Sie nehmen Arbeit als Lager-, Transport- oder Umzugshelfer an, erledigen Schreibarbeiten und Telefondienste, beaufsichtigen als Babysitter kleine und als Nachhilfelehrer große Kinder. Vor allem Eintagsjobs werden mittels Losverfahren vergeben: Jeder Bewerber erhält vor Beginn der Vermittlung eine Nummer zugelost. Bewerben sich mehrere Studenten um denselben Job, bekommt ihn der oder die mit der niedrigsten Losnummer. Verhandlungen über das Entgelt oder über Details der Arbeitsaufgaben finden nicht statt; jeder zum Zuge kommende Bewerber steht vor der Entscheidung, das Jobangebot, so wie es vorliegt, anzunehmen oder nicht. Alle übrigen gehen wieder nach Hause.

Die Großarbeitsstätte B. der Deutschen Bundesbahn beschäftigt rund 1.000 Arbeiter, Angestellte und Beamte. Sie besetzen Positionen auf einer weit ausdifferenzierten Ämter-, Stellen- oder allgemeiner: Arbeitsplatzhierarchie, die durch unterschiedliche Aufgaben, Qualifikationsanforderungen, Kompetenzen, Lohn-, Gehalts- und Besoldungsgruppen gekennzeichnet ist. Nur eine kleine Minderheit aller Positionen wird „von außen", durch Neueinstellungen, besetzt, und zwar solche am Boden der verschiedenen Laufbahnpyramiden. Alle übrigen frei werdenden Stellen werden dagegen durch Aufstiege bewährter Mitarbeiter besetzt. Rückt einer auf, wird sein bisheriger Arbeitsplatz frei, und ein andere Beschäftigter rückt nach, was erneut eine Vakanz bedeutet, die ebenfalls zu füllen ist – und so fort. Am Ende wird eine Eingangsposition am Boden einer Laufbahnpyramide frei, für die ein Neuer eingestellt wird. Im Ergebnis kommt auf jede Stellenbesetzung von außen ein Vielfaches interner Neubesetzungen, und bei alledem bleiben die Relationen zwischen den einzelnen Lohn-, Gehalts- und Besoldungsgruppen über viele Jahre hin nahezu unverändert. Viele Angestellte, vor allem aber Arbeiter und Beamte, verbleiben über Jahrzehnte, ja, während ihres ganzen Erwerbslebens, in dieser Arbeitsstätte (vgl. Brandes et al. 1990).

Diese Beispiele, an entgegengesetzten Polen eines Kontinuums von realen Arbeitsbeziehungen lokalisiert, können helfen, den Begriff „Arbeitsmarkt" auf den Prüfstand zu stellen. Denn die Selbstverständlichkeit, mit der er gebraucht wird, ist weit weniger gerechtfertigt, als üblicherweise angenommen wird.

1. Sind Arbeitsmärkte tatsächlich Märkte?

Mit dem Begriff Markt verbindet man gemeinhin die Vorstellung von Käufen und Verkäufen zu vereinbarten Preisen. Auf Märkten unterlägen Kauf und Verkauf dem „freien Spiel der Kräfte", heißt es, andere ziehen es vor, von den „Gesetzen von Angebot und Nachfrage" zu sprechen. Diejenigen, die in ihrer Wortwahl so weit auseinanderliegen, sind sich aber durchaus darin einig, daß mit Kräften oder gar Gesetzen eine typische Wirkung gemeint ist: mittels Preisveränderungen Ungleichgewichte zwischen Angebot und Nachfrage zum Verschwinden zu bringen. Wer zu hohe Preise fordert, bleibt auf seiner Ware sitzen, aber Ladenhüter finden bei entsprechendem Preisnachlaß noch ihre Abnehmer; umgekehrt verheißen fette Auftragsbücher und lange Lieferfristen dem Verkäufer beste Aussichten, Preiserhöhungen seiner Produkte am Markt durchsetzen zu können. Dadurch werden Angebots- und Nachfrageüberhänge abgebaut. Häufig ist auch vom Markt als Ort des Zusammentreffens von Angebot und Nachfrage die Rede, was sowohl räumlich (Wochenmarkt, Supermarkt) als auch institutionell (Zeitungsinserate zum Beispiel) gemeint sein kann.

Betrachten wir vor diesem Hintergrund noch einmal unsere beiden Beispiele, um uns darüber klar zu werden, ob und inwieweit hier von Arbeits*markt*vorgängen die Rede sein kann. Der Ort des Zusammentreffens von Angebot und Nachfrage ist im ersten Beispiel zweifellos die „Jobber-Höhle": Die Arbeitsamtsaußenstelle sammelt die Arbeitskräftenachfragen und hält sie hier zur Vermittlung bereit, während sich die Anbieter persönlich im Keller der Hamburger Universität einfinden. So weit, so gut. Wie aber steht es um das freie Spiel der Kräfte bzw. um die Marktgesetzmäßigkeiten? Müßten sie nicht den Arbeitsvermittler dazu veranlassen, folgendermaßen vorzugehen: die Arbeitsaufgabe und die ausgesetzte Bezahlung vorzustellen und immer dann, wenn sich mehr als ein geeigneter Bewerber meldet, die Bezahlung schrittweise herabzusetzen, bis nur noch einer übrig bleibt, der zu diesem Entgelt die geforderte Leistung zu erbringen bereit ist? Müßte unser Vermittler sich nicht ähnlich wie ein Auktionator verhalten – in diesen Fällen mit Preisanpassungen nach unten, in umgekehrten Fällen mit entsprechenden Preisanpassungen nach oben?

Wie wir gesehen haben, findet der Ausgleich von Angebot und Nachfrage auch hier statt, nur eben nicht über Preisveränderungen, sondern durch Losentscheid. Arbeitsanforderungen und Entgelte sind fest vorgegeben, der Zufall entscheidet letztlich darüber, wer unter den Bewerbern zum Zuge kommt. Bei dieser Gelegenheit wird zweierlei deutlich. Erstens eine altbekannte Tatsache, daß nämlich „Ausgleich" nicht etwa bedeutet, daß jeder zum Zuge kommt, der dies wünscht, sondern nur diejenigen, die einem gesetzten Kriterium genügen. Auf Märkten ist dies die Zahlungsbereitschaft bzw. die Bereitschaft, einen angebotenen Preis gerade noch zu akzeptieren. Beim Losverfahren entscheidet der zufällige Besitz der richtigen Losnummer; die übrigen gehen leer aus. Zweitens wird klarer erkennbar, daß Marktvorgänge nicht bereits dann vorliegen müssen, wenn es Orte des Aufeinandertreffens von Angeboten und Nachfragen gibt, die Käufe und Verkäufe ermöglichen, sondern daß darüber hinaus der „Ausgleich" zwischen ihnen über Preisvariationen erfolgen muß. Stellte man diese Anforderung nicht, würde man – wie das Beispiel zeigt – die Koordination von Angebot und Nachfrage durch einen Zufallsmechanismus mit der durch den Markt-Preis-Mechanismus gleichsetzen.

Im zweiten Beispiel haben wir zwei institutionell verschiedene, wenn auch miteinander verbundene, Orte des Zusammentreffens von Angebot und Nachfrage. Zum einen den für externe Bewerber, die benötigt werden, um die Gesamtbeschäftigtenzahl trotz ausscheidender Mitarbeiter konstant zu halten. Sie finden zum Beispiel Stellenanzeigen des Amtes B. in der Zeitung oder erfahren davon durch Vermittlungsangebote des Arbeitsamtes. Zum anderen Orte für amtsinterne Zusammenführungen von freien Stellen und Bewerbern, etwa das schwarze Brett des Personalrates oder informelle Inaussichtstellungen und Bereitschaftserklärungen im horizontalen und vertikalen Kommunikationsnetz der Beschäftigten. Aber wie steht es hier um das freie Spiel der Kräfte bzw. um die Gesetzmäßigkeiten von Angebot und Nachfrage?

Auch hier spielen Preis- bzw. Lohnveränderungen für den Ausgleich von Angebot und Nachfrage kaum eine Rolle. Bekanntermaßen sind die Lohngruppen im Manteltarif des Bundes, die Gehaltsgruppen im Bundesangestelltentarif und die Besoldungsgruppen im Bundesbesoldungsgesetz fest normiert; niemand kann sich einen Bewerbungsvorteil dadurch verschaffen, daß er sich mit einer Absenkung seiner Bezahlung gegenüber der normierten einverstanden erklärt. Statt dessen entscheiden der Besitz von berufsbildenden Zertifikaten, Berufserfahrung, das Alter, einschlägige Beziehungen, das Reihenfolgeprinzip und andere Kriterien darüber, wer berücksichtigt wird und wer nicht, d.h. ein Mixtum aus Leistung, Beziehungen, Angepaßtheit, Zufall und anderen vom Bewerber teils beeinflußbaren, teils nicht beeinflußbaren Größen.

Dies ist aus marktökonomischer Sicht höchst merkwürdig, müßten doch ihr zufolge Stellenangebote und -nachfragen oder besser: Arbeitsangebote und -nachfragen stets über Entgeltvariationen ausgeglichen werden. Die Tatsache, daß Entgeltgruppen von den Tarifparteien fest vereinbart werden und daß auch der Staat als Gesetzgeber für seine Beschäftigten Besoldungsgruppen vorgibt, deren Relationen über lange Zeiträume unverändert bleiben, können sich Anhänger dieser Sichtweise denn auch nur durch die Entstehung von Anbieterkartellen auf dem Arbeitsmarkt erklären, also durch Gewerkschaften, Beamtenbund und die Überrepräsentation von Beamten im Bundestag. Es steckt aber mehr und Grundlegenderes dahinter, wie wir uns durch ein kleines Gedankenexperiment veranschaulichen können.

Angenommen, der Stellvertreter des Amtsleiters, der selber gern Amtsleiter werden möchte, teilte seinem Arbeitgeber mit, er sei bereit, den Posten des Chefs gegen ein erheblich geringeres Entgelt auszufüllen. Er sei nicht nur bereit, einen Abschlag von der bisherigen Dotierung der Chefposition für seine anfangs vielleicht noch geringeren Kenntnisse hinzunehmen – eine Vermutung freilich, die er persönlich nicht teile –, sondern er signalisiere auch sein Einverständnis mit einer darüber hinaus gehenden Absenkung, so lange ihm noch ein gewisser Einkommenszuwachs gegenüber seiner bisherigen Bezahlung verbleibe. Müßte der Arbeitgeber über dieses kostensenkende Angebot nicht hocherfreut sein – zumindestens dann, wenn ihm an Einsparungen bei den Personalkosten gelegen wäre? Und wenn wir schon annehmen, der Wunsch nach sozialem und finanziellem Aufstieg sei das Motiv des Stellvertreters für sein marktorientiertes Angebot an den Arbeitgeber, müssen wir dann nicht gleichermaßen vermuten, auch der Untergebene des Stellvertreters des Amtsleiters, der seinerseits gern zum Stellvertreter aufrückte, sei bereit, dem Arbeitgeber ein analoges Angebot im Hinblick auf den Stellvertreterposten zu machen? Ja, müssen wir nicht konsequenterweise damit rechnen, daß alle Beschäftigten hinunter bis zum Boden jeder Laufbahnpyramide – mit Ausnahme nur des Amtsleiters, der aber vielleicht seinerseits schon die Leitung einer größeren Behörde berechnend in den Blick genommen hat – mit der Kalkulation entsprechender Arbeitsangebote befaßt sind?

Malt man die Folgen eines nur durch Lohnveränderungen gesteuerten Arbeitsmarktes für die Koordination von Arbeitsbeziehungen derart aus, wird schnell deutlich, daß damit ein rascher Zusammenbruch aller Arbeitsplatzhierarchien programmiert wäre. Dann würden Arbeitsanbieter auch keine längerfristigen Ausbildungsanstrengungen mehr auf sich nehmen, weil ihre Honorierung durch bessere Bezahlung in Frage gestellt wäre, Ansammlung von Erfahrungswissen und Bewährung auf einem Arbeitsplatz als Voraussetzung für Aufstiege würden sinnlos, die Lohnkonkurrenz würde die Realisierung des Aufstiegsmotivs selbst untergraben.

Fanden wir im ersten Beispiel die Ersetzung der Marktkoordination durch die Zufallskoordination, erkennen wir im zweiten die Ersetzung der Marktkoordination durch eine komplexe Mischung von Leistung, Reihenfolge, Nepotismus und Zufall, eine Ansammlung von Koordinationsformen, die mit einem etwas schiefen, inzwischen aber üblich gewordenen Terminus als „interner Arbeitsmarkt" bezeichnet wird. Da sich dieses zweite Beispiel vom ersten vor allem durch die Existenz einer ausgeprägten Arbeitsplätzehierarchie in einer Großorganisation unterscheidet, wird es nötig, eben diesen Tatbestand näher zu untersuchen.

2. Arbeit in der Unternehmung

Im folgenden gehen wir davon aus, daß sich Kauf und Verkauf von Arbeitskraft in privaten und öffentlichen Produktionsorganisationen vollzieht. Um den Analyserahmen nicht zu überdehnen, schränken wir die weitere Darstellung auf Arbeitsbeziehungen in privaten Unternehmungen ein.[1]

Unternehmungen sind Einheiten, bestehend aus einer Person oder mehreren Personen, in denen produziert wird, d.h. Güter und Dienstleistungen in andere Güter und Dienst-

---

[1] Vgl. zum folgenden Weise et al. 1993. Zu Gemeinsamkeiten und Unterschieden zwischen privaten und öffentlichen Arbeitgebern vgl. Keller/Henneberger in diesem Band sowie Brandes et al. 1990. Zum Vergleich von Markt und Institutionen allgemein s. Weise/Brandes 1990.

leistungen umgewandelt werden. Die Unternehmung selbst ist also nicht bereits, wie manche Autoren meinen, eine bestimmte (hierarchische) Form eines Koordinationsmechanismus. Sie ist vielmehr eine Produktionseinheit, die sich zur Organisation der Arbeitsabläufe bestimmter Koordinationsformen bedient. Die entscheidende Frage lautet demnach: Welcher Koordinationsmechanismus koordiniert die Produktionstätigkeiten der Personen innerhalb der Unternehmung? Auf diese Frage gibt es eine Vielfalt von Antworten, die sich indessen auf vier Grundtypen zurückführen lassen. Sie sollen jetzt vorgestellt werden.

(1) Die *Team-Theorie von Alchian und Demsetz* (1972): Diese Theorie begründet die Existenz der Unternehmung mit der These, daß mehrere Personen, die gemeinsam in einem Team produzieren, einen höheren Ertrag haben, als wenn jeder für sich allein produzieren würde. Wenn jede Person für sich allein etwas herstellt, kann man ihr dieses Produkt zurechnen, und sie kann es auf dem Markt verkaufen; wenn aber mehrere Personen in einem Team etwas arbeitsteilig herstellen, kann keiner einzelnen Person ein verkaufsfähiges Einzelprodukt zugerechnet werden. Wenn es aber schwierig oder unmöglich ist, den Anteil der Arbeit jedes einzelnen an dem Gesamtergebnis des Teams festzustellen, hat jedes Teammitglied einen Anreiz, sich vor zu großer Anstrengung zu drücken – es bummelt und schont sich für den Feierabend –, in der Hoffnung, daß die anderen arbeiten. Denkt aber jeder so, entfallen die Vorteile der Teamproduktion; wir haben ein typisches Gefangenen-Dilemma-Spiel vor uns, mit den Alternativen „bummeln" und „hart arbeiten" und mit der kollektiv-rationalen Lösung der harten Arbeit für alle. Um sicherzustellen, daß auch wirklich alle arbeiten, muß es Überwacher und Aufsichtspersonen geben, die im wohlverstandenen Interesse der Arbeiter diese beaufsichtigen, ihnen die individuellen Leistungen zuzurechnen versuchen und sie daran hindern zu bummeln. Sind die Überwachungskosten geringer als der Vorteil der Teamproduktion gegenüber den Einzelproduktionen, ist es im Interesse der Arbeiter und der Aufsichtspersonen, sich freiwillig in einem Team zusammenzuschließen, da alle gewinnen können – die Existenz der Unternehmung ist erklärt.

Die Unternehmung ist demnach ein Mittel zur Organisation und Beaufsichtigung von Teamproduktion. Sie ist ein Substitut für Wettbewerbsmärkte. Die disziplinierenden Effekte des Wettbewerbs werden in die Unternehmung übertragen und dort von den Aufsichtspersonen bewirkt. Aber wer überwacht die Überwacher? Diese haben den Anreiz, gut zu überwachen, weil sie sich in Konkurrenz mit anderen Aufsichtspersonen befinden und vor allem dann, wenn sie mit dem Überschuß des Ertrages aus der Teamproduktion nach Abzug der festgelegten Entlohnungen für die anderen Teammitglieder (die Arbeiter) entlohnt werden. Sie erhalten also die Gewinne oder Verluste - damit finden Unternehmer und Manager ihre Erklärung.

Der Beaufsichtiger (der Unternehmer) hat das alleinige Recht, Mitglieder zu heuern oder zu feuern; so kann er disziplinieren. Er ist auch der gemeinsame Vertragspartner für alle Teammitglieder; nur mit ihm werden Arbeitsverträge ausgehandelt, untereinander schließen die Teammitglieder keine Verträge ab, was zu einer erheblichen Senkung von Vertragsverhandlungskosten führt. Diese Verträge werden von den Arbeitern freiwillig mit dem Unternehmer abgeschlossen, da sie ja alle nur gewinnen können. Die Beziehungen innerhalb der Unternehmung sind folglich rein vertraglicher Natur: Wenn der Arbeiter A etwas tun soll und dies auch tut, so hat er mit dem Beaufsichtiger in diesem Moment einen Vertrag abgeschlossen – zwar keinen expliziten, aber einen impliziten Vertrag –, hat aber keinem Befehl Folge geleistet. Der Unterschied zwischen Markt und Unternehmung ist demnach lediglich darin zu sehen, daß auf dem Markt jeweils zwei Personen einen Vertrag schließen, während in der Unternehmung eine zentrale Vertragspartei existiert, mit der alle Teammitglieder freiwillig explizite und implizite Verträge abschließen – die hierarchische Unternehmungsorganisation, wenn auch auf freiwilliger Basis, ist begründet.

Nach Alchian und Demsetz macht es keinen Unterschied, ob jemand in einem Laden sagt, „Geben Sie mir zwei Päckchen Marlborger, und behalten Sie die Rimtsma", oder ob der Unternehmer sagt, „Fahren Sie den Wagen aus der Halle, und lassen Sie die Überprüfung der Eingänge"; in beiden Fällen wählt jemand zwischen Alternativen und schließt der eine, indem er das tut, was der andere wünscht, mit diesem einen – expliziten oder impliziten – Vertrag ab. Es gibt also keine Befehle, es gibt keine Macht, es gibt keine Autorität – es gibt lediglich einen (hierarchischen) Vertragspartner. Die Unternehmung ist sozusagen ein Markt in Privatbesitz.

(2) Die *Transaktionskostentheorie von Coase* (1937): Diese Theorie begründet die Existenz der Unternehmung mit der These, daß die Benutzung des Marktes Kosten verursacht und daß die Einrichtung einer Unternehmung diese Kosten vermeiden kann. Die Kosten, die mit dem Markt- und Preismechanismus verbunden sind, heißen Transaktionskosten, weil sie sich auf die Kosten einer Transaktion, d.h. eines Austausches von Leistungen, beziehen. Im einzelnen sind dies: Such- und Informationskosten, Verhandlungskosten und Kontrollkosten. Diese Kosten können gesenkt werden, wenn eine nicht-marktliche Organisationsform gebildet wird, in der einem Unternehmer die Macht übertragen wird, die Produktionshandlungen zu lenken. Die Arbeiter schließen mit dem Unternehmer einen Vertrag ab, in dem sie sich verpflichten, den Befehlen des Unternehmers Folge zu leisten, und in dem der Unternehmer sich verpflichtet, einen Lohn zu zahlen. Dieser Vertrag ist die Grundlage für die Befehlshoheit des Unternehmers; der Vertrag schränkt diese Befehlshoheit aber gleichzeitig auf bestimmte Tätigkeiten ein.

Das charakteristische Merkmal einer Unternehmung liegt für Coase darin, daß Über- und Unterordnungsverhältnisse bestehen, daß die einzelnen Aktivitäten innerhalb der Unternehmung durch Befehl und Gehorsam koordiniert werden. Während bei marktlicher Koordination ein Produktionsfaktor auf Preisveränderungen reagiert und beispielsweise aus einem Wirtschaftsbereich Y in einen Wirtschaftsbereich X wandert, weil dort der erzielte Lohn höher ist, so ist dies in der Unternehmung anders: „Wenn ein Arbeiter von der Abteilung Y in die Abteilung X geht, so tut er das nicht wegen einer Veränderung der relativen Preise, sondern weil es ihm aufgetragen wurde."

Bis zu einer bestimmten Unternehmungsgröße ist es kostengünstiger, Transaktionen durch Befehl und Gehorsam innerhalb einer Unternehmung durchzuführen als über den Markt. Es werden also die Kosten der Nutzung des Markt- und Preismechanismus mit den Kosten der Koordination innerhalb einer Unternehmung verglichen. Eine optimale Unternehmungsgröße, d.h. auch ein optimales Verhältnis von Markt und Hierarchie, ist dann erreicht, wenn die Kosten der Organisation einer zusätzlichen Transaktion innerhalb der Unternehmung den Kosten einer zusätzlichen Markttransaktion entsprechen. In der neumodischen Sprache der Betriebswirtschaft bezeichnet man diesen Sachverhalt auch mit Begriffen wie „make or buy", „optimale Fertigungstiefe" oder „Outsourcing".

Während in der Theorie von Alchian und Demsetz alle Transaktionen letzten Endes Markt- und Vertrags-Transaktionen sind, unterscheidet Coase zwischen Markt und Hierarchie oder Bürokratie; Coase setzt also voraus, daß die Abwanderungskosten für die Arbeitskräfte wesentlich sind, nur so sind nämlich Befehl und Gehorsam begründbar. Das stillschweigende Einverständnis von Arbeiter und Beaufsichtiger in der Theorie von Alchian und Demsetz wird in der Theorie von Coase ersetzt durch ein „Sie machen jetzt das!" und „Jawoll, Chef!".

(3) Die *Unsicherheits-Theorie von Knight* (1921): Diese Theorie begründet die Existenz der Unternehmung mit der These, daß aufgrund des Vorherrschens von Unsicherheit bestimmte nicht versicherbare Aktivitäten in einer Marktwirtschaft nicht durchgeführt werden; wird die Unsicherheit aber durch Unternehmer aufgefangen, so können diese Aktivitäten in Unternehmungen durchgeführt werden. Knight stellt sich eine Welt vor, in der Produzenten Produkte herstellen und diese auf Märkten verkaufen. Viele Ereignisse sind jedoch unsicher. In Fällen, in denen der Ereignisraum nicht abgeschlossen oder unbekannt ist und die Wahrscheinlichkeiten für das Auftreten der unsicheren Ereignisse nicht zu ermitteln sind, können sich die Produzenten gegen diese Ereignisse nicht versichern; als Risiken abgeneigte (risikoaverse) Produzenten werden sie die entsprechenden Aktivitäten unterlassen. Ereignisse, gegen die man sich versichern kann, bezeichnet Knight als Risiko, Ereignisse, gegen die man sich nicht versichern kann, als Unsicherheit. Bei Vorliegen von Unsicherheit werden demnach volkswirtschaftlich sinnvolle Aktivitäten von risikoaversen Produzenten unterlassen.

Personen, die risikobewußt unsichere Aktivitäten durchführen, nennt Knight Unternehmer. Unternehmer sind Produzenten, die auch in einer unsicheren Welt produzieren. Die Aufgabe des Unternehmers ist es, zum einen, die Nachfrage nach und das Angebot von Gütern abzuschätzen sowie die Rentabilität der verschiedenen Produktionsprozesse zu kalkulieren, und zum anderen, den gewählten Produktionsprozeß durchzuführen, d.h. zu lenken und zu kontrollieren. Besonders risikobewußte Personen gründen also Unternehmungen, um insbesondere unsichere Produktionsprozesse durchzuführen. Ihr Anreiz für diese Tätigkeit liegt in der Möglichkeit, einen Gewinn zu erzielen, ihre Strafe für das Eingehen zu waghalsiger Aktivitäten liegt in der Möglichkeit, einen Verlust zu erleiden; Gewinn und Verlust sind positive und negative Residualeinkommen, die keinem Produktionsfaktor zugerechnet werden können.

Wie Coase unterstellt auch Knight die Kontrolle der produktiven Tätigkeiten durch einen zentralen Entscheidungsträger. Für gewisse Aktivitäten sind die Funktionen der Übernahme von Unsicherheit und der Durchführung dieser Aktivitäten untrennbar. Der Gewinn ist quasi ein Anreiz, den die Gesellschaft setzt, diese Aktivitäten durchzuführen, obwohl sie nicht versicherbar sind; der Verlust ist entsprechend die Abschreckung, zu wagemutig und sorglos mit den gesellschaftlichen Ressourcen umzugehen.

(4) Die *Ausbeutungs-Theorie von Marglin* (1974): Diese Theorie begründet die Existenz der Unternehmung mit der These, daß im Verlauf eines evolutionären Prozesses selbständiges Handwerk durch die Kapitalisten zerschlagen wurde, die damit den Produktionsprozeß unter ihre Kontrolle brachten und Arbeitsteilung und Arbeitszerlegung so bestimmten, daß sie einen möglichst großen Anteil am Sozialprodukt erhielten.

Zunächst bestand ein selbständiges Handwerk mit eigener Produktion und eigenen Absatzkanälen. Aufgrund steigender Skalenerträge im Absatz wurde es profitabel für Vermittler, den Transport und Absatz in größeren Nachfragezentren in eigener Regie zu übernehmen. Dadurch monopolisierten diese Vermittler die Informationen über den Absatzmarkt. Aufgrund dieser Zentralisierung des Absatzes und seiner Ablösung als eigenständige Funktion von der Produktion entstand eine Tendenz zur Auftragsarbeit; der Verlag entwickelte sich. Durch Zusammenfassung und Vervielfachung von Aktivitäten konnten steigende Skalenerträge in der Produktion ausgenutzt werden. Diejenigen, die eine große Anfangsausstattung besaßen, traten als Finanziers dieser Produktionen auf; die Kooperation und der Kapitalist entstanden. Die Janusköpfigkeit der Unternehmungsorganisation zeigte sich: Hierarchie als zentrale Leitung und als Herrschaft.

Aufgrund von technischen Entwicklungen und der Verringerung der Kosten der Durchsetzung und Kontrolle von Eigentumsrechten und Verhaltensbeschränkungen hinsichtlich der Aufteilung des Tages in Arbeitszeit und Freizeit und hinsichtlich der Arbeitsmethoden wurde eine verstärkte Arbeitsteilung und Arbeitszerlegung innerhalb der Unternehmungen profitabel; Arbeitsgesetze und Verordnungen sorgten für einen reibungslosen, leicht kontrollierbaren und hart sanktionierbaren Ablauf der Produktionen, einher ging eine Funktionalisierung und Hierarchisierung der Arbeiter; die Manufaktur entstand. Über Lerneffekte und technische Weiterentwicklungen sowie über weitergehende Durchsetzung von spezifischen Verfügungsbeschränkungen wurden Inventionen und Innovationen sowie die Zerlegung ganzheitlicher Tätigkeiten in genau definierte Aktivitäten rentabel; Entfremdungsprobleme traten auf. Arbeiter differenzierten sich nach Alter und Geschlecht; zusammen mit dem Auftreten von Disziplinierungsproblemen entstanden die Manager. Der Profit verblieb in der Unternehmung; die Fabrik entstand.

„Unternehmungen entstanden als Mittel, um den Kapitalisten ein größeres Stück des Kuchens auf Kosten der Arbeiter zu verschaffen". Unternehmungen entstanden nicht aus Gründen technischer Überlegenheit über andere Organisationsformen der Produktion; vielmehr brachte der Kapitalist den Produktionsprozeß, d.h. Arbeitszeit, Arbeitsmethode und Arbeitsmaterial, unter seine Kontrolle, um seinen Anteil am Sozialprodukt zu erhöhen. Der Output – und damit der Gewinn – wurde vor allem durch Vermehrung des Inputs – durch Arbeitszeitverlängerung und durch Kapitalakkumulation – erhöht und weniger durch Effizienzsteigerungen.

Ökonomisch gesprochen, enthält Marglins Theorie im Kern den folgenden Gedankengang: Bei vollkommener Konkurrenz ist der Gewinn Null; vollkommene Konkurrenz bedeutet aber auch, daß Arbeitskräfte sich zusammenschließen und Kapital aufnehmen können, um eine Unternehmung zu gründen; diese Möglichkeit haben ihnen aber die Kapitalisten genommen, die sich wiederum mit Hilfe der Unternehmung der Gewinnsenkungstendenz der vollkommenen Konkurrenz entziehen und Gewinn durch Ausbeutung der Arbeitskräfte erzielen.

Machen wir uns noch einmal die Unterschiede in den Auffassungen der Unternehmungstheoretiker deutlich:

Nach Marglin *erzwingt* der Kontrolleur bei den Beschäftigten eine Arbeitszeit und Arbeitsmethoden, die ihren individuellen Interessen widersprechen. Bei Alchian und Demsetz *ermöglicht* der Kontrolleur es überhaupt erst, daß individuelle Rationalität der einzelnen Beschäftigten und kollektive Rationalität des Teams übereinstimmen, so daß das Einsetzen eines Kontrolleurs den individuellen Interessen jedes Beschäftigten entspricht. Wenn das nicht der Fall wäre, dann würden die Beschäftigten das Team verlassen.

Bei Coase und Knight wird von vornherein von Über- und Unterordnungsverhältnissen in den Arbeitsbeziehungen ausgegangen, nur die Begründungen sind unterschiedlich. Während Coase ihre wesentliche Begründung in der – bis zu einer gewissen Ansammlung von abhängigen Arbeitnehmerverhältnissen gegebenen – Kostensenkung gegenüber alternativen Einzelproduktionen sieht (woraus umgekehrt abzuleiten ist, daß die Arbeiter ihrer Unterordnung in der Unternehmung solange zustimmen, wie sie als Einzelproduzenten nicht mehr verdienen können), besteht sie für Knight in der Verknüpfung des Tragens von Unsicherheit mit der Durchsetzung von erfolgversprechenden – also gewinnbringenden – Handlungen.

Gemeinsam ist allen ausgeführten Unternehmungstheorien die Ansicht, Unternehmungen beruhten auf Über- und Unterordnungsverhältnissen, auf Hierarchie, *verschieden* sind sie aber hinsichtlich deren Bedeutung für die Arbeitnehmer. Bei Alchian und Demsetz stimmen die Beschäftigten freiwillig zu, um die sonst unerreichbaren (Einkommens-)Vorteile der Teamproduktion zu erlangen, bei Coase haben die Arbeitnehmer ähnlich ihre alternativen Verdienstmöglichkeiten als individuelle Einzelproduzenten im Auge, bei Knight tauschen risikoaverse Arbeitnehmer einen unsicheren Gewinn aus eigener Unternehmertätigkeit gegen einen relativ sicheren Lohn als untergebene Arbeitnehmer ein, und bei Marglin schließlich *können* die Arbeitnehmer aufgrund historischer Entwicklungen nicht anders, als sich der Ausbeutung durch Kapitalisten zu unterwerfen.

3. Arbeitsvertrag und Arbeitsorganisation

Die vorgestellten Erklärungen für die Existenz und Entwicklung von Unternehmungen enthalten als zentrales Theorieelement Aussagen über die Arbeitsorganisation. Deren elementarer Baustein ist der Arbeitsvertrag, mit dem wir uns nun näher befassen wollen.

Alle marktmäßigen Tauschakte beruhen auf vertraglichen Übereinkünften der Tauschpartner, die oft – aber keineswegs immer – schriftlich fixiert werden. Im allgemeinen regelt der Vertrag alle Details: An einer nach Qualität und Quantität bestimmten Ware tritt der Verkäufer gegen einen bestimmten Preis seine Eigentumsrechte an den Käufer ab. Jede Vertragsseite spezifiziert ihren Beitrag zum Tausch in Leistung und Gegenleistung. Insofern kann ein Markt definiert werden als (konkreter oder ideeller) Ort, an dem Eigentums- und Verfügungsrechte getauscht werden.

Da der Arbeitsvertrag gegenüber einem gewöhnlichen Vertrag einige Unterschiede aufweist, unterscheidet sich folglich auch der Arbeitsmarkt von anderen Märkten. Wir heben zwei Aspekte der Besonderheit des Arbeitsvertrages hervor:

- Fest umrissen ist hier nur die Leistung einer Vertragsseite, nämlich das vereinbarte Entgelt. Demgegenüber ist für die Arbeitsleistung des Tauschobjekts „Arbeitskraft" lediglich ein Rahmen festgelegt; quantitativ etwa durch die Angabe der Arbeitszeit, qualitativ z.B. durch Berufs- oder Arbeitsplatzbezeichnung. Der konkrete Arbeitsinhalt ebenso wie die Arbeitsintensität bleiben in der Regel *unbestimmt*. Dies entspricht dem Interesse des Käufers, dem im Hinblick auf wechselnde Auftragslagen, technische Umstrukturierung der Kapitalgüter und Änderungen der Arbeitsorganisation daran gelegen ist, sich ohne Abschluß neuer Arbeitsverträge flexibel anpassen zu können.

- Der Verkäufer, wiewohl er Eigentums- und Verfügungsrechte an seiner Arbeitskraft überträgt, bleibt dennoch als Person mit ihr verbunden, d.h. er verfügt letzten Endes weiterhin über das Verkaufte. Der Arbeitsvertrag bewirkt nicht die *Eindeutigkeit der Neudefinition von Eigentumsrechten*, wie sie aus anderen Tauschverträgen hervorgeht. Es entsteht vielmehr eine „Überlappung" der Dispositionssphären von Käufer und Verkäufer, die Anlaß für immer neue Konflikte ist. „Es findet hier also eine Antinomie statt, Recht wider Recht, beide gleichmäßig durch das Gesetz des Warenaustausches besiegelt. Zwischen gleichen Rechten entscheidet die Gewalt" (Karl Marx). Dies ist der Kern der „Konfliktpartnerschaft".

Der Arbeitsvertrag enthält aufgrund seiner besonderen Form implizit auch eine Risikoaufteilung: Nach Knight entsteht die Unternehmung, weil für gewisse Risikoarten die

Funktionen der Risikoübernahme und des Managements untrennbar sind. Danach trägt der Unternehmer das Verlustrisiko des in die Unternehmung eingebrachten Vermögens, die Gewinnchance ist hierfür der Anreiz. Dagegen bedeutet die Festlegung des Entgeltes im Arbeitsvertrag eine sichere Einkommenserwartung für den Arbeitnehmer. Die Nichtspezifizierung der Arbeitsleistung bewirkt eine andere Risi-koaufteilung. Der Arbeitgeber hält sich die Möglichkeit der Einführung neuer Technologien und arbeitsorganisatorischer Maßnahmen offen, das Anpassungsrisiko in Form von Umqualifikation und Entlassenwerden geht weitgehend zu Lasten der Beschäftigten. Andererseits muß der Arbeitgeber durch geeignete Kontroll- und Motivationsverfahren eine möglichst hohe Arbeitsintensität sicherstellen.

Beide zentralen Charakteristika von Arbeitsverträgen, sowohl die *Unbestimmtheit* der Arbeitsleistung als auch das mit jedem Arbeitsvertrag begründete *Über- und Unterordnungsverhältnis*, lassen sich auch in Begriffen von Kostensenkungen beschreiben und damit ökonomisch begründen.

Für das *Unbestimmtheitselement* gilt:

Müßte in jedem Arbeitsvertrag auch die Arbeitsleistung genau spezifiziert werden, dann würde jede kleinste Veränderung des Arbeitsprozesses durch technische oder arbeitsorganisatorische Neuerungen den Abschluß neuer Arbeitsverträge erfordern; immense Kontraktkosten wären die Folge. Coase leitet als zentrale Begründung für die Entstehung von Unternehmungen her, daß die unternehmensinterne hierarchische Arbeitsorganisation Tausch(=Kontrakt)kosten, die bei Marktaktivitäten entstehen (Information, Verhandeln, etc.), senkt. Exakte Spezifizierung der Arbeitsleistung bedeutete letztlich, das Prinzip des Markttausches in die Unternehmung hineinzutragen, die damit ihren wesentlichen Existenzgrund verlöre.

Darüber hinaus reicht jeder Arbeitsvertrag in eine ungewisse Zukunft hinein; juristisch wird er ja auch als „Dauerschuldverhältnis" bezeichnet. Jeder übliche Vertrag enthält explizit oder implizit eine Klausel, in welchem Zustand der Welt er gelten soll oder nicht und was zu geschehen hat, falls er nicht erfüllt werden kann. Die Formulierung und das Verstehen von Zuständen der Welt, die erst *in der Zukunft* auftreten, ist jedoch oftmals zu komplex und daher ökonomisch unrentabel. Selbst wenn der Zustand der Welt exakt angegeben werden kann, treten möglicherweise Informationsprobleme über den tatsächlich eingetretenen Zustand auf; die Einigungskosten sind dann zu hoch.

Der Arbeitsvertrag behilft sich daher mit allgemeinen Formulierungen und überläßt alles Weitere dem „Direktionsrecht" des Arbeitgebers und der korrespondierenden „Weisungsunterworfenheit" des Arbeitnehmers. Damit kommen wir auch schon zum zweiten Charakteristikum von Arbeitsverträgen.

Für das *hierarchische Element* in Arbeitsbeziehungen gilt:

Oft ist es kostengünstiger, *Entscheidungen* zentral zu treffen, als sie von getrennten Individuen herbeiführen zu lassen. Dafür sind folgende Gründe bedeutsam:

- Eine optimale gemeinsame Entscheidung hängt von Informationen ab, die über die Individuen verstreut sind, kein Individuum allein kennt alle für die optimale Entscheidung wesentlichen Informationen. Eine Zusammenfassung von Individuen erhöht demnach die gemeinsame Information.

- Die Zusammenfassung von Individuen zwecks Herbeiführung einer gemeinsamen Entscheidung verursacht Kosten in Form der Schaffung von Informationskanälen zwischen den Individuen. Hierarchische Informationskanäle sind aber kostengünstiger als dezentral vermaschte, weil die Transmission der Information zu einem zentralen Platz billiger ist als der gegenseitige Austausch; weil auf einen spezifischen Code – Fachsprache, Symbole – ausgelegte Informationskanäle die Informationen filtern und damit die Übertragungs- und Verarbeitungskosten verringern; weil eine kollektive Entscheidung der Zentrale billiger ist, als wenn alle Informationen wieder retransmittiert werden.

Oft ist es kostengünstiger, anstelle einer dezentralen Marktkoordination einen *hierarchischen Organisationsmechanismus* zu nutzen. Dafür sind die folgenden Gründe wesentlich:

- Die Formulierung eines Vertrages derart, daß einer Autorität prinzipiell zu gehorchen ist, reduziert die Tansaktionskosten, senkt die Kosten der Unsicherheit und stabilisiert die wechselseitigen Erwartungen im Vergleich zu einer dezentralen Marktorganisation. Die Autorität kann dabei eine Person beziehungsweise deren Position oder ein Normensystem sein.

- Die Transaktions- und Unsicherheitskosten sinken darüber hinaus durch Erzeugung von Loyalität und wechselseitigem Vertrauen, durch Installierung von Aufstiegsleitern und Senioritätsregeln und durch Bildung von Spezialwissen und -fähigkeiten, die andernorts nur schwer verwertbar sind. In allen drei Fällen steigen die Abwanderungskosten aus dem Arbeitsvertrag.

- Die Informations- und Entscheidungskosten sinken darüber hinaus durch Formalisierung von Positionen und Rollen, durch Abgrenzung der Entscheidungskompetenzen und durch Arbeits- und Aufgabenspezialisierung. In allen drei Fällen entsteht ein Mixtum aus persönlicher Autorität – via Person, Position oder Rolle – und aus unpersönlicher Autorität – via Normen, Regeln und Vorschriften.

- Erhalten die zentralen Instanzen den Anspruch auf den Gewinn, so haben sie einen Anreiz, die Kontrolle effizient durchzuführen.

Manchem Leser mag sich inzwischen der Anschein aufgedrängt haben, daß hier ein kostenökonomisches Loblied auf Hierarchie, Autorität, vielleicht gar auf Absolutismus, angestimmt wird. Nichts liegt uns ferner. Es ging zunächst nur um Erklärungen für die offensichtliche und dennoch staunenswerte Tatsache, *daß Produktion dominant in Unternehmungen organisiert wird, die sich ausnahmslos hierarchischer Organisationsverfahren bedienen.* Zwar operieren Unternehmungen auf Beschaffungs- und Absatzmärkten und unterhalten Außenbeziehungen mit Marktumwelten, koordinieren ihre internen Produktionstätigkeiten aber *gerade nicht* marktmäßig, sondern hierarchisch. Sie ersetzen die „invisible hand" des Marktes durch die „visible hand" des Managements (s. hierzu Chandler 1978).

Eine andere Frage ist, in welchem Maße die *Hierarchie steil* oder *flach* ist. Eine steile Hierarchie über mehrere Über- und Unterordnungsverhältnisse hat Vorteile in einer statischen Handlungsumgebung, in der sowohl die Technologie als auch die Marktbeziehungen unverändert bleiben. Denn durch eine differenzierte Arbeitszerlegung können die Vorteile aus Arbeitsteilung und Spezialisierung effizient realisiert werden. In einer dynamischen Handlungsumgebung, in der sich die Technologie und die Marktbeziehungen schnell ändern können, überwiegen die Nachteile der Inflexibilität. Um sich in einer derartigen Situation optimal anpassen zu können, bedarf es einer flacheren Hierarchie und der Integrierung marktlicher Steuerungselemente: Profit-Centers, durch Netzwerke verbundene Teil-Unternehmungen, Arbeitsteams u.a.m. sind Beispiele hierfür.

Noch eine andere – nicht weniger wichtige – Frage ist dann, inwieweit der Hierarchiemechanismus Legitimität beanspruchen kann, d.h. auf *freiwilliger Zustimmung* der ihm unterworfenen Arbeitskräfte beruht. Diese Frage beschäftigt eine Reihe von Fachdisziplinen und ist ökonomisch allein nicht zu beantworten; sie führt zudem über den Rahmen unserer Überlegungen hinaus (vgl. hierzu auch den Beitrag von Edwards in diesem Band sowie Eger/Weise 1989 und Dorndorf 1989). Allerdings läßt sie sich in hochabstrakten ökonomischen Begriffen, und zwar wiederum Kostenbegriffen (die Ökonomie ist nun mal eine „Wissenschaft der Kosten"), recht einfach beantworten: Eine hierarchische Arbeitsbeziehung enthält in dem Ausmaß Zwangselemente, wie die Abwanderung aus dem Arbeitsvertrag dem Weisungsunterworfenen nicht zu Nullkosten möglich ist. Diese Feststellung soll abschließend erläutert werden. Eine klare Formulierung verdanken wir Arrow (1974, S. 63 f.):

„Staat und Unternehmungen gleichen sich darin, daß sie eine (...) Art von autoritativer Kontrolle über ihre Beschäftigten ausüben. Tatsächlich ist der Arbeitsvertrag, wie Herbert Simon betont hat, exakt ein Vertrag, aufgrund dessen der Beschäftigte in Weisungsunterworfenheit einwilligt. Dieser Vertrag unterscheidet sich von einem Güter-Kaufvertrag; was gekauft und verkauft wird, ist keine eindeutige, objektive Sache, sondern eher eine persönliche Beziehung. Innerhalb des Vertragsrahmens ist die Beziehung zwischen Beschäftiger und Beschäftigtem keine Marktbeziehung mehr, sondern eine Autoritäts-Beziehung. Natürlich ist das Ausmaß dieser Autorität üblicherweise durch die Vertragsmodalitäten und, grundlegender, durch die Freiheit des Beschäftigten begrenzt, sein Arbeitsverhältnis zu kündigen. Das Autoritätsausmaß ist aber nicht unbedeutend, weil die Ausübung dieser Freiheit normalerweise mit einigen Kosten verbunden ist."

Da jeder Beschäftigte einer Unternehmung das Recht hat, zu kündigen, könnte man in Anlehnung an Alchian und Demsetz die Existenz von besonderen Autoritätsbeziehungen – i.S. von potentieller Zwangsausübung – innerhalb von Unternehmungen leugnen; d.h. ein Beschäftigter, der nicht kündigt, akzeptiert damit unausgesprochen die Weisungen seiner Vorgesetzten, er schließt permanent implizite Verträge über die Art seiner Tätigkeit im Unternehmen. Eine solche Hypothese gilt jedoch nur unter der Voraussetzung, daß die (monetären und psychischen) Alternativkosten eines Arbeitsplatzwechsels für den Beschäftigten gleich Null oder zumindest vernachlässigbar gering sind. Arrow weist nun jedoch zu Recht darauf hin, daß in der Realität ein Arbeitsplatzwechsel für den Beschäftigten mit *positiven Abwanderungskosten* verbunden ist.

4. Abwanderung und Widerspruch

Allgemein kann man zwischen *Abwanderung* („exit") und *Widerspruch* („voice") unterscheiden (Hirschman 1974). Abwanderung bedeutet, daß man die Parameter einer Situation – wie gegebene Preise und Verfügungsrechte – nicht zu verändern versucht und sich statt dessen in eine andere Situation begibt. Abwanderung läßt daher die gegebenen Handlungsbedingungen (zunächst) unverändert. Widerspruch bedeutet hingegen einen Versuch, die Situationsparameter zu verändern und in der entsprechenden Handlungssituation zu verbleiben. Auf unser Thema bezogen heißt dies, daß ein Arbeitnehmer einen bestimmten Lohn oder bestimmte Arbeitsbedingungen nicht akzeptiert und sich einen neuen Arbeitgeber sucht, d.h. der Arbeitnehmer wandert zu einem anderen Arbeitgeber ab, oder daß er bei seinem gegenwärtigen Arbeitgeber die Arbeitsintensität reduziert, d.h. der Arbeitnehmer „wandert" zu einer veränderten Arbeitsleistung ab („innere Kündigung"). Analog akzeptiert ein Arbeitgeber nicht die Lohnforderungen oder die Qualifikation eines Arbeitnehmers und stellt ihn nicht ein beziehungsweise entläßt ihn, d.h. der Arbeitgeber wandert zu einem neuen Arbeitnehmer ab. Versucht hingegen ein Arbeitnehmer einen höheren Lohn oder bessere Arbeitsbedingungen zu erreichen, so widerspricht er. Analog widerspricht der Arbeitgeber, wenn er den Lohn drücken und die Arbeitsbedingungen verschlechtern will.

Sowohl bei Abwanderung als auch bei Widerspruch können sich die Situationsparameter verändern. Während ein erfolgreicher Widerspruch die Situationsparameter direkt verändert, erfolgt eine Veränderung der Situationsparameter bei Abwanderung indirekt, wenn nämlich der verlassene Partner die Situationsparameter verbessern muß, um einen neuen Partner gewinnen zu können. Durch beide Strategien entwickeln und verändern sich demnach gegebene Situationsstrukturen.

Wovon hängen die Anreize ab, die Abwanderungs- oder die Widerspruchsstrategie zu wählen? Die Anreize werden bestimmt durch die Kosten, die mit der Wahl einer der beiden Strategien verbunden sind. Die *Abwanderungskosten* sind die Differenz zwischen dem Nutzen der bestehenden Alternative und dem Nutzen der besten erreichbaren Alternative zuzüglich der Mobilitätskosten, d.h. aller Kosten, die mit der eigentlichen Abwanderung verbunden sind. Die *Widerspruchskosten* sind die Differenz zwischen dem Nutzen der bestehenden Alternative und dem Nutzen der durch Widerspruch veränderten Alternative zuzüglich der Streitkosten, d.h. aller Kosten, die mit dem eigentlichen Widerspruch verbunden sind.

Kann jemand zwischen zwei Alternativen wählen, die ihm den gleichen Nutzen erbringen, und sind seine Mobilitätskosten Null, so sind auch seine Abwanderungskosten Null. Als Arbeitnehmer ist der Betreffende dann unabhängig von seinem Arbeitgeber; dieser hat keine Macht über ihn: Er kann kündigen und zu einem anderen Arbeitgeber wandern, ohne seine Situation zu verschlechtern. Als Arbeitgeber ist der Betreffende dann unabhängig von seinem Arbeitnehmer; dieser hat keine Macht über ihn: Er kann den Arbeitnehmer entlassen und sich einen neuen Arbeitnehmer suchen, ohne seine Situation zu verschlechtern.

Ist der Nutzen der bestehenden Alternative größer als der Nutzen der besten erreichbaren Alternative abzüglich der Mobilitätskosten, so sind die Abwanderungskosten positiv. Sieht man einmal von der Möglichkeit des Widerspruchs ab, so ist der Betreffende als Arbeitnehmer dann abhängig von seinem Arbeitgeber; dieser hat Macht über ihn. Als Arbeitgeber ist der Betreffende dann abhängig von seinem Arbeitnehmer; dieser hat Macht über ihn. Das Umgekehrte gilt, falls die Abwanderungskosten negativ sind, also ein Anreiz besteht, aus der gegebenen Situation abzuwandern.

Analoges gilt für die Widerspruchskosten. Sind diese für den Arbeitnehmer Null, hat der Arbeitgeber keine Macht über ihn. Sind sie für den Arbeitgeber Null, hat der Arbeitnehmer keine Macht über ihn. Sieht man von der Möglichkeit der Abwanderung ab, so gilt folgender Zusammenhang: Sind die Widerspruchskosten für den Arbeitnehmer positiv, hat der Arbeitgeber Macht über ihn; sind sie für den Arbeitgeber positiv, hat der Arbeitnehmer Macht über ihn. Das Umgekehrte gilt, falls die Widerspruchskosten negativ sind, also ein Anreiz besteht, die gegebene Situation zu verändern.

Die Kräftekonstellation zwischen Arbeitnehmer und Arbeitgeber ergibt sich folglich als Resultat der entsprechenden Abwanderungs- und Widerspruchskosten. Extrem abhängig ist der Arbeitnehmer dann, wenn sowohl die Abwanderungs- als auch die Widerspruchskosten positiv und hoch sind: Weder durch Abwanderung noch durch Widerspruch kann er Lohnverfall und Verschlechterung der Arbeitsbedingungen verhindern. Extrem unabhängig ist der Arbeitnehmer dann, wenn sowohl die Abwanderungs- als auch die Widerspruchskosten negativ und hoch sind: Hier kann er sich durch Abwanderung Verschlechterungen in der Arbeitssituation entziehen oder diese durch Widerspruch verhindern. Analoges gilt für den Arbeitgeber.

Im einzelnen gehören folgende Kosten zu den Abwanderungskosten: Verlust an informellen Beziehungen mit befreundeten Arbeitskollegen; Verlust an Aufstiegsmöglichkeiten in der Unternehmung; Entwertung des Humanvermögens hinsichtlich betriebsspezifischer Qualifikationen; häufig auch Kosten durch Umzug und in diesem Zusammenhang auch Verlust nachbarschaftlicher Beziehungen, Schulwechsel der Kinder etc.; Suchkosten, eine neue Beschäftigung zu finden; Kosten, am neuen Arbeitsplatz und am neuen Wohnort neue soziale Beziehungen aufzubauen.

Demgegenüber sind die Alternativkosten des Arbeitgebers zu berücksichtigen, einen freigewordenen Arbeitsplatz neu zu besetzen. Sie sind um so höher, je schwieriger es ist, Arbeitskräfte mit der geforderten Qualifikation über den Arbeitsmarkt zu bekommen (Suchkosten), und je mehr der Arbeitgeber durch Trainee-Programme, Einarbeitungszeit etc. für die entsprechenden Arbeitskräfte an Investitionen in Humanvermögen aufwenden muß. In der Literatur wird häufig davon ausgegangen, daß die Alternativkosten des Arbeitgebers allerdings vergleichsweise gering sind (vgl. zu diesen Problemen auch Nutzinger 1978 sowie Brandes/Weise 1983).

Aus alledem folgt: Je höher die Alternativkosten eines Beschäftigten, seinen Arbeitsplatz zu wechseln, und je niedriger die Alternativkosten des Arbeitgebers sind, den frei gewordenen Arbeitsplatz neu zu besetzen, in desto stärkerem Maße wird ceteris paribus die „freie" Vertragsbeziehung zwischen Beschäftigtem und Arbeitgeber durch eine Autoritätsbeziehung mit Zwangselementen verdrängt.

Damit wird klar, daß das Modell der Unternehmung von Alchian und Demsetz nur dann ein relativ genaues Abbild einer realen Unternehmung liefert, wenn die Alternativkosten der Abwanderung für die Beschäftigten relativ gering sind; das dürfte aber für die Mehrzahl der Beschäftigten in realen Unternehmen nicht zutreffen. Die Unternehmungsmodelle von Coase und Knight sind in diesem Punkt wesentlich realistischer. Marglin hingegen geht von prohibitiv hohen Kosten der Abwanderung aus, bei ihm haben die Arbeiter keine Alternative zur Ausbeutung durch die Kapitalisten. Die verschiedenen referierten Unternehmungstheorien liegen daher auf einem Kontinuum bezüglich der (jeweils nur implizit vorausgesetzten) Abwanderungskosten aus dem Arbeitsvertrag.

Allgemein wird also die Existenz der Unternehmung mit der These begründet, daß eine geeignet miteinander verschränkte Kombination von individuellen Produktionshandlungen über steile oder flache Hierarchien *kostengünstiger* ist als ein über Marktbeziehungen koordinierter Produktionsprozeß. Insbesondere gilt dies, wenn der Produktionsprozeß so auf Elementarprozesse aufgeteilt ist, daß Arbeitsteilung und -spezialisierung optimal durchgeführt werden können und daß die Leerzeiten möglichst gering werden. *Voraussetzung* für den Kostenvorteil der hierarchischen Organisation ist allerdings die *Sicherheit, daß jedes Individuum seine zugewiesenen Aufgaben erfüllt.* Diese Sicherheit wiederum ist nur zu erreichen, wenn *die Kosten der Abwanderung aus einem Arbeitszusammenhang für die Arbeitskräfte erheblich sind.* Die (fast) kostenlosen Abwanderungsmöglichkeiten bei einem Marktmechanismus werden ersetzt durch hohe Austrittskosten bei einer hierarchischen Organisationsform.

Neben der Strategie der Abwanderung gibt es, wie beschrieben, auch die des Widerspruchs gegen unerwünschte Bestandteile von Vertragsbeziehungen, hier Zwangselemente. Sind die Abwanderungskosten hoch, haben die Beschäftigten einen Anreiz, ihre Interessen durch die Strategie Widerspruch durchzusetzen. Sie werden von dieser Strategie umso häufiger Gebrauch machen, je höher die Alternativkosten der Abwanderung und je geringer die Alternativkosten des Widerspruchs sind (d.h. die Kosten der Organisation des Widerspruchs sowie die Kosten durch die erwarteten Sanktionen des Arbeitgebers). Tatsächlich läßt sich die Geschichte der industriellen Beziehungen und des Arbeitsrechts als schrittweise Institutionalisierung von drei zentralen „Widerspruchsmechanismen" interpretieren:

- Etablierung von Gegenmacht durch Gewerkschaften und Streikdrohung;

- Durchsetzung von Arbeitsrecht als Arbeitnehmerschutzrecht;
- Einführung von Demokratieelementen im Arbeitsverhältnis und in der Unternehmung durch Mitbestimmungs- und Betriebsverfassungsrecht.

In abstrakten Begriffen läßt sich auch für die Widerspruchsstrategie das Ausmaß von Zwangselementen im Arbeitsverhältnis umreißen: Je höher die Alternativkosten des Widerspruchs für die Beschäftigten, desto stärker sind ceteris paribus die Autoritätsbeziehungen in der Unternehmung (und umgekehrt).

Wir sind damit am Schluß unserer Reflexionen über Arbeitsbeziehungen zwischen Markt und Hierarchie angelangt. Es hat sich herausgestellt, daß der „Arbeitsmarkt" als reiner Markt allenfalls in Ausnahmefällen existiert. Bereits in unserem Beispiel der Jobvermittlung für Studenten – ein Beispiel, das soweit wie nur möglich üblichen Marktvorgängen angenähert ist (nur kurzfristige Verträge, Individuen als Nachfrager, keine Aufstiegserwartungen der Anbieter etc.) – hat sich gezeigt, daß statt marktkonformer Lohnvariationen das Losverfahren als Markträumungsmechanismus genutzt wird. Die Ersetzung marktadäquater Lohnvariationen als Anpassungs- und Ausgleichsmechanismus durch Koordinationsmechanismen, die eine hierarchische Unternehmungsorganisation absichern, war im zweiten Beispiel zu beobachten und war auch Ergebnis unserer Untersuchungen von Unternehmungstheorien und der Spezifika von Arbeitsverträgen. Daraus folgt nicht, daß die Funktionsfähigkeit von Arbeitsmärkten durch die Reinstallierung der Markträumungsfunktion des Lohnes erhöht werden könnte, sondern daraus folgt vielmehr, daß die Funktionsfähigkeit von Arbeitsmärkten auf der Verknüpfung von festen Lohnrelationen und hierarchisch organisierter Arbeitsteilung beruht. Vorteilen der Hierarchie durch Produktionskosteneinsparungen stehen Nachteile durch unfreiwillig zu ertragende Leistungsanforderungen auf seiten der Beschäftigten gegenüber. Die nötige Balance zwischen ihnen ist nicht durch Marktmechanismen, sondern – das ist jedenfalls das Fazit dieses Beitrags – durch Gegenmacht und Wirtschaftsdemokratie erreichbar.

Literatur

Alchian, A.A./Demsetz, H. (1972): Production, Information Costs, and Economic Organization. In: American Economic Review 62, S. 777-795

Arrow, K. J. (1974): The Limits of Organization. New York

Brandes, W./Weise, P. (1983): Arbeitsmarkt und Arbeitslosigkeit. 6.-7. Tsd. Würzburg/Wien

Brandes, W. et al. (1990): Der Staat als Arbeitgeber. Daten und Analysen zum öffentlichen Dienst in der Bundesrepublik. Sozialwissenschaftliche Arbeitsmarktforschung Band 17. Frankfurt/M.

Chandler, A.D. (1978): The Visible Hand: The Managerial Revolution in American Business. Cambridge/London

Coase, R.H. (1937): The Nature of the Firm. In: Economica NS 16, S. 386-405

Dorndorf, E. (1989): Vertragsdurchsetzung als Funktion des Kündigungsschutzes. In: Zeitschrift für Arbeitsrecht 20, S. 345-376

Eger, T./Weise, P. (1989): Participation and Codetermination in a Perfect and an Imperfect World. In: Nutzinger, H.G./Backhaus J. (Hg.): Codetermination. Berlin/Heidelberg, S. 11-36

Hirschman, A.O. (1974): Abwanderung und Widerspruch. Tübingen

Knight, F.H. (1921): Risk, Uncertainty, and Profit. Chicago

Marglin, St.A. (1974): What Do Bosses Do? The Origins and Functions of Hierarchy in Capitalist Production. In: Review of Radical Political Economics 6, S. 60-112

Nutzinger, H.G. (1978): The Firm as a Social Institution: The Failure of the Contractarian Viewpoint. In: Backhaus, J./Eger, T./Nutzinger, H.G. (Hg.): Partizipation in Betrieb und Gesellschaft. Frankfurt/M., S. 45-74

Weise, P./Brandes, W./Eger, T./Kraft, M. (1993): Neue Mikroökonomie. 3. Aufl. Heidelberg

Weise, P./Brandes, W. (1990): A Synergetic View of Institutions. In: Theory and Decision 28, S. 173-187

Konflikt und Konsens. Die Organisation der industriellen Beziehungen im Betrieb

Paul Edwards

> „Die Aufgabe schien riesenhaft. Jedes einzelne Stück der Ausrüstung mußte gesäubert, poliert oder gestriegelt werden...
> Ich verstehe es eigentlich nicht, warum wir uns derart angestrengt haben. Furcht vor Bestrafung? Vielleicht, in einigen Fällen, aber ich bezweifle es. Die Strafe hätte nur aus Anschreien bestanden, und damit war ohnehin zu rechnen, so schwer man auch arbeitete...
> Stolz an der Arbeit? Es gibt Kriecher in jeder Truppe, aber unter uns war keiner. Vielleicht muß man, wenn auch ungern, zugeben, daß die despotische Autorität des Heeres auch auf das aufsässigste Temperament Einfluß ausübt, daß man sich sehr schnell daran gewöhnt, automatisch jedem Befehl, wie absurd er auch sein mag, zu folgen. Wenn man das erkannt hat, ist es sehr schwer, es der Armee zu vergeben, und noch schwerer, sich selbst zu vergeben."
> (David Lodge: *Ginger, You're Barmey*, 1962)

Die Schilderung, die David Lodge von dem Leben in der britischen Armee in den fünfziger Jahren gibt, illuminieren Thema und, mit einer wichtigen zusätzlichen Überlegung, Argument der folgenden Überlegungen. Das Thema ist die Methode, mit der Arbeitnehmer dazu bewegt werden, unter einer von außen auferlegten Disziplin schwer zu arbeiten. Das Argument besteht darin, daß Konflikt und Kooperation am Arbeitsplatz keine voneinander getrennten Erscheinungen sind, sondern gemeinsam erzeugt werden. Um das Wesen von Konflikt zu verstehen, muß das im Kern antagonistische Verhältnis von Belegschaft und Arbeitgebern analysiert werden. Arbeiter werden von Kapitalisten ausgebeutet; aber beide Seiten hängen voneinander ab. Insbesondere leisten Arbeiter der Autorität nicht einfach „Widerstand". Wie Lodge beobachtet hat, folgen sie oft „automatisch": sie brauchen nicht ausdrückliche Anweisungen für jede Aufgabe. Jedoch, und das ist die zusätzliche Überlegung, Anordnungen werden nicht nur passiv von Arbeitern entgegengenommen; sie selbst beeinflussen die Bedingungen, unter denen sie arbeiten. Es handelt sich nicht um Widerstand von seiten der Arbeiter, getrennt und unabhängig von den Regeln, die vom Management festgelegt werden, sondern um einen wechselseitigen Prozeß, der aus Kooperation und Widerstand besteht und letztlich ein gewisses Einverständnis über ein angemessenes Verhalten zur Folge hat.

Für die weitere Analyse müssen einige Begriffe eingeführt werden. Betriebliche Arbeitsbeziehungen enthalten einen *Effort Bargain*[1]: der Arbeitsvertrag regelt den Austausch von Lohn gegen die Zusicherung einer Leistung, aber die Leistung eines Arbeiters ist nicht direkt meßbar, und Arbeitnehmer können die Intensität ihrer Arbeit variieren (Behrend 1984, S. 112). Wieviel Arbeit geleistet wird, ist von Natur aus unbestimmt. Die Leistung wird gewissermaßen ausgehandelt, zwar nicht gerade in formellen Kollektivverhandlungen, sondern in impliziten und informellen Verhandlungsprozessen, in denen annehmbare Leistungsnormen festgelegt werden. Dieser Prozeß kann als das *Aushandeln einer ungeschriebenen Arbeitsverfassung (negotiation of order)* bezeichnet werden. Das Resultat dieses Aushandelns ist in der Tat eine relativ stabile Ordnung; denn die Bedingungen des *Effort Bargain* werden nicht täglich neu festgelegt: Arbeitnehmer wie Manager handeln nach eingespielten Regeln, Gewohnheitsrechten und stillschweigenden Übereinkünften.

Ein großer Teil dieser Debatte ist anglo-amerikanischen Ursprungs und auf die Bedeutung des Produktionsprozesses als eine Arena des Klassenkonflikts in Großbritannien und den USA zurückzuführen. In anderen Ländern mag die Konzentration und Fixierung auf den Arbeitsprozeß merkwürdig erscheinen. Angelegenheiten, die in Großbritannien im allgemeinen zu offenem Konflikt führen, wie etwa die Anzahl benötigter Arbeitskräfte (*manning levels*) oder die Anwendung von Dizilinarmaßnahmen, werden in anderen Ländern häufig auf andere, nicht-konfliktuelle Weise beigelegt. Zum Beispiel haben in Deutschland gesetzlich garantierte Betriebsräte, das Mitbestimmungsrecht und die bindende Friedenspflicht zur Folge, daß ein explizites Aushandeln des Lohn-Leistungs-Verhältnisses nur selten stattfindet. Aber die Unbestimmtheit des Arbeitsvertrags ist ein generelles Phänomen. Es geht nicht darum, daß das Aushandeln der Leistung nur in gewissen Ländern von Bedeutung ist, sondern darum, wie die verschiedenen Arbeitsplatzinstitutionen dieses Aushandeln regulieren. Insofern hat die angelsächsische Debatte beachtliche Relevanz, aber zunächst müssen ihre Umrisse verstanden werden. Meine Überlegungen beginnen daher mit einer kritischen Übersicht verschiedener Konflikt- und Kooperationstheorien.

1. Konflikttheorien

Der Pluralismus

Der Pluralismus war auf beiden Seiten des Atlantiks der vorherrschende theoretische Bezugsrahmen für die auf industrielle Beziehungen spezialisierten Wissenschaftler: in den Vereinigten Staaten war es die *Wisconsin School* und in Großbritannien die *Ox-*

---

[1] Der Terminus könnte annäherungsweise mit *Leistungskompromiß* übersetzt werden; gemeint ist das (meist implizite) Aushandeln des *Lohn-Leistungs-Verhältnisses* (Anm. d. Hg.).

ford School (s. Clegg 1990), deren intellektuelle Wurzeln auf die Webbs[2] zurückgehen. Clegg (1979, S. 1) faßt den Kern des pluralistischen Konfliktverständnisses wie folgt zusammen: Industrielle Beziehungen befassen sich mit den „Regeln, die das Arbeitsverhältnis bestimmen", es entstehen Organisationen, um die Wünsche von Arbeitgebern und Arbeitnehmern durchzusetzen; „jede dieser Organisationen stützt sich auf ihre eigenen Machtquellen, und wo voneinander getrennte Machtquellen bestehen, ergibt sich immer das Risiko eines Konflikts". Offener Konflikt wird gleichgesetzt mit Sanktionen, die von den Organisationen verhängt werden. Die Webbs sind bekannt für ihre Definition einer Gewerkschaft als einer dauerhaften Organisation, wobei sie die kurzlebigen, aber oft wirkungsvollen Organisationsformen, quasi die Vorläufer der modernen Gewerkschaften, ignorierten (Rule 1981). Spätere Autoren haben diesen Irrtum korrigiert, und Clegg beginnt seine Analyse mit der informellen Organisation der industriellen Arbeitsgruppe. Aber auch das ist nicht ausreichend. Wie Hill (1974) bemerkt, neigt der Pluralismus dazu, die Existenz von Gruppen als gegeben vorauszusetzen, und fragt nicht nach den Bedingungen, die ihren Zusammenschluß ermöglichen. Aus dem gleichen Grund wird ein Konflikt, der nicht in organisierter Form auftritt, von ernsthafter Betrachtung ausgeschlossen.

Natürlich gab es vereinzelte Versuche, unorganisiertes Verhalten in Untersuchungen einzubeziehen. Am bekanntesten war Kerrs (1954) Aufstellung von „Formen" des industriellen Konflikts. Unter diesen Formen befinden sich neben Streiks auch Absentismus und Sabotage. Wie Kerr selbst ziemlich verzweifelt bemerkt, setzt nur die „menschliche Findigkeit" den Konfliktformen eine Grenze. Das hilft wenig, weil es am falschen Ende einsetzt: Konfliktmanifestationen werden aufgezählt, ohne zuerst die Frage zu stellen, was Konflikt eigentlich ist. Offenbar kann Konflikt entweder in Form von Streiks oder in Form von Fehlschichten zum Ausdruck gelangen, aber Kerr untersucht nicht, auf welche Weise dies geschieht, welche Unterschiede zwischen den verschiedenen Aktionen bestehen, oder welche Bedingungen eher zu der einen als zu der anderen „Konfliktform" führen. Aber die vielleicht augenfälligste Unzulänglichkeit des von Kerr (und generell vom Pluralismus) vertretenen Arguments besteht darin, daß es ein Fetisch bleibt, auf den man sich rituell berufen kann, denn niemand bemühte sich ernsthaft, die Konsequenz zu ziehen, daß viele Formen betrieblicher Verhaltensweisen verdeckte oder offene Konflikte anzeigen.

Ein weitreichenderes Problem des Pluralismus wurde von Hyman (1978, S. 32) identifiziert: Obwohl der Pluralismus von der Annahme ausgeht, daß Konflikt unvermeidlich ist, entfernt er sich schnell von dieser Einsicht und beschäftigt sich ausschließlich mit den Methoden, durch die Konflikte organisiert, in Grenzen gehalten und institutionali-

---

[2] Sidney (1859-1947) und Beatrice (1858-1943) Webb: namhafte Historiker der britischen Gewerkschaftsbewegung und einflußreiche Mitglieder der reformsozialistischen Fabian Society, haben mit ihren gemeinsamen Werken „The History of Trade Unionism" (1894) und „Industrial Democracy" (1897) die britische Gewerkschaftssoziologie und *Industrial Relations*-Forschung begründet (Anm. d. Hg.).

siert werden. Das veranlaßte radikale Autoren wie Hyman, sich auf die „materiellen Grundlagen" von Arbeitskonflikten zu konzentrieren.

Die radikale Kritik und die Kontrolle des Arbeitsprozesses

Nach Crouch (1982, S. 26) nimmt ein radikaler Ansatz „den Charakter des Arbeitskonflikts nicht als gegeben hin", sondern unterstreicht „die endemische Natur des Konflikts und die Tatsache, daß seine Ursache vom Flickwerk institutioneller Umgestaltung unberührt bleibt". Die in der Tiefenstruktur der Gesellschaft verankerte soziale Ungleichheit und die Unmöglichkeit, industrielle Beziehungen von umfassenderen Klassengegensätzen zu trennen, wurde ein Hauptthema der radikalen Schule. So hat Goldthorpe (1974) argumentiert, daß eine pluralistisch orientierte Reform der Institutionen nicht ausführbar war, weil sie eine normative Ordnung voraussetzte, die mit geeigneten Mechanismen erzeugt werden könnte, um die zu jener Zeit herrschende „Unordnung" (*disorder*) in den industriellen Beziehungen zu ersetzen. In der Praxis braucht jedoch eine solche Ordnung nicht zu bestehen. Ja, mehr noch: Erscheinungen, die Manager und selbst Gewerkschafter als „Unordnung" ansahen – z.B. chaotische Lohnsysteme oder unautorisierte Streiks – können die Arbeitnehmer selbst als in ihrem Interesse liegend betrachten. Jegliche Umstrukturierung der Arbeitsbeziehungen würde einen sehr viel gründlicheren Angriff auf Besitztum und Benachteiligung erfordern, als die von den Pluralisten vorgeschlagenen Reformen.

Der Radikalismus war eine fundierte Kritik des Pluralismus und enthielt besonders in Hymans Werken (vgl. die Essays in Hyman 1989) eine Perspektive auf die Arbeitskontrolle, mit dem Argument, daß eine Dialektik zwischen Konflikt und Kooperation besteht. Aber die Tendenz war, sich auf die Zusammenhänge zwischen industriellen Beziehungen und der Gesellschaft im allgemeinen zu konzentrieren, während Dynamik und Komplexität des Arbeitsplatzes selbst wenig Beachtung fanden. Wie dem auch sei, die Kritik am Pluralismus verflocht sich mit der Debatte über die Kontrolle des Arbeitsprozesses, die mit der Veröffentlichung von Bravermans „Labor and Monopoly Capital" (1974) begann.

In dieser Debatte geht es viel um Begriffe, wie etwa Kontrolle und Widerstand, die auf Konflikt hinweisen. Und doch werden die Hauptthemen, die jede Konflikttheorie behandeln müßte, nur erstaunlich selten genauer untersucht. Zu ihnen gehört die Frage, wie weit gewisse Verhaltensweisen, z.B. der Absentismus, die Bedingungen des *Effort Bargain* beeinflussen und wie Konsens organisiert wird. Braverman selbst befaßte sich nicht mit dem angeblich subjektiven Bereich des Arbeiterbewußtseins, sondern analysierte nur die seiner Ansicht nach objektiven Kräfte innerhalb des Kapitalismus, die den Arbeiter dequalifizierten. Arbeitern wurde zwar die Fähigkeit zugestanden, Widerstand zu leisten, aber das war eine Universaleigenschaft, und Braverman erwog nicht die Voraussetzungen, unter denen von dieser Fähigkeit Gebrauch gemacht werden könnte, oder die möglichen Formen eines solchen Widerstands. Viele seiner amerikanischen Anhänger benutzten im wesentlichen die gleiche Methodologie. Sie beschäftigten sich mehr mit Widerstand, aber analysierten ihn getrennt von dem Verhalten des Kapitalbesitzers. Anstatt zu untersuchen, wie im Laufe der Zeit gegenseitige Verpflichtungen erzeugt wurden und wie unterschiedliche Typen der Arbeitsorganisation entstanden, entwickelten sie ein Modell, demzufolge der Kapitalist eine Strategie der Arbeitskontrolle festlegte und die Arbeiter ihr dann Widerstand leisteten (das typische Beispiel ist R.C. Edwards 1979). Die ahistorische Geschichtsauffassung führte zu analytischen und historiographischen Irrtümern (Nolan und P.K. Edwards 1984).

Auch in Großbritannien konzentrierte sich die Debatte über den Arbeitsprozeß zum großen Teil auf die zwei Themen: die Natur der Managementstrategie und das Ausmaß und die Bedeutung der Dequalifikation. Es wurden einige wichtige analytische Fortschritte gemacht. Die Studie von Cressey und MacInnes (1980) wurde zu einem Standardwerk auf diesem Gebiet. Diesen Autoren zufolge enthält der kapitalistische Arbeitsprozeß einen doppelten Widerspruch: Kapitalisten wollen Kontrolle über Arbeiter ausüben, sind aber gleichzeitig von der schöpferischen Teilhabe der Arbeitenden abhängig; und Arbeiter wollen der kapitalistischen Kontrolle Widerstand leisten, aber ihr Lebensunterhalt hängt von den Unternehmern ab. Auch die Notwendigkeit, Erkenntnisse der traditionellen Industriesoziologie in die Diskussion über die Arbeitskontrolle einzubeziehen, wurde gesehen. In ihrer Übersicht über die Analyse des Arbeitsprozesses wiesen Littler und Salaman (1982) auf das Versäumnis hin, sich mit den Untersuchungen über „negotiation of order" zu befassen. Es wurde indes wenig getan, dieses Versäumnis durch die Zusammenschau der von beiden Seiten gewonnenen Einsichten zu beheben. Wesentliche Ausnahme ist die Arbeit von Burawoy, der eine umfassende Darstellung der Produktionspolitik (*politics of production*) bietet. Es gibt jedoch einen weiteren einflußreichen Ansatz, der zunächst vorgestellt werden soll, ehe Burawoys Werk im einzelnen behandelt wird.

Transaktionskosten-Modelle des Arbeitsvertrags

Es handelt sich um die Transaktionskostentheorie (*transactions cost economics* – TCE), die besonders mit Oliver Williamson (1975) in Verbindung gebracht wird. Am Anfang war sie ein Instrument zur Analyse des Unternehmens im allgemeinen; erst kürzlich ist sie auf den Arbeitsvertrag im besonderen angewandt worden. Die konventionelle, neo-klassische Wirtschaftswissenschaft geht davon aus, daß Verträge kostenlos und auf der Basis verläßlicher Information abgeschlossen werden, und daß die Überwachung eines Vertrags, die sicherstellt, daß seine Bedingungen auch erfüllt werden, ebenso kostenlos ist. TCE läßt diese Annahme fallen und weist darauf hin, daß Verträge unter Bedingungen der Ungewißheit und der unzuverlässigen Informationen zustande kommen. Darüber hinaus sind die Vertragsparteien versucht, zu betrügen, indem sie die Ungewißheit der Verpflichtungen ausbeuten. Ein Vertrag zwischen Landwirt und Händler über eine Getreidelieferung, zum Beispiel, wird nicht die genaue Qualität des Getreides festlegen können; der Abschluß eines Vertrags, der Normen festzusetzen versucht, wird selbst kostspielig sein, und das Überprüfen dieser Normen wird weitere Kosten verursachen.

Es dauerte nicht lange, bis TCE-Analytiker diese Ideen auf den Arbeitsvertrag anwandten (Williamson 1984). Goldberg (1980) war der Auffassung, daß der Arbeitsvertrag sich im wesentlichen nicht von anderen Verträgen unterscheidet: Das Argument der marxistischen Wirtschaftlehre, das auch von der pluralistischen Schule vertreten wird, geht dahin, daß der Arbeitsvertrag einen besonderen Charakter hat, weil die zu erwartende Leistung nicht genau festgelegt werden kann; aber die Versuchung, zu betrügen – TCE nennt sie „Opportunismus" – ist eine generelle. Andere Autoren haben von Drückebergerei (*shirking*) gesprochen, das heißt von der Mißachtung vertraglicher Verpflichtungen, aus der Effizienzverluste resultieren (z.B. Hamermesh 1988). Es wird ein Interessenkonflikt zwischen dem Käufer und dem Verkäufer einer Ware angenommen; und Konsens zu schaffen, ist teuer. Offensichtlich sind solche Überlegungen für Konfliktstudien von Bedeutung, und TCE ist auf Konfliktmanifestationen wie Streiks (Robertson 1989) und Arbeitnehmerkriminalität (Dickens u.a. 1987) angewandt worden.

Der TCE-Ansatz ist ausführlich kritisiert worden, sowohl in seiner generellen (Malcolmson 1984; Dow 1987) wie in seiner spezifischen Anwendung auf das Verhältnis zwischen Kapital und Arbeit (Marginson 1986). Seine Beurteilung des Arbeitsvertrags ist an anderer Stelle analysiert worden (Edwards 1990a). Ein Problem hat mit dem besonderen Charakter des Vertrags zu tun. Mit gutem Grund wird behauptet, daß der Arbeitsvertrag sich von Natur aus von anderen Verträgen unterscheidet. Und dies nicht deshalb, weil die Leistung unbestimmbar ist, sondern weil der Vertrag auf Ausbeutung beruht. Bei einem Kaufvertrag hat Opportunismus zur Folge, daß Geld in der einen Tasche statt in der anderen landet. Im Arbeitsverhältnis hingegen wird neuer Wert geschaffen, und es ergibt sich ein struktureller Konflikt nicht nur über die Verteilung des Mehrwerts, sondern auch darüber, wie die Arbeit organisiert wird, um den Mehrwert zu produzieren. Für unsere Überlegungen ist es jedoch wichtiger, aus der Sicht von TCE die „negotiation of order" zu behandeln.

Nach Ansicht der TCE fügt sich der Arbeiter den Anordnungen des Managements, oder er drückt sich. Diese Auffassung ignoriert die Organisation von Konsens: eine Fülle von Studien weist darauf hin, daß Arbeiter ihre Fertigkeiten aktiv dazu benutzen, die Produktionsziele zu fördern. Zum Beispiel finden sie Wege, Maschinen schneller laufen zu lassen, als Managementnormen es erfordern, und sie halten sich an den Sinn, nicht an die Buchstaben von Arbeitsregeln, weil diese Regeln häufig die Effizienz beeinträchtigen (Roy 1954; Lupton 1963). Viele dieser Untersuchungen wurden in Betrieben mit Akkordlohnsystemen durchgeführt, und es könnte eingewandt werden, daß finanzieller Ansporn der Grund für das kooperative Verhalten war. Aber Untersuchungen über Zeitlöhner haben ein ähnliches Verhalten aufgedeckt (Halle 1984; Harris 1987). Arbeiter haben die Möglichkeit, sich zu drücken, nutzen sie aber nicht aus; sie widmen sich bereitwillig ihrer Aufgabe. Ihr Verhältnis zu Managern kann nicht auf ökonomisch rationale Kalkulation reduziert werden: Arbeitsplätze werden von einem

Gewebe von Regeln und stillschweigenden Übereinkünften beherrscht, und es sind diese sozialen Beziehungen, die die Erwartungen über den Leistungsgrad bestimmen. TCE (ebenso wie andere Theorien) verlangt auch dem Management einen zu hohen Grad von Rationalität ab: Das Gegenstück des Arbeiters, der sich drückt, ist der Manager, der auf Regelungen besteht, die, wenn es den Opportunismus nicht gäbe, eine höchstmögliche Effizienz bewirken würden. Aber, wie erwähnt, Managementregulierungen können oft die Produktion beeinträchtigen. Und Manager können ebenso Opportunisten sein wie Arbeiter. Viele Manager umgehen die von ihnen selbst festgelegten Regeln (Bensman und Gerver 1963) und bemühen sich, auf informelle Weise eine implizite Arbeitsverfassung auszuhandeln (Armstrong und Goodman 1979).

Es gibt also Aspekte des Arbeitsprozesses, die von TCE nicht erfaßt werden. Die Betonung des Opportunismus ergibt nur ein beschränktes und möglicherweise falsches Bild. Trotzdem ist der Versuch, formelle Modelle für jene Methoden zu entwickeln, mit denen Arbeiter zur Leistung angespornt werden, ein Fortschritt; denn ein großer Teil der Industriesoziologie hat die Komplikationen der „negotiation of order" beschrieben, ohne ausdrücklich auf die verschiedenen Formen des Leistungsanreizes einzugehen. Wie schon erwähnt, haben viele der vom TCE-Ansatz gewonnenen Erkenntnisse keinen Eingang in die relevanten theoretischen Debatten gefunden. Burawoy ist einer der wenigen Autoren, die diese Erkenntnisse in einer Konflikt- und Konsenstheorie zu integrieren versuchten.

Die Erzeugung von Konsens

In „Manufacturing Consent" beschreibt Burawoy (1979) die Arbeitsbeziehungen in einer amerikanischen Dieselmotorfabrik während der siebziger Jahre. Ehe er mit dieser Studie begann, war Burawoy mit den Methoden der Manchester-Schule der Gesellschaftsanthropologie vertraut, die erstmalig (z.B. Lupton 1963) Betriebsethnographien durchführte. Möglicherweise machten ihn diese Methoden auf Probleme aufmerksam, die aus der Sicht der Arbeitsprozeßanalyse nur vage erkennbar waren. Wie oben erwähnt, hat Lupton die Existenz eines starken moralischen Systems nachgewiesen, das das Arbeitnehmerverhalten bestimmte. Es war nicht so, daß die Beschäftigten entweder den Anweisungen folgten oder Widerstand leisteten; sie benutzten eine Vielfalt von Praktiken, die sie die „fiddle"[3] nannten. Die Beschleunigung von Maschinen über das durch Zeitstudien festgelegte Tempo hinaus ist ein gutes Beispiel. Sie liegt im Interesse der Arbeiter, denn sie erhöht ihr Einkommen, und kann dem Managementinteresse entgegenlaufen, denn es besteht die Gefahr, daß Ausschuß produziert oder die Maschine beschädigt wird. Gleichwohl kann dieses Verfahren auch für das Management insofern von Vorteil sein, als die Arbeiter, wenn sie in Erfahrung gebracht haben, daß die offiziellen Laufzeiten erhöht werden können, den Produktionsprozeß mit ihren Fachkenntnissen und ihrer Findigkeit fördern. Andere Vorteile können sich beispiels-

---

[3] Wörtlich: Fiedel, Geige; inhaltlich: Schiebung (Anm. d. Hg.)

weise durch die verringerte Notwendigkeit von Beaufsichtigung ergeben. So ist die „fiddle" gleichzeitig eine Hilfe und ein Hindernis für das Management.

Burawoy hat diese Einsichten mit der Frage weiter vorangetrieben, warum Arbeiter aktiv an ihrer Ausbeutung mitwirken. Für den Konkurrenzkapitalismus, wie von Marx analysiert, war die Antwort einfach: Zwang, oder im Burawoyschen Terminus, die Peitsche des Marktes. Im Monopolkapitalismus ist Zwang indes von geringerer Bedeutung. In Burawoys Fabrik kam es kaum zu Entlassungen, und andere Machtbefugnisses des Managements waren strikt begrenzt. Es gab drei Hauptmechanismen, die Kooperation bewirkten: (a) Ein interner Arbeitsmarkt regelte Beförderung und Entlassung gemäß dem Senioritätsprinzip; Kehrseite des automatischen Aufstiegs entsprechend dem Dienstalter war die Beschäftigungssicherheit. (b) Eine „interne Verfassung" (*internal state*), die das Tarifverhandlungssystem und das Schlichtungsverfahren in sich einschloß, sicherte eine Verfahrensordnung, die den Beschäftigten eindeutige Ansprüche einräumte und Managementbefugnisse einschränkte. (c) Und die Arbeiter schließlich beteiligten sich an dem Spiel der Erreichung der normalen Stückzahl, dem „making out": sie wurden im Akkordlohn bezahlt, und „making out" bedeutete, daß die durch Zeitstudien festgelegte Normalleistung erreicht wurde. Für Burawoy lag die Bedeutung darin, daß die Arbeiter nicht an diesem Spiel teilnehmen konnten, ohne letztlich auch die Spielregeln zu akzeptieren. Sie konnten zwar an der Grenze des Lohn-Leistungs-Kompromisses operieren, aber selbst dadurch dokumentierten sie noch Einverständnis mit dem System der Entlohnung und ihrer Produktion von Motorteilen.

Der Kern der Burawoyschen These ist die Beantwortung der Frage, warum Anweisungen mehr oder weniger automatisch von Arbeitern befolgt werden. Konsens kommt nicht außerhalb des Arbeitsplatzes zustande, er wird jeden Tag neu erzeugt. Arbeiter helfen mit an der Schaffung einer Ideologie, die sie dazu veranlaßt, ständig hart zu arbeiten. Zum Teil ist es eine Frage der unterschiedlichen Betonung. Es ist an Burawoy Kritik geübt worden, weil es ihm an einem dialektischen Ansatz mangle, und insbesondere, weil er die Vorteile, die ein geregelter Zustand am Arbeitsplatz für das Management bedeuten, übertreibe und auf diese Weise die Rolle des Klassenkampfes bagatellisiere (Clawson und Fantasia 1983; Gartman 1983). Diese Übertreibung ist ein Aspekt seiner empirischen Analyse, aber sie berührt nicht den Kern seines Ansatzes. Er stellt zum Beispiel den internen Arbeitsmarkt als ein Mittel dar, mit dem Arbeitnehmerkonsens sichergestellt wird, und vernachlässigt damit die Tatsache, daß Beförderung gemäß dem Dienstalter u.a. von den Gewerkschaften gefordert und vom Management angefochten wurde (s. Schatz 1983). In ähnlicher Weise ist die Betonung der verschiedenen Methoden, durch die Arbeiter in ein Netz von Regelungen verstrickt werden, vielleicht zutreffend für die besonderen Umstände in der Fabrik, in der er seine Untersuchungen durchführte, aber übersehen wird offenbar die Fähigkeit von Arbeitnehmern, zu anderen Zeiten und an anderen Orten, das Management bis zu einem gewissen Grade seiner Kontrolle zu berauben.

Es bestehen auch Lücken in Burawoys Analyse. Sie konzentriert sich auf die Organisation des *Effort Bargain* und besagt wenig über konkrete „Konfliktformen" oder über Methoden, mit denen sie analysiert werden könnten. Sie gibt zum Beispiel wenig Aufklärung darüber, wie regelmäßige Erscheinungen von Absentismus oder Sabotage auf bestimmte Typen von Arbeitsbeziehungen zurückgeführt oder als Konfliktausdruck analysiert werden können.

Grundlegendere Probleme ergeben sich aus seinem Konsensmodell außerhalb des Monopolkapitalismus. Forschungsbefunde zeigen, daß Zwang nur selten der Hauptfaktor war und daß auch unter anderen Bedingungen der Konsens ein mindestens so kompliziertes Aushandeln erforderte, wie Burawoy es beobachtet hat.

Die britische Marine des 18. Jahrhunderts ist ein gutes Beispiel: die übliche Vorstellung ist die, daß es häufig Prügel gab und die Lebensumstände miserabel waren; nur wenige Freiwillige meldeten sich, und es trieben sich „press gangs" auf den Straßen herum, die die unglückseligen Opfer einfingen, um sie zum Dienst zu zwingen. Neuere Untersuchungen haben ergeben, daß diese Vorstellung falsch ist (Rodger 1988). Diese Praxis wurde nicht wahllos ausgeübt und war nur für Matrosen legal. An Bord mußten die Seemänner komplizierte Aufgaben genau durchführen: Bestrafung war keine sehr wirkungsvolle Methode, um ihre Mitarbeit zu sichern, und wurde in der Tat nur selten benutzt. Die Autoritätssysteme waren, von modernem Gesichtspunkt aus gesehen, primitiv. Das bedeutet nicht, daß Anarchie herrschte. Es bestand ein ganz klar regulierter Zustand, der heutzutage schwer zu verstehen ist. Rodger (1988, S. 345) zieht den Schluß, daß die Marine, ebenso wie das Volk im allgemeinen, einen „ungeregelten Zusammenhalt" hatte: „Der Gehorsam von Offizieren und Mannschaft war eingeschränkt durch Temperament, Gutdünken und Selbstinteresse", woraus sich ein loses System ergab, das aber „Offiziere und Mannschaft durch das Band gegenseitiger Abhängigkeit verknüpfte". Ein geregelter Zustand wurde nicht durch die sorgfältige und ausgewogene Anwendung von Belohnungen und Strafen hergestellt; und Matrosen waren nicht einfach „Opportunisten", die jede Gelegenheit ausnutzten, um ihren Verpflichtungen zu entgehen. Matrosen waren sich ihrer Pflichten bewußt und erfüllten ihre Aufgaben in aktiver Zusammenarbeit. Aus den Bräuchen und stillschweigenden Übereinkünften des Berufs ergab sich ein geregelter Zustand.

Ein ähnlicher Schluß kann aus Genoveses (1976) Analyse der Sklavenarbeit in den amerikanischen Südstaaten gezogen werden. Sogar hier wurde Leistung nicht allein durch Zwang gesichert und die Peitsche wurde nur selten benutzt. Die Sklaven arbeiteten pflichtbewußt, und ein paternalistisches System „vermittelte, wenn auch auf ungerechte und sogar grausame Weise, zwischen Herren und Sklaven, und es verhüllte, wenn auch nur mangelhaft, die Aneignung der Arbeitskraft eines Mannes durch einen anderen". Die Sklaven „hatten ein, wenn auch psychologisch antagonistisches, Interesse daran, daß die Plantage, die Schwarze und Weiße ernährte, reibungslos funktionierte" (S. 6, 16). Im Grunde beruhte die Sklaverei auf Gewalt, aber kein Produktionssystem kann sich auf längere Zeit hinaus ausschließlich auf Gewalt verlassen. Es entstehen Bande, die Herren und Sklaven in einem System gegenseitiger Verpflichtungen aneinander binden. Wie Genovese betont, wurde die der Sklaverei zugrundeliegende Ausbeutung durch den Paternalismus getarnt.

Burawoys Analyse ist also in ihrer Anwendung manchmal übertrieben, sie ist in mancher Hinsicht unvollständig, und sie tendiert dazu, das Problem des Konsens außerhalb des modernen Fabrikwesens zu vernachlässigen. Trotzdem bildet sie einen wichtigen Bestandteil jeder umfassenden Konflikt- und Konsenstheorie.

Schlußfolgerungen

Jede der bisher diskutierten Theorien hat gewisse Stärken: der Pluralismus in seiner Analyse der offenen Verhandlungen zwischen Organisationen; der radikale Ansatz in seiner Analyse der Machtverhältnisse und der Zusammenhänge zwischen Arbeitsbeziehungen und der weiteren Gesellschaft; und die sich mit Ideologie befassenden Autoren in ihrer Analyse der vielseitigen Aspekte der Arbeitsbeziehungen und der gemeinsamen Produktion von Konflikt und Konsens. Der folgende Teil skizziert eine Synthese dieser verschiedenen Ansätze, deutet ihre Anwendbarkeit in anderen Ländern, nicht nur Großbritannien und Amerika, an, und befaßt sich eingehender mit Themen, die bisher nur umrissen worden sind.

2. Ein materialistischer Ansatz [4]

Die theoretische Orientierung

Wie bereits erwähnt, hat der Arbeitsvertrag insofern einen besonderen Charakter, als er mit Ausbeutung zu tun hat. In normalen Geschäftsbeziehungen gibt es Konkurrenz und Rivalität, aber keinen inhärenten Interessenkonflikt: die Parteien operieren letztlich auf gleicher Ebene. Dem Arbeitsverhältnis wohnt jedoch ein struktureller Konflikt inne, der sich aus der Struktur der Produktionsweise und nicht aus den menschlichen Interessen und Wünschen ergibt. Dieser Antagonismus geht auf die Erzeugung von Mehrwert zurück und wird von der Arbeitsorganisation überlagert, die infolge der Notwendigkeit, weiterhin Mehrwert zu schaffen, entwickelt worden ist. Der Arbeit-

---

[4] Der Ansatz wird als materialistisch bezeichnet, weil er, im Gegensatz zu Auseinandersetzungen, die sich ausschließlich auf das wechselwirkende Verhalten der Akteure konzentrieren, darauf hinzielt, ihr Verhalten mit den sie umgebenden materiellen, objektiven Umständen in Beziehung zu bringen. Er beruht jedoch nicht auf marxistischer Theorie. Eine Erläuterung der Unterschiede zwischen Marxismus und dem hier gemachten Ansatz findet sich an anderer Stelle (Edwards 1986). Jede marxistische Analyse muß materialistisch sein, aber nicht alle Materialisten sind Marxisten. Die hier vorgelegte Stellungnahme teilt nicht die marxistische Theorie der historischen Entwicklung und macht, in völligem Gegensatz zum Marxismus, eine deutliche Unterscheidung zwischen Analyse und Handlungsweise (d.h. sie akzeptiert nicht die Einheit von Theorie und Praxis).

nehmer ist der Autorität des Arbeitgebers unterworfen, denn er ist es, der bestimmt, wie und wann die Arbeit ausgeführt wird.

Wenn der strukturell bedingte Antagonismus nur eine Konstante innerhalb der kapitalistischen Produktionsweise darstellt, wie kann er als analytisches Instrument für die Erklärung konkreter Phänomene benutzt werden? Als erstes bietet er eine Stütze für das allgemeine Argument, daß Konflikt unvermeidlich ist. Zweitens übt der Antagonismus einen, man kann sagen: bestimmenden Einfluß auf das Verhalten aus.

Die Aufgabe, Mehrwert zu produzieren, wird von Managern gehandhabt. Der Managementprozeß ist zwangsläufig unsicher und unbestimmt, denn die Manager müssen mit Widersprüchen fertigwerden. Diese Widersprüche im Arbeitsprozeß ergeben sich daraus, daß Arbeiter gegen ihre Ausbeutung Widerstand leisten können, aber als schöpferische Akteure auch ihre Fertigkeiten für den Produktionsprozeß nutzen können. Und der Arbeitsprozeß ist konstitutiv für den Formwandel des Kapitals: im Gegensatz zu anderen Produktionsweisen, wie etwa dem Feudalismus oder dem Staatssozialismus, wird der Kapitalismus durch ein Wertprinzip angetrieben, das den Kapitalisten weiteren Kapitalzuwachs abverlangt. Die Folge für den Arbeitsprozeß ist, daß Unternehmen gezwungen sind, ihre Arbeitsorganisationen zu rationalisieren, um weiterhin wettbewerbsfähig zu bleiben. Diese offensichtliche Tatsache hat einige britische Autoren zu dem Argument verleitet, daß der Arbeitsprozeß selbst nicht entscheidendes Moment in der Unterwerfung der Arbeiterschaft sei (z.B. Littler und Salaman 1982). Der Arbeitsprozeß ist jedoch in verschiedener Hinsicht unabhängig von anderen gesellschaftlichen Strömungen: in ihm muß Mehrwert erzeugt werden, und der Kapitalbesitzer steht dem offensichtlichen Problem gegenüber, die andauernde „compliance" mit diesem Gebot seitens der Arbeitnehmer zu sichern.

Aber woher stammt die Bereitschaft zur Kooperation seitens der Beschäftigten? Empirische Evidenzen zeigen, daß Arbeiter das Bestreben haben, zu produzieren, aber wie kann dieses Bestreben erklärt werden, ohne auf ein angeborenes menschliches Bedürfnis zurückzugreifen? Die Antwort liegt in dem von Cressey und MacInnes vorgebrachten Argument, daß die Arbeiter von den Kapitalbesitzern abhängig sind, um ihren Lebensunterhalt bestreiten zu können; zum anderen ist sie in der Geschichte zu suchen: wie aus den Studien von Thompson (1967) und Pollard (1965) bekannt ist, mußte die Disziplin der Kontrolluhr einer unwilligen Arbeiterschaft erst aufgezwungen werden. Im Verlauf der kapitalistischen Entwicklung haben sich die Arbeiter an regelmäßige Arbeitszeiten gewöhnt. Aber zum dritten wird die Antwort in weiter verbreiteten gesellschaftlichen Normen zu finden sein, wie zum Beispiel dem Gefühl der Verpflichtung gegenüber den Arbeitskollegen oder der Genugtuung, eine Arbeit fertiggestellt zu haben. Baldamus (1961) hat von Langeweile und Anziehung (*tedium and traction*) in der industriellen Arbeit gesprochen: Langeweile tritt auf, wenn die Arbeit langsam und mit Schwierigkeiten vorangeht, während Anziehung darin besteht, durch die Aufgabe selbst mitgerissen zu werden, wenn die Arbeit reibungslos verläuft. Die Studien von Roy und Burawoy dokumentieren den Stolz, den Arbeiter fühlen, wenn sie ein Pensum erfüllt haben, das von ihren Arbeitskollegen als eine gute Tagesleistung angesehen wird: Achtung und Selbstvertrauen sollten als Ansporn für harte Arbeit nicht übersehen werden. Aber was auch immer ihre allgemeinen Ursprünge sein mögen, die Bereitwilligkeit zur Kooperation seitens der Beschäftigten richtet sich auf Ziele, die von Unternehmern bestimmt werden, und der Charakter der betrieblichen Arbeitsbeziehungen entwickelt sich innerhalb der Dialektik von Unterordnung, Abhängigkeit und Widerstand.

Ist der Effort Bargain eine angelsächsische Besonderheit?

In der Literatur über informelle Gruppen und Normen innerhalb des Betriebs wird häufig unterstellt, daß jene von Lupton oder Burawoy beschriebenen Praktiken in ähnlicher Form überall anzutreffen sind. Aber Maitland (1983, S. 50-63) hat gezeigt, daß in einer britischen Reifenfabrik *Effort Bargaining* endemisch war, während es ihn in einem deutschen Werk, das der gleichen Gesellschaft gehörte, kaum gab. In ähnlicher Weise hat Gallie (1978) in einem Vergleich zwischen französischen und britischen Ölraffinerien aufgezeigt, daß die Beziehungen auf Betriebsebene sehr verschieden waren, und daß die britischen Gewerkschaften eine viel stärkere Kontrolle als ihre französischen Kollegen über die Einzelheiten des Produktionsprozesses ausübten.

Dieses Problem hat zwei Aspekte. Erstens stimmt es, daß verschiedene Länder unterschiedliche Arbeitsplatzpraktiken haben. Tägliches Aushandeln des Leistungsniveaus, des Akkordlohns etc. findet man häufiger in Großbritannien als in den Vereinigten Staaten, und öfter in diesen beiden Ländern als beispielsweise in Schweden oder Deutschland. Ein solches Aushandeln findet jedoch nicht überall in Großbritannien statt. Es war immer eine Ausnahme und am weitesten verbreitet in der Metallverarbeitung, im Druckgewerbe und in den Docks; in Betrieben anderer Sektoren (z.B. solchen, die von Armstrong et al. (1981) untersucht wurden) war es selten anzutreffen. Es ist nicht *typisch* für Großbritannien, aber *charakteristisch*: die meisten Arbeitnehmer betreiben es nicht, aber die Art und Weise, auf die die industriellen Beziehungen in diesem Land zustande kamen – einschließlich der Abwesenheit gesetzlicher Regelungen, der frühen Entstehung des Berufsgewerkschaftswesens und der Schwäche der Arbeitgeberverbände – ermöglichten es, daß sich dieses Aushandeln entwickelte, wenn die Voraussetzungen dafür günstig waren. Einige seiner Begleiterscheinungen waren wahrscheinlich ausgesprochen britisch. Wie schon erwähnt, ein großer Teil der Literatur enthält Material über die Ineffizienz des Managements und das Mißtrauen zwischen Arbeitnehmern und Managern: die Arbeiter müssen versuchen, Irrtümer des Managements zu korrigieren, und entwickeln so einen erheblichen Skeptizismus hinsichtlich der technischen Fähigkeiten der Manager. Ein besonders interessanter Befund von Studien über japanische Unternehmen in Großbritannien ist, daß die Belegschaft von den technischen Fertigkeiten der Manager sich sehr beeindruckt zeigt (White und Trevor 1983). Dementsprechend werden die Fertigkeiten der Arbeiter weniger beansprucht, um Fehler des Managements auszubessern.

Es kann jedoch nicht geleugnet werden, daß jede kapitalistische Marktwirtschaft bestimmte grundlegende Charakteristika hat: ein strukturell bedingter Antagonismus zwischen Kapital und Arbeit; Ungewißheit und Unbestimmtheit im Arbeitsvertrag; und schließlich Arbeitsbeziehungen, die die Unterordnung des Arbeitnehmers unter die Autorität des Arbeitgebers widerspiegeln. „Obwohl die gegensätzlichen Interessen von Kapital und Arbeit in ihren Beziehungen zueinander im Arbeitsprozeß in jeder kapitalistischen Gesellschaft zum Ausdruck kommen, so wird doch der sich daraus ergebende Kampf zwischen ihnen auf verschiedene Weise und mit unterschiedlichen Resultaten ausgefochten." (Lane 1987, S. 76). Es sollte nicht gefragt werden, ob *Effort Bargaining* ausschließlich in Großbritannien auftritt, weil es einen Gesellschaftstyp darstellt, der sich von anderen völlig unterscheidet, sondern die Frage ist, wie es kam, daß die Beziehung zwischen Kapital und Arbeit hier auf diese besondere Weise ihren Ausdruck fand. Umgekehrt ist auch zu fragen, wie und warum in einem Land wie Deutschland die Antagonismen zwischen Kapital und Arbeit eine andere Form angenommen haben. Sisson (1987) hat aufgezeigt, wie Manager in Deutschland, Schweden, Frankreich und Italien in der Lage waren, „den Arbeitsplatz zu neutralisieren", d.h. das Potential der sich aus dem *Effort Bargain* ergebenden Konflikte in Grenzen zu halten. Es gelang ihnen auf Wegen, die sich im einzelnen voneinander unterschieden, sich aber alle auf von mit Arbeitgeberverbänden abgeschlossenen Tarifverträgen stützten, so daß das Aushandeln zum großen Teil außerhalb des Betriebs stattfand. Britische Arbeitgeber machten von dieser Möglichkeit keinen Gebrauch. Was die Amerikaner anbetrifft, so verließen sie sich, ihrer besonderen Vergangenheit wegen, weiterhin auf Tarifverhandlungen mit einzelnen Arbeitgebern. Während des frühen 20. Jahrhunderts gelang es großen Unternehmen, die Gewerkschaften auszuschalten und weitgehend unangefochten autokratische Methoden einzuführen. Als es zu der Anerkennung von Gewerkschaften kam, hatten die Arbeitgeber bereits ihre eigenen Beschäftigungsstrukturen geschaffen. Darüber hinaus war die Form der Gewerkschaftsanerkennung stark von staatlichen Agenturen abhängig, die zunehmend die Grenzen legaler Arbeitsplatzaktivitäten umschrieben (Tomlins 1985). So war es für die Arbeitgeber möglich, Gewerkschaften zu akzeptieren und den Arbeitsplatz auf der Ebene des Einzelarbeitgebers zu neutralisieren. Das bedeutete jedoch gleichzeitig, daß keine neuen Institutionen für „joint regulation" geschaffen wurden. Der amerikanische Arbeitsplatz behielt einige Ähnlichkeiten mit dem britischen insofern, als die Gewerkschaften sich auf den unmittelbaren Gegenstandsbereich von „job control" konzentrierten, und die Gesetzgebung nur vorschrieb, was innerhalb der Tarifverhandlungen zugelassen war, jedoch keine Alternativen für die Regelung des Verhältnisses zwischen Kapital und Arbeit bot.

Es gibt also historische Gründe, warum *Effort Bargain* in einigen Ländern stärker im Mittelpunkt steht als in anderen. Das Problem, wie Arbeiter dazu veranlaßt werden konnten, Arbeit zu leisten, hat sich hier besonders deutlich gestellt. Aber nichtsdestoweniger sind alle Kapitalbesitzer mit diesem Problem konfrontiert. Wie sie mit ihm fertig wurden, soll im folgenden behandelt werden.

3. Einige Anwendungsbereiche des Ansatzes

Japan

Abegglen und Stalk (1985, S. 182) geben die konventionelle Beschreibung Japans: Niedrige Streikziffern und minimaler Absentismus deuten auf „Arbeitnehmer, die pflichtbewußter sind als diejenigen in westlichen Ländern", und das japanische Managementsystem „ist weiter gegangen als andere, um konfligierende Interessen zu minimieren". Im Gegensatz dazu hat Kamata (1983) eine leidenschaftliche Kritik veröffentlicht, die sich auf seine Erfahrungen als Leiharbeiter in einer Toyota Fabrik stützt: der Arbeitsdruck war intensiv, den Arbeitern wurde nachspioniert und die Hauptantriebskraft war Furcht. Können solche Beschreibungen miteinander in Einklang gebracht werden? Sie können es, wenn wir realisieren, daß „die Minimierung konfligierender Interessen" auf einer bestimmten Arbeitsorganisation beruht: Konflikte sind nicht beseitigt worden, sondern werden organisatorisch umgeleitet und zugedeckt.[5]

Es können u.a. folgende Gründe dafür angeführt werden, warum japanische Arbeiter so intensiv arbeiten. Für diejenigen, die das Privileg des berühmten lebenslänglichen Beschäftigungsverhältnisses genießen (ungefähr ein Drittel aller Arbeitnehmer), hängt die Sicherheit des Arbeitsplatzes vom Erfolg des Unternehmens ab, und für sie ist angestrengte Arbeit von direktem materiellem Vorteil; häufig besteht fast ein Drittel des Einkommens eines Arbeiters aus Zulagen, die auf Leistung basieren; der Grundlohn hängt vom Dienstalter ab, so daß Arbeiter nicht auf einen festen Lohnsatz für eine bestimmte Arbeit orientiert sind; und die Gewerkschaften schließlich, die Arbeitnehmer jeweils nur eines Unternehmens vertreten, verstärken das Engagement für den Unternehmenserfolg. Aber es gibt noch andere Gründe. Einige sind auf die Unternehmensstrategie großer Kapitalgesellschaften zurückzuführen: auf zunehmenden Marktanteil und Wachstum auf lange Sicht zielend, wird ein Betriebsklima für Expansion und Akzeptanz von Neuerungen erzeugt. Weitere Gründe liefert die interne Arbeitsorganisation. Als Beispiel wäre hier das *ringi*-Entscheidungssystem zu nennen. In ihm wird dem untergeordneten Mitglied einer Organisation die Aufgabe übergeben, einen Aktionsplan vorzubereiten, und jeder, der betroffen ist, äußert sich dazu und gibt seine Einwilligung, ehe der Plan ausgeführt wird. Auf diese Weise wird eine persönliche Bindung an die Ziele, die vereinbart worden sind, gesichert, im Gegensatz zu dem anglo-amerikanischen System, in dem von oben getroffene Entscheidungen zur Ausführung nach unten weitergeleitet werden. Einer der für Japan charakteristischen Züge ist die Mischung von individualistischem Streben nach Erfolg und intensiver Loyalität mit der Gruppe. Gruppenloyalität verschmilzt mit der Loyalität zum Unternehmen. Arbeitnehmer hängen auch in ihren geselligen Aktivitäten stark von der Arbeitsgruppe ab, zusätzlich zu den rein beruflichen Interessen. Es ist schwer, außerhalb der Gruppe

---

[5] Die folgende Diskussion beruht auf einer Reihe von Quellen: Abegglen und Stalk 1985, Cole 1979, Cusumano 1985, Dohse et al. 1984, Hanami 1980, Kamata 1983, Koike 1988, Levine und Taira 1980, Rohlen 1974 und Tokunaga 1983.

wirksam zu sein, und es gibt wenig Raum, die Ansprüche des Management in Frage zu stellen. Überhaupt gibt es wenig Probleme, die Dissidenten zum Streitobjekt machen könnten. In Großbritannien sind häufige Entlassungen, schwankende Entlohnungen und eine inkompetente Produktionsorganisation oft Quellen der Unzufriedenheit, die von Shop Stewards zum Anlaß für Kampfansagen an das Management genommen werden können. Solche Zustände sind in Japan unbekannt.

Es darf auch nicht vergessen werden, daß das anscheinend konfliktfreie System, historisch gesehen, auf offenen Konflikten beruht. Während der späten vierziger und frühen fünfziger Jahre waren intensive Konflikte zwischen den unter kommunistischem Einfluß stehenden Gewerkschaften und den Arbeitgebern, die von der amerikanischen Besatzungsmacht unterstützt wurden, vorherrschend. Indem sie organisierten Widerstand zerschlugen, konnten die Arbeitgeber ein ihren Wünschen entsprechendes Fabrikregime schaffen und offene Konflikte unterdrücken. Aber sie wurden damit nicht ausgemerzt. Eine scheinbar merkwürdige Tatsache ist die verhältnismäßig hohe Streikaktivität in Japan. Ross und Hartman (1960) fühlten sich sogar veranlaßt, Japan, gemeinsam mit Frankreich und Italien, als Teil des „mediterran-asiatischen" Modells mit häufigen, ausgedehnten Protesten anzusehen. Von 1962 bis 1976 war die Anzahl ausgefallener Arbeitstage je 1000 Arbeitnehmer erheblich höher als in Schweden oder Deutschland, und erreichte ungefähr das Streikvolumen Belgiens und Neuseelands, zweier Länder, deren Arbeiter oft als ziemlich militant angesehen werden (Jackson 1987, S. 17). Japanische Streiks unterscheiden sich jedoch in ihrem Charakter von Streiks in Frankreich oder Italien. Sie sind ritualisierte Proteste, die häufig mit der „Frühjahrsoffensive" (*Shunto*) verbunden sind, während derer große Demonstrationen für Lohnerhöhungen stattfinden; manchmal wird die ausgefallene Arbeitszeit wettgemacht, indem die Arbeitnehmer unbezahlte Überstunden leisten. Die Streiks sind voraussehbar und fügen den Arbeitgebern nur wenig Schaden zu. Trotzdem sind sie ein Zeichen dafür, daß eine zugrundeliegende Unzufriedenheit besteht, die die Arbeiter zum Ausdruck bringen.

Streikstatistiken als solche brauchen nicht sehr aufschlußreich zu sein: Konflikt manifestiert sich in subtilen Formen, die sich von den im Westen üblichen Formen unterscheiden (Hanami 1980, S. 9-10). Hanami gibt keine konkreten Beispiele, sondern beschränkt sich auf die Feststellung, daß einzelne Arbeitnehmer möglicherweise stillschweigend leiden, weil offener Widerspruch mißbilligt wird. So bemerkte Rohlen (1974, S. 83) in einer Bank eine jährliche Kündigungsrate von 1,5 Prozent. Diejenigen, die weggingen, waren häufig von der übrigen Gruppe isoliert, und ihre Kündigung war ein versteckter Protest. Bezeichnend war, daß die Fluktuationsraten von der Bank streng geheimgehalten wurden, weil sie der vorherrschenden Harmonieillusion hätten Schaden zufügen können.

Es geht in Wirklichkeit nicht darum, ob es in Japan Konflikte gibt oder nicht, sondern darum, wie die Arbeit organisiert wird, um Manifestationen offener Konflikte zu reduzieren, und darum, welche Formen Konflikte annehmen. Eine Reihe von Autoren haben auf den intensiven Druck hingewiesen, unter dem die Arbeiter stehen: Watanabe

(1988) argumentiert, daß die neue Technologie größere Ansprüche an alle Arbeitnehmer, einschließlich der Manager, stellt; Tokunaga (1983, S. 323) zitiert Gewerkschaftsumfragen, die ergeben haben, daß sich Arbeiter in Qualitätszirkeln als Folge ihrer quasi-obligatorischen Beteiligung an diesen Zirkeln geistig mehr belastet fühlen. Wie Cole (1979, S. 252) zusammenfaßt: In kleinen Firmen gibt es keine Einmütigkeit der Zielsetzung, und die Kontrolle wird durch traditionelle Zwangsmethoden durchgesetzt; in großen Firmen besteht eine eindrucksvolle Einmütigkeit der Zielsetzung, aber sie beruht auf der Vorherrschaft des Arbeitgebers, so daß „sie für diejenigen, die eine Demokratisierung des Unternehmens anstreben, kaum ein nachahmenswertes Ideal darstellt".

Streikmuster

Untersuchungen über länderspezifische Unterschiede in den Streikaktivitäten haben durch den politökonomischen Ansatz (*political economy approach*) (Korpi und Shalev 1979) eine Renaissance erfahren. Aus dieser theoretischen Debatte ist hier vor allem der Zusammenhang zwischen den von diesem Ansatz hervorgehobenen Variablen und den je spezifischen Mustern der Arbeitskontrolle von Interesse. Korpi und Shalev sehen eine Korrelation zwischen der Streikhäufigkeit und der politischen Zusammensetzung der Regierung: Sozialdemokratische Regierungen, die in der politischen Arena den Klassenkompromiß institutionalisierten, beseitigten damit die Notwendigkeit, Streiks für die Interessen der Arbeiterklasse einzusetzen. Im Gegensatz dazu argumentiert Cameron (1984), daß der Arbeitsfriede mehr mit dem Charakter der Arbeiterbewegung selbst zu tun hat: Er ist dort zu finden, wo nur ein Gewerkschaftsdachverband besteht (oder wenn es mehrere Verbände gibt, wie in Deutschland und Schweden, jeder ein Monopol in einem bestimmten Segment der Arbeiterschaft hat); und wo Betriebsräte und Mitbestimmung existieren, die dazu dienen, den Klassenkonflikt zu institutionalisieren. Mit dieser Interpretation von Cameron kann jenes theoretische Problem gelöst werden, wonach Deutschland, in dem Arbeitsfrieden auch ohne eine sozialdemokratische Regierung herrscht, einen Ausnahmefall darstellt. „Das wesentliche *quid* für das *quo* des Arbeitsfriedens ist Vollbeschäftigung über einen ausgedehnten Zeitraum hinaus." (Cameron 1984, S. 174)

Die unbeantwortete Frage ist, wie Arbeitsfrieden auf Betriebsebene organisiert wird. Wie können Arbeiter davon überzeugt werden, daß er für sie von Vorteil ist? In Großbritannien scheiterten Versuche, quasi-korporatistische Einrichtungen auf Landesebene einzuführen, weil die Arbeiterschaft nicht davon überzeugt werden konnte, daß sich Zurückhaltung bezahlt machen würde. Britische Arbeiter hatten über viele Jahre hinaus gelernt, daß Arbeitsfrieden von Managern als Schwäche ausgelegt und dazu ausgenutzt werden würde, militante Arbeitnehmer zu entlassen oder Änderungen in Arbeitsmethoden zu erzwingen. Der Arbeitsfrieden ist eher das Resultat eines bestimmten Arrangements von Arbeitsbeziehungen als das einer bewußt getroffenen Entscheidung.

Arbeitsfrieden darf jedoch nicht mit Passivität gleichgesetzt werden. Es gab eine Zeit, in der britische Sozialwissenschaftler das Betriebsrätesystem ablehnend behandelten. Sie wiesen auf die Unfähigkeit der Betriebsräte, Streiks zu organisieren, und auf die Trennung zwischen Betriebsräten und offiziellen Gewerkschaftsorganen hin. Aus zwei Gründen hat ein Umdenken stattgefunden: Offensiven von seiten des Managements in Großbritannien während der achtziger Jahre haben die Schwächen des auf Shop Stewards beruhenden Repräsentationssystems aufgedeckt. Und die Beschränkungen, die dem Direktionsrecht des Managements durch Betriebsräte auferlegt werden, ließen konkrete Vorteile für Arbeitnehmer erkennen. Zu diesen gehören die rechtlichen Grenzen, die der Mißbrauch der Entlassung als Disziplinarmaßnahme gesetzt sind. Obwohl während der sechziger und siebziger Jahre in Großbritannien starke betriebliche Gewerksorganisationen Disziplinarmaßnahmen *de facto* beschränken konnten, waren solche Beschränkungen keineswegs allgemeine Praxis und während der achtziger Jahre haben sie auch stark an Wirksamkeit verloren.

In groben Umrissen sind die Methoden, mit denen die Betriebsräte in Deutschland oder die zentralisierten Tarifverhandlungen in Verbindung mit starken Gewerkschaften in Schweden, die die betrieblichen Arbeitsbeziehungen regulieren, bekannt. Aber sie bedürfen genauerer Darlegung, wenn die Debatte über länderspezifische Streikmuster weiterentwickelt werden soll. Und sie müssen auch untersucht werden, um zu erklären, wie Konsens auf seiten der Arbeiter erzeugt und beibehalten wird.

Absentismus

Vom Arbeitgeber her gesehen, gehört die regelmäßige Anwesenheit der Arbeiter zu einem geordneten betrieblichen Zustand. Soziologen haben indessen dem Absentismus bemerkenswert wenig Aufmerksamkeit gewidmet. Dieses Phänomen ist weitgehend von Sozialpsychologen untersucht worden, die sich jedoch auf den einzelnen Arbeiter und seine Zufriedenheit mit der Arbeit konzentriert haben. Die sozialen Signale, die vom Absentismus ausgehen, die Rolle von Fehlschichten als Mittel im *Effort Bargain* und sogar ihre Bedeutung für die Arbeitgeber, sind vernachlässigt worden.

Einige Forschungsbefunde geben zumindest eine Andeutung von der Rolle, die der Absentismus in den betrieblichen Arbeitsbeziehungen spielt. Edwards und Scullion (1982) untersuchten zwei britische Bekleidungsfabriken, in denen Arbeiterinnen, die die Bekleidungsstücke zusammennähten, sehr genauer Aufsicht und strenger Disziplin unterworfen waren, während männliche Arbeiter, die Hilfsarbeiten leisteten und die Maschinen zur Herstellung des Grundmaterial bedienten, weniger intensiv kontrolliert wurden. Die Autoren zeigten auf, daß die Abwesenheitsraten beider Gruppen stark differierten, und auch, daß die Abwesenheitsrate der Frauen sehr viel höher war als die vergleichbarer Fabrikarbeiterinnen in anderen Industriezweigen. Eine mit Hilfe von Fragebogen durchgeführte Umfrage ergab, daß die Frauen es als gerechtfertigt ansahen, gelegentlich einen Tag freizunehmen, während die Männer mehr zu der Ansicht neigten, daß nur ein ernsthafter Grund, wie z.B. Krankheit, zur Abwesenheit berechtigt. Diese Beispiele legen nahe, daß Fehlschichten als eine „Konfliktform" verstanden werden können: Sie traten am häufigsten dort auf, wo die Kontrolle am intensivsten war, und die betroffenen Beschäftigten sahen in Fehlschichten eine Möglichkeit, dem Arbeitsdruck zu entgehen. Und doch war ihre Wirksamkeit auf Betriebsebene begrenzt. Obwohl Absentismus sehr verbreitet war, stützte sie sich nicht auf kollektive Normen: Die Arbeiter reagierten auf ihre Umstände als Individuen, und weil die Umstände ähnlich waren, reagierten sie auf ähnliche Weise, aber es bestand kein kollektives Einvernehmen mit dem oder der Abwesenden. Fehlschichten verursachten auch keine allzu großen Kosten für die Manager: Es gab kein vom Unternehmen finanziertes Krankengeld, und andere Arbeiter konnten leicht umdisponiert werden, um die Aufgaben der Fehlenden zu übernehmen. In diesem Fall wurde Abwesenheit also nicht ausdrücklich dazu benutzt, um auf die Unzufriedenheit der Belegschaft aufmerksam zu machen; aber sie war unschwer mit der Art und Weise der Arbeitskontrolle in Verbindung zu bringen und somit als eine Konfliktform zu bewerten. Es kann auch behauptet werden, daß sie eine Rolle in der Erzeugung von Konsens insofern spielte, als sie einen Ausweg darbot, der es den Arbeitern ermöglichte, sich auf ihre eigene Art dem Kontrollsystem anzupassen. Ein kollektiver Protest wurde auf diese Weise abgelenkt. Die Duldung von Fehlschichten seitens des Managements spielte auch eine Rolle: weil Fehlschichten wenig Kosten verursachten, blieben die Manager erstaunlich ruhig, ihre Unbesorgtheit hatte zur Folge, daß sie nichts taten, um Abwesenheit zu verhindern; und das Ausbleiben starker Reaktionen seitens des Managements bedeutete, daß Fehlschichten zu keinen offenen Auseinandersetzungen führten. So wurde das bestehende System der Arbeitsbeziehungen weiter gefestigt.

Fehlschichten werden oft als Reaktion des einzelnen Arbeiters auf die gestellten Anforderungen angesehen. Aber um ihre Rolle am Arbeitsplatz verstehen zu können, müssen die Aktivitäten des Managements besonders unter die Lupe genommen werden. Es sind die Manager, die entscheiden, wie weit Fehlschichten als ein Problem anzusehen sind und was zu ihrer Vermeidung getan werden kann. Und ihr Verhalten hat ebenso viel mit Konflikt und Kooperation zu tun, wie das Verhalten der Arbeitnehmer. Wie bereits gesagt, ein Kontrolle/Widerstands-Modell muß die Manager insofern als eine Konfliktursache ansehen, als sie Regeln aufstellen und Kontrolle ausüben. Eine angemessene Beurteilung würde zu verstehen versuchen, warum bestimmte Regeln durchgesetzt werden und inwieweit Manager in der Tat ihre eigenen Kontrollmöglichkeiten zu verbessern trachten.

Managerielle Besorgnis über Fehlschichten ist keineswegs konstant. Sie scheint größer in Kriegszeiten, wenn lange Arbeitszeiten, angespannte Arbeitsmärkte und die Notwendigkeit, neue Kategorien von Arbeitern einzustellen, in den Managern eine Beunruhigung über das mangelnde Verantwortungsbewußtsein der Arbeiterschaft hervorrufen (Raphael 1941). Während des Zweiten Weltkriegs verursachte der Absentismus unter Frauen in Großbritannien besondere Besorgnis. Summerfield (1984, S. 32) zeigt auf, daß Frauen in der Tat zeitweilig der Arbeit fernblieben und nicht stoisch zu der Kriegsproduktion beitrugen. Aber der Grund dafür war der Druck, dem sie durch die

Haushaltsführung zusätzlich zu den langen Stunden in der Fabrik und die Schwierigkeiten mit dem Einkauf knapper Waren ausgesetzt waren. Fehlschichten stellten nicht eine bewußte Ablehnung der Arbeitsethik dar, sondern waren eine naheliegende Reaktion auf die tägliche Überbeanspruchung. Insofern als Unternehmer sich kaum bemühten, die Beschwernisse zu erleichtern, (z.b. dadurch, daß Läden in der Nähe der Fabriken aufgemacht oder Transportmittel verbessert wurden), trugen sie selbst zu den Ursachen bei, so daß ihre moralische Entrüstung völlig unangebracht war.

Manager, die nach ihren Überzeugungen handeln, sind ebenso in Konflikte verstrickt, wie Arbeiter, die versuchen, den *Effort Bargain* zu ihren Gunsten zu verlagern. Ebenso wie Fehlschichten haben auch Leistungsrestriktionen (Ditton 1976) und Diebstahl (Ditton 1979) moralische Entrüstung von seiten des Managements hervorgerufen. Es ist wesentlich, die soziale Wirklichkeit zu verstehen, die von den Akteuren geschaffen wird, und ihre Implikationen für die Regulierung der Arbeit im Auge zu behalten. Nur so kann die Dialektik von Konflikt und Kooperation erfaßt werden.

Wandel der Konfliktmuster?

Welchen Sinn es macht, das Management und den Arbeitsplatz mit seinen wechselnden Kombinationen von Konflikt und Kooperation zum Brennpunkt der Analyse zu machen, wird deutlich, wenn die neueren Entwicklungen ins Auge gefaßt werden. Viele Länder haben einen bedeutenden Rückgang der Streikaktivitäten erlebt. Der Grund dafür ist in erheblichem Maße auf die wirtschaftliche Rezession und auf Änderungen in der Beschäftigungsstruktur zurückzuführen, das heißt auf einen Beschäftigungsrückgang in Industriezweigen mit hoher Streikneigung und ein entsprechendes Wachstum in Sektoren mit sehr niedriger Streikneigung. Aber Änderungen im Arbeitsmanagement waren ebenfalls von Bedeutung. Diese Änderungen umfassen verschiedene Elemente. Eines ist das Wiedergeltendmachen der manageriellen Dispositionsrechte, wie es in Großbritannien und den Vereinigten Staaten am deutlichsten zum Ausdruck kam. In diesen Fällen waren die Beschäftigten zu schwach, um sich auf organisierte Konflikte einzulassen. Aber analytisch interessanter sind Bemühungen seitens des Managements, die aktive Kooperation der Arbeitnehmer zu fördern. Diese Versuche haben verschiedene Formen angenommen. In Großbritannien und den Vereinigten Staaten sind sie häufig mit dem *Human Resource Management* und mit dem Bemühen des Arbeitsmanagements verknüpft, die Kontrolle durch Selbstverpflichtung der Arbeitnehmer zu ersetzen: „from control to commitment", wie es in einem berühmten Artikel heißt (Walton 1985). Wie der Begriff *Human Resource Management* andeutet, liegt der Akzent häufig auf den Managern als den Architekten des Systems, während der Anteil der Arbeitnehmer an der Planung sehr beschränkt ist. In einigen Ländern, wie z.B. Schweden, sind ernsthaftere Versuche gemacht worden, Produktionssysteme zu entwickeln, die die Interessen der Beschäftigten an kreativer Arbeit berücksichtigen. Die maßgebliche Frage ist, ob dadurch die alten Konfliktformen verschwinden.

Es ist unbestreitbar, daß die neuen Methoden Aspekte eines Positivsummenspiels aufweisen. Die Gruppenarbeit, zum Beispiel, ist für die Arbeitnehmer insofern von Vorteil, als sie eine größere Autonomie über das Tempo und die zeitliche Strukturierung ihrer Leistungen erhalten und Entscheidungen treffen können, die früher zur Prärogative der Linienmanager gehörten. Und doch sind zwei Fragen zu stellen. Die erste bezieht sich auf den Grad der Verbreitung dieser neuen Formen der Arbeitsorganisation. Die Vorteile des „partizipativen Managements" sind seit Jahrzehnten gepriesen worden, aber nur eine Minderheit von Firmen macht von ihm Gebrauch. Das trifft sogar für Schweden zu: In der Automobilindustrie wurden zum Beispiel in den siebziger und achtziger Jahren zahlreiche Experimente erprobt, aber bei den meisten von ihnen handelte es sich nicht um einen Durchbruch zu qualitativ neuen Formen der Arbeitsorganisation (Berggren 1988). Darüber hinaus war der Antrieb für das Management nicht das Interesse an der Qualität des Arbeitslebens als solchem, sondern das Streben nach höherer Produktivität verbunden mit dem Ziel, die Probleme der Fluktuation in der Belegschaft und des Absentismus zu bewältigen, unter denen die Automobilindustrie lange gelitten hatte. In dem Maße, in dem die wirtschaftliche Rezession diese Probleme reduzierte, verringerte sich auch der Ansporn, partizipative Lösungen innerhalb der Betriebe zu suchen; für schwedische Firmen verringerte sich das Interesse an Reformen (Pontusson 1983).

Die zweite Frage bezieht sich auf die interne Auswirkung neuer Arbeitsformen. Sie können für die Beschäftigten sowohl Kosten wie Gewinne bringen. Berggren berichtet, daß schwedische Arbeiter im allgemeinen zwar die neuen Arbeitsformen den alten vorzögen, daß sie aber genauso oft von starkem „Zeitdruck" sprächen. In Großbritannien sind neue Formen der Arbeitsorganisation mit neuen Anforderungen an die Beschäftigten verknüpft worden. Eine Übersicht hat gezeigt, daß die neuen Technologien ein „upgrading of skills" gefördert hat, daß dies aber mit gesteigertem Leistungsniveau verknüpft war (Batstone und Gourlay 1986). Die Untersuchung eines der führenden Beispiele der „neuen industriellen Beziehungen", des Toshiba-Werks in Plymouth, stellte fest, daß das Management besonderes Gewicht auf regelmäßige Anwesenheit legte, und daß die Beschäftigten ihrerseits die strenge Arbeitsdisziplin monierten (Trevor 1987). Bei der Beantwortung der Frage, worauf der Erfolg des Unternehmens zurückzuführen sei, betonten die Arbeiter regelmäßige Anwesenheit und nicht etwa „Verpflichtung der Firma gegenüber" (*commitment*). Und es gab auch keine Evidenzen dafür, daß sie mit der Arbeit zufriedener waren als vergleichbare Arbeitnehmer in anderen Firmen.

In einem Werk, das Zubehör für Autos herstellt, wurden die Arbeiter mit der Einführung von „just in time"-Produktion für die Qualität ihrer Produkte verantwortlich gemacht und ständigem Druck ausgesetzt, mit den Anforderungen des Produktionssystems Schritt zu halten; sie hatten kaum eine andere Wahl, als diesen Ansprüchen nachzukommen (Turnbull 1989, S. 146). Dawson und Webb (1989), die zwei Hochtechnologiefirmen untersuchten, sprechen von einem „total flexiblen Käfig": Die Beschäftigten wurden nicht nur ermutigt, sondern es wurde geradezu von ihnen erwartet,

Eigeninitativen zu entwickeln, und obwohl sie über die Einzelheiten ihrer Arbeit selbst bestimmen konnten, hatten sie keinerlei Einfluß auf die allgemeine Unternehmenspolitik. Es wurde von ihnen erwartet, daß sie den Anforderungen des Unternehmens auf flexible und intelligente Weise gerecht wurden. In einer Studie von Zipp und Lane (1987, S. 75) über eine von General Motors in den USA durchgeführte Betriebsverlagerung legten die Autoren die Implikationen einer angeblich arbeiternehmerorientierten Politik offen: „der Verhaltenskodex ist wohlgefällig philosophisch formuliert, aber besorgniserregend unpräzise". Im Vergleich mit der Situation im alten Betrieb geben die neuen Regeln „GM eine viel freiere Hand, Strafen aufzuerlegen". Eine Studie von zwei Hochtechnologiebetrieben im Südwesten der USA ergab, daß „sogar geringe Verstöße gegen die Regeln ein Grund zur Entlassung war. Die Regeln befaßten sich hauptsächlich mit Absentismus und Unpünktlichkeit " (Robinson und McIlwee 1989, S. 124).

Es gibt also Beweise dafür, daß „high commitment"-Systeme in zweierlei Hinsicht auch hohe Ansprüche stellen: die Anwesenheit wird streng kontrolliert und am Arbeitsplatz wird von den Beschäftigten erwartet, daß sie ihre Fähigkeiten bereitwillig einsetzen. Die neuen Kontrollmethoden können somit die Arbeiter ihres „geheimen Berufswissens" enteignen. Über dieses können sie nicht mehr nach eigenem Gutdünken verfügen, sei's zugunsten der Produktionsziele, sei's im Interesse einer ihnen dienlichen Umgestaltung der Arbeitsorganisation. Es wird jetzt von ihnen erwartet, daß sie ihre Kenntnisse zur Förderung der vom Management aufgestellten Ziele einsetzen.

Damit soll nicht gesagt werden, daß das Management einfach seine eigene Kontrolle auf Kosten der Arbeitnehmer gesteigert hat. In Großbritannien und in den USA sind die betrieblichen Arbeitsbeziehungen umstrukturiert worden. Es geht nicht darum zu behaupten, daß etwa die Toshiba-Belegschaft mit den neuen Methoden gründlicher ausgebeutet wird, sondern darum, die Veränderungen im Verhältnis von Konflikt und Konsens aufzuzeigen. Neuere Untersuchungen in diesen Ländern haben die oberflächliche Behauptung, daß das *Human Resource Management* jeglichen Konflikt beseitigt habe, prinzipell in Frage gestellt. Es ist möglich, daß in Schweden oder Deutschland, wo wirkliche Mitbestimmung schon immer weiter fortgeschritten war, neue Formen der Arbeitsorganisation auf eine Weise eingeführt werden, die nicht auf ein erneutes Pochen auf die Management-Prärogative hinausläuft. Aber auch in diesen Ländern kann Kooperation nicht einfach als ein natürlicher Zustand angesehen werden. Die Frage ist vielmehr, wie die sozialen Beziehungen am Arbeitsplatz gestaltet und wie die Beschäftigten dazu veranlaßt werden, mit dem Management zusammenzuarbeiten. Für die Zukunft besteht ein wichtiger Forschungsgegenstand darin, zu untersuchen, wie Konsens neu konstituiert wird, und wie variabel die Regulierung der Arbeitsbeziehungen in verschiedenen Ländern ist. Die während der achtziger Jahre gemachten theoretischen Fortschritte können durchaus das Handwerkszeug für diese Aufgabe liefern.

(Aus dem Englischen übersetzt von Annemarie Flanders)

Literatur

Abegglen, J.C./Stalk, G. (1985): Kaisha: the Japanes Corporation. New York

Armstrong, P.J./Goodman, J.F.B. (1979): Managerial and Supervisory Custom and Practice. In: Industrial Relations Journal 10, S. 12-24

Armstrong, P.J./Goodman, J.F.B./Hyman, J.D. (1981): Ideology and Shopfloor Industrial Relations. London

Baldamus, W. (1961): Efficiency and Effort. London

Behrend, H. (1984): Problems of Labour and Inflation. London

Bensman, J./Gerver, I. (1963): Crime and Punishment in the Factory. In: American Sociological Review 28, S. 588-598

Bowles, S. (1985): The Production Process in a Competitive Economy: Walrasian, Neo-Hobbesian and Marxian Models. In: American Economic Review Papers and Proceedings 75, S. 16-36

Braverman, H. (1974): Labor and Monopoly Capital. New York

Burawoy, M. (1979): Manufacturing Consent. Chicago

Burawoy, M. (1985): The Politics of Production. London

Cameron, D.R. (1984): Social Democracy, Corporatism, Labour Quiescence and the Representation of Economic Interest in Advanced Capitalist Society. In: Goldthorpe J.H. (Hg.): Order and Conflict in Contemporary Capitalism. Oxford

Clawson, D./Fantasia, R. (1983): Review Essay: Beyond Burawoy. In: Theory and Society 12, S. 671-680

Clegg, H.A. (1979): The Changing System of Industrial Relations in Great Britain. Oxford

Clegg, H.A. (1990): The Oxford School of Industrial Relations. Warwick Papers in Industrial Relations Nr. 31. Coventry

Cole, R.E. (1979): Work, Mobility and Participation. Berkeley

Cressey, P./MacInnes, J. (1980): Voting for Ford: Industrial Democracy and the Control of Labour. In: Capital and Class 11, S. 5-33

Crouch, C. (1982): Trade Unions: the Logic of Collective Action. London

Cusumano, M.A. (1985): The Japanese Automobile Industry. Cambridge

Dawson, P./Webb, J. (1989): New Production Arrangements: the Totally Flexible Cage? In: Work, Employment and Society 3, S. 221-238

Diamond, S. (1971): The Rule of Law versus the Order of Custom. In: Wolff, R.P. (Hg.): The Rule of Law. New York

Dickens, W.T./Katz, L.F./Lang, K./Summers, L.H. (1987): Employee Crime, Monitoring and the Efficiency Wage Hypothesis. National Bureau of Economic Research Working Paper 2356

Ditton, J. (1976): Moral Horror versus Folk Terror: Output Restriction, Class, and the Social Organization of Exploitation. In: Sociological Review 24, S. 519-544

Ditton, J. (1979): Controlology. London

Dohse, K./Jürgens, U./Malsch, T. (1984): From „Fordism" to „Toyotism"? International Institute for Comparative Social Research Paper, S. 84-218

Dow, G.K. (1987): The Function of Authority in Transaction Cost Economics. In: Journal of Economic Behavior and Organization 8, S. 13-38

Edwards, P.K. (1986): Conflict at Work. Oxford

Edwards, P.K. (1990a): The Politics of Conflict and Consent: How the Labor Contract Really Works. In: Journal of Economic Behavior and Organization 13, S. 41-61

Edwards, P.K. (1990b): Understanding Conflict in the Labour Process: the Logic and Autonomy of Struggle. In: Knights D. / Willmott H. (Hg.): Labour Process Theory. Basingstoke

Edwards, P.K./Scullion, H. (1982): The Social Organization of Industrial Conflict. Oxford

Edwards, P.K./Whitston, C. (1989): The Control of Absenteeism: an Interim Report. Warwick Papers in Industrial Relations Nr. 23. Coventry

Edwards, R.C. (1979): Contested Terrain. London

Gallie, D. (1978): In Search of the New Working Class. Cambridge

Gartman, D. (1983): Review Essay: Structuralist Marxism and the Labor Process. In: Theory and Society 12, S. 659-669

Genovese, E.D. (1976): Roll, Jordan, Roll: the World the Slaves Made. New York

Goldberg, V.P. (1980): Bridges over Contested Terrain. In: Journal of Economic Behavior and Organization 1, S. 249-274

Goldthorpe, J.H. (1974): Industrial Relations in Great Britain: a Critique of Reformism. In: Politics and Society 4, S. 419-452

Guest, D.E. (1987): Human Resource Management and Industrial Relations. In: Journal of Management Studies 24, S. 503-521

Halle, D. (1984): Americas Working Man. Chicago

Hamermesh, D.S. (1988): Shirking or Productive Schmoozing: Wages and the Allocation of Time at Work. National Bureau of Economic Research Working Paper 2800

Hanami, T. (1980): Labor Relations in Japan Today. London

Harris, R. (1987): Power and Powerlessness in Industry. London

Hill, S. (1974): Norms, Groups and Power: the Sociology of Workplace Industrial Relations. In: British Journal of Industrial Relations 12, S. 213-235

Hyman, R. (1978): Pluralism, Procedural Consensus and Collective Bargaining. In: British Journal of Industrial Relations 16, S. 16-40

Hyman, R. (1987): Strategy or Structure: Capital, Labour, and Control. In: Work, Employment and Society 1, S. 25-56

Hyman, R. (1989): The Political Economy of Industrial Relations. Basingstoke

Jackson, M.P. (1987): Strikes: Industrial Conflict in Britain, U.S.A. and Australia. Brighton

Kamata, S. (1983): Japan in the Passing Lane. London

Katznelson, I. (1986): Working Class Formation: Constructing Cases and Comparisons. In: Katznelson, I./ Zolberg, A.R. (Hg.): Working Class Formation. Princeton

Kelly, J. (1990): British Trade Unionism 1979-89: Change, Continuity and Contradictions. In: Work, Employment and Society. Additional Special Issue May, S. 29-66

Kerr, C. (1954): Industrial Conflict and its Mediation. In: American Journal of Sociology 60, S. 230-245

Koike, K. (1988): Understanding Industrial Relations in Modern Japan. London

Korpi, W./Shalev, M. (1979): Strikes, Industrial Relations and Class Conflict in Capitalist Society. In: British Journal of Sociology 30, S. 164-187

Lane, C. (1987): Capitalism or Culture? In: Work, Employment and Society 1, S. 57-84

Lane, C. (1988): New Technology and Clerical Work. In: Gallie, D. (Hg.): Employment in Britain. Oxford

Levine, S.B./Taira, K. (1980): Interpreting Industrial Conflict: the Case of Japan. In: Martin, B./Kassalow E.M. (Hg.): Labor Relations in Advanced Industrial Countries. Carnegie Endowment for International Peace. Washington D.C.

Littler, C.R./Salaman, G. (1982): Bravermania and Beyond: Recent Theories of the Labour Process. In: Sociology 16, S. 251-269

Lupton, T. (1963): On the Shop Floor. Oxford

Maitland, I. (1983): The Causes of Industrial Disorder. London

Malcomson, J.M. (1984): Efficient Labour Organization. In: Stephen, F.H. (Hg.): Firms, Organization and Labour. London

Marginson, P. (1986): Labour and the Modern Corporation. Warwick Papers in Industrial Relations Nr 9. Coventry

Montgomery, D. (1987): The Fall of the House of Labor. Cambridge

Nolan, P./Edwards, P.K. (1984): Homogenize, Divide and Rule. In: Cambridge Journal of Economics 8, S. 197-215

Pollard, S. (1965): The Genesis of Modern Management. London

Pontusson, J. (1983): Comparative Political Economy of Advanced Capitalist States, Sweden and France. In: Kapitalistate No. 10/11, S. 43-73

Raphael, W. (1941): Problems of War-time Attendance. In: Occupational Psychology 15, S. 53-60

Reich, M./Devine, J. (1981): The Microeconomics of Conflict and Hierarchy in Capitalist Production. In: Review of Radical Political Economics 12, S. 27-45

Robertson, J.D. (1989): Transaction Cost Economics and Cross-national Patterns of Industrial Conflict. Institut für Arbeitsrecht und Arbeitsbeziehungen in der Europäischen Gemeinschaft. Reprint 1. Trier

Robinson, J.G./McIlwee, J.S. (1989): Obstacles to Unionization in Hightech Industries. In: Work and Occupations 16, S. 115-136

Rodger, N.A.M. (1988): The Wooden World. London

Rohlen, T.P. (1974): For Harmony and Strength. Berkeley

Ross, A.M./Hartman, P.T. (1960): Changing Patterns of Industrial Conflict. New York

Roy, D.F. (1954): Efficiency and the Fix. In: American Journal of Sociology 60, S. 255-266

Rule, J. (1981): The Experience of Labour in Eighteenth Century England. London

Schatz, R.W. (1983): The Electrical Workers. Urbana

Schatz, R.W. (1984): Review Essay: Labor Historians, Labor Economics, and the Question of Synthesis. In: Journal of American History 71, S. 93-100

Sisson, K. (1987): The Management of Collective Bargaining: an International Comparison. Oxford

Summerfield, P. (1984): Women Workers in the Second World War. London

Thompson, E.P. (1967): Time, Work-discipline and Industrial Capitalism. In: Past and Present 38, S. 56-97

Tokunaga, S. (1983): A Marxist Interpretation of Japanese Industrial Relations. In: Shirai T. (Hg.): Contemporary Industrial Relations in Japan. Madison

Tomlins, C.L. (1985): The State and the Unions. Cambridge

Trevor, M. (1988): Toshibas New British Company. London

Turnbull, P.J. (1989): Industrial Restructuring and Labour Relations in the Automotive Components Industry. In: Tailby, S./Whitston, C. (Hg.): Manufacturing Change. Oxford

Walton, R.E. (1985): From Control to Commitment in the Workplace. In: Harvard Business Review 63, S. 76-84

Watanabe, T. (1988): New Office Technology, Labour Management and the Labour Process in the Contemporary Japanese Banking Sector. Warwick Papers in Industrial Relations Nr. 21. Coventry

White, M./Trevor, M. (1983): Under Japanese Management. London

Wickens, P. (1987): The Road to Nissan. London

Williamson, O.E. (1975): Markets and Hierarchies. New York

Williamson, O.E. (1984): Efficient Labour Organization. In: Stephen, F.H. (Hg.): Firms, Organization and Labour. London

Zipp, J.F./Lane, K.E. (1987): Plant Closings and Control over the Workplace. In: Work and Occupations 14, S. 62-87

Gewerkschaften und Arbeitgeberverbände: Probleme der Verbandsbildung und Interessenvereinheitlichung

Franz Traxler

Gewerkschaften und Arbeitgeberverbände haben höchst ungleiche Beachtung im Forschungsbereich der industriellen Beziehungen gefunden. Anders als die Gewerkschaften zählen Arbeitgeberverbände ebenso wie der systematische Vergleich dieser beiden Verbandsakteure keineswegs zu den Schwerpunkten einschlägiger Untersuchungen. Dafür lassen sich empirische und theoretische Gründe anführen. Zum einen ist der Zugang zum Objektbereich im Fall der Arbeitgeberverbände deutlich schwieriger als im Fall der Gewerkschaften. So ist beispielsweise die Selbstdokumentation der Gewerkschaften (in Geschäfts- und Tätigkeitsberichten) wesentlich umfassender als die der Arbeitgeberverbände. Aus theoretischer Sicht sind die Gewerkschaften vor allem durch ihre ambivalente gesellschaftspolitische Position innerhalb kapitalistischer Gesellschaften zum bevorzugten Forschungsgegenstand geworden; in ihrem Vertretungsanspruch ist nicht nur die Funktion eines „Ordnungsfaktors", sondern auch die einer „Gegenmacht" angelegt. Gewerkschaften werden dadurch – je nach Standpunkt des Betrachters – zu einem Hoffnungs- oder Risikoträger, der den gesellschaftspolitischen Status quo in Frage stellt, und damit zum Gegenstand politischer Kontroversen. Dagegen wird etwa in der Marxschen Theorietradition die interessenpolitische Relevanz eines *verbandlichen* Zusammenschlusses der Arbeitgeber generell in Zweifel gezogen: „Die Kapitalisten sind immer organisiert. In den meisten Fällen brauchen sie keinen formellen Verband, keine Statuten, keine Funktionäre etc. Ihre im Vergleich zu den Arbeitern geringe Zahl, der Umstand, daß sie eine besondere Klasse bilden, ihr ständiger gesellschaftlicher und geschäftlicher Verkehr untereinander machen das alles überflüssig." (Engels 1881, S. 256)

Zu erklären bleibt im Rahmen dieser Argumentation allerdings die offensichtliche Vielfalt der Verbandsbildung auf Arbeitgeberseite. Daß gerade Unternehmer, die ihrem Handeln im Regelfall ein höheres Maß an ökonomischer Rationalität als andere Akteure zugrunde legen, ihre Ressourcen in belanglose Vereinigungen investieren sollten, ist unwahrscheinlich. Auch wenn die skizzierten Gründe für die unterschiedliche wissenschaftliche Beschäftigung mit Gewerkschaften und Arbeitgeberverbänden mehr Probleme aufwerfen als klären, verweisen sie doch auf den zentralen Punkt für eine vergleichende Betrachtung. Es gilt zu prüfen, erstens, ob und in welcher Weise Arbeitnehmer und Arbeitgeber unterschiedliche Ausgangsbedingungen für den verbandlichen Zusammenschluß vorfinden, und zweitens, ob sich diese Zusammenschlüsse in ihrem interessenpolitischen Stellenwert für die Mitglieder und die Gesellschaft insgesamt unterscheiden. Der folgende Vergleich von Gewerkschaften und Arbeitgeberverbänden ist daher von zwei Fragestellungen geleitet:

Erstens: Inwieweit bestehen Unterschiede in den Chancen beider Interessenverbände, Mitglieder zu rekrutieren und deren Folgebereitschaft zu sichern? (Frage nach der *Organisationsfähigkeit*).

Zweitens: In welchem Ausmaß sind Arbeitnehmer und Arbeitgeber in der Durchsetzung ihrer Interessen von verbandlich-kollektiven Aktivitäten abhängig? (Frage nach dem *Organisationsbedarf*).

Die in diesen beiden Dimensionen auftretenden Unterschiede zwischen Gewerkschaften und Arbeitgeberverbänden werden sodann auf ihre Konsequenzen für die Interessenpolitik der Verbände sowie für das System der industriellen Beziehungen untersucht.

1. Interessen, Ressourcen und Organisationsfähigkeit

Neuere Theoreme zur Organisationsfähigkeit von Verbänden stützen sich im wesentlichen auf Konzepte der Theorie kollektiven Handelns (Olson 1965), der Klassentheorie (Offe/Wiesenthal 1980; Wiesenthal 1992) und der Organisationstheorie (Streeck 1991). Dabei gingen die entscheidenden Impulse für diese Diskussion von Olson aus, der in seiner Theorie kollektiven Handelns zeigen konnte, daß der Zusammenschluß der einzelnen Interessenten in Verbänden zwecks Durchsetzung ihrer *kollektiven* Interessen keineswegs selbstverständlich ist. Denn die Vertretung kollektiver Interessen impliziert, daß deren Erfolge nicht nur den Mitgliedern des betreffenden Verbandes, sondern auch den interessierten Nichtmitgliedern zugute kommen[1]. Dadurch ergibt sich insbesondere für jene Interessenten, die sich konsequent an ihrem Eigeninteresse orientieren, ein Anreiz, nicht dem Verband beizutreten. Auf diese Weise können sie nämlich einen doppelten Vorteil erzielen: Sie partizipieren an den Erfolgen der kollektiven Interessenvertretung, ohne sich an deren Kosten beteiligen zu müssen. Es liegt auf der Hand, daß der verbandliche Zusammenschluß im Extremfall gänzlich scheitert, wenn sich in dieser Weise eine so große Zahl an Interessenten verhält, daß die erforderlichen Mittel kollektiven Interessenhandelns nicht aufgebracht werden können.

Davon ausgehend nennt Olson zwei Faktoren, die die Organisationsfähigkeit von Interessengruppen bestimmen: 1. die Konstellation zwischen dem Eigeninteresse der (potentiellen) Mitglieder und dem kollektiven (Verbands-)Zweck sowie 2. die Größe der Gruppe. Je heterogener die Eigeninteressen im Verhältnis zum Verbandszweck sind

---

[1] Ein Beispiel dazu wäre eine gewerkschaftlich durchgesetzte Lohnerhöhung für alle Arbeitnehmer innerhalb des Zuständigkeitsbereichs der kontrahierenden Gewerkschaft. Nun ist es grundsätzlich denkbar, daß Gewerkschaften tarifvertragliche Lohnerhöhungen nur für ihre Mitglieder vereinbaren. Eine solche (diskriminierende) Vertretungspolitik wird in der Theorie kollektiven Handelns jedoch nicht als Durchsetzung kollektiver Interessen begriffen.

und je kleiner die Zahl der Interessenten ist, desto größer ist ihre Organisationsfähigkeit. Olson begründet diese These in folgender Weise: Einerseits wächst mit wachsender Heterogenität der Interessenlagen die Wahrscheinlichkeit, daß sich unter den Gruppenmitgliedern ein Interessent befindet, für den das Kollektivinteresse so wichtig ist, daß er auch einen überproportionalen Kostenanteil oder sogar sämtliche Kosten der Interessendurchsetzung zu übernehmen bereit ist. Andererseits wächst die Bereitschaft der Interessenten zur Kostenbeteiligung mit abnehmender Gruppengröße, da sich dadurch die Koordinierungsprobleme unter den Interessenten verringern und auch deren individueller Beitrag mehr Gewicht für das Gelingen der kollektiven Bemühungen erhält[2].

Auf der Grundlage dieser allgemeinen Überlegungen zieht Olson den Schluß, daß Arbeitnehmer und Unternehmer sich in ihren kollektiven Handlungschancen merklich unterscheiden. Indem er den Unternehmern größere Interessenheterogenität, vor allem aber den Vorteil der kleineren Zahl zurechnet, konstatiert er eine größere Organisationsfähigkeit auf seiten der Unternehmer (Olson 1965, S. 139ff.), ohne allerdings diesbezüglich einen systematischen Vergleich anzustellen.

Ein solcher Vergleich wurde von Offe/Wiesenthal (1980) vorgelegt, in deren Bezugsrahmen das von Olson formulierte Problem kollektiven Handelns eine klassentheoretische Wendung erfährt. Ihre Grundthese lautet, daß der Primat privater Akkumulation in kapitalistischen Gesellschaften klassenspezifische, d.h. für Kapital und Arbeit ungleiche Verhältnisse, auch in bezug auf die Bedingungen und Erfolgsaussichten kollektiven Handelns, hervorbringt. Im einzelnen unterscheiden sich Kapital und Arbeit wie folgt:

Kapitalinteressen lassen sich in Kosten und Erträgen ausdrücken, so daß für sie ein unzweideutiges Kriterium ihrer Vereinheitlichung zur Verfügung steht. Im Gegensatz dazu lassen die qualitativ vielfältigen Interessen „lebendiger Arbeit" eine ähnlich konsequente Monetarisierung von Forderungen nicht zu.

- Durch die Kontrolle über die Produktionsmittel verfügt das Kapital über vielfältige Mittel (etwa im Zuge technischer Rationalisierung), seine Abhängigkeit von Ar-

---

[2] Große und homogene Gruppen können ihre Organisationsfähigkeit demzufolge nur dann sichern, wenn selektive Anreize bestehen, kraft derer den Interessenten die Beteiligung individuelle Vorteile verspricht. Es kann hier nur angemerkt werden, daß Olsons Thesen zur Organisationsfähigkeit von Gruppen auch innerhalb der (auf seiner Grundlage weiterentwickelten Ansätze zur) Theorie kollektiven Handelns umstritten sind (siehe dazu vor allem Marwell/Oliver/Prahl 1988; Oliver/Marwell 1988; Oliver/Marwell/Teixeira 1985; zusammenfassend Keller 1988). Kritiker außerhalb dieser Theorietradition problematisieren vor allem Olsons Verhaltenshypothese, die hyperrationale, „egoistische" Akteure unterstellt. Demgegenüber ist festzuhalten, daß diese Hypothese auch dann ihre analytische Relevanz behält, wenn man sie nicht vorschnell als empirische Münze nimmt. Denn sie formuliert das allen Interessenverbänden gemeinsame Bestandsproblem präziser als alle Alternativen: nämlich die Vereinheitlichung von Einzelinteressen zu kollektiven Zwecken.

beitskraft zu reduzieren. Vergleichbare Mittel gegenüber dem Kapital stehen umgekehrt der Arbeitskraft nicht offen. Dies impliziert, daß die Arbeitskraft schon aus Eigeninteresse mehr an der Prosperität des Kapitals interessiert sein muß, als umgekehrt, dieses am Wohlergehen der Arbeitskraft.

- Bedingt durch den gesellschaftlichen Primat privater Akkumulation werden Kapitalinteressen auch von externen Institutionen (wie dem Staat) unterstützt, deren Stabilität und Funktionsfähigkeit vom Fortgang des Akkumulationsprozesses abhängt.

- Der Primat privater Akkumulation führt in kulturell-ideologischer Hinsicht zur „bürgerlichen Hegemonie". Das bedeutet, daß dem Kapital vielfältige Möglichkeiten offenstehen, auf die Interessen der Arbeitskraft manipulativ einzuwirken.

- Insgesamt stehen dem Kapital zur Durchsetzung seiner Interessen ungleich mehr Alternativen zur Verfügung als der Arbeitskraft, so daß ein geringeres Spektrum an Kapitalinteressen durch Verbandsbildung artikuliert werden muß.

Alle diese Momente erhöhen die Eindeutigkeit des Gehalts der Kapitalinteressen und gegengleich die Ambivalenz der Interessen der Arbeitskraft. Eindeutig sind die Interessen des Kapitals insofern, als sie mit den grundlegenden „Spielregeln" kapitalistischer Vergesellschaftung im Einklang stehen. Ambivalent ist hingegen die Haltung der Arbeitnehmer gegenüber diesen Spielregeln, weil sie zwar an prosperierender Akkumulation interessiert sein müssen, gleichzeitig aber eine inferiore Stellung in diesem Prozeß haben. Ausgehend von diesen klassenspezifischen Interessen- und Machtverhältnissen sowie von der größeren Zahl der Arbeitnehmer wird angenommen, daß die Arbeitskraft mit höheren Kosten des verbandlichen Zusammenschlusses belastet ist und daher durch eine insgesamt geringere Organisationsfähigkeit gekennzeichnet ist.

Vergleicht man die Schlußfolgerungen von Olson und Offe/Wiesenthal, so gelangt man zu dem vorerst paradox anmutenden Ergebnis, daß zwar beide in der Annahme einer höheren Organisationsfähigkeit der Arbeitgeber übereinstimmen, dies allerdings mit kontrastierenden Argumenten zur Interessenlage begründen. Während Olson ein höheres Maß an Interessenheterogenität der Unternehmer vermutet und dies für einen Vorteil in der Verbandsbildung hält, behaupten Offe/Wiesenthal umgekehrt eine größere Interessenambivalenz der Arbeitnehmer und deuten dies als entscheidende Beeinträchtigung ihrer Organisationsfähigkeit. Die Ursache für diesen Dissens ist, daß Heterogenität bzw. Ambivalenz der Interessen in den beiden Ansätzen begrifflich Verschiedenes meint: Olsons Interessenkonzept bezieht sich auf das Verhältnis der Interessen der potentiellen Mitglieder zu einem inhaltlich fixiertem kollektiven *Ziel*. Völlig ausgeblendet bleibt dabei der Prozeß der Interessenvereinheitlichung, der dieses Kollektivziel als *Ergebnis* erst hervorbringt. Interessenheterogenität faßt Olson demzufolge als *graduellen* Unterschied des Interesses der Mitglieder einer Gruppe an einem inhaltlich wohldefinierten Ziel. Offe/Wiesenthal verstehen hingegen Interessen als Ausdruck der jeweiligen Klassenlage. Diese objektiven, klassenstrukturell geprägten Interessen bilden gleichsam das Material, den „Input", an der die verbandliche Interessenvereinheitlichung und Zielbildung anzusetzen hat. Dabei bezieht sich das Konzept der Interessenambivalenz auf einen *qualitativen* Unterschied in der Interessenlage von Kapital und Arbeit: Anders als die Klasseninteressen des Kapitals fügen sich jene der Arbeitskraft nicht umstandslos in die Logik kapitalistischer Vergesellschaftung ein. Gesellschaftspolitisch relevant wird diese Ambivalenz der Arbeitnehmer dadurch, daß die Zielbildung ihrer Interessenorganisationen voraussetzungsvoller und in ihren inhaltlichen Ergebnissen offener ist als im Fall des Kapitals.

Weder Olson noch Offe/Wiesenthal differenzieren in ihrer Analyse zwischen Unternehmerverbänden im allgemeinen und Arbeitgeberverbänden im besonderen. Arbeitgeberverbände repräsentieren die Arbeitsmarktinteressen ihrer Mitglieder. Unternehmen agieren über den Arbeitsmarkt hinaus als Anbieter und Nachfrager auf einer Reihe anderer Märkte, die hier als Produktmärkte bezeichnet werden sollen. Auch die Vertretung von Produktmarktinteressen kann Gegenstand verbandlicher Aktivitäten sein. Nicht immer werden Arbeits- und Produktmarktinteressen durch ein- und denselben Verband repräsentiert. Nach dem Grad funktionaler Spezialisierung lassen sich drei Typen von Unternehmerverbänden unterscheiden: „reine" Arbeitgeberverbände, die ausschließlich Arbeitsmarktinteressen organisieren, „reine" Wirtschaftsverbände, die nur Produktmarktinteressen vertreten, sowie „gemischte" Unternehmerverbände, die Arbeits- *und* Produktmarktinteressen abdecken[3].

Ausgehend von dieser Differenzierung nach Verbandstypen bezieht Streeck (1991) zur Frage der Interessenstruktur eine antithetische Position zu Offe/Wiesenthal. Er versucht zu zeigen, daß im Klassenvergleich nicht für die Arbeitnehmer, sondern für die Unternehmer eine höhere Interessenheterogenität kennzeichnend ist. Streeck bezieht sich dabei auf Daten des international vergleichenden Projekts „The Organization of Business Interests" (OBI), nach denen einerseits die Zahl aller *Unternehmerverbände* deutlich jene der Gewerkschaften übersteigt, andererseits aber die Zahl der *Arbeitgeberverbände* (einschließlich der gemischten Verbände) von der der Gewerkschaften nicht nennenswert differiert. Die größere Zahl der Unternehmerverbände interpretiert er als Ausdruck der größeren Interessenheterogenität der Unternehmer; die annähernd gleiche Zahl von Arbeitgeberverbänden und Gewerkschaften als Indiz dafür, daß sich Kapital und Arbeit in der Heterogenität ihrer *Arbeitsmarktinteressen* und damit auch in ihrer Organisationsfähigkeit nicht voneinander unterscheiden. Die Gründe für die heterogenere Interessenlage der Unternehmer werden demzufolge außerhalb des *Arbeitsmarktes* gesucht. Anders betrachtet: die größere Zahl der Unternehmerverbände ist durch die hochspezialisierten Wirtschaftsverbände bedingt, die ihre Mitglieder auf *Produktmärkten* als Anbieter und/oder Nachfrager repräsentieren. Verstärkt wird die Heterogenisierung noch dadurch, daß die Produktmarktinteressen spezifischer und disparater als Arbeitsmarktinteressen sind. Streeck betont, daß auch die Arbeitnehmer

---

[3] Auf Spitzenebene ist die Bundesvereinigung der Deutschen Arbeitgeberbände als reiner Arbeitgeberverband, der Bundesverband der Deutschen Industrie als reiner Wirtschaftsverband zu klassifizieren. Auf der nachgeordneten Ebene ihrer Mitglieder finden sich auch zahlreiche gemischte Verbände.

grundsätzlich Produktmarktinteressen haben, die sich in Phänomenen wie „Betriebsegoismus" und „Berufssyndikalismus" äußern. Daß die Produktmarktinteressen der Arbeitnehmer jedoch jenen der Unternehmer ihres Betriebes bzw. Sektors ähnlich sind, gibt den Gewerkschaften die Möglichkeit, ihre Vertretung den (Wirtschafts-) Verbänden der Unternehmer zu überlassen. Es ist daher letztlich die Externalisierung der Produktmarktinteressen aus dem Vertretungsbereich der Gewerkschaften, die die Interessen der Arbeitnehmer homogener macht und ihnen günstigere Bedingungen als den Unternehmern zum Aufbau umfassender Verbände verschafft (Streeck 1991, S. 182ff.).

Gegenüber dieser Auffassung zum Zusammenhang von Interessenlage und Organisationsfähigkeit lassen sich einige Einwände vorbringen:

- Auch für die Arbeitnehmer haben Produktmarktinteressen ein so großes Gewicht, daß sie zur Richtschnur ihrer Interessenpolitik werden. Empirisch sichtbar wird dies z.B. in den diversen Formen korporatistischer Branchenallianzen und werksgemeinschaftlicher Kooperation zwischen Management, Belegschaft und deren Repräsentanten. Damit stellt sich die Frage, warum Produktmarktinteressen, die für Arbeitnehmer durchaus politische Relevanz besitzen, die Arbeitnehmer dennoch nicht zum Aufbau funktional spezifizierter Wirtschaftsverbände veranlassen. Streecks Argument, die Gewerkschaften würden Produktinteressen vernachlässigen, um ihre Mitgliederdomäne möglichst umfassend halten zu können (1991, S. 189ff.), hilft hier nicht weiter. Denn sie führt zurück zum Ausgangsproblem: der klassenspezifischen Differenz in den Organisationsstrukturen.

- Es stellt sich des Weiteren die Frage, ob die Häufigkeit von Gewerkschaften und Unternehmerverbänden als Indikator hinreicht, um die sehr differenzierten Thesen von Offe/Wiesenthal zu überprüfen und daraus allgemeine Schlußfolgerungen auf die Organisationsfähigkeit der Arbeitsmarktparteien zu ziehen.

- Als Kritik an Offe/Wiesenthal ist Streecks Argument auch deshalb problematisch, weil es logisch auf einer anderen Ebene des Interessenbegriffs angesiedelt ist. Offe/Wiesenthal beziehen sich auf die gleichsam „objektiv", in der *Klassenstruktur* begründete *Interessenlage*, Streeck hingegen auf „subjektiv", in der *Verbändestruktur* sedimentierte *Interessenartikulation*. Subjektiv ist der Interessenbegriff von Streeck insofern, als Verbändestrukturen allemal das Ergebnis von Deutungen darüber sind, welche Interessen in welchem organisatorischen Rahmen zum Gegenstand verbandlichen Handelns gemacht werden sollen. Zu differenzieren sind beide Interessenbegriffe deshalb, weil evident ist, daß zwischen „objektiver" Klassenlage und „subjektiver" Interessenwahrnehmung keine strikte (d.h. handlungsdeterminierende) Korrespondenz besteht.

Diese konzeptionellen Unterschiede zwischen Olson, Offe/Wiesenthal und Streeck insbesondere bezüglich des Interessenbegriffs verdeutlichen die außerordentliche Komplexität des Verhältnisses zwischen Klassenlage, Mitgliederinteresse und Verbandszwecken. Jede weitere Diskussion dieses Verhältnisses setzt voraus, Gewerkschaften und Arbeitgeberverbände auf klassenspezifische Unterschiede ihrer Organisationsfähigkeit empirisch zu überprüfen. Diese Analyse stützt sich auf Daten eines international vergleichenden Projekts zu „Internationalisierung, Arbeitsbeziehungen und Wettbewerbsfähigkeit" (IAW), das unter der Leitung des Autors durchgeführt wurde. Als Arbeitgeberverbände gelten dabei reine Arbeitgeberverbände und gemischte Unternehmerverbände.

Differenzierte Hinweise darauf, wie sich die Unterschiede in der Organisationsfähigkeit manifestieren sollten, finden sich bei Offe/Wiesenthal. Erwartet werden von ihnen nämlich 1. ein geringerer Organisationsgrad der Arbeitskraft; 2. geringere Chancen der Gewerkschaften, eine Strategie der Mitgliedermaximierung zu verfolgen, da sich mit der Ausweitung des Mitgliederstandes die verbandlich internalisierten Interessenambivalenzen (in einem letztlich für die Politikfähigkeit der Gewerkschaften riskanten Maß) verschärfen; 3. eine generell höhere Konfliktträchtigkeit gewerkschaftlicher Interessenvereinheitlichung, da die Interessenambivalenz der Arbeitskraft nur im Verlauf eines konflikthaften Prozesses politisch-ideologischer Selbstverständigung überwunden werden kann. Dagegen lassen sich die Interessen des Kapitals relativ problemlos, unter Rückgriff auf kommerzielle Entscheidungskalküle, zum Ausgleich bringen.

Versucht man diese drei, von Offe/Wiesenthal genannten Dimensionen in ein empirisch testbares Konzept zu bringen, bieten sich folgende Operationalisierungen an:

1. *Organisationsgrad*: Er bezeichnet den Anteil jener Interessenten, die die Mitgliedschaft in einem Verband erworben haben, am Mitgliederpotential, das durch die in der Satzung fixierte Verbandsdomäne abgegrenzt ist. Will man den Organisationsgrad von Arbeitgeberverbänden und Gewerkschaften vergleichen, stößt man auf das Problem, daß diese Verbände unterschiedliche Mitgliederkategorien – Kollektivgebilde (Unternehmen) einerseits und Individuen (Arbeitnehmer) andererseits – organisieren. Dieses Problem läßt sich dadurch lösen, daß man auch den Organisationsgrad der Arbeitgeberverbände an der Zahl der in den Mitgliedsunternehmen Beschäftigten mißt. Hier werden zwei Varianten dieses Meßkonzepts verwendet: der aggregierte Organisationsgrad für alle nationalen, sektorübergreifenden Dachverbände und der spezifische Organisationsgrad des mitgliederstärksten, nationalen, sektorübergreifenden Dachverbandes innerhalb seiner eigenen Domäne.

2. *Mitgliederpolitik*: Diesbezüglich lassen sich zwei Alternativen unterscheiden: die Strategie der *Mitgliedermaximierung* und die der *Spezialisierung* auf die Vertretung einer exklusiven Gruppe. Streben Verbände eine Maximierung der Mitglieder an, dann müssen sie den Kreis potentieller Mitglieder und ihre Repräsentationsaufgaben so umfassend wie möglich definieren. Umgekehrt wird mit der Spezialisierung auf bestimmte Gruppen und Aufgaben der Kreis potentieller Mitglieder immer kleiner. Indikator für die je spezifische Mitgliederpolitik von Verbänden ist die Zahl der Arbeitgeberverbände und Gewerkschaften in einem abgegrenzten System industrieller Beziehungen. Im Rahmen des IAW-Projekts wurde für jedes der 20

untersuchten OECD-Länder die Zahl der nationalen, sektorübergreifenden Dachverbände der Arbeitgeber und Gewerkschaften erhoben. Je geringer jeweils die Zahl dieser Verbände, desto monopolähnlicher wird ihre Position und desto eher sind sie in der Lage, eine Politik der Mitgliedermaximierung zu verfolgen. Hingegen sind Verbände, schon aus Gründen der Eindämmung zwischenverbandlicher Konkurrenz um Mitglieder, zur Spezialisierung angehalten, je größer ihre Zahl innerhalb eines bestimmten Bereichs industrieller Beziehungen ist.

3. *Interessenvereinheitlichung*: Je mehr die Interessen im Organisationsbereich eines Verbandes divergieren, desto schneller stößt die interne Interessenvereinheitlichung an ihre Grenzen. Verbände, die sich mit einer vergleichsweise hohen Interessendivergenz ihrer Mitglieder konfrontiert sehen, müssen auch stärker partikularistische Strukturen ausbilden. Der verbandsinterne Partikularismus nimmt horizontal im Maß der Differenzierung und vertikal im Maß der Dezentralisierung zu. Als Indikator für den Grad der Differenzierung wird hier die Zahl der Mitgliedsverbände in den jeweils (mitglieder-)stärksten Dachverbänden, für den Grad der Dezentralisierung die interessenpolitische Autonomie der organisierten Betriebsparteien (d.h. der Mitgliedsfirmen unter dem Dach des stärksten Arbeitgeberverbandes bzw. der gewerkschaftlichen Belegschaftsvertreter des stärksten Gewerkschaftsverbandes) verwendet[4].

Die Ergebnisse zur Analyse der Unterschiede von Gewerkschaften und Arbeitgeberverbände in diesen drei Dimensionen dokumentiert Tabelle 1.

Ad 1. Der *Organisationsgrad* der nationalen, sektorübergreifenden Arbeitgeberdachverbände ist tendenziell höher als jener der Gewerkschaften. So liegt der (ungewichtete) Länderdurchschnitt für den aggregierten Organisationsgrad der Arbeitgeber bei knapp 55 Prozent, jener der Gewerkschaften bei 45 Prozent. Für den verbandsspezifischen Organisationsgrad verbuchen die Arbeitgeber 54 Prozent, der Vergleichswert der Gewerkschaften beträgt 43 Prozent. Wie Tabelle 1 erkennen läßt, ist dieser Unterschied allerdings statistisch nicht signifikant. Dabei ist zu berücksichtigen, daß in den USA und Kanada keine Arbeitgeberverbände existieren[5], wodurch der Organi-

---

[4] Diese interessenpolitische Autonomie wird jeweils mittels einer vierstufigen Skala gemessen. Für die Arbeitgeberverbände beruht dies auf folgenden Items:
Mitgliedschaft ohne Tarifbindung (ja= -1; nein = 0), Recht der Mitgliedsunternehmen: auf Abschluß von Haustarifverträgen, wenn der Verbandsabschluß nicht ihren Interessen entspricht (ja = -1; nein = 0), auf verbandsautonomen Arbeitskampf (ja = -1, nein = 0), auf Zahlung übertariflicher Entgelte (ja = -1, nein = 0); für die Gewerkschaften: Recht ihrer Belegschaftsvertreter: auf die Organisierung von Arbeitskämpfen (ja = -1, nein = 0), auf einen autonomen Streikfonds (ja= -1, nein = 0), auf Abschluß von Tarifverträgen (ja = -1, nein = 0), auf Teilnahme an den überbetrieblichen Tarifverhandlungen der Gewerkschaften (ja = -1, nein = 0). Die interessenpolitische Autonomie ist umso größer, je kleiner die Summe der Meßwerte für die vier Items ist.

[5] Für Kanada gilt dies nur bezüglich nationaler, sektorübergreifender Dachverbände. Für einen relativ kleinen (territorial und sektoral abgegrenzten) Bereich der Wirtschaft bestehen Arbeitgeberverbände.

sationsgrad der Arbeitgeber im Länderdurchschnitt stark absinkt. Unter Ausklammerung der USA und Kanada ist der verbandsspezifische Organisationsgrad der Arbeitgeber signifikant höher als jener der Gewerkschaften (p = 0,08). Für die Interpretation dieser Befunde ist entscheidend, ob die Absenz von Arbeitgeber(dach)verbänden in den USA und Kanada das Resultat eines Mangels an Organisationsfähigkeit oder an Organisationsbedarf ist – eine Frage, die im folgenden noch zu erörtern sein wird.

Ad 2. Zur *Mitgliederpolitik* ist festzuhalten, daß die Zahl der Gewerkschaftsdachverbände signifikant größer als die Zahl der Gegenverbände der Arbeitgeber ist. Daß dies auf eine stärkere politisch-ideologische Differenzierung der Gewerkschaftssysteme zurückzuführen ist, stützt die These von Offe/Wiesenthal von der größeren Interessenambivalenz der Arbeitnehmer. Diese Differenz in der Häufigkeit der sektorübergreifenden Dachverbände verflüchtigt sich allerdings auf der sektoralen Ebene. Für sie zeigt der internationale Vergleich keinen Unterschied in der Häufigkeit der Arbeitgeberverbände und Gewerkschaften (Traxler 1995).

Die Erklärung dafür ist, daß auf sektoraler Ebene die politisch-ideologische Differenzierung der Gewerkschaften durch eine stärker fachlich-branchenmäßige Differenzierung der Arbeitgeberseite kompensiert wird. Im Einklang damit steht der bereits oben skizzierte Umstand, daß die Zahl der Unternehmerverbände insgesamt (Arbeitgeber- und Wirtschaftsverbände) jene der Gewerkschaften signifikant übertrifft (Traxler 1993). Dies bedeutet, daß die Gewerkschaften signifikant stärker politisch-ideologisch, die Arbeitgeberverbände hingegen stärker ökonomisch-fachlich fragmentiert sind. Dementsprechend sollte auch zwischen der politisch-ideologischen und der ökonomisch-fachlichen Dimension der Interessenheterogenität unterschieden werden.

Ad 3. Am eindeutigsten sind die Unterschiede in der *Interessenvereinheitlichung.* Gemessen sowohl an der Zahl der Mitgliedsverbände als auch der interessenpolitischen Autonomie der Betriebsparteien sind die Dachverbände der Arbeitgeber signifikant partikularistischer ausgelegt als jene der Gewerkschaften. Dies deutet darauf hin, daß die Vereinheitlichung der Interessen der Arbeitgeber ungleich größere Probleme aufwirft als jene der Arbeitnehmer.

Welche generellen Schlußfolgerungen lassen sich aus diesen Befunden für das Verhältnis zwischen Organisationsfähigkeit und Interessenstruktur ziehen? Schon die Beurteilung der Organisationsfähigkeit zwingt zu größerer Differenzierung als im Bezugsrahmen der oben skizzierten Theorien vorgesehen. Im Gegensatz zur Annahme von Streeck sind zwar deutlich klassenspezifische Unterschiede zu erkennen, die indessen keine Klasse eindeutig zu begünstigen scheinen. Gegengleich zur Gewerkschaft paart sich nämlich auf seiten der Unternehmer- und Arbeitgeberverbände der Vorteil eines tendenziell höheren Organisationsgrads mit dem Nachteil einer signifikant größeren Partikularisierung ihrer Organisationsstrukturen.[6]

---

[6] Besonders bemerkenswert ist der höhere Partikularisierungs- und Differenzierungsgrad der Organisationsstrukturen des Kapitals, weil (entsprechend den Unterschieden im Mitgliederpotential)

Dies führt zu dem Schluß, daß es weder zulässig ist, (wie Offe/Wiesenthal) aus der Klassenlage unmittelbar Eigentümlichkeiten kollektiven Handelns abzuleiten, noch (wie Streeck) von der Verbändestruktur auf die klassenbedingte Interessenlage rückzuschließen. Verbandliche Organisationsfähigkeit kann eben nicht als bloßer Reflex einer wie auch immer gefaßten *Interessenkonstellation* begriffen werden. Fundierte Aussagen zum Verhältnis von Klassenlage und Organisationsfähigkeit sind nur möglich, wenn der *Prozeß* der Interessendeutung in die Analyse miteinbezogen wird. Im Zusammenhang mit den oben dargelegten klassenspezifischen Unterschieden in der Organisationsfähigkeit geht es dabei vor allem darum, zu überprüfen, inwieweit die beiden Klassen unterschiedliche Bedingungen der Interessenartikulation haben. Insbesondere der Verteilung der jeweiligen (Macht-)Ressourcen kommt eine entscheidende Bedeutung zu, weil sich Unternehmer und Arbeitnehmer darin ähnlich deutlich wie in ihrer „objektiven" Interessenlage unterscheiden.

Ein solcher *Ressourcenansatz* zur Erklärung verbandlicher Organisationsfähigkeit unterscheidet sich von der *interessenzentrierten* Argumentation der bislang betrachteten Konzepte in wesentlichen Punkten. Obwohl der Verweis auf Machtverhältnisse auf den ersten Blick zum Ansatz von Offe/Wiesenthal zurückzuführen scheint, weisen seine theoretischen Implikationen in zweierlei Hinsicht darüber hinaus. Zum einen darin, daß Machtressourcen hier als vermittelnder Faktor zwischen Interessenlage und Interessenhandeln begriffen werden, zum anderen, daß der Einfluß ungleich zwischen Kapital und Arbeit verteilter Ressourcen nicht nur (wie bei Offe/Wiesenthal) in seinen Konsequenzen für die *Inter*-Klassenbeziehungen, sondern auch für die *Intra*-Klassenbeziehungen zu betrachten ist. Erst unter Betrachtung beider Dimensionen werden die scheinbaren Widersprüchlichkeiten in der Organisationsfähigkeit von Arbeitgebern und Arbeitnehmern verständlich. Den Schlüssel dafür bietet die Einsicht, daß die überlegene Ressourcenausstattung der Unternehmer Verbandsbildung nicht nur erleichtert, sondern auch erschwert. Denn die Unternehmer sind durch ihre Ressourcen in der Lage, ihre Einzelinteressen ungleich konsequenter zu artikulieren als Arbeitnehmer. In den Intra-Klassenbeziehungen zwingt dies die Verbände der Unternehmer, sich stärker als etwa Gewerkschaften an den Eigeninteressen ihrer Mitglieder zu orientieren. Unternehmerverbände sind daher dazu angehalten, partikularistischere Strukturen als die Gewerkschaften auszubilden – wie auch immer sich die beiden Klassen in der Heterogenität ihrer Interessen „objektiv" zueinander verhalten mögen. Im folgenden soll dieser Ressourcenansatz in seinen Schlußfolgerungen zu Organisation und Politik der Verbände näher vorgestellt und an den vorliegenden empirischen Befunden überprüft werden.

Unternehmerverbänden regelmäßig weniger Mitglieder angehören als Gewerkschaften. Da im Maß wachsender Mitgliederzahlen organisatorische Differenzierungsprozesse zunehmen, wäre – ceteris paribus – grundsätzlich ein höherer Differenzierungsgrad der gewerkschaftlichen Organisationsstrukturen allein aus diesem Grund zu erwarten.

2. Mitgliederressourcen, Organisationsfähigkeit und Organisationsbedarf

Für die Interessendurchsetzung gilt wie für die Realisierung jeder anderen Form von Zwecksetzung, daß ihre Erfolgschancen entscheidend von den Ressourcen abhängen, die dafür jeweils mobilisiert werden können. Für die Verbandsbildung ist die Ressourcenfrage in einer doppelten Weise relevant, indem sie einerseits auf die Organisationsfähigkeit und andererseits auf den Organisationsbedarf der individuellen Interessenten Einfluß nimmt. So ist z.B. zu erwarten, daß mit wachsendem Ausmaß verfügbarer Ressourcen die Interessenten wachsende Organisationsfähigkeit erlangen, gleichzeitig aber auch deren Bedarf an verbandlichen Aktivitäten zur Durchsetzung ihrer Ziele abnimmt. Interessendurchsetzung ist allerdings nicht allein vom Ausmaß, sondern auch von der Art der disponiblen Ressourcen abhängig. Zur weiterführenden Analyse der Verbandsbildung der Arbeitgeber und Arbeitnehmer ist es daher sinnvoll, deren *quantitative* und *qualitative* Ressourcenausstattung zu vergleichen und deren Konsequenzen für die Intra- und Inter-Klassenbeziehungen abzuschätzen. In einem weiteren Schritt werden deren Auswirkungen auf die Organisationsfähigkeit und den Organisationsbedarf der Arbeitgeber und Arbeitnehmer untersucht.

In bezug auf die *quantitative* Ressourcenverteilung zwischen den Klassen liegt auf der Hand, daß die einzelnen Arbeitgeber über ungleich größere Ressourcen verfügen als die Arbeitnehmer. Dies folgt allein aus dem Umstand, daß sich der einzelne Arbeitgeber jenseits jeglichen verbandlichen Zusammenschlusses auf ein Kollektiv, nämlich das Unternehmen mit dessen kombinierten Ressourcen, zu stützen vermag (Offe/ Wiesenthal 1980). Auf der Intraklassenebene geht damit auf Arbeitgeberseite auch ein höheres Maß an Ungleichverteilung der Ressourcen einher. Die diesbezügliche Spannweite reicht vom Kleinunternehmen bis zum multinationalen Großkonzern, deren Unterschiede in Umsatz, Beschäftigten etc. machtpolitisch alle Differenzen an Ressourcen übertreffen, die auf Arbeitnehmerseite (z.B. in bezug auf Qualifikationen) bestehen.

Im Verhältnis zwischen den Klassen zeigt auch die *qualitative* Seite der Ressourcenverteilung ein für die Arbeitnehmer ungünstiges Bild. Mit der Disposition über Produktionsmittel verfügen die Arbeitgeber über eine Machtressource zur Durchsetzung ihrer Interessen, die effektiver als alle individuellen und kollektiven Mittel der Arbeitnehmer ist. Die besondere Durchschlagskraft dieser Ressource beruht darauf, daß die Befriedigung der materiellen Interessen *aller* Gesellschaftsmitglieder letztlich von den Fortschritten privater Akkumulation abhängig ist (Przeworski/Wallerstein 1982). Damit hängt auch zusammen, daß die Durchsetzung der Akkumulationsinteressen des Kapitals von externen Institutionen, namentlich dem Staat, unterstützt wird. Es liegt auch in dessen Interesse, ein „unternehmerfreundliches" Investitionsklima (einschließlich dessen Implikationen für die industriellen Beziehungen) zu schaffen. Für die Intra-Klassenbeziehungen ergibt sich aus dieser Konstellation, daß die Arbeitgeber untereinander kompetitiver als die Arbeitnehmer sind. Die *private* Dispositionschance über eine überaus effektive Machtressource legt es nahe, Interessen überwiegend individuell und damit über Markt und Wettbewerb zu realisieren zu suchen. Dies umso mehr, als im Zuge der einzelwirtschaftlichen Konkurrenzstrategien der Arbeitgeber auch kollektiven Interessen im Verhältnis zu den Arbeitnehmern zum Durchbruch verholfen wird. Wenn Arbeitgeber z.B. Rationalisierungen durchführen, dann ist deren unmittelbares Ziel die Stärkung der Wettbewerbsfähigkeit ihres Unternehmens im Verhältnis zu dessen Konkurrenten. Folgewirkungen wie Freisetzungs- und Dequalifikationseffekte betreffen darüber hinaus auch die Inter-Klassenbeziehungen, indem sie die Position der Arbeitgeber gegenüber den Arbeitnehmern stärken. Als der schwächeren Arbeitsmarktpartei bieten den Arbeitnehmern Konkurrenzstrategien geringere Chancen der Interessenwahrnehmung. Zusätzlich werden in deren Binnenbeziehungen kompetitive Orientierungen durch die Kooperationserfahrungen im Arbeitsprozeß abgeschwächt.

Organisationsfähigkeit

Zur Analyse der Auswirkungen dieses Zusammenhangs von Ressourcenausstattung, Inter- und Intra-Klassenbeziehungen auf die Organisationsfähigkeit empfiehlt es sich, zwischen der Mitgliederrekrutierung und der Sicherung der Mitgliederloyalität als den beiden grundlegenden Organisierungsproblemen zu unterscheiden. Sie sind unabhängig voneinander zu untersuchen, weil es denkbar ist, daß potentielle Mitglieder sich durchaus mit den Zielen ihres Verbandes identifizieren, ohne ihm deshalb beizutreten, und daß umgekehrt Mitglieder mit den Zielen ihres Verbandes nicht übereinstimmen.

(1) Betrachtet man zunächst das *Rekrutierungsproblem*, so sind in der Ressourcenverteilung und Beziehungskonstellation sowohl für Arbeitgeber als auch für Arbeitnehmer förderliche und hemmende Faktoren angelegt. So wird im Vergleich zu Arbeitgeberverbänden die Mitgliederrekrutierung der Gewerkschaften durch die geringere Kompetitivität unter den Arbeitnehmern erleichtert. Dem steht allerdings eine Reihe von Organisationsvorteilen der Arbeitgeber gegenüber. Bedingt durch die größere Heterogenität in der Ressourcenverteilung genügt es zumeist, wenn sich einige wenige Unternehmen mit einer großen Zahl von Beschäftigten zusammenschließen, um einen bedeutenden Verband aufzubauen. Wie der internationale Vergleich zeigt, sind die großen Unternehmen signifikant häufiger zum Beitritt in Verbände bereit (Traxler 1995)[7], so daß der von Olson betonte Vorteil der kleinen Gruppengröße für die Arbeitgeberverbände auf diese Weise verstärkt zum Tragen kommt. Zusätzlich verfügen Arbeitgeber über vielfältige positive und negative Sanktionsmittel, um ihre Beschäftigten gegebenenfalls vom Beitritt in die Gewerkschaft abzuhalten. Generell dürften daher die relevanten Kosten der Verbandsmitgliedschaft für Arbeitnehmer höher als für Arbeitgeber sein. Insgesamt kennzeichnet die Arbeitgeber ein strategischer Vorteil in der Mitgliederrekrutierung vor allem dadurch, daß der Zusammenschluß einer relativ kleinen Zahl großer Unternehmen zum Aufbau von Arbeitgeberverbänden hinreicht,

---

[7] Dies reflektiert den Umstand, daß die betriebliche Gewerkschaftspräsenz mit der Unternehmensgröße tendenziell zunimmt (Visser 1991). Entsprechend höher ist das Risiko großer Unternehmen, ohne Verbandszugehörigkeit zum Ziel unternehmensübergreifend koordinierter Durchbruchstrategien der Gewerkschaften zu werden.

deren Organisationsgrad jenem der Gewerkschaften mindestens gleichkommt bzw. ihn sogar übertrifft.

(2) Die Sicherung der *Mitgliederloyalität* setzt für Verbände zweierlei voraus: Sie müssen in der Lage sein, die Interessen ihrer Mitglieder zu gemeinsamen Zielen zu verdichten und diese in Verhandlungen mit externen Stellen zwecks Kompromißbildung auch zur Disposition zu stellen. Darüber hinaus muß es ihnen gelingen, ihre Mitglieder auf diese Verhandlungsergebnisse zu verpflichten (Weitbrecht 1969). Schwierigkeiten in der Loyalitätssicherung ergeben sich für Arbeitgeberverbände und Gewerkschaften nicht nur dadurch, daß sie jeweils gegensätzliche Interessen repräsentieren und insofern die zwischenverbandliche Kompromißfindung immer auch die Zurückstellung eigener Interessenpositionen impliziert; hinzukommt, daß die Interessen ihrer Mitglieder keineswegs a priori deckungsgleich sind, sondern z.B. nach Unternehmen, Wirtschaftszweig oder Region differieren. Auch im Zuge der internen Zielbestimmung läßt es sich nicht vermeiden, daß Mitgliederinteressen ausgefiltert werden. Die daraus resultierenden Loyalitätsprobleme erweisen sich allerdings aufgrund der Ressourcenausstattung ihrer Mitglieder für Arbeitgeberverbände als gravierender als für Gewerkschaften. Die Kompromißbildung wird Arbeitgeberverbänden dadurch erschwert, daß Unternehmer im Regelfall infolge der mannigfaltigen betrieblichen Dokumentations- und Planungsfunktionen ihre Eigeninteressen genauer kennen und, bedingt durch ihre größere Kompetitivität, sich stärker an ihnen orientieren. Die Verpflichtungsfähigkeit der Arbeitgeberverbände wird dadurch beeinträchtigt, daß einerseits die Mittel der Interessendurchsetzung, auf die sich die Verbände stützen können, gewöhnlich auch deren einzelnen Mitgliedern zur Verfügung stehen. So ist z.B. der Abschluß von Tarifverträgen in nahezu allen Ländern nicht exklusiv den Arbeitgeberverbänden vorbehalten, sondern kann durch die Unternehmen selbst erfolgen. Andererseits verfügen umgekehrt die einzelnen Arbeitgeber über exklusive Machtmittel, die sich der Kontrolle ihrer Verbände gänzlich entziehen. Von den Rationalisierungen der Unternehmen können z.B. arbeitsorganisatorische und arbeitsmarktpolitische Konsequenzen ausgehen, die – gleichsam unterhalb der Regelungsschwelle der Verbände – die industriellen Beziehungen entscheidend umzugestalten vermögen.

Unternehmen verfügen somit über hinreichende Ressourcen, ihre Eigeninteressen auch im „Alleingang" durchzusetzen, wenn die Ziele ihrer Verbände davon abweichen sollten. Durch die Anwendung ihrer exklusiven Machtmittel sind sie sogar imstande, Politiken ihrer Verbände zu unterlaufen, ohne formell gegen deren Beschlüsse zu verstoßen. Die höhere Kompetitivität der Unternehmer legt solche Alleingänge zur Durchsetzung des Eigeninteresses nahe. Dies bedeutet, daß die Zurückstellung der Eigeninteressen zugunsten des Verbandszwecks für Unternehmer mit hohen Opportunitätskosten belastet ist. Anders als im Fall der relativen Kosten von Beitritt bzw. Mitgliedschaft sind daher die relativen Kosten der Loyalität für die Arbeitgeber im Regelfall höher als für die Arbeitnehmer. Zur Entschärfung dieses Loyalitätsproblems bleibt Arbeitgeberverbänden nur der Ausweg, ihre Politik möglichst weitgehend den Eigen- und Sonderinteressen spezifischer Mitgliedergruppen anzupassen. Dies findet empirisch seinen Ausdruck in der bereits erwähnten Tendenz der Arbeitgeberverbände, ihre Strukturen und Verfahren der Interessenvereinheitlichung partikularistischer auszurichten als die Gewerkschaften. Während die Organisationsfähigkeit für Gewerkschaften also primär ein Problem der Mitgliederrekrutierung ist, stellt sie sich für die Arbeitgeberverbände vor allem als Problem der Loyalitätssicherung. Damit offenbart sich ein Paradoxon verbandlicher Machtmobilisierung: der strukturellen Vormachtstellung der Arbeitgeber gegenüber den Arbeitnehmern entspricht kein analoger Machtvorsprung der Arbeitgeberverbände gegenüber den Gewerkschaften. Vielmehr werden Arbeitgeberverbände in der Loyalitätsdimension dadurch vergleichsweise geschwächt, daß die außerordentliche Ressourcenausstattung ihrer Mitglieder diesen zu einer Vormachtstellung auch gegenüber ihren eigenen Verbänden verhilft.

Organisationsbedarf

Auch im Organisationsbedarf unterscheiden sich beide Klassen. Arbeitgeber wie Arbeitnehmer haben grundsätzlich die Wahl, ihren Interessen individuell oder verbandlich Geltung zu verschaffen. Es ist wiederum die Ressourcenausstattung entscheidend dafür, welche dieser beiden Optionen erfolgversprechender ist. Je durchsetzungsmächtiger die Ressourcen des einzelnen Interessenten, desto attraktiver ist für ihn individuelles Handeln. Aus den bereits oben dargelegten Gründen ist die individuelle Option für Arbeitgeber ein tauglicherer Weg als für Arbeitnehmer. In den Inter-Klassenbeziehungen bedeutet das, daß für Arbeitgeber kein Bedarf besteht, sich in Verbänden zwecks Regelung der Arbeitsverhältnisse zusammenzuschließen, solange sich nicht die Arbeitnehmer auf kollektive Aktionen verständigen. In der historischen Entwicklung erfolgte daher die Gründung von Arbeitgeberverbänden zumeist nach der Entstehung der Gewerkschaften und in Reaktion auf diese, wobei die Verbandsgründungen den Konjunkturzyklen folgten. Denn zu „Organisierungsschüben" auf seiten der Arbeitgeber kam es regelmäßig in wirtschaftlichen Prosperitätsphasen, in deren Verlauf die Marktmacht der Gewerkschaften und damit die Häufigkeit von Streiks zunahmen (Müller-Jentsch 1997, S. 167ff). Der verbandliche Zusammenschluß ist für die Arbeitgeber vor allem dann geboten, wenn sich die Arbeitnehmer in überbetrieblichen Gewerkschaften zusammenschließen. Denn jene Arbeitsmarktpartei, die das größere Arbeitsmarktsegment kontrolliert, vermag sich dadurch einen strategischen Vorteil gegenüber ihrem Widerpart zu verschaffen.

Insofern wäre zu erwarten, daß sich Gewerkschaften und Arbeitgeberverbände in ihrer Organisation wechselseitig annähern. Ausgehend von den Daten des IAW-Projekts zeigt Tabelle 2, daß eine solche Korrespondenz nur bedingt nachweisbar ist. Signifikant ist eine Korrespondenz in jenen Dimensionen, die sehr unmittelbar auf die strategisch gebotene Koordinierung am Arbeitsmarkt bezogen sind: die Zahl der sektorübergreifenden Dachverbände[8], und die relative Stärke des Dachverbands gegenüber seinen Mitgliedsverbänden[9]. Keinerlei Korrespondenz zeigt der Organisationsgrad. Seiner „natürlichen" Annäherung wirkt nicht zuletzt der Umstand entgegen, daß der Organisationsgrad von Gewerkschaften und Arbeitgeberverbänden auch durch (je spezifische) Rekrutierungshilfen des Staates beeinflußt wird. International vergleichende Studien lassen erkennen, daß der Organisationsgrad der Gewerkschaften durch deren Partizipation an der öffentlichen Arbeitslosenversicherung (Ebbinghaus/Visser 1996), und jener der Arbeitgeberverbände durch die Allgemeinverbindlichkeitserklärung von Tarifverträgen (Traxler 1997) positiv beeinflußt wird. Daß die Institutionalisierung solcher Organisationshilfen für die eine Arbeitsmarktpartei nicht notwendig mit analogen Hilfen für die andere Partei einhergeht, begünstigt die Entkoppelung ihrer Organisationsgrade[10]. Ihre systematische Grenze findet die Angleichung von Arbeitgeberverbänden und Gewerkschaften jedenfalls in der intern deutlich größeren Partikularisierung der Arbeitgeberverbände (Zahl der Mitgliedsverbände, interessenpolitische Autonomie der Betriebsparteien). Auch an diesem Ergebnis zeigt sich, daß die ressourcenbedingt nur den Arbeitgebern verfügbare Option zu individuellem Interessenhandeln auf die diese größere Partikularisierung zurückzuführen ist, die differentia specifica von Arbeitgeberverbänden und Gewerkschaften ausmacht.

Die Regelung des Arbeitsverhältnisses ist nicht allein Sache der Arbeitgeber und Arbeitnehmer bzw. ihrer Verbände, sondern auch Gegenstand staatlicher Normen. Parallel zur Ausweitung des Interventions- und Sozialstaates haben sich die Tarifverbände auch zu Interessenvertretungen gegenüber den wirtschafts- und sozialpolitischen Entscheidungsträgern des Staates entwickelt. Auch für diesen Bereich gilt freilich ein geringerer Organisationsbedarf der Arbeitgeber. Denn im Verhältnis zu diesen Staatsorganen verfügen Großunternehmen nicht selten über hinreichenden Einfluß, ihre Interessen im Alleingang durchzusetzen, indem sie z.B. arbeitsrechtliche Ausnahme- und Spezialregelungen für sich erwirken.

---

[8] Daß im Ländervergleich Arbeitgeberverbände und Gewerkschaften in der Zahl ihrer Dachverbände sowohl statistisch signifikant differieren als auch korrelieren, bedeutet, daß klassenspezifische Unterschiede in der Logik kollektiven Handelns und strategisch angeleitete Angleichungstendenzen einander nicht notwendig ausschließen. Sie koinzidieren, wenn die klassenspezifischen Unterschiede in der Organisation mit landesspezifischen Eigentümlichkeiten der Organisation der beiden Arbeitsmarktparteien einhergehen. Zu einer multivariaten Analyse, die den jeweils signifikanten Einfluß der Klassen- und Ländervariablen auf das Verbändesystem der Arbeitnehmer und Arbeitgeber zeigt, siehe Traxler (1995).

[9] Die Stärke des Dachverbands gegenüber seinen Mitgliedsverbänden wurde an folgenden Kriterien gemessen: Tarifkompetenz, Kontrolle über den Arbeitskampffond, Mitsprache bei der Tarif- und Arbeitskampfpolitik der Mitgliedsverbände, allfällige Bindung von Tarifabschlüssen des Dachverbandes an eine Urabstimmung.

[10] So gilt z.B. für die meisten skandinavischen Länder, daß die Gewerkschaften an der Arbeitslosenversicherung teilhaben, während umgekehrt kein Rechtsinstitut der Allgemeinverbindlicherklärung besteht.

In engem Zusammenhang mit den kollektiven Vertretungsfunktionen werden von Arbeitgeberverbänden und Gewerkschaften zumeist auch mitgliederspezifische Leistungen (vor allem finanzielle Unterstützung im Arbeitskampf; diverse Beratungsdienste) erbracht. Sie sollen als selektive Anreize im Sinne Olsons den Organisationsbedarf der Mitglieder über den Kreis kollektiver Solidaritätsgründe erweitern und erhöhen damit auch die Organisationsfähigkeit der Verbände.

3. Verbände und industrielle Beziehungen

Die Unterschiede in *Organisationsfähigkeit* und *Organisationsbedarf* der Arbeitgeber und Arbeitnehmer setzen wichtige Randbedingungen für die industriellen Beziehungen. Da die Arbeitgeber unterhalb und jenseits der Schwelle verbandlicher Regelungen über die zentralen Parameter zur Gestaltung der Arbeits- und Beschäftigungsverhältnisse disponieren, fällt ihnen in letzter Instanz die initiative Rolle in den industriellen Beziehungen zu. Auf der verbandlich-überbetrieblichen Ebene zwingt gerade dieser Umstand die Gewerkschaften zu einer offensiv-fordernden Rolle, während sich die Arbeitgeberverbände mit einer defensiven Interessenpolitik bescheiden können. Dadurch ergeben sich für die Arbeitnehmer nicht nur ein höherer Organisationsbedarf, sondern auch tendenziell höhere Anforderungen an die strategische Handlungskompetenz ihrer Verbände. Umgekehrt halten sich die strategischen Nachteile der geringen Kompromiß- und Verpflichtungsfähigkeit der Arbeitgeberverbände dadurch in Grenzen, daß eben der Machtvorsprung der Arbeitgeber ihren Interessen ein besonderes gesellschaftspolitisches Gewicht verleiht. Dementsprechend wird der Machtvorsprung der Arbeitgeber durch die kollektive Regelung des Arbeitsverhältnisses, in der Form des Tarifsystems, zwar abgeschwächt, aber nicht aufgehoben. Historisch kommt die Rollenaufteilung in einen offensiven und einen defensiven Part in der Gründungssequenz von Gewerkschaften und Arbeitgeberverbänden zum Ausdruck. Insgesamt ist eine klassenspezifische Asymmetrie im Interesse an einer kollektiven Regelung der Arbeitsbedingungen zu konstatieren. Den Arbeitnehmern muß an einer solchen Regelung weit mehr als den Arbeitgebern gelegen sein. Dies verschafft den Arbeitgebern auch einen strategischen Vorteil im Verhandlungsprozeß. Denn jene Partei mit dem geringeren Interesse an einer (kollektiven) Einigung befindet sich in der stärkeren Verhandlungsposition.

Aus all dem folgt, daß die Bereitschaft der Arbeitgeber, sich in Verbänden zu organisieren und Flächentarife abzuschließen, in letzter Instanz von der Stärke der Gewerkschaften abhängig ist. Abgesehen vom Organisationsgrad bemißt sich die Stärke an zwei Kriterien: der Fähigkeit zu unternehmensübergreifenden Strategien und zur Konzipierung einer Tarifpolitik, die den Arbeitgebern mehr Vorteile als nichtverbandliche, individuelle Optionen verspricht. Dies führt zurück zu dem oben dargelegten Umstand, daß die Interessenkonstellation nicht unabhängig von den Macht- und Einflußverhältnissen der Akteure ist. Eine Revision des Arbeitgeberinteresses zugunsten der überbetrieblichen (bilateral verbandlichen) Option ist durch gewerkschaftliche Einflußnahme vor allem in dreierlei Hinsicht möglich:

- Soweit Gewerkschaften in der Lage sind, sozialen Frieden im Einklang mit den Regelungen des Flächentarifs zu garantieren, verspricht dies für die Arbeitgeber geringere Konfliktkosten als im Fall nichtverbandlicher Beziehungen.

- Effektive Flächentarife reduzieren die Transaktionskosten der Arbeitgeber, indem die Regelung wesentlicher Bedingungen des Arbeitsverhältnisses an die Tarifverbände delegiert werden kann.

- Gewerkschaften können im Zusammenwirken mit den Arbeitgeberverbänden für die Bereitstellung kollektiver Güter sorgen, die die Arbeitgeber infolge ihrer defizienten Verpflichtungsfähigkeit kaum autonom herstellen können.

Überbetriebliche Tarifbeziehungen sind umso stabiler, je stärker die Verbände sich in der Bereitstellung kollektiver Güter engagieren. Schon die historischen Anfänge überbetrieblicher Tarifbeziehungen bieten dafür einiges Anschauungsmaterial. Sie entwickelten sich nämlich zuerst in den kleinbetrieblich-handwerklichen Branchen (wie Druck- und Baugewerbe). Deren Unternehmer waren anders als die hochkonzentrierten Branchen nicht in der Lage, autonom eine Regelung des Wettbewerbs herbeizuführen. Der Abschluß von überbetrieblichen Tarifverträgen bot ihnen die Gelegenheit, durch die Standardisierung der Arbeitsbedingungen indirekt die Preiskonkurrenz zwischen ihnen einzudämmen (Müller-Jentsch 1983). Dabei war es letztlich die Macht der Gewerkschaften, die mangels zureichender Kompromiß- und Verpflichtungsfähigkeit der Arbeitgeberverbände die Geltung der Tarifverträge (samt deren latenter Kartellierungsfunktion) garantierte, während sie im Gegenzug von seiten der Arbeitgeber Hilfestellung bei der Bewältigung ihrer Rekrutierungsprobleme (z.B. durch die Anerkennung gewerkschaftlicher Vertrauensleute, Beitragsinkasso durch die Fabrikbüros) erhielten. Auch die korporatistische Einbindung der Tarifverbände in die Einkommenspolitik des Staates ist nichts anderes als ein Arrangement zur Bereitstellung von Kollektivgütern. Bezeichnenderweise fiel auch in diesem Rahmen infolge der strukturell beschränkten Kompromiß- und Verpflichtungsfähigkeit der Arbeitgeberverbände den Gewerkschaften die Schlüsselfunktion zu. Denn als nichtkontraktuelle Einkommensquelle sind Gewinne ungleich weniger für einkommenspolitische Steuerungsversuche zugänglich als Löhne.

Es bedarf keiner näheren Erläuterung, daß eine solche Revision des Arbeitgeberinteresses zugunsten überbetrieblicher Tarifbeziehungen den Gewerkschaften ein hohes Maß an Kompromiß- und Verpflichtungsfähigkeit abverlangt[11]. Die Bereitstellung kollektiver Güter hat in vielen Ländern zur Entstehung eines relativ autonomen Systems

---

[11] Es liegt nahe, die Absenz von Arbeitgeber(dach)verbänden in den USA und Kanada nicht auf Defizite in der Organisationsfähigkeit sondern im Organisationsbedarf, nämlich auf die Fähigkeit der Gewerkschaften zurückzuführen, wirksame Verbands- und Kooperationsanreize für die Arbeitgeber zu setzen.

überbetrieblicher Tarifbeziehungen beigetragen, das von den Managementstrategien auf Unternehmensebene nur mittelbar betroffen war. Die Bedeutung dieses Systems hat sich im Zuge des technischen Wandels, der verstärkten Internationalisierung und Weltmarktkonkurrenz, sowie insbesondere der Schwächung der Gewerkschaften (die sich u.a. als Rückgang des Organisationsgrads in nahezu allen Ländern manifestiert) merklich verringert. In Reaktion auf diese Veränderungen tendieren die Unternehmer dazu, die Gestaltung der Arbeitsverhältnisse in ihren eigenen Entscheidungsbereich zu (re)integrieren. Entstandardisierung und Flexibilisierung als Zukunftsentwürfe der Arbeitgeber stellen damit auch die Funktion der Tarifverbände in Frage. Es gibt freilich Hinweise darauf, daß das *allgemeine* Kapitalinteresse an einer Deregulierung der Arbeitsverhältnisse durch sektorale und nationale Spezifika – auch hinsichtlich des Organisationsbedarfs und der Organisationsfähigkeit der Tarifverbände selbst – gebrochen wird.

Unter sektoralen Aspekten ist anzunehmen, daß in stark exponierten Sektoren der kollektive Nutzen überbetrieblicher Regelungen stärker als in geschützten Sektoren relativiert wird. Andererseits dürften sie auch für exponierte Sektoren, deren Wettbewerbsfähigkeit von dem Angebot an hochqualifizierten Facharbeitern abhängt, weiterhin – etwa in Fragen der Regelung der Berufsausbildung – von Bedeutung sein. Denn die Regelung der Berufsausbildung durch die Tarifverbände ist eine attraktive Alternative sowohl zu etatistischen Lösungen, denen der Mangel allzu großer Betriebsferne anhaftet, als auch zur autonomen Ausbildung durch die Unternehmen, deren diesbezügliche Kalküle zu sehr an ihrem spezifischen und kurzfristigen Bedarf orientiert sind. In nationaler Hinsicht zeigen die überbetrieblichen Tarifbeziehungen in den meisten kontinentaleuropäischen Ländern eine im Vergleich zum angelsächsischen Raum relativ hohe Stabilität (Traxler 1997). Diese nationalen Unterschiede stehen ihrerseits in engem Zusammenhang mit der Organisationsfähigkeit der Verbände. Je größer sie (bedingt durch umfassende Verbandsdomäne, hohe Kompromiß- und Verpflichtungsfähigkeit) ist, desto mehr ist der betreffende Verband imstande, die kurzfristigen Einzelinteressen der Mitglieder in kollektive, langfristig orientierte Zielsetzungen zu transformieren. Verbände mit hoher Organisationsfähigkeit (wie sie insbesondere in Mittel- und Nordeuropa bestehen) verfügen daher über günstige Voraussetzungen, einer Destruierung überbetrieblicher Tarifbeziehungen entgegenzuwirken, an denen ihnen schon aus Gründen ihres Eigeninteresses nicht gelegen sein kann. Gleichzeitig sind sie infolge ihrer *höheren Organisationsfähigkeit* in der Lage, den Flexibilisierungserfordernissen der Unternehmen durch eine *organisierte* (d.h. unter Vorgabe genereller Rahmenrichtlinien gesteuerte) Dezentralisierung der industriellen Beziehungen zu genügen.

Insgesamt spricht angesichts dieser sektor-, national- und organisationsspezifischen Gegebenheiten einiges dafür, daß der gegenwärtige ökonomisch-technische Strukturwandel eher wachsende Divergenzen als Konvergenzen in der Struktur und Funktion der Tarifverbände auslösen wird. In jedem Fall bedeutet er eine Herausforderung nicht nur für die Gewerkschaften, sondern auch für die Arbeitgeberverbände. Worin sich beide unterscheiden, ist freilich die konkrete Form, in der sie sich manifestiert: für die Gewerkschaften primär als Problem der *Organisationsfähigkeit*, für die Arbeitgeberverbände primär als Problem des *Organisationsbedarfs*.

Literatur

Ebbinghaus, B./ Visser, J. (1996): Social Change and Unionization. The Development of Union Membership in Western Europe. 1950-90. Paper delivered at the 1996 Annual Meeting of the American Political Science Association. San Francisco August 29 – September 1

Engels, F. (1969) (zuerst: 1881): Die Trade-Unions. In: MEW 19. Berlin, S. 254-260

Keller, B. (1988): Olsons „Logik des kollektiven Handelns". Entwicklung, Kritik- und eine Alternative. In: Politische Vierteljahresschrift 29, S. 388-406

Marwell, G./Oliver, P.E./Prahl, R. (1988): Social Networks and Collective Action: A Theory of the Critical Mass III. In: American Journal of Sociology 94, S. 502-534

Müller-Jentsch, W. (1983): Versuch über die Tarifautonomie. In: Leviathan 11, S. 118-150

Müller-Jentsch, W. (1997): Soziologie der industriellen Beziehungen. 2. Aufl. Frankfurt/M.

Offe, C./Wiesenthal, H. (1980): Two Logics of Collective Action. Theoretical Notes on Social Class and Organizational Form. In: Political Power and Social Theory 1, S. 67-115

Oliver, P.E./Marwell, G. (1988): The Paradox of Group Size in Collective Action: A Theory of the Critical Mass II. In: American Sociological Review 53, S. 1-8

Oliver, P./Marwell, G./Teixeira, R. (1985): A Theory of the Critical Mass I. Interdependence, Group Heterogeneity, and the Production of Collective Action. In: American Journal of Sociology 91, S. 522-556

Olson, M. (1965): The Logic of Collective Action. Public Goods and the Theory of Groups. Cambridge/London

Przeworski, A./Wallerstein, M. (1982): The Structure of Class Conflict in Democratic Capitalist Societies. In: The American Political Science Review 76, S. 215-238

Streeck, W. (1991): Interest Heterogenity and Organizing Capacity: Two Class Logics of Collective Action? In: Czada, R.M./Windhoff-Héritier, A.(Hg.): Political Choice, Frankfurt/Boulder, S. 161-198

Traxler, F. (1993): Business Associations and Labor Unions in Comparison: Theoretical Perspectives and Empirical Findings on Social Class, Collective Action and the Organizability of Interests. In: The British Journal of Sociology 44, S. 673-691

Traxler, F. (1995): Two Logics of Collective Action in Industrial Relations? In: Crouch, C./ Traxler, F. (Hg.): Organized Industrial Relations in Europe: What Future? Aldershot, S. 23-44

Traxler, F. (1997): Der Flächentarifvertrag in der OECD. Entwicklung, Bestandsbedingungen und Effekte. In: Industrielle Beziehungen 4, S. 101-124

Visser, J. (1991): Trends in Trade Union Membership. In: OECD Employment Outlook, S. 97-134

Weitbrecht, H.J. (1969): Effektivität und Legitimität der Tarifautonomie – Eine soziologische Untersuchung am Beispiel der Metallindustrie. Berlin

Wiesenthal, H. (1992): Kapitalinteressen und Verbandsmacht. „Two Logics of Collective Action" revisited. In: Abromeit, H./Jürgens, U. (Hg.): Die politische Logik wirtschaftlichen Handelns. Berlin, S. 38-61

Anhang

Tabelle 1:

Strukturunterschiede zwischen Arbeitgeberverbänden und Gewerkschaften (20 Länder[a]) (1990)

Meßwerte für	Strukturdimensionen				
	Organisationsgrad		Zahl der Dachverbände	Struktur des mitgliederstärksten Dachverbandes	
Arbeitgeberverbände und Gewerkschaften	A	B	C	D	E
Gewerkschaftsvariable > Arbeitgebervariable	6	6	13	3	15
Gewerkschaftsvariable < Arbeitgebervariable	5	11	1	12	1
Gewerkschaftsvariable = Arbeitgebervariable	0	0	6	0	4
n (Zahl der Länder)	11[b]	17[c]	20	15[d]	20
p*	0,47	0,22	0,01	0,03	0,00

*   Wilcoxon Signed Rank Test, StatXact
A   Organisationsgrad (in % der Arbeitnehmer) aggregiert
B   Organisationsgrad (in % der Arbeitnehmer) verbandsspezifisch
C   Zahl der nationalen, sektorübergreifenden Dachverbände
D   Zahl der direkten Mitgliederverbände
E   Interessenpolitische Autonomie der Betriebsparteien innerhalb des Dachverbandes: Mitgliedsfirmen (im Fall der Arbeitgeberverbände) bzw. gewerkschaftliche Belegschaftsvertreter (siehe im einzelnen Fußnote 4)
a   Österreich (A), Australien (AUS), Belgien (B), Kanada (CDN), Schweiz (CH), (West)Deutschland (D), Dänemark (DK), Spanien (E), Frankreich (F), Finland (FIN), Italien (I), Irland (IRL), Japan (JP), Norwegen (N), Niederlande (NL), Neuseeland (NZ), Portugal (P), Schweden (S), Grossbritannien (GB), USA;
b   ohne B, D, E, F, IRL, I, P, GB, NZ; jeweils rezenteste Länderdaten;
c   ohne B, E, P; jeweils rezenteste Länderdaten;
d   ohne B, CDN, IRL, GB, USA;
Datenquelle: IAW-Projekt

Tabelle 2:

Das Ausmaß der Korrespondenz von Arbeitgeberverbänden und Gewerkschaften (20 Länder[a])
(1990)

Strukturdimensionen		N	Korrelation*	p
Organisationsgrad	A	11[b]	0,16	0,65
	B	17[c]	0,09	0,73
Zahl d. Dachverbände	C	20	0,48	0,01
Mitgliederstärkster Dachverband	D	15[d]	-0,14	0,46
	E	20	0,07	0,71
	F	20	0,48	0,01

*   Korrelation nach Pearson für A, B; nach Kendall für C, D, E, F;
    Zur Erläuterung von A, B, C, D, E, a, b, c, d siehe Tabelle 1.
F   Statutarische Autorität des mitgliederstärksten Dachverbandes gegenüber seinen direkten
    Mitgliederverbänden (siehe im einzelnen Fußnote 9)
Datenquelle: IAW-Projekt

Das Management als Akteur der industriellen Beziehungen

Hansjörg Weitbrecht und Wolf-Matthias Braun

Industrielle Beziehungen – der Begriff war noch kaum geboren – als *Beziehung von Partnern* zu erfassen, war noch vor 15 Jahren mehrfach erschwert. Die theoretische Perspektive in der marxistischen wie der systemtheoretischen Betrachtung gab wenig Ansatzpunkte, den Beziehungsaspekt herauszuarbeiten (Schienstock 1985). Sie bewegte sich entweder in rationalistischen Vorstellungen der Betriebswirtschaft oder – soweit sich die Soziologie damit befaßte – noch in deskriptiven Kategorien (Prigge 1985).

In der Zwischenzeit hat sich zum einen eine respektable Soziologie des Managements auf der Basis einer Vertragstheorie entwickelt (Schienstock 1993), die unterschiedliche Beziehungen des Managements zu Mitarbeitern und Betriebsrat thematisiert. Zum andern wurden zunehmend die Determinanten des Managementhandelns im Kontext der industriellen Beziehungen untersucht.

In der deutschsprachigen soziologischen Forschung des Managements lassen sich relativ übereinstimmende Entwicklungslinien der theoretischen Ansätze erkennen. Über die zunächst systemtheoretische oder strukturorientierte Betrachtung von Management und industriellen Beziehungen erfolgt zunehmend ein Paradigmenwechsel hin zu akteurszentrierten, handlungstheoretischen Ansätzen. Schließlich versuchen Schienstock (1993) und Müller-Jentsch (1997) die unterschiedlichen theoretischen Perspektiven, Struktur und Handlung, in einem übergreifenden Konzept zu integrieren. Im Rahmen darauf aufbauender empirischer Untersuchungen heben neuere Arbeiten (Trinczek 1993; Faust et al. 1994) die Bedeutung von Leitbildern für das Managementhandeln hervor, während Bosch (1997) auf den Einfluß kultureller Aspekte in den (Interaktions-) Beziehungen verweist.

1. Theoretische Ansätze der Managementsoziologie

In der Industriesoziologie wurde Management lange Zeit nicht als relevanter Forschungsgegenstand betrachtet. Dies blieb der wirtschaftswissenschaftlichen Forschung vorbehalten. Der Begriff Management wird dort sowohl als Strukturgröße – das Management als Instanz – als auch als Handlungsgröße, im Sinne von „managen", verstanden. Die klassische Managementlehre unterscheidet zwischen einem *funktionalen* und einem *institutionellen* Managementbegriff. Management als Funktion umfaßt die Aufgaben und Prozesse innerhalb einer arbeitsteiligen Organisation, z.B. die fünf Managementfunktionen Planung, Organisation, Personaleinsatz, Führung und Kontrolle (Steinmann/Schreyögg 1991). Diese praxisorientierten Funktionen fußen auf deterministischen Annahmen über die Rolle des Managements im Unternehmen und haben kaum Bezug zu den industriellen Beziehungen.

Die Darstellung von Management und Managern über hierarchische Rangordnungsmerkmale, personale Qualifikationskriterien oder Aufgabenzuordnung ist eine rein normative Abgrenzung. Eine derart „mechanistische Systemkonzeption" (Klimecki et al. 1991, S. 110) birgt die Gefahr in sich, Management lediglich über die Rolle als Antagonisten der vertragsrechtlich definierbaren Gruppe der Arbeitnehmer und der Institution Betriebsrat zu einer starren Strukturgröße zu reduzieren. Über die bloße Begriffsdefinition hinaus versucht industriesoziologische Forschung, zu einem umfassenderen Verständnis von Management als handelnder Akteur in den industriellen Beziehungen zu kommen.

Strukturtheoretische Ansätze

Die Rückbesinnung auf eine Soziologie des Managements beginnt mit der empirischen Falsifizierung des ökonomischen Determinismus in den späten siebziger Jahren (Trinczek 1993, S. 8). Die vor allem in England geführte *Labour Process Debate* greift das schon von Marx definierte Transformationsproblem der Umwandlung von (gekaufter) Arbeitskraft in (geleistete) Arbeit auf. Auslöser der Debatte war Bravermans (1974) Argumentation, daß es die zentrale Aufgabe des kapitalistischen Managements sei, die abhängig Beschäftigten und somit den Arbeitsprozeß zu kontrollieren. Weil die Nutzung des Arbeitsvermögens in hohem Maße von der Zustimmung der Arbeitenden abhängt, muß sich das Management spezifischer Kontrollmechanismen bedienen, um die Störmacht der Beschäftigten einzudämmen. Probates Mittel hierzu seien die tayloristischen Methoden der „wissenschaftlichen Betriebsführung" und die Ausgestaltungsmöglichkeiten der industriellen Technik. Darauf aufbauend formuliert Braverman die These, daß durch einen immer totaler werdenden Kontrollzugriff in zunehmendem Maße unabhängiges Produzentenwissen vernichtet würde. Letztlich folgt als generelle Entwicklungstendenz des Monopolkapitalismus die fortschreitende Degradierung und Dequalifizierung menschlicher Arbeit und die Entmachtung der Arbeitnehmerschaft.

Diese starke These hat lebhaften Widerspruch hervorgerufen. So kommen Friedman (1977) mit dem Konzept der „verantwortlichen Autonomie" und Edwards (1981) mit der Dreiteilung in persönliche, technische und bürokratische Kontrolle zu der Erkenntnis, daß neben Bravermans „direkten Kontrolle" eine Vielzahl weiterer managerieller Alternativkonzepte denkbar sind. Die Annahme des omnipotenten Managements wurde abgelöst durch die Vorstellung eines *contested terrain* (Edwards 1981), in dem – im Sinne betrieblicher Politikprozesse – Management, Belegschaft und Betriebsrat als Akteure mit- und gegeneinander agieren. Burawoy (1979) schließlich verweist auf das Nebeneinander von Konsens und Konflikt im Betrieb. Er fragt wie der notwendige Konsens zwischen den Akteuren im Rahmen politischer Aushandlungsprozesse über die *frontier of control* hinweg hergestellt werden kann.

Die *Labour Process Debate* hat aufgezeigt, daß das Management kein allmächtiger Herrscher im Unternehmen ist. Zu verdanken ist ihr ein umfassenderes und differenzierteres Verständnis von Praxis und Strategien des Managements und der Dynamik des Arbeitsprozesses. Dennoch bleibt die *Labour Process Debate* der allgemeinen kapitalistischen Verwertungslogik verpflichtet, mit dem Verständnis vom Unternehmen als System, das sich in seiner Strukturlogik den jeweiligen Umwelterfordernissen anpaßt. Entsprechend ist Management der Prozeß der Übersetzung eines vorgegebenen Zwecks in Strukturen betrieblicher Arbeitsorganisation. Eine Prozeßanalyse industrieller Beziehungen ist auf diesem Weg nicht möglich, da der historische Entwicklungsprozeß der Beziehung zwischen Management und Arbeitnehmern, ebenso wie die Langzeitwirkung von Managementhandeln und Kulturaspekten unberücksichtigt bleiben.

Handlungstheoretische Ansätze

Damit rückt die handlungstheoretische Perspektive in den Vordergrund, die in entscheidungsfähigen und wissenden Akteuren die wesentlichen Bestimmungsgrößen im Prozeß der Organisationsbildung sieht. Daraus entsteht die Notwendigkeit, die Akteure Arbeitnehmer bzw. Betriebsrat und Management in ihrer Rolle als *strategisch handelnde Akteure* (Müller-Jentsch 1997, S. 68) innerhalb der Unternehmung zu untersuchen. Handlungstheoretische Ansätze betonen besonders die politischen Prozesse in Organisationen, die aus den Unbestimmtheiten des Arbeitsvertrages und den Machtspielen der betrieblichen Akteure ableitbar sind.

Ansätze sind bereits im handlungspolitischen *terrain of contest* zu sehen, der in die marxistische Kontrolltheorie den Gedanken der Akteursintention als ursächliches Moment im Prozeß der Regulierung betrieblicher Arbeit einbringt (Schienstock 1993, S. 23). Dieser Gedanke wird im Konzept der Mikropolitik fortgeführt, die den Betrieb bzw. den Arbeitsprozeß als politisches Handlungsfeld begreift (Neuberger 1995). Das eigentlich Politische ist die Dimension der Macht in der Austauschbeziehung zwischen Akteuren. Crozier und Friedberg (1993) zufolge bleibt jedem Akteur stets ein Handlungs- und Verhandlungsfreiraum, der für seine Gegenspieler eine ungewisse Größe darstellt; mikropolitische Macht resultiert aus der Kontrolle über Ungewißheitszonen. Die strukturellen Zwänge, die den Handlungsspielraum von Akteuren und Organisationen eingrenzen, werden als organisationaler und technologischer Entscheidungskorridor verstanden, der aus ökonomischen Notwendigkeiten heraus entsteht (Ortmann 1994, S. 37ff.).

Integrative Ansätze und Managementsoziologie

Bei der Betrachtung der dargestellten Forschungsansätze wird deutlich, daß eine ausschließlich systemisch-strukturelle *oder* handlungstheoretische Perspektive kein umfassendes Verständnis von Management ermöglicht. Offenbar besteht ein enger Zusammenhang zwischen Struktur- und Handlungskomponenten. Konsequenterweise münden Schienstocks theoretische Reflexionen in seinem Konzept *sozialer Praktiken,* das als theoretisches Bindeglied die Dialektik von Struktur und Handlung zu integrieren versucht. Organisationsstrukturen, die sich in Regeln und Ressourcen manifestieren (Giddens 1997), lassen sich nicht allein auf technisch-funktionale Beziehungen reduzieren. Sie müssen vielmehr als in sozialen Praktiken produziert und reproduziert verstanden werden (Schienstock 1993). Soziale Praktiken beinhalten die regelgeleitete Realisierung von Handlungsressourcen durch die eingebundenen Akteure. Das Konzept sozialer Praktiken geht davon aus, daß sich im Zuge des praktischen Produzierens an verschiedenen Orten im Betrieb bestimmte Handlungsmuster und soziale Normen herausbilden. Diese Praktiken strukturieren wiederum die Orientierungen der jeweils betroffenen Mitglieder, bewirken damit die Reproduktion der bestehenden Handlungsmuster und führen zur Herausbildung einer relativ stabilen Ordnung (Schienstock 1993, S. 36).

Müller-Jentsch (1997, S. 77ff.) führt diesen Ansatz fort und bezieht ihn auf industrielle Beziehungen. Er verbindet in seinem *erweiterten institutionalistischen Ansatz* steuerungstheoretischen (strukturellen) Institutionalismus mit handlungstheoretischen Konzepten. Demgemäß haben sich in einem historisch-evolutionären Prozeß, von strukturellen Konfliktkonstellationen ausgelöst, kollektive Akteure geformt und durch interessengeleitetes, strategisches Handeln komplexe Institutionensysteme herausgebildet.[1] Diese Institutionensysteme oder *Arenen* sind sowohl der Ort der geregelten Konfliktaustragung und der institutionalisierten Problemlösung als auch der Festlegung, welche Formen, Interessen und Akteure zugelassen sind. Im deutschen System industrieller Beziehungen sind mit den Regelungssystemen der Betriebsverfassung und der Tarifautonomie zwei Arenen eindeutig zu benennen.

Die Erkenntnis des *negotiated order approach*, daß alle sozialen Ordnungen stets ausgehandelte Ordnungen sind, überträgt Müller-Jentsch im Rahmen des Aushandlungs-Konzepts auf die Arenen. Die Akteure produzieren, reproduzieren und transformieren hierbei in ihren kooperativen und konfliktären Interaktionen soziale Ordnungen und Regelsysteme. Grundlegend für Aushandlungsprozesse ist das – nicht notwendigerweise gleichverteilte – Vorhandensein spezifischer (Macht-)Ressourcen der Akteure, das deren strategisches Handeln bestimmt. Die aus den historischen Interaktionen der Akteure als Arenen hervorgegangenen Institutionensysteme *begrenzen* und *ermöglichen* die in ihrem Rahmen stattfindenden Aushandlungsprozesse. Und diese wirken ihrerseits auf die institutionellen Rahmenbedingungen zurück und tragen damit zu deren Wandel bei (Müller-Jentsch 1997, S. 77).

Müller-Jentsch analysiert also industrielle Beziehungen in der Verknüpfung von Handlung und Struktur im institutionellen Kontext. Er zeigt auf, wie Institutionen mit historischem Handlungslernen entstehen, weniger jedoch, wie Handlungen, also auch

---

[1] Institutionen bilden unter spezifischen Rationalitätskriterien als dauerhafte Handlungsprogramme einen Handlungskorridor heraus (Lepsius 1990), der sowohl handlungshemmend als auch handlungsermöglichend wirkt.

Managementhandeln, in Institutionen bestimmt wird. Schienstock liefert, auf Erkenntnissen von Giddens (1988a) aufbauend, einen wichtigen Ansatz zur Schaffung eines soziologisch verwertbaren Verständnisses von Management. Er macht jedoch mit der Formel von „sozialen Praktiken" nur einen Ansatz und schöpft Giddens' Handlungsansatz nicht aus.

Es liegt also nahe, Giddens' theoretische Überlegungen zum Verhältnis von Struktur und Handlung auf unsere Fragestellung hin weiter auszuloten.

Giddens' Theorie der Strukturierung

Giddens erarbeitet die „Dualität von Struktur" (1997, S. 77) anhand eines zweischichtigen Regelkreisprinzips, das die Ermöglichung und Einschränkung von Handlung durch Strukturen anerkennt (Abb. 1). Der äußere Regelkreis setzt Handlung und Struktur generell in Bezug zueinander. Handlung ist zu differenzieren in Motivationen, Rationalisierung und reflexive Handlungssteuerung, und wird gleichzeitig sowohl ermöglicht als auch eingeschränkt durch Handlungsbedingungen. Diese strukturellen Handlungsbedingungen selbst werden wiederum als nichtintendierte Folge des Handelns reproduziert. Im inneren Regelkreis differenziert Giddens dann die Begriffe Handlung und Struktur in einzelne Dimensionen und zeigt auf, wie diese aufeinander verweisen.

Abbildung 1: Äußerer und innerer Regelkreis von Handlung und Struktur (in Anlehnung an Münch/ Weitbrecht 1998)

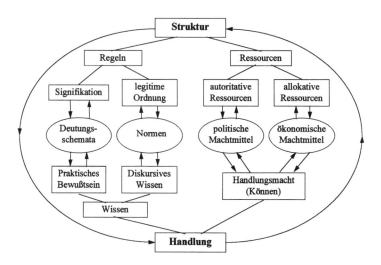

Er unterscheidet zwischen den Handlungsdimensionen *Wissen* im Sinne von „Einsichtsfähigkeit" und *Können* im Sinne von „Handlungsmächtigkeit". Unter Struktur – als Pendant zum Handlungsbegriff – versteht Giddens die Dimensionen *Regeln* und *Ressourcen*, die in die Produktion und Reproduktion sozialer Systeme eingehen. Strukturen sind die institutionellen, dauerhafteren Gegebenheiten, mit denen die Individuen in ihrer Lebenswelt konfrontiert werden. Strukturen selbst existieren nicht als eigenständige Phänomene räumlicher und zeitlicher Natur, sondern immer nur in Form von Handlungen menschlicher Individuen. Erst indem die Akteure die Strukturen in ihr Handeln miteinbeziehen, wird diesen Sicherheit und Kontinuität über Raum und Zeit zuteil. Struktur wird immer nur wirklich in den „konkreten Vollzügen der handlungspraktischen Strukturierung sozialer Systeme" (Giddens 1988b, S. 290). Die Strukturdeterminante „Regeln" besteht nach Giddens aus zwei Dimensionen: *Signifikation* und *legitime Ordnung*. Unter *Signifikation* versteht er Deutungsmuster, die Subjekte als nicht hinterfragte Selbstverständlichkeiten und Regeln verinnerlicht haben. Über die Vermittlungsmodalität der Deutungsschemata bildet sich die Handlungsdimension des praktischen Bewußtseins als die eine Ausprägung der Handlungsdeterminante Wissen und der Kompetenz der Akteure aus. Das praktische Bewußtsein selbst ist nicht diskursiv; d.h. die Akteure reflektieren und problematisieren ihre Handlungen in der Regel nicht. Über das Handeln aus dem praktischen Bewußtsein heraus wird dann wiederum Struktur reproduziert. Die zweite Dimension der Regeln ist die *legitime Ordnung*. Diese umfaßt bewußt eingeführte Regeln der Sanktionierung sozialer Verhaltensweisen. Über die Vermittlungsmodalität der Normen manifestiert sich die legitime Ordnung in der Handlungsdimension des diskursiven Wissens, welches Handlungen explizit zu begründen ermöglicht. Handeln aus diskursivem Wissen reproduziert ebenfalls Struktur.

Neben Regeln beinhaltet Struktur zwei Dimensionen von Ressourcen: die *autoritativen Ressourcen* bezeichnen die politische Herrschaft über Personen und Prozesse; die *allokativen Ressourcen* bedeuten ökonomische Herrschaft über Objekte und Güter. Durch Vermittlungsmodalitäten der politischen Machtmittel einerseits und ökonomischen Machtmittel andererseits verfügen Akteure über Handlungsmacht, die ihnen Gestaltungsfreiräume ermöglicht. Analog zu den Handlungsdimensionen des Wissens wirkt auch die Macht reproduzierend auf die Strukturdeterminanten.

Einschränkung und Ermöglichung von Handeln des Managements

Handlungen der organisationalen Akteure werden als konstitutives Moment von sozialen Systemen angesehen. Grundlage für das Handeln sind die Ressourcen der Akteure. Macht innerhalb sozialer Systeme entsteht aus den fortwährend reproduzierten und relativ stabilen Herrschaftsstrukturen zwischen den Akteuren. Dabei wird Macht nicht nur durch den Gebrauch autoritativer und allokativer Ressourcen ausgeübt, sondern auch durch den Gebrauch gemeinsam geteilter Deutungsschemata und Normen (Ortmann et al. 1990, S. 26). Es geht hierbei also um die interessenorientierte Durchsetzung und Aufrechterhaltung von Machtverhältnissen. Aber alle Formen der daraus folgenden Abhängigkeit sind niemals bloß Zwang, sondern auch Ermöglichung und stellen gewisse Ressourcen zur Verfügung, mit denen die Unterworfenen die Aktivitäten der ihnen Überlegenen beeinflussen können. Dies nennt Giddens die in soziale Systeme eingelassene *Dialektik der Herrschaft* (1988a, S. 67).

Insbesondere wird dabei berücksichtigt, daß das Handeln der Akteure in beträchtlichem Maße durch Restriktionen, wie materielle Zwänge, negative Sanktionen und strukturellen Zwang, eingeschränkt wird. Die strukturellen Momente sozialer Systeme greifen dabei so weit in Raum und Zeit aus, daß sie sich der Kontrolle eines jeden einzelnen Akteurs entziehen (Giddens 1988a, S. 78).

Der hier zugrundeliegende Handlungsbegriff reduziert das Handeln nicht auf bloßes strukturbedingtes Reagieren. Statt dessen wird den organisationalen Akteuren relativ freies Agieren und gestalterische Kraft im Rahmen prinzipiell veränderbarer Strukturen zugestanden.

Die Aushandlungsprozesse selbst tragen zur Strukturierung bei, indem ausgehandelte Ordnungen eine gewisse Festigkeit und Dauerhaftigkeit erhalten und zukünftigen Aushandlungsprozessen Grenzen setzen und eine Richtung vorgeben. Entsprechend versteht bereits Strauss (1978, S. 6) die stabileren Elemente einer Sozialordnung (*negotiated order*) als strukturellen Hintergrund, vor dem die täglichen Verhandlungen stattfinden.

Die Betrachtung von Management in bezug auf Handlungen und Aushandlungsprozesse führt damit auch zur Frage, inwieweit es als Akteur in der Lage ist, Handlungsspielräume auszunutzen, um seine Interessen im Unternehmen durchzusetzen. Kochan et al. (1984; 1986) gehen im Rahmen des *Strategic Choice*-Ansatzes davon aus, daß das Management über gestalterisches Handlungspotential in den industriellen Beziehungen verfügt. Bestimmte Ausprägungen industrieller Beziehungen werden über die Bildung einer strategischen Entscheidungskette nachvollziehbar gemacht. Strategisches Handeln des Managements beeinflußt die Rollen oder die gegenseitigen Beziehungen von Akteuren. Im *Strategic Choice*-Ansatz werden neben systemtheoretischen Elementen vor allem auch handlungstheoretische Elemente verarbeitet. Kochan et al. (1984) haben erstmals darauf hingewiesen, daß ein realistischeres Modell industrieller Beziehungen die aktive Rolle, die das Management bei deren Ausgestaltung spielt, mit einbeziehen muß.

Betrachten wir Management mit diesem Ansatz, dann läßt sich im konkreten Fall analysieren, welche Strukturvariablen relevant sind, also welche Ressourcen (z.B. die Herrschaft über finanzielle Mittel) das Management zur Verfügung hat, oder über welche Regelungen das Verhalten der Mitarbeiter beeinflußt wird. Der Bezug auf gemeinsame Werthaltungen beschränkt das Handeln: Ist das Management in eine kooperative Kultur eingebunden, so ist der Einsatz von autoritativen (managteriellen) Normsetzungen eingeschränkt. Gleiches gilt auch für Betriebsräte im Hinblick auf die mögliche Zustimmungsverweigerung als Druckmittel. Für das Management lassen sich handlungserweiternde Veränderungen durch aktuellen Wettbewerbsdruck in der Globalisierung aufzeigen (Kotthoff 1998).

Das Management kann auf sehr unterschiedlichen Formen der Signifikation basieren oder auf verschiedenartige Quellen der Legitimation zurückgreifen. Beyer et al. (1995) haben diese an drei Unternehmenstypen herausgearbeitet, ohne den aufgezeigten Ansatz explizit anzuwenden. Sie finden:

- wenig strukturierte, eher informelle Beziehungen, kaum institutionalisierte Regelungen zum Interessenausgleich und zur Konfliktbewältigung in *jungen* Unternehmen;
- eine ausgeprägte Unternehmens- und Produktphilosophie, Regelungen und Betriebsvereinbarungen, kulturprägende Personen in *etablierten* Unternehmen;
- Beharrungsvermögen bürokratischer Strukturen, differenzierte hierarchische Gliederung, Aushandlungskultur in *traditionellen* Unternehmen.

Am Beispiel der Entstehung einer Betriebsvereinbarung läßt sich die wechselseitige Beeinflussung von Handlung und Struktur in den industriellen Beziehungen anschaulich darstellen. Nehmen wir an, der Arbeitgeber möchte die bestehende Arbeitszeitregelung ändern und Gleitzeit einführen. Die gegebenen Strukturen, in die diese Forderung fällt, sind die Ressourcen der Eigentums- bzw. Verfügungsrechte über die Produktionsmittel auf seiten des Managements und das Produzentenwissen, die *tacit skills*, der Arbeitnehmer. Auch die Existenz des Betriebsrats als politische Institution kann als autoritative Ressource verstanden werden. Die Arbeitsgesetzgebung und das Betriebsverfassungsrecht sind die rechtlichen Institutionen, die für die Schaffung einer legitimen Ordnung sorgen und auch die Regeln der Sanktionierung bestimmen. Andere, informelle Regeln können als allgemein akzeptierte, aber nicht von den Akteuren erklärbare symbolische Ordnung vorhanden sein. Dies kann zum Beispiel die Art und Weise sein, wie die Akteure einen „fairen" und „vertrauensvollen" Umgang miteinander pflegen, ohne daß darüber jemals eine explizite Vereinbarung getroffen wurde, entstanden aus früheren Interaktionen der Partner, ihrer Interaktionskultur.

Das Handeln der Akteure wird durch diese Gegebenheiten ermöglicht und eingeschränkt. Die Verhandlungen sind eine Phase intensiven Handelns im Sinne Giddens', d.h. des Einsatzes von Ressourcen als Machtmittel. Ein politisches Machtmittel des Akteurs Betriebsrat kann der Bezug auf allgemein verbindliche Werthaltungen sein. Als ökonomisches Machtmittel kann die Verteilung der finanziellen Mittel durch das Management, z.B. als leistungsabhängige Boni im Zusammenhang mit einer neuen Arbeitszeitregelung, dienen. Dabei ist das Handeln der Akteure durch die strukturellen Rahmenbedingungen geprägt. Umgekehrt wird die Struktur wiederum durch dieses Handeln der Akteure reproduziert und stabilisiert bzw. durch anderes Verhandlungsverhalten, durch Handlungsvariationen, verändert.

Mit der Unterschrift unter eine neue Betriebsvereinbarung über die Arbeitszeit entsteht nun eine neue rechtlich legitime Regelung, eine geänderte Struktur, die zukünftig handlungsdeterminierend für alle Unternehmensmitglieder wird. Die dahinterstehende

Signifikation könnte so gedeutet werden, daß es für sinnvoll erachtet wird, wenn Autonomie in der Zeitdisposition entsteht, also nicht alle Arbeitnehmer zur gleichen Zeit im Betrieb anwesend sind, sich über die Erfüllung bestimmter Funktionen aber verständigen.

Konflikt und Konsens

Giddens (1984, S. 135f.) sieht die Beziehung zwischen Macht und Konflikt als kontingent an. Für ihn setzt Macht nicht in jedem Fall die Existenz von Konflikt voraus. Macht muß dementsprechend auch im Zusammenhang mit Konsens und sozialer Kommunikation gesehen werden (Ortmann et al. 1990, S. 40). Die *Konsenshaftigkeit von Macht* hat bereits Burawoy (1979) herausgestellt, indem er darauf verwies, daß die Akteure in Organisationen die Regeln und Normen bis zu einem bestimmten Maß als sinnvoll akzeptieren. Dahinter steht die Einsicht, daß Macht nicht nur Ermöglichung und Zwang zugleich ist. Die Ausübung von Macht über andere setzt umgekehrt irgendeine Art von Bedürfnis, Motivation oder Interesse und letztlich ein auch daraus genährtes „Sich-Fügen des Machtunterworfenen" (Ortmann et al. 1990, S. 41) voraus. Die Bedeutung von Konflikten wird nicht vernachlässigt, jedoch wird ihre Bedeutung eher in der Konsensherstellung gesehen. Die Lösungen der politischen Interessenkonflikte zwischen den Akteuren stabilisieren und reproduzieren die organisationalen Strukturen. Andererseits bedeutet dies auch, daß die Akteure eine Einschränkung ihres Handlungsrahmens und ihrer Durchsetzungsmacht mit der Anerkennung der Spielregeln der Organisation als Gebilde institutionalisierter politischer Prozesse akzeptieren. Anders formuliert, Akteure können auf den Prozeß der Produktion und Reproduktion organisationaler Strukturen initiierend oder gestaltend einwirken. Sie können jedoch keine vordefinierten Ergebnisse durch ein strukturdeterministisches Handeln erzwingen.

2. Die empirische Managementforschung

Erst in den letzten Jahren wurde das Management im Kontext der industriellen Beziehungen zum Gegenstand empirischer Untersuchungen. Trinczek (1993, S. 67) thematisiert in seiner Untersuchung über Managementhandeln in ähnlicher Weise wie Schienstock und Müller-Jentsch die „Rückkehr des Subjekts" in das ehedem strukturtheoretische Organisationsverständnis. Er verzichtet jedoch auf die Entwicklung eines eigenen übergreifenden Theoriekonzeptes zugunsten des aus seiner Sicht notwendigen Schaffens einer empirischen Basis über das Handeln von Managern in Unternehmen. Seine Arbeit ist vor allem deshalb von besonderer Bedeutung, weil sie die Erkenntnisse der managementsoziologischen Theoriedebatte mit der Rolle von Management in den industriellen Beziehungen verknüpft.

Trinczeks Ausgangspunkt bei der Beschreibung einer „handlungsbezogenen Managementsoziologie" ist die „systemisch angelegte Kontingenz eines marktförmig angelegten Wirtschaftssystems" (1993, S. 85), in dem managerielle Entscheidungen nicht rein zweckrationale sondern im Sinne von March und Simon (1958) höchstens begrenzt rational sein können (ebd., S. 83). Managerielle Entscheidungssituationen sind dementsprechend nicht durch einen rational ableitbaren *one best way* zu lösen, sondern es besteht der Zwang, aus verschiedenen Optionen in unklar strukturierten Handlungssituationen auszuwählen. Somit kommt auch Trinczek zu dem Schluß, daß eine „entfaltete Managementsoziologie" die handlungstheoretischen Elemente Akteur und Interaktion sowie die strukturell-systemischen Elemente Institution und Rahmenbedingungen (Handlungskorridor) zueinander in Bezug setzen muß. Allerdings verweist er auch darauf, daß eine mikrosoziologische Untersuchung industrieller Beziehungen den Handlungs- bzw. Akteursaspekt in den Vordergrund stellen muß. Dementsprechend analysiert er das betriebspolitische Handeln von Managern und gelangt zu typischen kollektiven Orientierungsmustern. Diese können als „gesellschaftlich strukturiertes Angebot" an das Management verstanden werden, „die Welt in einem spezifischen Handlungsfeld in bestimmter Weise zu ordnen" (ebd., S. 114). Die wesentlichen inneren Strukturdimensionen der Orientierungsmuster sind neben subjektiven Einschätzungen und Einstellungen des Managements der betrieblichen Interessen- und Mitbestimmungskonstellation vor allem *Leitbilder manageriellen Handelns* in der betrieblichen Sozialordnung (Hildebrandt 1991).

Empirisch identifiziert Trinczek (1993, S. 159ff.) sechs verschiedene managerielle Orientierungsmuster:

– das *mitbestimmungsfeindliche* Orientierungsmuster mit dem Leitbild einer materiellen Kontraktbeziehung zur Belegschaft, dem Willen zur Sicherung der alleinigen unternehmerischen Entscheidungsfreiheit und der konsequenten Ablehnung des Betriebsrats;

– das *patriarchale* Orientierungsmuster mit dem Leitbild der Betriebsfamilie, der Ablehnung von Einmischung durch Mitbestimmung und der Ausgrenzung des Betriebsrats;

– das *modernistische* Orientierungsmuster mit dem Leitbild einer Leistungsgemeinschaft, der Toleranz von Mitbestimmungsansprüchen und der Akzeptanz des Betriebsrats;

– das *pragmatisch-machtbezogene* Orientierungsmuster mit dem Leitbild einer interessenorientierten Zweckgemeinschaft, der Akzeptanz von institutionalisierter Mitbestimmung und dem Betriebsrat als ebenfalls interessengeleitetem Antagonisten;

– das *partnerschaftlich-kooperative* Orientierungsmuster mit dem Leitbild einer sachlich aufgeklärten Kooperation, einer offenen Einstellung zur Mitbestimmung und einem kompromißorientierten Kurs gegenüber dem Betriebsrat;

– das *intermediär-konsensuelle* Orientierungsmuster mit dem Leitbild des gerechten Betriebs, einer positiven Einstellung zu Mitbestimmung und einem vertrauensvollen Verhältnis zum Betriebsrat.

Mit der Ausarbeitung einer solchen Typologie gelingt es Trinczek, das Zustandekommen bestimmter Konstellationen industrieller Beziehungen über die Verbindung mit Handlungsdeterminanten des Managements zu erklären. Dabei erhalten Leitbilder aber gleichsam den Charakter von handlungslimitierenden Rahmenstrukturen, in denen das Management unreflektiert gefangen ist. Deutlich wird dies auch an der Schlußhypothese Trinczeks, daß Betriebe selektiv Einzelmanager rekrutieren, deren personale Orientierungsmuster mit denen des Managements kompatibel sind. Damit ist eine gewisse Konstanz bzw. Erstarrung des Leitbilds vorprogrammiert. Indem Leitbilder den Charakter einer institutionalisierten Strukturdeterminante erhalten, wird eine weitgehende strategische Handlungsfreiheit der Manager zugunsten einer Handlungsermöglichung weitgehend verneint. Dies wird dem Giddens'schen Ansatz nicht voll gerecht, der auch die handlungsermöglichende Dimension sieht.

Die in Fortführung von Trinczek entstandene, auf Interaktion erweiterte Arbeit von Bosch (1997) macht diesen Umstand noch offensichtlicher. Während bei Trinczek der strukturierende Einfluß von Kultur auf Management implizit bleibt, hebt Bosch in ihrem Konzept der *Interaktionskultur* explizit darauf ab. Die bisherige Forschung versteht das im permanenten Prozeß der Aushandlung der betrieblichen Sozialordnung entstandene Verhältnis zwischen Management und Arbeitnehmern als Interaktionsbeziehung. Dies scheint zunächst darauf hinzudeuten, daß Interaktionsbeziehungen sich vornehmlich über ein Spannungsverhältnis von Macht und Einverständnis definieren. Es mag zwar ein Grundkonsens beider Seiten über die Verhandlungsgegenstände bestehen, dennoch versucht offenbar jeder Akteur die ihm zur Verfügung stehende Macht zur Durchsetzung seiner Interessen einzusetzen. Bosch (1997) arbeitet heraus, daß Interaktionen sich nicht allein durch die jeweiligen Verhandlungspositionen und Durchsetzungsmacht der Akteure erklären lassen. Sie umfassen in großem Maße auch kulturelle Elemente, wie Normen, Werte, Symbole und Artefakte. Interaktionskultur ist historisch gewachsen, was sich auch in institutionellen und in materiellen Strukturen niederschlägt. Zum großen Teil besteht Interaktionskultur jedoch aus informellen Beständen von tradierten Interpretationsmustern, informellen Regeln und typischen Verhaltenserwartungen. Übertragen auf das Verständnis von Management als Akteur in einer Interaktionskultur bedeutet dies, daß nicht ohne weiteres von einem einseitigen Interessendurchsetzungs- bzw. Machtpotential ausgegangen werden kann. Symbolisch-kulturelle und strukturell-materielle Aspekte bestimmen neben den mikropolitischen Potentialen den innerbetrieblichen Machtgebrauch. Die Thematisierung des kulturellen Aspektes durch Bosch bietet die Möglichkeit, die betrieblichen Beziehungen und Aushandlungsprozesse gesamtheitlich zu betrachten und vermeidet die Reduktion auf Interessen- und Machtdurchsetzung. Betriebliche Entscheidungsspielräume des Managements werden nicht nur als das Ergebnis satzungsmäßig legalisierter Handlungsmacht verstanden, sondern auch von kulturellen Dimensionen beeinflußt. Wie bei Trinczeks Leitbild führt dies zu einer tendenziellen Passivierung der in Strukturzwänge gefangenen Akteure.

Diese starke Betonung der handlungseinschränkenden Eigenschaft von Struktur wirft die Fragestellung auf, inwiefern Management überhaupt ein durchsetzungsfähiger, gestaltender Akteur der industriellen Beziehungen sein kann. Wie Kochan et al. festgestellt haben, muß ein wirklichkeitsnahes Bild industrieller Beziehungen die „aktive Rolle, die das Management bei der Ausgestaltung der industriellen Beziehungen spielt" (1984, S. 20), herausarbeiten, also den handlungsermöglichenden Charakter in der Beziehung. Anders formuliert hieße dies: inwieweit kann der Akteur Management, im Rahmen des von Kultur und Leitbildern geschaffenen Handlungskorridors der industriellen Beziehungen, strategisch handeln und gestaltend wirken? Offen bleibt auch die Frage, was inhaltlich die Ausrichtung des (strategisch orientierten) Managementhandelns in den industriellen Beziehungen in einer Organisation bestimmt.

3. Die Transformationsfunktion des Managements

Für Luhmann sind Organisationen selbstreferentiell geschlossene und autonome Systeme. Sie sind in der Lage, sich durch „ein Verfahren der Eigenzurechnung von Entscheidungen" von der Umwelt abzugrenzen. Deshalb können Organisationen auch als ein „System mit selbstgezogenen Grenzen" angesehen werden (Luhmann 1988, S. 166). Auf die Organisation Unternehmen übertragen, heißt, sie als Teil eines Marktgeschehens in Abhängigkeit zu ihrer Umwelt zu begreifen. Damit ist das Problem der Selektion komplexer Umwelteinflüsse und der *Transformation*[2] der relevanten Informationen in das System Unternehmen angesprochen. Externe Anforderungen sind so zu transformieren, daß sie intern bearbeitet werden können (Minssen 1992, S. 48). Systemisch betrachtet erfüllt das Management die Aufgabe der Definition der Systemumwelt und der Transformation. Es übersetzt Umweltkomplexität so, daß sie zu möglichen Antworten des Unternehmens, in Form von Organisationsgestaltung und -handeln, führen können.

Als Mittler zwischen Umwelt und System muß das Management in der Lage sein, die für die Anpassung des Unternehmens an die Umwelt notwendigen Maßnahmen zu erkennen und umzusetzen. Diese Transformation bedeutet nichts anderes als die Festlegung der Geschäftspolitik bzw. der strategischen Planung eines Unternehmens, um dieses durch die Definition eines Leitbilds einer bestimmten Produktions-Konfiguration[3] in der Umwelt überlebensfähig zu plazieren. Diese Stellung manifestiert sich zum einen in der Strukturgröße der legitimierten Ordnung des Unternehmens, die dem Management die Transformationsfunktion und somit implizit die Aufgabe der Steue-

---

[2] Der Begriff Transformation ist hier in einem anderen Zusammenhang als bei Marx zu sehen, der darunter die Umwandlung von (gekaufter) Arbeitskraft in (geleistete) Arbeit versteht.

[3] „Mit dem Konzept von Produktions-Konfigurationen wird auf jeweils besondere empirische betriebliche Kombinationen (1) der Produktstruktur und Absatzstrategien, (2) des technischen Fertigungsprozesses, (3) der Arbeitsorganisation und (4) des Personalregimes abgestellt." (Pries et al. 1990)

rung des Unternehmens, zuschreibt. Zum anderen zeigt sich die Stellung des Managements in der Betrachtung der Strukturdeterminante Signifikation, also der Deutungsmuster, die Subjekte als nicht hinterfragte Selbstverständlichkeiten verinnerlicht haben.

Leitbilder als Orientierung für das Handeln des Managements

Die Definition der aus der Transformation hervorgehenden Erfordernisse ist komplex und in ihren Konsequenzen nicht voll überschaubar oder gar an die Mitglieder eines Unternehmens kommunizierbar. Das betriebliche System-Umwelt-Verhältnis kommt nie in seiner Gesamtheit in den Blick, vielmehr muß es erst durch Planungen und Entscheidungen des Managements in eine erfaßbare Form transformiert werden. Die dafür notwendige Reduktion dieser Komplexität und Unsicherheit geschieht mit Hilfe von *Leitbildern* (Dierkes et al. 1992).

Ein solches Leitbild orientiert sich an der zukünftigen Positionierung der Organisation in der Umwelt und dem daraus abgeleiteten Leitbild des Organisationshandelns und der Organisationsgestaltung. Dadurch ist das Management als strategisch handelnder Akteur gefordert, Umweltkomplexität zu transformieren und daraus abgeleitete Systemanpassungen zu initiieren. Die langfristige Ausrichtung des Unternehmens und die Bandbreite der Unternehmensaktivitäten werden mit diesem Leitbild festgelegt. Bezogen auf die *betriebliche Sozialordnung*, ist ein Leitbild zu verstehen als „Vorstellungen über eine gegebene oder mögliche Form betrieblicher Sozialbeziehungen und darin spezifisch verteilter Einfluß- bzw. Mitbestimmungschancen, (als) Orientierungsrahmen für individuelle und kollektive Akteure in der innerbetrieblichen Politikarena" (Trinczek 1997, S. 124f.). Die *Beziehung zum Mitarbeiter* bildet den Fokus des Managementleitbildes der betrieblichen Sozialordnung, weil Mitarbeiter als Beteiligte am technisch-organisatorischen Produktionsprozeß die notwendigerweise zu berücksichtigende Größe bei der Transformation Umwelt-System sind.

Bei der Entwicklung und Umsetzung von Leitbildern macht sich bemerkbar, daß das Management sehr wohl aus verschiedenen Fraktionen bestehen kann. Wiedemann (1971) hat dies sehr früh als „Konzeptions-Konkurrenz" beschrieben, die sich heute z.B. als Wettbewerb um Rationalisierungskonzepte in einem allgemeinen Konkurrenzklima darstellt (Springer 1998). Da das Management also kein homogener Akteur ist, sondern selbst unterschiedlichen Einflüssen unterliegt, ist die Entstehung von Leitbildern selbst mikropolitischen Prozessen innerhalb des Managements unterworfen. Dabei stellen übergeordnete Paradigmen, wie z.B. Ziele der Eigentümer, persönliche Werthaltungen und Interessen der beteiligen Individualakteure, aber auch die Rückkopplung über die Umsetzbarkeit einzelner Leitbilder Einflußfaktoren dar. Kieser weist darauf hin, daß „umfassendere Reorganisationen in aller Regel nicht deshalb ausgelöst (werden), weil bestimmte organisatorische Probleme konstatiert werden. Sie werden vielmehr in Angriff genommen, weil zentrale Akteure im Unternehmen überzeugt sind, daß um die Wettbewerbsfähigkeit des Unternehmens aufrechtzuerhalten, eine grundlegende neue Strukturierung, die Realisierung eines der neuen Leitbilder, erforderlich ist, wie sie immer wieder in Managementbestsellern, Managementzeitschriften, Seminaren, Kongressen unter Einsatz einer wirkungsvollen Rhetorik „verkauft" werden" (1998, S. 57).

Leitbilder sind in Giddens' Terminologie als ein Element des Sets von Regeln zu verstehen. Diese sind unter die Strukturdimension der Signifikation einzustufen und tragen zur Schaffung einer symbolischen Ordnung bei. Leitbilder erzeugen Regeln, die handlungseinschränkend wirken und wirken sollen. Diesen Aspekt stellt Trinczek (1993) in seiner Beschreibung der manageriellen Orientierungsmuster implizit in den Vordergrund. Die relative Freiheit des Managements bei der *Schaffung* von Leitbildern weist andererseits auf die Chance eines langfristig orientierten, zielgerichteten Handelns im Hinblick auf die Leitbilder hin (strategisches Handeln des Managements).

Nach Crozier und Friedberg (1979) führt die Verfolgung bestimmter strategischer Ziele im Rahmen steter Aushandlungs- und Anpassungsprozesse allerdings nur zu einer „Entwicklung in eine mehr oder minder bestimmte Richtung". Durch langfristige Interaktionsbeziehungen, Unternehmenskultur sowie die Leitbilder und Machtressourcen der anderen Akteure verengen sich die Bewegungsspielräume des Managements. Leitbilder sind also keine einseitige Entwicklung des Managements, sondern werden in ihrer strukturellen Reproduktion im Rahmen des Regelkreisschemas durch die Interaktion mit anderen Akteuren ständig überprüft und verändert.

Dies entspricht auch einem Verständnis, das neueren Arbeiten zur strategischen Gestaltung von industriellen Beziehungen, insbesondere dem *Human Resource Management* (HRM), zugrunde liegt (Legge 1995; Purcell/Ahlstrand 1994; McLouhghlin/ Gourlay 1994).

4. Leitbilder der Mitarbeiterbeziehungen

Human Resource Management

Aus der Transformation der Komplexität der Systemumwelt entsteht also auch ein abgeleitetes Leitbild der zukünftigen Sozialordnung. Dieses bezieht sich primär auf die Form der Kooperation mit den individuellen Mitarbeitern. Da sich in den vergangenen Jahren erhebliche Veränderungen in der technisch-organisatorischen Arbeitsgestaltung ergeben haben, sind vielfache neue Anforderungen an die Kooperation mit den Mitarbeitern und an die Qualifikation entstanden. Deshalb wurde seit Mitte der achtziger Jahre die Bedeutung der *human resources* verstärkt diskutiert und ein neues Leitbild geschaffen, als Ergebnis dessen das *Human Resource Management* (HRM) zu einem Bestandteil des strategischen Managements geworden ist. Legge (1995, S. 135) leitet diesbezüglich, mit Rückgriff auf Sisson (1990; 1993), die Hypothese ab, daß das HRM mit dem Ziel einer bestimmten Beziehung zu den Mitarbeitern in komplexer Weise von der Geschäftspolitik im Sinne der Transformationsfunktion abhängig ist. Langfristige

Kundenbeziehungen und anspruchsvolle Technologie verlangen z.b. hohe Investitionen in die Mitarbeiterqualifikation und langfristige Mitarbeiterbeziehungen.

HRM heißt also Umsetzung eines spezifischen Leitbilds einer zukünftigen Sozialordnung, und zwar bezogen auf den individuellen Mitarbeiter (Fischer/Weitbrecht 1995). Was macht den Unterschied aus zwischen einer traditionellen Personalpolitik und einem HRM? Für Wächter (1992) steht beim HRM strategische Orientierung, Individualisierung, Flexibilisierung, kulturbewußtes Management und die Stärkung der Verantwortung des Linienpersonals im Vordergrund. Die daraus abzuleitenden Forderungen kommen am besten im amerikanischen *strategic human resource management* zum Ausdruck: „Personalpolitik soll sich strategisch ausrichten (statt bloß reagierend und verwaltend). Sie soll den Menschen als Ressource begreifen (statt nur als Kostenfaktor), und die Personalfunktion soll als primäre Managementaufgabe (statt als spezialisierte Stabsfunktion) verstanden werden." (Wächter 1992, S. 324f.) Legge (1995) sieht im Vergleich mit herkömmlicher Personalpolitik in England insbesondere Unterschiede in der Weiterbildung und der erweiterten Rolle der Linienmanager, sowie der Einbindung der Konzepte in eine gemeinsame Unternehmenskultur. Da es sich beim HRM nicht um ein theoretisch deduziertes Konzept, sondern eher um eine Management-Bewegung handelt, sind die begrifflichen Definitionen vielfältig. In den klassischen US-Ansätzen in den achtziger Jahren (Harvard, Michigan) wird die Verbindung von Unternehmensstrategie, Organisationsstruktur und HRM betont und damit die besondere Bedeutung der *Partizipation* des Arbeitnehmers ins Zentrum der Politik gestellt; dies immer mit dem Ziel, eine größere Bindung der Mitarbeiter an die Organisation zu erreichen (Weitbrecht/Fischer 1993). Fischer (1998, S. 65ff.) hat die wesentlichen Elemente des HRM zusammengetragen:

1. die gezielte *Entwicklung des Personals*, die kontinuierliche Benutzung systematischer Schulungen und die Konzeption leistungsorientierter Schulungen mit dem Ziel, eine lernende Organisation zu schaffen;

2. die *Entwicklung der Linienmanager*, Managemententwicklung und Karriereplanung;

3. die *Übertragung der Personalverantwortung* auf die Linienmanager;

4. die Betonung einer gemeinsamen *Unternehmenskultur*, d.h. eine Kultur zu entwickeln, die das Management an die kohärente Strategie und Politik des HRM bindet und das Verständnis und die Bindung der Mitarbeiter für die Werte der Organisation fördert;

5. eine *langfristige Planungsperspektive*, die strategische Entscheidungen erlaubt und einen Langzeiteffekt auf die Arbeit sowie die Entwicklung der Mitarbeiter in der Organisation hat;

6. die Förderung der *Kommunikation* zwischen Management und Arbeitnehmer, so daß das Management seine Pläne und Ziele an die Arbeitnehmer vermittelt und diese die Möglichkeit haben, eigene Vorstellungen dazu einzubringen;

7. die gezielte Förderung der *Partizipation* als Prozeß, bei dem Management und Arbeitnehmer in gewissen Themen gemeinsam entscheiden und dabei die Interessen aller Beteiligten berücksichtigen.

Auch wenn die Umsetzung dieser HRM-Anforderungen zum Teil weit hinter der *Rhetorik* zurückbleiben mag, wird deutlich, daß den Marktherausforderungen Innovation, Qualität und Kosten, nur mit einer hohen Bindung und Identifikation der Mitarbeiter, den Zielen eines HRM, zu begegnen ist (Weitbrecht 1998, S. 49ff.). HRM versucht also eine langfristige kooperative Beziehung zum Mitarbeiter zu erreichen, die für die Unternehmensseite langfristige Investition, also langfristige Selbstbindung, bedeutet. Dies mag die Ursache sein, warum die Umsetzung nicht mit Breitenwirkung vorgenommen wurde. Industrielle Restrukturierung findet generell im Spannungsfeld von kurzzeitigen Verwertungskalkülen und langfristigen Interessen der Unternehmen statt. Reorganisationsprozesse in den neunziger Jahren sind sukzessive unter den Primat der „kurzen Frist" geraten. Für das Management heißt die Option deshalb nicht in jedem Fall HRM, denn es bedeutet Investitionskosten, die sich nur dann lohnen, wenn ein entsprechender Wert geschaffen wird, der zur Erreichung der Ziele der Geschäftspolitik beiträgt. Hier entsteht HRM-Rhetorik, indem vordergründig die langfristige kooperative Komponente des HRM kommuniziert, in Wirklichkeit aber die kurzfristige Wertschöpfung verfolgt wird. Ohne Zweifel entspricht solche HRM-Rhetorik nicht dem Leitbild kooperativer Mitarbeiter-Beziehungen und führt langfristig eher zu höherem Konfliktpotential.

Management der kollektiven Beziehungen

Die *kollektive Ebene* der Sozialordnung ist ein eigener Bereich strategischen Managementhandelns in den Beziehungen zum Betriebsrat als eigenständiger Akteur, als Verhandlungs- und Ansprechpartner, neben dem Akteur Mitarbeiter. Durch die gesetzlich festgelegten Mitbestimmungsrechte muß das Management in Aushandlungsprozesse mit dem Betriebsrat eintreten.

Anders als auf der individuellen Ebene hat das Management in Deutschland auf der kollektiven Ebene sehr viel seltener explizite strategische Leitbilder entwickelt. Die starke *Verrechtlichung* der Betriebsverfassung hat dies weniger notwendig gemacht, als es in Ländern mit weniger strukturierten industriellen Beziehungen wie den USA oder Großbritannien der Fall ist. Die Beziehungen zum Betriebsrat haben sich lange Zeit hauptsächlich im Kontext rechtlicher Normen und kurzfristiger Aktionen bewegt. Zwar ist im Rahmen empirischer Untersuchungen (Kotthoff 1994; Trinczek 1993) eine große Variationsbreite und eine Entwicklung von (Management-)Leitbildern der kollektiven Beziehungen zum Betriebsrat beobachtet worden, ihre bewußte Entwicklung und Umsetzung ist jedoch eher selten.

Seit Mitte der achtziger Jahre treten jedoch verstärkt Veränderungen im Umfeld der Betriebe auf, die zunehmend der betrieblichen Ebene mehr Bedeutung zukommen lassen und damit in den Beziehungen des Managements zum Betriebsrat reines Handlungswissen im Sinne von Giddens als nicht mehr ausreichend erscheinen lassen. Durch die *Verbetrieblichung* der Konfliktverarbeitung in der Tarifarena werden zunehmend Kompetenzen der Tarifautonomie in die Betriebe verlagert. Dieser Trend birgt ein erweitertes Konfliktpotential, weil bislang im Rahmen der Tarifverhandlungen institutionalisierte Aufgabengebiete verstärkt von den Akteuren auf der betrieblichen Ebene zu bewältigen sind.

Im Rahmen der Transformationsfunktion, der Übersetzung der Umweltkomplexität in die Systemerfordernisse, muß das Management also auch Leitbilder der kollektiven industriellen Beziehungen schaffen. Die strategischen Möglichkeiten solcher Leitbilder bewegen sich in dem Spektrum von konfliktiven zu kooperativen Leitbildern, wie sie empirisch festgestellt wurden. Ihre Entwicklung ist auch abhängig von den technischorganisationalen Leitbildern (z.b. bezüglich der Arbeitsorganisation) und den Leitbildern der individuellen Ebene (z.b. HRM-Leitbild).

Bei der Umsetzung dieser Leitbilder der kollektiven Ebene spielt offensichtlich die Informationspolitik des Managements eine herausragende Rolle. Osterloh (1986; 1993) zeigt die unterschiedliche Wirksamkeit von gesetzlichen Regelungen bei verschiedenen Partizipationsmustern auf. Umgekehrt kann die Steuerung von Information als ein zentrales Instrument zur Veränderung von Interaktionsmustern gesehen werden.

Individuelle und kollektive Leitbilder sind auf unterschiedliche Weise miteinander verknüpft. Einige Abhängigkeiten können sein:

– die Strategie des Akteurs Betriebsrat, insbesondere sein Beitrag zur gewünschten Mitarbeiterbeziehung, also auch inwieweit der Betriebsrat machtpolitische Ressourcen im Entscheidungsprozeß mißbraucht;
– die Erkenntnis, wie weit sich kooperative Betriebsratsbeziehungen und Kooperation mit den Mitarbeitern gegenseitig beeinflussen;
– die kommunikative Vermittlerfunktion, die der Betriebsrat in Veränderungsprozessen spielen kann (Mohr 1997, S. 259; Weitbrecht 1998, S. 39).

Zusammenfassend stehen dem Management grundsätzlich zwei Strategien offen, um im Rahmen bestimmter Produktions-Konfigurationen bestimmte Mitarbeiterbeziehungen zu erreichen. Einmal kann das Management den expliziten Arbeitsvertrag durch Handeln erweitern, das in seiner Wiederholung zu Vertrauensbildung beitragen kann, ihn also durch einen impliziten „psychologischen" Arbeitsvertrag ergänzen. HRM kann in diesem Sinne als kooperatives Angebot des Managements gesehen werden (Fischer 1998, S. 51f.). Dieser implizite Vertrag ist damit eine legitimierte Regel, also Struktur im Sinne von Giddens, geworden und kann nicht ohne schwerwiegende Konsequenzen gebrochen werden. Beides, Strukturbildung und Einhalten des Vertrags, bleibt dabei dominiert durch den Akteur Management, eine *Selbstbindung* ohne externe Sanktionierung.

Der andere Weg, der allerdings im allgemeinen nicht isoliert vom ersten wirksam werden kann, heißt Bildung von Struktur unter Einbezug des Akteurs Betriebsrat. Das

Ergebnis strukturbildenden Handelns sind hier nicht nur „psychologische" Verträge, sondern juristisch einklagbare Betriebsvereinbarungen, also *Fremdbindung* bzw. Einbindung.

Während dies in vielen anderen Ländern eine alternative Strategie des Managements ist, stellt sich dort die Frage, inwieweit das Management bereit ist, einen kollektiven Akteur überhaupt als Verhandlungspartner zu akzeptieren. Dies ist in Deutschland in den meisten Unternehmen keine Alternative. Mit der Existenz eines Akteurs Betriebsrat ist nicht mehr die Alternative Selbstbindung oder Einbindung die Frage, sondern nur inwieweit diese Beziehungen als bewußte Leitbilder gestaltet werden und in das diskursive Wissen der Akteure einfließen.

5. Entwicklung eines Managements der industriellen Beziehungen

Managemententscheidungen sind meist Entscheidungen zwischen zwei Zielen, die keine eindeutige Lösung nahelegen; nur für solche Entscheidungen werden Manager gebraucht! Dies gilt auch für die Gestaltung einer betrieblichen Sozialordnung. Gebert/Boerner (1995) arbeiten ein solches Grunddilemma im Bedürfnis nach einer geschlossenen und einer offenen Gesellschaft (Popper 1980) heraus und weisen auf den Zusammenhang zwischen gesamtgesellschaftlichen und betrieblichen Entwicklungen hin.

Betriebe verfügen über erheblich weniger Spielraum für Offenheit als die Gesellschaft, auch wenn in jüngerer Zeit Öffnungsprozesse stattgefunden haben. „Von der ursprünglichen Allmacht des Alleineigentümers hin zu unterschiedlichsten Formen der gesetzlich fundierten Mitbestimmung (industrielle Demokratie) einerseits, andererseits durch strukturelle Veränderungen im Unternehmen (flache Hierarchien, *empowerment*, Dezentralisierung, Selbstorganisation etc.), die zu einer gleichmäßigeren Verteilung von (Entscheidungs-)Macht geführt haben" (Gebert/Boerner 1995, S. 224f.). Daneben gibt es aber auch Bestrebungen zurück zur geschlossenen Gesellschaft (visionäre Führung, einheitliche *corporate identity, reengineering* etc.).

Offene und geschlossene Gestaltungsmuster können sowohl auf der individuellen Ebene (Führungsstile) wie auf der kollektiven Ebene (richtlinien- vs. kooperationsorientierte Beziehungen) aufgezeigt werden. Die geschlossenen Muster vermitteln auch auf betrieblicher Ebene über die angenommene Interessenhomogenität Harmonie und das Gefühl des Vertrautseins. Zwischenmenschliche Beziehungen lassen sowohl wechselseitige Glaubwürdigkeit als auch gegenseitiges Verständnis erwarten und stärken das Bewußtsein, in eine solidarische Gemeinschaft eingebettet zu sein. Allerdings können Harmonie und Vertrauen inhaltlich mit Stillstand und Manipulierbarkeit einhergehen. Ungleichbehandlung, Abhängigkeit und fehlende Entwicklungsmöglichkeiten des Individuums sind wahrscheinlich.

Auch wenn die dilemmatische Grundstruktur nicht aufgehoben werden kann (Gebert/Boerner, S. 405ff.), sehen die Autoren mögliche Lösungen des Dilemmas in einer

Balancierung (zeitlich aufeinander folgend oder parallel) von Elementen der geschlossenen und der offenen Gestaltung (ebd., S. 335ff.; Fontin 1997). Dies verlangt vom Management sicherlich einen höheren Grad an Reflexivität der sozialen Ordnung des Betriebes, die es mit neueren organisatorischen Veränderungen und einer neuen Managergeneration auch in der Beziehung zum Betriebsrat zu geben scheint.

Faktische Entwicklungen der vergangenen Jahre legen eine reflexive Einstellung und strategische Ausrichtung für das Management nahe. Neue Produktionskonzepte und Gruppenarbeit führen zu Veränderungen der Arbeitsorganisation und verlangen ein größeres Maß an Kooperation der betrieblichen Akteure. Dabei hat sich gezeigt, daß diese nicht ohne das Leitbild einer kooperativen Interaktionskultur mit dem Betriebsrat erfolgreich umgesetzt werden können, der sich als Moderator zwischen den Arbeitnehmern und dem Management zum Teil neu definiert (Beyer et al. 1995; Weitbrecht 1998). Unterschiedliche betriebliche Bedingungen erfordern eine Anpassung der Beziehungen zwischen Management und Betriebsrat, die nicht über den bloßen Bezug auf Rechtsnormen zu erreichen sind.

Bosch (1997) beobachtet die Entwicklungen der Parteien und Veränderungen ihrer Beziehungen. Die Akteure beharren weniger auf den formalen Regelungen und Pflichten gegenüber dem Verhandlungspartner, die im Betriebsverfassungsgesetz festgelegt sind, sondern folgen stärker den eigenproduzierten Regeln der Interaktionskultur. Sie benutzen die formalen Regeln lediglich als flexiblen Rahmen für ihr Verhältnis. Die entwickelte Interaktionskultur wird also in höherem Maße durch sich selbst gesteuert, als dies früher der Fall war. Durch den Zuwachs an Professionalisierung des Betriebsrats, wird ihm mehr Kontrolle über Unsicherheitszonen, also mehr mikropolitische Macht, zuteil. Dies führt zu einer *Entgrenzung* von Macht und Einfluß. Neue Koalitionen und Interessengemeinschaften über Betriebsrat und Management hinweg treten auf. Der Trend hin zu einer sachorientierten und konfliktarmen Interaktionskultur ist zu beobachten. Die zunehmende „Versozialwissenschaftlichung der Kultur des Managements" (Bosch 1997, S. 152) weist auch den Personalabteilungen neue Aufgabengebiete, wie die Verantwortung für Arbeitsklima, Motivation und Arbeitnehmerzufriedenheit zu. Damit befindet sich neben dem Betriebsrat auch zunehmend die Personalabteilung in einer Grenzsituation zwischen den *pressure groups* Belegschaft, Gewerkschaft und dem Management. Die bewußte Überprüfung der bisherigen und der sich implizit entwickelnden Leitbilder kollektiver industrieller Beziehungen im Unternehmen im Hinblick auf die Art und Richtung ihrer Anpassung an die veränderten Rahmenbedingungen wird notwendig.

Dabei ist insbesondere das Abhängigkeitsverhältnis der individuellen und der kollektiven Ebene zueinander von Interesse. In der angelsächsischen Forschung werden mit individuellen Leitbildern und dem HRM eher anti-kollektive Wechselwirkungen verbunden. Hier erscheint in der Regel eine kooperative Strategie nur auf einer Ebene möglich. Der Ansatz sowohl kollektiv kooperativ zu arbeiten als auch individuell ein (kooperatives) HRM-Konzept zu wählen, wird als widersprüchlich bzw. unergiebig angesehen (Guest 1995). In Deutschland liegen die Verhältnisse durch das duale System der Interessenrepräsentation (vgl. Müller-Jentsch 1997, S. 194ff.) mit einem langfristig etablierten Akteur Betriebsrat anders. Eine konfliktäre Strategie gegenüber dem Betriebsrat ist sehr viel schwieriger mit einer kooperativen, auf Langfristigkeit angelegten Strategie gegenüber den Mitarbeitern vereinbar. Neuere Forschungen (Fischer 1998) haben einen deutlich positiven Einfluß der kollektiven auf die individuelle Ebene der Arbeitsbeziehungen gezeigt, d.h. ein kooperatives Verhältnis zum Betriebsrat beeinflußt auch das Verhältnis zu den Mitarbeitern positiv. Für die industriellen Beziehungen in Deutschland gilt folglich, daß Leitbilder der kollektiven Beziehungen einen wichtigen Einfluß auf die individuellen Beziehungen haben. Umgekehrt gilt für die Bedeutung kollektiver Leitbilder, daß sie in Einklang mit dem jeweiligen (letztlich maßgeblichen) Leitbild der Gestaltung der Beziehungen zu den Mitarbeitern ausgerichtet sein müssen und nicht davon losgelöst sein können.

Im Zusammenhang mit den Modernisierungskonzepten, in denen die starren Hierarchien flexibilisiert und verflacht werden und folglich die Verantwortlichkeit der Mitarbeiter zunimmt, steht das Management vor der Aufgabe, die betrieblichen Sozialbeziehungen bewußt zu gestalten. Die personellen und generationellen Wandlungsprozesse sind ersichtlich in der Akademisierung, Flexibilisierung und der Aneignung des Wissens über die soziale Seite des Berufs, ebenso über Kooperation, Kommunikation und Strategien, wie auch durch veränderte generationenspezifische Rekrutierungsmuster und Karriereverläufe (Eberwein/Tholen 1990; Bosch 1997). Dies führt einerseits zu einer Abnahme der Bindung und Identifikation in einer bestimmten Rolle in einer bestimmten betrieblichen Kultur, andererseits zu einer Zunahme der Fähigkeiten zur *Reflexivität*.

All diese Entwicklungen verlangen vom Management eine bewußtere, strategische Gestaltung der industriellen Beziehungen, ein *Management der industriellen Beziehungen*. Weder genügt die bloße Deklamation der kooperativen Führung im Verhältnis zu den Mitarbeitern noch der Rückzug auf gesetzliche Regelungen im Verhältnis zum Betriebsrat. Die große Differenzierung in der Entwicklung der Mitbestimmungspraxis, auch im Aufbau von Unternehmenskultur, spiegelt die unterschiedliche Bewältigung dieser Managementaufgabe. Sie ist aber in ihrem interaktionellen Charakter immer auch eine Frage der strategischen Ausrichtung des Betriebsrats (Bertelsmann Stiftung/ Hans-Böckler-Stiftung 1998, S. 36ff.).

Literatur

Bertelsmann Stiftung/Hans-Böckler-Stiftung (1998): Mitbestimmung und neue Unternehmenskulturen – Bilanz und Perspektiven. Bericht der Kommission Mitbestimmung. Gütersloh

Beyer, H./ Fehr, U./Nutzinger, H.G. (1995): Unternehmenskultur und innerbetriebliche Kooperation. Wiesbaden

Bosch, A. (1997): Vom Interessenkonflikt zur Kultur der Rationalität. Neue Verhandlungsbeziehungen zwischen Management und Betriebsrat. München und Mering

Braverman, H. (1974): Labor and Monopoly Capital. The Degradation of Work in the 20th Century. New York

Burawoy, M. (1979): Manufacturing Consent. Chicago

Crozier, M./ Friedberg, E. (1993): Die Zwänge kollektiven Handelns. Über Macht und Organisation. Frankfurt/M.

Dierkes, M./Hoffmann, U./Marz, L. (1992): Leitbild und Technik – Zur Entstehung und Steuerung technischer Innovationen. Berlin

Eberwein, W./Tholen, J. (1990): Managermentalität. Industrielle Unternehmensleitung als Beruf und Politik. Frankfurt/M.

Edwards, R. (1981): Herrschaft im modernen Produktionsprozeß. Frankfurt/M.

Faust, M./Jauch, P./Brünnecke, K./Deutschmann, C. (1994): Dezentralisierung von Unternehmen. Bürokratie- und Hierarchieabbau und die Rolle betrieblicher Arbeitspolitik. München und Mering

Fischer, St. (1998): Human Resource Management und Arbeitsbeziehungen im Betrieb. München und Mering

Fischer, St./Weitbrecht, H. (1995): Individualism and Collectivism: Two Dimensions of Human Resource Management and Industrial Relations. The Case of Germany. In: Industrielle Beziehungen 2 (4), S. 367-394

Fontin, M. (1997): Das Management von Dilemmata. Wiesbaden

Friedman, A. (1977): Responsible Autonomy Versus Direct Control Over the Labour Process. In: Capital and Class 1, S. 43-57

Gebert, D./Boerner, S. (1995): Manager im Dilemma. Abschied von der offenen Gesellschaft? Frankfurt/M.

Giddens, A. (1984): Interpretative Soziologie, Eine kritische Einführung. Frankfurt/M.

Giddens, A. (1988a): Die Konstitution der Gesellschaft. Grundzüge einer Theorie der Strukturierung. Frankfurt/M.

Giddens, A. (1988b): Die „Theorie der Strukturierung". Ein Interview mit Anthony Giddens (geführt von Bernd Kießling). In: Zeitschrift für Soziologie 17 (1), S. 9-23

Giddens, A. (1997): Die Konstitution der Gesellschaft. 3. Aufl. (Studienausg.). Frankfurt/M.

Guest, D. (1995): Human Resource Management, trade unions and industrial relations. In: Storey, J. (Hg.): Human Resource Management. A Critical Text. London, S. 110-141

Hildebrandt, E. (Hg.) (1991): Betriebliche Sozialverfassung unter Veränderungsdruck. Berlin

Kieser, A. (1998): Über die allmähliche Verfertigung der Organisation beim Reden. Organisieren als Kommunizieren. In: Industrielle Beziehungen 5 (1), S. 45-75

Klimecki, R./Probst, G./Eberl, P. (1991): Systementwicklung als Managementproblem. In: Staehle, W.H./Sydow, J. (Hg.): Managementforschung 1. Berlin/New York, S. 103-162

Kochan, T.A./Katz, H.C./McKersie, R.B. (1986): The Transformation of American Industrial Relations. New York

Kochan, T.A./McKersie, R.B./Capelli, P. (1984): Strategic Choice and Industrial Relations Theory. In: Industrial Relations 23 (1), S.14-39

Kotthoff, H. (1994): Betriebsräte und Bürgerstatus. Wandel und Kontinuität betrieblicher Mitbestimmung. München und Mering

Kotthoff, H. (1998): Mitbestimmung in Zeiten interessenpolitischer Rückschritte. Betriebsräte zwischen Beteiligungsofferten und „gnadenlosem Kostensenkungsdiktat". In: Industrielle Beziehungen 5 (1), S. 76-100

Legge, K. (1995): Human Resource Management. Rhetorics and Realities. London

Lepsius, M.R. (1990): Interessen, Ideen und Institutionen. Opladen

Luhmann, N. (1975): Soziologische Aufklärung. Bd. 2. Opladen

Luhmann, N. (1988): Organisation. In: Küpper, W./Ortmann, G. (Hg.): Mikropolitik. Macht und Spiele in Organisationen. Opladen, S. 165-185

March, J.G./Simon, H.A. (1958): Organizations. New York

McLouhghlin, I./Gourlay, S. (1994): Enterprise without Unions. Buckingham

Minssen, H. (1992): Die Rationalität von Rationalisierung. Stuttgart

Mohr, N. (1997): Kommunikation und organisatorischer Wandel. Wiesbaden

Müller-Jentsch, W. (1996): Theorien industrieller Beziehungen. In: Industrielle Beziehungen 3 (1), S. 37-64

Müller-Jentsch, W. (1997): Soziologie der Industriellen Beziehungen. Eine Einführung. Frankfurt/M.

Münch, T./Weitbrecht, H. (1998): Krise der Führungsforschung. Ein soziologischer Ausweg? Unveröffentlichtes Manuskript

Neuberger, O. (1995): Mikropolitik. Der alltägliche Aufbau und Einsatz von Macht in Organisationen. Stuttgart

Ortmann, G. (1994): Formen der Produktion. Organisation und Rekursivität. Opladen

Ortmann, G./Windeler, A./Becker, A./Schulz, H. (1990): Computer und Macht in Organisationen. Opladen

Osterloh, M. (1986): Über die Unwirksamkeit von Informationsrechten. Ein Beitrag zur Rechtstatsachenforschung im Bereich der Mitbestimmung in Betrieb und Unternehmung. In: Diefenbacher, H./Nutzinger, H.G. (Hg.): Mitbestimmung in Betrieb und Verwaltung. Heidelberg, S. 151-176

Osterloh, M. (1993): Interpretative Organisations- und Mitbestimmungsforschung. Stuttgart

Pries, L./Schmidt, R./Trinczek, R. (1990): Entwicklungspfade von Industriearbeit. Opladen

Popper, K.R. (1980): Die offene Gesellschaft und ihre Feinde, Bd. 1 und 2, 6. Aufl. Tübingen

Prigge, W.-U. (1985): Unternehmer und Arbeitgeber. In: Endruweit, G./Gaugler, E./Staehle, W.H./Wilpert, B. (Hg.): Handbuch der Arbeitsbeziehungen. Berlin und New York, S. 39-50

Purcell, J./Ahlstrand, B. (1994): Human Resource Management in the Multi-Divisional Company. Oxford

Schienstock, G. (1985): Sozialwissenschaftliche Theoriebildung im Bereich der Arbeitsbeziehungen. In: Endruweit, G./Gaugler, E./Staehle, W.H./Wilpert, B. (Hg.): Handbuch der Arbeitsbeziehungen. Berlin und New York, S. 305-326

Schienstock, G. (1993): Management als sozialer Prozeß. In: Ganter, H./ Schienstock, G. (Hg.): Unternehmensführung, Industrie- und Organisationssoziologie. Wiesbaden. S. 8-46

Springer, R. (1998): Rationalisierung im Widerspruch. Konzeptions-Konkurrenz und soziologische Beratung in der Automobilproduktion. In: Howaldt, J./Kopp, R. (Hg.): Sozialwissenschaft und Organisationsberatung. Berlin.

Steinmann, H./Schreyögg, G. (1991): Management. Wiesbaden

Strauss, A. (1978): Negotiations. Varieties, Contexts, Processes, and Social Order. San Francisco.

Trinczek, R. (1993): Management und innerbetriebliche Mitbestimmung – Eine Typologie kollektiver Orientierungsmuster. Habilitationsschrift an der Friedrich-Alexander-Universität Erlangen-Nürnberg.

Trinczek, R. (Antragsteller) (1997): DFG-Neuantrag im Rahmen des Forschungsschwerpunktes „Regulierung und Restrukturierung der Arbeit in den Spannungsfeldern von Globalisierung und Dezentralisierung". Manuskript Erlangen

Wächter, H. (1992): Vom Personalwesen zum Strategic Human Resource Management. Ein Zustandsbericht anhand der neuen Literatur. In: Staehle, W.H./Conrad, P. (Hg.): Managementforschung 2. Berlin, S. 313-340

Weitbrecht, H. (1998): Mitbestimmung, Human Resource Management und neue Beteiligungskonzepte. Projekt „Mitbestimmung und neue Unternehmenskulturen". Gütersloh

Weitbrecht, H./Fischer, St. (1993): Human Resource Management und industrielle Beziehungen. In: Müller-Jentsch, W. (Hg.): Profitable Ethik – effiziente Kultur: Neue Sinnstiftung durch das Management? München und Mering, S. 179-208

Wiedemann, H. (1971): Das Unternehmen in der Evolution. Neuwied und Berlin

Der Betriebsrat als Akteur der industriellen Beziehungen

Rudi Schmidt und Rainer Trinczek

1. Die historische Entwicklung des Betriebsrats

Die formelle Grundlage des individuellen Arbeitsverhältnisses ist der Einzelarbeitsvertrag. Er ist in der modernen Industriegesellschaft, wie sie sich seit dem 19. Jahrhundert herausgebildet hat, normiert durch das allgemeine Vertragsrecht und das staatliche Arbeitsrecht und ist zumeist eingebettet in ein zum Teil übergeordnetes, zum Teil ergänzendes Tarifrecht, das Bestandteil der Vertragsbeziehungen ist. Solche Bestimmungen sind als Schutzrechte des einzelnen Arbeitnehmers begründet und kodifiziert worden; in ihnen spiegelt sich die Machtasymmetrie zwischen lohnabhängig Beschäftigten und kapitalistischen Unternehmern, deren Überwindung bzw. Abschwächung der historische Grund für die Entwicklung eines betrieblichen Kollektivakteurs der abhängig Beschäftigten darstellt.

Die erste gesetzgeberische Initiative zur Einrichtung von Fabrikausschüssen wurde in Deutschland im volkswirtschaftlichen Ausschuß des Frankfurter Parlaments von 1848 ergriffen. Die dort propagierte Idee einer „konstitutionellen Fabrik" sollte aber erst ca. 70 Jahre danach, am Ende des 1. Weltkrieges Realität werden. Zwar sind die im Rahmen des Arbeitsgemeinschaftsabkommens vom 15.11.1918 zwischen den zentralen Unternehmer- und Gewerkschaftsverbänden vorgesehenen Arbeiterausschüsse (bestätigt und ergänzt durch die Verordnung vom 23.12.1918), wie auch das 1920 vom Parlament beschlossene Betriebsrätegesetz nicht ohne die vorausgehenden revolutionären Forderungen und den Druck der radikalen Rätebewegung zu erklären, andererseits gibt es aber eine ganze Reihe von kleinen Schritten, die von den bayerischen und preussischen Berggesetzen ab 1890 bis hin zum vaterländischen Hilfsdienstgesetz von 1916 führen, in denen wesentliche Grundelemente, die sich später im Betriebsrätegesetz finden, bereits vorbereitet sind.

Ein zweiter Strang der Betriebsräteentwicklung wird in den freiwillig von einigen Unternehmern seit den sechziger Jahren des vorigen Jahrhunderts eingerichteten Arbeiterausschüssen gesehen, die primär aus einer patriarchalischen Fürsorgehaltung heraus schon frühzeitig die pazifizierenden, integrierenden und regulationsentlastenden Wirkungen solcher Belegschaftsvertretungen als Vorteile gegenüber den Skeptikern im eigenen Lager hervorgehoben hatten (vgl. dazu Feig 1924; S. 626, Teuteberg 1961; Milert/Tschirbs 1991, S. 26ff.; Kotthoff 1994, S. 315ff.).

Als dritter Entstehungsgrund kann das gewerkschaftliche Interesse und das der Belegschaften an einer betrieblichen Repräsentanz angesehen werden. Zwar sind erst zum

Ende des 19. Jahrhunderts verstärkte Bemühungen einzelner Gewerkschaften erkennbar, eigene Vertretungen in den Betrieben aufzubauen.[1] Aber die juristisch begründeten Zutrittsschranken wie auch die primär auf die Überwindung betriebspartikularistischer Bestrebungen ausgerichtete Politik der überbetrieblich agierenden gewerkschaftlichen Berufsverbände führte faktisch dazu, daß die Gewerkschaften bis zum Ersten Weltkrieg aus den Betrieben weitgehend herausgehalten wurden bzw. sich heraushielten. Die immer wieder aufbrechenden großen Streiks vor allem im Bergbau seit 1889, die von den Gewerkschaften wenn auch nicht immer initiiert, so doch unterstützt wurden, sind aber als ein wesentlicher Grund für die zaghaft in den Berggesetzen, dem Arbeiterschutzgesetz und in der Gewerbeordnung verankerten Konsultativ-Rechten der Arbeiterausschüsse anzusehen (vgl. Gesellschaft 1905; ausführlicher dazu: Müller-Jentsch 1998). Die während des Streiks im Januar 1905 auf der Delegiertenkonferenz aller Bergarbeitergewerkschaften vom 12.1.1905 gebildete Siebener-Kommission verlangte z. B. in ihren Forderungen an den Unternehmerverband (Bergbaulicher Verein) unter Punkt 6 die „Errichtung eines Arbeitsausschusses" nicht nur zur „Vorbringung", sondern auch zur „*Regelung*" von „Mißständen (...), Lohndifferenzen" etc., unter Punkt 14 die „Anerkennung der Arbeiterorganisationen" (Gesellschaft 1905, S. 30f.). Schon lange vorher hatten die Bergarbeiter „von der Belegschaft in geheimer Wahl zu wählende Arbeiter-Ausschüsse" gefordert (ebd., S. 21). Kotthoff (1994) ist daher nicht zuzustimmen, wenn er die gewerkschaftliche, aber vor allem die sozialdemokratische Kritik an der „scheinkonstitutionellen Feigenblatt"-Konstruktion der von den Unternehmern eingerichteten Fabrikausschüssen „mit der der Fabrikfeudalismus verdeckt werden soll" (August Bebel, zit. nach Teuteberg, S. 381) mit einer grundsätzlichen Ablehnung von Belegschaftsvertretungen durch die Gewerkschaften gleichsetzt. Sie ist daher auch nicht erst mit dem Hilfsdienstgesetz von 1916 aufgegeben worden, wie Kotthoff meint (1994, S. 322 u. 326).

Diese drei Entstehungsgründe für die Belegschaftsvertretungen sind nicht isoliert voneinander wirksam geworden, sondern haben sich im Verlauf der historischen Entwicklung in unterschiedlicher Form wechselweise beeinflußt.[2] Das spiegelt sich auch in den verschiedenen Akzentsetzungen in der umfangreichen Literatur zum Gegenstand, auch im Hinblick auf die Relevanz, die man diesen Entstehungsgründen zugesprochen hat. Unstreitig stellen die gesetzlichen Normierungen im wesentlichen die reaktive Kodifikation zentraler gesellschaftlicher Interessen dar, an deren Ausbalancierung im Gesetz der bürgerliche Staat angesichts der klassenkämpferischen Sprengkraft in der Konfrontation von Kapital und Arbeit ein großes Interesse haben mußte.[3]

---

[1] Hier sind z.B. die Werkstattvertrauensleute des Deutschen Metallarbeiterverbandes, die seit 1897 gebildet wurden, anzuführen, s. Koopmann 1981.
[2] Auch Neuloh (1956, S.109) sieht hier drei historisch wirksam gewordene „Handlungslinien".
[3] Ganz eindeutig gilt dies bis zur Verabschiedung des Betriebsrätegesetzes von 1920 und auch noch für die Verabschiedung des Betriebsverfassungsgesetzes von 1952. Insofern ist Kotthoff in seiner Kritik an Mückenberger (1993, S. 204) zuzustimmen, wenn er dessen Annahme kritisiert, daß dem deutschen System des Arbeitsrechts eine kausale Erklärungsfunktion zukomme. Kotthoff

Müller-Jentsch hat in zwei historisch fundierten Beiträgen (1995a; 1998) darauf hingewiesen, daß die betriebliche Mitbestimmung, wie sie 1920 vereinbart worden ist, in dieser Form weder den Interessen der Unternehmerverbände noch der revolutionären Rätebewegung oder denen der Gewerkschaften entsprach. Er glaubt deshalb, darin eine „originäre staatliche Schöpfung" sehen zu können, „die freilich an reale Entwicklungen patriarchalischer und sozialreformerischer Sozialordnungen anknüpfte" (1995a, S.52). Exemplarisch wird dieser Zusammenhang am Beispiel des Ruhrgebiets und seiner dominanten schwerindustriellen Unternehmerverbände ausgeführt. Dabei kann Müller-Jentsch (1998) nachweisen, daß es gerade die strikte Weigerung dieser Unternehmer, Arbeiterausschüsse auch nur mit den schwächsten Konsultationsrechten zu akzeptieren, und die großen Streiks von 1889 und 1895 waren, die gesetzliche Maßnahmen der preußischen bzw. der Reichsregierung provozierten, womit die für Deutschland typische Verrechtlichung der Arbeitsbeziehungen eingeleitet wurde. Insofern hat bereits vor der Einführung des Gesetzes von 1920, aber ähnlich auch bei dem von 1952 ein staatlich mediatisierter „kollektiver Lernprozeß" (Müller-Jentsch 1995a) stattgefunden, erst recht aber danach: Die betrieblichen Interessenakteure und die Tarifparteien gleichermaßen lernten mit den zunächst argwöhnisch betrachteten oder gar abgelehnten Gesetzen über die Betriebsverfassung umzugehen und daraus nach 1952 die belastungsfähige zweite Säule im dualen System der industriellen Beziehungen zu zimmern.

Abweichend vom Mainstream der historischen Analysen hat Hermann Kotthoff in seinem Buch „Betriebsräte und Bürgerstatus" (1994) nun die eigenwillige These vertreten, daß die betriebliche Mitbestimmung ihr Hauptantriebsmoment in den patriarchalischen Sozialvorstellungen der Unternehmer gehabt habe. Als Resümee seiner vergleichenden Studie über die Entwicklung von Betriebsräten in mittelständischen Betrieben Badens schreibt er generalisierend, „daß es gerade diese patriarchalisch- bzw. paternalistisch-gemeinschaftliche Sozialordnung war, die die Voraussetzungen dafür schuf, daß der Wandel zu einer wirksamen Interessenvertretung als Ergebnis die kooperativ-pragmatische Mitbestimmung hervorbrachte. Die Mitbestimmung wuchs aus dem Nährboden des Patriarchats heraus" (1994, S. 321).[4] Wenn Kotthoff bei der Suche nach Erklärungen für die erstaunliche Kontinuität der für die deutsche Mitbestimmung charakteristischen „pragmatisch-kooperativen" Interessenvertretung in den

---

möchte eher von einem „Korrespondenzverhältnis zwischen Recht und sozialer Wirklichkeit" sprechen (Kotthoff 1994, S. 328). Daß die pragmatischen und integrativen Normen des Betriebsrätegesetzes von 1920 ihre eigenen Wirkungen entfalteten, bestätigte dann zwar die von den revolutionären Arbeiter- und Soldatenräten, von der USPD und dem Spartakus gehegten Befürchtungen, widerlegte aber andererseits die Bedenken der Gewerkschaften, die Betriebsräte könnten sich zu einer Konkurrenzorganisation der Gewerkschaften entwickeln (vgl. dazu auch Sinzheimer 1919, Brauer 1920, Brigl-Matthiaß 1926 und Korsch 1968).

[4] Und weiter in einem kühnen Bogen: „Es sind strukturell dieselben Bedingungen, die hier im kleinen und innerhalb einer begrenzten Zeitphase von 15 Jahren zur Mitbestimmung geführt haben, die auch im großen der Geschichte der deutschen Unternehmer-Arbeitnehmer-Beziehungen die Institution Mitbestimmung historisch hervorgebracht haben" (Kotthoff 1994, S. 315).

Betrieben (1994, S. 335) genauer auf die kohäsiven Elemente in den betrieblichen Sozialbeziehungen schaut, erweitert er fruchtbar die analytische Perspektive. Es ist aber sowohl daran zu zweifeln, ob dies – wie Kotthoff meint – zugleich auch die Existenz einer „moralischen Gemeinschaft" (*moral community* im Sinne T.H.Marshalls) im Betrieb voraussetzt, wie erst recht daran, daß das deutsche Unternehmer-Patriarchat dafür den entscheidenden Nährboden abgegeben hat. Schließlich darf über alle beachtlichen Ansätze zu unternehmensgeförderten Arbeitervertretungen in den Betrieben des 19. Jh. nicht davon abgesehen werden, daß sie eine weit größere rhetorische bzw. ideologische als reale Relevanz gehabt haben. Das geht sowohl aus den Untersuchungen von Teuteberg (1961) hervor, wie aus der Erhebung des Vereins für Sozialpolitik, der für 1890 erst ganze 40 solcher Ausschüsse registrieren konnte, nachdem 1861 der erste bekannt geworden war (Feig 1924, S. 626).

2. Grundstrukturen betrieblicher Interessenvertretung in seiner institutionalisierten Form seit 1920

Die Betriebsverfassung (und damit auch: die Institution Betriebsrat) weist in ihrer Grundstruktur seit ihren frühen Anfängen mit dem Betriebsrätegesetz von 1920 über das Betriebsverfassungsgesetz (BetrVG) von 1952 und seiner Novellierung 1972 bis heute eine erstaunliche Kontinuität auf. Diese läßt sich an fünf zentralen Aspekten festmachen:

(a) Duale Struktur der Interessenvertretung: Die autonome Stellung des Betriebsrates gegenüber der Gewerkschaft

Der Betriebsrat ist ein gesetzlich garantiertes Gremium und hat für sein Handeln eine eigenständige und von der Gewerkschaft völlig unabhängige Legitimationsgrundlage, und zwar das Betriebsverfassungs- bzw. früher: das Betriebsrätegesetz und die Wahl durch die Beschäftigten – nicht nur der Gewerkschaftsmitglieder – eines Betriebes. Daher kann er theoretisch völlig autonom und unabhängig von Gewerkschaften agieren. Dies konstituiert die duale Struktur von Tarifautonomie und Betriebsverfassung, die „eine funktionale Differenzierung der Austragung und Verarbeitung von Interessenkonflikten in zwei – nach Interessen, Akteuren und Durchsetzungsformen – voneinander getrennten Arenen" (Müller-Jentsch 1995b, S. 13) ermöglicht.

Die duale Struktur der Interessenvertretung bedeutet, daß die Bezüge zwischen Betriebsrat und Gewerkschaft *formal* schwach ausgeprägt sind; zwar ist der Betriebsrat nach dem BetrVG dazu verpflichtet, die geltenden Tarifverträge zu beachten und seine Arbeit „im Zusammenwirken mit den im Betrieb vertretenen Gewerkschaften" (§ 2 Abs. 1) zu gestalten, dies verpflichtet ihn allerdings zu nichts. Weder ist er eine gewerkschaftliche Institution, die an die gewerkschaftliche Beschlußlage gebunden wäre, noch kennen die gewerkschaftlichen Satzungen den Betriebsrat als eines ihrer Organe.

Faktisch sind Gewerkschaft und Betriebsräte jedoch wechselseitig eng miteinander verwoben (vgl. hierzu bereits Bergmann 1973; Bergmann u.a. 1975); dies läßt sich bereits auf der personalen Ebene feststellen: Zum einen gehören die Betriebsräte in der Bundesrepublik zu rd. 75 Prozent einer der DGB-Gewerkschaften an und werden von den Beschäftigten in der Regel auch als betriebliche Gewerkschaftsvertreter wahrgenommen. Zum anderen stellen die Betriebsräte aber auch das Gros der aktiven Gewerkschaftsfunktionäre; dies schlägt sich konsequenterweise in einer überproportionalen Repräsentanz von Betriebsräten in den gewerkschaftlichen Organen nieder. Aufgrund dieser wechselseitigen Verschränkung kann von einer gleichzeitigen „Vergewerkschaftung der Betriebsräte" und „Verbetriebsrätlichung der Gewerkschaften" gesprochen werden.

Aber auch funktional gibt es in beide Richtungen enge Bezüge zwischen der betrieblichen und der tariflichen Ebene der Interessenvertretung: So sind die Betriebsräte, trotz aller Professionalisierungstendenzen ihrer Vertretungsarbeit und intensiver Schulung durch die Organisation, üblicherweise vielfach auf die Beratungskompetenz der Gewerkschaft angewiesen – und dies wegen der komplexer werdenden Regelungsgegenstände zunehmend mehr; der Gewerkschaftsapparat entlastet in dieser Hinsicht also seine Betriebsräte. Gleichzeitig erfüllen diese aber auch zentrale funktionale Erfordernisse für die Gewerkschaft (vgl. zu folgendem vor allem Streeck 1979 und Müller-Jentsch 1979): Neben der Abschirmung der Organisation vor nur schwierig integrierbaren Partikularforderungen der Beschäftigten (Absorptions- und Selektionsfunktion) ist hier etwa auch die notwendige Anpassung der sektoralen Tarifabschlüsse an je spezifische betriebliche Bedingungen (Adaptionsfunktion) zu nennen.

(b) Der faktische Ausschluß der Gewerkschaften aus dem Betrieb

Gleichsam Kehrseite der Konstitution des Betriebsrats als gewerkschaftsunabhängigem Gremium ist der faktische Ausschluß der Gewerkschaften aus dem betriebspolitischem Alltagsgeschäft. Diese mangelnde Präsenz der Gewerkschaft im Betrieb führt zu der eigentümlichen Situation, daß die Gewerkschaft de facto nur begrenzten Zugang zu ihren (potentiellen) Mitgliedern hat. Damit wächst aber strukturell die Abhängigkeit der Gewerkschaft von den Betriebsräten, sind es doch vorrangig die betrieblichen Interessenvertreter, die der Gewerkschaft durch Mitgliederwerbung und -pflege die finanziellen Ressourcen sichern und damit überhaupt erst den Bestand und die Stärke der Organisation gewährleisten. Aber auch jenseits des Werbeaktes sind die Betriebsräte die wichtigsten Mittler zwischen der Organisation und ihren Mitgliedern. Dies zeigt sich auch daran, daß ihnen im Fall von Tarifauseinandersetzungen die entscheidende Funktion der Mobilisierung der Mitglieder ebenso zukommt wie nach dem erfolgten Tarifabschluß die Aufgabe der Verpflichtung der Mitglieder auf eben dieses Ergebnis. Die Gewerkschaften sind daher strukturell von den Betriebsräten als einer Art gewerkschaftlicher Organisationsbasis im Betrieb abhängig; in dieser Funktion sind die betrieblichen Interessenvertreter zugleich Transmissionsriemen wie Puffer zwischen der Organisation und ihren Mitgliedern.

Bekanntlich hatten die Gewerkschaften nach der Festschreibung der dualen Struktur der Interessenvertretung im Betriebsverfassungsgesetz von 1952 den Versuch unternommen, ihre Abhängigkeit von den Betriebsräten durch den Aufbau gewerkschaftlicher Vertrauensleute in den Betrieben zu lockern (vgl. Koopmann 1981). Dieser Versuch kann heute als gescheitert angesehen werden.[5] In aller Regel sind die Vertrauensleutekörper dort, wo sie überhaupt existieren, faktisch lediglich der verlängerte Arm des Betriebsrats und keineswegs, wie ursprünglich intendiert, ein funktionierendes Kontrollorgan desselben.

(c) Die Friedenspflicht des Betriebsrates

Betriebsräte sind einer der wenigen institutionellen Überreste der Rätebewegung in der deutschen Revolution 1918/19 – allerdings in einer eher rudimentären Form. Entsprechend zog das Betriebsrätegesetz von 1920 rasch Kritik von links auf sich: Karl Korsch etwa spricht 1922 in seiner Analyse des Betriebsrätegesetzes angesichts der erheblichen Differenz des Betriebsrätegesetzes vom ursprünglichen Rätegedanken der Novemberrevolution schlicht von einem „große(n) Betrug" (Korsch 1968, S. 116). Einer der wesentlichen Kritikpunkte an der rechtlichen Fassung des Betriebsrates bildete dabei die absolute Friedenspflicht der betrieblichen Interessenvertretung in ihren Beziehungen zum Arbeitgeber, die sich letztlich aus dem Gebot zur vertrauensvollen Zusammenarbeit „zum Wohle des Betriebes" ergab; sinngemäße Passagen finden sich auch im Betriebsverfassungsgesetz von 1952 und in seiner novellierten Fassung von 1972.[6] Damit blieb die Streikfähigkeit ein Monopol der Gewerkschaften und die Mög-

---

[5] Dies belegen nicht zuletzt die Ergebnisse der letzten Vertrauensleutewahlen. So hat beispielsweise in der Metall- und Elektroindustrie nicht nur die Zahl der gewählten Vertrauensleute dramatisch abgenommen, auch die Zahl der Betriebe mit Vertrauensleuten ging zurück. Ihre Analyse der Vertrauensleute-Organisation (VL-Organisation) für den Bereich der IGMetall fassen Rudolph/ Wassermann denn auch folgendermaßen zusammen: „Die VL-Organisation der IG Metall scheint sich seit dem Ende der achtziger Jahre gewissermaßen 'im freien Fall nach unten' zu bewegen" (1996, S.153).

[6] Die entsprechenden Gesetzesformulierungen lauten: BRG 1920, § 66 Abs. 3: Der Betriebsrat hat die Aufgabe, „den Betrieb vor Erschütterungen zu bewahren; insbesondere vorbehaltlich der Befugnisse der wirtschaftlichen Vereinigungen der Arbeiter und Angestellten (§ 8), bei Streitigkeiten des Betriebsrats, der Arbeitnehmerschaft, einer Gruppe oder eines ihrer Teile mit dem Arbeitgeber, wenn durch Verhandlungen keine Einigung zu erzielen ist, den Schlichtungsausschuß oder eine vereinbarte Einigungs- oder Schiedsstelle anzurufen." BetrVG 1952, § 49 Abs. 2: „Arbeitgeber und Betriebsrat haben alles zu unterlassen, was geeignet ist, die Arbeit und den Frieden des Betriebs zu gefährden. Insbesondere dürfen Arbeitgeber und Betriebsrat keine Maßnahmen des Arbeitskampfes gegeneinander durchführen. Arbeitskämpfe tariffähiger Parteien werden hierdurch nicht berührt." BetrVG 1972, § 74 Abs. 2: „Maßnahmen des Arbeitskampfes zwischen Arbeitgeber und Betriebsrat sind unzulässig; Arbeitskämpfe tariffähiger Parteien werden hierdurch nicht

lichkeit zur Arbeitsniederlegung auf (in der Regel: überbetriebliche) Tarifverhandlungen beschränkt. Die Machtmittel der Betriebsräte im innerbetrieblichen Politikprozeß wurden hingegen auf schiedlich-friedliche Verfahren (Einigungsstelle etc.) reduziert. Eine solche Befriedung der innerbetrieblichen Arena der Interessenvertretung ist institutionell gebunden an die Externalisierung der entscheidenden Verteilungskonflikte in die überbetriebliche Arena der Tarifautonomie – und damit nur im Gesamtkontext des Systems industrieller Beziehungen verständlich. Die gesetzliche Begrenzung der Möglichkeiten betrieblicher Konflikteskalation privilegierte darüber hinaus zum einen die Gewerkschaften, die nicht nur das Tarif- und Streikmonopol erhielten, sondern gleichzeitig auch von den potentiellen Konkurrenzorganen (revolutionäre Arbeiterräte) „befreit" wurden, zum anderen erleichterte eine Verpflichtung der Betriebsräte auf Kooperation[7] auch den Unternehmern das Arrangement mit dem neu entstandenen Mitbestimmungsorgan.

(d) Der hohe Verrechtlichungsgrad

Es ist eines der im internationalen Vergleich auffälligen Spezifika des bundesdeutschen Systems industrieller Beziehungen, daß in Deutschland der Prozeß der „Institutionalisierung des Klassengegensatzes" (Geiger 1949) in hochgradig verrechtlichten Strukturen mündete; dies dürfte nicht zuletzt auch der etatistischen Orientierung der deutschen Sozialdemokratie und der Gewerkschaftsbewegung geschuldet sein. Die staatliche Regelungsdichte via Gesetzgebung und Rechtsprechung ist dabei auf betrieblicher Ebene ausgesprochen dicht: Nicht nur die Handlungsfelder und unterschiedlich abgestufte Einflußchancen sind eindeutig festgelegt, auch die verschiedenen Konfliktlösungsmodi und die (begrenzten) Möglichkeiten einer Eskalation von innerbetrieblichen Auseinandersetzungen sind genau definiert (vgl. hierzu auch Erd 1978).[8] Auf der einen Seite begrenzt dieser hohe Verrechtlichungsgrad der innerbetrieblichen Austauschbeziehungen den Handlungsspielraum der Interessenvertretungen (etwa in Prosperitätsphasen), auf der anderen Seite aber auch die Freiräume der Unternehmer (etwa in Krisenphasen). Damit wird in der Bundesrepublik über die Konjunkturphasen hinweg eine Art Interessenvertretung auf mittlerem Niveau garantiert, während in Ländern mit weniger verrechtlichten Strukturen betriebliche Interessenvertreter in sehr viel höherem

---

berührt. Arbeitgeber und Betriebsrat haben Betätigungen zu unterlassen, durch die der Arbeitsablauf oder der Frieden des Betriebs beeinträchtigt werden."

[7] Dabei gilt freilich, daß die Entfaltung dieses kooperativ-regulativen Potentials der Betriebsverfassung an die (betriebs-)politischen Orientierungen der betrieblichen Akteure gebunden ist: In der Weimarer Republik führte beispielsweise die dominant antagonistische Orientierung beider Betriebsparteien dazu, daß dem dem Betriebsrätegesetz zugrundeliegende Kooperationsgedanken kaum strukturierende Kraft für den betrieblichen Mitbestimmungsalltag zukam.

[8] Allerdings darf dabei nicht übersehen werden, daß von den zur Verfügung stehenden rechtlichen Möglichkeiten in der Alltagspraxis innerbetrieblicher Austauschbeziehungen zwischen Management und Betriebsräten in aller Regel wesentlich weniger Gebrauch gemacht wird, als dies nach dem „Paragraphenverhau" erwartet werden dürfte.

Maße in ihren Handlungsoptionen vom Auf und Ab der Konjunkturzyklen abhängig sind. Das Recht als „sekundäre Machtressource" (Jürgens 1984) der Betriebsräte vermag zwar – wie aktuell unschwer zu erkennen ist – nicht notwendigerweise eine Verschiebung von Machtrelationen zwischen den Betriebsparteien zu verhindern, es stellt aber ganz offensichtlich allzu ausufernden *roll back*-Versuchen der Unternehmer gewisse Barrieren entgegen.

(e) Die subsidiäre Stellung der betrieblichen gegenüber der tariflichen und gesetzlichen Regulierungsebene

Das Verhältnis der drei wesentlichen Regulierungsebenen zueinander ist im deutschen System industrieller Beziehungen eindeutig geregelt. Es existiert eine klare Hierarchie in der Reihenfolge: Staatliche Gesetzgebung, Tarifregelungen, Betriebsvereinbarungen. Regelungen auf einer Ebene stellen jeweils Mindestbedingungen für Regulierungen auf den niedrigeren Ebenen dar, die im Grunde nicht abbedungen werden können. Dies soll dem Schutz der Beschäftigten und einer gewissen Vereinheitlichung der Arbeitsbedingungen dienen, ohne den Betriebsparteien die Möglichkeit zu nehmen, für die Arbeitnehmer günstigere Vereinbarungen auszuhandeln.

Diese fünf Elemente konstituieren mit der Betriebsverfassung den formalen Handlungsrahmen betrieblicher Mitbestimmung, wie er sich zu Beginn der Weimarer Republik herausgebildet hatte und dann in der Bundesrepublik fortgeschrieben wurde. Gerade im internationalen Vergleich kann festgehalten werden, daß dieses Modell innerbetrieblicher Mitbestimmung und seine spezifische Positionierung in Relation zur Ebene staatlicher wie tariflicher Regulierung offensichtlich einen institutionellen Rahmen zur Verfügung stellt, der hinreichend stabil ist, um eine flexible und adaptionsfähige Politik betrieblicher Interessenvertretung zuzulassen. Auch wenn dies in der gegenwärtigen Phase einer betriebspolitischen Offensive der Unternehmer, in deren Rahmen die Beschäftigten und ihre Repräsentanten mit erheblichen Anforderungen konfrontiert werden und sie schmerzvolle Einbußen hinnehmen müssen, nur schwierig zu realisieren ist, muß dieses Modell insgesamt doch als vergleichsweise erfolgreich bezeichnet werden.

3. Betriebsrat zwischen Belegschaft, Gewerkschaft und Management

Die soeben in ihren wesentlichen Elementen charakterisierte Betriebsverfassung war und ist Gegenstand zahlreicher theoretisch-konzeptueller wie empirischer Analysen (s. etwa die Hinweise bei Trinczek 1989 und Müller-Jentsch 1995a). Dabei hat Friedrich Fürstenberg den Betriebsrat bereits Ende der fünfziger Jahre als eine „Grenzinstitution" bezeichnet, deren wesentliche Aufgabe weniger darin bestehe, als reiner Vertreter der Beschäftigteninteressen eines Betriebes zu agieren, sondern die vielmehr die Interessen von Belegschaft, Gewerkschaft und Management miteinander auszubalancieren habe (Fürstenberg 1958).⁹ Damit sind die wesentlichen Elemente der Handlungskonstellation betrieblicher Interessenvertretungen benannt, auf die im folgenden kurz eingegangen werden soll.

Der Betriebsrat als Repräsentant der Belegschaftsinteressen

Die bundesdeutsche Betriebsverfassung ist dem Politikmodell der repräsentativen Demokratie nachgebildet: In einem regelmäßig wiederkehrenden Wahlakt bestimmen die Beschäftigten eines Betriebes Repräsentanten, die die Interessen der Beschäftigten dann stellvertretend für diese gegenüber dem Arbeitgeber vertreten. Entsprechend sind die Beschäftigten nach dem Willen des Gesetzgebers üblicherweise – sieht man einmal vom früher alle drei, jetzt alle vier Jahre stattfindendem Wahlakt ab – nahezu ausschließlich Objekte, fast nie Subjekte des innerbetrieblichen Politikprozesses.¹⁰ Durch diese Konstruktion ist der Betriebsrat während der Wahlperiode maximal handlungsfrei. Die Legitimität seiner Politik speist sich aus dem regelmäßigen Wahlakt, und es ist dieser Zwang, sich nach Ablauf einer bestimmten Frist wieder dem Votum der Wähler stellen zu müssen, der in der Modellvorstellung eine dauerhafte Abkoppelung des Betriebsrates vom Willen der Beschäftigten verhindert.

Diesem gesetzlich vorgegebenen Modell repräsentativer Betriebsdemokratie mit ihrer weitgehenden Exklusion der Belegschaft als relevantem politischen Akteur folgt – bei allen sonstigen internen Differenzierungen dieser Gruppe – die große Mehrzahl der Betriebe in der Bundesrepublik; dabei wird die Marginalisierung der Belegschaft im betriebspolitischen Geschehen in aller Regel von beiden Betriebsparteien gleichermaßen getragen. Das Interesse des Managements an einer solchen Exklusion besteht vor allem darin, daß die Regulierung der notwendigen Abstimmungsprozesse zwischen dem Unternehmen und der Belegschaft über ein Kollektivorgan der Beschäftigten effizienter ist als die je individuelle Regulierung. Im Mitbestimmungsprozeß wird dem Betriebsrat dabei gewissermaßen die Rolle des „ideellen Gesamtbeschäftigten" eines Betriebes zugewiesen, der die möglicherweise komplexen Interessenlagen unterschiedlicher Belegschaftsgruppen bereits im Vorfeld von Verhandlungen mit dem Management hinreichend vereinheitlicht und bündelt. Kurzum: Mittels des Betriebsrates spricht die Belegschaft für das Management mit nur einer Stimme, was den innerbetrieblichen Politikprozeß beträchtlich vereinfacht. Daher hat das Management in aller

---

⁹ Dieser Gedanke wurde später in der Überlegung wiederaufgenommen, den Betriebsrat als „intermediäre Institution" zu analysieren, deren vermeintlich problematische Konstruktion (Zwitterrolle) sich zunehmend als ihr eigentlicher Vorteil herausstellen sollte (vgl. insbesondere Müller-Jentsch 1995a).

¹⁰ Auch die nach dem Gesetz viermal jährlich, de facto meist jedoch seltener stattfindenden Betriebsversammlungen stellen kaum ein wirksames plebiszitäres Element in der Betriebsverfassung dar. Es passiert nur in Ausnahmesituationen, daß sich hier der Wille der Belegschaft spontan äußerst; üblich ist eher, daß der Betriebsrat ausgewählte Vertrauensleute mit wohlvorbereiteten Redebeiträgen präpariert, um gegenüber dem Management eine betriebspolitisch interessierte Belegschaft zu suggerieren.

Regel auch kein Interesse an einer Entmarginalisierung der Beschäftigten im betrieblichen Mitbestimmungsalltag. Auch die Betriebsräte stützen in ihrer Mehrheit ein solches Stellvertreter-Arrangement. Als Begründung wird dabei üblicherweise entweder in legalistischer Perspektive auf den rechtlichen Rahmen des Betriebsverfassungsgesetzes verwiesen oder auf die Apathie der Beschäftigten, die sich selbst überhaupt nicht engagieren wollten, sondern es vorzögen, wenn der Betriebsrat sich stellvertretend ihrer Interessen annähme. Mitunter verweisen Betriebsräte auch auf die sich immer stärker ausdiffe-renzierenden Interessen der Beschäftigten, die man gar nicht mehr unter einen Hut bekäme; wenn man unter solchen Umständen die Beschäftigten stärker in die Betriebspolitik einbeziehe, sie etwa explizit auffordere, sich an der Meinungsbildung des Betriebsrates in bestimmten Sachfragen zu beteiligen, käme es nahezu zwangsläufig zu Enttäuschungserlebnissen, die dann wiederum dem Betriebsrat angelastet würden, was letztlich die Legitimität seines Handelns untergrabe. Für die notwendige Handlungsfreiheit und Flexibilität in der Verhandlungsführung mit dem Management wird daher vielfach eine diffuse Loyalität der ansonsten passiv bleibenden Beschäftigten gegenüber ihren Repräsentanten als sinnvoll erachtet; völlig hinreichend sei, regelmäßig mit guten Ergebnissen wiedergewählt zu werden und auf den Betriebsversammlungen wohlwollende Zustimmung zu verspüren.[11]

Ein solches Arrangement bedeutet nun freilich nicht, daß die beiden Betriebsparteien nicht wüßten, daß die Belegschaft zumindest potentiell eine relevante Größe im Politikprozeß ist, die gegebenenfalls zur Durchsetzung eigener Interessen eingesetzt werden könnte, wenn man sie auf der eigenen Seite wähnt und alle anderen Mittel ausgeschöpft sind. Daher gehört der Verweis auf die (mitunter: vermeintlichen) Interessen der Beschäftigten auch zum regelmäßigen Verhandlungsritual beider Seiten, wobei ein solcher Hinweis zuweilen dann auch auf Betriebsversammlungen zur Drohgebärde ausgebaut wird, wenn es gelingt, besonders viel Applaus für die eigene Position zu gewinnen und ausgeprägte Mißfallensbekundungen für die gegnerische Position auszulösen. Aber auch bei solchen Machtspielen im innerbetrieblichen Bargaining-Prozeß bleiben die Beschäftigen letztlich randständig.

---

[11] Die These von der auch vom Betriebsrat in der Regel mitgetragenen Exklusion der Belegschaft aus dem innerbetrieblichen Politikprozeß heißt nicht, daß der Betriebsrat auf Stimmungen unter den Beschäftigten oder die Ansichten mancher Meinungsführer in der Belegschaft nicht achten würden; vielmehr ist der Gang durch die Werkhallen und das kurze Gespräch mit den Beschäftigten in vielen Betrieben ein regelmäßiges Ritual der Interessenvertreter, bei dem nicht zuletzt auch die Interessen der Beschäftigten berücksichtigt werden. Allerdings ließe sich hier wiederum eine Analogie zum politischen System herstellen: Auch die Parteien und die Regierung verschaffen sich regelmäßig über Umfragedaten einen Eindruck über die Haltung der Bevölkerung zu bestimmten aktuellen politischen Themen. Dies bedeutet jedoch nicht, daß die Staatsbürger aktiv am politischen Prozeß partizipieren würden; sie sind vielmehr – ähnlich der Beschäftigten im innerbetrieblichen Mitbestimmungsgeschehen – während der Wahlperioden politisch marginalisiert.

Lediglich in konfliktorischen Arrangements – und dies scheint die differencia specifica dieses Musters innerbetrieblicher Austauschbeziehungen zu sein – spielt die Belegschaft eine zentrale und aktive Rolle, weil der Betriebsrat sie systematisch in den Politikprozeß einbezieht. Dies ist nicht nur der Fall, weil die Beschäftigten dem Betriebsrat gleichsam als „schärfste Waffe" in der Auseinandersetzung mit der Unternehmensleitung gelten, solche Betriebsräte fühlen sich auch von ihrem politischen Credo her einem basisorientierten, beschäftigtennahen Politikstil verpflichtet. Ohne engen Kontakt zur Belegschaft wähnt sich der Betriebsrat auf verlorenem Posten – und außerdem ließe sich nur so der Gefahr der Verselbständigung der Betriebsräte gegenüber ihrer Basis entgegensteuern, die in der repräsentativen Konstruktion der bundesdeutschen Betriebsverfassung angelegt ist.

Beim Normaltyp der bundesdeutschen Betriebsverfassung stellen hingegen höchstens die Tarifrunden eine regelmäßig wiederkehrende Ausnahme von der ansonsten ausbleibenden Aktivierung der Belegschaft dar: Auch zahlreiche nicht-konfliktorische Betriebsräte sehen sich in Tarifrunden gegenüber ihrer Gewerkschaft in der Pflicht, für die gewerkschaftlichen Forderungen zu mobilisieren und eventuell einen (Warn-)Streik zu organisieren. Nur: Dies stellt gewissermaßen eine (ohnehin seltene) Dienstleistung für eine betriebsexterne Organisation dar und wird üblicherweise säuberlich von innerbetrieblichen Fragen getrennt gehalten. Hier sei es notwendig, in Ruhe zu arbeiten.

Betriebsrat und Gewerkschaft

Bei der Beschreibung zentraler Strukturmerkmale der Betriebsverfassung war oben bereits auf die rechtlich autonome Position des Betriebsrats gegenüber der Gewerkschaft sowie die marginale Position der Gewerkschaft im betrieblichen Mitbestimmungsgeschehen verwiesen worden. Gleichzeitig war aber auch festgehalten worden, daß Betriebsrat und Gewerkschaft in ein komplexes Beziehungsgefüge eingebunden sind, das durch autonome Handlungsspielräume beider Seiten ebenso gekennzeichnet ist wie durch wechselseitige Abhängigkeiten sowie durch personal-funktionale Verschränkungen verschiedenster Art. Dabei scheint in der Konstruktion des Verhältnisses strukturell eine gewisse Asymmetrie zwischen Betriebsrat und Gewerkschaft zugunsten der betrieblichen Interessenvertretung angelegt zu sein. Dies beruht wesentlich auf der differenten Abhängigkeit vom jeweiligen Gegenüber: Während ein Betriebsrat im Notfall auch ohne gewerkschaftliche Unterstützung seinen Mitbestimmungsaufgaben nachgehen kann, ist die Gewerkschaft faktisch ganz basal von der Kooperationsbereitschaft der Betriebsräte abhängig. Wie oben bereits angesprochen ist die Gewerkschaft sowohl bei der Rekrutierung ihrer Mitglieder (und damit der Beschaffung ihrer zentralen ökonomischen Ressource) wie auch bei der Mobilisierung von Beschäftigten im Rahmen von Tarifrunden (und damit beim Sichern des zentralen Machtinstruments der Gewerkschaften) von einer funktionierenden innerbetrieblichen Infrastruktur abhängig, die de facto nur vom Betriebsrat sicher- und bereitzustellen ist. Aufgrund der rechtlichen wie der möglichen faktischen Autonomie der Betriebsräte verfügt die Gewerkschaft aber über keine entscheidenden Kontroll- oder Sanktionsmittel, Betriebsräte auf die Anliegen der Gewerkschaft zu verpflichten. Zwar wäre ein möglicher Kooperationsentzug der Gewerkschaft mit ihrem breiten Informations- und Beratungsangebot für viele Betriebsräte schmerzlich und würde die betriebliche Vertretungsarbeit erheblich erschweren, er würde sie aber nicht unmöglich machen. Gleichzeitig müßte die Organisation auch gewahr sein, daß der Versuch einer „Bestrafung" von Betriebsräten bedeuten könnte, diesen Betrieb mittelfristig erst einmal für die Gewerkschaft verloren zu geben, falls sich die betriebliche Interessenvertretung dem gewerkschaftlichen Druck nicht beugt, sondern ihrerseits die Kooperation aufkündigt. Und auch die (sehr begrenzten) Möglichkeiten der Gewerkschaft, die Zusammensetzung der Gewerkschaftsliste zur Betriebsratswahl zu beeinflussen, ist für alteingesessene Betriebsräte häufig keine sonderlich wirksame Drohung: Sie wissen, daß ihnen im Notfall stets der Weg über eine eigene Konkurrenzliste offensteht, über die sie aufgrund ihres Bekanntheitsgrades und Amtsbonus üblicherweise mit einer Wiederwahl rechnen können. Daher bleibt der Gewerkschaft häufig nichts anderes übrig, als moralischen Druck zu erzeugen, indem sie Solidaritätssemantiken bemüht und die Traditionen der Arbeiterbewegung mit ihrer ausgeprägten Kollektivorientierung beschwört.[12]

Betriebsrat und Management

Die Interessenvertretung der Belegschaft gegenüber dem Eigentümer und seinem Management stellt die zentrale Aufgabe des Betriebsrats dar. Dies soll unter Wahrung der Belange des Betriebes geschehen (so etwa gleichlautend die §§ 1 bzw. 2 von BRG und BetrVG). Seit 1920 als Klassenkompromiß bzw. als die konstitutionelle Grundlage einer arbeitsgemeinschaftlichen[13], d.h. kooperativen Interessenaushandlung etabliert, ist dies über die formelle Chiffre hinaus auch zur faktischen Basis des Betriebsratshandelns geworden. Der mit dem BetrVG gesteckte Handlungsrahmen, der sogenannte „weiche" Anhörungs- und „harte" Mitwirkungsrechte (Veto-Macht) vorsieht, kann von den Betriebsräten ganz unterschiedlich ausgefüllt werden. In der großen vergleichenden Untersuchung, die von uns in der ersten Hälfte der neunziger Jahre in West- und Ostdeutschland über die betrieblichen Interaktionsmuster im Interessenhandeln von Betriebsräten und Managern durchgeführt worden ist (s. Bosch u.a. 1995 und Artus u.a. 1996), wurde eine ganz außerordentliche Spannbreite der Interaktionsmuster der Betriebsräte festgestellt. Sie reicht von gegenüber den normativen Vorgaben des

---

[12] Konkret kann diese komplexe Konstellation vielfältige Ausprägungen einnehmen. Die drei typischen Muster – Betriebsrat als verlängerter Arm der Gewerkschaft (Verschmelzung), Gewerkschaft als Helfer, aber auch als Antreiber des Betriebsrats in allen Lebenslagen (Verschränkung) sowie Gewerkschaft als Service-Abteilung für den Betriebsrat (Entkoppelung) – sind näher beschrieben in Schmidt/Trinczek (1991).

[13] So benannt nach den im Stinnes-Legien-Abkommen von 1918 zum ersten Mal auftauchenden und auch faktisch praktizierten „Arbeitsgemeinschaften" zwischen den Gewerkschafts- und den Unternehmerverbänden.

BetrVG stark defizitären bis zu einem diesen Rahmen deutlich überschreitenden interessenbetonten bzw. konfliktorischen Interessenhandeln des Betriebsrats. Hierbei konnte gezeigt werden, daß die normativen Vorgaben des BetrVG ebenso wie die des staatlichen Arbeitsrechts und der Tarifverträge im betrieblichen Verhandlungsalltag bis zu einem gewissen Grade zur Interessendisposition der Akteure stehen. Ihre limitierende Funktion erhalten sie insbesondere in Konflikt- bzw. Krisensituationen. Dabei hat sich empirisch bestätigt, was allgemein als besonderes Charakteristikum der deutschen Mitbestimmungspraxis hervorgehoben worden ist: daß die betrieblichen Interaktionsbeziehungen dominant kooperativ sind.

Dieses ausgeprägte Kooperationsverhalten der betrieblichen Akteure ist u. E. allerdings nicht aus einer paternalistisch geprägten hochkohäsiven betrieblichen Sozialordnung (*moral community*) zu erklären (Kotthoff 1994), sondern ist Resultat einer Kombination verschiedener Faktoren, deren struktureller Rahmen im folgenden herausgearbeitet werden soll.

Es gibt im wesentlichen drei formelle bzw. institutionelle Gründe, aus denen heraus ein Betriebsrat bestrebt sein muß, kooperative Beziehungen zu seinen Verhandlungspartnern der Unternehmensleitung zu unterhalten. Der erste liegt in den Vertragsbeziehungen (a), der zweite in der sozial- und wirtschaftsreformerisch begründeten Mitbestimmungstradition, wie sie seit dem Stinnes-Legien-Abkommen von 1918, im Betriebsrätegesetz von 1920 bzw. im Betriebsverfassungsgesetz von 1952 verankert und in den Gewerkschaftsprogrammen in prononcierter Form festgeschrieben worden ist (b). Drittens liegt sie in den normativen Bestimmungen des Betriebsverfassungsgesetzes, im Arbeitsrecht und in den Tarifbestimmungen selbst. Da sie häufig nicht unmittelbar gelten oder als direkt geltend erachtet werden, bedarf es immer wieder der Verhandlungen und Vereinbarungen, in denen ihre Gültigkeit festgelegt bzw. den betrieblichen Erfordernissen entsprechend konkretisiert wird. Der Einigungszwang liegt in diesen Bestimmungen (c). Schließlich muß noch ergänzt werden, daß in asymmetrischen Austauschbeziehungen der unterlegene Partner ein verstärktes Interesse an der Kooperation haben muß, weil er in der Regel sich durch Vereinbarungen besser vor dem willkürlichen Machtgebrauch des überlegenen Verhandlungspartners schützen kann. Aufgrund der Eigentümerprärogative verfügen regelmäßig die Unternehmer über diesen Machtvorsprung und daher ist es naheliegend, daß Betriebsräte im allgemeinen kooperative Beziehungen zu den Unternehmensleitungen zu unterhalten bestrebt sind, und zwar relativ unabhängig davon, ob diese darauf einzugehen bereit sind oder nicht.

Ad a) Das betriebliche Sozialsystem in einer kapitalistischen Marktwirtschaft ist dadurch charakterisiert, daß sich hier Personen in einem organisierten Arbeitsprozeß zusammenfinden, die auf Basis individueller Arbeitsverträge und Kollektivvereinbarungen sich in einem zumindest formellen Äquivalenzverhältnis befinden, das infolge der Wahrnehmung unterschiedlicher und teilweise auch gegensätzlicher Interessen immer wieder neu ausbalanciert werden muß. Es kommt daher stets aufs Neue zu dissenten Vertragsinterpretationen, die auch konflikthaft verlaufen können, in der Regel aber in einem Kompromiß münden, zumindest sofern an der Aufrechterhaltung der Vertragsbeziehungen ein beiderseitiges Interesse besteht. Vertragsbeziehungen sind also notwendig kompromißorientiert und setzen ein Minimum an Kooperationsbereitschaft voraus. Auch wenn die Verhandlungspartner mit unterschiedlichen Machtpotentialen ausgestattet sind.

Ad b) Der Mitbestimmungsgedanke ist in der Tradition der deutschen Gewerkschaften und in der staatlich geprägten Wirtschaftsverfassung stark verankert. Seit dem Stinnes-Legien-Abkommen von 1918, mit dem die Anerkennung der Tarifautonomie und die Etablierung des Arbeitsgemeinschafts-Gedankens zwischen Kapital und Arbeit begründet wurde, gehört die verfaßte Mitbestimmung in den Betrieben zu einem Pfeiler der betrieblichen Sozialverfassung. Sie kann auch als Ausdruck eines Stücks realisierter Wirtschaftsdemokratie im programmatischen Rahmen des die deutschen Gewerkschaften kennzeichnenden Emanzipationsanspruchs der lohnabhängig Beschäftigten angesehen werden. Der hieraus gespeiste Mitbestimmungsgedanke zielt auf einen Mitgestaltungsanspruch, was über eine bloße Vertragswahrung oder Vertragspflege auf Basis begrenzter Rechtsnormen hinausgeht.

Ad c) Das Charakteristikum des deutschen Betriebsverfassungsgesetzes ist bekanntlich die Verpflichtung auf ein einverständliches Handeln der dafür zuständigen Betriebsparteien (§ 2 BetrVG). Viele Regelungen des Gesetzes sehen Beratungs-, Mitwirkungs- und Mitbestimmungsrechte vor, die nach Gegenstand und dafür vorgesehenen Verfahren einen ständigen Dialog voraussetzen. Selbst bei gegensätzlicher Interpretation der Verhandlungsgrundlagen ist schon aus Gründen der Ressourcenschonung ein Minimum an Kooperationsbereitschaft naheliegend.

Aus diesen Voraussetzungen wird verständlich, warum in den Betrieben die wie auch immer geartete Kooperation das verbreitetste Grundmuster im Verhältnis der betrieblichen Interessenparteien ist. So weisen von den 41 von Röbenack/Förster (1995) und Artus u.a. (1996) analysierten Betrieben 32 ein kooperatives Interaktionsmuster auf. Es wird daraus zugleich auch klar, warum die konfliktorische Interessenregulierung im Grunde immer nur eine transitorische Form der Interessenregulierung sein kann, was auch durch die Erlanger Studie über die betrieblichen Aushandlungsbeziehungen in der westdeutschen Metallindustrie (vgl. Bosch u.a. 1995) und die Anschlußstudie in Ostdeutschland (Artus u.a. 1996) bestätigt worden ist. Das gilt bemerkenswerterweise nicht für die defizitären Mitbestimmungsmuster stark asymmetrischer Interessenregulierung, in denen der Betriebsrat seinen autonomen Gestaltungsanspruch aufgibt und sich mehr oder weniger dem Unternehmerwillen fügt. Solche partriarchalischen bzw. harmonistischen Austauschbeziehungen können in bestimmten Situationen vor allem ländlicher Klein- und Mittelbetriebe zu einem sehr stabilen Muster werden (ebd.).

Aufgrund der spezifischen Transformationsbedingungen in Ostdeutschland sind einige zentrale Voraussetzungen für das betriebliche Mitbestimmungshandeln, zumindest in der ersten Phase, während der Treuhand-Ägide, anders strukturiert worden als in Westdeutschland. Die Ähnlichkeit der strukturellen Akteursmerkmale auf beiden Seiten (häufig standen den Betriebsleitern hochqualifizierte technische Angestellte als

Betriebsratsvorsitzende gegenüber, die ihnen in Fachkompetenz und Betriebserfahrung ebenbürtig und aus der Vergangenheit an eine distanzarme Duzkultur mit engmaschigem Kooperationsverhalten gewöhnt waren) und die gemeinsame Gefahrenabwehr hat teilweise zu einer sehr intensiven integrationsorientierten Kooperation geführt. Im Überlebenskampf der zur Privatisierung anstehenden Betriebe hatten agile Betriebsräte zuweilen sogar Aktionsvorteile gegenüber ihren weisungsgebundenen Unternehmensleitern, vor allem sofern sie über politische Kontakte zu regionalen oder überregionalen Institutionen und Parteien verfügten oder die Belegschaften für Großaktionen zu mobilisieren wußten. In dieser Periode war es daher nicht ungewöhnlich, wenn die Betriebsräte von den Geschäftsführern sehr detailliert in ihre betriebsstrategischen Überlegungen eingeweiht und auch bei Entscheidungen über Produkt- und Produktionsinnovationen einbezogen wurden. Geschäftsleitungssitzungen, an denen die Betriebsräte regelmäßig teilnahmen, waren in dieser Zeit keine Seltenheit. Für die betriebliche Tradition stellte*n* insofern auch keine Besonderheit dar, als auch während der Kombinatszeit a*n* *Gesc*häftssitzungen regelmäßig neben dem Betriebsparteisekretär auch die Bet*riebsgewerksc*haftsleitung teilzunehmen pflegte (vgl. Kretzschmar 1991).

Die*se Varianten* ist in der Literatur treffend als Co-Management bezeichnet worden (*erstmals für Wes*tdeutschland konstatiert von Müller-Jentsch 1989; vgl. auch Kotthoff *1994 und Boetke*ff.). In der Tat ist die zumindest faktisch fast gleichberechtigte Mitwir*kung an allen w*ichtigen Unternehmensentscheidungen einschließlich der an Investitionen als *Hauptchara*kteristikum einer Co-Management-Funktion im engeren Sinn anzusehen. Wovon *freilich* regelmäßig ein co-managerial handelnder Betriebsrat ausgenommen ist, ist die *E*ntscheidung über die Fortführung oder Schließung des Betriebes, die allein vom Eigentümer getroffen wird. Aus dieser Definition wird klar, daß Betriebsräte, die nur zur Mitwirkung bei Sachverhalten aufgefordert werden, die sich im Umkreis der betriebsverfassungsrechtlich möglichen Gegenstände bewegen, normalerweise allenfalls ausgeprägtere Kooperationsformen zu entwickeln in der Lage sind. Eine leicht erweiterte Mitbestimmung rechtfertigt jedenfalls keine Kennzeichnung als Co-Management. Der zuweilen inflationär gebrauchte Begriff des Co-Managements ist ebensowenig auf Betriebsräte anwendbar, die lediglich den Anspruch haben, über die wesentlichen Geschicke des Betriebes mitbestimmen zu wollen, ohne daß ihnen dazu von der Unternehmensleitung die Möglichkeit eingeräumt wird. Die bloße Handlungsabsicht, der keine Chance der Realisierung gegeben wird, bleibt weitgehend interaktionsindifferent und weist gegenüber einem begrenzt kooperativen Muster nur geringe graduelle Unterschiede auf.

Neben dem Co-Management-Typ des Betriebsrats als Managementpartner und dem des fiktiven Co-Managers wird der Begriff in der neueren Diskussion häufig in einem dritten Sinn verwendet. Hierunter werden Betriebsräte verstanden, die ihre Interessenpolitik stärker aus einer Betriebs- bzw. Managementperspektive heraus formulieren. Die Leitfrage solcher Betriebsräte lautet daher nicht mehr: „Was ist gut für die Belegschaft?", sondern: „Was ist gut für den Betrieb – und damit für die Belegschaft?". Daß diese Interessen nicht deckungsgleich sind, wird von ihnen nicht systematisch, sondern nur situativ reflektiert. Die Übernahme der Managementperspektive geht aber meist nicht mit mehr Handlungskompetenz oder größerem Einfluß im Interesse der Belegschaft einher, wie dies beim ersten Typ der Fall ist.

Die Frage nach den Einflußchancen der betrieblichen Interessenvertretung stellt sich dort ohnehin nicht, wo der Betriebsrat faktisch zu einem Appendix der Personal- und Sozialabteilung mutiert ist; bei interessenidentischem Handeln wird die Frage nach der Kompetenz faktisch irrelevant. Diese Variante von Co-Management entspricht dem Interaktionstypus des „harmonistischen Betriebspaktes" aus den Studien von Bosch u.a. 1995 sowie Artus u.a. 1996. Damit wird die Kontur des Betriebsrats mit der Co-Management-Perspektive aber auch im Rahmen von Human-Resource-Management- und anderen partizipativen Strategien unscharf, da er im Grunde genommen nur eine besondere – passagere – Variante des zu enger Kooperation bereiten Interessenvertreters darstellt.

Betriebsräte als Co-Manager im engeren Sinn sind daher entweder Phänomene einer gesellschaftlichen Übergangssituation, wie in den ostdeutschen Betrieben der Treuhandphase, oder abhängig von der jeweiligen Unternehmensphilosophie und Führungsstrategie. Da diese im Zuge einer stärker flexibilisierten Unternehmens- und Produktionspolitik und sich beschleunigt wandelnder Managementmoden kurzfristigen Schwankungen ausgesetzt sind, dürfte der Typus des Co-Managers insgesamt transitorisch bleiben.

4. Entwicklungsperspektiven unter dem Druck von Globalisierung und Flexibilisierung

Human Resource Management als Alternative zur betrieblichen Interessenvertretung?

Das etablierte Modell innerbetrieblicher Austauschbeziehungen sah – wie oben bereits ausgeführt – vor, daß dem Betriebsrat die Scharnierfunktion zwischen den Beschäftigten und dem betrieblichen Management zukommt. Es war genau diese Konstruktion des Betriebsrats als einer Art „Pufferinstitution", die ein solches Modell für das Management interessant machte: Auf diese Weise ließen sich die potentiell konfliktträchtigen Beziehungen mit den Beschäftigten effizient regulieren. Dies mußte allerdings damit erkauft werden, daß dem Betriebsrat gewissermaßen Exklusivitätsrechte hinsichtlich der interessenpolitischen Kommunikation mit der Belegschaft zugestanden wurden, was das Management auf diesem Gebiet vom Kontakt mit den Beschäftigten ausschloß.

Diese lange Zeit stabile Konstruktion innerbetrieblicher Interessenaushandlung sahen zahlreiche SozialforscherInnen durch das Aufkommen neuer personalpolitischer Strategien seit den frühen achtziger Jahren gefährdet (vgl. etwa Müller-Jentsch 1995b, S. 22). Mit der Implementation von Human Resource Management (HRM) war offensichtlich der strategische Versuch angelegt, die Beziehungen zwischen Management, Betriebsrat und Belegschaft zu triangulieren: Im Gegensatz zu früher, als die Delegation mitbestimmungssensitiver Belegschaftskontakte an den Betriebsrat als eine Entlastung wahrgenommen wurde, war das Management unter dem Vorzeichen der neuen Personalphilosophie zunehmend bestrebt, den direkten Kontakt zu den Beschäftigten, die nun als zentrale betriebliche Ressource und entscheidender Erfolgsfaktor wahrgenommen wurden, zu intensivieren und auszubauen – und dies tangierte zwangsläufig die traditionellen Exklusivitätsrechte der betrieblichen Interessenvertreter.[14]

Dies veranlaßte manchen Kritiker, HRM vorrangig als eine Strategie zur Re-Konstruktion innerbetrieblicher Mitbestimmungsstrukturen zu verstehen: Die neue „weiche" Linie mit ihren zahlreichen Partizipationsangeboten an die Beschäftigten „am Betriebsrat vorbei" diene sicherlich auch dazu, neue Leistungsreserven bei den Beschäftigten freizuspielen, langfristig relevanter sei aber die dadurch betriebene Entfremdung des Betriebsrats von seinen Beschäftigten. Es würden neue Partizipationsgremien mit mitbestimmungsrelevanten Kompetenzen entstehen, in denen Beschäftigte dezentral ihre Interessen direkt und ohne Zwischenschaltung der etablierten Institutionen betrieblicher Mitbestimmung mit dem Management aushandeln; Müller-Jentsch hat dies mit Blick auf Qualitätszirkel und Gruppenarbeit als „Mitbestimmung in der ersten Person" (1995b, S. 22) bezeichnet. Aufgrund der dadurch angestoßenen Verschiebung der zentralen betrieblichen Politikachse von Betriebsrat-Management zu Beschäftigten-Management drohe der Betriebsrat mittelfristig im innerbetrieblichen Politikprozeß geschwächt und marginalisiert zu werden – und dies sei nicht nur ein nicht-intendierter „side effect" von HRM, sondern möglicherweise das eigentliche strategische Ziel der veränderten Personalstrategie.

Verschiedene empirische Fallstudien belegen nun zwar, daß von einer entscheidenden Schwächung des Betriebsrats aufgrund der Einführung von partizipativen HRM-Strategien generell nicht die Rede sein kann, allerdings ist die betriebliche Interessenvertretung angesichts der neuen Management-Linie durchaus erheblichem Veränderungsdruck hinsichtlich ihrer Rolle und Funktion im innerbetrieblichen Politikprozeß ausgesetzt (so etwa Fischer/Weitbrecht 1995; Sperling 1997; Kotthoff 1998). Dies könnte auf formal-organisatorischer Ebene als eine erfolgreiche Adaption der Institution Betriebsrat an veränderte Umweltbedingungen interpretiert werden: Der Betriebsrat kann seine institutionelle Position wahren, weil sich seine inhaltliche Ausrichtung wandelt. Ob sich in diesen Ansätzen bereits ein neues Dreiecks-Arrangement modernisierter innerbetrieblicher Austauschbeziehungen mit veränderten Rollen von Management,

---

[14] Ein Bereich, in dem dieser Trend besonders offensichtlich ist, stellt die betriebliche Arbeitszeitgestaltung dar. So läßt sich etwa für den Bereich der Metallindustrie mit dem Aufkommen hochgradig flexibler betrieblicher Arbeitszeitsysteme (z.B. Zeitkonten mit extensiven Gleitzeitregelungen) von einer „Individualisierung" der Arbeitszeitregulierung sprechen, da nun die wesentlichen Abmachungen über Länge und Verteilung von Arbeitszeitvolumina direkt zwischen dem einzelnen Beschäftigten und seinem Vorgesetzten getroffen werden, ohne daß der Betriebsrat in die operative Regulierung eingeschaltet wäre (vgl. Trinczek 1998).

Betriebsrat und Belegschaft abzeichnet, muß gegenwärtig allerdings noch offen bleiben; dies gilt auch für die Frage, ob der „neue" Betriebsrat dann außer seinem Namen und dem formalen Status noch viel mit der alten betrieblichen Interessenvertretung gemeinsam hat.

Verschiebung der Machtrelationen zwischen den Betriebsparteien

Seit Beginn der neunziger Jahre ist eine sich kontinuierlich verstärkende Schwächungstendenz der Gewerkschaften zu beobachten, was insbesondere an der sog. Krise des Flächentarifvertrags, d.h. an einer gegenüber den Betrieben schwindenden Verpflichtungsfähigkeit der Tarifverbände abzulesen ist. Die damit einhergehende Dezentralisierung bzw. „Verbetrieblichung" führt zwar formell zu einer Aufwertung der betrieblichen Gestaltungssphäre, faktisch geht sie aber eindeutig zu Lasten der Betriebsräte. Die betrieblich unter dem Zwang von Flexibilisierung und Differenzierung durchgesetzte Neuregulierung erfolgt angesichts von Massenarbeitslosigkeit und Verlagerungsdruck unter der Globalisierungsperspektive für die Beschäftigten zumeist als defizitärer Modus (vgl. Bergmann u.a. 1997). Ohne die Sanktionsmacht der Gewerkschaft im Rücken und ohne Einsatzbereitschaft der Belegschaft ist der Betriebsrat nur auf sein persönliches Verhandlungsgeschick verwiesen, denn häufig muß er erfahren, daß die Tarifrechte keine volle Geltung mehr besitzen. Die etablierte „politische Kultur der innerbetrieblichen Austauschbeziehungen" (Bosch u.a. 1995) gerät damit unter erheblichen Änderungsdruck. Unternehmensneugliederungen und -aufspaltungen, Fusionen, häufigere Wechsel in den Führungspositionen und eine rigoroser durchgesetzte Profitvorgabe stellen die Betriebsräte vor immer neue Anforderungen, zersplittern ihre Kräfte und verkleinern ihren Verhandlungsspielraum. Parallel dazu verringern sich auch die Beratungsleistungen der Gewerkschaften, weil der anhaltende Mitgliederrückgang und die damit verbundene Beitragsschrumpfung auch zur Einsparung von Beratungspersonal (politischen Sekretären) in den Verwaltungsstellen zwingt. Die Bündelung von Interessen, die den Verhandlungen des Betriebsrats Gewicht verleiht, wird in dem Maße erschwert, wie durch dezentrale Arbeitsorganisation, individuelle Ergebniszurechnung und Gewinnbeteiligung usw. die Interessendifferenzierung zunimmt.

Verbetrieblichung des bundesdeutschen Systems industrieller Beziehungen

Das duale System der Interessenvertretung mit seiner arbeitsteilig-komplementären Beziehungsstruktur zwischen der tariflichen und der betrieblichen Ebene der Interessenvertretung gilt – wie bereits mehrfach betont – als „charakteristisches Herzstück des deutschen Systems der industriellen Beziehungen" (Bertelsmann Stiftung/ Hans-Böckler-Stiftung 1998, S. 7). Den spezifischen Konstruktionsprinzipien dieses Arrangements wurde nicht nur die vergleichsweise geringe Konfliktintensität der Austauschbeziehungen zwischen Kapital und Arbeit in der Bundesrepublik zugeschrieben, sondern auch die im internationalen Vergleich überraschend hohe Stabilität des bundesdeutschen Systems industrieller Beziehungen sowie dessen ausgeprägte Adaptionsfähigkeit an sich rasch wandelnde ökonomische, politische und gesellschaftliche Rahmenbedingungen.

Spätestens seit Mitte der achtziger Jahren zeichnen sich jedoch strukturelle Verschiebungen im dualen System der Interessenaushandlung ab, die üblicherweise mit dem Begriff „Verbetrieblichung" bezeichnet werden (vgl. Schmidt/Trinczek 1988): Verschärfter Wettbewerbsdruck auf den sich globalisierenden Weltmärkten, sich beschleunigende Innovationsgeschwindigkeit auf der Produktseite wie bei den Fertigungstechnologien sowie der erhöhte Verwertungsdruck des immer kapitalintensiver ausgestatteten Fertigungsapparates lassen Flexibilität zu einer entscheidenden strategischen Zielgröße der Unternehmen werden. Die betriebliche Option einer (zeit-)flexiblen Reaktion auf sich ändernde Anforderungen erforderte aber größere betriebliche Handlungsspielräume, als sie in den Tarifverträgen mit ihrer betriebsübergreifend-standardisierenden Stoßrichtung vorgesehen waren. Der steigende Flexibilitätsbedarf der Unternehmen schlug sich daher nahezu zwangsläufig in einem anwachsenden Druck in Richtung auf eine Dezentralisierung tarifpolitischer Regelungskompetenz, sprich: Verbetrieblichung, nieder. Die aktuelle Debatte um die Krise des Flächentarifvertrages (vgl. Bispinck 1995, sowie Bispinck/Schulten in diesem Band) kann dabei als der Endpunkt einer Entwicklung betrachtet werden, die mit den Arbeitszeitabkommen 1984 begann, als u.a. in der Metallindustrie vereinbart wurde, daß die im Rahmen der 38,5-Stunden-Woche neu eingeführten Möglichkeiten zur Flexibilisierung der Arbeitszeiten eine zweite betriebliche Verhandlungsrunde zur Konkretisierung der Tarifbestimmungen unter Berücksichtigung der je besonderen betrieblichen Bedingungen unabdingbar mache (s. Schmidt/Trinczek 1986).

Die mittelfristigen Folgen der „Verbetrieblichung" werden dabei mit Blick auf die sich neu herauskristallisierende Handlungssituation der Betriebsräte zumeist skeptisch eingeschätzt. Hierfür lassen sich verschiedene Gründe anführen:

- Die Machtposition des Betriebsrats ist im Vergleich zu der der Gewerkschaft durchschnittlich schwächer. Dies ist einerseits auf unterschiedliche rechtliche Rahmenbedingungen zurückzuführen (z.B. absolute Friedenspflicht des Betriebsrats), andererseits aber auch auf die größere Nähe des Betriebsrats zur Belegschaft mit ihrer differenzierten Interessenstruktur, die das Management in Verhandlungen gegen den Betriebsrat ausspielen kann. Darüberhinaus hat die höhere Interaktionsdichte zwischen den Verhandlungsparteien auf betrieblicher Ebene im allgemeinen einen integrationsfördernden Effekt: Bei nahezu täglichen Kontakten ist eine ständige Konfliktbereitschaft psychisch kaum durchzuhalten, was bei den wenigen Kontakten der Tarifkommissionen weitgehend unproblematisch ist.

- Verbetrieblichung impliziert die Zuweisung neuer Verhandlungsgegenstände an die betriebliche Ebene; dies droht die Betriebsräte mit ihrem ohnehin schon relativ breitem Aufgabenspektrum strukturell zu überlasten. Hinzu kommt, daß sich über die Ausweitung der Verhandlungsgegenstände die eingeübte betriebliche Kompromißstruktur zu verschieben droht: Möchte der Betriebsrat in den neuen Feldern eigene Positionen durchsetzen, muß er dafür üblicherweise an anderer Stelle nachgeben (Verhandlungsbudget-Ansatz; Bosch u.a. 1995), so daß sich die Verbetrieblichung auch restringierend auf die Handlungsfähigkeit der Betriebsräte in traditionellen betrieblichen Politikfeldern auswirkt.

- Der erweiterte Zuständigkeitsbereich der Betriebsräte führt gemeinsam mit der wachsenden Komplexität innerbetrieblicher Verhandlungsgegenstände zu einem erhöhten Beratungsbedarf der Interessenvertreter durch die Gewerkschaften, dem diese jedoch aufgrund eigener Ressourcenknappheit nicht in hinreichendem Maße nachkommen können. Zwar wird angesichts dieses Dilemmas in den Gewerkschaften durchaus die Notwendigkeit einer Reform gewerkschaftlicher Betriebspolitik gesehen, diese Einsicht ist bislang aber noch nicht handlungswirksam geworden.

Es bedarf keiner besonderen Prognose-Kompetenz, um vorherzusagen, daß sich der Trend in Richtung einer Verbetrieblichung des bundesdeutschen Systems industrieller Beziehungen mittelfristig fortsetzen wird. Aus den soeben aufgeführten Gründen wird dies ceterus paribus eher problematische Folgen für die betriebliche Interessenvertretung nach sich ziehen, deren Langfristwirkung aktuell nicht abzuschätzen ist. Auf jeden Fall dürfte eine forcierte Verlagerung von Bargaining-Kompetenz auf die betriebliche Ebene die gesamte Architektonik des Systems dualer Interessenregulierung in der Bundesrepublik erheblich verändern.

Veränderte sozialstrukturelle Zusammensetzung der Betriebsräte

Das in der Öffentlichkeit transportierte Bild von bundesdeutschen Betriebsräten ist bis heute dominiert von der Vorstellung, dieses Gremium sei typischerweise beherrscht von männlichen (Fach-)Arbeitern, die – fest in einem sozialdemokratisch-gewerkschaftlichem Kontext verankert – Schutz- und Gestaltungsaufgaben für die Beschäftigten wahrnehmen und die Interessen der Beschäftigten in teils kooperativen, teils konfliktorischen Beziehungen gegenüber den Unternehmensvertretern durchzusetzen suchten. Diese Vorstellung, der noch bis in die siebziger Jahre eine gewisse Realitätshaltigkeit zukam, verliert gegenwärtig zunehmend an Wirklichkeitsbezug. Hierfür sind nicht zuletzt Veränderungen in der sozialstrukturellen Zusammensetzung der betrieblichen Interessenvertretungen verantwortlich, von denen zwei besonders relevant sind: Die relative Zunahme von Angestellten unter den Betriebsräten (a) sowie der generationelle Umbruch in zahlreichen Betriebsratsgremien (b).

Ad a) Die erheblichen Verschiebungen in der Beschäftigtenstruktur von den gewerblichen Beschäftigten hin zu den Angestellten schlägt sich aufgrund der Wahlbestimmungen im Betriebsverfassungsgesetz, nach denen „Arbeiter und Angestellte (...) entsprechend ihrem zahlenmäßigen Verhältnis im Betriebsrat vertreten sein" (§ 10 BetrVG,) müssen, mit einem gewissen time lag auch in der Zusammensetzung der betrieblichen Interessenvertretungen nieder. Dies hatte solange keine dramatischen Auswirkungen auf die interne Arbeitsweise und die Politik der Betriebsräte, so lange es insbesondere in den (technischen) Angestelltenstatus aufgestiegene Facharbeiter mit entsprechendem sozialisatorischen Hintergrund waren, die als Vertreter dieser Gruppe in die Betriebsräte einrückten. Seit den achtziger Jahren scheint sich diese Situation aber sukzessiv zu verändern; wiederholt wird von Fällen berichtet, in denen „richtige" Angestellte zu Betriebsräten gewählt wurden, die dann auch versuchten, dort angestelltenspezifische Arbeitsweisen und unterschiedliche Politikstile einzubringen (vgl. etwa Kotthoff 1992; Bosch 1997). In the long run dürfte sich dies in einem veränderten Selbstverständnis von Betriebsräten niederschlagen, das in den innerbetrieblichen Austauschbeziehungen auf die Etablierung einer „Kultur der Rationalität" (so Bosch 1997) mit eindeutiger Co-Management-Orientierung hinausläuft und intern durch ein höheres Maß an Delegation, Partizipation und Professionalisierung gekennzeichnet ist (s. auch Bundesmann-Jansen/Frerichs 1995).

Ad b) Diese Veränderungstendenzen werden begleitet und unterstützt durch einen generationellen Umbruch in den Betriebsratsgremien. Rudolph/Wassermann (1996) belegen in ihrer Untersuchung der Betriebsratswahl 1994, daß die Fluktuation in den Betriebsräten erheblich zugenommen hat, wodurch sich in den Gremien eine wachsende Zahl erstmals gewählter (und durchschnittlich: jüngerer) Interessenvertreter wiederfindet. Gleichzeitig sei auch zu beobachten gewesen, daß das Fluktuationsniveau bei den Betriebsratsvorsitzenden – herkömmlicherweise langgediente Betriebsräte mit hoher Wiederwahlwahrscheinlichkeit – deutlich angestiegen sei. Diese Befunde werden bestätigt durch Ergebnisse aus Fallstudien, die ebenfalls darauf verweisen, daß zunehmend eine neue Generation von betrieblichen Interessenvertretern die Gremien übernimmt (vgl. Bosch 1997). Diese „neuen" Betriebsräte seien – unabhängig von ihrem Beschäftigtenstatus – im Vergleich zu ihren Vorgängern durchschnittlich höher qualifiziert, ihr Verhältnis zu den Gewerkschaften sei weniger von der traditionellen Solidaritätssemantik und emotionaler Gemeinschaftlichkeit geprägt als vielmehr durch sachbetonte Kooperation, ihr Arbeitsstil sei weniger hierarchisch und autoritätsfixiert als vielmehr gegenstands- und effizienzorientiert, systematisch, delegativ sowie teamförmig.

Beide kurz skizzierten Veränderungsprozesse in der sozialstrukturellen Zusammensetzung von Betriebsräten konvergieren in ihren Auswirkungen auf die betriebliche Interessenvertretung in einem neuen Politikstil, der nicht nur sachlich-aufgeklärter und argumentativer sein dürfte, sondern der sich auch neuen Themen öffnet: Die klassischen Felder betriebsrätlicher Interessenpolitik, wie etwa die Lohn/Leistungs-Problematik, werden dabei an Gewicht verlieren (müssen) und dafür zunehmend (auch) übergreifende betriebsstrategische Fragen thematisiert werden. Damit wird die traditionelle Grenzziehung zwischen typisch managerialen und typisch betriebsrätlichen Themenfeldern tendenziell eingeebnet werden, was langfristig die Orientierung der betrieblichen Interessenvertretungen am Handlungstypus des Co-Managements begünstigen könnte. Ob diese bis Anfang der neunziger Jahre zu beobachtende Tendenz auch in der aktuellen Entwicklung rigider Flexibilisierung und kurzfristigerer, rigoroser Gewinnorientierung sich behaupten kann, muß dahingestellt bleiben. In Ostdeutschland hat sich jedenfalls der Typus des Betriebsrats als Co-Manager als transitorische Handlungsform der Transformationsphase erwiesen und ist inzwischen im Verschwinden begriffen (s. Schmidt 1998).

Die Bedeutung wechselnder Managementstrukturen und -strategien für die Betriebsratsarbeit

Die für das Verhältnis von Betriebsrat und Management kennzeichnende Machtasymmetrie kann im Verlaufe vieljähriger enger Zusammenarbeit zu einem vertrauensgestützten working consensus führen, der im allgemeinen auch durch punktuelle Belastungen in Konfliktsituation nicht gefährdet wird. Die Kontinuität eingeschliffener Kommunikations- und Verhandlungsstrukturen hat für beide Seiten Entlastungsfunktionen, die nicht ohne weiteres aufs Spiel gesetzt werden (vgl. dazu näher Bosch u.a. 1995; Artus u.a. 1996). In dem Maße jedoch, wie die Verhandlungsgegenstände streitiger werden und die Bereitschaft zu Zugeständnissen auf seiten des Managements abnimmt, bleibt dem Betriebsrat, der über kein Bargainingpotential mehr verfügt, nur die Alternative zwischen Unterwerfung oder Aufkündigung der prozeduralen Regeln und damit der Interaktionskultur. Häufig bleibt ihm aber nicht einmal diese Alternative, weil Spitzenfunktionen im Management immer häufiger nur auf Zeit besetzt werden, um die Intransparenz betrieblicher Erbhöfe und die Kontrollresistenz lokaler Seilschaften im Management zu verhindern. Manager auf Abruf sehen sich nicht zur kulturstabilisierenden Konzilianz verpflichtet, die Langfristwirkung von aktuellen Zugeständnissen kann außer Betracht bleiben. Damit geht auch die moralische Verpflichtungschance des Verhandlungspartners für den Betriebsrat verloren. Was ohnehin erodiert, kann auch nicht mehr aufgekündigt werden. Die Aushandlungsbeziehungen werden dadurch distanzierter und reduzieren sich auf die Explikation eines situativen Rationalitätskalküls. Diese Tendenzen gelten stärker für Betriebe in Unternehmensverbünden und Konzernen als in mittelständischen Betrieben, sind ausgeprägter in West- als in Ostdeutschland.

Mit der Rotationspolitik bei der Besetzung von Führungspositionen wird aber nicht nur Kontinuität und Stabilität der Austauschbeziehungen von Betriebsrat und Management verhindert, sie ist auch häufig begleitet von einem Wechsel in der Personalführungspolitik, dem Managementkonzept und den Organisationsprinzipien. Damit wird der Betriebsrat auch häufiger als früher mit neuen Rahmenbedingungen konfrontiert, auf die er sich erst einstellen muß. Das herkömmliche Arsenal von Interventionspraktiken kann sich als dysfunktional erweisen, die Konsequenzen aus den neuen Managementstrategien bleiben opak und damit wächst auch die Gefahr, daß an den realen Interessen relevanter Belegschaftsgruppen vorbei gehandelt wird. Das begünstigt defensive Strategien, Attentismus und Resignation. Zwar gibt es immer wieder jüngere gut qualifizierte Betriebsräte, die sich auch auf diese Problemlagen einzustellen wissen, aber es gelingt den Gewerkschaften und den Betriebsräten nach wie vor nur unzureichend, die große Gruppe der qualifizierten Angestellten für die Interessenorganisation und für die Betriebsratsarbeit zu gewinnen (s. Baethge u.a. 1995). So droht sich die Schere zwischen wachsenden Regelungsanforderungen und den Regelungskompetenzen und -kapazitäten immer weiter zu öffnen.

5. Ausblick

Das außerordentlich effektive, arbeitsteilige Verhältnis zwischen Betriebsrat und Gewerkschaft im dualen System der industriellen Beziehungen ist zwar gegenwärtig noch intakt, seine Fortsetzung scheint aber mit den Schwinden seiner Effektivität und der Lockerung des Kooperationsverhältnisses durchaus gefährdet. Noch sind die institutionellen Verankerungen so fest und die Erfahrungstradition so wirkungsmächtig, daß die starken Belastungen des Systems gegenwärtig noch nicht zu einem Bruch geführt haben. Die Gefahren drohen auch kaum von einer dramatischen Friktion – zumal dafür der konzeptionelle Gegenentwurf fehlt, z.B. nach dem Muster der „gelben Gewerkschaften" der Jahrhundertwende oder der Betriebsgewerkschaften Japans etc. – sondern aus der anhaltenden Erosion der traditionellen Pfeiler des Systems: der breiten Verankerung der Gewerkschaften in den Betrieben mittels hoher Organisationsquoten der Belegschaften und Betriebsräte und der fraglosen Geltung der Tarifnormen, die den Gewerkschaften Macht und Reputation, den Betriebsräten Handlungssicherheit und -entlastung gewährte. Wenn sich die Partner des dualen Systems der industriellen Beziehungen – trotz der ständigen Beschwörung, aufeinander angewiesen zu sein – faktisch auseinanderentwickeln, gehört nicht viel Hellsicht dazu, ein Anwachsen des Betriebs- partikularismus vorauszusagen. Damit verlagert sich die Chance zur kollektiven Interessendurchsetzung im Konflikt noch mehr auf die großen Konzernbetriebe, die ihre kommunikative Infrastruktur behalten werden und weiterhin zu nutzen verstehen. Dies begünstigt widerum die Differenzierung in der Lohnentwicklung und damit verliert der Flächentarifvertrag weiter seine soziale Integrationskraft, die lange Zeit einen zentralen Beitrag zur gesellschaftlichen Stabilität der Bundesrepublik geleistet hat.

Die Hoffnungen, die verschiedentlich auf die neuen partizipativen Führungskonzepte, auf die dezentrale Arbeitsorganisation, selbstbestimmte Gruppenarbeit etc. im Sinne einer Mitbestimmung am Arbeitsplatz gesetzt wurden, scheinen sich nicht zu bestätigen (Schumann 1997). Sie setzen zu ihrer Wirksamkeit eine langfristige Managementpolitik voraus, zu der immer weniger Unternehmensleitungen bereit zu sein scheinen. Auch die stärkere Gewinnorientierung der Unternehmen verbunden mit der Vermeidung von Quersubventionen, ist Resultat kurzfristiger Zeit- und Gewinnperspektiven (*shareholder value*). Auch durch die Institution europäischer Betriebsräte ist keine nennenswerte Unterstützung für eine Stabilisierung der deutschen Mitbestimmung zu erwarten (s. Keller 1998; Streeck 1998); vielmehr läßt die Institution der Europäischen Aktiengesellschaft eher eine Diffusion schwächer regulierter Mitbestimmungsformen auch in den deutschen Filialen internationaler Konzerne befürchten. Die Zukunft der deutschen Betriebsverfassung, hängt sicher auch von der weiteren politischen und rechtlichen Entwicklung in Europa ab. Gegenwärtig gibt es aber wenig Anhaltspunkte dafür, anzunehmen, das deutsche Modell betrieblicher Mitbestimmung könne in seiner insularen Stellung gänzlich unbeschadet die europäische Integration überdauern.

Literatur

Artus, I./Liebold, R./Lohr, K./Schmidt, E./Schmidt, R./Strohwald, U. (1996): Innerbetriebliche Interaktionsmuster in Ostdeutschland. Eine Typologie der Austauschbeziehungen zwischen Management und Betriebsrat. Forschungsbericht. Berlin/Erlangen/Jena (unveröff.)

Baethge, M./Denkinger, J./Kadritzke, U. (1995): Das Führungskräftedilemma. Manager und industrielle Experten zwischen Unternehmen und Lebenswelt. Frankfurt/M.

Bergmann, J. (1973): Organisationsinterne Prozesse in kooperativen Gewerkschaften. In: Leviathan 1 (2), S. 242-253

Bergmann, J./Jacobi, O./Müller-Jentsch, W. (1975): Gewerkschaften in der Bundesrepublik. Bd. 1: Gewerkschaftliche Lohnpolitik zwischen Mitgliederinteressen und ökonomischen Systemzwängen. Frankfurt/Köln

Bergmann, J./Bürckmann, E./Dabrowski, H. (1997): Reform des Flächentarifvertrages? Berichte aus Betrieben. Ergebnisse einer Befragung von Betriebsräten und Vertrauensleuten im Bildungszentrum der IG Metall Sprockhövel. Vervielf. Ms. Frankfurt

Bertelsmann Stiftung/Hans-Böckler-Stiftung (1998): Mitbestimmung und neue Unternehmenskulturen – Bilanz und Perspektiven. Bericht der Kommission Mitbestimmung. Gütersloh

Bispinck, R. (Hg.) (1995): Tarifpolitik der Zukunft. Was wird aus dem Flächentarifvertrag? Hamburg

Bosch, A. (1997): Vom Interessenkonflikt zur Kultur der Rationalität. Neue Verhandlungsbeziehungen zwischen Management und Betriebsrat. München und Mering

Bosch, A./Ellguth, P./Schmidt, R./Trinczek, R. (1995): Innerbetriebliche Interaktionsmuster. Eine Typologie der Austauschbeziehungen zwischen Management und Betriebsrat. Forschungsbericht. Erlangen (unveröff.)

Brauer, Th. (1920): Das Betriebsrätegesetz und die Gewerkschaften. Jena

Brigl-Matthiaß, K. (1926): Das Betriebsräteproblem in der Weimarer Republik. Wiederabgedruckt in: Crusius, R./Schiefelbein, G./Wilke, M. (Hg.) (1978): Die Betriebsräte in der Weimarer Republik. Von der Selbstverwaltung zur Mitbestimmung Bd. 2. Berlin

Bundesmann-Jansen, J./Frerichs, J. (1995): Betriebspolitik und Organisationswandel. Neuansätze gewerkschaftlicher Politik zwischen Delegation und Partizipation. Münster

Erd, R. (1978): Verrechtlichung industrieller Konflikte. Normative Rahmenbedingungen des dualen Systems der Interessenvertretung. Frankfurt/M.

Feig, J. (1924): Betriebsräte. In: Handwörterbuch der Staatswissenschaften Bd. 2. 4. Aufl., S. 625-633

Fischer, S./Weitbrecht, H. (1995): Individualism and Collectivism: Two Dimensions of Human Resource Management and Industrial Relations. The Case of Germany. In: Industrielle Beziehungen 2, S. 367-394

Fürstenberg, F. (1958): Der Betriebsrat – Strukturanalyse einer Grenzinstitution. In: Kölner Zeitschrift für Soziologie und Sozialpsychologie 10, S. 418-429

Geiger, T. (1949): Die Klassengesellschaft im Schmelztiegel. Köln/Hagen

Gesellschaft für soziale Reform (Hg.) (1905): Aufsätze über den Streik der Bergarbeiter im Ruhrgebiet (= Schriften der Gesellschaft für soziale Reform Bd. II H. 5). Jena

Jürgens, U. (1984): Die Entwicklung von Macht, Herrschaft und Kontrolle im Betrieb als politischer Prozeß. Eine Problemskizze zur Arbeitspolitik. In: Jürgens, U./Naschold, F. (Hg.): Arbeitspolitik (= Leviathan Sonderheft Nr. 5), S. 58-91

Keller, B. (1998): National industrial relations and the prospects for European collective bargaining: The view from a German standpoint. In: Lecher, W./Platzer, H.-W. (Hg.): European union – European industrial relations? Global challenges, national developments and transnational dynamics. London/New York, S. 47-64

Koopmann, K. (1981): Vertrauensleute. Arbeitervertretung im Betrieb. Hamburg

Korsch, K. (1968): Arbeitsrecht für Betriebsräte (zuerst 1922). Frankfurt

Kotthoff, H. (1992): Qualifizierte Angestellte in high-tech-Betrieben erobern den Betriebsrat. In: Littek, W./Heisig, U./Gondek, H.-D. (Hg.): Organisation von Dienstleistungsarbeit. Berlin, S. 179-198

Kotthoff, H. (1994): Betriebsräte und Bürgerstatus. Wandel und Kontinuität betrieblicher Mitbestimmung. München und Mering

Kotthoff, H. (1998): Mitbestimmung in Zeiten interessenpolitischer Rückschritte. Betriebsräte zwischen Beteiligungsofferten und „gnadenlosem Kostensenkungsdiktat". In: Industrielle Beziehungen 5, S. 76-100

Kretzschmar, A. (1991): Zu den Machtverhältnissen und Leitungsstrukturen in den Kombinaten und Betrieben der DDR (= IPRAS-Schriftenreihe zur Transformationsforschung, H. 1). Erlangen

Milert, W./Tschirbs, R. (1991): Von den Arbeiterausschüssen zum Betriebsverfassungsgesetz. Geschichte der betrieblichen Interessenvertretung in Deutschland. Köln

Mückenberger, U. (1993): Auf dem Weg zu einem post-fordistischen Arbeitsrecht. Das System rechtlicher Regulierung im Betrieb unter Veränderungsdruck. In: Müller-Jentsch, W. (Hg.): Konfliktpartnerschaft. Akteure und Institutionen industrieller Beziehungen. 2. Aufl. München und Mering, S. 203-228

Müller-Jentsch, W. (1979): Neue Konfliktpotentiale und institutionelle Stabilität. In: Politische Vierteljahresschrift 20, S. 269-279

Müller-Jentsch, W. (1989): Qualitative Tarifpolitik im sozio-ökonomischen Strukturwandel. In: Dabrowski, H. u.a. (Hg.): Gewerkschaftliche Tarifpolitik unter veränderten gesellschaftlichen Rahmenbedingungen. Forschungsprojekt Rahmentarifpolitik im Strukturwandel Bd. I. Düsseldorf

Müller-Jentsch, W. (1995a): Mitbestimmung als kollektiver Lernprozeß. Versuch über die Betriebsverfassung. In: Rudolph, K./Wickert, C. (Hg.): Geschichte als Möglichkeit. Über die Chancen von Demokratie. Festschrift für Helga Grebing. Essen, S. 42-54

Müller-Jentsch, W. (1995b): Auf dem Prüfstand: Das deutsche Modell der industriellen Beziehungen. In: Industrielle Beziehungen 2, S. 11-24

Müller-Jentsch, W. (1998): Industrielle Beziehungen in der Region: Das Ruhrgebiet als sozialpolitisches Laboratorium. In: Hirsch-Kreinsen, H./Wolf, H. (Hg.): Arbeit, Gesellschaft, Kritik. Orientierungen wider den Zeitgeist. Berlin

Röbenack, S./Förster, H. (1995): Die Entwicklung der betrieblichen Interessenvertretungen und Wandel in der Austragung von Interessenkonflikten. Von „Sozialer Schadensbegrenzung" zur

„Innovation" im Innovations- und Rationalisierungsprozeß – neue Anforderungen an das System industrieller Beziehungen in ostdeutschen Betrieben? (KSPW-Kurzstudie FS I-92-25). Halle

Rudolph, W./Wassermann, W. (1996): Betriebsräte im Wandel. Aktuelle Entwicklungsprobleme gewerkschaftlicher Betriebspolitik im Spiegel der Betriebsratswahlen. Münster

Schmidt, R. (unter Mitarbeit von I. Artus) (1998): Mitbestimmung in Ostdeutschland. Expertise für das Projekt „Mitbestimmung und neue Unternehmenskulturen" der Bertelsmann Stiftung und der Hans-Böckler-Stiftung. Gütersloh

Schmidt, R./Trinczek, R. (1986): Erfahrungen und Perspektiven gewerkschaftlicher Arbeitszeitpolitik. In: Prokla 16 (64), S. 84-105

Schmidt, R./Trinczek, R. (1988): Verbetrieblichung – viele Risiken, wenig Chancen. Erfahrungen aus der Umsetzung der 38,5-Stunden-Woche. In: Hildebrandt, E./Schmidt, E./Sperling, H.J. (Hg.): Zweidrittelgesellschaft – Eindrittelgewerkschaft. Kritisches Gewerkschaftsjahrbuch 1988/89. Berlin, S. 54-62

Schmidt, R./Trinczek, R. (1991): Duales System: Tarifliche und betriebliche Interessenvertretung. In: Müller-Jentsch, W. (Hg.): Konfliktpartnerschaft. Akteure und Institutionen industrieller Beziehungen. München und Mering, S. 167-199

Schumann, M. (1997): Frißt die Shareholder-Value-Ökonomie die moderne Arbeit? Frankfurter Rundschau – Dokumentation vom 18.11.1997

Sinzheimer, H. (1919): Die Zukunft der Arbeiterräte. Eine Frage der sozialen Demokratie. In: Neue Wege zum Aufbau Deutschlands, Beiheft zur Monatsschrift „Die Tat". Jena, S. 3-8

Sperling, H.J. (1997): Restrukturierung von Unternehmens- und Arbeitsorganisation – eine Zwischenbilanz (Trendreport Partizipation und Organisation). Marburg

Streeck, W. (1979): Gewerkschaftsorganisation und industrielle Beziehungen. Einige Stabilitätsprobleme industriegewerkschaftlicher Interessenvertretung und ihre Lösung im westdeutschen System der industriellen Beziehungen. In: Politische Vierteljahresschrift 20, S. 241-257

Streeck, W. (1998): Gewerkschaften zwischen Nationalstaat und Europäischer Union. In: WSI-Mitteilungen 51, S. 1-14

Teuteberg, H.J. (1961): Geschichte der industriellen Mitbestimmung in Deutschland. Ursprung und Entwicklung ihrer Vorläufer im Denken und in der Wirklichkeit des 19. Jahrhunderts. Tübingen

Trinczek, R. (1989): Betriebliche Mitbestimmung als Interaktion. In: Zeitschrift für Soziologie 18, S. 444-456

Trinczek, R. (1998): Arbeitszeitflexibilisierung in der bundesdeutschen Metallindustrie. In: Flecker, J./Zilian, J. (Hg.): Flexibilisierung – Problem oder Lösung. Berlin, S. 67-87

Weitbrecht, H./Braun, W.-M. (1998): Management als Akteur der industriellen Beziehungen (in diesem Band)

Direkte Partizipation contra Mitbestimmung? Herausforderung durch diskursive Koordinierung

Heiner Minssen

Konzepte wie „Total Quality Management", „Lean Production", „Fraktale Fabrik", „Business Reengineering" und dergleichen beherrschen seit einiger Zeit die unternehmensinterne und unternehmensübergreifende Diskussion. Bei allen Unterschieden im Detail gleichen sie sich zumindest in einem Punkt: Es geht um eine Rückkehr des Menschen in die Fabrik – nicht im Sinne einer Schaffung von zusätzlichen Arbeitsplätzen, sondern um eine möglichst umfassende Einbeziehung der Fähigkeiten menschlicher Arbeitskraft in betriebliche Veränderungsprozesse. Zunehmend spricht sich in den Führungsetagen herum, daß Belegschaften ein Innovationspotential darstellen, das bislang wegen der tayloristischen Leitlinien folgenden Arbeitsgestaltung – tiefgreifende Arbeitsteilung, Trennung von Planung und Ausführung etc. – viel zu wenig genutzt worden ist. Um Innovationsprozesse effektiver zu gestalten, erscheint es sinnvoll, die Mitarbeiter an Innovationen zu beteiligen statt sie mit den Ergebnissen nur zu konfrontieren. Die Beteiligung der Produktionsbelegschaften an Planungs- und Optimierungsaufgaben ist, wie Schumann u.a. (1994a, S. 168) notieren, „zumindest verbal zu einem allerorts angestrebten Ziel geworden".

Die Formen sind unterschiedlich; die Spanne reicht von Problemlösegruppen über Qualitätszirkel und Zukunftswerkstätten bis hin zu regelmäßig stattfindenden Gesprächen in (Fertigungs-) Gruppen. In jedem Fall geht es darum, die Beschäftigten als „Experten in eigener Sache" ernster zu nehmen. Dafür sind Verfahren direkter Partizipation der Beschäftigten an betrieblichen Entscheidungsprozessen von herausragender Bedeutung. Das ist keineswegs ein neues Konzept (vgl. auch Breisig 1993), denn es knüpft – zumindest auf den ersten Blick – an Konzepte der Betroffenenbeteiligung an, wie sie in Projekten des staatlichen Programms „Humanisierung des Arbeitslebens" (HdA) in den siebziger und achtziger Jahren entwickelt worden sind (Fricke u.a. 1980; Fricke u.a. 1982; Lichte/Reppel 1988). Vor diesem Hintergrund wird Partizipation oftmals als ein chancenreicher Weg beurteilt, der betriebliche Interessen ebenso berücksichtigt wie Beschäftigteninteressen. Zu den Chancen gehören aus Sicht der Beschäftigten die verbesserten Möglichkeiten, auf betriebliche Entscheidungsprozesse Einfluß zu nehmen und dadurch verstärkt eigene Interessen einbringen zu können. Betriebe wiederum erhoffen sich, durch Partizipation auf die erwähnten Innovationsressourcen zurückgreifen zu können und auf diese Weise neue Rationalisierungspotentiale zu erschließen. Ganz grob kann man sagen: Auf der einen Seite – aus der Sicht der Beschäftigten – geht es um mehr Mitsprache, mehr Dispositionsmöglichkeiten, mehr Einfluß auf die Arbeitsbedingungen, auf Ergebnisse von Entscheidungsprozessen etc.;

sie hoffen auf Arbeitserleichterungen, auf verbesserten Arbeitsschutz und nicht zuletzt auf Lohnzuwachs. Auf der anderen Seite – aus der Sicht des Managements – geht es um Effizienz, um Leistungssteigerungen und das Ausschöpfen von Rationalisierungspotentialen.

Zwar gibt es zweifellos Interessenüberschneidungen zwischen Management und Beschäftigten, doch bereits an diesen unterschiedlichen Prioritäten wird auch die inhärente Konflikthaftigkeit direkter Partizipation offenkundig; sie ist nicht denkbar ohne nachhaltige Auswirkungen auf mikropolitische Konstellationen und damit verbundene Aushandlungsprozesse. Hinzu kommt, daß direkte Partizipation nicht kompatibel ist mit organisationskulturell gestützten Deutungsmustern sozialer Realität, in denen unterschieden wird zwischen „oben" und „unten", zwischen Anweisungsgeber und Anweisungsempfänger. Und auch für die institutionalisierte betriebliche Interessenvertretung bleibt direkte Partizipation nicht ohne Folgen; Betriebsräte sehen sich mit dem Verlust ihres „Monopols" auf Interessenvertretung konfrontiert und müssen sich in veränderten mikropolitischen Konstellationen zurecht finden. Mit einem Wort: direkte Partizipation stellt in vieler Hinsicht eine Zumutung dar.

Dies soll im folgenden genauer ausgeleuchtet werden. Ich werde zunächst kurz skizzieren, was unter direkter Partizipation zu verstehen ist und dabei herausarbeiten, daß Partizipation wichtiges Element einer „diskursiven Koordinierung" (Braczyk/Schienstock 1996; Braczyk 1997) auf betrieblicher Ebene ist (1). Die organisatorische Unterfütterung von Partizipation als Element diskursiver Koordinierung ist die Gruppenarbeit, insbesondere die mit dieser Organisationsform oftmals verbundene Einrichtung eines Gruppengesprächs (2). Sodann werde ich auf die organisatorischen und qualifikatorischen Voraussetzungen von Partizipation eingehen (3), bevor ich mich der Frage zuwende, welche organisatorischen Barrieren gegenüber Verfahren direkter Partizipation bestehen (4), warum also Organisationsstrukturen die Einführung von Gruppenarbeit und Partizipation so schwierig machen. Danach werden die durch direkte Partizipation hervorgerufenen Risiken für Beschäftigte und Management beschrieben (5). Solche Risiken bestehen auch für Betriebsräte; zu fragen ist, ob, und falls ja, unter welchen Bedingungen diese Risiken als Herausforderungen angenommen werden, und ob auf diese Weise zu einer Modernisierung betrieblicher Interessenvertretungspolitik beigetragen werden kann. (6)

1. Direkte Partizipation – ein Element diskursiver Koordinierung

Partizipation bedeutet in der allgemeinsten Bestimmung „eine auf unterschiedlichen Niveaus mögliche Teilnahme der Mitglieder einer Organisation an Organisationsentscheidungen" (Dörre 1996, S. 7). Solche Entscheidungen können sich (so Breisig 1993) auf das unmittelbare Arbeitsumfeld, auf das Unternehmen oder die überbetriebliche Ebene richten[1]. Dies kann in indirekter, repräsentativer Weise erfolgen, indem

---

[1] Ich beziehe mich im folgenden ausschließlich auf Partizipation im unmittelbaren Arbeitsbereich.

die Beschäftigten ein von ihnen gewähltes Gremium, den Betriebsrat, mit der Vertretung ihrer Interessen gewissermaßen „beauftragen", und es kann in direkter Form geschehen – eine Form, die im Zuge der Restrukturierung der Unternehmen in den neunziger Jahren zunehmend an Bedeutung gewinnt. Direkte Partizipation besagt, daß neben der institutionalisierten Interessenvertretung vom Grundsatz her alle Beschäftigten eines Unternehmens an betrieblichen Entscheidungsprozessen beteiligt werden. Sie ist insofern eine Ergänzung und Erweiterung der durch das Betriebsverfassungsgesetz geregelten Mitwirkungs- und Mitbestimmungsrechte des Betriebsrates; dies impliziert eine nicht unerhebliche Veränderung der eingespielten Verhandlungsroutinen zwischen Betriebsrat und Geschäftsleitung.

Direkte Partizipation ist mehr als nur Information der Betroffenen durch das Management. Zwar basiert alle Partizipation auf Information; gleichwohl erschöpft sie sich nicht in Information. Von Partizipation kann erst gesprochen werden, wenn die Beteiligten in betriebliche Entscheidungsprozesse so einbezogen sind, daß sie Einfluß auf die Resultate des Prozesses gewinnen. Partizipation ohne Gestaltungskompetenz wäre reine Sozialtechnologie, die sich zudem über kurz oder lang totläuft, weil sie keinen Motivationsschub hat. Partizipation kann auf Dauer nicht erzwungen werden, sondern setzt unter den Beschäftigten Bereitschaft zur Beteiligung voraus, und diese Partizipationsbereitschaft ist nur zu stabilisieren, wenn sie sich auszahlt, d.h. wenn der Partizipationsprozeß auch zu Resultaten führt, die die Beschäftigten auf der Haben-Seite verbuchen können. Partizipation beruht auf Austausch; das Management zielt auf die Nutzung der in den Arbeitsbereichen verfügbaren Produktionsintelligenz, kommt aber ohne Gegenleistung an die Partizipanten nicht aus.

Insofern führt direkte Partizipation zu einer stärkeren Bedeutung von Verhandlungen in betrieblichen Entscheidungsprozessen und zugleich zu einer Veränderung eingespielter Prozeduren. Dies kann (so Dörre 1996) beschrieben werden als die Konstitution unmittelbarer Austauschbeziehungen zwischen Beschäftigten und Vorgesetzten. Beschäftigte werden in der Tendenz von Anweisungsempfängern zu Verhandlungspartnern. Dadurch verändern sich die Beziehungen zwischen Vorgesetzten und Untergebenen, letztlich also die Inhalte hierarchisch definierter Befugnisse. Durch direkte Partizipation werden die Beschäftigten an Entscheidungsprozessen beteiligt, die zuvor ihren Vorgesetzten vorbehalten waren. Auf diese Weise sollen sie in betriebliche Veränderungsprozesse einbezogen werden, und ihr Wissen soll für Veränderungen genutzt werden. Zwar beschränkt direkte Partizipation sich in der Regel auf Beteiligung an Entscheidungsprozessen, die den engeren Arbeitsbereich betreffen, während übergreifende Entscheidungen weiterhin vom Management getroffen werden, doch stellt selbst diese Partizipation einen erheblichen Umbruch dar. Er steht in scharfem Kontrast zu einem in der betrieblichen Praxis immer noch weit verbreiteten Führungsverständnis, in dem klar unterschieden wird zwischen Anweisungsgeber und Anweisungsempfänger. Direkte Partizipation läuft somit auf eine Neugestaltung der innerbetrieblichen sozialen Beziehungen hinaus; die Implementation von Partizipationsprozeduren läßt die „soziale Architektur" (Behr 1994) eines Betriebes nicht unberührt.

Dies betrifft vor allem die Modi der Verhandlungsprozesse und der Entscheidungsfindung. Denn durch direkte Partizipation wird ein Element von Diskursivität in den Vordergrund gerückt, das bei repräsentativer Mitbestimmung letztlich auf Betriebsrat und Geschäftsleitung beschränkt ist[2]. Partizipation ist ein zentrales Element der „diskursiven Koordinierung". Damit wird der Sachverhalt bezeichnet, daß die neuen Herausforderungen des Marktes eine engere Kommunikation zwischen Unternehmen auf der einen und Kunden und Kooperationspartnern auf der anderen Seite nahelegen. Von Protagonisten der Lean Production wird dies auch auf betriebliche Steuerungsprozesse übertragen, was eine weitreichende soziale und organisatorische Restrukturierung nach sich zieht. Hierarchische Steuerung wird verlagert auf Steuerung qua Zielvereinbarung. Freilich bildet, so Braczyk/Schienstock (1996, S. 283), die diskursive Koordinierung auf der Präferenzskala der wirtschaftlichen Akteure die ultima ratio; erst wenn anderes nicht mehr geht, wird sie als betriebliches Steuerungsmodell praktiziert. Dies schließt nicht aus, daß einzelne Elemente wie eben die direkte Partizipation in die bestehende Ordnung integriert werden. Wenn dadurch auch nicht unbedingt ein neues Steuerungsmodell implementiert wird, so entsteht doch – immerhin – ein neuer Modus betrieblicher Kommunikation.

Dies geht einher mit der Erschließung neuer Verhandlungsfelder. Verhandlungsfähig werden Aspekte der Arbeitssituation, die bei den tradierten Formen betrieblicher Mitbestimmung entweder durch allgemeine Rahmenvereinbarungen reguliert waren oder völlig in den Zuständigkeitsbereich der Vorgesetzten fielen. Direkte Partizipation hingegen unterstellt die rechtzeitige Einschaltung der Beschäftigten bei Entscheidungen, von denen sie in irgendeiner Weise betroffen sind. Dies kann Fragen der Arbeitsgestaltung ebenso umfassen wie Fragen der Planung von Arbeitszeit, Urlaub und Vertretung bis hin zur Einschaltung bei der Neubeschaffung von Maschinen.

Direkte Partizipation im Rahmen einer im Prinzip unternehmensweiten diskursiven Koordinierung markiert den zentralen Unterschied zu den Beteiligungsgruppen der früheren HdA-Projekte. Partizipation wird heute nicht von außen, im Rahmen staatlich geförderter Projekte implementiert oder gar gegen das Management durchgesetzt, sondern von diesem gewährt und sogar forciert mit der Absicht, Koordination durch Hierarchie wenn nicht umzustellen, so doch zu erweitern auf Koordination unter Einbeziehung der Beschäftigten. Dies impliziert eine veränderte Stoßrichtung von Partizipation; das zentrale Ziel ist nicht mehr – wie noch zu Zeiten des HdA-Programms – Emanzipation, oder noch emphatischer: „Demokratie im Betrieb", sondern in erster Linie eine verbesserte Nutzung des Erfahrungswissens der Beschäftigten zu Produktivitätszwek-

---

[2] Damit soll natürlich nicht behauptet werden, daß bei repräsentativer Mitbestimmung Verhandlungen nur zwischen Betriebsrat und Geschäftsleitungen stattfinden; es lassen sich im Gegenteil gute Gründe dafür finden, daß für die „Herstellung" von Ordnung in Unternehmen Verhandlungsprozesse zwischen allen Akteuren eine zentrale Bedeutung haben (vgl. etwa Sandner/Meyer 1994). Direkte Partizipation aber macht gewissermaßen „informelle" Verhandlungspartner zu „formellen".

ken. Dies kann mit Verfahren einhergehen, die aus Sicht der Beschäftigten zu einem Aufweichen hierarchischer Anweisungsstrukturen führen, doch sind dies eher Nebeneffekte. Demzufolge ist die Einführung von Partizipationsprozeduren mit Interessen verbunden, die zwar gemeinsame Schnittmengen aufweisen mögen, im Ansatz jedoch differieren.

In der Industriesoziologie (etwa Dörre 1996) wird in diesem Zusammenhang zwischen einem arbeitsorientierten und einem effizienzorientierten Partizipationsparadigma unterschieden. So sinnvoll die Bildung von Polaritäten sein kann, um eine Schneise in das Gestrüpp empirischer Vielfalt zu schlagen, so darf doch nicht übersehen werden, daß arbeits- und effizienzorientierte Partizipation eine gemeinsame Grundlage haben. Denn eine arbeitsorientierte Partizipation ist undenkbar, so lange sie nicht auch zur verbesserten Effizienz beiträgt; der Betrieb würde sie als zu kostenaufwendig und nutzlos einstellen. Ebensowenig ist eine ausschließlich effizienzorientierte Partizipation denkbar, die nicht auch die Interessen der Beschäftigten berücksichtigt, da dies – wie erwähnt – die Partizipationsmotivation der Beschäftigten zerstören würde. Das Eine ist ohne das Andere nicht zu haben; beide Interessen müssen zumindest teilweise erfüllt werden.

Gleichwohl ist Partizipation immer auf ein Ziel ausgerichtet. Es geht um ein Ausschöpfen der im Betrieb vorhandenen Ressourcen. Die beobachtbaren Partizipationsprozeduren können deswegen – gerade auch im Unterschied zu den Beteiligungsformen in den HdA-Projekten – als „finalisierte" (Howaldt 1993) bzw. „funktionalisierte, unternehmenszielkonforme Partizipation" (Wolf 1994) bezeichnet werden, als Partizipation, die auf ein genau umrissenes Ziel ausgerichtet ist. Dieses Ziel lautet: aus Rationalisierungsbetroffenen sollen Rationalisierungsträger werden; das Produktionswissen der Beschäftigten soll zu Rationalisierungszwecken genutzt werden. Daß sich dieses Ziel auch mit den Perspektiven der Beschäftigten decken kann, in Teilbereichen auch decken muß, um die Partizipationsmotivation sicherzustellen, ist ein nicht unliebsamer Nebeneffekt.

Damit wird deutlich, daß Partizipation immer in einem Spannungsverhältnis steht. Auf der einen Seite eine Steigerung und tendenziell organisationsweite Verbreitung eines kommunikativen, diskursiven Elements in Entscheidungsprozessen, auf der anderen Seite eine deutliche, vorgegebene Diskursorientierung. Der Diskurs ist also nicht „herrschaftsfrei" oder verständigungsorientiert; er ist primär ergebnisorientiert.

2. Das organisatorische Rückgrat direkter Partizipation: Gruppenarbeit

Es gibt unterschiedliche Formen direkter Partizipation. Dazu zählen Problemlösungs- und Projektgruppen, in denen Experten meist unterschiedlicher Fachabteilungen zur Bearbeitung eines mehr oder minder genau umrissenen Sachverhaltes zusammenarbeiten, oder auch Qualitätszirkel, in denen Angehörige meist unterer hierarchischer Ebenen Probleme ihres Arbeitsbereichs in Angriff nehmen. Solche Konzepte sind offenbar recht weit verbreitet; 87 Prozent der hundert umsatzgrößten deutschen Industrieunternehmen gaben bei einer Telefonbefragung im Jahre 1993/94 die Nutzung von Projektgruppen und 56 Prozent die Einrichtung von Qualitätszirkeln an (vgl. Antoni 1996). Diese Formen direkter Partizipation sind allerdings temporär begrenzt. Deswegen ist eine spezifische Form organisatorischer Restrukturierung besonders bedeutsam für direkte Partizipation, weil sie Partizipation gewissermaßen zum ständigen Teil der Arbeitsaufgabe macht: Gruppenarbeit und – damit zusammenhängend – der „Kontinuierliche Verbesserungsprozeß" (KVP). Das mit Beginn der neunziger Jahre erwachte Interesse an Gruppenarbeit ist wesentlich auf die MIT-Studie (Womack u.a. 1991) und die sich daran anschließende „Japan-Debatte" zurückzuführen. Allerdings ist Gruppenarbeit keine japanische „Erfindung". Bereits in den zwanziger Jahren wurde bei Mercedes in Sindelfingen mit Gruppenarbeit experimentiert, und seit den fünfziger Jahren wurden im Rahmen sozio-technischer Systemgestaltung die Vorteile derartiger Formen der Arbeitsorganisation herausgestellt. Auch in Deutschland sind in den siebziger und achtziger Jahren durch das HdA-Programm der Bundesregierung viele derartige Projekte gefördert worden; diese Projekte waren freilich in der überwiegenden Zahl der Fälle insulär, wurden als exotisch bestaunt und nach Auslaufen der staatlichen Förderung oftmals wieder rückgängig gemacht.

Dies hat sich geändert. Als Element diskursiver Koordinierung wird die Einführung von Gruppenarbeit von den Unternehmen heute selbst betrieben. Soweit Untersuchungen vorliegen, stimmen sie darin überein, daß für die neunziger Jahre ein deutlicher Schub in der Einrichtung von Fertigungsgruppen zu konstatieren ist (Antoni 1996; Ostendorf/Saurwein 1996; Bahnmüller 1996). Freilich scheint die Resonanz in der öffentlichen Diskussion über Gruppenarbeit immer noch größer zu sein als deren tatsächliche Verbreitung. Selbst in der Automobilindustrie, die eine Vorreiterstellung einnimmt und in der „mit einer weiteren Ausdehnung qualifikationsintensiver, funktionsintegrierter Organisationskonzepte in den hochtechnisierten Bereichen der Produktionsarbeit" (Schumann u.a. 1994a, S. 165) gerechnet werden kann, ist die auf Gruppenarbeit basierende Restrukturierung längst nicht in allen Bereichen umgesetzt, obwohl eine steigende Tendenz zu beobachten ist: während 1990 schätzungsweise 4 Prozent aller Produktionsarbeiter in Gruppenarbeit beschäftigt waren, lag der Anteil 1996 bereits bei 35 Prozent (Roth 1998, S. 169). Auch für den deutschen Maschinenbau zeigt eine repräsentative Panel-Untersuchung, die seit Beginn der neunziger Jahre durchgeführt wird (Schmid/Widmaier 1995), daß der Anteil der Betriebe insgesamt, die mit gruppenförmigen Arbeitsstrukturen experimentieren, kleiner ist als es die öffentliche Diskussion vermuten läßt: es sind nur 20 Prozent aller Betriebe, in denen *auch* Gruppenfertigung anzutreffen ist (Ostendorf/Saurwein 1996, S. 64). Dabei scheint die Einführung von Gruppenarbeit mit der Betriebsgröße zu korrelieren: je größer die Betriebe, desto höher der Anteil der Gruppen. Dieser Befund findet sich auch in den Ergebnissen einer repräsentativen Befragung von Arbeitern, Angestellten und Beamten im öffentlichen Dienst, in der Industrie und im Dienstleistungsgewerbe (Kleinschmidt/Pekruhl 1994). In dieser Untersuchung stellte sich auch – freilich unter Zugrundelegung eines „strengen" Konzepts von Gruppenarbeit – heraus, daß gerade mal 7 Prozent der Befragten in Gruppen arbeiten. Bei Heranziehung weicherer Kriterien – drei bis fünfzehn Mitarbeiter und feste Zuordnung zur Gruppe – kann davon ausgegangen werden, daß 14 Prozent der Betriebe im Investitionsgüterproduzierenden Gewerbe Gruppenarbeit eingeführt haben (Dreher u.a. 1995, S. 41).

Die empirischen Befunde differieren also im Detail, doch sie gleichen sich im Tenor, daß Gruppenarbeit zwar mit zunehmender Tendenz, doch nach wie vor eher zögerlich eingeführt wird. Die Abweichungen in den Angaben mögen ihren Grund auch darin haben, daß es kein allseits geteiltes Verständnis von Gruppenarbeit gibt. Hinter der Bezeichnung „Gruppenarbeit" können sich höchst unterschiedliche Organisationsformen verbergen; Bahnmüller (1996, S. 18) etwa spricht davon, daß die „Rede von Gruppenarbeit (...) inzwischen ein derart breites Spektrum (umfaßt), daß von einem gemeinsamen Bedeutungsgehalt weniger denn je ausgegangen werden kann".

In der wissenschaftlichen Diskussion hingegen scheint die Sache ziemlich klar. Als kleinster gemeinsamer Nenner wird Gruppenarbeit verstanden als die Erledigung einer gemeinsamen Arbeitsaufgabe, die aus mehreren Teilaufgaben besteht. Diese Teilaufgaben werden abwechselnd durchgeführt, um eine arbeitsinhaltliche Erweiterung zu erreichen. Die Gruppenaufgaben umfassen neben der eigentlichen Arbeitsaufgabe auch dispositive Tätigkeiten, also gemeinsam zu treffende Entscheidungen wie etwa die Entscheidung über den Arbeitseinsatz ihrer Mitglieder. Kommunikation und Diskussion wird damit zu einem integralen Bestandteil der Arbeitsaufgabe.

Diese allgemeinen Bestimmungen lassen noch sehr unterschiedliche Formen von Gruppenarbeit zu. Es kann sich um Gruppen handeln, die nur ein Teilprodukt fertigen, wie auch um Gruppen, die eine komplette Teilefamilie herstellen. Ebenso muß Gruppenarbeit keineswegs mit qualifizierter Facharbeit verknüpft sein. Eine deutliche fachliche Aufwertung durch Gruppenarbeit setzt die Verlagerung anspruchsvoller Aufgaben wie Qualitätssicherung, Instandhaltung etc. in die Gruppe voraus.

In Abhängigkeit von dem Aufgabenumfang, der der Gruppe übertragen ist, wird eine strukturkonservative von einer strukturinnovativen Variante von Gruppenarbeit unterschieden (vgl. Gerst u.a. 1995). Die erste Variante hält an wichtigen Prinzipien bisheriger Arbeitskraftnutzung fest: hohe Leistungsgrade sollen weiterhin durch standardisierte Formen der Aufgabenerfüllung erreicht werden, die Handlungs- und Entscheidungsspielräume der Gruppen bleiben gering, an dem Prinzip der Trennung von Planung und Ausführung wird festgehalten, hierarchische Zuständigkeiten werden nicht angetastet. Das strukturinnovative Konzept stellt demgegenüber in mancher Hinsicht einen Bruch mit bisherigen Leitlinien der Arbeitsgestaltung dar: in den Aufgabenbereich der Gruppe werden auch indirekte und planende Funktionen integriert, die Gruppe hat sich in wichtigen Punkten selbst zu regulieren, wichtige Angestellten- und Spezialistenfunktionen werden dezentralisiert und die Gruppen werden in die Optimierung betrieblicher Abläufe einbezogen. Diese Variante ist empirisch nachweisbar, aber sie ist nicht verbreitet; im Maschinenbau etwa ließen sich 1994 gerade mal 2,2 Prozent aller Betriebe dieser Variante zurechnen (vgl. Widmaier/Saurwein 1996).

Die Varianten bezeichnen Pole eines Kontinuums; in der Betriebsrealität sind durchaus Gruppen mit Elementen von beiden Varianten anzutreffen. Zudem können im gleichen Betrieb strukturinnovative Gruppen neben strukturkonservativen existieren – und beide wiederum neben Bereichen, in denen die Arbeit noch ganz konventionell organisiert ist. Bei allen Unterschieden gibt es aber zwei Gemeinsamkeiten: die Institutionalisierung eines Gruppensprechers und die Durchführung von Gruppengesprächen.

Fertigungsgruppen verfügen in der Person des Gruppensprechers[3] über eine selbständige Vertretung nach außen. Diese sind keine Vorgesetzten der Gruppenmitglieder, haben also keine Anweisungsbefugnis; gleichwohl besetzen sie „sowohl bei der Steuerung der Arbeitsorganisation als auch im Hinblick auf die Aushandlung von Leistungspensen und -zielen eine Schlüsselposition" (Dörre/Neubert 1995, S. 198). Sie werden entweder vom Management eingesetzt, was vor allem dann der Fall zu sein scheint, wenn es Vorarbeiter zu versorgen gilt, denen einen Degradierung zum „einfachen" Gruppenmitglied nicht zugemutet werden soll[4], oder von den Gruppenmitgliedern gewählt. Letzteres ist die häufigere – und unter dem Aspekt einer diskursiven Koordination sicherlich auch sinnvollere – Variante (vgl. auch Antoni 1996, S. 39), wobei das Management aber zunehmend dazu überzugehen scheint, den Kreis der potentiellen Kandidaten dadurch zu beschränken, daß für die Wählbarkeit die erfolgreiche Teilnahme an einer Qualifizierungsmaßnahme zur Voraussetzung gemacht wird. Diese Qualifizierungsmaßnahmen haben z. T. das Niveau der aus der Führungskräfterekrutierung bekannten Assessment Center. Gleichwohl ist das Interesse an solchen Qualifizierungsmaßnahmen unter den Beschäftigten groß, was auch damit zusammenhängen mag, daß die Funktion des Gruppensprechers vielfach zusätzlich gratifiziert wird. Aber auch in diesem Fall ist der Gruppensprecher demokratisch legitimiert. Dies verleiht ihm eine nicht unerhebliche innerbetriebliche Machtposition, und zwar nicht nur gegenüber den Vorgesetzten, sondern auch gegenüber der gewerkschaftlichen Interessenvertretung. Denn er gelangt in sein Amt über die gleichen Wahlprozeduren wie die gewerkschaftlichen Vertrauensleute und steht insofern – den (allerdings durchaus nicht unüblichen) Fall einer Personalunion jetzt einmal ausgeschlossen – in einer gewissen Konkurrenz zum gewerkschaftlichen Vertrauensleutekörper, weil die Aufgaben eines Gruppensprechers und eines gewerkschaftlichen Vertrauensmanns sich darin zumindest ähneln, daß sie ihre Wähler zu repräsentieren haben[5].

---

[3] Wie bei Salm (1996) am Beispiel von Mercedes-Benz nachzulesen ist, variiert die Ausgestaltung der Rolle eines Gruppensprechers je nach Werk. Dieser Facettenreichtum kann hier natürlich nicht eingefangen werden.
[4] Da Gruppensprecher nicht anweisungsbefugt sind und zumindest teilweise „mitarbeiten" müssen, interpretieren viele Vorarbeiter die Übernahme dieser Aufgabe als Abstufung.
[5] Ob dies tatsächlich ein relevantes Problem ist, hängt davon ab, wie hoch der Anteil der gewerkschaftlichen Vertrauensleute an den Gruppensprechern ist; doch dazu liegen keine Daten vor.

Der Gruppensprecher vertritt „seine" Gruppe nach außen, also gegenüber den Vorgesetzten sowie den vor- und nachgelagerten Abteilungen. Zu seinen Aufgaben gehören zum einen die Information der Gruppenmitglieder über betriebliche Zusammenhänge sowie die Koordination des gruppeninternen Arbeitseinsatzes. Zum anderen ist er verantwortlich für die Einberufung und die ergebnisorientierte Moderation der Gruppengespräche. Durch die Zuständigkeit für die erfolgreiche Durchführung von Gruppengesprächen und für die Aufrechterhaltung der notwendigen Kontakte personalisiert der Gruppensprecher gewissermaßen die diskursive Koordinierung auf Fertigungsebene.

Das Gruppengespräch ist das zentrale Element der diskursiven Koordinierung. In den Gesprächen werden die Urlaubs- und, soweit diese sich im Zuständigkeitsbereich der Gruppen befinden, die Pausenregelungen vereinbart und der zukünftige Arbeitseinsatz festgelegt. Zeitpunkt (innerhalb oder außerhalb der Arbeitszeit), Dauer und Frequenz der Gruppengespräche variieren zwischen den Betrieben und insofern variiert auch die kommunikative Dichte der diskursiven Koordinierung, doch zwei Gemeinsamkeiten lassen sich festhalten: zum einen finden Gruppengespräche regelmäßig statt, zum anderen sind die Gruppen frei in der Wahl ihrer Themen. Sie können alle mit der Arbeit zusammenhängenden technischen, sozialen und organisatorischen Fragen ansprechen – dies in manchen Betrieben sogar mit der Freiheit, den unmittelbaren Vorgesetzten von der Themenbehandlung auszuschließen.

Wie gesagt: in allen in der betrieblichen Praxis realisierten Konzepten von Gruppenarbeit läßt sich die Ausdifferenzierung der Funktion eines Gruppensprechers sowie die Einrichtung eines Gruppengesprächs nachweisen. Dies macht deutlich, daß Gruppenarbeit einen veränderten Modus von Kommunikation darstellt, und nicht nur das: mancherorts scheint Gruppenarbeit geradezu eine Metapher für eine veränderte Form von Kommunikation zu sein. So ist bei Mercedes-Benz in Bremen ein Gruppenarbeitsmodell mit Gruppensprecher und Gruppengespräch realisiert, das jedoch keine gemeinsame Arbeitsaufgabe umfaßt, sondern in dem die Tätigkeiten weiterhin an Einzelarbeitsplätzen ausgeführt werden. Gleiches auch bei einem Unikatfertiger im Maschinenbau: hier wurden ohne Veränderung der Arbeitsoperationen schichtübergreifende Gruppen zusammengestellt, die einen gemeinsamen Gruppensprecher haben und die gemeinsame Gruppengespräche durchführen.

In beiden Fällen also handelt es sich, sofern überhaupt von Gruppenarbeit gesprochen werden kann, allenfalls um die strukturkonservative Variante; gleichwohl verstehen die Beschäftigten sich als Gruppe und benennen die höhere Dichte der Kommunikation als entscheidenden Unterschied im Vergleich zum Ausgangszustand. Dies wirft freilich auch die Frage auf, ob die in der Industriesoziologie, aber auch in der Arbeits- und Organisationspsychologie übliche Differenzierung von Gruppenarbeitsmodellen an Hand der den Gruppen übertragenen Arbeitsaufgaben nicht in Gefahr steht, diese Veränderung der Kommunikation selbst bei weitgehend unveränderten Arbeitsaufgaben und damit ein zentrales Element der diskursiven Koordination zu übersehen.

Die Gruppengespräche sollen ergebnisorientiert sein, d.h. es sollen Problemlösungen erarbeitet werden. Insofern sind sie ein wichtiges Medium für den Kontinuierlichen Verbesserungsprozeß (KVP). Dieser scheint inzwischen zu einem wichtigen Zielpunkt betrieblicher Veränderungsmaßnahmen im Kontext von Lean Production und Gruppenarbeit geworden zu sein – zumindest in der Automobilindustrie; hier sind inzwischen in allen Betrieben Anstrengungen zur Einführung von KVP zu beobachten (Howaldt 1994). Es geht darum, Veränderungen auch im „Kleinen" zu suchen und diese Prozesse zu verstetigen, indem die Beschäftigten zu Trägern von Verbesserungen gemacht werden und ihr Produktionswissen zur Optimierung von Arbeits- und Produktionstechniken genutzt wird (vgl. Imai 1992).

Verbesserungen sind „Nachbesserungen" und insofern handelt es sich bei KVP um einen Fall von „Korrekturpartizipation", die Greifenstein u.a. (1993) in ihrer Untersuchung von Qualitätszirkeln in der deutschen und französischen Automobilindustrie als die vorherrschende Form von Partizipation im Unterschied zu einer „Konzeptionspartizipation" herausgearbeitet haben, die auch die Partizipation an Innovationen beinhaltet. Die Differenz zwischen Qualitätszirkeln und KVP besteht jedoch in der Kontinuisierung des Prozesses; Verbesserung und Veränderung soll zu einem Teil der Arbeitsaufgabe werden. Dies geht so weit, daß mancherorts nicht nur die Qualität, sondern auch die Quantität der Verbesserungsvorschläge gratifiziert wird, um deutlich zu machen, daß die Bereitschaft zur Veränderung ein Wert an sich ist (so Lieske 1992 für das Opel-Werk in Eisenach).

Dies stellt einen gravierenden Unterschied zu den bisher üblichen Verfahren dar. Erfahrungs- und Produktionswissen der Beschäftigten wird bisher abgeschöpft durch das betriebliche Vorschlagswesen, das – tayloristischen Leitlinien folgend – wesentlich auf einer Trennung von Planung und Ausführung beruht und eher expertokratisch orientiert ist. Auch deswegen ist das betriebliche Vorschlagswesen kaum in der Lage, das Innovationswissen der Belegschaften zu nutzen. So hat nur jeder zehnte Mitarbeiter in 222 untersuchten deutschen Industrieunternehmen 1992 einen Verbesserungsvorschlag eingereicht (Brinkmann/Simon 1994), oder anders gesagt: 90 Prozent der Mitarbeiter beteiligen sich erst gar nicht am Verbesserungswesen, sondern überlassen Innovationen den dafür zuständigen Fachleuten. Allein dies macht deutlich, in welchem Ausmaß Innovationspotential der Beschäftigten ungenutzt bleibt. Erschwerend kommt hinzu, daß die eingereichten Vorschläge einen langen Instanzenweg durchlaufen; eine Begutachtungsdauer von 12 Monaten und mehr ist nicht die Ausnahme, sondern eher die Regel (Wehner u.a. 1993). Und schließlich werden nur die Vorschläge gratifiziert, die von den dafür zuständigen Instanzen als Verbesserung beurteilt und angenommen werden. Das Einreichen von Verbesserungsvorschlägen beinhaltet insofern immer auch das Risiko nutzloser Mühe, wenn die Arbeit, die die Ausarbeitung eines Verbesserungsvorschlages nun einmal bedeutet, sich letztlich als überflüssig herausstellt, weil der Vorschlag abgelehnt wird. Unter diesen Bedingungen ist es nicht erstaunlich, daß das betriebliche Vorschlagswesen in vielen Betrieben nur ein Schattendasein fristet und kaum geeignet ist, das Innovationspotential der Beschäftigten umfassend zu nutzen. Insofern setzt KVP an einer wichtigen betrieblichen Problemlage an. Allerdings darf nicht übersehen werden, daß die Umsetzung von KVP häufig daran scheitert, daß für den „Bumerang" (Schumann u.a. 1994a, S. 661) Arbeitsplatzabbau und Arbeitsintensivierung als Folge selbst initiierter Leistungssteigerung keine Regelungen getroffen worden sind, die Beteiligung an KVP für die Beschäftigten mithin ein Risiko darstellt und auch deswegen oftmals eher zögerlich gehandhabt wird. Gerade am Beispiel von KVP wird der finale Charakter der modernen partizipativen Managementkonzepte und die daraus für die Beschäftigten erwachsenden Risiken sehr deutlich.

3. Voraussetzungen von Partizipation

Das Versickern von Vorschlägen im Gestrüpp unklarer innerbetrieblicher Entscheidungsverfahren destruiert die notwendige Partizipationsmotivation der Beschäftigten. Deswegen muß Partizipation zunächst einmal in einen klar strukturierten Entscheidungsprozeß eingegliedert sein, der eine rasche Beurteilung von Vorschlägen und eine Transparenz der Entscheidungsgründe ermöglicht. Tief gestaffelte betriebliche Hierarchien sind dafür sicherlich ebenso ungünstig wie das überkommene betriebliche Vorschlagswesen mit seiner Expertenorientierung.

Eine Neuorganisation der Entscheidungsfindung ist aber nur eine Voraussetzung von Partizipation; eine andere ist die Qualifizierung. Partizipationsmotivation muß unterfüttert sein durch Partizipationskompetenz, die „eine wichtige Voraussetzung für die Durchsetzung von Beteiligungsinteressen" (Frerichs 1992, S. 259) darstellt. Diese Kompetenz kann aber keineswegs als gegeben unterstellt werden bei Beschäftigten, die in ihrem Berufsleben die Erfahrung gemacht haben, daß auf ihre Vorschläge und Anregungen wenig Wert gelegt wird.

Partizipation erfordert freilich nicht nur von den Beschäftigten, sondern auch – und vor allem – von den Vorgesetzten eine Veränderung von Verhaltensweisen, die sich bewährt zu haben scheinen und über lange Zeiten eingeschliffen sind. Zumal in den Betrieben, in denen Entscheidungen bisher nach dem Top-Down-Modell gefällt worden sind (und dies dürfte die weit überwiegende Mehrheit aller Betriebe sein), stellt Partizipation eine „Zumutung" dar. Die Beschäftigten müssen lernen, daß sie nicht nur zu arbeiten, sondern auch zu partizipieren haben[6]; Vorgesetzte wiederum müssen lernen, Entscheidungen als diskursive Prozesse zu organisieren. Über lange Jahre eingeübte und routinisierte Verhaltensweisen werden auf diese Weise fragwürdig.

---

[6] Wittel (1998) hat jüngst darauf aufmerksam gemacht, daß dies nicht nur ein Lernproblem ist, sondern daß sich dahinter nicht weniger verbirgt als die Injektion eines bürgerlichen Arbeitsverständnisses, demzufolge Kommunikation Teil der Arbeit ist, in eine Arbeitskultur, in der Kommunikation für die außerberufliche Sphäre reserviert ist.

Sicherlich gibt es Fälle, in denen durch Prozeduren direkter Partizipation neue fachliche Anforderungen an die Beschäftigten gestellt werden und darauf bezogene Qualifizierungsprozesse erfolgen müssen; eine solche fachliche Qualifizierung wird primär erforderlich sein bei Partizipation an technischen Innovationen, die Fachwissen voraussetzt, damit Partizipation überhaupt sachgerecht erfolgen kann. Häufig aber ist dies nicht der Fall, weil Partizipation auf die Nutzung des Erfahrungswissens der Beschäftigten zielt, eines Wissens also, das ohnehin vorhanden, aber nicht abgefragt worden ist. Partizipation muß gelernt werden, da ihr diskursives Element neue Anforderungen an Verhandlungsfähigkeit stellt.

Üblicherweise werden die dazu erforderlichen Kompetenzen als Methoden-, Entscheidungs-, Innovationskompetenz sowie kommunikative, soziale und emotionale Kompetenz bezeichnet (dazu ausführlich Sell/Fuchs-Frohnhofen 1993). Nun bleibe dahingestellt, ob all diese Kompetenzen wirklich vorhanden sein müssen; für Partizipation sind ja nicht unbedingt Partizipationsgenies erforderlich. Doch sicherlich kommt Partizipation ohne umfangreiche soziale Qualifikationen und darauf bezogene Qualifizierungsprozesse nicht aus.

Diese Voraussetzungen gelingender Partizipation sind sowohl auf seiten der Beschäftigten wie auch auf seiten ihrer Vorgesetzten häufig nur unzureichend erfüllt – schon allein deswegen, weil die Schaffung dieser Voraussetzungen langwierig und kostenaufwendig ist. Soziale Qualifizierung ist – wie Partizipation generell – nicht umsonst zu haben; in soziale Qualifizierung muß – auch finanziell – investiert werden.

Vor solchen Investitionen aber scheuen Betriebe oftmals zurück; allein schon deswegen ist es angeraten, die Reichweite moderner Managementkonzepte mit ihren Partizipationsversprechen mit einiger Skepsis zu betrachten. Hinzu kommt, daß die mit der Umstellung auf direkte Partizipation verbundene Veränderung betrieblicher Strukturen aufgrund ihres Strukturkonservativismus auf erhebliche Barrieren stößt. Diesem Punkt will ich mich im folgenden Abschnitt zuwenden; damit verbunden ist ein Perspektivenwechsel. Partizipation soll nicht mehr – wie in weiten Bereichen der Industriesoziologie üblich – als Konzept thematisiert, das in mehr oder minder großem Ausmaß umgesetzt ist oder wird, jedenfalls umgesetzt werden kann, sondern unter Rückgriff auf einige Ergebnisse der Organisationsforschung soll die Einführung von Verfahren direkter Partizipation als problematischer Fall behandelt werden.

4. Strukturelle Barrieren direkter Partizipation

Partizipatives Management stößt auf Barrieren, die die Implementation und die rasche Umsetzung erschweren. Diese Barrieren haben ihre Ursache im wesentlichen in den Beharrungskräften sozialer Strukturen, die nicht nur die Möglichkeiten direkter Partizipation – wie jeder Innovation – begrenzen, sondern es bereits erschweren, direkte Partizipation überhaupt als akzeptable Problemlösung wahrzunehmen.

Neue Themen finden nicht ohne weiteres Eingang in betriebliche Entscheidungsprozesse. Gleich, ob Organisationen als „operativ geschlossene", „autopoietische" soziale Systeme (Luhmann 1985) begriffen werden oder als mikropolitische Arenen (Küpper/Ortmann 1988), als soziale Regelsysteme, in denen Regeln von Akteuren in von ihnen interpretierten Situationen angewandt werden (Burns/Flam 1987), oder ob Organisationen als Produkt von Verhandlungen der Organisationsmitglieder interpretiert werden (Sandner/Meyer 1994) – in jedem Fall wird darauf verwiesen, daß Organisationen Entscheidungen nach Maßgabe eigener Regeln und nicht in strikter Abhängigkeit von den Anforderungen der Umwelt treffen. Organisationsformen sind deswegen immer kontingent (Ortmann 1995); sie können so sein, wie sie sind, aber sie müssen nicht so sein. Nicht „der" Markt „fordert" Flexibilität, höhere Qualität, direkte Partizipation etc., sondern betriebliche Entscheidungsträger müssen zu der Auffassung gelangen, daß derartige Anforderungen zu erfüllen sind, wenn das Unternehmen weiterhin am Markt bestehen soll. Promotoren (vgl. dazu ausführlich Faust u.a. 1995) müssen zu der Überzeugung gelangen, daß direkte Partizipation eine adäquate Problemlösung (für welches Problem auch immer) darstellt, und sie müssen diese Überzeugung verbindlich machen können.[7]

Insofern basiert eine Veränderung von Rationalisierungsleitlinien auf Interpretationen und Deutungen, denen zufolge es erforderlich ist, von den bislang verfolgten Konzepten abzuweichen. Allerdings sind betriebliche Akteure – den Fall einer krisenhaften Situation einmal ausgenommen – vergleichsweise wenig aufgeschlossen gegenüber Neuem. Erklärungen dafür lassen sich in der Debatte über Organisationskultur (vgl. Heinen 1987; Dülfer 1991; Schein 1991) finden. Verstanden als „selbstreferentielle Sinnzusammenhänge" (Bardmann/Franzpötter 1990, S. 434), bezeichnet Organisationskultur die spezifischen, in einer Organisation geltenden Denk- und Verhaltensmuster, Werte und Normen (so Staehle 1989, S. 18); sie umfaßt Orientierungsmuster, die von den Organisationsmitgliedern als fraglos gültig akzeptiert werden, und strukturiert damit die Mechanismen vor, mit denen Erfahrungen geordnet und die Organisation und ihre Umwelt wahrgenommen und interpretiert werden (Ebers 1991, S. 41). In dem jeweiligen Wertesystem wird festgelegt, wer was darf und was nicht – wer Vorschläge machen darf und wer nicht, wer Entscheidungen zu treffen hat und wer von getroffenen Entscheidungen nur betroffen ist.

Organisationskulturen und die darin eingelagerten Zuschreibungen haben deswegen einen „potentiell blockierenden Charakter" (Schreyögg 1991, S. 205). Denn Entscheidungen folgen erprobten Mustern; was sich über lange Jahre bewährt hat (oder zumindest bewährt zu haben scheint), wird nicht ohne weiteres in Frage gestellt. Dies betrifft

---

[7] So gesehen ist jede direkte Partizipation immer auch verordnete Partizipation. Greifenstein u.a. (1993, S. 318f.) weisen mit ihrem Begriff der „gemanagten Partizipation" zu Recht darauf hin, daß „direkte Arbeitnehmerbeteiligung ohne Beteiligung der Arbeitnehmer in die Betriebe" gelangt; das Prinzip direkter Partizipation wird nicht auf die Partizipation selbst angewandt.

nicht nur die Entscheidungsinhalte, sondern auch die Formen, in denen der Entscheidungsprozeß erfolgt.

So gesehen ist es bereits ein bemerkenswerter Sachverhalt, wenn partizipatives Management überhaupt als ernstzunehmende Option im innerbetrieblichen Entscheidungsdiskurs plaziert werden kann. Die Umstellung auf Verfahren direkter Partizipation kollidiert zumindest anfangs mit den organisationskulturell gestützten Situationsinterpretationen – unter anderem auch deswegen, weil die „Konfliktpartnerschaft" zwischen Betriebsrat und Geschäftsleitung im Rahmen repräsentativer Mitbestimmung sich ja durchaus bewährt hat und die institutionalisierte Interessenvertretung ein nicht unwichtiges Element der jeweiligen Organisationskultur darstellt. Die in Organisationskulturen eingelebten Selbstverständlichkeiten strukturieren die Sichtweise von Realitäten. Dies wird auch deutlich an den Problemen, einen kontinuierlichen Verbesserungsprozeß ins Laufen zu bringen. KVP weicht in seiner Konstruktion drastisch ab von dem in den westlichen Ländern verbreiteten Innovationsmodell, demzufolge Innovationen von den dazu ausgebildeten Experten betrieben werden, nicht aber von den Beschäftigten selbst. Ein solches Verständnis ist tief verwurzelt in den organisationskulturell geprägten Grundüberzeugungen und ändert sich daher nur langsam.

Wenn man also Betriebe als Organisationen begreift, in denen nicht umweltdeterminiert, sondern in Abhängigkeit von internen Sachverhalten und kulturellen Voraussetzungen entschieden wird, dann liegt die Schlußfolgerung nahe, daß Rationalisierung im Rahmen spezifischer betrieblicher Muster stattfindet. Solche Rationalisierungsmuster (zum Begriff: Minssen 1992) basieren auf historisch gewachsenen Rationalisierungsleitlinien, in denen es nicht um das Ob, sondern nur um das Wie von Rationalisierungszielen geht, und auf spezifischen Handlungskonstellationen betrieblicher Akteure, die diese Leitlinien tragen, sowie auf bewährten Verfahrensweisen und eingeschliffenen Handlungsroutinen, die sich in der Vergangenheit bewährt haben oder zumindest bewährt zu haben scheinen. Deswegen erweisen betriebliche Rationalisierungsmuster sich oftmals als resistent gegenüber Neuerungen; sie sind strukturkonservativ (Schmidt-Dilcher/Minssen 1995), eher auf Bestand denn auf Veränderung ausgelegt.

Dies erklärt auch, weswegen die strukturinnovative Variante von Gruppenarbeit und die damit gegebene Reichweite direkter Partizipation so wenig verbreitet ist (s. oben). Denn Gruppenarbeit weicht zumindest insoweit von der bisher verfolgten Rationalisierungsleitlinie ab, daß sie nicht mehr ausschließlich – wie der Taylorismus – das Individuum am Einzelarbeitsplatz im Blick hat, sondern auf die kooperativen Potentiale von Arbeitskraft zielt, und zudem das Erfahrungswissen der Beschäftigten als Produktivitätsressource „entdeckt". Die Entscheidung für Gruppenarbeit setzt andere „Semantiken der Rationalität" (Minssen 1992), in denen die Akteure sich verständigen, und damit auch andere Deutungsweisen der komplexen sozialen Realität im Betrieb voraus, wenn der hierarchisch Nachgeordnete nicht mehr nur als Anweisungsempfänger interpretiert wird, sondern auch als Experte, der durch den Einsatz seines Erfahrungswissens und seiner Produktionsintelligenz zum Erfolg des Ganzen beitragen kann. Von der Anweisung zum Diskurs – so könnte diese Veränderung etwas pointiert formuliert werden.

Betriebliche Rationalisierungsmuster determinieren zwar nicht die Entscheidungen, aber sie bestimmen die Bandbreite, innerhalb derer Entscheidungsoptionen durchsetzungsfähig sind; und nicht nur das: sie bestimmen den Rahmen, innerhalb dessen Sachverhalte betrieblich überhaupt zur Kenntnis genommen und als Entscheidungsproblem thematisiert werden können. Ein wesentliches Element von Rationalisierungsmustern ist die Verteilung von Macht; nicht jeder nimmt in gleicher Weise auf Entscheidungsprozesse Einfluß. Dafür ist die Stellung in der innerbetrieblichen Hierarchie natürlich von besonderer Bedeutung. Aber Macht ist nicht Attribut eines Akteurs, sondern eine gegenseitige Austauschbeziehung zwischen Akteuren (Crozier/Friedberg 1979). Dies bedeutet keine symmetrische Machtverteilung; zweifellos ist betriebliche Macht ungleich verteilt und in Organisationen (auch) durch hierarchische Positionierung definiert. Doch dem Mächtigen steht eben nicht der Ohnmächtige gegenüber; auch der Machtbetroffene kann Machtressourcen ins Feld führen – oder zumindest damit drohen.

Solche Machtressourcen werden aktualisiert bei betrieblichen Entscheidungsprozessen, zumal bei Entscheidungen, die – wie die Einführung von Gruppenarbeit und direkter Partizipation – eine Vielzahl betrieblicher Akteure betreffen. Es gibt von Gruppenarbeit betroffene Akteure, die schon aufgrund ihrer hierarchischen Stellung im Unternehmen über nicht unerhebliche Machtressourcen verfügen. Dazu gehören etwa die Meister, die durch die Delegation von Kompetenzen an die Gruppen einen Status- und Machtverlust befürchten, oder auch die Angehörigen des mittleren Managements. Sie sehen einer betrieblichen Veränderung, von der sie Nachteile erwarten, nicht widerstandslos zu. Freilich ist ihr Widerstand in der Regel nicht der offene Aufruhr, sondern eher ein lustloses Mitmachen, das den organisatorischen Wandel allerdings erheblich behindern kann. Auf der anderen Seite können die Arbeitenden ihr Erfahrungswissen als Machtressource einsetzen. Durch Rationalisierungsstrategien, die gerade auf ihre Produktionsintelligenz zielen, wächst ihnen eine Machtressource zu, die sie in dieser Weise bisher nicht besessen haben. Gruppenarbeit und Partizipation läßt die mikropolitische Handlungskonstellation nicht unberührt; in mehr oder minder starkem Maße wird das empfindliche Geflecht informeller und impliziter Vereinbarungen in Frage gestellt.

Mikropolitisch ist die Einführung von Gruppenarbeit folglich ein heikles Unterfangen. Sie ist verbunden mit Verhandlungsprozessen, die konfliktär sein können, weil höchst unterschiedliche Interessen zur Geltung gebracht werden, und zwar nicht nur von den unmittelbar Betroffenen, sondern auch von Funktionsträgern aus vor- und nachgelagerten Bereichen, da von der Umstrukturierung alle Unternehmensbereiche betroffen sind, selbst wenn Gruppenarbeit zunächst nur für die Ebene der Fertigung geplant ist.

Darüber hinaus betrifft Partizipation direkt die formalen Organisationsstrukturen und damit auch die dadurch definierten Machtpositionen. Partizipation geht einher mit einer (tatsächlichen oder vermeintlichen, was mikropolitisch letztlich aber auf das Gleiche hinausläuft) Erosion bestehender Machtpositionen, die auf der Stellung in der betrieblichen Hierarchie beruhen. Von der mit der Einführung von Gruppenarbeit oft in Verbindung gebrachten Abflachung der Hierarchie, die für gelingende Partizipation von hoher Bedeutung ist, sind sehr konkret Personen betroffen. In der Regel heißt Abflachung nichts anderes als Ausdünnung des mittleren Managements, und daß die Inhaber dieser Positionen von einer Ausdünnung nicht begeistert sind, liegt auf der Hand (vgl. auch Deutschmann u.a. 1995). Partizipation impliziert eine zumindest partielle Neuverteilung innerbetrieblicher Machtressourcen. Dies muß mikropolitische Auseinandersetzungen hervorrufen, da es in diesem Prozeß eben nicht nur Gewinner, sondern auch Verlierer gibt – oder wenigstens solche, die sich dafür halten –, die nicht kommentar- und tatenlos zusehen werden, wie ihre Positionen (und damit sie selber) überflüssig werden.

Fassen wir diese Überlegungen zusammen, so kann festgehalten werden, daß bereits eine Entscheidung für die Einführung direkter Partizipation wegen der in Organisationskulturen gestützten Deutungsmuster keine Selbstverständlichkeit ist; angesichts der „rekursiven Stabilisierung" von Organisationen (Ortmann 1995) ist ihre Realisierung sogar der eher unwahrscheinliche Fall. Denn wenn eine entsprechende Entscheidung gefallen ist, hängt die Ausgestaltung der Entscheidung wesentlich von den jeweiligen betrieblichen Entscheidungskorridoren ab. In jedem Fall ruft die Einführung von Gruppenarbeit und Partizipation Widerstand hervor bei denjenigen auf einer mittleren Hierarchieebene, die sich negativ davon betroffen sehen. Sie haben vielleicht nicht die Macht, die Entscheidung zu revidieren, die in der Geschäftsführung – oftmals unter Zustimmung des Betriebsrates – getroffen worden ist; sie haben aber genügend Macht, den Einführungsprozeß zu behindern. Und wenn die realisierten Konzepte von Gruppenarbeit nicht die Reichweite haben, wie es vielleicht wünschenswert wäre, dann kann dies beklagt, aber nicht auf den „Widerstreit zweier Linien" (Roth 1996, S. 143) zurückgeführt werden, der auch noch „zum Großteil" zwischen Betriebsräten und Management ausgetragen werden soll. Soziale Strukturen weisen Beharrungskräfte auf, die in rationalistischen Machbarkeitsvorstellungen der Beobachter entschieden unterschätzt werden.

5. Prozessuale Risiken

Durch Verfahren direkter Partizipation erodieren die Deutungsmuster, die bislang verwandt wurden, um sich in der komplexen sozialen Realität eines Betriebes zurecht zu finden: Der hierarchisch Nachgeordnete ist nicht mehr nur Anweisungsempfänger, sondern zumindest im Partizipationsprozeß auch gleichberechtigter Teilnehmer an Diskussions- und sogar Entscheidungsprozessen; und der Vorgesetzte ist nicht mehr nur Anweisungsgeber, sondern potentiell auch Adressat (halb-) öffentlicher Kritik. Dies verursacht Unsicherheit, und insofern ist direkte Partizipation für alle Beteiligten ein durchaus riskantes Unterfangen. Doch sind dies nicht die einzigen Risiken, die sich im und aus dem Prozeß direkter Partizipation ergeben.

Solche Risiken bestehen für die Beschäftigten vor allem in einer stärkeren Einbindung in den Betrieb, einer verstärkten psychischen Integration. Dies hat ganz offensichtlich Auswirkungen auf erhöhte Beanspruchungen durch die Arbeit, von denen in vielen empirischen Untersuchungen berichtet wird (vgl. die Literaturdurchsicht bei Zimolong/Windel 1996). Zudem übernehmen die Partizipanten auch Verantwortung für die Entscheidungen, an denen sie beteiligt gewesen waren. Rationalisierungsbetroffene werden zumindest tendenziell zu Rationalisierungsträgern. Entsprechend können sie hinterher auch für die von ihnen mitgetroffenen Entscheidungen verantwortlich gemacht werden, sich zumindest nur schwer von den Entscheidungen distanzieren, die sie selbst mit herbeigeführt haben. Dies erschwert nicht nur eine Distanz zur eigenen Arbeit, die durchaus auch belastungsmindernde Aspekte haben kann. Vor allem aber ist die – gerade in den früheren HdA-Projekten verbreitete – umstandslose Vermutung, daß Entscheidungsresultate dadurch besser werden, daß viele daran beteiligt sind, so nicht zu halten; viele Köche können den Brei auch verderben, und Arbeitsbedingungen müssen keineswegs humaner werden, nur weil die Arbeitenden an deren Gestaltung beteiligt sind.

Aus der Perspektive der Beschäftigten ist Partizipation somit immer auch mit einem Rationalisierungsrisiko verbunden: Verbesserung kann dazu führen, daß Arbeitsplätze „wegverbessert" werden; die Mobilisierung von Produktionskompetenz kann letztlich den eigenen betrieblichen Status in Frage stellen.

Auf der anderen Seite ist direkte Partizipation auch für das Management mit nicht unerheblichen prozessualen Risiken verknüpft. Erstens kann der Partizipationsprozeß eine soziale Dynamik freisetzen, die seitens der Vorgesetzten schwerer zu kontrollieren ist als zuvor. Durch die Entwicklung eines (kollektiven) Selbstbewußtseins kann ein Überschuß an Partizipationsansprüchen entstehen, der die vom Management gewährten Partizipationsgrenzen zu überschreiten droht (so Dörre 1996, S. 21). Aus HdA-Projekten, in denen mit Beteiligungsgruppen experimentiert wurde, ist bekannt, daß die Ansprüche an die eigene Arbeit nach Abschluß des Projektes höher waren als zu Beginn (vgl. etwa Fischer/Minssen 1986). Dadurch können auch Sachverhalte in den Partizipationsprozeß einbezogen werden, die seitens der Führungsverantwortlichen lieber herausgehalten worden wären.

Ein weiteres Risiko für das Management besteht in dem durch direkte Partizipation geschaffenen „kontrollfreien" Raum. Die Einführung teilautonomer Fertigungsstrukturen bedeutet einen Eingriff in das überkommene hierarchische Gefüge; die Dezentralisierung von Kompetenzen verlagert Entscheidungsprozesse nach „unten" und hat Auswirkungen auf den Modus betrieblicher Kontrolle von Leistung. Hinsichtlich der Arbeitsgestaltung wird Leistung sogar freigegeben; hier wird zum Zwecke des Kontinuierlichen Verbesserungsprozesses von den Beschäftigten geradezu erwartet, sich nicht an Vorgaben zu halten, sondern diese ständig zu verändern. Zwar ist es ein – in der Industriesozologie lange gepflegtes – Vorurteil, daß die Beschäftigten gewissermaßen mit der Peitsche der Kontrolle unter Aufsicht gehalten werden müßten (vgl. dazu Minssen 1990), doch sicherlich ist Kontrolle erforderlich, um die Unbestimmbarkeit des Arbeitsvertrages in Gewißheit zu überführen. Dazu haben sich in Betrieben spezifische „Kontrollpraktiken" (Schienstock 1993) im Sinne von eingeschliffenen Routinen, nicht im Sinne von durch das Management geplanten Strategien herausgebildet. Durch ein partizipatives Management erlangen die Beschäftigten die Kontrolle über neue Ungewißheitszonen (Crozier/Friedberg 1979; Friedberg 1995), die zudem für den gesamten Produktionsablauf von Bedeutung sind[8]; sie verfügen damit über zusätzliche Machtressourcen; die sie gar nicht unbedingt einsetzen müssen, mit deren Nutzung sie im Konfliktfall auch nur drohen können. Auf jeden Fall entsteht dadurch eine neue Kontrollproblematik für das Management.

Kontrolle wird gewissermaßen freigegeben. Dies ist freilich nicht nur aus der Perspektive des Managements, sondern auch aus der Perspektive der Beschäftigten unproblematisch. Denn die Gruppe wird dafür verantwortlich, gesteckte oder vereinbarte Leistungsziele zu erreichen, und damit verstärkt selbst zur Kontrollinstanz gegenüber Gruppenmitgliedern. Durch die Verlagerung von Kompetenzen in die Gruppen verändert sich die Kontrolle durch Vorgesetzte tendenziell zu einer Kontrolle durch die Arbeitskollegen (Minssen 1995); die potentielle Konflikthaftigkeit der Arbeitsbeziehungen zwischen Beschäftigten und Vorgesetzten wird reduziert zugunsten tendenziell höherer Spannungen zwischen den Beschäftigten selbst.

6. Direkte Partizipation und betriebliche Interessenvertretung

Das Ausmaß, in dem durch Gruppenarbeit Partizipationsmöglichkeiten geschaffen werden, hängt wesentlich von der jeweils realisierten Variante ab. Dabei ist der Einfluß der Betriebsräte nicht gering. Oftmals sind sie Protagonisten weitreichenderer Formen von Gruppenarbeit. Einer Untersuchung im deutschen Maschinenbau zufolge sind in den Betrieben, in denen eine Betriebsvereinbarung zur Gruppenarbeit abgeschlossen wurde, in denen der Betriebsrat also auch formell in die Gestaltung von Gruppenarbeit einbezogen wurde, deutlich mehr Elemente einer humanorientierten Gestaltung, also der strukturinnovativen Variante von Gruppenarbeit verwirklicht, als in den Betrieben, in denen eine solche Vereinbarung nicht abgeschlossen wurde (Funder/ Seitz 1997).

Freilich sind Betriebsvereinbarungen laut Funder/Seitz (1997) überhaupt nur in knapp einem Drittel aller in ihre Untersuchung einbezogenen Betriebe abgeschlossen; in den anderen Betrieben, in denen in Gruppen gefertigt wird, liegen keine schriftlich fixierten Vereinbarungen vor. Hier ist der Betriebsrat auf seine Fähigkeiten als mikropolitischer

---

[8] Im Extremfall kann das, wie bei einem Unikatfertiger im Maschinenbau erlebt, so weit gehen, daß den Gruppen die benötigten Materialien zur Verfügung gestellt werden und ihnen ein Fertigstellungstermin gesetzt wird, die Feinsteuerung aber vollständig den Gruppen überlassen bleibt.

Akteur verwiesen. Betriebsräte sind, wie Dörre/Neubert (1995) aus ihren Untersuchungen berichten, bei Reorganisationsmaßnahmen fast durchgängig in Projekt- und Steuerungsgruppen einbezogen gewesen; dabei lassen sich – was für die Fähigkeiten von Betriebsräten als mikropolitische Akteure spricht – nicht selten durchaus ungewöhnliche Koalitionen des die Rationalisierungsprozesse initiierenden Zentrums im oberen Management mit dem Betriebsrat und seiner Hauptklientel gegen das mittlere und untere Management (Hirsch-Kreinsen 1995, S. 381) beobachten. Erste Befunde legen durchaus den Schluß nahe, daß Betriebsräte im Zuge der Einführung von Gruppenarbeit in geschickter Weise ihr Verhaltens- und Verhandlungsrepertoire erweitert und dadurch eine wachsende Bedeutung erlangt haben (Kotthoff 1998).

Selbstverständlich ist dies keineswegs, denn Gruppenarbeit und direkte Partizipation stellen Betriebsräte vor Anforderungen, die auch die Annahme eines institutionellen Bruchs nicht völlig unrealistisch erscheinen lassen. Solche Anforderungen lassen sich beschreiben als Politikproblem, als Integrationsproblem, als Machtproblem, als Legitimationsproblem und schließlich als Qualifikationsproblem. Diese Probleme seien im folgenden kurz skizziert.

Die Einflußnahme des Betriebsrates erfolgt vielfach nicht auf der Ebene der Konzeptarbeit. Zwar gibt es die auch in der Literatur gebührend gewürdigten Betriebsräte insbesondere der großen Automobilfabriken, die schon frühzeitig im Einführungsprozeß tätig geworden sind und auf die Ausgestaltung des Gruppenarbeitskonzepts nachhaltigen Einfluß genommen haben; das Resultat waren sehr detaillierte Betriebsvereinbarungen (vgl. die Synopse bei Sperling 1994). Doch dies setzt die Bereitstellung erheblicher Kapazitäten zeitlicher und qualifikatorischer Art voraus, die selbst in Großbetrieben nicht immer zur Verfügung stehen[9]. Bahnmüller (1996, S. 24) fragt deswegen nicht zu Unrecht, ob die immer wieder an Betriebsräte gerichtete Aufforderung, eigene Gestaltungskonzepte zu entwickeln, nicht ein „entschieden überhöhter Anspruch" sei.

Deswegen gehen Reorganisationsmaßnahmen auch in konzeptioneller Hinsicht meist vom Management aus; Betriebsräten bleibt so immer nur das Co-Management (Müller-Jentsch 1992), das aber sowohl aus einem habituellen wie einem mikropolitischen Grund nicht unproblematisch ist. Co-Management erfordert einen Abschied von dem traditionellen Selbstverständnis, Managementvorschlägen nur reaktiv zu begegnen (Sperling 1997), und entspricht nicht dem Habitus vieler Betriebsräte, die sich weithin eher in der Rolle der dezidierten Interessenvertreter sehen als in der Rolle der Mitgestalter. Im Co-Management aber geraten sie eher zu Mittlern bei Konflikten und bleiben nicht eindeutig Partei ergreifende Akteure (Dörre/Neubert 1995). Mikropoli-

---

[9] Bei Opel in Bochum etwa ist mit Beginn der neunziger Jahre eigens eine Gruppenarbeitskommission des Betriebsrates gebildet worden, deren Aufgabe die Ausarbeitung eines aus Sicht des Betriebsrates tragbaren Konzepts von Gruppenarbeit und die Begleitung der zunächst realisierten Pilotprojekte war. Dieser Kommission gehörten zeitweise elf Mitglieder, immerhin rund ein Viertel aller freigestellten Betriebsräte an. Doch selbst diese Kommission geriet an ihre Kapazitätsgrenzen, als die flächendeckende Einführung von Gruppenarbeit in Angriff genommen wurde.

tisch ist Co-Management nicht unproblematisch, weil dafür erprobte Politikmuster nicht zur Verfügung stehen (Faust u.a. 1995, S. 192); eingeschliffene Politikrituale verlieren an Bedeutung und eingespielte Modi der Aushandlung und Konfliktregulierung büßen an Wirksamkeit ein (Birke 1992, S. 121). Zudem birgt Co-Management mikropolitisch immer auch die Gefahr in sich, daß Betriebsräte für Folgen der Reorganisation verantwortlich gemacht werden, ohne daß sie letztlich die Entscheidungen getroffen hätten[10]. Beides zusammen ist für Betriebsräte riskant, weil sie Erwartungen ihrer Klientel verletzen können, die sie schließlich nur deswegen mit der Stellvertretung ihrer Interessen beauftragt hat, damit sie eindeutig Partei ergreifen und ihre Schutzfunktion ausüben. Enttäuschungen bei der Klientel aber kann sich, wie man weiß, beim nächsten Wahltag außerordentlich nachteilig bemerkbar machen.

Gruppenarbeit und direkte Partizipation stellen also ein *Politikproblem* für Betriebsräte dar, weil sie eine Umorientierung der Politik verlangen, wenn auf die Resultate der Reorganisationsmaßnahmen Einfluß genommen werden soll. Dabei stehen Betriebsräte vor dem Dilemma, daß Co-Management für sie mit Risiken verbunden ist, daß sie aber darauf nicht verzichten können, wenn sie die Integration der Ansprüche der Beschäftigten in das System gewährleisten wollen. Dies ist, wie Kotthoff (1995) herausarbeitet, ein Konstruktionsprinzip des Betriebsrates, von dem nicht einfach Abschied genommen werden kann, wenn nicht das institutionelle Arrangement insgesamt in Zweifel gezogen werden soll. Dies Konstruktionsprinzip gerät durch partizipatives Management unter Druck, wobei sich das *Integrationsproblem* in zweifacher Weise stellt. Zum einen ist der Betriebsrat als Garant der Sozialintegration herausgefordert, hat es jedoch zunehmend mit einem Management zu tun, dem aufgrund häufigen Personalrevirements schon die berufsbiographischen Voraussetzungen für die Einsicht in den Zusammenhang von Sozialintegration und Modernisierung abhanden kommen (vgl. Kotthoff 1995, S. 445). Zum anderen wird auch die einheitliche Repräsentanz der Belegschaft durch den Betriebsrat angesichts der schärfer werdenden Demarkationslinien zwischen Rationalisierungsgewinnern und -verlierern zunehmend ein Problem. Eine zentrale Aufgabe der institutionalisierten Interessenvertretung ist das Abwägen und Vereinheitlichen von Partikularinteressen. Dies kann aber, so Breisig (1993, S. 174), „nur in zentralisierten Systemen befriedigend funktionieren". Auf Partizipation zielende Managementkonzepte jedoch führen zur Interessendifferenzierung innerhalb von Statusgruppen, wodurch die Bündelung von Partikularinteressen erheblich erschwert wird (Dörre/Neubert 1995).

Betriebsräte stehen bei partizipativem Management so vor dem „arbeitspolitischen Spagat" (Schumann u.a. 1994b, S. 39) zwischen einer Reprofessionialisierungspolitik für diejenigen, die sich Vorteile von der Reorganisation erhoffen können, und einer Schutzpolitik für diejenigen, die allenfalls Rationalisierungsdulder oder gar -verlierer sind. Deswegen „bewegt sich die Politik der Interessenvertretungen zwischen punktu-

---

[10] Vgl. dazu vor dem Hintergrund eigener Erfahrungen sehr eindringlich und überzeugend Siegel (1996).

eller Einflußnahme auf die Konzeptarbeit und eher defensiven, den Einbau von Sicherungen und Schutzgarantien für Beschäftigte beinhaltenden Maßnahmen" (Dörre/ Neubert 1995, S. 195), wobei es vor allem um die Regelung des Lohn-Leistungs-Verhältnisses sowie den Tätigkeitszuschnitt und damit den Handlungs- und Entscheidungsspielraum der Gruppe geht.

Ein *Machtproblem* entsteht durch die erwähnte Neuverteilung von Machtressourcen, von der auch Betriebsräte nicht verschont bleiben. Hirsch-Kreinsen (1995) etwa diagnostiziert eine Erosion bisheriger „Sekundärmacht" des Betriebsrates, d.h. der Macht, die sich aus den Regelungen des Betriebsverfassungsgesetzes ergibt, da die Mitbestimmungs- und Vetorechte bei Fragen der Entlohnung, der Verhaltens- und Leistungskontrolle sowie des Personaleinsatzes infolge systemischer Rationalisierung und einer Verschärfung der Konkurrenz- und Kostensituation an Wirkung verlieren. Zugleich aber sieht er wegen der relativ hohen Autonomie- und Handlungsspielräume in den Bereichen, in denen „integrative Produktionsarbeit" realisiert ist, eine Stärkung von „Primärmacht", d.h. von „Gegenmacht", die sich auf die Stärke von Belegschaften stützt.

Ob freilich diese geradlinige Ableitung eines Machtzugewinns des Betriebsrates aus den erhöhten Dispositionsspielräumen und Qualifikationen der Beschäftigten, also aus deren Machtressourcen eine realistische Perspektive ist, kann durchaus bezweifelt werden. Denn die Arbeiter müssen zum einen ihre neu gewonnenen Machtressourcen auch nutzen wollen, was jedoch, wie Kotthoff (1995, S. 442) mit Blick auf empirische Forschungsbefunde konstatiert, kaum festzustellen ist; es gibt kaum Interesse an einer weitergehenden alternativen Gestaltung und damit auch keinen darauf basierenden Politisierungsprozeß auf dem „shop floor". Zum anderen ist auch unter theoretischem Blickwinkel keineswegs selbstverständlich, daß ein Machtzuwachs der Beschäftigten zugleich auch einen Machtzuwachs des Betriebsrates impliziert. Der aus der Delegation von Kompetenzen und der Eröffnung von Partizipationsmöglichkeiten erwachsende Machtzuwachs auf dem „shop floor" wirft nicht nur die oben geschilderte Kontrollproblematik für das Management auf, auch für den Betriebsrat stellt sich eine neue Problematik. Denn intentional handelnde Akteure unterstellt, ist viel eher anzunehmen, daß die Belegschaften darauf achten werden, die ihnen zur Verfügung stehenden Ungewißheitszonen auch gegenüber den Betriebsräten abzuschirmen, statt sie diesen zu öffnen. Dies kann soweit gehen, daß von den Gruppen Rechte verlangt werden, die in deutlichem Kontrast zu gültigen Tarifverträgen stehen[11].

Nun ist Macht kein Nullsummenspiel; Machtgewinn auf der einen muß nicht mit Machtverlust auf der anderen Seite einhergehen; doch ebenso wenig kann unterstellt

---

[11] Um dies an einem Beispiel zu verdeutlichen: Bei dem bereits erwähnten Unikatfertiger haben die Gruppen auch das Recht, ihre Arbeitszeit einzuteilen. Ihr Vorschlag war, die Arbeitszeit vom Arbeitsanfall abhängig zu machen, was aufgrund des höchst diskontinuierlichen Arbeitsanfalls zu Wochenarbeitszeiten geführt hätte, die sich wesentlich unterschieden hätten von dem für diesen Betrieb tarifvertraglich vereinbarten Arbeitszeitkorridor.

werden, daß ein Machtzuwachs der Vertretenen quasi automatisch zu einem Machtzuwachs der Vertreter führt. Dies um so mehr, weil Gruppenarbeit und partizipatives Management für den Betriebsrat auch ein *Legitimationsproblem* nach sich zieht, weil mit dem Gruppensprecher ein neuer Akteur in die mikropolitische Arena tritt. Dieser Akteur ist schwergewichtig, da er seine Bedeutung sowohl fachlich aus seiner Verantwortung für den Arbeitsablauf innerhalb seiner Gruppe wie auch – unterstellt, er ist gewählt worden – aus seiner demokratischen Legitimation zieht. Der Gruppensprecher hat seine Gruppe nach außen zu vertreten; insofern entsteht mit der Wahl von Gruppensprechern eine zweite innerbetriebliche Interessenvertretung (Braczyk/Schienstock 1996, S. 321). Zudem müssen die vom Gruppensprecher vertretenen Interessen keineswegs kongruent sein mit den Interessen anderer Fertigungsgruppen, im Gegenteil: eher ist anzunehmen, daß Differenzen entstehen. Damit stellt sich das Problem jeder organisatorischen Dezentralisierung, die Koordinierung der dezentralen Einheiten zu gewährleisten, auch für Betriebsräte; sie haben es zudem auf einmal mit Interessenvertretern zu tun, die ähnlich wie sie selbst demokratisch legitimiert sind, sogar noch durch die gleiche Klientel, die aber zusätzlich auch fachlich aufgewertet sind, indem sie in der Vorbereitung auf ihre Gruppensprecherfunktion entsprechende Qualifizierungsmaßnahmen absolviert haben. Es verwundert nicht, daß manche Betriebsräte unter diesen Bedingungen Gruppensprecher eher als Konkurrenz und weniger als Unterstützung ihrer eigenen Interessenvertretungspolitik interpretieren.

Der Gruppensprecher ist auch „verantwortlich" für das letzte Problem, das *Qualifikationsproblem*. Denn durch die Gruppensprecher verstärkt sich der Aushandlungscharakter, das diskursive Element des betrieblichen Geschehens. Betriebsräte werden stärker auch mikropolitisch in Anspruch genommen; die sich differenzierenden Interessen müssen diskursiv koordiniert werden, um sie zu bündeln und gegenüber dem Management zur Geltung zu bringen. Die Notwendigkeit einer erhöhten diskursiven Koordinierung[12] stellt neue Anforderungen an die soziale Qualifikation der Betriebsräte. Intensiver noch als bisher müssen sie ihre Politik abstimmen, und dies mit einem Verhandlungspartner, den es in dieser Form bisher nicht gegeben hat und dessen Kontur noch unscharf ist.

Auf diese Problemfelder und Herausforderungen haben die Betriebsräte sich offenbar in beeindruckender Weise eingestellt. Viele Betriebsräte interpretieren die Gruppensprecher wie die Verfahren direkter Partizipation insgesamt als eine Unterstützung ihrer Arbeit. Wie eine Befragung von Betriebsräten im Maschinenbau ergab, meinten von denjenigen, die Erfahrungen mit Gruppenarbeit haben, immerhin 35,1 Prozent, daß

---

[12] Um einem möglichen Mißverständnis vorzubeugen: die Bündelung von Einzelinteressen durch die Betriebsräte erfolgt natürlich auch in konventionellen Arbeitsformen diskursiv; gerade in Großbetrieben stützen Betriebsräte sich oftmals auf die regelmäßig tagenden Versammlungen der gewerkschaftlichen Vertrauensleute. Der Unterschied besteht jedoch darin, daß dieses diskursive Element nun verstärkt werden muß und Funktionsgruppen, nämlich die Gruppensprecher einbezogen werden müssen, die es zuvor überhaupt nicht gegeben hat.

ihnen dadurch Raum geschaffen wird für die Bearbeitung neuer Aufgaben; weitere 35,8 Prozent sehen in den Aktivitäten der Arbeitsgruppen neue Aufgabenbereiche, aber keineswegs eine Konkurrenz; nur 29,8 Prozent befürchten, daß durch Gruppenarbeit der traditionelle Aufgabenbereich des Betriebsrats beschnitten würde (Müller-Jentsch/Seitz 1998, S. 375). Nun liegen keine genauen Angaben darüber vor, um welchen Typus von Betriebsräten es sich handelt, die direkte Partizipation eher als Chance begreifen; vermutlich sind es die „starken" Betriebsräte, also die, die auf ein funktionierendes System der betrieblichen Interessenvertretung zurückgreifen können.

Generell kann die Position des Betriebsrates durch „direkte Partizipation noch gestärkt werden und zu seiner Entlastung beitragen" (Funder/Seitz 1997, S. 61); dies bestätigt sich auch in Befunden mehrerer Forschungsprojekte, die sich mit der Bedeutung des Betriebsrates bei Organisationswandel beschäftigen. Diesen Befunden zufolge wird die „Rollenstruktur des Betriebsrates als 'Stellvertreter' durch die Beteiligungsverfahren nicht nur nicht ausgehöhlt (...), sondern stabilisiert und reaktiviert" (Kotthoff 1995, S. 438).

Sicherlich wird repräsentative Partizipation auf absehbare Zeit ihre Bedeutung nicht verlieren, doch ebenso sicher werden Betriebsräte sich mit neuen Akteuren in der mikropolitischen Arena abzufinden und sich mit diesen zu arrangieren haben. Es deutet einiges darauf hin, daß das tradierte institutionelle Arrangement der Interessenvertretung durch partizipatives Management unter Druck gerät. Das eher formelle Arrangement der repräsentativen, indirekten Partizipation erhält durch direkte Partizipation einen „Partner"; das duale System der Interessenvertretung verändert sich in ein „triple system" (Müller-Jentsch 1995; Müller-Jentsch/Sperling 1995), indem sich die Interessenvertretung auf Betriebsebene dualisiert, zu einer eher kollektiven Interessenvertretung durch den Betriebsrat und einer eher individualisierten Interessenvertretung durch die Gruppensprecher oder andere Gruppenmitglieder. Ob dies eine Erweiterung und Ergänzung oder aber eine Konkurrenz darstellt, ob „die Annahme der institutionellen Kontinuität oder die Annahme des institutionellen Bruchs Bestätigung finden wird" (Kotthoff 1998, S. 80), ist derzeit noch nicht absehbar. Ein Trend zeichnet sich bisher nur in Umrissen ab; es deutet sich aber an, daß Betriebsräte in der Lage und gewillt sind, die aus den skizzierten Problemlagen heraus entstehenden neuen Herausforderungen anzunehmen.

Auf jeden Fall steht die institutionalisierte betriebliche Interessenvertretung unter Modernisierungsdruck. Diskursive Koordinierung ist zweifellos ein Risiko – nicht nur für die betriebliche Interessenvertretung, sondern für die Organisation insgesamt; es ist zugleich aber auch eine Chance. Denn partizipative Organisationen können sich zu „lernenden Organisationen" entwickeln. Direkte Partizipation wäre dann Element eines fortwährenden und vermutlich immer schneller werdenden Organisationswandels, durch den Organisationen lernen, sich in turbulenten Umwelten zu bewähren. Gelänge es der institutionalisierten Interessenvertretung, die Gruppenvertretungen und die damit verbunden Verfahren direkter Partizipation in ihre Politik „einzubauen" und daraus Kapazitäts- und Kompetenzgewinne zu ziehen, könnten Betriebsräte ein wichtiger

Faktor auf dem Weg zu einer lernenden Organisation sein. Und bisher scheinen die Chancen dafür recht gut zu stehen.

Literatur

Antoni, C.H. (1996): Teilautonome Arbeitsgruppen – Eine Expertenbefragung zu Verbreitungsformen und Erfahrungen. In: angewandte Arbeitswissenschaft. Heft 147, S. 31-53

Bahnmüller, R. (1996): Konsens perdu? Gruppenarbeit zwischen Euphorie und Ernüchterung. In: Bahnmüller, R./Salm, R. (Hg.): Intelligenter, nicht härter arbeiten? Gruppenarbeit und betriebliche Gestaltungspolitik. Hamburg, S. 9-30

Bardmann, Th.M./Franzpötter, R. (1990): Unternehmenskultur. Ein postmodernes Organisationskonzept? In: Soziale Welt 41 (4), S. 424-439

Behr, M.v. (1994): CIM-Förderung und der Mangel an organisatorischer Innovation. In: Moldaschl, M./Schultz-Wild, R. (Hg.): Arbeitsorientierte Rationalisierung – Fertigungsinseln und Gruppenarbeit im Maschinenbau. Frankfurt/M., S. 201-231

Birke, M. (1992): Der produktions- und arbeitspolitische Umbruch als sozialwissenschaftlicher Forschungsgegenstand und gewerkschaftliches Handlungsdilemma. In: Lehner, F./Schmid, J. (Hg.): Technik – Arbeit – Betrieb – Gesellschaft. Opladen, S. 109-123

Braczyk, H.-J. (1997): Organisation in industriesoziologischer Perspektive. In: Ortmann, G./Sydow J./Türk, K. (Hg.): Theorien der Organisation – Die Rückkehr der Gesellschaft. Opladen, S. 530-575

Braczyk, H.-J./Schienstock, G. (1996): Im „Lean Expreß" zu einem neuen Produktionsmodell? „Lean Production" in Wirtschaftsunternehmen Baden-Württembergs – Konzepte, Wirkungen, Folgen. In: Braczyk, H.-J./Schienstock, G. (Hg.): Kurswechsel in der Industrie – Lean Production in Baden-Württemberg. Stuttgart, S. 269-329

Breisig, Th. (1993): Quo vadis – Partizipatives Management? In: Müller-Jentsch, W. (Hg.): Profitable Ethik – effiziente Kultur. Neue Sinnstiftungen durch das Management? München und Mering, S. 159-178

Brinkmann, E.P./Simon, A. (1994): Grundzüge des betrieblichen Vorschlagswesens. In: angewandte Arbeitswissenschaft. Heft 140, S. 37-66

Burns, T./Flam, H. (1987): The Shaping of Social Organization – Social Rule System Theory with Applications. London

Crozier, M./Friedberg, E. (1979): Macht und Organisation – Die Zwänge kollektiven Handelns. Königstein/Ts.

Deutschmann, Ch./Faust, M./Jauch, P./Notz, P. (1995): Veränderungen der Rolle des Managements im Prozeß reflexiver Rationalisierung. In: Zeitschrift für Soziologie 24 (6), S. 436-450

Dörre, K. (1996): Die „demokratische Frage" im Betrieb – Zu den Auswirkungen partizipativer Managementkonzepte auf die Arbeitsbeziehungen. In: Sofi-Mitteilungen Nr. 23, S. 7-23

Dörre, K./Neubert, J. (1995): Neue Managementkonzepte und industrielle Beziehungen: Aushandlungsbedarf statt Sachzwang „Reorganisation". In: Schreyögg, G./Sydow, J. (Hg.): Managementforschung 5. Berlin/New York, S. 167-213

Dreher, C./Fleig, J./Harnischfeger, M./Klimmer, M. (1995): Neue Produktionskonzepte in der deutschen Industrie – Bestandsaufnahme. Analyse und wirtschaftspolitische Implikationen. Heidelberg

Dülfer, E. (Hg.) (1991): Organisationskultur. Phänomen – Philosophie – Technologie. 2. erw. Aufl. Stuttgart

Ebers, M. (1991): Der Aufstieg des Themas „Organisationskultur" in problem- und disziplingeschichtlicher Perspektive. In: Dülfer, E. (Hg.): Organisationskultur. 2. erw. Aufl. Stuttgart, S. 39-63

Faust, M./Jauch, P./Brünnecke, K./Deutschmann, Ch. (1995): Dezentralisierung von Unternehmen – Bürokratie- und Hierarchieabbau und die Rolle betrieblicher Arbeitspolitik. 2. verb. Aufl. München und Mering

Fischer, J./Minssen, H. (1986): Neue Leistungspolitik in der Bekleidungsindustrie – Arbeitsstrukturierung und Produktionsflexibilisierung. Frankfurt/M.

Frerichs, J. (1992): Partizipation und Macht im Betrieb. In: Daheim, H./Heid, H./Krahn, K. (Hg.): Soziale Chancen – Forschungen zum Wandel der Arbeitsgesellschaft. Frankfurt/M., S. 252-274

Fricke, E./Fricke, W./Schönwälder, M./Stiegler, B. (1980): Beteiligung und Qualifikation – Das Peiner Modell zur Humanisierung der Arbeit. Band II. 1: Forschungsbericht, Forschungsbericht HA 80-206 Humanisierung der Arbeitslebens. Bonn

Fricke, W./Peter, G./Pöhler, W. (Hrsg.) (1982): Beteiligen, Mitgestalten, Mitbestimmen. Arbeitnehmer verändern ihre Arbeitsbedingungen. Köln

Friedberg, E. (1995): Ordnung und Macht – Dynamiken organisierten Handelns, Frankfurt/M.

Funder, M./Seitz, B. (1997): Unternehmens(re)organisation und industrielle Beziehungen im Maschinenbau – Ergebnisse einer repräsentativen Studie. In: WSI-Mitteilungen 50 (1), S. 57-64

Gerst, D./Hardwig, Th./Kuhlmann, M./Schumann, M. (1995): Gruppenarbeit in den Neunzigern: Zwischen strukturkonservativer und strukturinnovativer Gestaltungsvariante. In: SOFI-Mitteilungen Nr. 22, S. 39-65

Greifenstein, R./Jansen, P./Kißler, L. (1993): Gemanagte Partizipation – Qualitätszirkel in der deutschen und französischen Automobilindustrie. München und Mering

Heinen, E. (1987): Unternehmenskultur – Perspektiven für Wissenschaft und Praxis. München/Wien

Hirsch-Kreinsen, H. (1995): Neue Rationalisierungskonzepte: Grenzen und Chancen für die Betriebsratspolitik. In: Arbeit 4 (4), S. 371-387

Howaldt, J. (1993) Vom Objekt zum Subjekt der Rationalisierung? – Der kontinuierliche Verbesserungsprozeß als beteiligungsorientierter Rationalisierungsansatz. In: Howaldt, J./Minssen, H. (Hg.): Lean, leaner...? Die Veränderung des Arbeitsmanagements zwischen Humanisierung und Rationalisierung. Dortmund, S. 125-140

Howaldt, J. (1994): KVP-Aktivitäten in Deutschland. Eine Befragung von Betriebsräten der Automobil- und Automobilzulieferindustrie. In: Arbeit 3 (4), S. 320-330

Imai, M. (1992): Kaizen – Der Schlüssel zum Erfolg der Japaner im Wettbewerb. München

Kleinschmidt, M./Pekruhl, U. (1994): Kooperation, Partizipation und Autonomie: Gruppenarbeit in deutschen Betrieben. In: Arbeit 3 (2), S. 150-172

Kotthoff, H. (1995): Betriebsräte und betriebliche Reorganisation – Zur Modernisierung eines „alten Hasen". In: Arbeit 4 (4), S. 425-447

Kotthoff, H. (1998): Mitbestimmung in Zeiten interessenpolitischer Rückschritte – Betriebsräte zwischen Beteiligungsofferten und „gnadenlosem Kostensenkungsdiktat". In: Industrielle Beziehungen – Zeitschrift für Arbeit, Organisation und Management 5 (1), S. 76-100

Küpper, W./Ortmann, G. (Hrsg.) (1988): Mikropolitik – Rationalität, Macht und Spiele in Organisationen. Opladen

Lichte, R./Reppel, R. (1988): „Beteiligungsgruppen" im Kaltwalzwerk – ein Modell? In: Roth, S./Kohl, H. (Hg.): Perspektive: Gruppenarbeit. Köln

Lieske, H. (1992): Vom Kollektiv zum Team – Neue Strukturen in Eisenach. In: IndustrieClub 2000: Tagungsband der Konferenz „Zukunftsorientierte Team- und Gruppenarbeitskonzepte" am 23./24.09.1992 in Stuttgart. Offenbach

Luhmann, N. (1985): Soziale Systeme – Grundriß einer allgemeinen Theorie. 2. Aufl. Frankfurt/M.

Minssen, H. (1990): Konsens und Kontrolle. Anmerkungen zu einem vernachlässigten Thema der Industriesoziologie. In: Soziale Welt 41 (3), S. 365-382

Minssen, H. (1992): Die Rationalität von Rationalisierung – Betrieblicher Wandel und die Industriesoziologie. Stuttgart

Minssen, H. (1995): Spannungen in teilautonomen Fertigungsgruppen. Gruppensoziologische Befunde für einen arbeitssoziologischen Gegenstand. In: Kölner Zeitschrift für Soziologie und Sozialpsychologie 47 (2), S. 339-353

Müller-Jentsch, W. (1992): Spielregeln für Betriebsräte und Gewerkschaften oder: Wie tragfähig ist der Modernisierungspakt? In: Die Mitbestimmung 38 (4), S. 6ff.

Müller-Jentsch, W. (1995): Germany: From Collective Voice to Co-Management. In: Rogers, J./Streeck, W. (Hg.): Works Councils – Consultation, Representation and Cooperation in Industrial Relations. Chicago und London, S. 53-78

Müller-Jentsch, W./Seitz, B. (1997): Betriebsrätebefragung im Maschinenbau. Arbeits- und Diskussionspapiere des Lehrstuhls Mitbestimmung und Organisation. Ruhr-Universität Bochum

Müller-Jentsch, W./Seitz, B. (1998): Betriebsräte gewinnen Konturen. Ergebnisse einer Betriebsrätebefragung im Maschinenbau. In: Industrielle Beziehungen 5 (4), S. 361-387

Müller-Jentsch,W./Sperling, H.J. (1995): Towards a Flexible Triple System? Continuity and Structural Changes in German Industrial Relations. In: Hoffmann, R./Jacobi, O./Weiss, M. (Hg.): German Industrial Relations Under the Impact of Structural Change, Unification and European Integration. Düsseldorf, S. 9-29

Ortmann, G. (1995): Formen der Produktion – Organisation und Rekursivität. Opladen

Ostendorf, B./Saurwein, R.G. (1996): Innerbetriebliche Arbeitsorganisation: Stabile Vielfalt, vielfältige Dynamik oder dynamische Konvergenz? In: Widmaier, U. (Hg.): Betriebliche Rationalisierung und ökonomische Rationalität. Opladen, S. 47-73

Roth, S. (1996): Gruppenarbeit in der Automobilindustrie – Stand und Perspektiven. In: Bahnmüller, R./Salm, R. (Hg.): Intelligenter, nicht härter arbeiten? Gruppenarbeit und betriebliche Gestaltungspolitik. Hamburg, S. 140-152

Roth, S. (1998): Transformationsfähigkeit oder Erosion? Mitbestimmung bei Globalisierung und schlanker Produktion. In: Cattero, B. (Hg.): Modell Deutschland – Modell Europa. Opladen, S. 159-179

Salm, R. (1996): Sprecher oder Vorarbeiter – Gruppensprecher als Herausforderung für gewerkschaftliche Betriebspolitik. In: Bahnmüller, R./Salm, R. (Hg.): Intelligenter, nicht härter arbeiten? Gruppenarbeit und betriebliche Gestaltungspolitik. Hamburg, S. 203-229

Sandner, K./Meyer, R. (1994): Verhandlung und Struktur – Zur Entstehung organisierten Handelns in Unternehmen. In: Schreyögg, G./Conrad, P. (Hg.): Managementforschung 4. Dramaturgie des Managements – laterale Steuerung. Berlin/New York, S. 185-218

Schein, E.H. (1991): Organizational Culture and Leadership: A Dynamic Review. 10. Aufl. San Francisco/Oxford

Schienstock, G. (1993): Kontrolle auf dem Prüfstand. In: Müller-Jentsch, W. (Hg.): Profitable Ethik – effiziente Kultur. Neue Sinnstiftungen durch das Management? München und Mering, S. 229-251

Schmid, J./Widmaier, U. (1995): Strukturen und Typen der Fertigung im Umbruch. In: Arbeit 4 (3), S. 271-288

Schmidt-Dilcher, J./Minssen, H. (1996): Ewige Baustelle PPS – Strukturkonservative Rationalisierungsmuster in Maschinenbaubetrieben. In: Zimolong, B. (Hg.): Kooperationsnetze, flexible Fertigungsstrukturen und Gruppenarbeit. Opladen, S. 83-115

Schreyögg, G. (1991): Kann und darf man Organisationskulturen ändern? In: Dülfer, E. (Hg.): Organisationskultur. 2. erw. Aufl. Stuttgart, S. 210-214

Schumann, M./Baethge-Kinsky, V./Kuhlmann, M./Kurz, C./Neumann, U. (1994a): Trendreport Rationalisierung – Automobilindustrie Werkzeugmaschinenbau Chemische Industrie. 2. Aufl. Berlin

Schumann, M./Baethge-Kinsky, V./Kuhlmann, M./Kurz, C./Neumann, U. (1994b): Der Wandel der Produktionsarbeit im Zugriff neuer Produktionskonzepte. In: Beckenbach, N./van Treeck, W. (Hg.): Umbrüche gesellschaftlicher Arbeit. Soziale Welt Sonderband 9. Göttingen, S. 11-43

Sell, R./Fuchs-Frohnhofen, P. (1993): Gestaltung von Arbeit und Technik durch Beteiligungsqualifizierung. Opladen

Siegel K. (1996): Schutz und/oder Gestaltung – Anforderungen an Betriebsratsarbeit heute. In: Bahnmüller, R./Salm, R. (Hg.): Intelligenter, nicht härter arbeiten? Gruppenarbeit und betriebliche Gestaltungspolitik. Hamburg, S. 172-187

Sperling, H.J. (1994): Innovative Arbeitsorganisation und intelligentes Partizipationsmanagement. Marburg

Sperling, H.J. (1997): Restrukturierung von Unternehmens- und Arbeitsorganisation – eine Zwischenbilanz. Trend-Report Partizipation und Organisation II. Marburg

Staehle, W. H. (unter Mitarbeit von Sydow, J.) (1989): Unternehmungskultur als neues Managementkonzept. Hagen

Türk, K. (1989): Neuere Entwicklungen in der Organisationsforschung – Ein Trendreport. Stuttgart

Wehner, Th./Dahmer, H.-J./Rauch, K.-P./Endres, E. (1993): Unterschiede und Gemeinsamkeiten zwischen kontinuierlichem Verbesserungsprozeß und betrieblichem Vorschlagswesen. In: Howaldt, J./Minssen, H. (Hg.): Lean, leaner...? Die Veränderung des Arbeitsmanagements zwischen Humanisierung und Rationalisierung. Dortmund, S. 141-159

Widmaier, U./Saurwein, R.G. (1996): „Warum es nicht wie geschmiert läuft": Zum Problem der Diffusion von Gruppenarbeit im Maschinenbau. In: Zimolong, B. (Hg.): Kooperationsnetze, flexible Fertigungsstrukturen und Gruppenarbeit. Opladen, S. 31-54

Widmaier, U./Saurwein, R.G. (1996): „Warum es nicht wie geschmiert läuft": Zum Problem der Diffusion von Gruppenarbeit im Maschinenbau. In: Zimolong, B. (Hg.): Kooperationsnetze, flexible Fertigungsstrukturen und Gruppenarbeit. Opladen, S. 31-54

Wittel, A. (1998): „Kümmer dich um deinen eigenen Scheiß" – Gruppenarbeit, Arbeitshabitus und Industriesoziologie: ein Problemaufriß. Erscheint in: Zeitschrift für Soziologie

Wolf, H. (1994): Rationalisierung und Partizipation. In: Leviathan 22 (2), S. 243-259

Womack, J.P./Jones, D.T./Roos, D. (1991): Die zweite Revolution in der Automobilindustrie. Frankfurt/M.

Zimolong, B./Windel, A. (1996): Mit Gruppenarbeit zu höherer Leistung und humaneren Arbeitstätigkeiten? In: Zimolong, B. (Hg.): Kooperationsnetze, flexible Fertigungsstrukturen und Gruppenarbeit. Opladen, S. 142-171

Von der Unternehmung zum Unternehmungsnetzwerk – Interessenvertretungsfreie Zonen statt Mitbestimmung?[1]

Jörg Sydow und Carsten Wirth

1. Vernetzung und Entgrenzung von Unternehmungen – Gefahr für die Konfliktpartnerschaft?

Die Leistungserstellung und -verwertung moderner Unternehmungen wird mit Attributen wie „virtuell", „global", „ökologisch" und „wissensbasiert" belegt. Diese Begriffe werfen Schlaglichter auf den dynamischen Wandel einer Umwelt, dem sich Unternehmungen zunehmend ausgesetzt sehen – und den sie tatkräftig mitgestalten.

Die passende organisatorische Antwort auf diese Umweltdynamik sehen immer mehr Unternehmungen in einer Intensivierung der unternehmungsübergreifenden Zusammenarbeit; sei es mit Abnehmern und Zulieferern bei der gemeinsamen Entwicklung und Vermarktung neuer Produkte oder beim Einsatz verbesserter Produktionsverfahren; sei es mit Wettbewerbern, um sich die gestiegenen Entwicklungskosten und -risiken zu teilen oder technische Standards im Markt durchzusetzen. Im Zuge der Intensivierung einer solchen Zusammenarbeit, die sich immer häufiger auch in Folge einer Funktionsauslagerung (Outsourcing) ereignet, entsteht eine andere Organisationsform ökonomischer Aktivitäten: das (Unternehmungs-) Netzwerk.

Die Unternehmungsvernetzung geht mit einem zum Teil grundlegenden Wandel von Arbeit und Arbeitsbedingungen einher – einschließlich der Bedingungen einer wirksamen Interessenvertretung durch Mitbestimmung auf Betriebs-, Unternehmens- und Konzernebene. Stichworte wie „Marionetten-Arbeitgeber", „Verbetrieblichungs-Entbetrieblichungs-Dilemma" und „interessenvertretungsfreie Zone" deuten die Richtung dieses Wandels an. Ursprünglich auf Betriebe und Unternehmungen (und auch Branchen) mit klaren Grenzen zugeschnitten, greifen die etablierten Mitbestimmungsregeln in tendenziell entgrenzten Netzwerken immer weniger.

Insbesondere Großunternehmungen bewiesen vor dem Hintergrund der formell-institutionell geregelten Bedingungen der Mitbestimmung auf den Ebenen des Betriebs, des Unternehmens und des Konzerns in der Vergangenheit die Fähigkeit zur Partnerschaft im grundsätzlich zwischen Kapital und Arbeit bestehenden Konflikt. Nicht mehr und nicht weniger als diese Konfliktpartnerschaft bzw. die Wirksamkeit des dieser Partner-

---

[1] Für die kritische Kommentierung einer ersten Fassung danken wir Gertraude Krell, Hans-Erich Müller und Walther Müller-Jentsch.

schaft zugrunde liegenden deutschen Modells der Mitbestimmung steht angesichts des organisatorischen Wandels breit diversifizierter und tief integrierter Unternehmungen in Unternehmungsnetzwerke als vielleicht radikalste Form dezentraler Organisation ökonomischer Aktivitäten auf dem Spiel.

Warum und in welchem Ausmaß die Konfliktpartnerschaft durch diese neue Organisationsform des Unternehmungsnetzwerkes bedroht ist, und ob nicht auch in Unternehmungsnetzwerken unter gewissen Umständen eine Fortsetzung des deutschen „Erfolgsmodells" (Mückenberger 1995; Gerum 1997) möglich ist, soll in diesem Beitrag geklärt werden. Dazu wird zunächst das Unternehmungsnetzwerk als Organisationsform ökonomischer Aktivitäten zwischen Markt und Hierarchie mit besonderen Strukturmerkmalen näher bestimmt, die möglichen Wege der Netzwerkbildung skizziert und die Organisationsform des Unternehmungsnetzwerkes in Hinblick auf ihre Implikationen für Arbeit und Mitbestimmung untersucht (Abschnitt 2). Sodann werden zwei strukturelle Besonderheiten einer Interessenvertretung in Unternehmungsnetzwerken herausgearbeitet: 1. die durchlässiger werdenden Systemgrenzen und, damit einhergehend, die Aufwertung betriebs-, unternehmens- und branchen*übergreifender* Formen der Interessenvertretung sowie 2. die Bedeutung *zunehmend* heterogener Interessen in den Systemen. Immer wird dabei gefragt, was das sich in Unternehmungsnetzwerken in besonderer Weise darstellende Spannungsverhältnis von Kooperation und Wettbewerb für die Mitbestimmung in sich organisatorisch vernetzenden Unternehmungen bedeutet. Das Entstehen „interessenvertretungsfreier Zonen" ist dabei nur der aus Sicht der Arbeitnehmervertretung ungünstigste Fall (Abschnitt 3). Anschliessend gehen wir auf die dominante Form bisheriger Interessenvertretungspolitik in Unternehmungsnetzwerken ein, diskutieren betriebswirtschaftliche Aspekte einer weitergehenden Interessenvertretung und stellen neue Praxen von Interessenvertretern im Prozeß der Unternehmungsvernetzung vor (Abschnitt 4). Rechtsreformerische Ansätze zur Sicherung einer Mitbestimmung im Unternehmungsnetzwerk bleiben in diesem Beitrag unberücksichtigt (vgl. dazu aber Däubler 1993; Sydow 1997).

2. Unternehmungsnetzwerke, Arbeit und Mitbestimmung

Unternehmungen sind erwerbswirtschaftliche Organisationen, die bei ihrer Leistungserstellung und -verwertung keiner Fremdbestimmung unterliegen (vgl. Gutenberg 1983). Die Koordination in Unternehmungen basiert auf der Hierarchie. In Unternehmungsnetzwerken hingegen ist die Autonomie der Netzwerkunternehmungen insoweit eingeschränkt, wie sie sich im Zuge der Entwicklung kollektiver Strategien auf gemeinsame Ziele verpflichtet haben. Die über die (Netzwerk-) Unternehmung hinausgreifende Koordination enthält neben hierarchischen auch marktliche Elemente. Unternehmungsnetzwerke stellen eine letztlich auf die Realisierung von Wettbewerbsvorteilen zielende, eher polyzentrische, oftmals jedoch von einer oder mehreren Unternehmungen strategisch geführte Organisationsform ökonomischer Aktivitäten dar. Ein bekanntes und schon fast überstrapaziertes Beispiel bieten die in der deutschen Automobilindustrie (noch) von Automobilherstellern geführten Zuliefer- und Händlernetzwerke. Weniger im Blickfeld, gerade auch der *Industrial Relations*-Forschung, liegen etwa die netzwerkförmige Zusammenarbeit von Einzelhandelsunternehmungen mit externen Dienstleistern (zumeist infolge einer Auslagerung entsprechender Aktivitäten an sog. Fremdfirmen) und die zunehmend enger werdende Kooperation von Fernsehsendern mit selbständigen Produzenten bei der Produktion von Fernsehprogrammen.

Mindestens drei Merkmale unterscheiden die Organisationsform des Unternehmungsnetzwerkes von anderen Unternehmungskollektiven: die spezielle Art von (Netzwerk-) Beziehungen, ein reflexives Organisieren, das nicht an den Grenzen der Unternehmung halt macht, und eine Austauschlogik, die sich von jener des Marktes wie auch jener der Hierarchie unterscheidet.

(1) Die Beziehungen zwischen den rechtlich selbständigen, wirtschaftlich jedoch zumeist abhängigen (Netzwerk-) Unternehmungen sind komplex-reziprok, eher kooperativ denn kompetitiv und relativ stabil (vgl. Sydow 1992, S. 82). Als Netzwerkbeziehungen überschreiten sie nicht nur die Grenzen einzelner Unternehmungen, sondern sind derartig organisiert, daß sie organisations*internen* Beziehungen ähneln. Gleichwohl bleibt der Markttest in ihnen wirksam, auch „Hoflieferanten" müssen sich im Preis-, Qualitäts- und Zeitwettbewerb bewähren.

(2) Gegenstand reflexiven Organisierens ist im Falle von Unternehmungsnetzwerken nicht mehr nur die einzelne Unternehmung, sondern zunehmend und zusätzlich das umfassendere Unternehmungsnetzwerk (vgl. Sydow/Windeler 1998). Die Verteilung der Aufgaben, etwa zwischen Hersteller, Zulieferer, Händler und sonstigen Dienstleistern, sowie die Allokation der zur Aufgabenerfüllung erforderlichen Ressourcen erfolgt dann netzwerkbezogen. Oft mögen zwar nur Teile des Netzwerkes, zum Beispiel die Beziehungen zu Systemlieferanten oder Schlüsselkunden, Gegenstand bewußten Organisierens sein, teilweise aber auch gesamte Netzwerke, deren Gestaltung dann dem Management – und perspektivisch auch der Interessenvertretung – ein „thinking in networks" (Mattsson 1987) abfordert.

(3) Schließlich basieren Unternehmungsnetzwerke auf einer Austauschlogik, die sich an der Reziprozitätsnorm orientiert und in hohem Maß auf der „social embeddedness" (Granovetter 1985) basiert. Die soziale Einbettung wirtschaftlichen Handelns beeinflußt entscheidend die Erwartungen der Akteure an Art und Weise des Austausches und letztlich deren tatsächliches Handeln. Insgesamt kennzeichnet den Tausch im Unternehmungsnetzwerk eine in gewisser Art und Weise kollektive Logik, die über die Erreichung gemeinsamer Ziele durch „kollektive Strategie" (Bresser 1989) hinausgeht, durch Selbstverpflichtung und Reziprozität gekennzeichnet ist und das Netzwerk sowohl von dem (idealen) Markt als auch von der (idealen) Hierarchie differenziert.

In Unternehmungsnetzwerken ist der Wettbewerb – im Vergleich zum Markt – zwar gezähmt, im Vergleich zu hierarchischen Organisationsformen jedoch intensiviert. Unternehmungsnetzwerke verschaffen dem Wettbewerb auf jeden Fall mehr Geltung als dezentrale, letztlich jedoch sich auf die interne Reorganisation beschränkende Konzepte wie Geschäftssegmentierung, strategische Geschäftseinheiten und Profit Center (vgl. dazu Frese 1995). In Unternehmungsnetzwerken stehen Kooperation und Reziprozität systematisch unter der Spannung von Kompetition (vgl. Sydow 1992, S. 93f.). Die genannten Strukturmerkmale unterscheiden Unternehmungsnetzwerke von anderen institutionellen Arrangements mehrerer Unternehmungen. Werden Unternehmungsnetzwerke, wie in den o.g. Beispielen, von einer oder mehreren Unternehmungen strategisch geführt, werden sie in der Regel als „strategische Netzwerke" (Jarillo 1988) bezeichnet. Strategische Netzwerke stellen den vielleicht häufigsten und in Hinblick auf Implikationen für Arbeit und Mitbestimmung unstrittig interessantesten Netzwerktyp dar. Deshalb stehen sie im Mittelpunkt der folgenden Ausführungen.

Wege zur Bildung von Unternehmungsnetzwerken

Unternehmungsnetzwerke im allgemeinen und strategische Netzwerke im besonderen entstehen durch Intensivierung der unternehmungsübergreifenden Zusammenarbeit. Diese führt nicht zu einer vollständigen Integration oder Internalisierung aller oder auch nur ausgewählter Funktionen, sondern zu ihrer „Quasi-Integration" (Blois 1980) bzw. „Quasi-Internalisierung" (Sydow 1992) und entspricht einem *Insourcing*. Für diesen Weg der Netzwerkbildung stehen Begriffe wie strategische Allianzen, Wertschöpfungspartnerschaften und Joint Ventures. Beispiele dafür finden sich nicht nur in der Automobilindustrie, Handel und Medien, sondern in allen Branchen.

Unternehmungsnetzwerke können jedoch auch durch Funktionsauslagerung, genauer durch „Quasi-Externalisierung" (Sydow 1992), entstehen. Dieser zweite Weg der Netzwerkbildung korrespondiert mit dem *Outsourcing* betrieblicher Funktionen. In den seltensten Fällen kommt es jedoch dazu, daß die Funktionswahrnehmung wirklich marktlich koordiniert wird. Statt durch Markt wird Hierarchie zumeist durch die Organisationsform des Netzwerkes ersetzt.

Die Bildung von Unternehmungsnetzwerken auf den Wegen der Quasi-Internalisierung und Quasi-Externalisierung beabsichtigen und ermöglichen im Kern eine intelligente Verknüpfung marktlicher und hierarchischer Koordinationsmechanismen. Diese geht allerdings nicht in einer bloßen Vermischung dieser beiden Koordinationsmechanismen sowie der Verbindung ihrer jeweiligen ökonomischen Vorteilhaftigkeit auf, sondern ermöglicht die Organisation ökonomischer Aktivitäten auf einem höheren, insgesamt für die Akteure, vor allem für das Management, vorteilhafteren Niveau. Dieses resultiert ganz wesentlich aus der bereits angesprochenen kollektiven Logik im Spannungsverhältnis von Kooperation und Konkurrenz.

Arbeit und Arbeitsbedingungen in Unternehmungsnetzwerken

Die Entstehung von Unternehmungsnetzwerken hat teils offensichtliche, teils verdeckte Folgen für die Arbeit bzw. die Bedingungen, unter denen in Zukunft gearbeitet wird. Herausgegriffen seien vier der offensichtlicheren Konsequenzen der Unternehmungsvernetzung für Arbeit und Arbeitsbedingungen.

Erstens bewirkt die Bildung von Unternehmungsnetzwerken im allgemeinen und von strategischen Netzwerken im besonderen, daß aufgrund der „nur" Quasi-Internalisierung von Aktivitäten einzelne Unternehmungen nicht extern wachsen bzw. infolge einer Quasi-Externalisierung, die immer auch mit einer Externalisierung von Arbeit verbunden ist, sogar schrumpfen. In der Konsequenz wird heute – und in Zukunft in verschärftem Maße – in tendenziell kleineren Unternehmungen gearbeitet. Kleinere und mittlere, und vermehrt sogar Kleinst- oder Mikrounternehmungen, werden stärker noch als in der Vergangenheit über Arbeit und Arbeitsbedingungen bestimmen. Großunternehmungen, auf die die formell-institutionelle Mitbestimmung bislang zugeschnitten ist, werden hingegen weiter in den Hintergrund treten.

Zweitens verlangen Unternehmungsnetzwerke von immer mehr Mitarbeitern, daß sie sich zu „Mitunternehmern" (Wunderer 1996; Kuhn 1997) – oder aber auch zu „abhängigen Selbständigen" (Mayer/Paasch 1990) – entwickeln. Die Unternehmer werden, sofern dies überhaupt noch gelingt, organisatorisch über Informations- und Kommunikationstechnologien, vor allem über *personale* Beziehungen – und immer weniger durch *organisationale* Regelwerke, Karrieren und Kulturen – eingebunden. Immer mehr kommt es zudem darauf an, die beiden sich ausdifferenzierenden Arbeitswelten – Mitunternehmer hier, Subunternehmer dort – zu integrieren; eine Aufgabe, die in Netzwerken wie in Unternehmungen vor allem dem mittleren Management zufallen dürfte.

Für das trotz Quasi-Externalisierung von Arbeit in den Unternehmungen verbleibende Personal ist *drittens* zu erwarten, daß es zunehmend als „boundary spanners" (Adams 1980) bzw. Grenzgänger tätig ist. Mit dieser Rolle gehen besondere Anforderungen einher:

– Vermittlung von Kontakten innerhalb und außerhalb der Unternehmung, verbunden mit der Forderung nach entsprechenden sozialen Kompetenzen;

– Umsetzung strategischer Kooperation in eine operative Zusammenarbeit, wozu es unternehmungsübergreifende Routinen zu entwickeln gilt;

– Zusammenarbeit mit und ggf. sogar „Führung" von Personal bei Kunden, Lieferanten oder sogar Wettbewerbern;

– aber auch „geführt" werden durch Kunden, Lieferanten oder sogar Wettbewerber, weil die Marktdistanz verringert ist; ggf. mit der Folge, daß boundary spanners mit multiplen und deshalb unklaren Loyalitätsanforderungen konfrontiert werden;

– Karrierewege, die zunehmend Unternehmungsgrenzen überschreiten;

– Initiierung und Bewältigung unternehmungsübergreifenden Wandels;

Einige Beschäftigte mögen derartige Rollenanforderungen begrüßen, andere mögen von ihnen überfordert sein und letztlich aus ihren Positionen gedrängt werden.

Viertens folgt auf die schon seit langer Zeit zu beobachtende Aufspaltung des internen Arbeitsmarktes in eine Stamm- und eine Randbelegschaft ein weiterer, vor allem quantitativer Bedeutungsverlust des internen Arbeitsmarktes. Partiell dürfte an seine Stelle der „kontrolliert-externe Arbeitsmarkt" (Sengenberger 1987) des Netzwerkes treten. Keinesfalls geht der Bedeutungsverlust des internen Arbeitsmarktes dabei auf eine (Quasi-) Externalisierung allein der Randbelegschaften zurück; gerade auch die typischerweise der Stammbelegschaft zugeschriebene Expertenarbeit wird zunehmend ausgelagert und über netzwerkartige Beziehungen koordiniert.

Folgen der Unternehmungsvernetzung für die Interessenvertretung

Obwohl die Folgen der Unternehmungsvernetzung für Arbeit und Arbeitsbedingungen alles andere als hinreichend erforscht sind, ist davon auszugehen, daß sowohl die betriebliche als auch die gewerkschaftliche Interessenvertretung mit Blick auf den Schutz von Beschäftigteninteressen bzw. bei der aktiven Mitgestaltung des organisatorischen Wandels erheblich gefordert ist.

Eigentlich stellt das duale System der betrieblichen und überbetrieblichen Interessenvertretung (Müller-Jentsch 1997, S. 194ff.) einen formell-institutionellen Rahmen zur Verfügung, dieser Aufgabe nachzukommen. Die einleitend genannten Stichworte „Marionetten-Arbeitgeber", „Verbetrieblichungs-Entbetrieblichungs-Dilemma" und insbesondere „interessenvertretungsfreie Zone" deuten jedoch bereits an, daß dieser Rahmen mit den normativen Bezugspunkten Arbeitsverhältnis, Betrieb, Unternehmen, Konzern und Branche den neuen Herausforderungen nicht gewachsen ist.

(1) Der Begriff des „Marionetten-Arbeitgebers" (Trümner 1989) ist mit Blick auf die Folgen der *Just in Time*-Produktion für die betriebliche Interessenvertretung geprägt worden. Im Ergebnis führt eine solche Produktion, zum Beispiel in der Automobilindustrie, zu einer so engen technisch-organisatorischen Vernetzung von Lieferant und Abnehmer, daß das Management des ersteren kaum noch autonom über Fragen des Personal- und Technikeinsatzes entscheiden kann. Wenn die entsprechenden Entscheidungen aber de facto vom Management der Kundenunternehmung getroffen werden, greift das dem Betriebsrat des Lieferanten in diesen Angelegenheiten zustehende Mitbestimmungsrecht faktisch nicht mehr. Das Management seiner Unternehmung wird zum bloßen Marionetten-Arbeitgeber. Dies zeigt auch Heidling (1997) am Beispiel der Quasi-Internalisierung der Kfz-Werkstätten in die strategisch geführten Netzwerke der Automobilhersteller, wo zentrale Mitbestimmungsgegenstände der Betriebsräte mit dem Management der Kfz-Werkstätten nicht mehr kompetent verhandelt werden können.

(2) Mit dem Terminus der „Verbetrieblichung der Interessenvertretung" (Schmidt/ Trinczek 1989) wird auf die Entwicklung verwiesen, daß die Branche als Bezugspunkt der Regulierung von Arbeit, und hier vor allem die Institution des Tarifvertrags, signifikant an Bedeutung verloren hat. Tarifverträge geben in bestimmten Fragen, z.B. der Arbeitszeit, nur noch einen Rahmen vor, der den betrieblichen Akteuren erhebliche

Handlungsoptionen einräumt. Öffnungsklauseln für betriebliche Regelungen haben dafür gesorgt, daß mehr Vereinbarungen, die zuvor einer tarifvertraglichen Regelung vorbehalten waren, auf der Ebene einzelner Betriebe bzw. einzelner Unternehmen abschließend geregelt werden. In der Konsequenz hat der Betriebsrat (und auf Unternehmensebene der Gesamtbetriebsrat) einen größeren Teil der Last der Interessenvertretung zu tragen. Infolge der Unternehmungsvernetzung werden nun aber die Handlungsmöglichkeiten der Interessenvertretung gerade auf der Betriebs- und Unternehmensebene erheblich beschnitten.

Dabei konstituiert der Weg der Netzwerkbildung durch Quasi-Externalisierung den ungünstigsten Fall für die Interessenvertretung: Bei der auslagernden Unternehmung stehen zunächst einmal die Arbeitsplätze zur Disposition, die im günstigeren Fall von einer anderen Unternehmung übernommen werden. Selbst wenn dabei ein Betriebsübergang nach § 613a BGB vorliegt, drohen systematisch Verschlechterungen der Arbeitsbedingungen und insbesondere der Mitbestimmungsmöglichkeiten. Tendenziell werden nämlich die Arbeitsplätze in kleinere Unternehmungen mit geringeren formell-institutionell abgesicherten Mitbestimmungsmöglichkeiten verlagert. Für die Betriebsräte – und ggf. auch für die Arbeitnehmervertreter im Aufsichtsrat – bedeutet die Quasi-Externalisierung eine massive Beschränkung ihres Zuständigkeitsbereiches. Die durch diese Form der Netzwerkbildung bewirkte sinkende Beschäftigtenzahl kann zur Folge haben, daß der Interessenvertretung bestimmte Rechte (z.B. nach §§ 99, 111 BetrVG) nicht mehr zustehen. Zu einer besonders starken Beeinträchtigung der Arbeitsfähigkeit der Betriebsräte kommt es, wenn die Quoren des § 38 BetrVG (Freistellungen) unterschritten werden. Denn die Professionalität und Handlungsfähigkeit der Interessenvertretung hängt in besonders hohem Maße von der Tätigkeit freigestellter Betriebsräte ab. Diese Entwicklung, daß die betriebliche Interessenvertretung im Zuge der Verbetrieblichung der industriellen Beziehungen einerseits aufgewertet, gleichzeitig durch die Unternehmungsvernetzung aber ausgehöhlt wird, stellt die Interessenvertretung in Unternehmungsnetzwerken vor das bereits erwähnte „Verbetrieblichungs-Entbetrieblichungs-Dilemma" (Sydow 1997). Weil die Unternehmungsvernetzung typischerweise nicht an Branchengrenzen halt macht, ist diesem Dilemma auch nicht so einfach durch tarifvertragliche Reregulierungen beizukommen.

(3) Besonders deutlich wird dieses Dilemma dann, wenn aus Arbeitnehmern durch Netzwerkbildung (abhängige) Selbständige werden, für die dann kein Arbeitsrecht – auch nicht das Recht auf Mitbestimmung – mehr gilt. In diesem Fall, wie z.B. bei Subunternehmern im Speditionsgewerbe und Propagandistinnen im Einzelhandel, entstehen „interessenvertretungsfreie Zonen". Aber nicht nur der Extremfall abhängiger Selbständigkeit, sondern auch bestimmte Formen des Fremdfirmeneinsatzes in „fraktalen Fabriken" (Warnecke 1992) oder „modularen Warenhäusern" (Wirth 1994a; 1994b) führen zu interessenvertretungsfreien Zonen. In diesen Zonen verfügen gerade jene Beschäftigten, die am meisten von der Entwicklung von Unternehmungsnetzwerken betroffen sind, weder über eine betriebliche noch über eine gewerkschaftliche Interessenvertretung. Dieser Fall betrifft insbesondere quasi-externalisierte Beschäf-

tigte. Gleichzeitig dürfte nur ein kleiner Teil von diesen Personen, vielleicht am ehesten noch die ebenfalls zunehmend in Netzwerkstrukturen arbeitenden sog. „entrepreneurial professionals" (Hall 1996), etwa selbständige Software-Entwickler oder technische Mediendienstleister, auf eine kollektive Interessenvertretung vollständig verzichten können. Die Entstehung interessenvertretungsfreier Zonen ist besonders dann wahrscheinlich, wenn die Funktionen auslagernde Unternehmung eine „Strategie der Kostenführerschaft" (Porter 1983) verfolgt und auf dem Wege der Quasi-Externalisierung von Arbeit versucht, die „numerische Flexibilität" (Atkinson 1984) zu steigern sowie durch eine gezielte Abschöpfung von „Regelungsarbitrage" (Albach 1989) die Arbeitskosten zu senken.

Gelingt angesichts dieser drei hier schlaglichtartig skizzierten Entwicklungen weder die Reform des formell-institutionellen Rahmens noch die später noch zu erläuternde proaktive Nutzung der gegebenen gesetzlichen und tarifvertraglichen Möglichkeiten, steht die Konfliktpartnerschaft – und mit ihr (auch) das betriebswirtschaftliche Rational dieses deutschen Modells der Interessenvertretung – in Gefahr, durch Unternehmungsvernetzung unterminiert zu werden.

3. Interessenvertretung in Unternehmungsnetzwerken – Mitbestimmung im Spannungsverhältnis von Kooperation und Konkurrenz

Wie das Management ist auch die Interessenvertretung in Unternehmungsnetzwerken mit strukturellen Besonderheiten dieser Organisationsform ökonomischer Aktivitäten konfrontiert. Diese Besonderheiten betreffen auf der einen Seite das notwendige Überschreiten von Betriebs-, Unternehmens-, Konzern- und nicht zuletzt Branchengrenzen. Zusätzlich gilt es, die auf diesen Systemebenen zunehmend heterogener werdenden Interessen zusammenzuführen und zu vertreten. Zwar hatten sich schon in der Vergangenheit die Interessen der in Unternehmungen Tätigen und deren Chancen auf dem innerbetrieblichen Arbeitsmarkt erheblich ausdifferenziert; durch die in dem für Unternehmungsnetzwerke charakteristischen Spannungsverhältnis von Kooperation und Konkurrenz wird diese Entwicklung nun aber noch einmal verschärft.

Mitbestimmung jenseits von Betriebs-, Unternehmens-, Konzern- und Branchengrenzen

Dem dualen System industrieller Beziehungen und seiner rechtlichen Kodifizierung liegt implizit die industrielle Großunternehmung mit einer fordistischen Massenproduktion zugrunde (vgl. Mückenberger 1993). Breit diversifiziert und vertikal tief integriert bietet sie aufgrund der Belegschaftsgröße den betrieblichen Interessenvertretungen relativ gute Möglichkeiten zur Professionalisierung. Im Gegensatz dazu findet sich, von Ausnahmen abgesehen[2], für eine wirksame Interessenvertretung in Unternehmungsnetzwerken keine rechtliche Kodifizierung. Dementsprechend entwickeln sich gegenwärtig unterschiedliche Praktiken der Interessenvertretung in Unternehmungsnetzwerken.

Basierend auf dem auf die industrielle Großunternehmung abgestellten System industrieller Beziehungen wird im Zusammenhang mit der Unternehmungsvernetzung ein betriebs-, unternehmens- und branchenübergreifender Kooperationsansatz der Interessenvertretungen diskutiert (vgl. Hurrle/Hurrle 1995) und teilweise auch schon praktiziert.[3] Interessenvertretungen versuchen, das Management mit seiner eigenen Waffe zu schlagen: durch unternehmungsübergreifende Kooperation, mit deren Hilfe sie ihre Wirksamkeit – trotz Unternehmungsvernetzung – zu wahren versuchen.

Die Anforderungen an die Interessenvertreter verändern sich im Unterschied zur bereits anspruchsvollen Interessenvertretung in Betrieben und Unternehmen allerdings nachhaltig: Übereinkünfte für Unternehmungsnetzwerke sind im Regelfall betriebs-, unternehmens- und ggf. auch branchen*übergreifend* auszuhandeln. Beispielsweise ist es für die Interessenvertretung in einem *Just in Time*-Zulieferverbund erforderlich, Arbeitszeiten im Netzwerk auszuhandeln. Dadurch entsteht ein erhöhter Konsensbedarf, der in Aus- und Verhandlungsprozessen in den verschiedenen Interessenvertretungen, in der Belegschaft *und* mit dem Management zu bewältigen ist. Die Interessenvertretung steht hierbei vor Problemen, die vor allem der Neugestaltung des Spannungsverhältnisses von Kooperation und Wettbewerb in Unternehmungsnetzwerken geschuldet sind.

Wie bereits dargestellt, zeichnen sich Unternehmungsnetzwerke einerseits durch zwischenbetriebliche Kooperation, andererseits durch das Fortbestehen des Markttests aus. Dies hat zur Folge, daß trotz einer engen Zusammenarbeit der Netzwerkunternehmungen Wettbewerb nicht nur zwischen ihnen und *potentiellen* Netzwerkunternehmungen, sondern auch zwischen ihren Beschäftigten und ihren Interessenvertretungen existiert. Der Wettbewerb der Unternehmungen wird in die Belegschaften und ihre Interessenvertretungen hineingetragen, indem abgrenzbare, wirtschaftlich verwertbare Leistungen mit denen anderer Unternehmungen verglichen werden. Sind Arbeit und Arbeitskosten ein relevanter Entscheidungsparameter für oder gegen eine (Quasi-) Externalisierung, „bieten und unterbieten" (Gehrke 1996) sich die Interessenvertreter, um die Produktion, und damit die Arbeitsplätze, in der Unternehmung bzw. an einem Standort zu sichern. Am unmittelbarsten läßt sich der Wettbewerb der Beschäftigten von (potentiellen) Netzwerkunternehmungen nachvollziehen, wenn einzelnen Beschäftigten mit dem Hinweis auf die längeren Arbeitszeiten, niedrigeren Einkommen und

---

[2] Solche Ausnahmen sind der gemeinsame Betrieb mehrerer Unternehmen, der gemeinsame Betrieb mehrerer Unternehmen nach einer Spaltung nach dem Umwandlungsgesetz, Rechtsformfehler bei Werkverträgen und nachgewiesene Scheinselbständigkeit.

[3] Vgl. die Beispiele in Girndt/Wendeling-Schröder (1990), Gröbel/Roth (1990), Roth (1994) und Wirth (1994a; 1994b).

Sozialleistungen (z.T. schein-) selbständiger Subunternehmer gezwungen werden, Einbußen bei Einkommen, Sozialleistungen und Arbeitsbedingungen hinzunehmen. Das Management der das Netzwerk strategisch führenden Unternehmung kann durch Verweis auf Markttests bzw. durch das reflexive Mitführen von anderen Optionen der (Dienstleistungs-) Produktion de facto „Marktkontrolle" (Friedman 1977) ausüben.

Insbesondere das reflexive Mitführen anderer Optionen, die latent vorhandene Drohung mit dem Zukauf vom Markt oder mit der Formation einer Netzwerkbeziehung zu einer anderen Unternehmung, führt zu einer neuen Qualität in der Konfliktpartnerschaft zwischen Management und Interessenvertretung. Das Management kann allein mit dem (realistischen) Hinweis auf andere Optionen Macht entfalten und von der Interessenvertretung Konzessionen einfordern. Die Beschäftigten werden einer Marktkontrolle insbesondere dann unterworfen, wenn sich die Unternehmungen in ihren Produkt-/Marktstrategien global ausrichten (vgl. Dörre 1997). Im ungünstigsten Fall führt die Ausübung von Marktkontrolle zu einem globalen Unterbietungswettbewerb von Löhnen und Arbeitsbedingungen; im günstigeren Fall kann die Interessenvertretung durch interne Optimierungen Beschäftigung und Arbeitsbedingungen absichern. In beiden Fällen stehen die Interessenvertretungen in Unternehmungsnetzwerken einem durch ein Mehr an Markt verobjektivierten Herrschaftsverhältnis gegenüber (vgl. Sauer/Döhl 1994), für das eine Gegenwehr immer schwieriger zu mobilisieren ist.

Weil sich die Betriebsräte vor allem an den Interessen der betrieblichen Stammbelegschaft, kaum jedoch an jenen der Randbelegschaften oder jenen der Beschäftigten in anderen Netzwerkunternehmungen orientieren (vgl. dazu die Befunde in Hirsch-Kreinsen 1995; Wirth 1998), verlängert sich der Wettbewerb im Unternehmungsnetzwerk in die Interessenvertretung hinein. Diese Tendenz verstärkt die Orientierung der Betriebsräte am ökonomischen Erfolg des Betriebes und des Unternehmens, die in § 2 BetrVG ohnehin rechtlich kodifiziert ist, für die Sicherheit der Arbeitsplätze unerläßlich erscheint und vom Management auch immer wieder eingefordert wird. Aus diesen Gründen findet die kollektive Logik von Unternehmungsnetzwerken im Handeln der Interessenvertreter nur selten ein Pendant. Die Suche nach Moderatoren und Promotoren für eine unternehmungsübergreifende Interessenvertretungsarbeit bleibt vor dem Hintergrund dieses Spannungsverhältnisses häufig erfolglos (vgl. Hurrle/Hurrle 1995). Betriebsräte entwickeln sich unter diesen Bedingungen eben nicht so schnell zu Grenzgängern, die Kontakte zu Interessenvertretungen in den Netzwerkunternehmungen aufbauen, unterhalten und gemeinsam Absprachen aushandeln.

Aber nicht nur auf betrieblicher Ebene kommt es im Spannungsverhältnis von Kooperation und Wettbewerb zu einer Erosion der Konfliktpartnerschaft. Auf Unternehmens- und Konzernebene, also im Gesamt- und Konzernbetriebsrat passiert ähnliches. Die Orientierung der Mitglieder von Gesamt- und Konzernbetriebsrat am Unternehmungswohl sorgt dafür, daß die gleichen Konkurrenzmechanismen wirksam werden wie auf der betrieblichen Ebene. Auch auf diesen Regulierungsebenen von Arbeit hat sich in der Interessenvertretung noch keine kollektive Logik entwickelt, weil sich die Interessenvertreter vor allem auf die Interessen ihrer Wähler verpflichtet fühlen.

Ähnlich wie die (Konzern- und Gesamt-) Betriebsräte geraten auch die Gewerkschaften, und damit die von ihnen abgeschlossenen Tarifverträge, verstärkt unter Marktdruck. Die Praxis von Öffnungsklauseln, der Abschluß von Betriebsvereinbarungen, die gegen gültige Tarifverträge verstoßen, die Vereinbarung von Entgeltkorridoren sowie die Diskussion über eine (kontrollierte) Öffnung des Flächentarifvertrags reflektiert auf der einen Seite zwar das Bemühen der Akteure industrieller Beziehungen um eine Beschäftigungssicherung (vgl. Rosdücher 1997); auf der anderen Seite spiegelt diese Praxis jedoch auch die verstärkten Möglichkeiten des Managements wider, Marktkontrolle – insbesondere durch Verweis auf die Möglichkeit einer verstärkten (Quasi-) Externalisierung von Funktionen – auszuüben. Folge dieser Praxis ist ohne Zweifel die Entwertung von Tarifverträgen und damit eine Verschärfung des Mitgliederrekrutierungsproblems der Gewerkschaften, zumal sich zahlreiche Gewerkschaften und ihnen angeschlossene Betriebsräte gezwungen sehen, nach dem Abschluß von Tarifverträgen in einer „zweiten Lohnrunde im Betrieb" – im Unterschied zu früher (vgl. dazu Bergmann u.a. 1979) – diese Tarifverträge nun nicht nach oben, sondern nach unten zu korrigieren.

Mit der Ausübung von Marktkontrolle werden nicht nur traditionelle Handlungsfelder der Betriebsräte prekär. Vielmehr kommt es in rekursiv miteinander verknüpften Prozessen zu einem dramatischen Machtverlust der Interessenvertretung, der das bundesdeutsche System industrieller Beziehungen nachhaltig verändert bzw. noch verändern wird. Auf der Branchenebene kommt es zu einer Erosion des Einflusses der Gewerkschaften; sie nehmen immer weniger eine Entlastungsfunktion für die Betriebsräte wahr. Hinzu kommt, daß aufgrund der chronischen Überlastung der Betriebsräte (die durch die Unternehmungsvernetzung noch verschärft wird) dieses für die Mitgliederrekrutierung wichtige betriebliche Standbein der Gewerkschaften – und damit wiederum die Institution der Gewerkschaft selbst – geschwächt wird. Im Ergebnis kann eine *grundlegende Transformation* des Systems der industriellen Beziehungen durch Unternehmungsvernetzung erwartet werden, die im Extremfall mit der Verbreitung interessenvertretungsfreier Zonen einhergeht, wenn nicht neue Formen der Interessenvertretung entwickelt werden.

Unternehmungsnetzwerke, und mit ihnen der Koordinationsbedarf von Beschäftigteninteressen, überschreiten gewöhnlich nicht nur Betriebs-, Unternehmens- und Konzerngrenzen, sondern auch traditionelle Branchengrenzen, die die Organisationsdomänen von Gewerkschaften abstecken. Besonders problematisch ist dies wiederum im Fall der Netzwerkbildung durch Quasi-Externalisierung betrieblicher Funktionen, nämlich dann, wenn die Funktionen in Unternehmungen anderer Branchen ausgelagert werden. Beispielsweise fällt eine Unternehmung, die die Sitzefertigung eines Automobilherstellers übernimmt, in den Geltungsbereich eines anderen Tarifvertrags. Dies gilt auch nach der Fusion der beiden zuständigen Branchengewerkschaften, weil weiterhin zwei konkurrierende Branchentarifverträge, die unterschiedliche Arbeitsbedingungen kodifizieren, existieren. In anderen Fällen, z.B. der Ausgliederung von Warenhausrestaurants, kommt es zu Abgrenzungsstreitigkeiten zwischen den Branchengewerkschaften

Nahrung-Genuß-Gaststätten und Handel, Banken und Versicherungen, die die Interessenvertretung schwächen. In einzelnen Fällen schließen Gewerkschaften Haustarifverträge ab, die Verschlechterungen der Arbeitsbedingungen der Beschäftigten kodifizieren, um die Organisationszuständigkeit durch ein „tarifvertraglich abgesichertes concession bargaining" (Wirth 1998) zu gewährleisten.

Mit dieser Form des „concession bargaining" wird der dem Wettbewerb in Unternehmungsnetzwerken geschuldete Anpassungsdruck nachgekommen, indem die Arbeitsbedingungen verschlechtert werden und eine Annäherung an ungünstigere Tarifverträge vorgenommen wird. Der Tarifvertrag, *das* Instrument der Gewerkschaften, um die Konkurrenz der Beschäftigten untereinander aufzuheben, kann also im Zuge der Unternehmungsvernetzung einen völlig anderen Charakter erhalten.

Insgesamt ist infolge der Unternehmungsvernetzung eine weitere Erosion der Konfliktpartnerschaft auf der Betriebs-, Unternehmens-, Konzern- und Branchenebene zu erwarten. Entscheidungsunfähigen Marionetten-Arbeitgebern, interessenvertretungsfreien Zonen und dem Verbetrieblichungs-Entbetrieblichungs-Dilemma könnte zwar mit neuen unternehmungsübergreifenden Interessenvertretungskonzepten begegnet werden. Aufgrund der Heterogenität von Interessen in Unternehmungsnetzwerken ist deren Umsetzung jedoch schwierig.

Mitbestimmung in Unternehmungsnetzwerken angesichts zunehmend heterogener Interessen

Die Ausführungen zum Wandel von Arbeit in Unternehmungsnetzwerken deuten an, daß Beschäftigte sehr unterschiedlich von der Unternehmungsvernetzung betroffen sind. Die „boundary spanners", die die unternehmungsübergreifende Kooperation organisieren, sind die vermutlichen *Vernetzungsgewinner*. Dies gilt selbst unter Berücksichtigung der Tatsache, daß die Aufwertung ihrer Tätigkeiten an den Grenzstellen zu anderen Organisationen – aufgrund der möglichen Folgen von in Unternehmungsnetzwerken nur bedingt gezähmtem Wettbewerb – immer nur vorläufig ist.

Diesen Vernetzungsgewinnern steht allerdings eine beachtliche Zahl von *Vernetzungsverlierern* gegenüber. Deren Arbeitsplätze fallen unter dem Druck der im Netzwerk weiterhin wirksamen Marktkontrolle ggf. weg, zumindest werden ihr Status und Einfluß (weiter) verringert. Die Spaltung der Belegschaft in Vernetzungsgewinner und -verlierer bewirkt, daß eine weitere Heterogenisierung von Interessen nicht nur im Unternehmungsnetzwerk, sondern auch in den einzelnen Netzwerkunternehmungen zu konstatieren ist. Hinzu kommt hier, daß sich infolge einer Unternehmungsvernetzung Macht und Einfluß verschiedener Funktionsbereiche verschieben. Beispielsweise erfährt das Einkaufsressort durch eine (Quasi-) Externalisierung vormals eigenerstellter Leistungen eine Aufwertung gegenüber dem Produktionsressort. Die Personalabteilung, um ein zweites Beispiel zu erwähnen, verliert dabei innerbetrieblichen Handlungsspielraum und hat zudem die mit einer Quasi-Externalisierung verbundenen personellen Probleme zu bewältigen.

Die Heterogenität der sozialen Welt „Betrieb", die auch schon *vor* der Unternehmungsvernetzung im allgemeinen und der Entstehung strategischer Netzwerke durch Quasi-Externalisierung im besonderen zu konstatieren ist, spiegelt sich in der Interessenvertretung wider. Trotz der einschlägigen Vorschrift in § 80 BetrVG repräsentieren die Betriebsräte in der Regel vor allem die dominante Beschäftigtengruppe, in Industriebetrieben insbesondere die Gruppe der männlichen Facharbeiter (vgl. Hohn 1991). Dadurch sind besondere Anforderungen an die Interessenvertretung gestellt, wenn schlecht repräsentierte Belegschaftsteile (z.b. Frauen, Ausländer, Ungelernte) von der Unternehmungsvernetzung nachteilig betroffen sind. Wenn die Quasi-Externalisierung Teile der Stammbelegschaften betrifft, wird die betriebliche Interessenvertretung versuchen, die (wirtschaftliche!) Managementscheidung zumindest argumentativ zu beeinflussen (vgl. dazu die entsprechenden Vorschläge in Müller/Prangenberg 1997). Wenn diese Ressource erschöpft ist, wird sie sich auf andere Machtquellen, z.b. den Entzug der Kooperation an anderer Stelle, stützen.

Zwar fehlen bislang umfassende empirische Untersuchungen zur Interessenvertretungspolitik im Prozeß der Unternehmungsvernetzung, aber aus Einzelfallstudien gewonnene Einsichten deuten darauf hin, daß die Interessenvertretung insbesondere dann aktiv wird, wenn relevante Teile der Stammbelegschaft nachteilig von der Unternehmungsvernetzung betroffen sind (vgl. Sydow u.a. 1996; Wirth 1998). Das aber bedeutet, daß sich die Interessen und Möglichkeiten zur Interessenvertretung weiter ausdifferenzieren. Eine neue Qualität erhält die Interessenausdifferenzierung, weil durch die Ausübung von Marktkontrolle bzw. durch das reflexive Mitführen anderer Optionen nicht nur die Randbelegschaften, sondern in wachsendem Umfang auch die Stammbelegschaften, einschließlich betrieblicher Experten, der Marktkontrolle ausgesetzt sind und ihre privilegierte Position ausgehöhlt wird.

Ähnlich wie auf der betrieblichen Ebene kommt es in Unternehmungen – und damit im Gesamt- und ggf. Konzernbetriebsrat – zu einer Heterogenisierung der Interessenkonstellation. Die Betriebsratsmitglieder repräsentieren verschiedene Betriebe unterschiedlicher Größe, die von der Unternehmungsvernetzung in unterschiedlichem Maße betroffen sein können. Da die Anzahl der Beschäftigten eines Betriebs die Stimmrechte festlegt, verfügen Betriebsräte aus Großbetrieben in Gesamt- und in Konzernbetriebsräten über mehr Einfluß und können in politischen Aushandlungsprozessen ihre Interessen besser vertreten.

Von der Unternehmungsvernetzung und der mit ihr einhergehenden Heterogenisierung der Interessenlagen ist nicht nur der Betriebsrat betroffen, sondern auch die Gewerkschaft. Wirth (1998) berichtet beispielsweise von einer Koalition zwischen dem Top-Management eines Einzelhandels- und Dienstleistungskonzerns und dem Hauptvorstand der Gewerkschaft HBV im Zuge der Durchsetzung der Ausgliederung von Warenhausrestaurants. Diese Koalition setzt sich gegen Teile des mittleren Managements in der Warenhausunternehmung und in der Gewerkschaft HBV gegen eine Gruppe von Gewerkschaftsfunktionären durch, die eine tarifvertragliche Reregulierung von Arbeit und Mitbestimmung im Unternehmungsnetzwerk favorisiert. Der Versuch, reflexiv in die Organisation von Netzwerkbeziehungen einzugreifen, scheitert in diesem Fall, weil sich auf seiten der Interessenvertretung nur wenige Akteure auf die kollektive Logik von Unternehmungsnetzwerken und der Interessenvertretung in ihnen beziehen.

Die Heterogenisierung der Interessenlagen durch die Unternehmungsvernetzung stellen Management und Interessenvertretung vor neue Anforderungen. Das Management muß die möglichen politischen Auseinandersetzungen antizipieren, das Commitment der (verbleibenden) Beschäftigten erhalten und einen Konsens über die Unternehmungsvernetzung aushandeln, damit die Legitimität der Managemententscheidung sichergestellt ist (vgl. Sydow 1992, S. 312). Von seiten der Interessenvertretung gilt es die unterschiedlichen Auswirkungen auf die verschiedenen Belegschaftsteile herauszukristallisieren und, basierend auf dieser Einschätzung, in arbeitspolitischen Aushandlungsprozessen Managemententscheidungen zu beeinflussen. Voraussetzung dafür ist die Bildung von Koalitionen in diesen Aushandlungsprozessen,[4] um den Handlungsspielraum der Interessenvertretung zu erweitern. Angesichts der Politisierung des Betriebs, die oftmals quer zu den Interessengegensätzen von Management und Interessenvertretung liegt (so auch empirische Befunde von Ortmann u.a. 1990), müßten die gewerkschaftliche Bildungsarbeit und die Managementausbildung zusätzliche politische Fähigkeiten vermitteln. Beispielsweise müßten die Interessenvertreter die Fähigkeit erlangen, die unterschiedlichen Folgen für bestimmte Belegschaftsteile herauszukristallisieren, Koalitionen zu schmieden und adäquate Handlungsmöglichkeiten aufzugreifen (z.B. Öffentlichkeitsarbeit). Manager hingegen müßten über die Fähigkeit verfügen, in der Interaktion mit den Interessenvertretern Regeln der Legitimation zu entwickeln, die Quasi-Externalisierungsprozesse als angemessen, notwendig und legitim erscheinen lassen.

Als Zwischenergebnis ist festzuhalten: Im Spannungsverhältnis von Kooperation und Konkurrenz, das in Unternehmungsnetzwerken – im Vergleich zu Unternehmungen – eine grundlegend neue und für Interessenvertretungen noch bedrohlichere Qualität gewinnt, läuft die Konfliktpartnerschaft Gefahr zu erodieren; im Extremfall entstehen interessenvertretungsfreie Zonen. Durch die Vermarktlichung inner- und zwischenbetrieblicher Beziehungen werden die eingespielten Konfigurationen industrieller Beziehungen ausgehöhlt. Zusätzlich werden die Interessen der Beschäftigten, Manager und Interessenvertreter immer heterogener. Dennoch werden in der Praxis neue Ansätze einer Mitbestimmung in Unternehmungsnetzwerken entwickelt und gegen überkommene Routinen gestellt.

---

[4] Beispielsweise könnte ein Betriebsrat bei einer Quasi-Externalisierung von Produktionsfunktionen eine Koalition mit den Beschäftigten, der Personalabteilung, dem mittleren und unteren Management sowie der Produktionsleitung schmieden.

4. Alte Routinen und neuere Ansätze einer Mitbestimmung in Unternehmungsnetzwerken

Die Akteure industrieller Beziehungen – das zeigen die obigen Ausführungen – sind insbesondere auf der Seite der Beschäftigten gegenwärtig (noch) nicht angemessen auf die Interessenvertretung in Unternehmungsnetzwerken vorbereitet. Sie stoßen an Grenzen, ihnen stehen aber auch neue Optionen offen. Neben einer Argumentation, die die Funktionalität der Arbeitnehmermitbestimmung im allgemeinen und in Unternehmungsnetzwerken im besonderen aus betriebswirtschaftlicher Sicht betont, greifen die Interessenvertreter im Rahmen eines strategischen Co-Managements und durch auf Unternehmungsnetzwerke zugeschnittene tarifliche Regelungen reflexiv in die Organisation von Unternehmungsnetzwerken ein. Insbesondere ein strategisches Co-Management und die tarifvertragliche Reregulierung von Arbeit und Mitbestimmung in Unternehmungsnetzwerken unterscheiden sich signifikant von den alten Routinen der Interessenvertretung im Prozeß der Unternehmungsvernetzung.

Routinen der Interessenvertretung im Prozeß der Unternehmungsvernetzung

Obwohl eine Mitbestimmung der Interessenvertretung im Prozeß der Unternehmungsvernetzung, von Ausnahmen abgesehen, nicht explizit rechtlich kodifiziert ist, haben die Akteure industrieller Beziehungen Routinen entwickelt, wie sie mit ihr umgehen; sie knüpfen dabei rekursiv an die für sie typische Interessenvertretungspraxis an.

Am Beispiel von zwei Auslagerungsprozessen in der Automobilindustrie haben Jürgens/Reutter (1989) exemplarisch gezeigt, wie unterschiedlich in hochorganisierten Bereichen der Metallindustrie Probleme industrieller Beziehungen bei einer Unternehmungsvernetzung bewältigt werden. In der militanteren Variante mobilisiert der Betriebsrat in Zusammenarbeit mit der örtlichen IG Metall die Belegschaft. Die Mitbestimmungsgremien befassen sich daraufhin mit der Managemententscheidung, die Beschäftigten streiken und der Betriebsrat unterbreitet Vorschläge, wie beim Materialbezug und in der Logistik die Kosten gesenkt werden können. Trotz der relativ geringen Einsparung – das Management beziffert die Kostensenkung durch eine Fremdvergabe auf DM 20 bis DM 25 pro PKW – wird die Produktion nach Spanien verlegt und die Produktionsmittel verkauft, so daß an eine Rückholung der Produktion nicht mehr zu denken ist. Die Beschäftigten haben aufgrund eines Rationalisierungsschutzabkommens Beschäftigungssicherheit, aber die Umsetzung auf andere feste Arbeitsplätze macht auch ein Jahr nach der Quasi-Externalisierung noch Schwierigkeiten.

Im zweiten Fall behauptet das Management, daß ein Fremdbezug um 25 Prozent günstiger ist als die Eigenfertigung. Aber dem Werk wird zugestanden, im Vergabeverfahren ein eigenes Angebot abzugeben. Werksmanagement und Interessenvertretung realisieren durch eine Reorganisation unter Einbeziehung interner Spezialisten und der Vertrauensleute eine 25prozentige Kostensenkung. Die Fertigung verbleibt im Werk.

Eine andere Routine der Interessenvertretung besteht bei einer Quasi-Externalisierung von Funktionen darin, die Folgen für die Beschäftigten abzufedern, indem die betrieblichen Sozialleistungen und das Einkommen der bereits beschäftigten Arbeitnehmer in der Regel zeitlich befristet abgesichert wird. Im Fall der organisatorischen Vernetzung mit vorgelagerten Wertschöpfungsstufen schließen Gesamtbetriebsräte Sozialpläne ab, die die wirtschaftlichen Nachteile mindern. Zudem wird vereinbart, Personal ausschließlich über Fluktuation abzubauen (vgl. dazu ausführlich Wirth 1998).

Derartige Routinen der Interessenvertreter sind als im Kern reaktiv zu kennzeichnen. Von der Interessenvertretung sind sie nur dann zu überwinden, wenn diese entsprechende Machtressourcen mobilisieren kann oder Mitbestimmung für Unternehmungen bzw. Unternehmungsnetzwerke betriebswirtschaftlich interessant ist und damit entsprechende Ansatzpunkte für weitreichendere Formen der Mitbestimmung, wie etwa ein „Co-Management" (Streeck 1986; Müller-Jentsch 1989), bieten. Bei einem Co-Management übernehmen die Interessenvertreter managerielle Funktionen und arbeiten z.B. an der Optimierung von (über-) betrieblichen Prozessen mit, um Beschäftigung und soziale Mindeststandards (z.B. Anwendung von Tarifverträgen) abzusichern, und um die (Dienstleistungs-) Produktion zu modernisieren.

Betriebswirtschaftliche Anknüpfungspunkte für eine unternehmungsübergreifende Mitbestimmung

Eine wirtschaftlich erfolgreiche Zusammenarbeit in Unternehmungsnetzwerken bedarf nicht nur einer strategischen Konzeption, sondern auch deren operativer Umsetzung in die Praxis. Betriebsräten, die unternehmungsübergreifend agieren, kann dabei eine Promotorenrolle für die Umsetzung der Kooperationsstrategien in Kooperationspraktiken zukommen, sie können als „Beziehungspromotoren" (Gemünden/Walter 1995) agieren und als solche den interorganisationalen Wissenstransfer unterstützen. Weitere betriebswirtschaftliche Anknüpfungspunkte, die die Interessenvertretung in Verhandlungsprozessen mit dem Management strategisch nutzen kann, bieten:

- die positiven Wirkungen betrieblicher und überbetrieblicher Mitbestimmung auf die Personalfluktuation (vgl. Frick 1995; 1997), die ihrerseits entscheidend zur Stabilität der Beschäftigungsverhältnisse der erfolgskritischen „boundary spanners" beiträgt und die Entstehung von Vertrauensbeziehungen zwischen den Unternehmungen erleichtert (vgl. dazu Loose/Sydow 1994; Dyer/Chu 1998);

- die Möglichkeit eines modernen Human Resource Managements, das im bundesdeutschen System industrieller Beziehungen mit den rechtlich kodifizierten Mitwirkungsrechten der Interessenvertretung[5] wirksamer *mit* denn *gegen* die Interessenvertretung in Unternehmung und Unternehmungsnetzwerk zu implementieren ist und

---

[5] Im Unterschied zur Bundesrepublik Deutschland wird Human Resource Management in der angelsächsischen Literatur vor allem als eine Mitbestimmungsvermeidungsstrategie diskutiert (vgl. Fischer/Weitbrecht 1995; Brewster 1995).

das nicht nur die organisationsinterne Koordination, sondern auch die Zusammenarbeit von „boundary spanners" erleichtert;

- die Unterstützung des Managements bei der Entwicklung „kooperativer Kernkompetenzen" (Duschek 1998), die in den unternehmungsübergreifenden, vernetzten Arbeitszusammenhang eingebettet sind;
- die Absorption kontraproduktiver Konflikte in und zwischen Netzwerkunternehmungen durch die betriebliche Interessenvertretung, die hier als „soziales Korrektiv" (Dörre/Neubert 1995) agieren kann;
- die Vermeidung von Risiken, die mit der Beschäftigung von abhängig Selbständigen, Subunternehmern oder überhaupt Fremdfirmen in „high risk environments" (Rousseau/Libuser 1997; vgl. auch schon Wächter 1989) verbunden sind.

Vor allem aber kann die Interessenvertretung das Management davor bewahren, Externalisierungsbestrebungen zu überdehnen. Im Fall radikaler (Quasi-) Externalisierung besteht nämlich die Gefahr, daß eine Unternehmung die für ihren Fortbestand bedeutsamen Kompetenzen preisgibt, ein Argument, das vor allem die Vertreter des ressourcenbasierten Ansatzes des strategischen Managements vorbringen (vgl. dazu Rasche 1994, S. 290ff.; zu Knyphausen-Aufseß 1998). Diese Gefahr tritt vor allem dann auf, wenn eine Externalisierungsentscheidung primär Ergebnis kostenwirtschaftlicher Kalküle ist, die die strategische Tragweite solcher Entscheidungen nicht berücksichtigen. Auf der Basis allein von Produktions- und Transaktionskosten durchgeführte Kalküle setzen eine „Spirale des Outsourcing" (Bettis u.a. 1992) in Gang. Denn sobald einmal eine Funktion ausgelagert und eine effiziente Lieferantenbeziehung etabliert ist, werden die dadurch kurzfristig erzielten ökonomischen Vorteile das Management zur weiteren (Quasi-) Externalisierung betrieblicher Funktionen verleiten. Auch andere Geschäftsbereiche der Unternehmung werden dieses Vorgehen nachahmen. Infolge der Funktionsexternalisierung werden die relativen Gemeinkosten steigen und das Management zu einem weiteren Abbau von – in diesem Fall auch Gemeinkosten verursachenden – Aktivitäten veranlassen. Jene Gemeinkosten verursachenden Aktivitäten treten nicht selten im Zusammenhang mit der für den Fortbestand der Unternehmung zentralen Fähigkeit zur Produkt- und Prozeßinnovation auf. Im Ergebnis mag sich eine Unternehmung sämtlicher strategischer Ressourcen entledigen, die es für den Markt bzw. ein Netzwerk attraktiv machen oder das Fundament der strategischen Netzwerkführerschaft bilden. Gleichzeitig büßt die Unternehmung die Fähigkeit ein, Insourcing zu betreiben und sich, basierend auf ihren (Kern-) Kompetenzen, neue Geschäftsfelder zu erschließen.

Obige Ausführungen zeigen, daß von einer qualifizierten Mitbestimmung in Unternehmungen und Unternehmungsnetzwerken durchaus auch positive Beiträge zur ökonomischen Performanz zu erwarten sind. Dies gilt auch für die Fälle, in denen hochkompetente Interessenvertreter ihren Einfluß im Sinne eines Co-Managements über das übliche Maß hinaus ausdehnen.

Mitbestimmte Netzwerkbildung durch strategisches Co-Management

Einen Schritt weiter geht ein „strategisches Co-Management" (Sydow u.a. 1996), bei dem die Interessenvertretung durch Rückgriff auf die referierten betriebswirtschaftlichen Argumente oder ggf. durch die Androhung des Entzugs der Kooperation an anderer Stelle versucht, nicht nur die arbeitspolitischen Auswirkungen der Netzwerkbildung aufzufangen, sondern auf die Unternehmungsstrategie und -entwicklung proaktiv im Zuge einer Konzeptionskonkurrenz Einfluß zu nehmen. Die Unternehmungsvernetzung wird dann zum Gegenstand reflexiven Mitorganisierens seitens der Interessenvertretung. Dabei ist die Interessenvertretung darum bemüht, den durch die Ausübung von Marktkontrolle induzierten Anpassungsdruck auf Betriebsvereinbarungen und Tarifverträge zu mindern, ohne traditionelle Handlungsfelder zu vernachlässigen. Zusätzlich erschließt sie sich neue Handlungsfelder (z.B. die Unternehmungsvernetzung), um alte abzusichern. Solch ein strategisches Co-Management praktizieren die Interessenvertretung der Volkswagen AG und – in einem noch viel stärkeren Maße – diejenige einer öffentlichen Dienstleistungsunternehmung, die wir im Rahmen eines Forschungsprojekts untersuchen konnten.

(1) Im Zuge der Beschaffungsaktivitäten von VW wird in der Vorbereitungsphase die Art und der Umfang der zur Beschaffung anstehenden Teile bestimmt (vgl. dazu Gehrke 1996; 1997). Für die Produktion dieser Teile wird eine Ausschreibung vorgenommen, an der neben allen in- und ausländischen VW-Werken auch externe Anbieter teilnehmen können. Parallel dazu findet eine Information des Betriebsrates statt, der daraufhin die Gelegenheit hat, die Auswirkungen auf die Beschäftigung und das Fertigungs-Know-how zu prüfen, aber auch die „Beschäftigungswirkungen von Beschaffungsvorgängen allen Beteiligten zu verdeutlichen" (Gehrke 1997, S. 295). Die proaktive Absicherung und Entwicklung unternehmungseigener Kompetenzen bietet möglicherweise die Chance, einen hohen Eigenfertigungsanteil zu realisieren und damit den Bestand regulierter Beschäftigungsverhältnisse in einer hohen Zahl zu garantieren. Interessenvertretungsfreie Zonen werden – soweit möglich – vermieden. Nach der Vorbereitung erfolgt in der Verhandlungsphase eine Analyse der Angebote, ein Abgleich zwischen Preisen und Zielkosten. Die Entscheidungsphase leitet eine vorbereitende Sitzung ein, in dem eine Empfehlung an das letztendlich entscheidende Gremium ausgesprochen wird. Falls eine (Quasi-) Externalisierung der Fertigung günstiger ist, wird die Entscheidung vertagt; den internen Anbietern wird die Möglichkeit zur Nachbesserung ihres Angebots gegeben.

Die skizzierte Einflußnahmemöglichkeit des Betriebsrats wird von einer Betriebsvereinbarung gewährleistet. Diese stellt sicher, daß vor der eigentlichen Entscheidungsfindung eine Information des Betriebsrates erfolgt. Die frühzeitige Information verschafft dem Betriebsrat wiederum die Möglichkeit, beschäftigungssichernd einzugreifen: „Die erweiterte Mitbestimmung äußert sich insbesondere in einer generellen und standortbezogenen Beratung der Entwicklungs- und Fertigungsstrategie, die zum Ziel hat, auf mögliche strukturelle und beschäftigungswirksame Probleme aufmerksam zu machen, so daß gemeinsam eine Lösung erarbeitet werden kann, die den Erhalt der Arbeitsplätze innerhalb der betroffenen Werke nachhaltig sichert." (Gehrke 1997, S. 299) De facto wird damit die Unternehmungsstrategie zum Verhandlungsgegenstand zwischen Management und Interessenvertretung. In diese Verhandlung greift nicht nur der Betriebsrat auf der Grundlage seiner unmittelbaren Ressourcen ein. Vielmehr ist zu vermuten, daß sich die IG Metall als Tarifvertragspartei eines Haustarifvertrages bei VW machtvoll in die Aushandlungsprozesse einmischt und zum Beispiel im Aufsichtsrat die Berufung von Vorstandsmitgliedern unterstützt, die zuvor in montanmitbestimmten Unternehmungen tätig waren. Zudem hält das Land Niedersachsen Anteile an dieser Unternehmung und hat angesichts der großen Zahl von VW-Beschäftigten in Niedersachsen ein Interesse an einer wettbewerbsfähigen Produktion. Im Falle einer SPD-Regierung dieses Bundeslandes kann die Interessenvertretung zudem gegebenenfalls an dem Bündnis der alten sozialen Bewegungen, Sozialdemokratie und Gewerkschaften, anknüpfen.

(2) Noch weiter gehen der Betriebsrat und die Gewerkschaft ÖTV in einer großen öffentlichen Dienstleistungsunternehmung (vgl. Sydow u.a. 1996). Sie verlängern das duale System industrieller Beziehungen in das Unternehmungsnetzwerk hinein, das von dieser Dienstleistungsunternehmung zunehmend reflexiv organisiert wird. Die Interessenvertretung verhindert einerseits interessenvertretungsfreie Zonen, andererseits „exportiert" sie ihre „Mitbestimmungskultur" in das Unternehmungsnetzwerk. Dies geschieht praktisch, indem der Betriebsrat als Bedingung für eine Fremdvergabe von Dienstleistungen an andere Unternehmungen formuliert, daß von diesen erstens tarifliche und gesetzliche Mindeststandards eingehalten werden, zweitens eine repressionsfreie Bildung von Betriebsräten ermöglicht und drittens, vermittelt über die jeweiligen Branchengewerkschaften, eine Kooperation der Gewerkschaften und Betriebsräte organisiert wird. Die Einhaltung der sozialen Mindeststandards kontrolliert die Interessenvertretung über den Aufsichtsrat der das Netzwerk strategisch führenden Unternehmung sowie über die Kontakte zu den Betriebsräten und den zuständigen Einzelgewerkschaften in den jeweiligen Netzwerkunternehmungen.

Darüber hinaus bewahrt die betriebliche Interessenvertretung durch eine sehr erfolgreiche, kontrollierte Rationalisierungsschutzpolitik den Charakter der vertikal tief integrierten Unternehmung, die ihr gleichzeitig als Machtbasis für eine „mitbestimmte Netzwerkbildung" dient. Durch das Co-Management innerbetrieblicher Rationalisierungen sorgt die Interessenvertretung auch für die Entstehung von Methodenkompetenz, die in weiteren Verbesserungsverfahren, auch solchen, die die Unternehmungsgrenzen überschreiten, verwertet werden kann. Ferner unterstützt die Interessenvertretung eine Quasi-Internalisierungsstrategie, mit der sie unternehmungseigene Kompetenzen vermarkten möchte. Nicht zuletzt deshalb sieht ein Betriebsvereinbarungsentwurf vor, die Quasi-Internalisierung bzw. das Insourcing explizit als Verbesserungsvorschlag zu verankern. Auch in Hinblick auf kognitive Orientierungen hält die Interessenvertretung, soweit es ein „thinking in networks" betrifft, mit dem Management Schritt.

Beide Beispiele für ein strategisches Co-Management der Interessenvertretung beschreiben sicherlich nicht die Normalität der Interessenvertretungspraxis in bundesdeutschen Unternehmungen und Unternehmungsnetzwerken. Diese ist in anderen Studien (vgl. Kotthoff 1981; 1994; Kotthoff/Reindl 1990) weitaus besser dokumentiert worden und kommt den zuvor skizzierten Routinen auch erheblich näher. Deshalb wird an dieser Stelle auf die äußerst anspruchsvollen Voraussetzungen des strategischen Co-Managements eingegangen.

Beide Unternehmungen sind großbetrieblich organisiert und entsprechen somit dem Leitbild der Betriebsverfassung. Folglich finden die Betriebsräte in diesen Unternehmungen gute, wenngleich sicherlich verbesserungsfähige, Arbeitsbedingungen vor. Beispielsweise verfügen beide Betriebsräte über eigene Referentenstäbe, die die Betriebsratsarbeit inhaltlich und konzeptionell unterstützen. In beiden Unternehmungen sind weite Teile der Beschäftigten gewerkschaftlich organisiert; es besteht eine enge Bindung zwischen betrieblicher und gewerkschaftlicher Interessenvertretung. Die Interessenvertretung hat sich in der Vergangenheit ein hohes Maß an Anerkennung nicht nur bei den Beschäftigten, sondern auch beim Management erarbeitet. Insbesondere in der öffentlichen Dienstleistungsunternehmung ist der Einfluß der Interessenvertretung mittlerweile auch personell abgesichert, indem sie Einfluß auf die Besetzung von Führungs- und anderen Schlüsselpositionen nimmt, was ihre Ausnahmestellung eindrucksvoll belegt. Für den Einfluß der Interessenvertretung auf die Unternehmungsstrategie ist ihr geschlossenes Auftreten im Aufsichtsrat sowie ihr Bündnis mit den sozialdemokratisch dominierten Anteilseignern bedeutsam. Nicht zuletzt deshalb sprechen die Arbeitnehmervertreter im Aufsichtsrat auch immer wieder von „unserem Aufsichtsrat". Im Aufsichtsrat dieser öffentlichen Dienstleistungsunternehmung herrscht, und zwar jenseits der normativen Vorgaben des Gesetzgebers, de facto eine echte Parität zwischen den Anteilseignern und den Arbeitnehmervertretern. Ihrer Rolle als Co-Manager entspricht, daß die Interessenvertreter Dritte (z.B. Sachverständige, Berater) hinzuziehen, um sich das für eine Konzeptionskonkurrenz notwendige Wissen anzueignen.

Obwohl mit dem Co-Management der Interessenvertretung neue Einflußmöglichkeiten verbunden sind, ist es, wie z.B. in der öffentlichen Dienstleistungsunternehmung, nicht nur zwischen Management und Interessenvertretung, sondern auch in der Interessenvertretung umstritten. Die Spannungen in der Interessenvertretung führten in diesem Fall dazu, daß die bisherige Mehrheit bei den Betriebs- und Aufsichtsratswahlen verloren ging. Die Interessenvertretung hatte für bestimmte Maßnahmen, die vor dem Hintergrund des verschärften Wettbewerbs und bereits gewährter Preissenkungen an ihre Kunden erfolgt und mit Konzessionen an das Management verbunden waren, nicht die notwendige Unterstützung durch die Belegschaft. Daraus kann gefolgert werden, daß das Co-Management einer Interessenvertretung genauso wie andere Stile industrieller Beziehungen einer breiten demokratischen Legitimation bedarf, die von der Interessenvertretung in einem Aus- und Verhandlungsprozeß zu organisieren ist.

Diese nicht vollständige Liste der Voraussetzungen zeigt, daß es sich beim strategischen Co-Management, zumal wenn dieses nicht nur auf die Mitbestimmung in einer

Unternehmung, sondern auf eine mitbestimmte Netzwerkbildung bezogen ist, um einen höchst voraussetzungsvollen Stil industrieller Beziehungen handelt. Demnach kann es nicht verwundern, daß es sich dabei um Ausnahmen handelt, die trotz ihres aktuellen Erfolgs, z.b. durch Veränderungen auf den Absatzmärkten der jeweiligen Unternehmungen, latent gefährdet sind. Sofern die Interessenvertretung ihre Politik nicht auf ähnlich günstige Voraussetzungen aufbauen kann, ist sie im Kern auf die tarifvertragliche Reregulierung von Arbeit und Mitbestimmung in Unternehmungsnetzwerken angewiesen.

Tarifvertragliche Reregulierung von Arbeit und Mitbestimmung in Unternehmungsnetzwerken

Die tarifvertragliche Reregulierung von Arbeit und Mitbestimmung in Unternehmungsnetzwerken zielt zum einen auf die Organisation der Interessenvertretung, zum anderen auf die Tarifbindung ab. Per Tarifvertrag können unternehmungsübergreifende Interessenvertretungen geschaffen werden und die Netzwerkunternehmungen auf die Anwendung bestimmter Branchentarifverträge verpflichtet werden. Eine gewerkschaftsnahe Rechtsmeinung (vgl. Trümner 1994; Bachner 1996; kritisch dazu Fitting u.a. 1996) befürwortet im Fall der Quasi-Externalisierung in Tochterunternehmen oder bei Holdingkonstruktionen die Absicherung einer einheitlichen und *unternehmensübergreifenden Interessenvertretung* mittels zustimmungsbedürftiger Tarifverträge nach § 3 Absatz 1 Nr. 2 BetrVG. Obwohl in der herrschenden Auffassung in der Rechtswissenschaft – eine Rechtsprechung dazu existiert nicht – erhebliche Vorbehalte gegen eine weite Interpretation dieses Paragraphen bestehen, hat sich eine solche Praxis entwickelt. „Law in books" und „law in action" (Llewellyn 1967) unterscheiden sich. Beispielsweise ist es in einigen großen Lebensmittelfilialunternehmungen gängige Praxis, in Tarifverträgen nach § 3 BetrVG unternehmensübergreifende Interessenvertretungen zu institutionalisieren. Eine ähnliche Regelung existiert auch bei der Beate Uhse AG, die als Holding zahlreiche Tochterunternehmen führt. Diese Tarifverträge wurden auch von der zuständigen Behörde – in diesem Fall das Bundesministerium für Arbeit und Sozialordnung – genehmigt (vgl. zu alledem Wirth 1998).

Obwohl der herrschenden Meinung der Rechtswissenschaft zufolge der Betriebsbegriff einer tarifvertraglichen Reregulierung nicht offensteht (vgl. Hagemeier u.a. 1990), versucht der HBV-Landesbezirk Baden-Württemberg und in ihm insbesondere eine Bezirksverwaltung, eine unternehmungsübergreifende Interessenvertretung und die *Tarifbindung* quasi-externalisierter Betriebe per Tarifvertrag nach § 1 TVG zu vereinbaren. Die für die Beschäftigten negativen Folgen einer Unternehmungsvernetzung sollen durch Tarifverträge aufgehoben werden. Gleichzeitig wird der Entbetrieblichung durch eine tarifvertragliche Rekonstruktion des Betriebs entgegengewirkt. Der Marionetten-Arbeitgeber einer Netzwerkunternehmung wird per Tarifvertrag „aufgelöst" und dem strategischen Führer zugeordnet. Beispielsweise sichert in einem Großhandelsbetrieb ein Tarifvertrag nach § 1 TVG eine unternehmensübergreifende Interessenvertretung ab, und in einem Interessenausgleich und Sozialplan wird die Tarifbindung der Tochterunternehmung an den Groß- und Außenhandelstarifvertrag festgeschrieben.[6]

Mit der Umsetzung der tarifvertraglichen Regelungen beabsichtigen die Akteure einen „Rechtsfortschritt durch gewerkschaftliche Gegenmacht" (Hoffmann 1968). Dieser ist häufig mit der Anwendung bzw. der Androhung neuer Formen der Interessenvertretung (z.B. Boykotte) verbunden, die z.T. von der amerikanischen Bürgerrechtsbewegung (vgl. dazu die Beispiele in Alinsky 1984) übernommen wurden. Diesen neuen Formen der Interessenvertretung ist gemeinsam, daß sie eine Unternehmung als eine „quasi-öffentliche Institution" (Ulrich 1977) begreifen, die den Ansprüchen der verschiedenen Stakeholder, also auch denen der Beschäftigten, der Öffentlichkeit und der Interessenvertretungen, zu entsprechen hat (vgl. zum Stakeholder-Ansatz Staehle 1997, S. 401f.). Die Berücksichtigung dieser Interessen wird von ihren Vertretern nachdrücklich und gegebenenfalls machtvoll eingefordert. Mit der Umsetzung dieser „neuen" Interessenvertretungskonzepte ist möglicherweise eine in der Bundesrepublik Deutschland bisher unbekannte Militanz verknüpft. In einem aktuellen Fall von Quasi-Externalisierung bereitet beispielsweise die HBV Baden-Württemberg Streiks und eine Boykottkampagne zur Durchsetzung einer unternehmungsübergreifenden Interessenvertretung vor. Ob es weiterhin zu eher wirtschaftsfriedlichen Formen der Interessenvertretung bei der Unternehmungsvernetzung kommt, oder ob sich eine neue Militanz durchsetzt, wird die weitere Entwicklung zeigen. Die oben beschriebene routinisierte Bewältigung der Unternehmungsvernetzung macht wirtschaftsfriedliche Formen der Konfliktbewältigung gegenwärtig noch wahrscheinlicher.

Mit der Umsetzung tarifvertraglicher Strategien sind mehrere z.T. grundlegende Probleme verbunden. Der Versuch, Arbeit und Mitbestimmung in Unternehmungsnetzwerken tarifvertraglich zu reregulieren, basiert auf einem Konsens der Beschäftigten, der in der Regel erst noch hergestellt und in einem weiteren Schritt gegenüber dem Management machtvoll durchgesetzt werden muß. Diese Form der Interessenvertretung in Unternehmungsnetzwerken scheint vor allem dann möglich zu sein, wenn eine gemeinsame Belegschaftsidentität vorhanden ist, an die die Konsensbildungsprozesse anknüpfen können. Gerade diese aber wird durch die Unternehmungsvernetzung eher brüchiger. Ferner hat das bundesdeutsche Arbeits- und Sozialrecht der zunehmenden Bedeutung der Unternehmungsvernetzung noch nicht Rechnung getragen, so daß – der herrschenden Meinung in der Rechtsprechung folgend – Risiken für die Gewerkschaften und die Beschäftigten verbleiben. Dies gilt insbesondere für den Fall tarifvertraglicher Versuche, Arbeit und Mitbestimmung zu reregulieren. Eine Entlastung von dem hohen Konsensbedarf und eine Verringerung der rechtlichen Risiken könnte eine Reform des Betriebsverfassungsgesetzes erreichen, die insbesondere den Betriebsbegriff für eine tarifvertragliche Reregulierung öffnet und den Arbeitnehmer-

---

[6] Weitere bzw. ähnliche Beispiele für die Umsetzung dieser Interessenvertretungspolitik finden sich in Volz (1996) oder in der Vereinbarung von Standortbetriebsräten bei Asea Brown Boveri (vgl. IG Metall Mannheim o.J).

begriff stärker an der „strukturellen Unterlegenheit" (Brand 1995) der Beschäftigten orientiert. Zwar hat sowohl der Gesetzgeber bei der Verabschiedung des Umwandlungsgesetzes als auch die Kommentierung der Rechtsprechung (vgl. Frohner 1995; Fitting u.a. 1996) der verstärkten Unternehmungsvernetzung Rechnung getragen, aber eine grundlegende Reform des Betriebsverfassungsgesetzes steht noch in weiter Ferne. Angesichts dieser Aussichten sind die Akteure industrieller Beziehungen, insbesondere auf seiten der Beschäftigten, darauf angewiesen, basierend auf informellen Regelungen mit neuen Formen der Interessenvertretung in Unternehmungsnetzwerken zu experimentieren (vgl. auch Sydow 1997).

5. Chancen für Konfliktpartnerschaft in Unternehmungsnetzwerken?

Die Entstehung von Unternehmungsnetzwerken durch Quasi-Internalisierung und -Externalisierung von Funktionen hat im Zusammenspiel mit anderen Entwicklungen (wie der Öffnung von Flächentarifverträgen, dem sinkenden gewerkschaftlichen Organisationsgrad) das Potential, das bundesrepublikanische System der industriellen Beziehungen grundsätzlich zu transformieren. Dabei steht die Weiterexistenz der gegenwärtigen Konfliktpartnerschaft auf dem Spiel. Dies wurde beispielhaft an der Figur des Marionetten-Arbeitgebers, des Verbetrieblichungs-Entbetrieblichungs-Dilemmas und nicht zuletzt der Verbreitung interessenvertretungsfreier Zonen verdeutlicht.

Die Interessenvertretung muß diese Entwicklung selbst dann nicht ohnmächtig hinnehmen, wenn die auf die Wirksamkeit in der Großunternehmung ausgerichtete Mitbestimmung in formell-institutioneller Hinsicht nicht an diese Organisationsform ökonomischer Aktivitäten angepaßt wird. Unter günstigsten Voraussetzungen bestehen in einigen wenigen Fällen Möglichkeiten zur mitbestimmten Netzwerkbildung durch strategisches Co-Management, in vielen anderen Fällen wird sich die betriebliche Interessenvertretung auf die Reregulierung formell-institutioneller Mitbestimmungsregelungen durch Tarifverträge verlassen müssen. Eine Erprobung informaler, unternehmungsübergreifender Mitbestimmungsnetzwerke, und eine Auslotung der mit ihnen verbundenen Möglichkeiten und Grenzen kann schon heute in den meisten Unternehmungsnetzwerken erfolgen und von der Interessenvertretung mit dem oder gegen das Management in Gang gesetzt werden. Im Rahmen einer solchen Erprobung könnte in Ergänzung zum Betrieb als soziale Welt sich auch das Unternehmungsnetzwerk stärker als soziales System konturieren und als solches – rekursiv – bessere Ansatzpunkte für eine Mitbestimmung im Unternehmungsnetzwerk bilden. Eine Verlängerung der Konfliktpartnerschaft, der Mitbestimmung in das Unternehmungsnetzwerk hinein und damit die Fortschreibung des bundesdeutschen Erfolgsmodells industrieller Beziehungen ist trotz schwieriger Rahmenbedingungen möglich. Diese Möglichkeit gilt es in Zukunft allerdings noch genauer zu studieren.

Literatur

Adams, J.S. (1980): Interorganizational processes and organizational boundary activities. In: Cummings, L.L./Staw, B.M. (Hg.): Research in organizational behavior 2. Greenwich Conn., S. 321-355

Albach, H. (1989): Dienstleistungsunternehmen in Deutschland. In: Zeitschrift für Betriebswirtschaft 59 (4), S. 397-420

Alinsky, S.D. (1984): Anleitung zum Mächtigsein. Bornheim-Merten

Atkinson, J. (1984): Manpower strategies for flexible organizations. In: Personnel Management 16, S. 28-31

Bachner, M. (1996): Tarifverträge über die betriebsverfassungsrechtliche Organisation. In: Neue Zeitschrift für Arbeitsrecht 27 (8), S. 400-405

Bergmann, J./Jacobi, O./Müller-Jentsch, W. (1979): Gewerkschaften in der Bundesrepublik. Band 1: Gewerkschaftliche Lohnpolitik zwischen Mitgliederinteressen und ökonomischen Systemzwängen. 3. Aufl. Frankfurt/M.

Bettis, R./Bradley, S./Hamel, P. (1992): Outsourcing and industrial decline. In: Academy of Management Executive 6 (1), S. 7-22

Blois, K.J. (1980): Quasi-integration as a mechanism for controlling external dependencies. In: Management Decision 18 (1), S. 55-63

Brand, J. (1995): Die Abgrenzungskriterien „Abhängigkeit/Selbständigkeit/Scheinselbständigkeit" im Sozialrecht und die Folgen der Einstufung als Selbständiger bzw. abhängig Beschäftigter. Vortragsmanuskript. 28. Praktikerseminar des Instituts für Sozialrecht der Ruhr-Universität Bochum

Bresser, R.K.F. (1989): Kollektive Unternehmensstrategien. In: Zeitschrift für Betriebswirtschaft 59 (5), S. 545-564

Brewster, C. (1995): Industrial relations and Human Resource Management. In: Industrielle Beziehungen 2 (4), S. 395-413

Buschmann, R. (1988): Franchise-Arbeitnehmer. In: Arbeitsrecht im Betrieb 9 (3), S. 51-56

Däubler, W. (1993): Mitbestimmung und logistische Kette. In: Staehle, W.H., Sydow, J. (Hg.): Managementforschung 3. Berlin/New York, S. 1-17

Dörre, K. (1997): Globalisierung – eine strategische Option. Internationalisierung von Unternehmen und industrielle Beziehungen in der Bundesrepublik. In: Industrielle Beziehungen 4 (4), S. 265-290

Dörre, K./Neubert, J. (1995): Neue Managementkonzepte und industrielle Beziehungen: Aushandlungsbedarf statt „Sachzwang Reorganisation". In: Schreyögg, G./Sydow, J. (Hg.): Managementforschung 5. Berlin/New York, S. 167-213

Duschek, S. (1998): Kooperative Kernkompetenzen – Zum Management einzigartiger Netzwerkressourcen. In: Zeitschrift Führung + Organisation 67

Dyer, J.H./Chu, W. (1998): The determinants and economic outcomes of trust in supplier-buyer relations. In: Administrative Science Quarterly 43

Fischer, S./Weitbrecht, H. (1995): Individualism and collectivism: Two dimensions of Human Resource. In: Industrielle Beziehungen 2 (4), S. 367-394

Fitting, K./Kaiser, H./Heither, F./Engels, G. (1996): Betriebsverfassungsgesetz. Handkommentar. 18. Aufl. München

Frese, E. (1995): Grundlagen der Organisation. 5. Aufl. Wiesbaden

Frick, B. (1995): Produktivitätsfolgen (über-) betrieblicher Interessenvertretungen. In: Schreyögg, G./Sydow, J. (Hg.): Managementforschung 5. Berlin/New York, S. 215-257

Frick, B. (1997): Personalfluktuation und Mitbestimmung. München und Mering

Friedman, A.L. (1977): Industry and labour. London etc.

Frohner, S. (1995): Das Übergangsmandat des Personalrats und die Weitergeltung von Dienstvereinbarungen bei der Privatisierung öffentlicher Einrichtungen, insbesondere im kommunalen Bereich. In: Der Personalrat 12 (3), S. 99-110

Gehrke, J. (1996): Bieten und unterbieten. In: Die Mitbestimmung 42 (4), S. 25-28

Gehrke, J. (1997): Global und Forward Sourcing bei der Volkswagen AG. Ein Beitrag in: Müller, H.-E./Prangenberg, A.: Outsourcing-Management. Köln, S. 292-306

Gemünden, H.G./Walter, A. (1995): Der Beziehungspromotor: Schlüsselperson für inter-organisationale Innovationsprozesse. In: Zeitschrift für Betriebswirtschaft 65 (9), S. 971-986

Gerum, E. (1997): Betriebsverfassung im Wandel – Strukturprobleme und Reformansätze. In: Zeitschrift für Personalforschung 11 (2), S. 183-194

Girndt, C./Wendeling-Schröder, U. (1990): „Neue Partnerschaftlichkeit". In: Die Mitbestimmung 37 (6/7), S. 405

Granovetter, M. (1985): Economic action and social structure: The problem of embeddedness. In: American Journal of Sociology 91, S. 481-510

Gröbel, R./Roth, S. (1990): „Automobilhersteller und Zulieferer" im Bezirk Frankfurt. In: Die Mitbestimmung 37 (6/7), S. 406-407

Gutenberg, E. (1983): Grundlagen der Betriebswirtschaftslehre. Die Produktion. 24. Aufl. Berlin etc.

Hagemeier, C./Kempen, E.O./Zachert, U./Zilius, J. (1990): Tarifvertragsgesetz. Kommentar für die Praxis. 2. Aufl. Köln

Hall, D.T. (1996): Protean careers of the 21st century. In: Academy of Management Executive 10, S. 8-16

Heidling, E. (1997): Interessenvertretung im Netz. Institutionalisierte Interessenvertretung im Kfz-Gewerbe. Frankfurt/M.

Hirsch-Kreinsen, H. (1995): Neue Rationalisierungskonzepte: Grenzen und Chancen für die Betriebsratspolitik. In: Arbeit 4 (4), S. 371-387

Hoffmann, R. (1968): Rechtsfortschritt durch gewerkschaftliche Gegenmacht. Frankfurt

Hohn, H.-W. (1991): Von der Einheitsgewerkschaft zum Betriebssyndikalismus. Soziale Schließung im dualen System der Interessenvertretung. 2. Aufl. Berlin

Hurrle, B./Hurrle, G. (1995): Auf der Suche nach Promotoren/innen und Moderatoren/innen für kooperationsorientierte produktionstechnische und logistische Beziehungen. In: Birke, M./Hurrle, B./Hurrle, G./Mertens, V. (Hg.): Unternehmenskooperation und gewerkschaftliche Interessenvertretung. München und Mering, S. 149-169

IG Metall Mannheim (o.J.): ABB Unternehmensspaltung. Sicherung von Individualrechten, sozialen Besitzständen, Interessenvertreterarbeit. Mannheim

Jarillo, C. (1988): On strategic networks. In: Strategic Management Journal 9 (1), S. 31-41

Jürgens, U./Reutter, W. (1989): Verringerung der Fertigungstiefe und betriebliche Interessenvertretung in der deutschen Automobilindustrie. In: Altmann, N./Sauer, D. (Hg.): Systemische Rationalisierung und Zulieferindustrie. Frankfurt/New York, S. 119-153

Knyphausen-Aufseß, D. zu (1998): Auf dem Weg zum ressourcenorientierten Paradigma? Resource-Dependence-Theorie der Organisation und Resource-based View des Strategischen Managements im Vergleich. In: Ortmann, G./Sydow, J./Türk, K. (Hg.): Theorien der Organisation. Die Rückkehr der Gesellschaft 2. Aufl. Opladen, S. 452-480

Kotthoff, H. (1981): Betriebsräte und betriebliche Herrschaft. Frankfurt/New York

Kotthoff, H. (1994): Betriebsräte und Bürgerstatus. München und Mering

Kotthoff, H./Reindl, J. (1990): Die soziale Welt kleiner Betriebe. Göttingen

Kuhn, T. (1997): Vom Arbeitnehmer zum Mitunternehmer. Anmerkungen zur Intention, Begründung und Umsetzung eines Transformationsvorhabens. In: Zeitschrift für Personalforschung 11 (2), S. 195-220

Llewellyn, K.N. (1967): Eine realistische Rechtswissenschaft – der nächste Schritt. In: Hirsch, E./Rehbinder, M. (Hg.): Studien und Materialien zur Rechtssoziologie. Sonderheft 11 der Kölner Zeitschrift für Soziologie und Sozialpsychologie. Köln/Opladen, S. 54-86

Loose, A./Sydow, J. (1994): Vertrauen und Ökonomie in Netzwerkbeziehungen – Strukturationstheoretische Betrachtungen. In: Sydow, J./Windeler, A. (Hg.): Management interorganisationaler Beziehungen. Opladen, S. 160-193

MacMillan, K./Farmer, D. (1979): Redefining the boundaries of the firm. In: Journal of Industrial Economics 27 (3), S. 277-285

Mattsson, L.-G. (1987): Management of strategic change in a 'market-as-networks' perspective. In: Pettigrew, A.H. (Hg.): The management of strategic change. Oxford, S. 234-260

Mayer, U./Paasch, U. (1990): Ein Schein von Selbständigkeit. Köln

Mückenberger, U. (1993): Auf dem Weg zu einem post-fordistischen Arbeitsrecht. Das System rechtlicher Regulierung im Betrieb unter Veränderungsdruck. In: Müller-Jentsch, W. (Hg.): Konfliktpartnerschaft. 2. Aufl. München/Mering, S. 203-228

Mückenberger, U. (1995): Aktuelle Herausforderungen an das Tarifwesen. In: Kritische Justiz 28 (1), S. 26-44

Müller, H.-E./Prangenberg, A. (1997): Outsourcing-Management. (Mit Beiträgen anderer Autoren). Köln

Müller-Jentsch, W. (1989): Qualitative Tarifpolitik im sozio-ökonomischen Strukturwandel. In: Dabrowski, H./Jacobi,O./Schudlich, E./Teschner, E. (Hg.): Gewerkschaftliche Tarifpolitik unter veränderten gesellschaftlichen Rahmenbedingungen. Band 1. Düsseldorf, S. 79-98

Müller-Jentsch, W. (1997): Soziologie der Industriellen Beziehungen. Eine Einführung. 2. erw. Aufl. Frankfurt/M.

Ortmann, G./Windeler, A./Becker, A./Schulz, H.-J. (1990): Computer und Macht in Organisationen. Opladen

Porter, M.E. (1983): Wettbewerbsstrategie. Frankfurt/M.

Rasche, C. (1994): Wettbewerbsvorteile durch Kernkompetenzen: Ein ressourcen-orientierter Ansatz. Wiesbaden

Rosdücher, J. (1997): Arbeitsplatzsicherheit durch Tarifvertrag. Strategien, Konzepte, Vereinbarungen. München und Mering

Roth, S. (1994): Kooperationsnetzwerke. Gewerkschaftliche Aktivitäten in der Automobil- und Zulieferindustrie. In: Industrielle Beziehungen 1 (4), S. 374-384

Rousseau, D.M./Libuser, C. (1997): Contingent workers in high risk environments. In: California Management Review 39 (2), S. 103-123

Sauer, D./Döhl, V. (1994): Kontrolle durch Autonomie – Zum Formwandel von Herrschaft bei unternehmensübergreifender Rationalisierung. In: Sydow, J./Windeler, A. (Hg.): Management interorganisationaler Beziehungen. Opladen, S. 258-274

Schmidt, R./Trinczek, R. (1989): „Verbetrieblichung" und innerbetriebliche Austauschbeziehungen. In: Aichholzer, G./Schienstock, G. (Hrsg.): Arbeitsbeziehungen im technischen Wandel. Neue Konfliktlinien und Konsensstrukturen. Berlin, S. 135-146

Sengenberger, W. (1987): Struktur und Funktionsweise von Arbeitsmärkten. Frankfurt/M.

Staehle, W.H. (1997): Management. 7. Aufl. München

Streeck, W. (1986): Kollektive Arbeitsbeziehungen und industrieller Wandel. WZB Discussion Paper IIM/LMP 86-2. Wissenschaftszentrum Berlin

Sydow, J. (1992): Strategische Netzwerke. Wiesbaden

Sydow, J. (1997): Mitbestimmung und neue Unternehmungsnetzwerke. Expertise im Rahmen des Gemeinschaftsprojekts „Mitbestimmung und Neue Unternehmenskulturen" der Bertelsmann Stiftung und der Hans-Böckler-Stiftung. Gütersloh

Sydow, J./Ortmann, G./Best, D./Duschek, S./Wirth, C. (1996): Flughafenbetreibergesellschaften als Netzwerkorganisationen? Unveröffentlichter Forschungsbericht. Institut für Allgemeine Betriebswirtschaftslehre. Freie Universität Berlin

Sydow, J./Windeler, A. (1998): Organizing and evaluating interfirm networks – A structurationist perspective on network processes and effectiveness. In: Organization Science 9 (im Druck)

Trümner, R. (1989): Just-in-time-Produktion – eine Herausforderung an die betriebliche Mitbestimmung. In: Doleschal, R./Klönne, A. (Hg.): Just-in-time-Konzepte und Betriebspolitik. Beiträge und Materialien vom „Just-in-time"-Workshop am 19. und 20.1.1989 in Bielefeld, S. 166-179

Trümner, R. (1994): Kommentar zu § 1 – § 5. In: Däubler, W./Kittner, M./Klebe, T./Schneider, W. (Hg.): Betriebsverfassungsgesetz. Kommentar für die Praxis. Köln, S. 165-405

Ulrich, P. (1977): Die Großunternehmung als quasi-öffentliche Institution: Eine politische Theorie der Unternehmung. Stuttgart

Volz, W. (1996): Outsourcing und die Konsequenzen. In: Ausblick 48 (2), S. 13

Wächter, H. (1989): Arbeitsbedingungen im Atomkraftwerk und die Grenzen der betrieblichen Personalpolitik. In: Zeitschrift für betriebswirtschaftliche Forschung 41 (9), S. 754-765

Warnecke, H.-J. (1992): Die Fraktale Fabrik. Berlin etc.

Wirth, C. (1994a): Die neue Unübersichtlichkeit im Einzelhandel. Münster

Wirth, C. (1994b): Modularer Einzelhandel und industrielle Beziehungen. Ergebnisse einer qualitativen Längsschnittuntersuchung. In: Industrielle Beziehungen 1 (4), S. 347-373

Wirth, C. (1998): Unternehmungsvernetzung, Externalisierung von Arbeit und industrielle Beziehungen. München und Mering

Wunderer, R. (1996): Entwicklung von Arbeitnehmern zu Mitunternehmern. In: Elschen, R. (Hg.): Unternehmenssicherung und Unternehmensentwicklung. Stuttgart, S. 31-52

Flächentarifvertrag und betriebliche Interessenvertretung

Reinhard Bispinck und Thorsten Schulten

1. Tarifvertragssystem und betriebliche Interessenvertretung

Grundstrukturen des dualen Systems

Das duale System von Tarifautonomie und Betriebsverfassung gilt allgemein als Kernstruktur des deutschen Modells der industriellen Beziehungen. Das Verhältnis von Kapital und Arbeit wird dabei durch ein umfangreiches institutionelles Regelungswerk strukturiert, dessen Spezifika in seiner „funktionalen Differenzierung (bei) der Austragung und Verarbeitung von Interessenkonflikten in zwei – nach Interessen, Akteuren und Durchsetzungsformen – voneinander getrennten Arenen" liegt. Zum einen werden im Rahmen autonomer Tarifverhandlungen zwischen Gewerkschaften und Arbeitgebern die allgemeinen „Verkaufsbedingungen" der Ware Arbeitskraft geregelt (Lohnsätze, Arbeitszeiten, allgemeine Arbeitsbedingungen), während andererseits auf betrieblicher Ebene zwischen Management und Betriebsrat ihre konkreten „Anwendungsbedingungen" (Umsetzung tarifvertraglicher Regelungen, Arbeitsorganisation) bestimmt werden (Müller-Jentsch 1997, S. 195).

Der Staat sichert das Funktionieren des dualen Systems, indem er ein dichtes Netz vornehmlich prozedualer Regelungen vorgibt und damit einen rechtlichen Funktionsrahmen zur autonomen Gestaltung der Arbeitsbeziehungen definiert. Letzterer wird darüber hinaus seit Jahrzehnten durch eine umfangreiche Rechtsprechung konkretisiert und fortgeschrieben, so daß das Richterrecht eine entscheidende Rechtsquelle im Bereich der Betriebs- und Tarifpolitik bildet. Das hohe Maß an „Verrechtlichung" des deutschen Systems der industriellen Beziehungen gilt zugleich als ein wesentlicher Garant für seine Stabilität. Eine grundsätzliche Veränderung der in „rechtliche Formen gegossenen Interessenkompromisse" ist nur bei einer „grundlegenden Verschiebung von Interessenkonstellationen und Machtverhältnissen" denkbar (ebd., S. 197).

Das dem Tarifvertragssystem zugrunde liegende Prinzip der Tarifautonomie leitet sich unmittelbar aus der im Grundgesetz (Art. 9, Abs. 3) verankerten Koalitionsfreiheit ab, wonach „das Recht zur Wahrung und Förderung der Arbeits- und Wirtschaftsbedingungen Vereinigungen zu bilden, (...) für jedermann und für alle Berufe gewährleistet (ist)". Den Tarifvertragsparteien wird demnach das Recht zugesprochen, in autonomer Selbstverwaltung die Arbeitsbeziehungen zu regulieren. Das damit verbundene Postulat staatlicher Unabhängigkeit unterliegt in der Praxis jedoch einigen durchaus gewichtigen Einschränkungen. Zwar ist der staatliche Einfluß auf die industriellen Beziehungen nicht so ausgeprägt wie etwa in den romanischen Ländern, trotzdem nimmt der Staat auch im deutschen Modell eine durchaus aktive – und oft eher unterschätzte – Rolle wahr. Dies geschieht zum einen durch seine Eigenschaft als öffentlicher Arbeitgeber, in der er als Tarifvertragspartei im öffentlichen Dienst tarifpolitische Trendsetter-Funktionen wahrnehmen kann. Zum anderen legt der Staat durch Gesetz zahlreiche arbeitspolitische Mindeststandards fest (z.B. Kündigungsschutz, Arbeitszeiten, Urlaub, Lohnfortzahlung im Krankheitsfall usw.), die jedoch in der Praxis vielfach durch tarifvertragliche Regelungen erheblich überschritten werden. In einigen Bereichen fördert der Staat durch Gesetz auch direkt den Abschluß tarifvertraglicher Regelungen.[1] Darüber hinaus nimmt der Staat jedoch keinen direkten Einfluß auf den Abschluß und die Inhalte von Tarifverträgen im privaten Sektor. Das Prinzip der Tarifautonomie vollzieht sich damit zwar nicht in einen vollkommen „staatsfreien" Raum, aber es sichert weitgehend die Selbstregulierung zwischen den Tarifvertragsparteien.

Der formal-rechtliche Rahmen des Tarifvertragssystems wird durch das Tarifvertragsgesetz (TVG von 1949, novelliert 1969 und 1974) bestimmt. In ihm wird zunächst festgelegt, daß Tarifverträge prinzipiell zwischen „Gewerkschaften" einerseits und „einzelnen Arbeitgebern sowie Vereinigungen von Arbeitgebern" andererseits abgeschlossen werden können (TVG § 2). Während auf Arbeitgeberseite neben den Arbeitgeberverbänden auch einzelnen Unternehmen die Tariffähigkeit zugesprochen wird, wird auf Arbeitnehmerseite den Gewerkschaften ein exklusives Repräsentationsrecht eingeräumt. Im Unterschied zur Tarifvertragsverordnung der Weimarer Republik, in der noch in einer nicht näher spezifizierten Weise „Vereinigungen von Arbeitnehmern" die Tariffähigkeit zugestanden wurde, schließt das bundesdeutsche Tarifvertragsrecht den Abschluß von Tarifverträgen durch nicht-gewerkschaftliche Arbeitnehmervereinigungen explizit aus. Gewerkschaften unterscheiden sich dabei von sonstigen Arbeitnehmerkoalitionen vor allem durch eine auf Dauer angelegte Organisationsform und die Fähigkeit zur Durchführung von Arbeitskampfmaßnahmen. Vor dem Hintergrund der prinzipiell gegebenen Machtasymmetrie zwischen Kapital und Arbeit ist die Privilegierung der Gewerkschaften im Tarifvertragsgesetz Ausdruck eines die konkret historischen Machtverhältnisse reflektierenden Interessenkompromisses (Abendroth 1967).

Die rechtskräftig abgeschlossenen Tarifverträge gelten unmittelbar für alle Arbeitgeber und Arbeitnehmer, die Mitglied einer der vertragsabschließenden Parteien sind (TVG § 3). Überdies hat der Staat „im Einvernehmen mit den Tarifvertragsparteien" die Möglichkeit, bestimmte Tarifverträge für „allgemeinverbindlich" zu erklären und somit in einem bestimmten Tarifgebiet gültige Tarifbestimmungen auch auf nicht-tarifge-

---

[1] Ein aktuelles Beispiel für eine staatlich induzierte Tarifpolitik bildet das 1996 verabschiedete Altersteilzeitgesetz, das in der Tarifrunde 1997 zahlreiche Tarifvereinbarungen zur Altersteilzeit nach sich zog und damit zur Herausbildung eines vollkommen neuen tarifvertraglichen Regelungsbereichs geführt hat (vgl. WSI 1998, S. 51f.).

bundene Arbeitgeber auszudehnen. Als Voraussetzung zur Anwendung der Allgemeinverbindlichkeitserklärung definiert das Tarifvertragsgesetz, daß „die tarifgebundenen Arbeitgeber nicht weniger als 50 von Hundert der unter den Geltungsbereich des Tarifvertrages fallenden Arbeitnehmer beschäftigen und die Allgemeinverbindlichkeit im öffentlichen Interesse geboten scheint" (TVG § 5).

Während die Tarifautonomie auf Branchen- wie auf Unternehmensebene von den Gewerkschaften als Interessenvertretungsorganisationen ausgefüllt wird, liegt die unmittelbare betriebliche Interessenvertretung in den Händen der Betriebsräte bzw. im öffentlichen Dienst der Personalräte, die jeweils als Vertreter der gesamten Belegschaft agieren. Ihre Handlungsmöglichkeiten werden durch das Betriebsverfassungsgesetz bzw. die Personalvertretungsgesetze abgesteckt.[2]

Betriebliche Interessenvertretungen sind in Betrieben ab 5 Beschäftigten vorgesehen. Die Zahl der zu wählenden Betriebsratsmitglieder steigt in Abhängigkeit von der Belegschaftsgröße. In Betrieben ab 300 Beschäftigten wird ein Teil der Betriebsratsmitglieder von der Arbeit freigestellt. Das Betriebsverfassungsgesetz (BetrVG von 1952, novelliert 1972 und 1989) räumt den Betriebsräten neben Informations- und Mitwirkungsrechten auch (zwingende) Mitbestimmungsrechte in sog. sozialen Angelegenheiten ein, insbesondere bei Fragen der Arbeitsordnung, Arbeitszeit, Lohn und Leistung. Die Betriebsräte sind gesetzlich auf eine „vertrauensvolle Zusammenarbeit" mit der Unternehmensleitung und das „Wohl des Betriebes" verpflichtet (BetrVG § 2, Abs. 1). Arbeitskampfmaßnahmen zwischen Arbeitgeber und Betriebsrat sind unzulässig (BetrVG § 74, Abs. 2).

Der betrieblichen Interessenvertretung kommt für die Umsetzung tarifvertraglicher Regelungen rechtlich und faktisch eine große Bedeutung zu: Das BetrVG verpflichtet den Betriebsrat, über die Einhaltung der Tarifverträge im Unternehmen zu wachen (BetrVG § 80, Abs. 1). Gleichzeitig darf er jedoch selber keine tarifvertraglichen Regelungen treffen. Wörtlich heißt es hierzu im Betriebsverfassungsgesetz: „Arbeitsentgelte und sonstige Arbeitsbedingungen, die durch Tarifvertrag geregelt sind oder üblicherweise geregelt werden, können nicht Gegenstand einer Betriebsvereinbarung sein" (BetrVG § 77, Abs. 3). Damit wird innerhalb des dualen Systems dem Tarifvertrag eine klare Vorrangstellung gegenüber betrieblichen Regelungen eingeräumt. Abweichungen von tarifvertraglichen Regelungen sind nur dann möglich, wenn die allgemeinen tarifvertraglichen Bestimmungen für konkrete Regelungsbereiche – etwa in Form von „Öffnungsklauseln" – ausdrücklich ergänzende Betriebsvereinbarungen auf Unternehmensebene vorsehen. Ansonsten dürfen, entsprechend dem „Günstigkeitsprinzip", für tarifgebundene Arbeitnehmer nur dann vom Tarifvertrag abweichende Regelungen festgelegt werden, wenn diese aus Sicht der Arbeitnehmer günstigere Arbeitsbedingungen enthalten.

---

[2] Vgl. hierzu auch den Beitrag von Schmidt/Trinczek in diesem Band.

Regulierungsfunktionen im „Modell Deutschland"

Die Entstehung des modernen (Flächen-)Tarifvertragssystems in Deutschland kann als Ausdruck eines spezifischen „historischen Nachkriegskompromisses" zwischen Kapital und Arbeit begriffen werden, der durch „Institutionalisierung von Klassenkonflikten" geregelte Formen des Interessenausgleichs ermöglicht und über weitreichende Partizipationsmöglichkeiten die Systemintegration der Arbeiter- und Gewerkschaftsbewegung sicherstellt. Dies macht das Tarifvertragssystem zu einer bedeutsamen Basisinstitution, die mit dem spezifischen Wachstums- und Gesellschaftsmodell des deutschen (Nachkriegs-)Kapitalismus funktional verwoben ist; ihre besonderen Regulierungsfunktionen leisten einen zentralen Beitrag zur Entwicklung und Stabilität des „Modells Deutschland".[3]

Aus Sicht des *Staates* besteht das Hauptmerkmal des mit dem Prinzip der Tarifautonomie verbundenen Tarifvertragssystems zunächst in seiner *Entlastungs- und Legitimationsfunktion*, indem die unmittelbare Verantwortung für die Festlegung von Löhnen und Arbeitsbedingungen – jenseits staatlich fixierter Mindeststandards – den Tarifvertragsparteien übertragen wird. Darüber hinaus erzielt der Staat durch die formale Auslagerung der Tarifauseinandersetzungen „einen doppelten Legitimationseffekt, daß Arbeitskämpfe in der Regel ohne Legitimationseinbußen für Staat und Regierung ausgetragen werden können und daß der Staat, sollten die Arbeitskämpfe kritische Schwellenwerte überschreiten, mit der Legitimation des neutralen Schlichters in die Tarifauseinandersetzungen eingreifen kann" (Müller-Jentsch 1983, S. 125). Freilich wird die Entlastungs- und Legitimationsfunktion in der Praxis nur bedingt wirksam, da sich der Staat der deutschen Nachkriegsgeschichte immer wieder auf direktem oder indirektem Wege durch politische und gesetzliche Vorgaben in die Tarifautonomie „eingemischt" hat. Trotz der sich hieraus ergebenen Einschränkungen kann das deutsche Tarifvertragssystem als ein Paradebeispiel einer weitgehend autonomen Selbstregulierung durch starke Interessenverbände angesehen werden.

Aus *Arbeitnehmersicht* übernehmen (Flächen-)Tarifverträge zunächst eine grundlegende *Schutzfunktion*, indem sie durch eine kollektive Regelung der Arbeitsbedingungen die strukturelle Machtasymmetrie zwischen einzelnem Arbeitnehmer und dem Unternehmen eindämmen. Darüber hinaus ermöglichen sie dem Arbeitnehmer eine Beteiligung an einer autonomen Regelung der Arbeitsbedingungen (*Partizipationsfunktion*) und sichern seine Teilhabe an der allgemeinen wirtschaftlichen und sozialen Entwicklung (*Verteilungsfunktion*) (ebd., S. 124). Während die bislang genannten Funktionen im Prinzip auch von anderen Tarifvertragssystemen erfüllt werden können, liegt aus Arbeitnehmersicht das Besondere von Flächentarifverträgen vor allem in ihrer ge-

---

[3] Der Ausdruck „Modell Deutschland" wurde erstmals Mitte der siebziger Jahre von der damals regierenden Sozialdemokratie als Wahlkampfslogan benutzt. In der sozialwissenschaftlichen Literatur hat er sich zu einer analytischen Kategorie entwickelt, mit der die nationalspezifischen Strukturen und inneren Funktionszusammenhänge des deutschen Kapitalismus beschrieben werden. Zur theoretischen Genese und Entwicklung vgl. Simonis 1998a.

sellschaftlichen *Solidaritätsfunktion*, die eine Chance zur Generalisierung von Schutz-, Partizipations- und Verteilungsfunktion eröffnet (Traxler 1997, S. 102). Demnach fixieren Flächentarifverträge lohn- und arbeitspolitische Mindestbedingungen, die entsprechend ihrer geographischen und funktionalen Reichweite für alle Arbeitnehmer gelten und zwar unabhängig von der jeweiligen ökonomischen Leistungsfähigkeit des einzelnen Unternehmens sowie der jeweiligen betrieblichen Stärke gewerkschaftlicher Interessenvertretung.

Das „Modell Deutschland" als relativ erfolgreiche Synthese zwischen hoher internationaler Wettbewerbsfähigkeit und hohem Lohn- und Wohlfahrtsniveaus bei gleichzeitig relativ geringer sozialer Ungleichheit findet im Flächentarifvertragssystem eine seiner wesentlichen institutionellen Stützen. Nach Angaben der OECD (1996) verfügt Deutschland bis in die Gegenwart hinein – nach den skandinavischen Ländern – international über eine der homogensten und sozial ausgeglichensten Lohnstrukturen. Die Wirkung von Flächentarifverträgen unterstreicht aus Arbeitnehmersicht seine Solidaritätsfunktion.

Indem der Preis für den Faktor Arbeit dem einzelwirtschaftlichen Konkurrenzmechanismus zu einem Gutteil entzogen wird, übernehmen Flächentarifverträge aus *Arbeitgebersicht* zunächst eine *Kartellfunktion* (Müller-Jentsch 1983, S. 124) und schaffen damit relativ einheitliche Wettbewerbsbedingungen bei den Arbeitskosten. Insbesondere in den fünfziger und sechziger Jahren erlaubte die Kartellfunktion des Flächentarifvertrags unter den Bedingungen hoher Wachstumsraten und allgemeiner Vollbeschäftigung der Arbeitgeberseite die allgemeine Einkommensentwicklung zu kontrollieren. Mit der Durchsetzung des in Deutschland seit den sechziger Jahren insbesondere vom Sachverständigenrat propagierten Prinzips der „produktivitätsorientierten" oder „kostenneutralen" Lohnpolitik konnte zudem eine auf soziale Umverteilung abzielende Lohnpolitik der Gewerkschaften in der Praxis weitgehend ausgeschaltet werden.[4] Auf der anderen Seite sorgt das Konzept der „produktivitätsorientierten" Lohnpolitik auch dafür, daß die Entwicklung der Arbeitnehmereinkommen in einem engen Verhältnis zur allgemeinen Wirtschaftsentwicklung steht und somit die für die „fordistischen Phase des Modells Deutschland" (Esser 1998) kennzeichnende Verbindung von forcierter Massenproduktion und Massenkonsum sicherstellt.

Flächentarifverträge haben für die Arbeitgeber des Weiteren eine wichtige *Ordnungs- und Befriedungsfunktion*. Sie geben den Unternehmen bezüglich der Arbeitskosten eine gesicherte Planungsgrundlage und sorgen außerdem dafür, daß eventuelle Arbeitskampfmaßnahmen auf einen engen kalkulierbaren Zeitraum begrenzt bleiben. Während der Laufzeit gültiger Tarifverträge unterliegen die Gewerkschaften einer generellen „Friedenspflicht", d.h. das gewerkschaftliche Streikrecht darf lediglich nach

---

[4] Das Prinzip der „produktivitätsorientierten" Lohnpolitik geht von einem einkommensneutralen Verteilungsspielraum aus, der sich nach der sog. „Meinhold-Formel" aus der Summe von Inflationsrate und Produktivitätswachstum ergibt. Zur theoretischen Begründung und politischen Diskussion der „produktivitätsorientierten Lohnpolitik" vgl. u.a. die Beiträge in Arndt 1969.

dem Scheitern neuer Tarifverhandlungen in Anspruch genommen werden. Das Flächentarifvertragssystem ist in hohem Maße auf Kooperation und Konsens angelegt und hat damit wesentlich dazu beigetragen, daß in der international vergleichenden Streikstatistik die quantitativen Indikatoren für Deutschland mit zu den niedrigsten in der westlichen Welt gehören. Der berühmte Produktionsfaktor „sozialer Friede" gilt gleichsam als ein weiteres Markenzeichen des deutschen Kapitalismus. Hinzu kommt, daß die Regulierung der Tarifbeziehungen quasi den Stellenwert eines kollektiven Gutes annimmt und die Kosten von den Unternehmen weitgehend externalisiert werden können (*Koordinierungsfunktion*).

Schließlich begünstigt das deutsche Tarifvertragssystem die Herausbildung einer spezifischen Wachstums- und Produktionsstruktur, die weniger auf eine „price-competitive production" als auf eine „quality-competitive production" ausgerichtet ist (Streeck 1995, S. 13f.). Einer Unternehmensstrategie, die ihre Wettbewerbsfähigkeit primär durch eine Senkung der Arbeitskosten erhöhen will, wird dagegen durch die in Flächentarifverträgen brancheneinheitlich festgelegten (Mindest-)Löhne von vornherein relativ enge Grenzen gesetzt. Die Unternehmen sind daher gezwungen, eventuelle Wettbewerbsnachteile durch eine Erhöhung der Produktivität auszugleichen. Flächentarifverträge haben so gesehen auch eine wichtige *Produktivitäts- und Innovationsfunktion*. Schließlich stützen die Flächentarifverträge durch ihre homogenisierenden Wirkungen auch die sektorale Kohärenz des deutschen Wachstums- und Produktionsmodells. So liegt „einer der wesentlichen Vorteile des deutschen Tarifsystems (...) darin, das zwischenbetriebliche Innovationsgefälle nicht zu groß werden zu lassen und Impulse zu setzen, daß sich neue betriebliche Strukturen relativ einheitlich und in akzeptablen Zeiträumen in den Betrieben durchsetzten" (Bahnmüller/Bispinck 1995, S. 149).

Zur Empirie des Tarifvertragssystem

Entgegen dem weit verbreiteten Bild einer starren und homogenen Tariflandschaft ist das Tarifvertragssystem äußerst differenziert. Ende 1997 waren insgesamt mehr als 47.000 gültige Tarifverträge beim Bundesarbeitsministerium registriert (*s. Tabelle 1*). In knapp zwei Dritteln der Fälle handelt es sich um „Verbands- oder Flächentarifverträge", das restliche Drittel bilden „Firmen- oder Haustarifverträge". Zieht man die Anzahl der Änderungs-, Parallel- und Anschlußtarifverträge ab, so verbleiben immerhin mehr als 23.000 „Ursprungstarifverträge", darunter mehr als 6.000 Lohn-, Gehalts- und Entgelttarifverträge.

Tabelle 1: *Gesamtzahl und Struktur der geltenden Tarifverträge in Deutschland (1997)*

Tarifvertragsart	Registrierte Tarifverträge		
	Insgesamt	West	Ost
Verbands- bzw. Flächentarifverträge			
1. Ursprungs-Tarifverträge	9.856	8.338	1.518
davon:			
Mantel-Tarifverträge	1.385	1.118	267
TV- Mantel-Bestimmungen	5.806	5.051	755
Einkommens-Tarifverträge	2.665	2.169	496
2. Änderungs-, Parallel- und Anschluß-Tarifverträge	20.923	18.497	2.426
3. Zusammen	30.779	26.835	3.944
Firmen- bzw. Haustarifverträge			
1. Ursprungs-Tarifverträge	13.311	10.516	2.795
davon:			
Mantel-Tarifverträge	4.032	3.040	992
TV- Mantel-Bestimmungen	5.559	4.637	922
Einkommens-Tarifverträge	3.720	2.839	881
2. Änderungs-, Parallel- und Anschluß-Tarifverträge	3.244	2.715	529
3. Zusammen	16.555	13.231	3.324
Insgesamt	**47.334**	**40.066**	**7.268**

Quelle: BMA-Tarifregister. Stand: 31. 12. 1997, zit. n. WSI 1998, S. 62f.

Charakteristisch ist eine relativ hohe tarifvertragliche Deckungsrate, auch wenn die Angaben des Bundesarbeitsministeriums, nach denen immer noch 90 Prozent aller sozialversicherungspflichtigen Arbeitnehmer in tarifvertraglich regulierten Arbeitsverhältnissen beschäftigt sein sollen (Clasen 1998, S. 6), die Realität mittlerweile deutlich zu überzeichnen scheinen. Nach Ergebnissen des Betriebspanels des Instituts für Arbeitsmarkt und Berufsforschung (IAB) fielen 1995 insgesamt etwa 62 Prozent der Betriebe und 83 Prozent der Beschäftigten in Westdeutschland unter den Geltungsbereich eines Tarifvertrages (*s. Tabelle 2*). Etwas mehr als die Hälfte aller Betriebe mit knapp drei Viertel aller Beschäftigten wurde von einem Flächentarifvertrag erfaßt, während lediglich 8 Prozent der Betriebe mit etwa 11 Prozent aller Beschäftigten einen Haustarifvertrag geschlossen haben. Mehr als ein Drittel aller Betriebe und etwa ein Sechstel aller Beschäftigten unterlagen keinem Tarifvertrag. Insgesamt läßt sich eine deutliche Korrelation von Unternehmensgröße und Tarifbindung feststellen. Je mehr Arbeitnehmer in einem Unternehmen beschäftigt sind, desto größer ist die Wahrscheinlichkeit, daß diese Unternehmen tarifvertraglichen Bestimmungen unterliegen (Kohaut/Bellmann 1997, S. 323). Signifikante Unterschiede weist die tarifvertragliche Deckungsrate nach Branchen aus. Während im öffentlichen Dienst, im Bauhauptgewerbe, bei Banken und Versicherungen oder industriellen Kernbereichen wie der Chemie- und Automobilindustrie weit über 90 Prozent der Arbeitnehmer einem tarifvertraglich geregeltem Arbeitsverhältnis nachgehen, sind dies in zahlreichen Dienstleistungsbereichen mittlerweile weniger als 70 Prozent (ebd., S. 262).

Tabelle 2: Tarifbindung nach Betrieben und Beschäftigten in Westdeutschland (1995)

	Anzahl der Betriebe %	Anzahl der Beschäftigten %
Flächentarifvertrag	53,4	72,2
Haustarifvertrag	8,2	10,9
kein Tarifvertrag	38,4	16,9

Quelle: IAB-Betriebspanel, 3. Welle 1995, zit. n. Kohaut/Bellmann (1997)

In Ostdeutschland liegt die tarifvertragliche Deckungsrate um einiges unterhalb des westdeutschen Niveaus. Nach den Ergebnissen des IAB-Betriebspanels waren 1997 in Ostdeutschland 52 Prozent aller Betriebe ab 5 Beschäftigten an einen Tarifvertrag gebunden, gegenüber 69 Prozent in Westdeutschland. Die niedrige tarifvertragliche Deckungsrate in Ostdeutschland läßt sich zum Teil auf die besondere Betriebsgrößenstruktur der ostdeutschen Wirtschaft zurückführen, die anteilsmäßig deutlich mehr Kleinunternehmen aufweist.

Die Möglichkeit, Tarifverträge für allgemeinverbindlich zu erklären, spielt für die Höhe der tarifvertraglichen Deckungsrate in Deutschland nur eine unwesentliche Rolle. Anfang 1997 waren insgesamt lediglich 558 Tarifverträge für allgemeinverbindlich erklärt (Clasen 1998, S. 6). Berücksichtigt man als Ausgangsbasis lediglich die knapp 10.000 Ursprungs-Flächentarifverträge, dann liegt der Anteil der allgemeinverbindlichen Tarifverträge bei etwa 5 Prozent. Im Vergleich zu anderen europäischen Ländern, die über dieses gesetzliche Instrument verfügen, macht Deutschland von dem Instrument der Allgemeinverbindlichkeitserklärung sehr zurückhaltenden Gebrauch.

In einigen großen Tarifbereichen, wie etwa der Metall- oder der Chemieindustrie, sind überhaupt keine Allgemeinverbindlichkeitsregelungen zu finden; deren Anwendung konzentriert sich auf einige wenige Branchen, darunter insbesondere das Baugewerbe, die Bereiche Entsorgung, Reinigung und Körperpflege sowie der Handel. Mitte der neunziger Jahre fielen knapp 5,6 Millionen Beschäftigte unter Allgemeinverbindlichkeitsregelungen, darunter fast die Hälfte aus dem Bereich Handel (Kreimer-de Fries 1995, S. 216). Über die zum Teil herausragende sektorale Bedeutung hinaus ist davon auszugehen, daß bereits die bloße Option staatlicher Allgemeinverbindlichkeitserklärung eine für das Tarifvertragssystem stabilisierende Funktion darstellt. So läßt sich zwischen der Möglichkeit, Tarifverträge für allgemeinverbindlich zu erklären und der Bereitschaft von Unternehmen, sich freiwillig einer Tarifbindung zu unterziehen, im internationalen Vergleich eine deutlich positive Korrelation nachweisen (Traxler 1997, S. 109ff.).

Trotz der absolut gesehen recht hohen Anzahl von Firmen- bzw. Haustarifverträgen bildet für die Mehrzahl der Betriebe und Beschäftigten der Verbands- bzw. Flächentarifvertrag die dominierende Tarifvertragsform und kann somit als strukturbildend für das deutsche Tarifvertragssystem angesehen werden. Firmen- bzw. Haustarifverträge werden vornehmlich von Klein- und Mittelunternehmen abgeschlossen, während Firmenverträge bei Großunternehmen eher die Ausnahme bilden (so etwa bei der Volkswagen AG oder in den wenigen Unternehmen der Mineralölindustrie und des Luftverkehrsgewerbes). Zudem handelt es sich bei vielen Firmentarifverträgen um Anerkennungstarifverträge, in denen lediglich die Regelungen entsprechender Flächentarifverträge übernommen werden.

Die Kernstruktur des Tarifvertragssystems besteht demnach in branchenbezogenen Flächentarifverträgen, die zwischen repräsentativen Arbeitgeberverbänden und Gewerkschaften abgeschlossen werden. Insgesamt ist das Tarifvertragssystem in mehr als 300 verschiedene „Tarifbranchen" untergliedert, die einen sehr unterschiedlichen fachlichen Zuschnitt aufweisen können. Während beispielsweise die Tarifverträge in der Metallindustrie eine Vielzahl von Einzelbranchen umfassen (z.B. Fahrzeugbau, Maschinenbau, Elektroindustrie, Werften usw.), ist die Nahrungs- und Genußmittelindustrie in zahlreiche eigenständige Tarifbranchen aufgeteilt (z.B. Süßwarenindustrie, Getränkeindustrie, Tabakindustrie, Fisch- und Fleischwirtschaft).

Generell werden drei Arten von Tarifverträgen unterschieden:

1. *Lohn-, Gehalts- und Entgelttarifverträge*, in denen die Höhe der tariflichen Grundvergütung festgelegt wird;

2. *Lohn-, Gehalts- und Entgeltrahmentarifverträge*, in denen die verschiedenen Einkommensgruppen und Regelungen zur Leistungsentlohnung getroffen werden;

3. *Manteltarifverträge*, die zahlreiche Bestimmungen über die sonstigen Arbeitsbedingungen (z.B. Dauer und Verteilung von Arbeitszeiten, Regelungen zur Nacht- und Schichtarbeit, Urlaub, Kurzarbeit usw.) enthalten.

Zusätzlich zu diesen drei Grundformen, die in der Praxis auch in Mischformen auftreten, gibt es zahlreiche weitere Tarifverträge zu speziellen Themen, wie z.B. Rationalisierungsschutz, Weiterbildung, Teilzeitarbeit und Frauenförderung.

In einer Vielzahl von Branchen werden Tarifverträge zunächst in einem bestimmten regionalen Tarifgebiet abgeschlossen und danach als Pilotabschlüsse von den Tarifvertragsparteien der übrigen Regionen übernommen. In einigen Branchen (z.B. im Bauhauptgewerbe oder im öffentlichen Dienst) werden die Tarifverhandlungen direkt auf nationaler Ebene geführt. Möglich ist auch, daß, wie z.B. in der Chemieindustrie, der Entgeltrahmen auf nationaler und die Entgelthöhe auf regionaler Ebene festgelegt werden.

Die Durchführung und Absicherung von Flächentarifverträgen ist institutionell an die Existenz starker, handlungsfähiger Verbände gebunden, die nach außen über ein allgemein anerkanntes Vertretungsmonopol verfügen und nach innen in der Lage sind, die

Akzeptanz beschlossener Vereinbarungen gegenüber den eigenen Mitgliedern sicherzustellen (Müller-Jentsch 1997, S. 197f.). Eine entsprechend zentralisierte Verbändestruktur entwickelte sich in Deutschland nach dem Zweiten Weltkrieg: Auf Arbeitnehmerseite kam es zur Herausbildung branchenbezogener „Industriegewerkschaften", die zugleich politisch das Prinzip von „Einheitsgewerkschaften" verkörperten und den Anspruch hatten, alle Arbeitnehmer, unabhängig von ihren politischen und religiösweltanschaulichen Orientierungen zu organisieren. Obwohl der gewerkschaftliche Organisationsgrad in der Bundesrepublik niemals höher als 40 Prozent lag und mittlerweile sogar unter die 30 Prozent-Marke gesunken ist, gelang es den Gewerkschaften mit dieser Organisationsstruktur eine stabile Monopolstellung aufzubauen, die zudem durch eine relativ privilegierte Stellung im Arbeits- und Sozialrecht stabilisiert wurde. Parallel zu den Strukturen der Gewerkschaften entwickelten sich auf Arbeitgeberseite sektorale Arbeitgeberverbände, in denen heute noch etwa zwei Drittel aller in der Bundesrepublik ansässigen Unternehmen organisiert sind. Der im internationalen Vergleich relativ hohe Organisationsgrad der Arbeitgeber steht seinerseits für die breite Akzeptanz des deutschen Tarifvertragssystems.

Zur Empirie der betrieblichen Interessenvertretung

Ein grundsätzliches Problem, das in der dualen Struktur von Tarifvertrag und betrieblicher Interessenvertretung angelegt ist, besteht darin, daß weder der formale noch der reale Geltungs- bzw. Wirkungsbereich der beiden Teilsysteme identisch sind. Tarifverträge kommen nur dort zustande, wo die potentiellen Tarifvertragsparteien sich auf entsprechende Abkommen einigen können. Betriebliche Interessenvertretungen können in allen Betrieben gewählt werden, aber eine Einrichtungspflicht besteht nicht. Aus diesem Grund gibt es sowohl Betriebe mit Tarifbindung, aber ohne betriebliche Interessenvertretung, als auch umgekehrt.

Nach Angaben des DGB[5] existierten nach den Betriebsratswahlen 1994 in rund 40 000 Betrieben Betriebsräte mit insgesamt 220 000 Mitgliedern. Rund 76 Prozent von ihnen sind Mitglied in einer DGB-Gewerkschaft, weitere 21 Prozent sind gewerkschaftlich nicht organisiert, die restlichen verteilen sich auf die DAG und andere Organisationen. Dieser hohe gewerkschaftliche Organisationsgrad macht deutlich, daß die große Mehrheit der Betriebsräte ihre Tätigkeit vor dem Hintergrund gewerkschaftlicher Zielvorstellungen ausübt.

Neuere repräsentative Erhebungen erlauben eine genauere Differenzierung der Verteilung der Betriebsräte bzw. Personalräte nach Betriebsgrößenklassen (*s. Tabelle 3*). Insgesamt arbeiten in den alten Bundesländern 57,7 Prozent der Beschäftigten in Betrieben ab 5 Beschäftigte mit Betriebsrat/Personalrat; in den neuen Bundesländern sind es 50,8 Prozent. Berücksichtigt man nur die Betriebe mit mehr als 20 Beschäftigten,

---

[5] Eine offizielle Statistik über Betriebsratswahlen gibt es nicht. Die DGB-Statistik erfaßt nur Betriebe, in denen DGB-Gewerkschaften im Betriebsrat vertreten sind.

verfügen immerhin drei Viertel der Beschäftigten im Westen bzw. zwei Drittel im Osten über eine betriebliche Interessenvertretung.

Tabelle 3: Beschäftigte in Betrieben mit Betriebs-/Personalrat nach Betriebsgröße 1997 (Anteil an allen Beschäftigten in %)

Bereich	Betriebsgrößenklassen nach Zahl der Beschäftigten					Betriebe insgesamt	
	5-20	21-100	101-299	300-1000	ab 1001	ab 5	ab 21
West-deutschland	9,2	42,9	80,6	92,2	97,2	57,7	74,4
Ost-deutschland	6,7	37,8	75,0	89,2	99,4	50,8	66,0

Quelle: IAB-Betriebspanel 5. Welle West, 2. Welle Ost

Der in der Diskussion über das duale System der Arbeitsbeziehungen oftmals unterstellte Fall, daß Betriebe gleichermaßen einer Tarifbindung unterliegen und über eine betriebliche Interessenvertetung verfügen, stellt keineswegs den Regelfall dar. Wie aus *Tabelle 4* ersichtlich, haben nur 14,1 (West) bzw. 12,3 (Ost) Prozent aller Betriebe ab 5 Beschäftigten zugleich eine Tarifbindung und eine betriebliche Interessenvertretung. Viele Betriebe haben Tarifbindung, aber keinen Betriebsrat (55,0 bzw. 40,1 Prozent). Sehr selten ist der Fall, daß ein Betrieb zwar eine gewählte Interessenvertretung, aber keine Tarifbindung hat (1,4 bzw. 1,6 Prozent). Relativ hoch ist der Anteil der Betriebe, die weder Tarifbindung noch eine betriebliche Interessenvertretung haben (29,5 bzw. 46,0 Prozent).

Die Tarifbindung ist wiederum von der Betriebsgröße abhängig. Mit zunehmender Betriebsgröße steigt auch der Anteil der Betriebe erheblich an, die zugleich tarifgebunden sind und eine betriebliche Interessenvertretung haben.

Tabelle 4: Betriebe mit Betriebs-/Personalrat und Tarifbindung nach Betriebsgröße 1997 (Anteil an allen Betrieben in %)

	Betriebsgrößenklassen nach Zahl der Beschäftigten					Betriebe insgesamt	
Anteil der Betriebe	5-20	21-100	101-299	300-1000	ab 1001	ab 5	ab 21
in Westdeutschland							
mit TV und mit BR	6,7	33,9	74,0	88,6	94,6	14,1	42,2
mit TV aber ohne BR	59,6	43,1	13,6	3,4	0,6	55,0	37,0
ohne TV aber mit BR	0,8	3,7	6,1	2,9	2,3	1,4	4,0
ohne TV und ohne BR	32,8	19,3	6,4	5,1	2,4	29,5	16,8
in Ostdeutschland							
mit TV und mit BR	5,1	28,4	66,2	85,1	98,0	12,3	34,4
mit TV aber ohne BR	40,9	41,6	16,8	8,0	1,0	40,1	36,9
ohne TV aber mit BR	0,6	4,4	7,1	2,7	1,0	1,6	4,7
ohne TV und ohne BR	53,4	25,6	10,0	4,2	0,0	46,0	23,0

Quelle: IAB-Betriebspanel 5. Welle West, 2. Welle Ost

Diese Daten verdeutlichen, daß in vielen Klein- und Mittelbetrieben (5 bis 100 Beschäftigte) eine Kontrolle der Einhaltung von Tarifverträgen durch die betrieblichen Interessenvertretungen nicht möglich ist, weil ein Betriebs- oder Personalrat nicht vorhanden ist. Dieser Tatbestand hat auch Konsequenzen für die zunehmende Dezentralisierung und Flexibilisierung der Tarifverträge, deren Praxis ja zumeist an die Aushandlung von Lösungen auf betrieblicher Ebene zwischen den Betriebsparteien gebunden ist. Wenn in relevanten Größenordnungen die Arbeitnehmervertretung nicht besteht, greifen die meisten der entsprechenden tariflichen Regelungen zumindest formal ins Leere.

2. Krise des Flächentarifvertrags und Verbetrieblichung der Tarifpolitik?

Das Tarifvertragssystem erwies sich als eine zentrale institutionelle Stütze des „Modells Deutschland". Als Ende der siebziger Jahre die Debatten um die Erosion der politischen und ökonomischen Grundlagen der fordistischen Nachkriegsperiode (Simonis 1998) aufkamen, waren damit zumeist eher skeptische Prognosen über die zukünftige Stabilität der Arbeitsbeziehungen verbunden, deren ökonomische Basis mit der Krise des Fordismus ebenfalls zu erodieren schien.

Am Ende der achtziger Jahre hatte sich jedoch eine grundlegende Diskursverschiebung durchgesetzt, nach der nun die beachtliche institutionelle Stabilität des „Modells Deutschland" hervorgehoben wurde. Obwohl das Anfang der achtziger Jahre an die Macht gekommene neokonservativ-liberale Bündnis den bereits unter sozialdemokratischer Ägide eingeleiteten politischen Paradigmawechsel von einer keynesianisch inspirierten Beschäftigungspolitik hin zu einer neoliberalen Angebotspolitik weiter fortgesetzt hat, erreichte der deutsche Neoliberalismus jedoch niemals die Radikalität seines britischen oder US-amerikanischen Pendants, sondern zielte vielmehr auf eine fortwährende Transformation des „Modells Deutschland", ohne seine grundlegenden Strukturmuster in Frage zu stellen. Letzteres gilt in besonderer Weise auch für die Institutionen der industriellen Beziehungen, die sich im internationalen Vergleich gegenüber den neoliberalen Anfeindungen als äußerst robust erwiesen haben. Ihre Stabilität in den achtziger Jahren basierte freilich nicht zuletzt auf der Herausbildung eines neuen Kompromisses, der als „selektiver Korporatismus" (Esser/Fach 1981; Esser 1998) darauf basiert, daß die Funktionsfähigkeit des Tarifvertragssystems für den Kern der Beschäftigten erhalten bleibt, während wachsende Bevölkerungsgruppen aus dem „Wohlstandskompromiß" der Nachkriegsjahre herausfallen.

Am Beginn der neunziger Jahre kam es erneut zu einer Zäsur, die die Grundlagen des „Modells Deutschland" in Frage stellte. Mit dem Wegfall der Systemkonkurrenz ging nicht nur eine äußere Klammer verloren, die über die gesamte Nachkriegsperiode die soziale Verfassung Deutschlands mitgeprägt hatte. Im Zuge der deutschen Vereinigung und der nachfolgenden Transformationskrise in Ostdeutschland wurden auch die ökonomischen und politischen Konstitutionsbedingungen des „Modells Deutschland" grundlegend verändert. Hinzu kam, daß durch die in der Geschichte der Bundesrepublik bislang tiefste Rezession 1992/93 deutlich wurde, daß die Strukturprobleme in den achtziger Jahren keineswegs gelöst worden waren und nun erneut – insbesondere in Form eines weiteren drastischen Anstiegs der Massenarbeitslosigkeit – in Erscheinung traten. Schließlich bildete in den neunziger Jahren die Globalisierungsdebatte einen neuen politischen Bezugspunkt, demzufolge sämtliche gesellschaftliche Institutionen sich an ihrer Funktionstüchtigkeit im globalen Standortwettbewerb messen lassen müssen. Wie kaum ein anderer gesellschaftlicher Diskurs brachte die Globalisierungsdebatte die Hegemonie neoliberalen Denkens zum Ausdruck. Diese Entwicklungen haben die tarifpolitische Entwicklung in Deutschland nachhaltig geprägt und zugleich den äußeren politischen Rahmen der Debatte um den Flächentarifvertrag gebildet.

Zwischen Reform und Erosion des Flächentarifs: Dezentralisierung und Verbetrieblichung der Tarifpolitik

In den aktuellen Debatten um die Reform des Flächentarifvertrags wird häufig immer noch der Eindruck erzeugt, das Tarifvertragssystem sei ein starres Tarifkorsett mit einheitlichen Normen und Regelungen. Davon abgesehen, daß sich hinter dem Flächentarifvertrag in Wirklichkeit schon immer ein recht differenziertes Regelungsinstrumentarium verbarg, suggeriert das Bild auch noch die Vorstellung eines nahezu statischen, bislang kaum veränderten Regelungssystem. Tatsächlich wurde der Flächentarifvertrag immer wieder den jeweiligen ökonomischen und politischen Rahmenbedingungen angepaßt. Dabei stand neben inhaltlichen Fragen immer auch das Spannungsverhältnis von zentralen und dezentralen Regelungsformen im Mittelpunkt.

Die tarifpolitischen Entwicklungen in den neunziger Jahren zeigen, daß die viel beschworene Reform des Flächentarifs längst im Gange ist und einen weitreichenden Wandlungsprozeß des deutschen Tarifvertragssystems eingeleitet hat. Kern dieser Veränderungen sind die Dezentralisierung und Verbetrieblichung der Tarifpolitik. Inhaltlich lassen sich drei Regelungstypen mit jeweils unterschiedlichen Konsequenzen für das Tarifsystem unterscheiden:

1. Ausweitung des betrieblichen Regelungskorridors in klassischen Regelungsbereichen bei tariflich vorgegebenem Regelungs- und Leistungsniveau; Beispiele dafür sind Regelungen zur Eingruppierung, zur Leistungsentlohnung sowie zur Lage und Verteilung der Arbeitszeit.

2. Erstmalige tarifliche Regelung neuer Gegenstände mit hohem betrieblichen Konkretisierungs- und Umsetzungsspielraum; hierzu zählen vor allem Themen der sogenannten „qualitativen" Tarifpolitik, wie z.B. Qualifizierung, Frauenförderung, betrieblicher Gesundheitsschutz, die in Form allgemeiner Ansprüche und Verfahrensbestimmungen geregelt sind.

3. Unterschreitung tariflicher Mindestnormen in Abhängigkeit von der wirtschaftlichen Situation und Leistungsfähigkeit des einzelnen Unternehmens oder Betriebs.

Während die beiden zuerst genannten Regelungstypen für die Funktionsfähigkeit des Flächentarifvertrags an sich weitgehend unproblematisch sind, wird mit dem dritten Regelungstyp, einer Unterschreitung bzw. Abweichung von tariflichen Mindeststandards, unmittelbar die Funktionslogik des Flächentarifs in den verteilungspolitisch relevanten Kernfeldern der Entgelthöhe und Arbeitszeitdauer tangiert. In der Praxis lassen sich zwei Varianten unterscheiden, durch die eine betriebliche Abweichung von tarifvertraglichen Regelungen möglich wird (Zachert 1997):

- Die *„kontrollierte"* Dezentralisierung, bei der die Tarifvertragsparteien, etwa in Form von Öffnungsklauseln, bestimmte Regelungsfunktionen direkt den Betriebsparteien übertragen oder auf überbetrieblicher Ebene bestimmte Konditionen definieren, unter denen die betrieblichen Akteure von den tariflichen Standards abweichen dürfen.

- Die *„wilde"* Dezentralisierung, bei der einzelne Unternehmen aus den geltenden tarifvertraglichen Regelungen „aussteigen", sei es in Form eines offiziellen Austritts aus der Verbands- bzw. Tarifbindung, sei es durch betriebliche Vereinbarungen, die faktisch bestehende Tarifstandards unterlaufen.

Formen und Varianten der „kontrollierten" Dezentralisierung

Gemeinsames Charakteristikum aller „kontrollierten" Dezentralisierungs- bzw. Verbetrieblichungsvarianten ist die Möglichkeit, von den einheitlichen und verbindlichen Standards des (Flächen-)Tarifvertrags abzuweichen; sie öffnen den Tarifvertrag für Anpassungen an die je spezifischen betrieblichen Verhältnisse. Dabei können zwei Varianten unterschieden werden: (1) Die *Differenzierung*, bei der für bestimmte Beschäftigtengruppen, Betriebe oder Teilbranchen unterschiedliche Tarifstandards etabliert werden; (2) die *Absenkung*, bei der einheitlich tarifliche Regelungen und Leistungen für alle Beschäftigten und Betriebe herabgesetzt werden. Mittlerweile existiert eine außerordentlich große Vielfalt von Tarifvereinbarungen, die Formen der „kontrollierten" Dezentralisierung zum Inhalt haben. Die bestehenden Regelungen können nach folgenden Kriterien geordnet werden (Bispinck 1997):

(a) Inhaltliche Regelungsbereiche der Dezentralisierung

In einigen wenigen Fällen gibt es keine oder nur geringfügige inhaltliche Einschränkungen für die vereinbarten Öffnungsklauseln. Dies gilt z.B. für die Härtefallklauseln in der ostdeutschen Metallindustrie. Die übrigen Regelungen beziehen sich zumeist entweder auf die tariflichen Arbeitszeitbestimmungen oder die Vergütungsvorschriften. Beim Regelungskomplex *Arbeitszeit* finden sich Bestimmungen, die im Rahmen der Arbeitszeitflexibilisierung seit Mitte der achtziger Jahre vereinbart werden, z.B. zur Arbeitszeitverlängerung und zu Arbeitszeitkorridoren. Hier handelt es sich um die Möglichkeit, *dauerhaft* von der tariflichen regelmäßigen (Wochen-)Arbeitszeit abzuweichen. Seit 1994 wurden verstärkt Möglichkeiten zur befristeten Absenkung der Arbeitszeit mit dem Ziel der Beschäftigungssicherung geschaffen.

Beim Regelungskomplex *Lohn und Gehalt* geht es in einer Vielzahl von Regelungen um das Aussetzen von vereinbarten Tariferhöhungen wie z.B. bei den Stufenplänen zur Anpassung an das Westniveau in den neuen Ländern. In der Mehrzahl dieser Fälle sind diese Aussetzungsmöglichkeiten auf Betriebe bis zu einer bestimmten Beschäftigtenzahl beschränkt. Relativ verbreitet sind schließlich Regelungen zur Verschiebung bzw. Absenkung von zusätzlichen tariflichen Einkommensbestandteilen wie Jahressonderzahlung und Urlaubsgeld. Sie betreffen überwiegend westdeutsche Tarifbereiche. In der Tarifrunde 1997 wurde in der westdeutschen Chemieindustrie die Einführung eines tariflichen „Entgeltkorridors" vereinbart, der in Abhängigkeit von der wirtschaftlichen Lage ein Abweichen von den Tarifgrundentgelten nach unten (um max. 10 Prozent) erlaubt.

(b) Voraussetzungen zur Anwendung von Abweichungen und Differenzierungen

Die Voraussetzungen zur Abweichung von Tarifbestimmungen sind im wesentlichen folgende: Einmal geht es um die *wirtschaftliche Situation*, d.h. die Aussetzung von vereinbarten Tariferhöhungen bzw. Stufenanpassungen wird in der Regel vom Vorhandensein einer wirtschaftlichen Krisensituation abhängig gemacht. Gelegentlich wird dies schon in den Tarifbestimmungen qualifiziert („Insolvenzgefahr", „Liquiditätsschwierigkeiten", „Verbesserung von Sanierungschancen"), manchmal ist auch von „besonders begründeten Fällen" die Rede. Zum anderen ist die *Unternehmensgröße* (Zahl der Beschäftigten) das maßgebliche Kriterium. Diese Regelungen finden sich vorwiegend in ostdeutschen Tarifverträgen. Während beim Vorhandensein wirtschaftlicher Probleme in aller Regel das Ausmaß der Abweichungen vom Tarifstandard noch auszuhandeln ist, werden hier die Differenzierungsmöglichkeiten meist im Tarifvertrag genau festgelegt. Die relevante Beschäftigtenzahl schwankt zwischen 10 und 50, gelegentlich ist die Abweichung vom Tarifstandard zweimal gestaffelt. Zum dritten werden die Differenzierungsmöglichkeiten an bestimmten *Personen- bzw. Beschäftigtengruppen* festgemacht. Betroffen sind vornehmlich Langzeitarbeitslose und Berufsanfänger nach Abschluß ihrer Ausbildung; in einigen Bereichen sind auch Auszubildende selbst von der möglichen Absenkung ihrer Ausbildungsvergütung betroffen.

(c) Regelungsebene, Beteiligung der Tarifvertragsparteien, Gegenleistung

Auch in der Frage, auf welcher Ebene die abweichenden Regelungen festgelegt werden und welche Einflußmöglichkeiten den Tarifvertragsparteien dabei eingeräumt werden, unterscheiden sich die Vereinbarungen voneinander. In manchen Abkommen werden die Möglichkeiten der betrieblichen Anpassung im Tarifvertrag selbst geregelt. Anwendungsbereich, betroffene Personengruppen, Betriebsteile usw. sowie Ausmaß der Differenzierungsmöglichkeit werden abschließend festgelegt. Lediglich die Frage, ob die Betriebe von dieser Möglichkeit Gebrauch machen, bleibt diesen überlassen.

Diese Variante findet sich vor allem in Tarifverträgen zur Lohnanpassung in ostdeutschen Tarifbereichen. Entscheidungsspielräume bleiben den Parteien auf betrieblicher Ebene immer dann, wenn konkrete Kriterien im Betrieb als Voraussetzung für die Inanspruchnahme von Tarifabweichungen gemacht werden. Die Einflußmöglichkeiten der betrieblichen Interessenvertretungen sind vor allem dann bedeutsam, wenn die Öffnungsklauseln nur auf der Basis freiwilliger Betriebsvereinbarungen genutzt werden können, weil in diesem Fall die Zustimmung des Betriebsrats nicht durch die Einigungsstelle ersetzt werden kann. Von Bedeutung ist ferner, ob und in welcher Form die Differenzierungs- und Abweichungsmöglichkeiten selbst vorgegeben bzw. begrenzt werden.

Unterschiedlich geregelt ist auch, ob und inwieweit die Tarifvertragsparteien einzubeziehen sind. Am stärksten sind sie dort beteiligt, wo sie an der betrieblichen Umsetzung von Öffnungsklauseln selber mitarbeiten bzw. die Abweichungen selbst aushandeln. Dies gilt beispielsweise für die Härteklauseln in der ostdeutschen Metallindustrie. In anderen Fällen müssen die Tarifparteien zustimmen, so z.B. bei der Inanspruchnahme des Arbeitszeitkorridors in der chemischen Industrie, wenn dies für größere Betriebsteile oder ganze Betriebe gelten soll, auch bei der Absenkung der Jahressonderzahlung in der papierverarbeitenden Industrie. Zum Teil ist lediglich eine Information der Tarifparteien vorgesehen; vielfach überlassen sie vollkommen den Betriebsparteien die autonome Regelung aller Fragen im Rahmen der tariflich vorgegebenen Bestimmungen.

In vielen Fällen werden die Arbeitgeber bei der Inanspruchnahme von tariflichen Öffnungs- und Differenzierungsklauseln verpflichtet, bestimmte Gegenleistungen zu erbringen. Dazu zählt vornehmlich der Verzicht auf betriebsbedingte Kündigungen. Dies gilt in allen Beschäftigungssicherungstarifverträgen zur Absenkung der Arbeitszeit, aber auch im Zusammenhang mit verschiedenen Regelungen zur Aussetzung von Tariflohnerhöhungen (Textil, Bekleidung) bzw. zur Absenkung von Jahressonderzahlungen (Holzverarbeitung, Feinkeramik, Papierverarbeitung, Druck). Gelegentlich wurden auch Neueinstellungen bzw. die Schaffung zusätzlicher Ausbildungsplätze, Verzicht auf Ausgründungen vereinbart. Oft bleiben die Unternehmen jedoch frei von solchen Verpflichtungen.

Auf der Basis der hier erläuterten Kriterien läßt sich die Vielfalt tariflicher Regelungen zu folgenden Strukturtypen verdichten:

- Öffnungsklauseln bei wirtschaftlichen Schwierigkeiten,
- Differenzierung bzw. Absenkung von Tarifstandards für bestimmte Beschäftigtengruppen oder Betriebe,
- Beschäftigungssicherung durch Arbeitszeitflexibilisierung,
- sonstige betriebsspezifische Anpassung von Tarifstandards.

Mittlerweile zeichnet sich eine intensive Wechselwirkung von tariflichen Differenzierungs- und Öffnungsklauseln und betrieblichen Vereinbarungen ab, die insgesamt problematische Auswirkungen haben. Die immer stärkere Verlagerung der Regulierung auf die betriebliche Ebene kann über die unmittelbaren materiellen Folgen hinaus weitere problematische Wirkungen haben: Zum einen erfahren die Betriebsräte zunehmend weniger die vielfach gewünschte bzw. eingeforderte Entlastungswirkung abschließender und verbindlicher branchentariflicher Regelungen und sehen sich mit wachsenden zusätzlichen Verhandlungen konfrontiert (Bergmann u.a. 1998). Gerade in wirtschaftlichen Umbruch- und Krisenzeiten zeigen sie sich dem betrieblichen (Erpressungs-)Druck immer weniger gewachsen. Zum anderen erleben die Beschäftigten zunehmend weniger die unmittelbar normsetzende und prägende Kraft der Tarifverträge. Damit können jedoch die harten tariflichen Mindeststandards immer leichter in den Strudel eines betrieblichen „Concession Bargaining" geraten, bei dem die Grenzen zwischen „kontrollierter" und „wilder" Dezentralisierung fließend werden.

In einer repräsentativen Befragung von Betriebsräten hat das WSI die betrieblichen Interessenvertretungen nach einer Einschätzung der Dezentralisierung und Verbetrieblichung der Tarifpolitik und der Tarifverträge gefragt (WSI-Projektgruppe 1998). Rund drei Viertel der Befragten stehen dieser Entwicklung zwiespältig bis ablehnend gegenüber: Knapp 40 Prozent beurteilen dies „zwiespältig", und über ein Drittel (37 Prozent) hält dies für „generell problematisch", weil dieser Trend zu einer (noch) stärkeren Belastung des Betriebsrats führt und eine wirkungsvolle Einflußnahme oft kaum noch möglich ist. Lediglich 12 Prozent sind der Meinung, diese Entwicklung sei zu begrüßen, weil sie den unterschiedlichen betrieblichen Gegebenheiten besser Rechnung trägt und dem Betriebsrat größere Einfluß- und Gestaltungsmöglichkeiten gibt. In den größeren Betrieben sind die Befürworter etwas stärker vertreten. Die restlichen 12 Prozent schließen sich keiner dieser Positionen an („schwer zu entscheiden"). Vor allem in den Betrieben bis 100 Beschäftigte ist ein größerer Teil der Betriebsräte unschlüssig. Im Ost/West-Vergleich zeigen sich die Betriebsräte aus den neuen Ländern etwas skeptischer.

Formen und Varianten einer „wilden" Dezentralisierung

Obwohl sich das Tarifvertragssystem durch „kontrollierte" Dezentralisierung bereits weitgehend in Richtung Flexibilisierung und Verbetrieblichung der Tarifvertragsbeziehungen gewandelt hat, entwickelte sich parallel dazu ein nicht minder bedeutsamer Prozeß der „wilden" Dezentralisierung: einzelne Unternehmen vollziehen mehr oder weniger offen den „Ausstieg" aus den geltenden tarifvertraglichen Regelungen. Prinzipiell können zwei Wege unterschieden werden:

- ein „offizieller", bei dem sich einzelne Unternehmen durch Austritt aus dem Arbeitgeberverband oder bei Unternehmensneugründungen und Outsourcing von Unternehmensbereichen durch Nichteintritt dem Geltungsbereich überbetrieblicher Tarifverträge entziehen;

- ein „inoffizieller", bei dem die Unternehmen, trotz andauernder rechtlicher Gültigkeit eines Flächentarifvertrags, in einzelnen Bereichen abweichende Regelungen treffen und damit faktisch Tarifbruch betreiben.

Im Mittelpunkt des „offiziellen" Ausstiegs aus den Flächentarifverträgen steht vor allem die Diskussion um die Organisations- und Bindefähigkeit der Arbeitgeberverbände. Die deutschen Arbeitgeber, die im internationalen Vergleich traditionell über eine besonders hohe Organisationsfähigkeit verfügten, sind in den neunziger Jahren verstärkt von Verbandsaustritten und Mitgliederrückgängen betroffen, welche sich zu einer profunden politischen „Krise" der Arbeitgeberverbände verdichtet haben. Empirische Untersuchungen zur Mitgliederentwicklung in den Arbeitgeberverbänden haben allerdings aufgezeigt, daß die reale Bedeutung von Verbandsaustritten in der politischen Debatte eher überschätzt wird und von einer „Massenflucht" der Unternehmen keine Rede sein kann (Schroeder/Ruppert 1996). Trotz einer in der Tendenz rückläufigen Mitgliederentwicklung arbeitet nach wie vor eine deutliche Mehrheit der Beschäftigten in Unternehmen, die an einen Flächentarifvertrag gebunden sind (s. oben).

Der „inoffizielle" Ausstieg aus dem (Flächen-)Tarifvertrag ist derzeit sicherlich der krasseste Ausdruck für die schleichende Erosion des Tarifvertragssystems. Im Kern geht es hierbei um Unternehmen, die legal unter den Gültigkeitsbereich eines Flächentarifvertrags fallen, in der Realität jedoch in einzelnen oder mehreren Regelungsbereichen von diesem zuungunsten der Beschäftigten abweichen. Auch wenn über das quantitative Ausmaß dieser Form der „wilden" Dezentralisierung naturgemäß kaum seriöse Aussagen gemacht werden können, deuten doch ständig neu bekannt werdende, spektakuläre Fallbeispiele darauf hin, daß es keinesfalls nur eine Randerscheinung ist.

Insbesondere für *Ostdeutschland* wird angenommen, daß die „wilde" Dezentralisierung erheblich vorangeschritten ist und der Flächentarifvertrag seine faktische Bindung weitgehend eingebüßt hat. Empirische Untersuchungen zur ostdeutschen Tarifrealität bestätigen einerseits die deutlichen Erosionstendenzen, zeigen andererseits jedoch ein je nach Branche und tarifvertraglichem Regelungsbereich immer noch differenziertes Bild (Artus/Sterkel 1998). So scheint z.B. in der ostdeutschen Chemieindustrie die Normsetzungskraft des Flächentarifvertrags nach wie vor stark ausgeprägt zu sein, während die ostdeutsche Bauindustrie ein Paradebeispiel „wilder" Dezentralisierung ist. Unter den tariflichen Regelungsbestandteilen scheint das tarifliche Grundentgelt weniger angefochten zu werden; dagegen bilden die tariflichen Jahressonderzahlungen „fast schon eine Art Regelopfer, das die Geschäftsleitung bei wirtschaftlichen Schwierigkeiten legitimerweise von der Belegschaft verlangen kann" (ebd., S. 433). Ähnlich verhält es sich mit der tarifvertraglich geregelten wöchentlichen Arbeitszeit: die Dauer der Arbeitszeit wird formal zumeist eingehalten, verliert aber durch eine weitgehende betriebliche Abkopplung vom Tarifvertrag bei der Lage und Verteilung der Arbeitszeit in der Praxis an Relevanz.

Unter den Bedingungen der anhaltend hohen Massenarbeitslosigkeit hat die „wilde" Dezentralisierung auch in *Westdeutschland* Einzug gehalten. So hat sich seit der ökonomischen Rezession 1992/93 mit dem Abschluß zahlreicher „Standortpakte" oder betrieblicher „Bündnisse für Arbeit" ein neuer betrieblicher Regelungstypus herausgebildet, der zukünftig zur entscheidenden Herausforderung des Flächentarifvertrags und darüber hinaus der dualen Struktur des „deutschen Modells" werden könnte. Bei aller Unterschiedlichkeit und Variantenvielfalt in den Details der betrieblichen Standortvereinbarungen, liegt ihr Kern in einem einfachen Tauschgeschäft, bei dem die Arbeitnehmerseite auf bestimmte bestehende Leistungen und/oder Regelungen verzichtet und sich dafür von dem Unternehmen ein höheres Maß an Arbeitsplatzsicherheit „einkauft".

Eine mittlerweile weit verbreitete Variante bilden diejenigen Standortpakte, in denen die Arbeitnehmerseite kostenentlastenden Maßnahmen durch eine Reduzierung *über*tariflicher Leistungen zustimmt und die Geschäftsleitung sich im Gegenzug zu bestimmten arbeitsplatz- und standortsichernden Maßnahmen verpflichtet. Diese Variante wird insbesondere von Großunternehmen (vor allem in der Automobil- und Chemieindustrie) angewandt, in denen traditionell die Entgelte über dem Tarif liegen. Tatsächlich sind seit 1993 sowohl die Anzahl der übertariflich zahlenden Unternehmen als auch der relative Abstand zwischen Effektiv- und Tarifverdiensten in Westdeutschland deutlich zurückgegangen (Bellmann u.a. 1998).

Der Abbau übertariflicher Leistungen in Großunternehmen ist für das Tarifvertragssystem insofern problematisch, als der darüber vermittelte Kostendruck auf kleinere und mittlere Unternehmen von diesen nicht in gleicher Weise kompensiert werden kann. Betriebliche Standortpakte müssen in diesen Unternehmen unmittelbar an tarifliche Regelungsbestandteile rühren. In der Tat lassen sich mittlerweile auch zahlreiche betriebliche Standortbündnisse finden, in denen die Betriebsräte, Beschäftigten und zum Teil auch die örtlichen Gewerkschaften unter dem Druck des Arbeitsplatzverlusts tarifwidrigen Regelungen zugestimmt haben. Als paradigmatischer Fall für diese Form der betrieblichen „wildcat co-operation" (Jacobi u.a. 1998, S. 221) hat sich insbesondere das „Modell Viessmann" erwiesen, dessen „Bündnis für Arbeit" auf einer „Arbeitszeit*verlängerung* ohne Lohnausgleich" beruht, der die Beschäftigten per Abstimmung durch eine Änderung ihrer individuellen Arbeitsverträge zugestimmt haben (Zachert 1997). Das „Modell Viessmann" hat vor allem in der Metallindustrie und im Druck- und Medienbereich zahlreiche Nachahmer gefunden.

Die rasche Verbreitung betrieblicher Standortbündnisse hat mittlerweile zu einer kontroversen Debatte über die Bedeutung und Bewertung dieses neuen betrieblichen Regelungsinstrumentes geführt, wobei mindestens drei Argumentationsstränge unterschieden werden können:

Eine *erste* Gruppe, in der sich vor allem Repräsentanten der Arbeitgeberverbände finden, sieht in den Standortpakten einen Beleg dafür, daß der Flächentarifvertrag weiter dezentralisiert und flexibilisiert werden muß, um ihn auf diese Weise erhalten zu können. Aus dieser Perspektive sollen die teilweise tarifwidrigen Praktiken durch eine Öffnung der Tarifverträge im nachhinein legalisiert und in den tarifvertraglichen Geltungsbereich zurückgeholt werden (s. dazu weiter unten).

Eine *zweite* Gruppe betont die aus Arbeitnehmersicht positiven Potentiale der Beschäftigungssicherung und sieht in den Standortbündnissen „einen neuen Typus der Beteiligung von Betriebsräten (...) an Unternehmensentscheidungen, vor allem an den längerfristigen Planungen des Unternehmens" (Kommission Mitbestimmung 1998, S. 83). In der Regel folgt auch aus solchen Positionen die Forderung, „daß das Tarifsystem gleichsam offener gestaltet wird, schlicht weil Betriebsräte für gute Standortvereinbarungen – jenseits des übertariflichen Bereichs – auf die Dauer mehr Manövriermasse brauchen" (Kern 1998, S. 17). Um den möglichen Gefahren für den Flächentarifvertrag Rechnung zu tragen, sollen die Standortvereinbarungen von den Tarifvertragsparteien ratifiziert werden.

Eine *dritte* Gruppe bewertet die Standortvereinbarungen vor allem als Ausdruck eines betrieblichen „Concession Bargaining", bei dem Betriebsräte und Belegschaften von den Unternehmen unter Ausnutzung der hohen Massenarbeitslosigkeit und den im Zuge der Globalisierung gestiegenen Verlagerungsoptionen zu immer weitergehenden Zugeständnissen „erpreßt" werden (Bergmann u.a. 1998). Eine Akzeptanz dieser Art von Standortvereinbarungen würde demnach eine umfassende Unterordnung der Tarifpolitik unter die Standortlogik bedeuten und damit die Ordnungsprinzipien des Flächentarifvertrags radikal in Frage stellen. Die Gewerkschaften werden aus dieser Perspektive kritisiert, daß sie auch bei tarifwidrigen Standortbündnissen oft eine Politik der „passiven Tolerierung" (ebd., S. 73) betreiben und nicht genügend politische Kraft aufbringen, den Flächentarifvertrag zu verteidigen.

3. Vorschläge und Positionen zur Zukunft des Tarifvertragssystems

Trotz der in den neunziger Jahren bereits vollzogenen weitreichenden Veränderungen wird die Debatte um den Flächentarifvertrag nach wie vor mit aller Heftigkeit geführt. Der These einer notwendigen Öffnung des Flächentarifvertrags, um den Unternehmen mehr Regulierungsspielraum einzuräumen, wird mittlerweile kaum mehr widersprochen. Kontrovers scheint die Frage, wie weit sie gehen soll und welche Regelungsbestände exklusiv für die Fläche übrig bleiben (Oppolzer/Zachert 1998).

Fundamentalkritik des Flächentarifvertrags

Das Tarifvertragssystem stand schon häufig in der Kritik von unterschiedlichen Gruppierungen des politischen Spektrums. Während konservative und neoliberale Kritiker in ihm seit jeher eine eindeutige Privilegierung der Gewerkschaften sahen und insbesondere in den siebziger Jahren die Herausbildung eines „Gewerkschaftsstaates" beschworen, haben links-sozialistisch orientierte Autoren Kritik an der korporatistischen Integration der Gewerkschaften in das kapitalistische System geübt (Esser 1982).

Hingegen haben, bis in die späten achtziger Jahre hinein, alle relevanten politischen Parteien sowie die überwiegende Mehrzahl der Arbeitgeber und Gewerkschaften das Tarifvertragssystem verteidigt und in ihm eine wesentliche Voraussetzung für den ökonomischen Erfolg des „Modells Deutschland" gesehen.

Ab Mitte der achtziger Jahre rückte die Kritik jedoch allmählich von den politischen Rändern ins Zentrum der politischen Auseinandersetzung. Zu jener Zeit begannen immer mehr Unternehmen über eine „Flexibilisierung" der Arbeitsverhältnisse zu diskutieren und forderten einen größeren Gestaltungsspielraum bei der Umsetzung tarifvertraglicher Regelungen. Unterstützt wurden sie zunächst durch eine wachsende Anzahl neoliberaler Ökonomen und Zirkel wie z.b. den *Kronberger Kreis* (1986), den Sachverständigenrat der Bundesregierung, die „Deregulierungskommission" bzw. die „Monopolkommission".

Seit Anfang der neunziger Jahre gewinnt die neoliberale Kritik am Tarifvertragssystem stärkeren Einfluß. Viele Unternehmensvertreter, Politiker, Wissenschaftler und Wirtschaftsjournalisten sprechen sich offen für eine radikale Dezentralisierung und Verbetrieblichung der Tarifpolitik aus, in der Hoffnung, daß – wie einer ihrer Vordenker, der Chef der Wirtschaftsredaktion der FAZ, verkündet – „in zehn Jahren (...) das Freisein vom Flächentarif zur Unternehmenskultur der Erfolgreichen gehören (wird)" (Barbier 1996). Die Forderungen der radikalen Kritiker des Flächentarifvertrags konzentrieren sich auf folgende Punkte (vgl. stellvertretend Lambsdorff 1997): (1) Einführung *genereller Öffnungsklauseln* in Flächentarifverträge, damit die Betriebsparteien prinzipiell in die Lage versetzt werden, von den tarifvertraglichen Bestimmungen abzuweichen; (2) *Änderung des § 77 Abs. 3 Betriebsverfassungsgesetz*, damit es künftig auch Betriebsräten erlaubt ist, Tarifverträge abzuschließen; (3) *Abschaffung der Allgemeinverbindlichkeit*, damit kein Unternehmen, das nicht Mitglied in einem Arbeitgeberverband ist, über Allgemeinverbindlichkeitsregelungen mehr „gezwungen" werden kann, tarifvertragliche Bestimmungen anzuwenden; (4) *Beseitigung der Nachwirkungsregelungen von Tarifverträgen*: Unternehmen, die sich durch Verbandsaustritt aus dem tarifvertraglichen Regelungsbereich entziehen wollen, sollen nicht mehr durch eine zeitlich befristete Nachwirkung von Tarifverträgen „bestraft" werden; (5) *Neuinterpretation des Günstigkeitsprinzips*, damit Abweichungen vom Tarifvertrag auch dann möglich werden, wenn eine vordergründige Verschlechterung (z.B. eine untertarifliche Bezahlung) eine indirekte Verbesserung für den Arbeitnehmer mit sich bringt (z.B. Erhalt des Arbeitsplatzes).

Auch wenn die „Fundamentalkritiker der deutschen Tarifordnung" (Hundt 1998) nach wie vor lediglich eine, wenn auch bedeutsame, Minderheit darstellen, haben sie nicht unwesentlich dazu beigetragen, daß der einst breite gesellschaftliche Konsens über das Flächentarifvertragssystem brüchiger geworden ist. Zudem nehmen „Fundamentalkritiker" in der politischen Auseinandersetzung eine wichtige Funktion war: Sie legitimieren einerseits das Verhalten derjenigen Unternehmen, die von tarifrechtlichen Standards abweichen, und dienen andererseits den Vertretern einer „kontrollierten" Dezentralisierung als „Kronzeugen" für einen negativen Entwicklungspfad, der eintreten würde, bliebe die Dezentralisierung aus.

Stabilisierung durch kontrollierte Dezentralisierung ?

Sind Differenzierung und Dezentralisierung kollektivvertraglicher Regulierung von der Entstehung her (und in wesentlichen Teilen bis heute) ein den Gewerkschaften – in zum Teil harten Konflikten – abgerungenes Ergebnis und keinesfalls Bestandteil einer offensiven gewerkschaftlichen Tarifstrategie läßt doch im Lauf der Zeit die Beurteilung dieses Prozesses einen gewerkschaftlichen Auffassungswandel erkennen: In der Arbeitszeitpolitik wich beispielsweise die zunächst kompromißlose Ablehnung jeglicher Flexibilisierungs-Konzepte der Einsicht, daß eine deutliche Verkürzung der individuellen Arbeitszeiten ohne flexiblere betriebliche Arbeitszeitstrukturen nicht zu realisieren war. Die Gewerkschaften gingen in der Folge dazu über, den Flexibilisierungs-Zumutungen der Arbeitgeber(verbände) eigene, an den Beschäftigteninteressen orientierte, Flexibilitätswünsche entgegenzusetzen. In der Lohnpolitik, wo die Gewerkschaften erst in den neuen, später auch in den alten Bundesländern verschiedene Härte- und Differenzierungsklauseln hinnehmen mußten, hat sich die zunächst durchweg negative Beurteilung ebenfalls zum Teil gewandelt. Einige Gewerkschaften erhoffen sich mittlerweile von bestimmten Lohndifferenzierungsregelungen beschäftigungssichernde Effekte.

Unter dem Druck der ökonomischen Verhältnisse stieg die Bereitschaft der Gewerkschaften, das Flexibilitätspotential des tariflichen Regelwerkes zu vergrößern. Zudem ist das Bewußtsein dafür gewachsen, daß viele Tarifregelungen den differenzierter gewordenen Interessenlagen der Beschäftigten nicht mehr hinreichend Rechnung tragen. Ferner gibt es zwischen den betrieblichen Interessen und den Beschäftigtenwünschen durchaus gemeinsame Schnittmengen. Große Unsicherheiten bestehen in der Frage, wie Gewerkschaften strategisch auf den Prozeß der Dezentralisierung und Differenzierung in der Tarifpolitik reagieren sollen.

So vertritt die IG Bergbau, Chemie, Energie explizit ein Konzept der kontrollierten Dezentralisierung und Öffnung des Flächentarifvertrags mit der erklärten Absicht, dadurch einen Beitrag zur Stabilisierung und Weiterentwicklung des Flächentarifvertrags zu leisten. Sie greift die inhaltliche Begründung der Tarifdifferenzierung (unterschiedliche ökonomische Situation der Unternehmen, Standortsicherung, Steigerung der Wettbewerbsfähigkeit) positiv auf, verknüpft sie mit eigenen Zielen (z.B. der Beschäftigungssicherung), macht deren Umsetzung allerdings von der jeweiligen Branchensituation und den dort gegebenen tariflichen Regelungs- und Leistungsniveaus abhängig.

Die IG Medien zieht aus den Erfahrungen von Tarifflucht großer Druck- und Verlagshäuser, dem systematischen Unterschreiten gültiger Tarifbestimmungen und den Forderungen nach Absenkung bestehender und (noch) nicht kündbarer Tarifstandards andere (tarif-)politische Konsequenzen. Die zwangsweise erfolgten tarifpolitischen

Zugeständnisse der Gewerkschaften (Öffnungsklauseln zunächst im Osten, später auch im Westen) führten keineswegs zu einer Beruhigung und Stabilisierung der Situation. Vielmehr läßt sich ein Wandel „von der verschämten Revision zum unverhohlenen Zugriff auf den harten Kern" der Tarifbestimmungen beobachten (Hensche 1997, S. 37). Die Aufkündigung des tarifpolitischen Konsenses wird als Teil einer Entwicklung betrachtet, der durch Veränderung der Tarifinhalte grundsätzlich nicht beizukommen sei. Da mit einer zunehmenden Aushöhlung des Verbandstarifvertrags zu rechnen sei, müsse man sich mit der Alternative des Firmentarifvertrags auseinandersetzen.

In der Metallindustrie zeigt sich besonders deutlich, wie kompliziert die tarifpolitische Problemlage insgesamt ist (Hassel/Schulten 1998). Strittig ist zwischen den Tarifparteien nicht nur die Frage, ob und inwieweit bestehende Tarifbestimmungen flexibler zu gestalten und auf betrieblicher Ebene anzupassen seien, offen sind auch eine Reihe von inhaltlichen Fragen, die nach übereinstimmender Auffassung dringend der tariflichen (Neu-)Regelung bedürfen, ohne daß es jedoch bislang zu einer Einigung gekommen wäre. Hinzu kommen schließlich weitergehende tarifpolitische Reformziele der IG Metall, denen sich die Metallarbeitgeber bislang prinzipiell verweigern. Der Arbeitgeberverband Gesamtmetall hat seine Vorstellungen für einen grundsätzlichen Wandel in der Tarifpolitik in einem sogenannten „Pyramidenmodell" formuliert (Gesamtmetall 1996; 1997a). Danach sollen zukünftig nur noch einige wenige Grundparameter im Flächentarifvertrag verbindlich geregelt werden, darauf aufbauend betrieblich offene Rahmenregelungen sowie auf der dritten Stufe (unverbindliche) Empfehlungen der Tarifparteien.

Innerhalb der IG Metall hat sich in den letzten Jahren eine breite und mitunter kontroverse Debatte über die Frage entfacht, mit welcher Strategie den Erosionstendenzen des Flächentarifvertrags entgegengewirkt werden könne (IG Metall 1997a). Was den Umgang mit betrieblichen Krisen- und Problemfällen anbetrifft, plädieren Teile der IG Metall für die Aufnahme von ausformulierten „Härtefallklauseln" in die Tarifverträge, um die Anforderungen und Verfahrensweisen präzise festzuschreiben. Dagegen argumentieren die Kritiker, daß die bisherige Praxis auf der Basis eher allgemeiner tariflicher Formulierungen bzw. mit bloßem Rückbezug auf die entsprechenden Regelungen des Tarifvertragsgesetzes[6] ausreichend sei; weitere Detailregelungen weckten lediglich Begehrlichkeiten auf Unternehmensseite. In bezug auf die inhaltliche Weiterentwicklung und die Strukturreform der Flächentarife wurden ebenfalls unterschiedliche Vorschläge gemacht. (a) „Tarifbausteine" für bestimmte Regelungssachverhalte, die den Betrieben zusätzlich zu den bestehenden Tariflösungen zur Verfügung stehen; (b) tarifliche Wahlmöglichkeiten innerhalb des Flächentarifvertrags, aus denen eine der möglichen Optionen gewählt werden muß; (c) betriebliche Zusatztarifverträge, die er-

---

[6] § 4 Abs. 3 Tarifvertragsgesetz lautet: „Abweichende Abmachungen sind nur zulässig, soweit sie durch den Tarifvertrag gestattet sind oder eine Änderung der Regelungen zugunsten des Arbeitnehmers enthalten". Im § 4 Abs. 4 heißt es: „Ein Verzicht auf entstandene tarifliche Rechte ist nur in einem von den Tarifvertragsparteien gebilligten Vergleich zulässig."

gänzend zu den tariflich geregelten Mindestbedingungen des Flächentarifvertrags betrieblich angepaßte Regelungen enthalten.[7]

Gesamtmetall legte der IG Metall im März 1998 ein Angebot für eine „neue Partnerschaft" vor, die „eine andere Kultur der Zusammenarbeit" begründen sollte (Stumpfe 1998). Die IG Metall erklärte sich zu einem politischen Dialog in Sachfragen bereit, lehnte aber die von den Metallarbeitgebern zugleich gemachten Vorschläge zur Neuregelung der Tarif- und Schlichtungsverfahren ab. Im Juni 1998 veröffentlichten IG Metall und Gesamtmetall schließlich eine gemeinsame Erklärung zu „Tarifautonomie und Flächentarifvertrag", in der beide Tarifvertragsparteien sich einerseits eindeutig zum Flächentarifvertrag und der Aufrechterhaltung seiner „Ordnungs- und Schutzfunktion" bekennen, andererseits jedoch gemeinsam die Notwendigkeit einer „Inhaltsreform" bekräftigen, die den Flächentarifvertrag an die Gegebenheiten der modernen Arbeitswelt anpaßt (IG Metall/Gesamtmetall 1998).

4. Funktionsbestimmung des dualen Systems im Wandel

Zusammenfassend betrachtet geht es bei den tarifpolitischen Diskussionen und praktischen Auseinandersetzungen der vergangenen Jahre um mehr als nur einen Formwandel in den Tarifvertragsbeziehungen. Die Anpassung des Regulierungsmodus, deren Notwendigkeit sich aus ökonomischen Veränderungen, der Umgestaltung der Arbeitsformen und Produktionsmodelle wie auch aus der Ausdifferenzierung der individuellen Interessen und Lebensverhältnisse ergibt, geht über formale Verfahrensänderungen deutlich hinaus. Es steht vielmehr die grundsätzliche Funktionsbestimmung der Tarifpolitik zur Disposition, mit entsprechenden Konsequenzen für das gesamte duale System der Interessenvertretung.

- Die *Kartell- und Ordnungsfunktion* der Flächentarife hat für die Arbeitgeber an Wert verloren. In den einheitlichen Mindeststandards branchenbezogener Arbeits- und Einkommensbedingungen sehen viele Unternehmen nicht länger einen ökonomisch sinnvollen Bestandteil von Tarifverträgen; statt dessen bevorzugen sie die durch Dezentralisierung gewonnenen Flexibilitätsspielräume. Dies erscheint aus einzelwirtschaftlicher Sicht dann naheliegend, wenn die wirtschaftliche Situation der tarifgebundenen Unternehmen sehr stark differiert bzw. wenn der relevante Konkurrenzraum den (fachlichen und/oder räumlichen) Geltungsbereich des Tarifvertrags überschreitet.

- Die *Befriedungsfunktion* des Flächentarifvertrags, die durch verbandsgetragene Aushandlung einen störungsfreien Betriebs- und Produktionsablauf auf Zeit sicherstellt, wird ebenfalls neu bewertet. Zwar legen die Arbeitgeber nach wie vor Wert auf längerfristig kalkulierbare Arbeitskosten, aber sie scheuen andererseits nicht mehr vor der betrieblichen Aushandlung auch zentraler Arbeits- und Einkommens-

---

[7] Nach einer tarifpolitischen Tagung Anfang 1998 faßte die IG Metall ihre Vorschläge zusammen (s. IG Metall 1998).

bedingungen zurück. Die reale Praxis der Anpassung von tarifvertraglichen Standards an die betrieblichen Gegebenheiten (z.B. im Rahmen von Standort- und Wettbewerbspakten) scheint unter der „strukturellen Gewalt der Arbeitslosigkeit" (Bourdieu 1998) weitgehend friktionsfrei zu verlaufen, so daß eine stärkere Verbetrieblichung der Aushandlungsprozesse aus Unternehmersicht durchaus rational ist. Gleichwohl erscheint der überwiegenden Mehrheit der Arbeitgeber die kollektivvertragliche Setzung eines allgemeinen Rahmens durch verbandliche Aushandlung auf branchenbezogener Ebene immer noch akzeptabel.

- Die aus Arbeitnehmersicht zentrale *Verteilungsfunktion* ist dagegen weit stärker umstritten. Sie hatte in Deutschland immer eine doppelte Ausprägung: Sicherstellung der Teilhabe an der wirtschaftlichen Entwicklung und Gewährleistung einer solidarischen, das heißt (relativ) einheitlichen Einkommensstruktur. Beide Zielbestandteile werden aus Unternehmersicht in Frage gestellt. Die generelle Beteiligung der Beschäftigten an der ökonomischen Entwicklung der jeweiligen Branche oder der Gesamtwirtschaft soll einer stärker an der Leistungskraft und Ertragslage der Betriebe orientierten Vergütungsbemessung weichen. Die gesamtwirtschaftliche Einbindung der Lohnpolitik soll jedoch durchaus erhalten bleiben bzw. in problematischer Weise sogar verschärft werden, indem ihr die zentrale Verantwortung für die arbeitsmarktpolitische Entwicklung zugewiesen wird. Darüber hinaus wird eine stärker differenzierte Einkommensstruktur insbesondere im unteren, gering qualifizierten Tätigkeitsspektrum propagiert, da (nur) auf diese Weise die durch „überzogene Nivellierung" geschaffenen besonderen Beschäftigungsprobleme von gering Qualifizierten zu beheben seien. In der Konsequenz resultiert daraus ein Konzept einer sehr viel stärker betriebsbezogenen, wettbewerbs- und standortorientierten Tarifpolitik, das die Berücksichtigung gesamtwirtschaftlicher Kreislaufzusammenhänge zugunsten einer radikalisierten Angebotsorientierung aufgibt. Diese leitet ihre Begründung aus den vermeintlichen Beschäftigungswirkungen einer konsequenten Flexibilisierung und Deregulierung des Arbeitsmarktes und seiner Teilsysteme ab.

Insgesamt zeigt die Praxis der Tarifpolitik in den vergangenen Jahren, daß die Tarifvertragsparteien bereits große Schritte auf dem Weg zu einer dezentralisierten, nur noch Rahmenbedingungen setzenden Kollektivvertragspolitik auf Verbandsebene gegangen sind. Ob und inwieweit die Fortsetzung dieser Entwicklung zu einer durchgreifend veränderten Funktionsbestimmung der herkömmlichen Praxis der verbands- und branchenbezogenen Tarifpolitik führen wird, ist schwer abzusehen. Gleichwohl handelt es sich bei den beschriebenen Dezentralisierungsprozessen um Tendenzen, die in der Summe bereits jetzt eine deutlich nachlassende Prägekraft der kollektivvertraglichen Regulierung der Arbeits- und Einkommensbedingungen mit sich gebracht haben. Die Verlagerung von Regelungskompetenzen auf die betriebliche oder gar individuelle Ebene bewirkt nicht nur eine erhebliche Aufgabenausweitung für die Akteure in Betrieb und Unternehmen, sie hat faktisch auch Regulierungsdefizite in dem wachsenden Teil der Wirtschaft zur Folge, in dem betriebliche Interessenvertretungsstrukturen nicht existent sind. Angesichts des wachsenden Segments von tarif(bindungs)freien Zonen ergibt sich daraus ein qualitativ neues Anforderungsprofil für die betriebs- und tarifpolitische Interessenvertretung auf Arbeitgeber- wie Gewerkschaftsseite. Für die betriebliche Interessenvertretung bedeutet dies einen zweifachen Aufgabenwandel: Zum einen wird ihr – wie erwähnt – eine größer werdende Verantwortung für die reale Umsetzung der kollektivvertraglichen Normen übertragen, zum anderen sieht sie sich mit einer wachsenden Zahl von Problemen konfrontiert, für deren Bewältigung die Tarifverträge keine oder nur unzureichende Hilfe bieten. Da sich die formalrechtlichen Handlungsvoraussetzungen nicht wesentlich geändert haben, öffnet sich die Schere zwischen Problemdruck und Lösungskapazitäten immer weiter.

Literatur

Abendroth, W. (1967): Zum Begriff der Gewerkschaften in der Gesetzgebung und im Verfassungsrecht nach 1945. In: ders. Antagonistische Gesellschaft und politische Demokratie. Neuwied/Berlin, S. 231-250

Arndt, H. (Hg.) (1969): Lohnpolitik und Einkommensverteilung. Schriften des Vereins für Socialpolitik. Gesellschaft für Wirtschafts- und Sozialwissenschaften. Neue Folge Band 51. Berlin

Artus, I./Sterkel, G. (1998): Brüchige Tarifrealität. Ergebnisse einer empirischen Studie zur Tarifgestaltungspraxis in Betrieben der ostdeutschen Metall-, Bau- und Chemieindustrie. In: WSI-Mitteilungen 51 (7), S. 431-441

BAVC (1996): Bundesarbeitgeberverband Chemie, Flächentarifverträge in Deutschland: „Rheingauer Erklärung" des Bundesarbeitgeberverbandes Chemie und seiner Mitgliedsverbände vom 18.10.1996

Bahnmüller, R./Bispinck, R. (1995): Vom Vorzeige- zum Auslaufmodell? Das deutsche Tarifsystem zwischen kollektiver Regulierung, betrieblicher Flexibilisierung und individuellen Interessen. In: Bispinck (1995), S. 137-172

Barbier, H.D. (1996): Die Tarifordnung zerfällt. In: Frankfurter Allgemeine Zeitung vom 10. September 1996

Bellmann, L./Kohaut, S./Schnabel, C. (1998): Ausmaß und Entwicklung der übertariflichen Entlohnung. In: iw-trends 2, S. 1-8

Bergmann, J./Bürckmann, E./Dabrowski, H. (1998): Reform des Flächentarifvertrags? Betriebliche Realitäten – Verhandlungssysteme – gewerkschaftliche Politik. Supplement der Zeitschrift Sozialismus 25 (1)

Bispinck, R. (Hg.) (1995): Tarifpolitik der Zukunft. Was wird aus dem Flächentarifvertrag? Hamburg

Bispinck, R. (1997): Deregulierung, Differenzierung und Dezentralisierung des Flächentarifvertrags. Eine Bestandsaufnahme neuer Entwicklungstendenzen in der Tarifpolitik. In: WSI-Mitteilungen 50 (8), S. 551-560

Bispinck, R./Schulten, Th. (1998): Globalisierung und das deutsche Kollektivvertragssystem. In: WSI-Mitteilungen 51 (4), S. 241-248

Bourdieu, P. (1998): Die Sachzwänge des Neoliberalismus. Die Utopie einer grenzenlosen Ausbeutung wird Realität. In: Le Monde Diplomatique (deutsche Ausgabe) Nr. 5481 vom 13.03.1998, S. 3

Clasen, L. (1998): Tarifentwicklung 1997 – Innovative Tarifpolitik. In: Bundesarbeitsblatt 48 (4), S. 5-12

Deutscher Gewerkschaftsbund (DGB) (1996): Die Zukunft gestalten. Grundsatzprogramm des DGB, beschlossen auf dem 5. Außerordentlichen Bundeskongreß am 13.-16. November in Dresden

Esser, J. (1982): Gewerkschaften in der Krise. Die Anpassung der deutschen Gewerkschaften an neue Weltmarktbedingungen. Frankfurt/M.

Esser, J. (1998): Das Modell Deutschland in den neunziger Jahren – Wie stabil ist der soziale Konsens? In: Simonis, G. (Hg.): Deutschland nach der Wende. Neue Politikstrukturen. Opladen, S. 119-140

Esser, J./Fach, W. (1981): Korporatistische Krisenregulierung im Modell Deutschland. In: Alemann, U. von (Hg.): Neokorporatismus. Frankfurt/M., S. 158-179

Gesamtmetall (1996): Reformprojekt Flächentarif. Positionspapier beschlossen von Vorstand des Gesamtverbandes der metallindustriellen Arbeitgeberverbände am 20. Juni 1996 in Freiburg i.Br.

Gesamtmetall (1997a): Flexibilisierung des Flächentarifs. Manuskript

Gesamtmetall (1997b): Frankfurter Erklärung zur Reform des Flächentarifvertrages. Positionspapier beschlossen vom Vorstand des Gesamtverbandes der metallindustriellen Arbeitgeberverbände, 17. November 1997

Hassel, A./Schulten, Th. (1998): Globalisation and the Future of Central Collective Bargaining: the Example of the German Metal Industry. In: Economy and Society 27 (4), S. 541-577

Hensche, D. (1997): Tarifpolitik in der Krise. In: Dieterich, T. (Hg.): Das Arbeitsrecht in der Gegenwart. Bd. 34

Hundt, D. (1998): Der reformierte Flächentarifvertrag hat Zukunft. In: Arbeitgeber 50 (3), S. 49-51

IAB (1998): Betriebspanel 1997

IG Metall (Hg.) (1998): Tarifautonomie und Flächentarifvertrag. Dokumentation einer Tarifpolitischen Tagung vom 20.-22. November 1997 in Darmstadt

IG Metall/Gesamtmetall (1998): Erklärung zu Tarifautonomie und Flächentarifvertrag. Ergebnisse des Spitzengesprächs IG Metall/Gesamtmetall vom 30.06.1998 in Sulzbach

IG Metall - Bezirk Küste (1997): Tarifpolitisches Arbeitsprogramm 1998-2001

Jacobi, O./Keller, B./Müller-Jentsch, W. (1998): Germany: Facing new challenges. In: Ferner, A./ Hyman, R. (Hg.): Changing Industrial Relations in Europe. Oxford, S. 190-238

Kern, H. (1998): „Das Beschäftigungsproblem ins Zentrum bringen". Interview mit Horst Kern. In: Die Mitbestimmung 44 (3), S. 16-19

Kohaut, S./Bellmann, L. (1997): Betriebliche Determinanten der Tarifbindung: Eine empirische Analyse auf der Basis des IAB-Betriebspanels 1995. In: Industrielle Beziehungen 4 (4), S. 317-334

Kommission Mitbestimmung (1998): Mitbestimmung und neue Unternehmenskulturen – Bilanz und Perspektiven (hg. von der Bertelsmann Stiftung und der Hans-Böckler-Stiftung). Gütersloh

Kreimer-de Fries, J. (1995): Die Allgemeinverbindlicherklärung von Tarifverträgen. Ein unzeitgemäßes Instrument? In: Bispinck (1995), S. 205-229

Kronberger Kreis (1986): Mehr Markt im Arbeitsrecht. Frankfurter Institut für wirtschaftspolitische Forschung. Schriftenreihe Band 10. Bad Homburg

Lambsdorff, O. Graf (1997): Der Flächentarifvertrag muß reformiert werden. In: Frankfurter Allgemeine Zeitung vom 29. März 1997

Müller-Jentsch, W. (1983): Versuch über die Tarifautonomie. Entstehung und Funktionen kollektiver Verhandlungssysteme in Großbritannien und Deutschland. In: Leviathan 11, S. 118-150

Müller-Jentsch, W. (1997): Soziologie der Industriellen Beziehungen. 2. erw. Auflage. Frankfurt/M.

Oppolzer, A./Zachert, U. (1998): Zur Zukunft des Tarifvertrags – eine empirische Untersuchung. In: WSI-Mitteilungen 51 (7), S. 493-501

Schroeder, W./Ruppert, B. (1996): Austritte aus den Arbeitgeberverbänden: Eine Gefahr für das deutsche Modell? Marburg

Simonis, G. (1998): Das Modell Deutschland – Strukturmerkmale und Entwicklungslinie eines theoretischen Ansatzes. In: ders. (Hg.): Deutschland nach der Wende. Neue Politikstrukturen. Opladen, S. 257-284

Streeck, W. (1995): German Capitalism: Does It Exist? Can It Survive? Max-Planck-Institut für Gesellschaftsforschung Köln. MPIFG Discussion Paper 95/5

Stumpfe, W. (1998): Die Streithähne der Nation auf Partnerkurs. In: Frankfurter Rundschau vom 10. März 1998

Traxler, F. (1997): Der Flächentarifvertrag in der OECD. Entwicklung, Bestandsbedingungen und Effekte. In: Industrielle Beziehungen 4 (2), S. 101-124

WSI (Hg.) (1998): WSI Tarifhandbuch 1998. Frankfurt/M.

WSI-Projektgruppe (1998): WSI-Betriebs- und Personalrätebefragung 1997/98 – Ausgewählte Ergebnisse. In: WSI-Mitteilungen 51 (10), S. 653-667

Zachert, U. (1997): Modernisierung oder Liquidation der Tarifautonomie? In: Kritische Justiz 30 (4), S. 411-428

Kollektives und individuelles Arbeitsrecht

Ralf Rogowski

Der Beitrag gibt einen Überblick über Grundzüge des deutschen Arbeitsrechts. Im Vordergrund stehen Funktion, Geschichte und wesentliche Rechtsprinzipien des kollektiven und des individuellen Arbeitsrecht. Einbezogen werden darüber hinaus Grundprinzipien des Rechts des Arbeitsmarkts sowie Grundstrukturen der Arbeitsgerichtsbarkeit und der Schlichtung. Den Abschluß bilden einige Bemerkungen zur Zukunft des deutschen Arbeitsrechts im globalen Kontext.

1. Funktion und Geschichte des Arbeitsrechts

Das Arbeitsrecht hat rechtlich gesehen zwei spezifische Funktionen, die für das kollektive Arbeitsrecht einerseits und das individuelle Arbeitsrecht andererseits bestimmend sind. Während es beim *kollektiven* Arbeitsrecht um die rechtliche Unterstützung der Selbstregulierung der industriellen Beziehungen geht, gewährt das *individuelle* Arbeitsrecht staatlichen Schutz für Arbeitnehmer. Das deutsche Arbeitsrecht hat in beiden Bereichen eine bemerkenswerte Tiefe erreicht, die sich insbesondere an seinem Regelungsniveau und seiner Komplexität ablesen läßt.

Aus (rechts)soziologischer Sicht können Leistungen des Rechts nach ihren gesellschaftlichen Wirkungen unterschieden werden. Hierzu gehört insbesondere die Unterscheidung von Konfliktlösung im Einzelfall und Regulierung einer Vielzahl von Sozialbeziehungen, die die Grundlage für die Differenzierung von Institutionen (Gericht und Gesetzgeber bzw. Tarifverhandlungen und Mitbestimmung) und von Rechtsformen (Arbeitsvertrag, Urteil Tarifvertrag und Gesetz) bildet. Auch in dieser soziologischen Sicht kann dem deutschen Arbeitsrecht ein hohes Differenzierungsniveau bescheinigt werden.

Für Juristen sind zur Bestimmung des Arbeitsrechts allerdings eher formale Kritierien, insbesondere die *Rechtsquellen*, von Bedeutung. Danach entwickelt sich das Arbeitsrecht im Spannungsverhältnis von privatrechtlicher Regulierung, staatlichem Schutz und gerichtlicher Konfliktlösung. Entsprechend setzen sich die rechtlichen Quellen aus Teilgebieten des bürgerlichen Rechts, speziellen arbeitsrechtlichen Gesetzen und Richterrecht zusammen. Insbesondere das kollektive Arbeitsrecht kennzeichnet darüberhinaus eine Pluralität der Rechtsquellen, zu denen neben Gesetzen und Richterrecht, das Gewohnheitsrecht, Tarifverträge, Betriebsvereinbarungen und betriebliche Übungen gehören.

Die Berechtigung für ein eigenständiges Rechtsgebiet Arbeitsrecht und damit für ein Sonderrecht für Arbeitnehmer ist historisch in der Notwendigkeit verankert, soziale Ungleichheit im Arbeitsleben auszugleichen. Industrielle Arbeitsbedingungen und die

Folgen fordistischer Massenprodukion erzeugten im neunzehnten Jahrhundert einen Druck für spezielle Regulierung zum Schutz der Arbeitnehmer. Darüberhinaus erwuchs ein Bedarf an kollektiver Interessenvertretung, der zur Bildung von Gewerkschaften und der Einführung von Tarifverträgen führte. Die Diskussion der sozialen Frage wurde ein bestimmender Faktor für die Rechtsentwicklung im neunzehnten und frühen zwanzigsten Jahrhundert. Sie führte zur gesellschaftlichen Anerkennung einer spezifischen Form des liberalen Korporatismus, in dem Staat, Gewerkschaften und Arbeitgeber sich gegenseitig anerkennen und zusammenarbeiten (Rogowski/Tooze 1992).

Vier Entwicklungen, die sich in den Rechtsquellen spiegeln, kennzeichnen die Geschichte des deutschen Arbeitsrechts. Dies sind 1. die Herausbildung eines autonomen Tarifvertragssystems, 2. die Einrichtung von betrieblichen Arbeitnehmervertretungen, 3. spezifische Arbeits- und Sozialgesetzgebung und 4. die Schaffung einer Arbeitsgerichtsbarkeit. Als eigenständiges Rechtsgebiet etablierte sich das deutsche Arbeitsrecht in den zwanziger Jahren, vorwiegend als Folge der Einführung des Betriebsrätegesetzes 1920. Seine gesetzliche Ausgestaltung erfuhr es allerdings erst nach dem Zweiten Weltkrieg.

Obwohl von beachtlicher Regelungsdichte, ist das deutsche Arbeitsrecht weiterhin mit einem Manko behaftet: Trotz mehrerer Versuche hat es der bundesdeutsche Gesetzgeber bisher nicht geschafft, ein einheitliches, dem französischen *Code du Travail* vergleichbares Arbeitsgesetzbuch zu schaffen, das die wesentlichen arbeitsrechtlichen Regeln vereinigt. Dies ist insofern erstaunlich, weil es im deutschen Sozialrecht gelungen ist, eine vereinheitlichende Gesetzeskompilation, das Sozialgesetzbuch, zu schaffen. Folge des fehlenden Gesetzbuches ist eine Fragmentierung und Zersplitterung des Arbeitsrechts.

In gewisser Weise als Kompensation wirkte seit den zwanziger Jahren die akademische Disziplin des Arbeitsrechts und insbesondere die Rechtsprechung der selbständigen Arbeitsgerichtsbarkeit. Zunächst das Reichsarbeitsgericht und seit 1953 das Bundesarbeitsgericht (BAG) prägten durch ihre Interpretation der gesetzlichen, tariflichen und anderen Rechtsnormen entscheidend den Charakter des deutschen Arbeitsrechts. Sie trugen u.a. dazu bei, daß eine graduelle Verschiebung von substantieller zu prozeduraler Regulierung stattfand, die sich in der Betonung von Verfahrensgrundsätzen sowohl im kollektiven wie im individuellen Arbeitsrecht ausdrückt.

Das deutsche Arbeitsrecht sieht sich gegenwärtig grundsätzlichen Problemen ausgesetzt, die es zur Reflexion seines Selbstverständnisses nötigen (Rogowski/Wilthagen 1994). Diese sind z.T. Folge der neuen Arbeitsbedingungen der sich entwickelnden Dienstleistungsgesellschaft. Insbesondere die Ausrichtung des Arbeitsrechts auf Normalarbeitsverhältnisse der Industriegesellschaft wird nicht immer dem wachsenden Bedarf an atypischer Beschäftigung gerecht. Freie Mitarbeit und neue Selbständigkeit stellen darüberhinaus den herkömmlichen Arbeitnehmerbegriff zunehmend in Frage. Die gesetzgeberische Antwort ist in dieser Situation zwiespältig. Einerseits gibt es

Versuche, individuelle Arbeitnehmerrechte zu „deregulieren"; andererseits findet auch eine Stärkung von individuellen Partizipationsrechten statt. Dies gilt z.B. für den Schutz des informationellen Selbstbestimmungsrechts der Arbeitnehmer, ein Ziel des Datenschutzes im Betrieb. Diese Individualisierung stellt insbesondere das kollektive Arbeitsrecht vor neue Herausforderungen.

2. Kollektives Arbeitsrecht

Das kollektive Arbeitsrecht besteht in Deutschland im wesentlichen aus den zwei Bereichen der tariflichen Regeln und der Mitbestimmung. Es schließt das Tarifvertragsrecht, das Arbeitskampfrecht, das Betriebsverfassungsrecht und das Mitbestimmungsrecht auf Unternehmensebene ein.

Industrielle Beziehungen und Tarifhoheit

Die Geschichte des kollektiven Arbeitsrechts im 19. Jahrhundert war bestimmt durch den Kampf um die Koalitionsfreiheit. Insbesondere die Legalisierung der Gewerkschaften und die rechtliche Absicherung von Tarifverträgen bildeten die zentralen Diskussionspunkte vor dem Ersten Weltkrieg. Hierbei spielten auch der für Deutschland, im Gegensatz zu anderen Ländern, charakteristische Einfluß akademischer Meinungen und Konzepte eine Rolle. Hugo Sinzheimer, einer der maßgeblichen Begründer des deutschen Arbeitsrechts, trug mit seinem Konzept des „korporativen Arbeitsnormenvertrags" (Sinzheimer 1907/8) entscheidend zur Ausgestaltung des Tarifrechts bei. Die volle Legalisierung der Gewerkschaften und die Etablierung einer Tarifordnung wurde allerdings erst nach dem Ersten Weltkrieg mit der Tarifvertragsverordnung von 1918 erreicht. In ihr wurde zum ersten Mal das sog. Günstigkeitsprinzip eingeführt, wonach von Tarifverträgen nur zugunsten von Arbeitnehmern abgewichen werden kann.

Nachdem im Nationalsozialismus die Tarifhoheit abgeschafft worden war, wurde sie als eine der ersten Maßnahmen der neuen Bundesrepublik mit dem Tarifvertragsgesetz (TVG) vom 31. März 1949, noch vor der Verabschiedung des Grundgesetzes, wieder eingeführt. Das Tarifvertragsgesetz ist heute in der Fassung vom 25. August 1969 gültig. Abgesichert wird die Tarifhoheit der Gewerkschaften und der Arbeitgeberverbände durch die grundgesetzlich garantierte Koalitionsfreiheit (Tarifautonomie) gemäß Art. 9 Abs. 3 des Grundgesetzes. Koalitionsfreiheit bedeutet, daß Gewerkschaften und Arbeitgeberverbände als unabhängige Koalitionen zur Förderung der Arbeits- und Wirtschaftsbedingungen – in der Regel auf überbetrieblicher Ebene – Tarifverträge abschließen können. Koalitionsfreiheit ist ein Grundrecht auf Beteiligung an kollektiven Aktionen. Es umfaßt nach herrschender Meinung unter Juristen die negative Koalitionsfreiheit, d.h. das Recht, sich keiner Gewerkschaft bzw. keinem Arbeitgeberverband anschließen zu müssen (kritisch diskutiert in Däubler 1998, Bd. 1, S. 111-114).

Tarifverträge sind in Deutschland das Regelungsinstrument für Löhne und wesentliche Arbeitsbedingungen. Zwar könnten diese auch gesetzlich bestimmt werden. Seit 1952 existiert ein Gesetz über die Festsetzung von Mindestarbeitsbedingungen, mit dem, wie in den USA oder seit 1998 wieder in Großbritannien, ein Mindestlohn eingeführt werden könnte. Soweit ersichtlich, ist dieses Gesetz allerdings seit seiner Einführung noch nie gebraucht worden.

Der in der Regel zwischen einer Gewerkschaft und einem Arbeitgeberverband[1] abgeschlossene Tarifvertrag enthält rechtlich gesehen zwei Teile: einen normativen Teil und einen schuldrechtlichen Teil (s. dazu die Diskussion bei Kahn-Freund 1979, Kap. 6). Der *normative* Teil enthält Rechtsnormen, die entweder den Inhalt, den Abschluß oder die Beendigung des Arbeitsverhältnisses einzelner Arbeitnehmer ordnen oder betriebliche Fragen, insbesondere Rechte des Betriebsrats, betreffen. Diese Normen gelten nach § 4 Abs. 1 TVG unmittelbar und zwingend, haben also gesetzesgleiche Wirkung. Zu den Hauptregelungsgebieten gehört die Festsetzung des Lohns und seit den 70er Jahren auch der Arbeitszeit.

Im *schuldrechtlichen* Teil des Tarifvertrags werden Pflichten geregelt, die nur die vertragschließenden Tarifparteien, also die kollektiven Organisationen, nicht die einzelnen Arbeitnehmer betreffen. Hierzu gehört nach herrschender Meinung im Arbeitsrecht insbesondere die Friedenspflicht, wonach während der Laufzeit des Tarifvertrags Arbeitskampfmaßnahmen, die den Inhalt des Tarifvertrags tangieren, verboten sind. Weiterhin finden sich hier Bestimmungen über die Laufzeit des Tarifvertrags, die Modalitäten seiner Kündigung und möglicherweise Schlichtungsvereinbarungen. In den meisten Branchen existieren allerdings gesonderte verbandsautonome Schlichtungsabkommen, die ein Schlichtungsverfahren im Fall der Nicht-Einigung von Gewerkschaft und Arbeitgeberverband bereitstellen.

Der Tarifvertrag bindet zunächst nur die Tarifvertragsparteien selbst. Ist ein Arbeitgeber nicht Mitglied eines Arbeitgeberverbandes, dann ist er auch nicht zur Beachtung des Tarifvertrags gezwungen, und seine Arbeitnehmer können sich nicht auf ihn berufen. § 5 TVG sieht allerdings eine Ausnahme von diesem Grundsatz vor. Danach kann der Staat im öffentlichen Interesse einen Tarifvertrag für allgemeinverbindlich erklären, mit der Wirkung, daß die im Tarifgebiet bisher nicht tarifgebundenen Arbeitgeber und Arbeitnehmer von den Rechtsnormen des Tarifvertrags erfaßt werden (§ 5 Abs. 4 TVG). Nach einer neueren Schätzung fallen etwa eine Million Arbeitnehmer, deren Arbeitgeber nicht Mitglied eines Arbeitgeberverbandes und deshalb nicht tarifgebunden ist, infolge der Allgemeinverbindlicherklärung unter den Schutz von Vergütungs-Tarifverträgen (Kreimer-de Fries 1995, S. 218).

Ein rechtliches Problem stellen die sog. Differenzierungsklauseln dar. Diese sind Bestimmungen in Tarifverträgen, die Gewerkschaftsmitglieder gegenüber Nicht-Mit-

---

[1] Rechtlich zulässig sind auch Tarifverträge zwischen einer Gewerkschaft und einem einzelnen Unternehmen (sog. Firmen- oder Werkstarifvertrag).

gliedern begünstigen. Die Gewerkschaften befürworten solche Klauseln, da sie Anreize für eine Gewerkschaftsmitgliedschaft schaffen. Das Bundesarbeitsgericht sieht in diesen Klauseln allerdings eine Verletzung des Grundrechts auf negative Koalitionsfreiheit. Tarifliche Regelungsmacht habe dort ihre Grenzen, wo sie zu Lasten Dritter ausgeübt wird (BAG AP Nr. 13, 47 zu Art. 9 GG).

Einer der Eckpfeiler des deutschen Tarifrechts ist seit 1918 das sog. Günstigkeitsprinzip (§ 4 Abs. 3, 2. Alt. TVG). Danach darf rangniedrigeres Recht, also Betriebsvereinbarungen oder Arbeitsverträge, die tarifliche Stellung des Arbeitnehmers nur verbessern aber nicht verschlechtern. Allerdings besteht die Möglichkeit, im Tarifvertrag eine Abweichung vom Günstigkeitsprinzip zu vereinbaren (sog. Öffnungsklauseln, § 4 Abs. 3, 1. Alt. TVG). Mit Hilfe von Öffnungsklauseln wurde z.B. ostdeutschen Betrieben nach der Vereinigung gestattet, in Ausnahmefällen einen untertariflichen Lohn zu zahlen. Eine gängige Tarifpraxis ist auch, die konkrete Ausgestaltung der Reduzierung von Arbeitszeit, die im Flächentarifvertrag vereinbart wurde, Betriebsvereinbarungen zu überlassen.

Ein Tarifvertrag endet entweder durch Zeitablauf oder durch Kündigung. In der Praxis wird in der Regel nach Ablauf einer bestimmten Frist gekündigt (Däubler 1998, Bd. 1, S. 268). Nach Beendigung des Tarifvertrags wirkt der normative Teil nach und regelt weiter die einzelnen Arbeitsverhältnisse bis zum Abschluß eines neuen Tarifvertrags. Damit ist gewährleistet, daß der Schutz für den einzelnen Arbeitnehmer nicht entfällt, wenn der Tarifvertrag gekündigt wird. Dies gilt allerdings nicht für Arbeitsverhältnisse, die nach Beendigung des Tarifvertrags eingegangen werden.

Recht des Arbeitskampfs

Die wesentlichen Prinzipien des Arbeitskampfrechts sind in Deutschland nicht gesetzlich geregelt, sondern Ausfluß des Richterrechts des Bundesarbeitsgerichts (BAG). Nach Ansicht des obersten Arbeitsgerichts sind sowohl der Streik der Gewerkschaften als auch die Aussperrung der Arbeitgeber als Mittel im Rahmen der Verhandlungen über Tarifverträge zugelassen. Mittlerweile ist nicht nur der Streik als Arbeitskampfmaßnahme verfassungsrechtlich zulässig sondern seit den Urteilen des Bundesverfassungsgerichts, die Anfang der neunziger Jahre ergingen, auch die Aussperrung.[2] Zu den wichtigsten, vom BAG aufgestellten arbeitskampfrechtlichen Regeln gehört (a) die Einschränkung auf tariflich regelbare Ziele, (b) die Garantie der Kampfparität zwischen Gewerkschaft und Arbeitgeberverband, sowie (c) die Verhältnismäßigkeit der Arbeitskampfmaßnahme. Die Rechtmäßigkeit des Streiks bemißt sich nach dem BAG an dessen sozialer Adäquanz bzw. gesellschaftlicher Angemessenheit. Gesellschaftlich angemessen ist ein Streik, wenn er erstens von einer Gewerkschaft, zweitens zum Zwecke eines Tarifvertrags und drittens unter Einhaltung der Friedenspflicht

---

[2] Siehe die Urteile vom 26.6.1991, BVerfGE 84, 212ff., und vom 4.7.1995, BverfGE 92, 365ff. Das BverfG erklärte mit seinen Urteilen die Rechtsprechung des BAG für verfassungsgemäß.

geführt wird. Verboten sind daher wilde Streiks, die nicht von einer Gewerkschaft kontrolliert werden, politische Streiks, die zum Zwecke einer Gesetzesänderung geführt werden, und zu frühzeitiges Ausrufen des Streiks unter Nichtbeachtung der Friedenspflicht, welches zu einer Schadensersatzforderung führen kann. Alle diese Grundsätze finden sich in Leitentscheidungen des BAG (s. die kurze Übersicht bei Wesel 1993, S. 351ff.).

Auf Gewerkschaftsseite ist für Tarifverhandlungen und die Vorbereitung eines Arbeitskampfes meist eine sog. Tarifkommission zuständig. Vor Ausrufung eines Streiks muß allerdings ein Schlichtungsverfahren durchlaufen werden, da gewöhnlich ein Schlichtungsabkommen zwischen den streitenden Parteien besteht (*ultima-ratio-*Prinzip). In der Regel findet danach auf Vorschlag der Tarifkommission eine Urabstimmung unter den Mitgliedern statt. Um einen Streik ausrufen zu können, schreiben die meisten Satzungen der Gewerkschaften vor, daß 75 Prozent der zur Abstimmung aufgerufenen Mitglieder zustimmen müssen.

Mit der Aussperrung üben Arbeitgeber Druck aus, indem planmäßig Beschäftigung und Lohnzahlung verweigert werden. Die Rechtmäßigkeit der Aussperrung leitet das BAG insbesondere aus dem Grundsatz der Parität im Arbeitskampf ab (BAG AP Nr. 1, 64, 65, 101 zu Art. 9 GG). Zulässig ist danach eine Aussperrung nur als Reaktion auf einen Streik, und auch nur in Relation zur Streikbeteiligung. Nehmen weniger als ein Viertel der Arbeitnehmer des Tarifgebiets teil, bleibt die Parität gewahrt, wenn 25 Prozent der Arbeitnehmer ausgesperrt werden. Nehmen mehr als 25 Prozent aber weniger als 50 Prozent der Arbeitnehmer am Streik teil, dürfen bis zu 50 Prozent ausgesperrt werden. Bei Streikbeteiligung von mehr als 50 Prozent sollte es unter Paritätsgesichtspunkten keiner Aussperrung mehr bedürfen (Otto 1997, S. 272). Allerdings hat das BAG nicht immer an seiner Arbeitskampf- bzw. Aussperrungsarithmetik festgehalten, wohl aber an dem Grundsatz der Verhältnismäßigkeit von Aussperrung und Streik.[3] Eine Sympathieaussperrung von Arbeitnehmern eines nichtbestreikten Tarifgebiets ist unzulässig (Zöllner/Moritz 1998, S. 469). Ob die Angriffsaussperrung neben der Abwehraussperrung zulässig ist, ist umstritten (s. Däubler 1998, Bd. 1, S. 356ff.).

Ein besonderes Angriffskampfmittel der Arbeitgeber ist die Massenänderungskündigung. Mit ihr soll „eine Mehrheit von Arbeitnehmern zu ihrem Einverständnis mit einer i.d.R. verschlechternden Änderung des Arbeitsvertrags veranlaßt werden" (Zöllner/Loritz 1998, S. 444). Ob die Massenänderungskündigung als Arbeitskampf zu werten ist, bleibt allerdings umstritten. Das BAG folgt einem engeren Begriff von Arbeitskampf, der sie nicht umfaßt (BAG AP Nr. 4 zu § 56 BetrVG 1952, s. auch Hilbrandt 1997).

---

[3] Eine zweitägige Aussperrung als Antwort auf einen halbstündigen Streik wurde als unzulässig angesehen, BAG AP Nr. 124 zu Art. 9 GG Arbeitskampf.

Betriebsverfassung und Mitbestimmung

Die Geschichte der Mitbestimmung im Betrieb beginnt mit den Fabrik- bzw. Arbeiterausschüssen im 19. Jahrhundert. Entscheidend für die rechtliche Entwicklung war allerdings die Reaktion auf die Rätebewegung nach dem Ersten Weltkrieg. Art. 165 der Weimarer Reichsverassung von 1919 erwähnte die Einführung von Betriebs- und Bezirksarbeiterräten und einem Reichsarbeiterrat. Tatsächlich wurden mit dem Betriebsrätegesetz 1920 dann aber nur Räte auf Betriebsebene geschaffen. Dieses Gesetz regelte zum ersten Mal Beratungs- und Mitbestimmungsrechte, die Zusammensetzung und die Wahl eines Betriebsrats. Nachdem die Nationalsozialisten Betriebräte vorübergehend durch sog. Vertrauensräte ersetzt hatten, wurden sie nach dem Zweiten Weltkrieg durch das Kontrollratsgesetz Nr. 22 vom 10.4. 1946 wieder eingeführt. Mit dem Betriebsverfassungsgesetz (BetrVG) von 1952 wurde eine neue rechtliche Basis geschaffen. Betriebsräte wurden zur vertrauensvollen Zusammenarbeit mit dem Arbeitgeber verpflichtet und ihnen wurde verboten, selbst Arbeitskämpfe zu organisieren. Das Gesetz trennt deutlich zwischen gewerkschaftlichen und Betriebsratsaufgaben und beruht somit auf der Vorstellung eines dualen Systems der Interessenvertretung, in dem Betriebsräte im Prinzip Arbeitnehmer auf betrieblicher Ebene und Gewerkschaften sie auf überbetrieblicher Ebene vertreten. Für den öffentlichen Dienst gab es Sonderregelungen im Personalrecht des Bundes und der Länder. 1972 wurde das Betriebsverfassungsgesetz reformiert und es ist heute in der Fassung vom 23. Dezember 1988 gültig.

Nach § 1 BetrVG können in Betrieben mit mindestens fünf ständigen Arbeitnehmern Betriebsräte gewählt werden. Damit sind Kleinstbetriebe ausgeklammert. Darüberhinaus ist aus Erhebungen bekannt, daß in der Mehrzahl der Klein- und Mittelbetriebe kein Betriebsrat gewählt wird. Dennoch fallen etwa Zweidrittel der Arbeitnehmer in der Privatwirtschaft unter die Geltung des Betriebsverfassungsgesetzes (Otto 1997, S. 280).

Betriebsräte werden alle vier Jahre, in der Zeit vom 1. März bis 31. Mai, gewählt (§ 13 BetrVG). Arbeiter und Angestellte wählen ihre Vertreter in getrennten Wahlgängen. Leitende Angestellte wählen ihr eigenes Vertretungsorgan, den sog. Sprecherausschuß. Die Zahl der Betriebsratsmitglieder variiert mit der Größe des Betriebs. In kleinen Betrieben mit 5-20 wahlberechtigten Arbeitnehmern gibt es nur ein Betriebsratsmitglied. In Betrieben mit 1.000 bis 2.000 Arbeitnehmern besteht der Betriebsrat z.B. aus 15 Mitgliedern. In Betrieben mit mehr als 9.000 Arbeitnehmern erhöht sich die Zahl von 31 Mitgliedern um 2 für jeweils weitere 3.000 Arbeitnehmer (§ 11 BetrVG). Ab 300 Arbeitnehmern ist ein Mitglied des Betriebsrats von seiner beruflichen Tätigkeit freizustellen. Die Zahl erhöht sich z.B. bei Betrieben mit über 10.000 Arbeitnehmern auf 12 freigestellte Betriebsräte (§ 38 BetrVG).

Betriebsräte nehmen in unterschiedlicher Weise an Entscheidungsprozessen im Betrieb teil. Die Beteiligungsrechte unterscheiden sich nach dem Grad der Mitwirkung. Üblicherweise werden drei Bereiche unterschieden: soziale, personelle und wirtschaftliche Angelegenheiten. Eine echte Mitbestimmung besteht in *sozialen* Angelegenheiten. Hier hängt die betriebliche Entscheidung von der Zustimmung des Betriebsrats ab. Regelungsbereiche schließen ein: Betriebsstrafen, Beginn und Ende der Arbeitszeit und Gleitzeit, Überstunden und Kurzarbeit, Betriebsferien, Überwachungseinrichtungen und EDV-Anlagen, Akkordlohn und Prämiensätze (§ 87 BetrVG). Lediglich Beratungsrechte hat der Betriebsrat bei der Planung von betrieblichen Räumen, technischen Anlagen, Arbeitsverfahren und Arbeitsabläufen oder von Arbeitsplätzen. In diesen Fällen ist der Arbeitgeber verpflichtet, den Betriebsrat rechtzeitig zu unterrichten und die geplanten Maßnahmen gemeinsam zu erörtern.

Bei *personellen* Angelegenheiten muß der Arbeitgeber in der Regel den Betriebsrat nur anhören. Dies gilt für die Personalplanung im allgemeinen, sowie für Fragen der Berufsbildung und personelle Einzelmaßnahmen. Mitbestimmungsrechte bestehen lediglich in Ausnahmefällen, etwa bei konkreten Planungsmaßnahmen, zu denen Ausschreibungen, Personalfragebögen und Auswahlrichtlinien gehören. Bei Einstellungen, Ein- und Umgruppierungen sowie Versetzungen besitzt der Betriebsrat ein eingeschränktes Mitbestimmungsrecht.

Bei Kündigungen einzelner Arbeitnehmer hat der Arbeitgeber dem Betriebsrat die Gründe vor jeder Kündigung mitzuteilen. Eine ohne Anhörung des Betriebsrats ausgesprochene Kündigung ist unwirksam. Der Betriebsrat kann innerhalb einer Woche seine Bedenken äußern; sein Schweigen gilt allerdings als Zustimmung. Der begrenzte Charakter des Anhörungsrechts wird daran deutlich, daß der Widerspruch des Betriebsrats die Kündigung nicht verhindert. Bei frist- und ordnungsgemäßem Widerspruch des Betriebsrats erhält der Arbeitnehmer lediglich ein Recht zur Weiterbeschäftigung, wenn er gegen die Kündigung klagt (§ 102 BetrVG).

In *wirtschaftlichen* Angelegenheiten hat der Arbeitgeber, allerdings nur in Unternehmen mit mehr als 100 Arbeitnehmern, einen Wirtschaftsausschuß, dessen Mitglieder vom Betriebsrat bestimmt werden, zu unterrichten. Der Wirtschausschuß tagt mindestens einmal im Monat und der Unternehmer oder sein Vertreter nehmen an den Sitzungen teil. Er ist beratend tätig und kann vom Arbeitgeber verlangen, notfalls unter Einschaltung der Einigungsstelle, rechtzeitig und umfassend unterrichtet zu werden (§§ 106ff BetrVG).

Ein spezieller Fall sind Betriebsänderungen. Dies sind nach § 111 BetrVG Einschränkung, Stillegung oder Verlegung des Betriebs oder von Betriebsteilen, der Zusammenschluß oder die Spaltung von Betrieben, Änderung von Betriebsorganisation und Einführung neuer Arbeits- und Fertigungsmethoden. Über Betriebsänderungen muß in Betrieben mit mehr als 20 Arbeitnehmern ein Interessenausgleich mit dem Betriebsrat erzielt werden. Seit 1996 gehört hierzu die namentliche Benennung der Personen, die in die soziale Auswahl bei betriebsbedingten Kündigungen einbezogen werden. Insbesondere zum Ausgleich und zur Milderung von wirtschaftlichen Nachteilen einer Betriebsänderung für Arbeitnehmer ist eine Betriebsvereinbarung zwischen Betriebsrat und Arbeitgeber abzuschließen. Diese Betriebsvereinbarungen werden Sozialpläne genannt und sind bei Betriebsänderungen zwingend erforderlich (§ 112 BetrVG). Sozialpläne können als ein Spezifikum des deutschen Arbeitsrechts bezeichnet werden, zumal ihre rechtlichen Regeln recht arbeitnehmerfreundlich vom BAG interpretiert worden sind. Kommt keine Einigung über einen Sozialplan zwischen Arbeitgeber und Betriebsrat zustande, so entscheidet eine Einigungsstelle, deren Spruch die Einigung ersetzt. Bei Massenkündigungen aus betriebsbedingten Gründen im Rahmen eines Personalabbaus gelten allerdings besondere Regeln, die die Möglichkeit der Anrufung der Einigungsstelle einschränken (näheres ist in § 112a BetrVG geregelt).

Sozialpläne bestimmen Abfindungen für den Arbeitsplatzverlust, die von Arbeitnehmern individuell eingeklagt werden können. Die Höhe der Abfindung bemißt sich in der Regel an der Dauer der Betriebszugehörigkeit. Seit 1998 werden allerdings in bestimmten Fällen Abfindungen auf die Hälfte des Arbeitslosengeldes angerechnet (§ 140 SGB III). Für den Fall eines Konkurs- und Vergleichsverfahrens gelten seit 1985 besondere Vorschriften, die die Rangstellung von Abfindungsleistungen aus dem Sozialplan regeln. Sozialpläne enthalten oft Bestimmungen für ältere Arbeitnehmer, in denen bspw. die vorzeitige Leistung eines Ruhegeldes, eine Altersteilzeit oder die Anrechnung von Rentenansprüchen geregelt werden.

Ausgenommen von der Geltung des BetrVG sind Religionsgemeinschaften und sog. Tendenzbetriebe, sofern die Eigenart des Betriebes oder Unternehmens dem entgegensteht (§ 118 BetrVG). Zu Tendenzbetrieben zählen politische Parteien, Verbände, konfessionelle Krankenhäuser, Privatschulen, Theater aber auch Massenmedien. Rein kommerzielle Unternehmen fallen nicht unter diese Ausnahme (kritisch zur „deutschen Besonderheit" Tendenzschutz s. Däubler 1998, Bd. 1, S. 672ff.).

Besteht ein Unternehmen aus mehreren Betrieben, ist ein *Gesamtbetriebsrat* zu bilden. Er ist zuständig für Angelegenheiten, die das Gesamtunternehmen oder mehrere Betriebe betreffen und nicht durch einzelne Betriebräte innerhalb ihrer Betriebe geregelt werden können (§ 50 BetrVG). Ist das Unternehmen ein Konzern, kann durch Beschlüsse der einzelnen Gesamtbetriebsräte ein *Konzernbetriebsrat* errichtet werden, der allerdings den einzelnen Gesamtbetriebsräten nicht übergeordnet ist (§ 58 Abs. 1 BetrVG). *Europäische Betriebsräte* können in gemeinschaftsweit operierenden Unternehmen mit mindestens 1000 Arbeitnehmern und jeweils mindestens 150 Arbeitnehmern in mindestens zwei Mitgliedsstaaten eingerichtet werden. Ihre Errichtung, Zusammensetzung und Zuständigkeit ist in Deutschland im Gesetz über Europäische Betriebsräte vom 28. Oktober 1996 geregelt, das die entsprechende EG-Richtlinie umsetzt.

Von der betrieblichen Interessenvertretung ist die Mitbestimmung im Unternehmen zu unterscheiden. Bei ihr geht es um Beteiligung von Arbeitnehmervertretern an den Unternehmensorganen. Die Notwendigkeit einer zusätzlichen Mitbestimmung auf Unternehmensebene ist dem zweistufigen deutschen Gesellschaftsrecht geschuldet, das zwischen Vorstand und Aufsichtsrat unterscheidet. Bereits 1951 wurde im Bergbau und in der Eisen- und Stahlerzeugung die bis heute gültige Montanmitbestimmung eingeführt (Montanmitbestimmungsgesetz vom 10. April 1951). Diese bestimmt, daß der Aufsichtsrat aus der gleichen Anzahl von Arbeitnehmer- und Arbeitgebervertretern plus einem neutralen Vorsitzenden besteht. Dem Vorstand muß ein Arbeitsdirektor angehören, der nicht gegen die Stimmen der Mehrheit der Arbeitnehmervertreter im Aufsichtsrat bestellt werden kann.

Mit dem Mitbestimmungsgesetz vom 4. Mai 1976 wurde diese Form der Mitbestimmung auf alle Unternehmen, die in der Regel mehr als 2.000 Arbeitnehmer beschäftigen und in der Rechtsform einer Aktiengesellschaft, einer Kommanditgesellschaft auf Aktien, einer Gesellschaft mit beschränkter Haftung, einer bergrechtlichen Gewerkschaft oder einer Erwerbs- und Wirtschaftsgenossenschaft betrieben werden, ausgeweitet.[4] Je nach Größe des Unternehmens gibt es 6 bis höchstens 10 Aufsichtsratsmitglieder für jede Seite, von denen auf Arbeitnehmerseite zwei bzw. drei außerbetriebliche Gewerkschaftsvertreter sein können. Unter den Arbeitnehmervertretern des Unternehmens muß mindestens ein Arbeiter, ein Angestellter und ein leitender Angestellter sein. Alle Arbeitnehmervertreter müssen entweder direkt oder durch Delegierte gewählt werden. Der Aufsichtsratsvorsitzende hat unter bestimmten Voraussetzungen zwei Stimmen und gibt damit im Konfliktfall den Ausschlag. Insbesondere diese Regelung wird von den Gewerkschaften als Beweis gewertet, daß keine volle Parität im Aufsichtsrat besteht, zumal der Aufsichtsratsvorsitzende in der Regel ein Vertreter der Anteilseigner ist. Der Vorsitzende wird entweder im ersten Wahlgang mit einer Zwei-Drittel-Mehrheit oder, im zweiten Wahlgang nur von den Anteilseignern gewählt (§ 27 MitbestG).

3. Individuelles Arbeitsrecht

Das individuelle Arbeitsrecht regelt die Beziehungen des einzelnen Arbeitnehmers mit seinem Arbeitgeber. Unterschieden werden das Arbeitsverhältnis und der Arbeitsvertrag. Mit dem Arbeitsvertrag kommt das Arbeitsverhältnis zustande. Allerdings gestalten typischerweise gesetzliche Regelungen, Tarifverträge, Betriebsvereinbarungen, Betriebsübungen und sog. Allgemeine Arbeitsbedingungen das Arbeitsverhältnis und nicht der Arbeitsvertrag. Hinzu kommt das Direktions- oder Weisungsrecht des Arbeitgebers, mit dem in konkreten Fällen die Art und Weise der zu erbringenden Arbeit angeordnet werden kann.

---

[4] Gegen das Mitbetimmungsgesetz legten die Arbeitgeber Verfassungsbeschwerden ein. Das Bundesverfassungsgericht erklärte in seinem viel beachteten Urteil vom 1. März 1979 das Mitbestimmungsgesetz für verfassungskonform (BVerfGE 50, 290ff.). Es stützte sich dabei auf Überlegungen zur sozialen Funktion des Eigentums, die Rücksichtnahme auf den Nichteigentümer gebiete, und lehnte ausdrücklich ab, daß dem Grundgesetz eine bestimmte Wirtschaftsverfassung unterliege.

Arbeitsvertrag und Arbeitsverhältnis

Der Arbeitsvertrag ist im Bürgerlichen Gesetzbuch (BGB) geregelt unter der Rubrik Dienstvertrag. „Durch den Dienstvertrag wird derjenige, welcher Dienste zusagt, zur Leistung der versprochenen Dienste, der andere Teil zur Gewährung der vereinbarten Vergütung verpflichtet." (§ 611 Abs. 1 BGB) Der Arbeitsvertrag ist somit ein gegenseitiger Vertrag (Arbeit für Lohn) und ist rechtlich ein Schuldverhältnis wie Miete oder Kauf. Die Freiheit der vertragschließenden Parteien ist allerdings in vielfältiger Weise durch Gesetze, Tarifverträge und Betriebsvereinbarungen eingeschränkt. Insbesondere der Inhalt des Arbeitsvertrages ist durch tarifliche und gesetzliche Bestimmungen zum Kündigungsschutz, zur Lohnfortzahlung im Krankheitsfalle, zum Urlaub, zur Arbeitsteilzeit, und in bezug auf betriebliche und gesetzliche Rentenversicherung und andere Sozialleistungen bestimmt.

Die tariflichen und gesetzlichen Bestimmungen zielen auf die Ausgestaltung des Arbeitnehmerstatus und des Arbeitsverhältnisses. Letzteres kann in drei Phasen unterteilt werden: Begründung, Bestand, Beendigung.

Das Arbeitsverhältnis wird entweder durch Arbeitsvertrag, der allerdings in der Regel keiner Schriftform bedarf (auch mündlich geschlossene Verträge sind rechtlich gültig), oder faktisch begründet (sog. faktische Arbeitsverhältnisse). Allerdings hat der Arbeitnehmer, mit Ausnahme vorübergehender Aushilfen, einen Anspruch, einen Monat nach vereinbartem Arbeitsbeginn die wesentlichen Arbeitsbedingungen schriftlich ausgehändigt zu bekommen. Die vom Arbeitgeber zu erteilenden Mindestinformationen sind in § 2 des aufgrund einer EG-Richtline ergangenen Gesetzes über den Nachweis der für ein Arbeitsverhältnis geltenden wesentlichen Bedingungen (Nachweisgesetz) vom 20. Juli 1995 aufgelistet.

Beim Abschluß des Arbeitsvertrages als solchem und bei der Frage, wer mit wem einen Vertrag eingeht (Partnerwahl), herrscht Vertragsfreiheit. Rechtliche Vorschriften regeln allerdings die Personalauswahl, etwa hinsichtlich der Ausschreibung einer Stelle. Beim Interview des Bewerbers sind Arbeitgeberfragen zur Schwangerschaft und zum Gesundheitszustand der Bewerber rechtlich umstritten; unzulässig sind solche zu Gewerkschafts-, Partei- oder Religionszugehörigkeit. Gesundheitliche, graphologische und genetische (Genom-) Gutachten bedürfen der Einwilligung (s. Otto 1997, S. 110ff.). Bei der Auswahl des Bewerbers darf der Arbeitgeber nicht aufgrund des Geschlechts diskriminieren (§ 611a BGB).[5] Weiterhin hat sich der Arbeitgeber an eventuell bestehende Auswahlrichtlinien zu halten. Der öffentliche Arbeitgeber hat

---

[5] Der Europäische Gerichtshof hat in diesem Zusammenhang in mehreren Entscheidungen vom deutschen Gesetzgeber verlangt, adäquate Sanktionen im Falle der Verletzung bereitzustellen. Daß die bestehenden Haftungshöchstgrenzen für Schadensersatzansprüche keine angemessene abschreckende Funktion haben, scheint weiterhin die Meinung des EuGH zu sein (s. zuletzt die Draempaehl-Entscheidung, EuGH DB 1997, S. 983ff.).

darüberhinaus Frauenförderpläne, Quotenregelungen und Rechte der Frauenbeauftragten zu berücksichtigen (zumindest hinsichtlich Quoten gibt es europarechtliche Bedenken, s. Kalanke-Entscheidung, EuGH DB1995, S. 2172ff.).

Während des Bestands des Arbeitsverhältnisses hat der Arbeitnehmer Anspruch auf Lohn, der ihm auch dann zusteht, wenn der Arbeitgeber keine Arbeit bereitstellt. Der Unternehmer trägt insofern das Beschäftigungsrisiko. Ist der Arbeitnehmer ohne Verschulden an der Arbeit verhindert, ist der Lohn fortzuzahlen. Dies gilt auch im Krankheitsfalle, in dem für sechs Wochen mindestens 80 Prozent des Arbeitsentgelts (ohne Überstundenzuschläge) vom Arbeitgeber zu zahlen sind (Entgeltfortzahlungsgesetz 1994). Danach hat der Arbeitnehmer Anspruch auf Krankengeld in Höhe von 70 Prozent des Bruttoeinkommens (§ 47 Abs. 1 SGB V).

Während der Dauer des Arbeitsverhältnisses hat – in altertümlicher, aber geläufiger Redeweise – der Arbeitnehmer Treue- und der Arbeitgeber Fürsorgepflichten zu beachten. Zu den Treuepflichten gehört die Wahrung von Betriebs- und Geschäftsgeheimnissen. Während des Arbeitsverhältnis darf keine konkurrierende Tätigkeit in einem anderen Unternehmen ausgeübt werden, das mit dem Arbeitgeber im Wettbewerb steht. Ein nachvertragliches Wettbewerbsverbot bedarf allerdings der ausdrücklichen Vereinbarung zwischen Arbeitnehmer und Arbeitgeber (§§ 74ff HGB). Es muß im berechtigten geschäftlichen Interesse des Arbeitgebers liegen, darf das Fortkommen des Arbeitnehmers nicht unbillig erschweren und den Zeitraum von zwei Jahren nicht überschreiten (näher erörtert in: Schaub 1996, S. 393ff.). Zu den Treuepflichten gehört auch der sorgfältige Umgang mit Eigentum und Vermögen des Arbeitgebers, insbesondere Maschinen und andere anvertraute Arbeitsgeräte.

Zu den Fürsorgepflichten des Arbeitgebers gehört der Schutz von Leben und Gesundheit des Arbeitnehmers, bei deren Verletzung der Arbeitnehmer Schadensersatz beanspruchen kann (§ 618 BGB). Darüberhinaus hat der Arbeitgeber Persönlichkeitsrechte des Arbeitnehmers zu beachten. Hierzu gehört das Recht auf infomationelle Selbstbestimmung und der Schutz vor Datenmißbrauch mit Hilfe von Personalinformationssystemen bzw. vor Überwachung mit Hilfe technischer Mittel der Verhaltenskontrolle. Der Arbeitgeber hat auch dafür zu sorgen, daß der Arbeitnehmer nicht systematisch ausgegrenzt und abschätzig behandelt wird (z.B. durch *Mobbing*).

Das Arbeitsverhältnis endet entweder in beiderseitigem Einvernehmen durch Aufhebungsvertrag, mit Ablauf der vertraglich bestimmten Frist oder einseitig durch Kündigung. Das BAG schreibt für den Abschluß eines befristeten Arbeitsvertrages eine Begründung vor, die sich an einem gerichtlich eingeführten Katalog von Gründen zu orientieren hat. Es wertet den befristeten Arbeitsvertrag vorrangig als Mißbrauchsmöglichkeit zur Umgehung des Kündigungsschutzes. Mit dem Beschäftigungsförderungsgesetz 1985 nahm der Gesetzgeber hier eine Umwertung vor.

Bei der Kündigung werden die ordentliche und die außerordentliche Kündigung unterschieden. Bei der ordentlichen Kündigung sind in der Regel Kündigungsfristen einzuhalten, die mindestens vier Wochen und höchstens sieben Wochen bei einem zwanzigjährigen Bestand des Arbeitsverhältnis beträgt (§ 622 BGB). Bei der außerordentlichen Kündigung entfällt die Kündigungsfrist, wenn ein wichtiger Grund vorliegt, der die Fortsetzung des Arbeitsverhältnis unzumutbar macht (§ 626 BGB). Zu den wichtigen Gründen gehören insbesondere schwere Pflichtverletzungen des Arbeitnehmers, wie Tätlichkeiten im Betrieb unter Arbeitskollegen, die beharrliche Arbeitsverweigerung, eigenmächtiger Urlaubsantritt, Schmiergeldannahme, unsittliche Handlungen gegenüber weiblichen Angestellten oder strafbare Handlungen im Rahmen der Arbeit (s. die Übersicht bei Schaub 1996, S. 1132ff.). Liegt lediglich der Verdacht einer strafbaren Handlung vor, hat der Arbeitgeber sorgfältige Ermittlungen anzustellen und den Verdächtigen anzuhören, bevor die Kündigung ausgesprochen werden kann. Im übrigen muß der Arbeitgeber die außerordentliche Kündigung innerhalb von 14 Tagen nach Kenntniserlangung der für die Kündigung maßgebenden Tatsachen aussprechen (§ 626 Abs. 2 BGB).

Bei der ordentlichen Kündigung muß nicht nur die Kündigungsfrist beachtet werden, sondern auch ein Kündigungsgrund vorliegen. Dies gilt allerdings nur, wenn das Kündigungsschutzgesetz (KSchG) Anwendung findet. Voraussetzung für dessen Anwendung ist, daß das Arbeitsverhältnis in demselben Betrieb oder Unternehmen mindestens sechs Monate bestanden hat. Seit 1996 sind Kleinbetriebe mit bis zu zehn Arbeitnehmern von der Geltung des KSchG ausgenommen.

Nach § 1 KSchG ist eine Kündigung unwirksam, wenn sie sozial ungerechtfertigt ist, d.h. nicht durch einen der drei im Gesetz vorgesehenen Kündigungsgründe gedeckt ist. Das Gesetz unterscheidet betriebsbedingte, verhaltensbedingte und personenbedingte Kündigung.

Der wichtigste Kündigungsgrund, bezogen auf die Zahl der Kündigungen, ist die *betriebsbedingte* Kündigung. Bei ihr müssen dringende betriebliche Erfordernisse einer Weiterbeschäftigung des Arbeitnehmers entgegenstehen. Der Arbeitgeber ist nach dem BAG frei in seiner Entscheidung, ob und wann ein Personalabbau aus dringenden betrieblichen Erfordernissen durchzuführen ist, d.h. Zweckmäßigkeit und Notwendigkeit der Entscheidung können nur in Ausnahmefällen rechtlich in Frage gestellt werden (falls die Entscheidung gegen geltendes Recht verstößt oder willkürlich ist, weil sie nur auf einen einzelnen Arbeitnehmer zielt). Allerdings muß vor Ausspruch der Kündigung geprüft werden, ob eine andere Form der Beschäftigung im Betrieb oder Unternehmen möglich ist (Versetzung, aber auch Kurzarbeit oder Arbeitszeitverkürzung). Darüberhinaus hat der Arbeitgeber soziale Gesichtspunkte bei der Auswahl der zu kündigenden Arbeitnehmer zu berücksichtigen. Hierzu gehören Dauer der Beschäftigung, Unterhaltspflichten des Arbeitnehmers und das Lebensalter, das die Chancen auf dem Arbeitsmarkt beeinflußt. Seit 1996 können Arbeitnehmer geltend machen, daß ein berechtigtes betriebliches Interesse an ihren Kenntnissen, Fähigkeiten und Leistungen einer betriebsbedingten Kündigung entgegensteht. Die Reichweite und Auslegung dieser Ausnahmeregelung ist umstritten (s. Däubler 1998, Bd. 2, S. 574f.).

Die zweite Form der Kündigung ist die *verhaltensbedingte* Kündigung. In diesem Fall muß der Arbeitnehmer eine Pflicht aus seinem Arbeitsvertrag verletzt haben. Verhalten in der Freizeit, wenn es nicht die Arbeitsleistung beeinträchtigt, ist irrelevant. Regelmäßiges Zuspätkommen kann eine verhaltensbedingte Kündigung rechtfertigen. Allerdings muß der Arbeitgeber eine Abmahnung aussprechen, bevor er kündigen kann (BAG AP Nr. 9 zu § 1 KSchG verhaltensbedingte Kündigung). Einmaliges Verhalten, das keine grobe Pflichtverletzung darstellt, genügt in der Regel nicht.

Der wichtigste Fall der dritten Kündigungsform, der *personenbedingten* Kündigung, ist die Kündigung wegen Krankheit. Das BAG verlangt eine dreistufige Prüfung: die Krankheit muß auch in der Zukunft auftreten; dadurch muß der Betriebsablauf gestört werden oder eine unzumutbare Belastung für den Arbeitgeber entstehen; und es muß eine Interessenabwägung zwischen den sozialen Bedingungen des Arbeitnehmers und den wirtschaftlichen Belange des Arbeitgebers stattfinden (BAG AP Nr. 10 zu § 1 KSchG Krankheit).

Arbeitnehmerschutzrecht

Der gesetzliche Schutz des Arbeitnehmers geht über die Fürsorgepflicht des Arbeitgebers hinaus. Er gilt unabhängig von der konkreten Ausgestaltung des Arbeitsvertrags.

Hier ist zunächst der Arbeitsschutz zu nennen, der dem Arbeitgeber eine Reihe von Pflichten auferlegt, die die Sicherheit und Gesundheit des Arbeitnehmers am Arbeitsplatz gewährleisten sollen (Arbeitsschutzgesetz vom 7. August 1996 mit konkreten Ausführungsverordnungen). Insbesondere müssen Vorkehrungen getroffen werden, um Unfälle am Arbeitsplatz zu verhindern. Zuständig sind hier neben den Gewerbeaufsichtsämtern auch die Berufsgenossenschaften.

Gesetzlich geschützt ist die Höchstdauer der Arbeitszeit. Seit Inkrafttreten des Arbeitszeitgesetzes (ArbZG) am 1. Juli 1994 gelten acht Stunden als werktägliche Regelarbeitszeit bzw. 48 Stunden als wöchentliche Höchstarbeitszeit. Das Gesetz gewährt eine Ruhepause von 30 Minuten bei einem vollen Arbeitstag und verlangt die Einhaltung der Sonn- und Feiertagsruhe. Allerdings läßt es so zahlreiche Ausnahmen zu, „daß man sich fragen muß, ob es überhaupt Fälle gibt, in denen das ArbZG als Schranke wirksam wird" (Däubler 1998, Bd. 2, S. 173).

Gesetzlich geschützt ist auch der Anspruch auf Urlaub. Jeder Arbeitnehmer hat danach Anspruch auf jährlichen Urlaub, der mindestens 24 Werktage beträgt (§ 3 Bundesurlaubsgesetz). Der Arbeitgeber ist verpflichtet, den durchschnittlichen Arbeitsverdienst als Urlaubsentgelt zu zahlen.

Besonderen gesetzlichen Schutz, insbesondere Kündigungsschutz, besitzen Mütter und Arbeitnehmer, die ein Kind im Rahmen eines Erziehungsurlaubs betreuen, Jugendliche, Schwerbehinderte und Betriebsratsmitglieder. Auszubildenden kann nach Ablauf der Probezeit nur fristlos gekündigt werden. Die Kündigung eines Schwerbehinderten kann nur mit Zustimmung der Hauptfürsorgestelle erfolgen. Und Betriebsratsmitgliedern kann nur mit Zustimmung des Betriebsrats und dann auch nur außerordentlich gekündigt werden.

4. Recht des Arbeitsmarkts

Nach enger juristischer Sicht gehört das Recht des Arbeitsmarkts nicht zum Arbeitsrecht, sondern zum Sozialrecht. In Gestalt des Arbeitsförderungsrechts bildet es seit den zwanziger Jahren einen Zweig des Sozialrechts und ist seit Beginn des Jahres 1998 als Drittes Buch in das neu entstehende Sozialgesetzbuch (SGB III) eingegliedert. Allerdings geht das Recht des Arbeitsmarkts über Arbeitsförderung hinaus. Seit dem Beschäftigungsförderungsgesetz 1985 wird die Flexibilisierung bestehender Schutzvorschriften als Beitrag zur Belebung des Arbeitsmarkts verstanden. Diese auch *Deregulierung* genannte Reform hat die bis dahin getrennten Bereiche des Beschäftigtenschutzes und der Arbeitsförderung zur Beschäftigungsförderung verbunden (Buechtemann/Höland 1989; Rogowski/Schmid 1997; international vergleichend: Schömann u.a. 1998). Bei ihr ging es zunächst um Förderung atypischer Beschäftigungsverhältnisse, insbesondere befristete Beschäftigung und Teilzeitarbeit, und seit 1996 auch um Senkung des Schutzniveaus des Kündigungsschutzes.

Das Recht der im SGB III geregelten Arbeitsförderung umfaßt die Arbeitsvermittlung und die Arbeitlosenversicherung. Die für die Vermittlung von Arbeitskräften auf geeignete Arbeitsplätze zuständige Bundesanstalt für Arbeit und die Arbeitsämter haben allerdings ihr Monopol seit 1994 verloren. Private Dienstleister können jetzt in Konkurrenz zum Arbeitsamt Beratung und Vermittlung von Arbeitsplätzen anbieten.

Zu den Aufgaben der Bundesanstalt gehört die aktive Arbeitsmarktpolitik. Sie fördert in diesem Rahmen den Erhalt von Arbeitsplätzen durch Kurzarbeitergeld und durch die Gewährung von Wintergeld und Winterausfallgeld in der Bauwirtschaft. Die Schaffung neuer Arbeitsplätze wird durch Einstellungszuschüsse bei Unternehmensneugründungen und Arbeitsbeschaffungsmaßnahmen zur Einstellung von Arbeitslosen gefördert. Daneben gibt es Strukturanpassungsmaßnahmen, die Sonderprogramme der Bundesregierung, der Länder und der Gemeinden zusammenfassen. Arbeitslose, die sich selbständig machen wollen, werden ebenfalls unterstützt. Die Bundesanstalt und die Arbeitsämter helfen auch in vielfältiger Weise bei der Weiterbildung und bei der Erlangung eines Berufsabschlusses. Besonders gefördert wird die berufliche Bildung von Behinderten und deren Eingliederung.

Das SGB III unterscheidet bei den Leistungen im Rahmen der Arbeitslosenversicherung zwischen Leistungen an Arbeitnehmer, an Arbeitgeber und an Träger von Maßnahmen zur Bildung und Wiedereingliederung.

- Bei den Leistungen an Arbeitnehmer stehen die Lohnersatzleistungen im Vordergrund. Hierzu gehören das Arbeitslosengeld, Unterhaltsgeld im Rahmen der beruflichen Weiterbildung, das Übergangsgeld für Behinderte, das Kurzarbeitergeld, das

Insolvenzgeld bei Konkurs des Arbeitgebers und die Arbeitslosenhilfe für Arbeitslose (§§ 116-208 SGB III).

- Bei den Leistungen an Arbeitgeber geht es um Zuschüsse für die Einstellung von Arbeitnehmern, die ohne die Leistung nicht oder nicht dauerhaft in den Arbeitsmarkt eingegliedert werden können (Eingliederungszuschüsse). Hierzu zählen Arbeitnehmer, die einer besonderen Einarbeitung bedürfen, Langzeitarbeitslose und Arbeitnehmer über 55 Jahre (§ 218 SGB III). Auch bei Unternehmensneugründungen können diese Zuschüsse mittlerweile gezahlt werden.

- Eine neues Instrument, das mit dem SGB III eingeführt wurde, ist der sog. Eingliederungsvertrag. Mit ihm soll es dem Arbeitgeber leichter gemacht werden, Langzeitarbeitslose zu beschäftigen. Der Eingliederungsvertrag ist auf mindestens zwei Wochen und längstens sechs Monate befristet und kann jederzeit ohne Angabe von Gründen aufgelöst werden. Das Arbeitsamt erstattet dem Arbeitgeber Fehlzeiten und gewährt auf Antrag einen Eingliederungszuschuß (§ 233 SGB III).

- Bei den Leistungen an Träger von Maßnahmen handelt es sich um Leistungen an Personen oder Institutionen, die zur Arbeitsförderung beitragen; zu diesen zählen auch Arbeitgeber. Am bekanntesten sind in diesem Zusammenhang die Arbeitsbeschaffungsmaßnahmen, die durch Zuschüsse und Darlehen gefördert werden. Solche Maßnahmen sind allerdings nur förderungswürdig, wenn die Arbeiten zusätzlich sind, im öffentlichen Interesse liegen und von Langzeitarbeitslosen oder von arbeitsamtlich bestätigten, förderungsbedürftigen Arbeitnehmern durchgeführt werden (§§ 260ff SGB III). Seit neuerem werden auch Sozialpläne gefördert, in denen als Alternative zur Abfindung Mittel zur Verbesserung der Arbeitsmarktchancen von zu entlassenden Arbeitnehmern verwandt werden (§§ 254ff SGB III) .

Leistungen müssen beim Arbeitsamt beantragt werden. Das einschlägige Verfahren, in dem über den Antrag entschieden wird, ist im SGB X geregelt. Über den Antrag wird mit einem Bescheid entschieden, gegen den ein Widerspruch eingelegt werden kann. Über den Widerspruch entscheidet eine Widerspruchsstelle des Arbeitsamtes; bei Zurückweisung des Widerspruches muß Klage vor dem Sozialgericht (nicht dem Arbeitsgericht!) erhoben werden.

5. Arbeitsgerichtsbarkeit und Schlichtung

Arbeitsgerichte bestehen als eigenständige Gerichtsbarkeit für alle Arbeitnehmerklagen seit 1926. Sie ersetzten die seit 1890 bestehenden Gewerbegerichte und die 1904 eingerichteten Kaufmannsgerichte. Sie sind heute eine der fünf Spezialgerichtsbarkeiten in der Bundesrepublik (neben den ordentlichen Gerichten, den Verwaltungsgerichten, den Finanzgerichten und den Sozialgerichten). Der Gerichtszweig hat drei Instanzen: Arbeitsgericht, Berufung zum Landesarbeitsgericht, und Revision zum Bundesarbeitsgericht (jetziger Sitz in Kassel, zukünftiger Sitz in Erfurt, § 40 ArbGG). Die Kammern des Arbeitsgerichts und des Landesarbeitsgerichts sind mit einem Berufsrichter und zwei ehrenamtlichen Richtern, die von den Verbänden vorgeschlagen werden, besetzt. Über Klagen aus dem Arbeitsverhältnis entscheiden die Arbeitsgerichte in ausschließlicher Zuständigkeit. Sie sind auch, und dies ist eine deutsche Besonderheit, für eine Reihe kollektiver Dispute zuständig. Arbeitsgerichte sind ausschließlich zuständig für Rechtsstreitigkeiten, die Rechte des Betriebsrats aus dem BetrVG betreffen, aber auch bei Rechtsstreitigkeiten zwischen Tarifvertragsparteien. Nicht zuständig sind sie für sog. Regelungsstreitigkeiten zwischen Tarifparteien oder im Rahmen der Mitbestimmung. Diese werden von Schlichtungsstellen entschieden.

Zuständigkeiten und Verfahren des Arbeitsgerichts richten sich nach dem Arbeitsgerichtsgesetz (ArbGG). Es gibt im wesentlichen zwei Verfahren: das *Urteilsverfahren* mit einer Güteverhandlung und einem Kammertermin für *individuelle* Streitigkeiten sowie das *Beschlußverfahren* für *kollektive* Streitigkeiten.

Aus rechtssoziologischen Untersuchungen ist bekannt, daß die Mehrzahl der arbeitsgerichtlichen Verfahren nicht mit einem Urteil, sondern mit einem Vergleich zwischen den Parteien endet (Blankenburg u.a. 1979; Rottleuthner 1984). Dies gilt insbesondere für Kündigungsschutzklagen. Eine gängige Vergleichspraxis ist die Zustimmung des Arbeitnehmers zur Kündigung bei Umwandlung der außerordentlichen in eine ordentliche Kündigung. Damit wird eine Sperrfrist des Arbeitsamts bei der Zahlung des Arbeitslosengeldes verhindert. Bei ordentlichen Kündigungen wandeln sich die rechtlichen Diskussionen der Streitthemen in der Regel in Debatten über die Höhe der Abfindung, die dann Grundlage für einen Vergleich bildet. Das Kündigungsschutzgesetz ist daher auch gelegentlich als „Abfindungsgesetz" bezeichnet worden (Falke u.a. 1981).

Die Stärke der deutschen Arbeitsgerichtsbarkeit erweist sich insbesondere in seinem Verhältnis zur Politik und zur Gesetzgebung. Das BAG ist mit seiner Rechtsprechung nicht nur in der Lage, wesentliche gesetzgeberische Lücken zu schließen. Es gerät zunehmend in die politische Rolle, den Bedarf an neuer bzw. die Reform bestehender Gesetzgebung zu formulieren, mit der Folge eines Rollentauschs, bei dem der Gesetzgeber zum Vollzugsgehilfen der Arbeitsgerichtsbarkeit wird (s. Blanke 1994).

Die Schlichtungseinrichtungen der Tarifparteien und die Einigungsstelle nach Betriebsverfassungsrecht sind kein Teil der Arbeitsgerichtsbarkeit. Allerdings sind staatliche Stellen durchaus beteiligt. Bei Verhandlungen über Sozialpläne kann der Präsident des Landesarbeitsamts um Vermittlung gebeten werden. Und Einigungsstellenvorsitzende sind in der Regel Arbeitsrichter, die diese Form der Schlichtung als Nebentätigkeit ausüben.

6. Zukunft des Arbeitsrechts

Für etliche Kommentatoren sieht die Zukunft des deutschen Arbeitsrechts und des hochregulierten Systems industrieller Beziehungen mit seiner erfolgreichen Tradition sozialpartnerschaftlicher Kooperation eher düster aus. Globalisierungs- und europäische Integrationsprozesse würden einen Wettbewerbsdruck zwischen Arbeitsrechtsregimes erzeugen, der notwendig ein *social dumping* nach sich ziehen würde. Diese Prozesse würden unausweichlich zur Absenkung des Schutzniveaus des deutschen Arbeitsrechts führen (Streeck 1998).

Im Vergleich mit anderen Arbeitsrechtsordnungen kann dem deutschen System in der Tat ein recht hohes Regelungsniveau bescheinigt werden. Es unterstützt die Zusammenarbeit von Arbeit und Kapital, und zwar unter Einbeziehung des Staates. Arbeitsrecht ist in Deutschland in einen liberalen Korporatismus eingebettet, in dem Institutionen wie das Arbeitsgericht durch tripartistische Strukturen der Zusammenarbeit von Staat, Gewerkschaften und Arbeitgeberverbänden gekennzeichnet sind. An diesen Strukturen wird erstaunlich wenig Kritik geübt.

Allerdings sind die externen Einflüsse auf das deutsche Arbeitsrecht nicht zu übersehen. Es gibt kaum einen Bereich, der nicht durch europäische Regeln reformiert wurde. Zu den externen kommen interne Herausforderungen hinzu. Drei generelle Trends können benannt werden:

- *Dezentralisierung im kollektiven Arbeitsrecht:* Hierbei handelt es sich um die Stärkung der betrieblichen auf Kosten der überbetrieblichen Regelungsebene. Insbesondere gibt es Entwicklungen mit sog. Öffnungsklauseln im Tarifvertrag, um dessen flexiblere Umsetzung zu erreichen. Prominentes Beispiel ist die Umsetzung der Verkürzung der wöchentlichen Arbeitszeit, bei der betrieblichen Lösungen der Vorzug gegeben wird. Dabei werden Betriebsvereinbarungen als flexible Regelungsinstrumente eingesetzt.

- *Rekontraktualisierung im individuellen Arbeitsrecht:* Schon seit einiger Zeit ist die Erosion des Normalarbeitsverhältnis zu beobachten. Die gesetzlichen und tariflichen Regeln unterliegende Vorstellung eines (männlichen) Arbeitnehmers, der eine Familie mit nichterwerbstätiger Ehefrau und zu versorgenden Kindern zu ernähren hat, wird zunehmend illusionär (Mückenberger 1985). Arbeitsvertragliche Abweichungen vom Normalarbeitsverhältnis nehmen zu. Hinzu kommt, daß sog. atypische Beschäftigungsverhältnisse wie Teilzeitarbeit und befristete Beschäftigung politisch gefördert werden. Rekontraktualisierung zielt dabei auf Flexibilisierung der Beschäftigungsformen (Rogowski/Schömann 1996).

- *Deregulierung des Arbeitsmarkts:* Zum einen handelt es sich hierbei um Privatisierung, etwa um den Verlust des staatlichen Vermittlungsmonopols und die Begünstigung privater Dienstleister. Hierzu gehört auch die Förderung selbständiger Arbeit und der von Sozialabgaben „freien" Mitarbeit. Zum anderen geht es um Flexibilisierung von Beschäftigungsformen. Insbesondere aktive Arbeitsmarktpolitik schafft neue Beschäftigungsformen, wie den Eingliederungsvertrag für Langzeitarbeitslose, dabei besteht die Gefahr, daß betriebliche Randgruppen durch einen staatlich geförderten zweiten Arbeitsmarkt gebildet werden. Hier könnte das neue Konzept der Übergangsarbeitsmärkte, das die Übergänge in und aus Ausbildung, inklusive Weiterbildung, Rente, familiäre Arbeit oder Arbeitslosigkeit fließender gestaltet, gegensteuern. Auch eine an den Entwicklungen der unterschiedlichen Sozialsysteme und den tatsächlichen Bedürfnissen der arbeitenden Bevölkerung orientierte reflexive Deregulierung ist zukunftsweisend (Rogowski/Schmid 1997).

Aus gesellschaftstheoretischer Perspektive ist die arbeitsrechtliche Regulierung zwischen dem rechtlichen, dem wirtschaftlichen, dem politischen und dem System industrieller Beziehungen angesiedelt. Sie ist Teil des sozialpolitischen Rahmens, der für wirtschaftliches Handeln verbindlich ist. Darüberhinaus ist sie Produkt der rechtlichen Wahrnehmung des Systems der industriellen Beziehungen sowie von Ausdifferenzierung im Rechtssystem.

Dieser systemische Hintergrund wandelt sich in der sich herausbildenden Weltgesellschaft, da sich die Erwartungen an Leistungsbeziehungen der Funktionssysteme im Hinblick auf gegenseitige Stützung lockern. Dennoch bietet Globalisierung insbesondere für das System der industriellen Beziehungen auch neue Möglichkeiten (s. Wilthagen 1998). Das Einklagen von Mindeststandards in unterentwickelten Regionen mit Hilfe von internationalen Arbeitsnormen, Sozialklauseln in internationalen und europäischen Handelsabkommen und der Debatte um ökonomische und soziale Bürger- und Menschenrechte bildet darüberhinaus den Hintergrund für die Herausbildung eines Weltarbeitsrecht. Und hier hat das deutsche Arbeitsrecht mit seinen recht erfolgreichen institutionellen, gesetzlichen und dogmatischen Traditionen durchaus eine Chance, größere weltweite Aufmerksamkeit zu erhalten. Es ist zunehmend ein Modell für Reformbemühungen weniger entwickelter Arbeitsrechtssysteme. Mit zunehmender Reflexivität dieser Prozesse kann sich ein neues Selbstbewußtsein entwickeln und Globalisierung somit zur Stärkung des deutschen Arbeitsrechts beitragen.

Literatur

Blanke, T. u.a. (1975): Kollektives Arbeitsrecht. Quellentexte zur Geschichte des Arbeitsrechts in Deutschland. 2 Bde. Reinbek

Blanke, T. (1994): Autonomization of Labour Law through Judicial Interpretation. The Case of German Dismissal Protection Law. In: Rogowski/Wilthagen (1994), S. 207-224

Blankenburg, E./Schönholz, S./Rogowski, R. (1979): Zur Soziologie des Arbeitsgerichtsverfahrens. Darmstadt

Buechtemann, C./Höland, A. (1989): Befristete Arbeitsverträge nach dem Beschäftigungsförderungsgesetz. Forschungsbericht des Bundesministeriums für Arbeit und Sozialordnung Bd. 183. Bonn

Däubler, W. (1998): Das Arbeitssrecht. Bd. 1. 15. Aufl. Reinbek

Däubler, W. (1998): Das Arbeitssrecht. Bd. 2. 11. Aufl. Reinbek

Ellermann-Witt, R./Rottleuthner, H./Russig, H. (Hg.) (1983): Kündigungspraxis, Kündigungsschutz und Probleme der Arbeitsgerichtsbarkeit. Opladen

Falke, J. u.a. (1981): Kündigungsschutz und Kündigungspraxis in der Bundesrepublik Deutschland. Forschungsbericht des Bundesministeriums für Arbeit und Sozialordnung Bd. 147. Bonn

Hilbrandt, C. (1997): Massenänderungskündigung und Arbeitskampf. Heidelberg

Kahn-Freund, O. (1979): Arbeit und Recht. Köln

Kittner, M. (Hg.) (1997): Arbeits- und Sozialordnung. Ausgewählte und eingeleitete Gesetzestexte. 22. Aufl. Köln

Kreimer-de Fries, J. (1995): Die Allgemeinverbindlicherklärung von Tarifverträgen. Ein unzeitgemäßes Instrument? In: Bispinck (1995), S. 205-229

Mückenberger, U. (1985): Die Krise des Normalarbeitsverhältnisses. Zeitschrift für Sozialreform 31, S. 415ff. u. 457ff..

Otto, H. (1997): Einführung in das Arbeitsrecht. 2. Aufl. Berlin, New York

Rogowski, R./Schmid, G. (1997): Reflexive Deregulierung. Ein Ansatz zur Dynamisierung des Arbeitsmarkts. In: WSI Mitteilungen 50, S. 568-582

Rogowski, R./Tooze, A. (1992): Individuelle Arbeitskonfliktlösung und liberaler Korporatismus. Gewerbe- und Arbeitsgerichte in Frankreich, Großbritannien und Deutschland im historischen Vergleich. In: Mohnhaupt, H./Simon, D. (Hg.): Vorträge zur Justizforschung. Serie Rechtsprechung des Max-Planck-Instituts für Europäische Rechtsgeschichte Bd. 4. Frankfurt, S. 317-386

Rogowski, R./Wilthagen, T. (Hg.) (1994): Reflexive Labour Law. Studies in Industrial Relations and Employment Protection. Deventer

Rogowski, R./Schömann K. (1996): Legal Regulation and Flexibility of Employment Contracts. In: Schmid, G./O'Reilly, J./Schömann, K., S. 623-651

Rottleuthner, H. (Hg.) (1984): Rechtssoziologische Studien zur Arbeitsgerichtsbarkeit. Baden-Baden

Schaub, G. (1996): Arbeitsrechtshandbuch. 8. Aufl. München

Schmid, G./O'Reilly, J./Schömann, K. (Hg.) (1996): International Handbook of Labour Market Policy and Evaluation. Cheltenham

Schömann, K./Rogowski, R./Kruppe, T. (1998): Labour Market Efficiency in the European Union. Employment Protection and Fixed-Term Contracts. London

Sinzheimer, H. (1907/8): Der korporative Arbeitsnormenvertrag. 2 Bde. Leipzig

Streeck, W. (1998): Industrielle Beziehungen in einer internationalen Wirtschaft. In: Beck, U. (Hg.): Politik der Globalisierung. Frankfurt/M., S. 169-202

Wesel, U. (1993): „Arbeitsrecht". In: ders. Fast alles, was Recht ist. 4. Aufl. Eichborn

Wilthagen, T. (Hg.) (1998): Advancing Theory in Labour Law and Industrial Relations in a Global Context. Amsterdam

Zöllner, W./Loritz, K.-G. (1998): Arbeitsrecht. 5. Aufl. München

Privatwirtschaft und Öffentlicher Dienst: Parallelen und Differenzen in den Arbeitspolitiken

Berndt Keller und Fred Henneberger

Der Stand der Forschung zu dem Politikfeld „*Arbeitsbeziehungen und Arbeitsmärkte*" ist bezogen auf den öffentlichen Dienst nach wie vor defizitär im Vergleich zu dem entsprechenden Kenntnisstand über die Privatwirtschaft. Diese Tatsache läßt sich weder aus theoretischen noch aus pragmatischen Gründen erklären:

Zum einen hat sich der Anteil der Beschäftigten des öffentlichen Dienstes an der Gesamtzahl der abhängig Erwerbstätigen seit den frühen fünfziger bis in die frühen neunziger Jahre, von ganz wenigen Ausnahmen abgesehen, Jahr für Jahr erhöht und beträgt gegenwärtig ca. 15 Prozent (einschl. Soldaten). Die Zahl der öffentlich Bediensteten ist von ca. 2,3 Millionen im Jahre 1950 auf fast 5,1 Millionen Mitte der neunziger Jahre gestiegen (Soldaten ausgenommen). Obwohl die Beschäftigtenzahlen, seit Mitte der neunziger Jahre infolge von Privatisierungs- und Sparmaßnahmen deutlich zurückgehen, ist der öffentliche Sektor immer noch der größte Arbeitgeber in der Bundesrepublik.

Zum anderen verhindern systematische Unterschiede zwischen beiden Sektoren eine einfache Übertragung der Hypothesen und Theorien, die mit Blick auf die Privatwirtschaft generiert wurden.

Daher werden wir im folgenden dem öffentlichen Dienst ein größeres Gewicht beimessen als dieses bei ähnlichen Vergleichen üblicherweise geschieht. Zunächst werden wir neben einigen Parallelen vor allem Differenzen zwischen den *Strukturen der Arbeitsbeziehungen* in beiden Sektoren aufzeigen. Danach gehen wir auf zentrale aktuelle *Arbeitsmarktstrategien* privater und öffentlicher Arbeitgeber ein, um abschließend einen Ausblick auf wichtige Tendenzen in den *Arbeitspolitiken zur Jahrtausendwende* zu geben. Im Unterschied zur herkömmlichen „industrial and labor relations"-Forschung führen wir nicht nur eine Analyse der Arbeitsbeziehungen, sondern auch der Arbeitsmärkte durch.

1. Kontinuität und Wandel in der Struktur der Arbeitsbeziehungen

1.1. Alle gängigen Theorien der Arbeitsbeziehungen gehen unabhängig von ihrer Provenienz aus systemtheoretischen, pluralistischen, marxistischen, Regulations- oder anderen „Schulen" in einer akteurszentrierten Perspektive von *drei korporativen Akteu-*

ren aus: Arbeitgeber bzw. Arbeitgeberverbände, Arbeitnehmer bzw. Gewerkschaften, Staat bzw. staatliche Agenturen.

Eine wesentliche Besonderheit des öffentlichen Dienstes besteht darin, daß die beiden Akteure *Arbeitgeber(-verbände)* und „*Staat*" identisch sind. Damit sind staatliche Agenturen in ihrer Eigenschaft als öffentliche Arbeitgeber (Bund, Länder und Gemeinden/Gemeindeverbände) direkt an der kollektiven Aushandlung der Arbeitsbedingungen beteiligt. Arbeitgeberverbände, wie wir sie aus der Privatwirtschaft kennen, bestehen lediglich auf der Ebene der Gemeinden/Gemeindeverbänden: Die Vereinigung der kommunalen Arbeitgeberverbände (VKA) ist der Zusammenschluß der 15 kommunalen Arbeitgeberverbände (KAV) in den verschiedenen Bundesländern. Auf Länderebene existiert die Tarifgemeinschaft deutscher Länder (TdL), der alle Bundesländer angehören. Beim Bund ist das Bundesministerium des Innern (BMI) zuständig. Im übrigen konkurrieren öffentliche Arbeitgeber sowohl auf Arbeits- als auch auf Gütermärkten nur in äußerst begrenztem Maße miteinander, so daß bei ihnen die Probleme der Herstellung innerverbandlicher Solidarität weniger deutlich auftreten als in der Privatwirtschaft. Der Organisationsgrad ist in beiden Sektoren recht hoch: Er beträgt im öffentlichen Dienst über 90 Prozent, in der Privatwirtschaft schätzungsweise 60 Prozent.

Auf Arbeitnehmerseite hat sich das Industrieverbandsprinzip, das seit Gründung der Bundesrepublik als Strukturprinzip gewerkschaftlicher Organisation in der Privatwirtschaft nahezu durchgängig vorherrscht, im öffentlichen Dienst weniger konsequent durchgesetzt: Neben der Gewerkschaft Öffentliche Dienste, Transport und Verkehr (ÖTV) als Industrieverband, die mit rund 1,7 Millionen Mitgliedern nach der IG Metall mit ca. 2,8 Millionen die zweitgrößte der DGB-Mitgliedsgewerkschaften ist, bestehen eine Reihe kleinerer „Berufsverbände": die Deutsche Angestelltengewerkschaft (DAG), die nicht dem DGB angehört, die Deutsche Postgewerkschaft (DPG), die Gewerkschaft der Eisenbahner Deutschlands (GdED), die Gewerkschaft der Polizei (GdP), die Gewerkschaft Erziehung und Wissenschaft (GEW). Außerdem steht im ÖD neben dem Deutschen Gewerkschaftsbund (DGB) als weiterer Dachverband der etwa gleich große Deutsche Beamtenbund (DBB) mit rund 1,1 Millionen Mitgliedern; diese Interessenvertretung der Berufsbeamten ist der Zusammenschluß von 53 Landes-, Bundesbeamten- und Bundesfachgewerkschaften.

Des weiteren ist der *Organisationsgrad*, der im gesamtwirtschaftlichen Durchschnitt bei etwa 31 Prozent liegt, im öffentlichen Dienst mehr als doppelt so hoch wie in der Gesamtwirtschaft. Dieses Phänomen, das wir auch im internationalen Vergleich vielfach beobachten, ist auf verschiedene Tatsachen zurückzuführen: Die Interessenvertretungen der Beschäftigten finden bei den öffentlichen Arbeitgebern eine höhere Akzeptanz, so daß Mitgliedschaft in Interessenverbänden mit geringeren Opportunitätskosten verbunden ist; darüber hinaus kann sie für die individuelle „Karriere" durchaus Vorteile bieten. In beiden Sektoren bestehen ähnliche Probleme hinsichtlich der Organisierung spezifischer Gruppen (vor allem Jugendlicher, Frauen, Teilzeitbeschäftigter).

Im internationalen Vergleich sind die Organisationsgrade in der Bundesrepublik trotz rückläufiger Tendenz noch relativ stabil.

1.2. Eine starke *Verrechtlichung* gilt als zentrales Merkmal des deutschen Systems der Arbeitsbeziehungen. Der Grad der Verrechtlichung ist im öffentlichen Dienst traditionell höher als in der Privatwirtschaft: Neben den bekannten gesetzlichen Vorgaben, vor allem zur betrieblichen Mitbestimmung und zum Tarifvertragswesen, sowie der umfangreichen Rechtsprechung insbesondere zu Arbeitskämpfen (sog. Richterrecht) ist zusätzlich eine Vielzahl spezifisch beamtenrechtlicher Regelungen gesetzlich fixiert, u.a. Bundesbeamtengesetz (BBG), Beamtenrechtsrahmengesetz (BRRG), Bundesbesoldungsgesetz (BBesG), Bundeslaufbahnverordnung (BLV), Bundesdisziplinarordnung (BDO), die einzelnen Landesbeamtengesetze sowie zahlreiche Rechtsverordnungen.

Weiterhin sind die Arbeitsbeziehungen in der Privatwirtschaft durch das sog. *„duale" System der Interessenvertretung* gekennzeichnet. Eine ähnliche Struktur finden wir auch im öffentlichen Dienst, wobei dem Betriebsverfassungsgesetz (BetrVG) der Privatwirtschaft die Personalvertretungsgesetze von Bund und Ländern als zwar eigenständige, aber dem BetrVG weitgehend nachempfundene Rechtsgrundlagen entsprechen. Während formalrechtlich die betrieblichen Interessenvertretungen Betriebsrat bzw. Personalrat von den überbetrieblich-sektoralen Gewerkschaften in beiden Sektoren streng getrennt werden, sind sie in ihrer praktischen Kooperation wechselseitig voneinander abhängig und aufeinander angewiesen (sog. „widersprüchliche Einheit"). Im Gegensatz zur Privatwirtschaft existieren keine analogen Regelungen zu den verschiedenen Mitbestimmungsgesetzen für die Unternehmensebene.

Die formale Trennungslinie der Regulierungsmodelle verläuft faktisch nicht so sehr zwischen den beiden Sektoren, sondern eher innerhalb des öffentlichen Sektors, in dem das den Modalitäten der Privatwirtschaft korrespondierende *Tarifmodell* für Arbeiter und Angestellte und das *Gesetzesmodell* für Beamte nebeneinander bestehen (sog. Zweigleisigkeit des Dienstrechts). Dieser Dualismus von öffentlich-rechtlichem Dienstverhältnis der Beamten und privatrechtlichem Arbeitnehmerstatus der Angestellten und Arbeiter, der sich in seinen Grundzügen bis zur Bismarckschen Reichsverfassung zurückverfolgen läßt, wurde in der Gründungsphase der Bundesrepublik als Strukturprinzip insbesondere durch die Restaurierung der sog. „hergebrachten Grundsätze des Berufsbeamtentums" (Art. 33, Abs. 5 GG) beibehalten. Hierzu gehören in unserem Kontext vor allem:

- das grundsätzlich auf Lebenszeit angelegte Dienstverhältnis (*Lebenszeitprinzip*),
- das durch klar definierte Zugangsvoraussetzungen und interne Aufstiegsleitern strukturierte Laufbahnsystem *(Leistungs- und Laufbahnprinzip)*,
- die u.a. nach Dienstaltersstufen aufgebaute und deshalb mit zunehmendem (Dienst-) Alter steigende Besoldung (Senioritätsentlohnung), die nach herrschender Rechts-

lehre nicht nur als Entgelt für die erbrachte Leistung, sondern auch als amtsgemäße Besoldung verstanden wird (*Alimentationsprinzip*),

- die *Fürsorgepflicht* des Dienstherrn sowie
- die amtsangemessenen *Versorgungsleistungen*, die ebenfalls als Ausfluß des Alimentationsprinzips aufgefaßt werden und somit nicht nach dem ansonsten üblichen Versicherungsprinzip organisiert sind.

Ferner stellt der *Funktionsvorbehalt* nach Art. 33, Abs. 4 GG die institutionelle Gewährleistung des Berufsbeamtentums dar: Die Ausübung hoheitsrechtlicher Befugnisse ist als ständige Aufgabe in der Regel Angehörigen des öffentlichen Dienstes zu übertragen, die in einem öffentlich-rechtlichen Dienst- und Treueverhältnis stehen.

Dieser *Dualismus der Dienstverhältnisse* ist seit langem von der Funktion her kaum noch zu rechtfertigen und aus der Aufgabenstellung nicht mehr abzuleiten. Tatsächlich haben sich die Tätigkeitsfelder insbesondere von Beamten und Angestellten zunehmend vermischt; dadurch kam es vor allem in den sechziger und frühen siebziger Jahren zu einer wechselseitigen Angleichung bzw. Nivellierung der Dienstverhältnisse. Dieser Annäherungsprozeß wurde zusätzlich beschleunigt durch die von den Gewerkschaften verfolgte Strategie, gemäß dem sog. „Günstigkeitsprinzip" die jeweils günstigere Regelung für eine Statusgruppe auch für die anderen verbindlich zu übernehmen (z.B. bei Arbeitern und Angestellten Unkündbarkeit nach 15 Jahren der Beschäftigung oder Angleichung der Alterssicherungssysteme an die der Beamten durch Zusatzversorgungen).

1.3. Die Tarifverhandlungen im öffentlichen Dienst werden bundesweit für alle drei funktionalen Ebenen gemeinsam geführt. Auf seiten der öffentlichen Arbeitgeber von Bund, Ländern und Gemeinden/Gemeindeverbänden, die ihre Verhandlungskommission drittelparitätisch besetzen, übernimmt der Bundesminister des Innern die Verhandlungsführung. Auf seiten der Arbeitnehmer wurde 1976 die Tarifgemeinschaft für Angestellte im Öffentlichen Dienst gegründet. Ihr gehörten die DAG, der Verband der angestellten und beamteten Ärzte Deutschlands (Marburger Bund) sowie die Gemeinschaft der Gewerkschaften und Verbände des öffentlichen Dienstes (GGVöD) an. Marburger Bund und GGVöD haben sich ebenso wie die DAG nicht dem DGB angeschlossen.

Die erstmals in der Tarifrunde des Jahres 1977 praktizierten sog. Dreiecksverhandlungen stellten bis 1994 ein Spezifikum des öffentlichen Dienstes dar. Die stets zuerst geführten Verhandlungen zwischen den öffentlichen Arbeitgebern und der ÖTV determinierten, wie sich empirisch belegen läßt, Verlauf und Ergebnis der nachfolgenden Verhandlungen zwischen den öffentlichen Arbeitgebern und der Tarifgemeinschaft für Angestellte, so daß eine faktische Dominanz der ÖTV in den Hauptverhandlungen bestand. Darüber hinaus wurden deren Resultate regelmäßig in den sog. Nebenverhandlungen von Bundesbahn und Bundespost übernommen, wobei jeweils noch spezifische

Anpassungsmaßnahmen vor allem im Bereich qualitativer Tarifpolitik erfolgen konnten (u.a. Regelungen zu Rationalisierungsschutz und Schichtarbeit).

Nach dem Mitte des Jahres 1994 unterzeichneten Kooperationsabkommen zwischen ÖTV und DAG verhandeln beide seit der Tarifrunde 1995 wieder gemeinsam mit den öffentlichen Arbeitgebern. Während sich der Marburger Bund dieser Gemeinschaft angeschlossen hat, betreibt die GGVöD ihre Tarifpolitik seither unabhängig von den anderen Gewerkschaften. Seit der Umstrukturierung von Bundesbahn und Bundespost zu privaten Aktiengesellschaften in den frühen neunziger Jahren zeichnet sich eine allmähliche Auflösung der engen Koppelung an die Hauptverhandlungen des öffentlichen Dienstes ab.

1.4. Der Bundestag übertrug bis in die frühen neunziger Jahre in aller Regel die materiellen Ergebnisse der Tarifverhandlungen quasi automatisch inhalts- und zeitgleich auf den *Beamtenbereich*, so daß die formale Grenzlinie zwischen den beiden Regulierungsmodellen faktisch ihre Bedeutung verlor. Die umgekehrte Reihenfolge von „leader" und „follower" wäre de jure durchaus möglich gewesen, trat jedoch de facto selten auf. Tarif- und Gesetzesmodell führten also in der Realität zu sehr ähnlichen Ergebnissen, wobei der dominierende Einfluß, mit gelegentlichen Ausnahmen in den frühen sechziger, frühen achtziger und frühen neunziger Jahren, aber eindeutig vom Tarifbereich ausgeht. Seit Beginn der neunziger Jahre beobachten wir jedoch häufiger eine Entkoppelung zulasten des Beamtenbereiches (u.a. Nullrunden, Verzögerungen bei der Besoldungserhöhung, Rücknahme der Wochenarbeitszeitverkürzung in verschiedenen Bundesländern).

Beamte verfügen zumindest nach herrschender Rechtslehre und Rechtsprechung nur über eine *eingeschränkte Koalitionsfreiheit*: Sie können zwar Interessenverbände gründen bzw. diesen beitreten, haben jedoch im Gegensatz zu allen anderen Arbeitnehmern kein originäres Kollektivverhandlungs- und Streikrecht. Dadurch werden für diese Beschäftigtengruppe andere, vor allem auf *Lobbyismus* basierende Strategien der Einflußnahme wichtig. Hierzu gehören insbesondere:

- *formale*, d.h. in den Beamtengesetzen (§ 94 BBG, § 59 BRRG) garantierte und institutionalisierte, im Laufe der Zeit mehrfach novellierte und erweiterte *Anhörungsrechte* der Spitzenverbände DBB und DGB bei allen für sie relevanten Problemen, so daß diese Beteiligungsrechte inzwischen durchaus Verhandlungscharakter haben;

- *informelle*, d.h. faktisch in allen Phasen des Gesetzgebungsprozesses wirksame *Einflußmöglichkeiten* der Dachverbände zugunsten der Gesamtgruppe sowie ihrer Mitgliedsverbände zugunsten einzelner Gruppen innerhalb der Beamtenschaft. Das Ausmaß der tatsächlichen, informellen Partizipation geht über das gesetzlich notwendige, formale der Beteiligungsgespräche deutlich hinaus, wobei u.a. informelle Kontakte zu einzelnen Parlamentariern, Gespräche der Verbandsfunktionäre mit Spitzenpolitikern, Briefe oder Telegramme an die Bundestagsfraktionen zum Interventionsinstrumentarium gehören;

- *institutionelle Barrieren*, insbesondere eine starke „Verbeamtung" des Parlaments: Im Durchschnitt der letzten Legislaturperioden waren fast 40 Prozent der Parlamentarier öffentlich Bedienstete. Bei einer weiteren Differenzierung zeigt sich eine deutliche Überrepräsentation der Beamten des höheren Dienstes, während Angestellte stark unterrepräsentiert sind und die unteren Laufbahngruppen sowie Arbeiter fast völlig fehlen. Diese *Verbeamtungstendenz* setzt sich in den Ausschüssen fort, wobei vor allem der für die gesamte Gesetzgebung federführende Innenausschuß von zentraler Bedeutung ist; hinzu kommt noch der formale sowie informelle Einfluß der ebenfalls verbeamteten Ministerialbürokratie. Die gleichen Mechanismen der Einflußnahme bestehen zudem auf Länderebene;

- *Stimmenmaximierungskalküle* der Arbeitgeber/Politiker bzw. Ausnutzen des dadurch vorhandenen Drohpotentials durch die Interessenorganisationen (Drohung mit Stimmentzug bei Wahlen), wobei im öffentlichen Dienst die Drohung nicht über ökonomische, sondern vor allem über politische Mechanismen vermittelt wird;

- *Beeinflussung der öffentlichen Meinung* seitens der Verbände durch umfangreiche mittelbare und unmittelbare Öffentlichkeitsarbeit und -politik sowie durch eine vor allem vom DBB strategisch angelegte *Verrechtlichung der öffentlichen Diskussion*. Durch die Berufung auf sog. allgemeine „Rechtsgrundlagen des Beamtenverhältnisses" bzw. auf die „hergebrachten Grundsätze des Berufsbeamtentums" soll eine inhaltlich-politische Auseinandersetzung so weit wie möglich vermieden werden.

1.5. Der *Zentralisierungsgrad* der beiden Regulierungsmodelle innerhalb des öffentlichen Dienstes ist im Vergleich zur Privatwirtschaft (mit zumeist regional-sektoral geführten Tarifverhandlungen) höher. Diese Tendenz wurde durch die Zentralisierung des ursprünglich föderalistischen Besoldungsrechts zu Beginn der siebziger Jahre noch verstärkt. Das Ziel dieser Maßnahme bestand darin, die Bundeseinheitlichkeit der Besoldung herzustellen. Empirisch beobachten wir in verschiedenen Ländern eine Korrelation von hohem Zentralisierungsgrad des Verhandlungssystems mit einem *niedrigen Konfliktniveau*. Dieser Zusammenhang läßt sich auch für die Bundesrepublik bestätigen: Das Konfliktausmaß im öffentlichen Dienst ist wesentlich geringer als in der Privatwirtschaft. Im internationalen Vergleich ist die Bundesrepublik bei verschiedener Operationalisierung der Indikatoren wie Häufigkeit, Dauer, beteiligte bzw. betroffene Arbeitnehmer oder Betriebe ein eher arbeitskampfarmes Land.

Streiks, die stärkste Form der kollektiven Interessendurchsetzung, werden sowohl in der Privatwirtschaft als auch im Tarifbereich des öffentlichen Dienstes gelegentlich geführt. Umfangreiche Streiks sind zwar im öffentlichen Dienst selten: Die beiden bedeutenden Streiks fanden im Februar 1974 und im Mai 1992 statt, wobei Verkehrsbetriebe und Müllabfuhr sowie 1974 zudem die Bundespost Streikschwerpunkte waren. Die Drittwirkungen für die am Arbeitskampf nicht beteiligte, aber von seinen Folgen unmittelbar betroffene Öffentlichkeit sind häufiger und direkter spürbar als in der Privatwirtschaft. Streiks im öffentlichen Dienst werden wie in anderen Industrienationen vor allem auf kommunaler Ebene geführt, u.a. weil hier die Drittwirkungen am stärksten und die Durchsetzungsfähigkeit aufgrund des hohen Organisationsgrades insbesondere der Arbeiter in Schlüsselbereichen am größten ist.

Für Beamte besteht ein allgemeines statusgruppenspezifisches, jedoch kein besonderes funktionsbezogenes *Streikverbot*. Trotzdem haben verschiedene Gruppen in der Vergangenheit wiederholt zu arbeitskampfähnlichen Maßnahmen gegriffen (wie go slow, go sick, Bummelstreik, Dienst nach Vorschrift, Teilnahme an Demonstrationen); diese zeigten ähnliche Wirkungen wie reguläre Streiks im Tarifbereich. Das Bundesverwaltungsgericht (BVerwG) und das Bundesarbeitsgericht (BAG) haben 1984 bzw. 1985 infolge eines Streiks im Bereich der Bundespost im November 1980 zwar entschieden, daß ein sog. *Streikeinsatz von Beamten* auf Arbeitnehmerdienstposten zulässig ist. Die Effizienz einer solchen Maßnahme in der Realität kann jedoch angezweifelt werden: Da Beamte häufig nicht nur mit Tarifbediensteten eng zusammenarbeiten, sondern auch von den Ergebnissen der Tarifverhandlungen aufgrund der faktischen „follower"-Funktion des Gesetzesmodells direkt betroffen sind, könnten sie sich durchaus „solidarisch" verhalten und nicht bereit sein, die Drittwirkungen eines Streiks zu unterlaufen.

Aussperrungen spielen im öffentlichen Dienst der Bundesrepublik im Gegensatz zu zentralen Branchen der Privatwirtschaft (vor allem der Metall- und Druckindustrie) faktisch überhaupt keine Rolle, obwohl sie zumindest im Tarifbereich ein legales Kampfmittel der Arbeitgeber wären. Zum einen sind die öffentlichen Arbeitgeber zur permanenten Bereitstellung der häufig nicht auf Vorrat produzierbaren, sondern bedarfssynchron zu erstellenden Güter und Dienstleistungen gesetzlich verpflichtet; zum andern würden Aussperrungsmaßnahmen in hoch sensiblen Bereichen wie dem öffentlichen Personennahverkehr oder der Müllabfuhr die Drittwirkungen eines Arbeitskampfes für die unbeteiligte, aber als Wählerschaft relevante Öffentlichkeit nur verschlimmern, in weniger sensiblen Bereichen wie der allgemeinen Verwaltung hingegen relativ unwirksam bleiben.

Die von den Tarifvertragsparteien autonom vereinbarten Verfahren zur Beilegung kollektiver Regelungsstreitigkeiten sind in beiden Sektoren sehr ähnlich; seit Mitte der siebziger Jahre besteht auch im öffentlichen Dienst ein *Schlichtungsabkommen*, das mehrfach in Anspruch genommen wurde und sich wie analoge Vereinbarungen in der Privatwirtschaft als effizient im Sinne einer Vermeidung offener Konflikte erwies. Im Gegensatz zu anderen Ländern wie z.B. Großbritannien oder den USA bestehen keine besonderen Verfahren zur Konfliktbeilegung für den öffentlichen Dienst oder für spezifische Beschäftigtengruppen. Eine staatliche Zwangsschlichtung, wie sie beispielsweise in der Weimarer Republik existierte, ist mit der im Tarifvertragsgesetz (TVG) garantierten Tarifautonomie unvereinbar und deshalb in der Bundesrepublik nicht zulässig.

1.6. In beiden Sektoren registrierten wir ab Mitte der siebziger bis zum Ende der achtziger Jahre eine Verlagerung von einer eher *quantitativ* orientierten zu einer stärker *qualitativ* ausgerichteten *Tarifpolitik*. Diese deutliche Akzentverschiebung, die nur im Rahmen eines tarifpolitischen „Tausches" realisiert werden kann, hat im Rahmen der *Einkommenspolitik* nicht zuletzt zu moderaten Lohnabschlüssen bzw. sogar zu Reallohnverlusten beigetragen, wobei der öffentliche Dienst seit den achtziger Jahren durchweg stärker betroffen war als die Privatwirtschaft. Parallel zu dieser Entwicklung wurden verschiedentlich längere Laufzeiten der Einkommenstarifverträge als in den siebziger Jahren und sog. „Paketlösungen" als Kombination mehrerer Forderungselemente zur Regelung der Arbeitsverhältnisse vereinbart. Qualitative Tarifpolitik bedeutete in beiden Sektoren zunächst *Rationalisierungsschutzpolitik*, die sich u.a. im Tarifvertrag der Druckindustrie über Einführung und Anwendung rechnergesteuerter Textsysteme (RTS-Tarifvertrag) von 1978 sowie im Rationalisierungsschutztarifvertrag für Angestellte und Arbeiter des öffentlichen Dienstes von 1987 niederschlug. Später folgte die *Arbeitszeitpolitik*, auf die wir noch ausführlich eingehen werden.

Seit Beginn der neunziger Jahre gewinnt die Lohn- und Einkommenspolitik wieder an Bedeutung, wobei zunächst vor allem die Interessen der Beschäftigten in den neuen Bundesländern an einer möglichst raschen Angleichung ihrer Löhne und Gehälter an das westdeutsche Niveau eine wesentliche Rolle spielten. Bei enger werdenden Verteilungsspielräumen verschlechtern sich jedoch die Durchsetzungschancen von Einkommensverbesserungen, die nach den allenfalls marginalen Zuwächsen der frühen neunziger Jahre auch von den Beschäftigten in den alten Bundesländern gefordert werden.

1.7. Vor allem in der Privatwirtschaft beobachten wir insbesondere seit Mitte der achtziger Jahre eine gewisse *Dezentralisierung* innerhalb des Systems der Arbeitsbeziehungen. Ausgelöst wurde diese Entwicklung u.a. durch die gewerkschaftliche Politik der generellen Verkürzung der Wochenarbeitszeit, die auf der betrieblichen Ebene implementiert werden mußte. Auch innerhalb des öffentlichen Dienstes zeigt sich seit der Tarifrunde 1988 eine teilweise Delegation von bestimmten Entscheidungs- und Regelungskompetenzen von der sektoralen auf die „betriebliche" Ebene bzw. von den Tarifvertragsparteien auf die „betrieblichen" Akteure. Diese Verlagerung, die instrumentell über Tariföffnungsklauseln mit Hilfe von Betriebs- und Dienstvereinbarungen geschieht, hat u.a. folgende Konsequenzen:

- eine stärkere Berücksichtigung der jeweils spezifischen betriebswirtschaftlichen Notwendigkeiten sowie gleichfalls der differenzierten (Arbeitszeit-)Wünsche der Beschäftigten durch „mikrokorporatistische" Arrangements auf Betriebsebene,

- die Zunahme partikularistischer und betriebsegoistischer Lösungen mit der möglichen Konsequenz einer weiteren Segmentierung in Stamm- und Randbelegschaften sowie einer weiteren Abschottung bzw. sozialen Schließung betriebsinterner Arbeitsmärkte,

- eine fortschreitende „Erosion des Normalarbeitsverhältnisses", u.a. durch Auflösung von Normalarbeitszeitstandards und Beschäftigungssicherheit, insbesondere für die

Gruppe der Neueingestellten, denen immer häufiger nur atypische Beschäftigungsverhältnisse offeriert werden.

Diese Tendenzen der Dezentralisierung finden sich verstärkt auch in den neuen Bundesländern. Hier führt vor allem die Sondersituation der Personalüberhänge im öffentlichen Dienst zum Abschluß von Tarifverträgen zur Beschäftigungssicherung bei nur partiellem Lohnausgleich, deren Umsetzung nur auf bezirklicher bzw. „betrieblicher" Ebene erfolgen kann. Allerdings werden die Möglichkeiten dieser Verträge aufgrund ihrer Optionalität nur relativ selten und für spezifische Beschäftigtengruppen (u.a. Lehrer und Erzieherinnen) genutzt.

Die *Verbetrieblichung der Verhandlungs- bzw. Regulierungsebene* bewirkt eine teilweise Verschiebung der faktischen Regelungskompetenz von der Tarif- auf die Betriebsebene: Während die Tarifverträge nur noch Rahmenregelungen vorgeben, erfolgt die konkrete Umsetzung auf der betrieblichen Ebene. Diese Entwicklung kann entweder einen Machtverlust der sektoralen zugunsten der betrieblichen Akteure bedeuten, oder was wahrscheinlicher ist, zu einem Funktionswandel der Verbände zu Dienstleistungslieferanten für ihre Mitglieder führen. Die Bedeutung detaillierter Einzelinformationen für die betrieblichen Akteure wird im Vergleich zu standardisierten, kollektiven Verbandsinformationen zunehmen. Als Resultat dieser Entwicklung kann sich durchaus eine qualitativ neue Form des Gleichgewichts im Sinne einer institutionalisierten Balance zwischen beiden Ebenen ergeben.

1.8. Die Einführung neuer Informations- und Kommunikationstechnologien ist keinesfalls mehr auf die Betriebe der Privatwirtschaft beschränkt, sondern erfaßt zunehmend auch die öffentlichen Verwaltungen. In beiden Sektoren besteht eine zentrale Aufgabe in der arbeitspolitischen Ausgestaltung der Implementation neuer Technologien, wobei die verschiedenen korporativen Akteure insbesondere in der Frage einer Ausweitung der Einflußmöglichkeiten von Betriebs- bzw. Personalräten unterschiedliche Positionen einnehmen: Der Forderung nach einer Ausweitung echter Mitbestimmungsrechte steht das Angebot einer Erweiterung bloßer Mitwirkungsrechte gegenüber.

Die spezifisch neuen, Formen der Arbeitsorganisation, die sich in Konzepten wie dem der systemischen Rationalisierung, der diversifizierten Qualitätsproduktion, der „lean production" oder der „lean administration" niederschlagen, führen nicht nur zur Dezentralisierung des Regulierungsmodus bzw. zu einer Verbetrieblichung der Interessenpolitik, sondern gleichzeitig zu verstärkten *Flexibilisierungsstrategien* der privaten und öffentlichen Arbeitgeber. In der Privatwirtschaft können die Gewerkschaften seit Mitte der achtziger Jahre Arbeitszeitverkürzungen nur im Tausch gegen Zugeständnisse an die Arbeitgeber(-verbände) in bezug auf weitergehende Flexibilisierung der Arbeitszeit, einschließlich ihrer gruppen- bzw. bereichsspezifischen oder sogar individuellen Differenzierung durchsetzen. Im öffentlichen Dienst wird die Flexibilisierung der Beschäftigungsverhältnisse eher über andere Mechanismen realisiert (z.B. Flexibilisierung des Personaleinsatzes über eine ausgedehnte Zeitvertrags- und Teilzeitpraxis). Diese Besonderheit zeigt sich u.a. anhand der vergleichsweise „unflexiblen" Arbeitszeitverkürzung im Rahmen des Tarifkompromisses von 1988, der keinerlei Differenzierungs- und Individualisierungskomponenten enthielt.

2. Aktuelle Arbeitsmarktstrategien privater und öffentlicher Arbeitgeber

2.1. Die *Zahl der öffentlich Bediensteten* betrug 1996 knapp 5,3 Millionen, von denen 4,2 Millionen in den alten und 1,1 Millionen in den neuen Bundesländern tätig waren; die Gesamtzahl teilte sich auf in ca. 4,2 Millionen Vollzeit- und ca. 1,1 Millionen Teilzeitbeschäftigte. Untergliedert nach Statusgruppen, beträgt die Zahl der

– Beamten (einschl. Richter und Soldaten) 1,90 Millionen (ca. 36%),

– Angestellten 2,54 Millionen (gut 48%) und

– Arbeiter 0,84 Millionen (fast 16%).

In langfristiger Perspektive ist die Dienstverhältnisstruktur charakterisiert durch eine relative Konstanz des Anteils der Beamten, eine deutliche Verminderung des Anteils der Arbeiter und eine entsprechende Erhöhung des Anteils der Angestellten. In den frühen neunziger Jahren eingetretene Verschiebungen in den Relationen erklären sich hauptsächlich durch die deutsche Vereinigung.

2.2. Die *Funktionsweise der Arbeitsmärkte* im öffentlichen Dienst ist stärker als in der Privatwirtschaft dadurch gekennzeichnet, daß neben dem Lohn als Steuerungs- bzw. Ausgleichsmechanismus von Angebot und Nachfrage andere, nicht-marktgesteuerte Allokationsmechanismen eine wesentliche Rolle spielen. Dazu gehören beispielsweise:

– gesetzliche Vorgaben (u.a. Beamtengesetze und Rechtsverordnungen),

– formale und informelle Normen bzw. Regeln (u.a. Dienstvereinbarungen, Tarifverträge und Verbands- oder Parteizugehörigkeit),

– Institutionen (vor allem Personalrat und Dienststelle, Gewerkschaften und Arbeitgeberverbände).

Diese nicht-preislichen Koordinationsmechanismen führen dazu, daß der Lohn selbst Teil eines institutionalisierten Regelungsinstrumentariums wird. Generell verlieren Marktbedingungen im öffentlichen Dienst zugunsten politischer Faktoren an Bedeutung; erst seit den frühen neunziger Jahren beobachten wir im Rahmen „neuer Steuerungsmodelle" bzw. eines „human resource managments" eine programmatisch stärkere Orientierung an betriebswirtschaftlichen Kalkülen und volkswirtschaftlichen Knappheitsrelationen. Vor allem auf kommunaler Ebene finden sich verschiedene Versuche der Umgestaltung und Modernisierung von Behörden, wobei neben der Steigerung der ökonomischen Effizienz auch mehr Bürgernähe angestrebt wird.

Ähnlich wie die Arbeitsmärkte der Privatwirtschaft sind auch die des öffentlichen Dienstes hochgradig *segmentiert*, was in der gängigen Arbeitsmarktforschung nach wie vor häufig übersehen wird. Neben dem eingangs erwähnten formalen Dualismus der Dienstverhältnisse müssen wir innerhalb der bekannten drei Statusgruppen (Arbeiter, Angestellte, Beamte) die verschiedenen Laufbahngruppen der Beamten (einfacher, mittlerer, gehobener und höherer Dienst) bzw. deren Äquivalente bei den Angestellten und Arbeitern unterscheiden. Die Allokation der Bewerber zu den jeweiligen Laufbahngruppen erfolgt strikt aufgrund ihrer Formalqualifikation, d.h. ihres erworbenen Bildungsabschlusses. Die klar definierten Eintrittspositionen befinden sich auf der jeweils untersten Stufe der Stellenhierarchie; ein individueller Aufstieg erfolgt ausschließlich intern und nach administrativen Regeln, wodurch Beförderungsketten entstehen. Gerade innerhalb des öffentlichen Sektors existieren stark voneinander abgeschottete, status- und qualifikationsgruppenspezifische Teilarbeitsmärkte.

Die im Zeitverlauf deutlichen *Strukturverschiebungen* zugunsten der höheren Qualifikationsgruppen sind auf der Arbeitsangebotsseite wesentlich zurückzuführen auf die Bildungsexpansion der späten sechziger und frühen siebziger Jahre sowie auf der Arbeitsnachfrageseite auf die allgemein gestiegenen Anforderungen an das Qualifikationsniveau der Arbeitskräfte. Während eine spürbare horizontale Mobilität zwischen den verschiedenen Statusgruppen besteht, findet vertikale Mobilität fast ausschließlich innerhalb der verschiedenen Laufbahngruppen statt. Darüber hinaus sind Austauschprozesse zwischen den Arbeitsmärkten des öffentlichen Dienstes und der Privatwirtschaft eher quantitativ gering sowie auf spezifische Bereiche (z.B. technische Berufe, Steuerberufe) begrenzt.

Der *Anteil der Frauen* an allen Beschäftigten des öffentlichen Dienstes ist seit 1950 kontinuierlich von ca. 19 Prozent auf inzwischen fast 52 Prozent gestiegen (ohne Soldaten). Ihr Anteil liegt bei den Vollzeitbeschäftigten nur bei ca. 42 Prozent, bei den Teilzeitbeschäftigten hingegen bei etwa 88 Prozent. Zudem haben Frauen häufiger als Männer befristete Arbeitsverträge; außerdem sind sie nach wie vor in den niedrigeren Qualifikationsgruppen und damit in den geringer entlohnten Tätigkeiten konzentriert. Diese *geschlechtsspezifische Segmentation*, die zumindest indirekt auf faktische Benachteiligung schließen läßt, ist mittlerweile umso weniger verständlich, als immer mehr Frauen ein immer höheres Bildungsniveau erreichen; z.B. sind über 42 Prozent der an den Hochschulen Studierenden Frauen.

Ähnliche Tendenzen wie in der Privatwirtschaft zeigen sich also auch im öffentlichen Dienst. Seit Mitte der achtziger Jahre gibt es verschiedene Versuche einer beruflichen Gleichstellung von Frauen, etwa durch die Aufstellung von Frauenförderplänen, die im Vergleich zur Privatwirtschaft früher einsetzten und weiter fortgeschritten sind. Diese institutionalisierten Maßnahmen, die neben reinen Empfehlungen auch mehr oder weniger verbindliche Quotenregelungen enthalten, implizieren erhebliche Implementationsprobleme; sie sind dennoch Teil einer gewissen Vorbildfunktion des öffentlichen Dienstes, die sich ansonsten ansatzweise nur noch bei der Integration von Behinderten und Jugendlichen zeigt.

2.3. Auf der *Ausgabenseite* der öffentlichen Haushalte verursacht die personal- bzw. arbeitsintensivere Erstellung vor allem von Dienstleistungen einen höheren Personalkostenanteil als im privaten Sektor. Der Anteil der Personalausgaben an den bereinigten Gesamtausgaben betrug im Jahr 1996 beim Bund zwar nur ca. 11 Prozent, bei den Gemeinden/Gemeindeverbänden bereits ca. 31 Prozent und bei den Bundesländern sogar ca. 39 Prozent, wobei nach deutlichen Zunahmen in den sechziger und siebziger Jahren eine Stagnation bzw. sogar leichte Abnahmen seit den achtziger Jahren zu verzeichnen sind. Die Veränderungen der Personalausgaben ergeben sich im wesentlichen aus:

- der Variation der Beschäftigtenzahl bzw. des Beschäftigungsumfangs und des Bestandes an Versorgungsempfängern (personaler Mengeneffekt),

- der Variation der Personalstruktur durch Veränderung der Altersstruktur sowie durch Verschiebung der Qualifikationsstruktur bzw. des Stellenkegels sowohl zwischen als auch innerhalb der verschiedenen Laufbahngruppen bzw. deren Äquivalente im privatrechtlichen Bereich (personaler Struktureffekt),

- den allgemeinen, tarifvertraglich vereinbarten bzw. besoldungs- und versorgungsrechtlich durchgesetzten Einkommensveränderungen (monetärer Mengeneffekt),

- den strukturellen Einkommensveränderungen, mit denen i.d.R. eine gesonderte Erhöhung der Verdienste spezifischer Beschäftigtengruppen verfolgt wird. Dieses geschieht z.B. durch Verbesserung ihrer Beförderungsmöglichkeiten, Stellenanhebungen, Gewährung und Erhöhung verschiedener Zulagen und Zuschläge einschließlich deren Dynamisierung. Diese materiellen Verbesserungen, die getrennt von den in den allgemeinen Tarifverhandlungen vereinbarten Einkommenszuwächsen durchgesetzt und häufig als zweite „Lohnrunde" bezeichnet werden, können als „Entgeltdrift" durchaus als Äquivalent zur Lohndrift in der Privatwirtschaft interpretiert werden (monetärer Struktureffekt).

Die konjunkturell und vor allem strukturell bedingte *Wirtschaftskrise* ab Mitte der siebziger Jahre führte zur Verschlechterung der Lage der öffentlichen Haushalte auch auf der *Einnahmenseite*. Zwar verfügen die verschiedenen öffentlichen Arbeitgeber nicht über zeitlich und inhaltlich vereinheitlichte Strategien; gleichwohl stellen wir ähnliche *Anpassungsmaßnahmen* fest. Die Reaktionen auf die geänderten Finanzierungsbedingungen manifestieren sich insbesondere in:

- *restriktiven personalpolitischen Maßnahmen* (z.B. mehrmonatigen Stellenbesetzungssperren, Stellenstreichungen, partiellen oder sogar totalen Einstellungsstopps, Beförderungssperren, zeitweisen Kürzungen der Anwärterbezüge, Verzögerungen bei der Besoldungsanpassung bis hin zu sog. Nullrunden) und

- Maßnahmen, die auf eine verstärkte *Variabilisierung der Arbeitszeit* (u.a. Ausbau der Gleitzeit, Zunahme der Frühpensionierungen) *und Flexibilisierung des Arbeitskräfteeinsatzes* (u.a. Teilzeit, Befristung sowie Kombination der beiden) abzielen.

Die Einsparungsstrategien der frühen achtziger Jahre wurden in der zweiten Hälfte der achtziger Jahre sukzessive zurückgenommen (z.b. die Absenkung der Eingangsbesoldung im gehobenen und höheren Dienst für die Dauer von drei bzw. vier Jahren) bzw. durch strukturelle Verbesserungen vor allem im einfachen und mittleren Dienst sogar wieder umgekehrt.

Auch bei den Beschäftigtenzahlen lösen Phasen der Expansion und Stagnation einander ab: Die Personalzuwachsraten lagen in den sechziger und siebziger Jahren bei durchschnittlich etwa 2,4 Prozent pro Jahr, in den achtziger Jahren hingegen nur noch bei durchschnittlich 0,6 Prozent. Zu Beginn der neunziger Jahre nahm der Personalbestand infolge der später noch zu behandelnden Sonderbedingungen der deutschen Vereinigung zunächst deutlich um ca. 43 Prozent zu; seit 1992 reduziert sich jedoch der Beschäftigtenstand um durchschnittlich ca. 1,6 Prozent pro Jahr, selbst wenn man die Privatisierung von Bundesbahn und Bundespost nicht berücksichtigt. Diese Tendenz einer *Abnahme der Zahl der öffentlich Bediensteten* wird sich unter den Vorzeichen einer Beschränkung des Staates auf seine Kernaufgaben („schlanker Staat") auch auf absehbare Zeit fortsetzen.

Tabelle 1: Entwicklung der Beschäftigung im öffentlichen Dienst

Jahr	Gesamtzahl	Ohne Bahn und Post	jährliche Veränderung in %
1991	6.737,7	5.600,4	
1992	6.657,2	5.581,7	-0,33
1993	6.502,6	5.448,2	-2,39
1994	6.094,3	5.360,8	-1,60
1995	5.371,0	5.251,1	-2,05
1996	5.276,6	5.165,0	-1,64
1991-96	**-1.461,1**	**-435,4**	**-7,77**

2.4. Verschiedene Strategien der Arbeitgeber haben dazu geführt, daß sich der öffentliche Dienst zum Vorreiter im Hinblick auf *flexible Beschäftigungsformen* entwickelt hat und somit seine bis Mitte der siebziger Jahre geltende Vorbildfunktion für die Ausgestaltung von Arbeitsverhältnissen in der Privatwirtschaft weitgehend verloren hat:

Erstens hat die stetige Zunahme von *Zeitverträgen* inzwischen zu einer Befristungsquote (als Anteil der befristeten an allen privatrechtlichen Beschäftigungsverhältnissen) geführt, die mit mehr als 10 Prozent über derjenigen in der Privatwirtschaft liegt.

Zweitens geht der relativ hohe, vor allem seit Mitte der siebziger Jahre von ca. 12 Prozent auf über 20 Prozent kontinuierlich gestiegene Anteil von *Teilzeitarbeitsplätzen*, die insbesondere von den Bundesländern im Bildungsbereich eingerichtet werden, sogar einher mit der entgegengesetzten Strategie eines Abbaus von Vollzeitarbeitsplätzen: Der nominelle Anstieg der Beschäftigtenzahlen in den achtziger Jahren ist im wesentlichen auf die vermehrte Einstellung von Teilzeitarbeitskräften zurückzuführen. Bei diesem Substitutionseffekt müssen wir unterscheiden zwischen Teilzeitarbeit auf rein freiwilliger und faktisch erzwungener Basis; letztere erklärte das BVerwG erst 1989 für rechtswidrig.

Drittens wird eine *Kombination* beider Strategien vor allem bei Neueinstellungen, z.b. im Hochschulbereich, angewandt. Dadurch werden einerseits zwar die Dispositionsmöglichkeiten der Personalpolitik wesentlich erhöht. Andererseits wird aber die Spaltung der Beschäftigungsverhältnisse in stabile und instabile Segmente verstärkt, wobei erstere den abnehmenden Regelfall, letztere den zunehmenden Ausnahmefall darstellen. Die in den achtziger Jahren intensivierte Teilzeit- und Befristungspraxis trägt zu einer *Internalisierung der Vorteile* bei, die sich in einer weiteren Verfestigung eines Teils von Arbeitnehmern als Stammbelegschaft mit rechtlich garantierter oder faktischer Arbeitsplatzsicherheit bis zum Ende ihres Erwerbslebens (häufig auf Vollzeitbasis) äußert. Diese insbesondere in Stagnationszeiten zunehmende Abschottung der internen Arbeitsmärkte ist für alle Akteure der betrieblichen Ebene vorteilhaft und deswegen kaum zu revidieren. Andererseits erfolgt eine *Externalisierung der Nachteile*: Ähnlich wie in der Privatwirtschaft gewinnt ein disponibel und flexibel einsetzbarer Teil von Arbeitnehmern als Randbelegschaft an Bedeutung.

Viertens ist die Zunahme längerfristiger *Beurlaubungen* bei den Beamten aus arbeitsmarktpolitischen und familiären Gründen zurückzuführen auf die seit Mitte der siebziger Jahre per Gesetz mehrfach erweiterten Möglichkeiten zur Inanspruchnahme dieser speziellen Form einer Flexibilisierung der Lebensarbeitszeit.

Fünftens sind bei einem abnehmenden Beschäftigtenstand *Überstunden* in einer Größenordnung von über 100 Millionen pro Jahr zur Aufrechterhaltung eines geordneten Dienstbetriebs in verschiedenen Bereichen (u.a. Justiz, Strafvollzug, Steuerverwaltung, Polizei) unumgänglich, obwohl sie aus arbeitsmarktpolitischen Gründen eigentlich abgebaut werden müßten.

2.5. Neben den eben genannten Flexibilisierungsstrategien greifen öffentliche Arbeitgeber seit den frühen siebziger Jahren verstärkt zu *Privatisierungsmaßnahmen*, die ex definitione nur ihnen zur Verfügung stehen. In der Bundesrepublik wurde von der Privatisierung öffentlicher Dienstleistungen in der Vergangenheit nur sehr zögernd und vom Umfang her gesehen zunächst nur äußerst begrenzt Gebrauch gemacht. Insbesondere auf Bundesebene ist z.B. der Anteil öffentlicher Unternehmen im internationalen Vergleich schon immer relativ gering gewesen. Bei den Kommunen fand die Auslagerung von Aufgaben (sog. Aufgabenprivatisierung) unter Kostendruck bzw. bei Sparzwängen insbesondere in den Randbereichen der Annex- und Hilfstätigkeiten statt. Seit Mitte der siebziger Jahre haben die Privatisierungsdiskussionen zugenommen. Diese besondere Form der Deregulierung, die speziellen privatwirtschaftlichen Interessen, wie denen des Handwerks, zugute kommt, führt häufig zu einem Arbeitsplatzabbau und zur Leistungsverschlechterung. Sie stößt deswegen auf heftige Kritik seitens der Gewerkschaften.

Seit den achtziger Jahren hat sich die Privatisierungstendenz nochmals verstärkt. Zum einen lagern insbesondere die Kommunen nun vor allem auch in den Kernbereichen z.B. der Versorgungs- und Entsorgungsleistungen sowie bei den Verkehrsbetrieben und im Krankenhauswesen Aufgaben an freie und private, kommerzielle Träger aus. Zum anderen verfolgt die Bundesregierung eine gezielte Privatisierungspolitik im Bereich der Bundesunternehmen und Bundesbeteiligungen. Diese Politik wurde bei der Flugsicherung, bei der Bahn und der Post fortgesetzt, also in Bereichen, die nach dem Grundgesetz zur Verwaltung des Bundes zählen.

Die Privatisierungsbemühungen im Bereich von Bundespost seit Ende der achtziger und Bundesbahn zu Beginn der neunziger Jahre signalisieren eine Trendwende in der Politik in Richtung auf eine Reduzierung bzw. Rückbesinnung auf die staatlichen Kernaufgaben, die durch die Liberalisierungsbestrebungen in der Europäischen Union (EU) unterstützt wird. Diese „Entstaatlichungspolitik" ist nach wie vor in der Bundesrepublik weniger weit fortgeschritten als in anderen westlichen Industrienationen wie Großbritannien und den USA.

2.6. Die Rolle des *„pattern setter"*, die der öffentliche Dienst sowohl im Rahmen restriktiver Personalpolitik als auch bei der Flexibilisierung insbesondere der Befristungs- und Teilzeitpraxis spielt, korrespondiert mit seiner Rolle als *„pattern follower"* im Bereich der quantitativen und qualitativen Tarifpolitik. Die Initiativen gehen sowohl bei der Einkommens- als auch bei der Rationalisierungsschutz- und Arbeitszeitpolitik eindeutig von zentralen Branchen der Privatwirtschaft (vor allem der Metall- und Druckindustrie) aus. Die Tarifpartner des öffentlichen Dienstes nehmen diese Impulse erst mit einer deutlichen zeitlichen Verzögerung auf.

Die Gewerkschaften begründeten die Notwendigkeit von *Arbeitszeitverkürzungen* in verschiedenen Phasen durchaus unterschiedlich: Während sie bis in die siebziger Jahre sozialpolitische Gründe wie die Verlängerung der Freizeit und Humanisierung der Arbeit in den Vordergrund ihrer Argumentation rückten, geht es ihnen seit den achtziger Jahren stärker um die wirksame Bekämpfung der hohen Arbeitslosigkeit. In beiden Sektoren hat das tarifpolitische Instrument einer Verkürzung der Wochenarbeitszeit Priorität vor einer Verkürzung der Lebensarbeitszeit.

Nach der 1984 getroffenen Vereinbarung über die stufenweise Einführung von zwei zusätzlichen, bezahlten freien Tagen, brachte die Tarifrunde 1988 eine *Verkürzung der Wochenarbeitszeit* von 40 auf 39 (ab 1.4.1989) bzw. 38,5 (ab 1.4.1990) Stunden. Dieser „Einstieg in die 35-Stunden-Woche", der in verschiedenen Branchen der Privatwirtschaft (Metall- und Druckindustrie) bereits 1984 erfolgte, fand also im öffentlichen Dienst erst relativ spät statt und wurde bis Mitte der neunziger Jahre nicht wieder aufgegriffen. Hierfür dürften sowohl der Widerstand der Arbeitgeber als auch die veränderten Präferenzstrukturen der Arbeitnehmer verantwortlich sein.

Die Umsetzung der 1988 getroffenen Rahmenregelung auf der betrieblichen Ebene führte zu ähnlichen Problemen wie in der Privatwirtschaft. Die wenigen vorliegenden empirischen Analysen zeigen, daß in beiden Sektoren die täglichen und wöchentlichen Formen der Verkürzung im Gegensatz zur Reduzierung in Form von freien Tagen dominierten. Die rechtliche Unabhängigkeit der Länder in Fragen der Arbeitszeitregelung für die Beamten der Länder und Kommunen hatte zur Folge, daß keine bundeseinheitliche Lösung zustande kam, welche die öffentlichen Arbeitgeber ansonsten immer anstreben.

Während in spezifischen Bereichen (z.B. Gesundheitswesen, öffentlicher Personennahverkehr, Energie- und Wasserversorgung) durchaus sichtbare Beschäftigungseffekte in Form von zusätzlichen Neueinstellungen erzielt wurden, wurde für den gesamten öffentlichen Dienst der von den Gewerkschaften als Resultat dieser „solidarischen" Tarifpolitik erhoffte Nettobeschäftigungseffekt in Höhe von 50 Prozent des rein rechnerisch möglichen Bruttobeschäftigungseffektes nicht erreicht.

Während die Gewerkschaften am Ziel der Verkürzung der Wochenarbeitszeit nach wie vor festhalten, haben Mitte der neunziger Jahre öffentliche Arbeitgeber in verschiedenen Bundesländern (u.a. Bayern, Baden-Württemberg, Bremen, Schleswig-Holstein) eine Politik der Arbeitszeitverlängerung für ihre Beamten betrieben und diese Maßnahme mit der Notwendigkeit von Einsparungen in den öffentlichen Haushalten begründet. Eine Übernahme dieser Regelungen auf den Tarifbereich stößt jedoch auf den Widerstand der Gewerkschaften, die für eine Umverteilung der vorhandenen Arbeit plädieren.

2.7. Die Diskussion um *Wochenendarbeit*, insbesondere Sonntagsarbeit, führen verschiedene Arbeitgeberverbände der Privatwirtschaft, u.a. der „high chem"- und „high tech"-Industrie, vor allem wegen ihres Interesses an einer längeren Anlagennutzungsdauer. Unter dem generellen Ziel der möglichst schnellen Amortisation des eingesetzten Kapitals verschärft der erheblich gestiegene Kapitaleinsatz pro Arbeitsplatz derartige Forderungen; die zunehmende Entkoppelung von Maschinenlaufzeiten und individuellen Arbeitszeiten ist eine Folge dieser betriebswirtschaftlichen Notwendigkeit. Aktuelle empirische Untersuchungen zeigen jedoch, daß trotz einer erheblichen Ausweitung der rechtlichen Möglichkeiten zur Sonntagsarbeit faktisch kaum eine vermehrte Inanspruchnahme zu verzeichnen ist.

Diese Kontroverse hat für den öffentlichen Dienst keine Bedeutung: Das Ausmaß der Wochenendarbeit ist traditionell recht groß, aber im Gegensatz zur industriellen Sonntagsarbeit in seiner Notwendigkeit einer permanenten Bereitstellung von Versorgungsleistungen von allen Beteiligten unbestritten; Mitte der neunziger Jahre arbeiteten 25 Prozent bzw. 22 Prozent der Beschäftigten vor allem in den zentralen Versorgungsbereichen regelmäßig samstags bzw. sonntags. – Aus ähnlichen Gründen war der

Umfang der *Schicht- und Nachtarbeit* im öffentlichen Dienst schon immer hoch: Ca. 10 Prozent der Beschäftigten bei den Gebietskörperschaften und Sozialversicherungen arbeiten im Schichtdienst, ca. 18 Prozent in der Nacht. In den neuen Bundesländern ist jedoch der Umfang der unregelmäßigen Arbeitszeit jeweils geringer.

Nachdem in den achtziger Jahren auch in verschiedenen Branchen der Privatwirtschaft das Ausmaß der Wochenend- sowie der Schicht- und Nachtarbeit vor allem aufgrund der gestiegenen Kapitalintensität schwach zugenommen hat, verzeichnet dieses seit den frühen neunziger Jahren wieder einen leichten Rückgang. Trotz der rückläufigen Entwicklung liegt die bundesdeutsche Industrie bei der Schicht-, Nacht- und Wochenarbeit im europäischen Vergleich in der Spitzengruppe.

3. Ausblick auf die Entwicklung der Arbeitspolitiken

Obwohl Prognosen in turbulenten Zeiten riskante Unterfangen sind, müssen wir sie wagen, um abzuschätzen, über welche Gestaltungsmöglichkeiten die verschiedenen Akteure verfügen (sog. Politikhaltigkeit von Entwicklungsprozessen). Wir wollen daher wichtige potentielle Konfliktfelder skizzieren, nämlich die Frage der Harmonisierung der Alterssicherungssysteme, die Probleme im Zusammenhang mit der deutsch-deutschen Einigung sowie die Folgen des europäischen Integrationsprozesses.

3.1. Die bekannten, aus dem veränderten Altersaufbau der Bevölkerung resultierenden allgemeinen Probleme der *Finanzierung der Alterssicherungssysteme* werden die uneingeschränkte Beibehaltung des öffentlich-rechtlichen Sondersystems der Beamtenversorgung politisch immer schwieriger machen. Diese Sonderregelung ist dadurch charakterisiert, daß weder Beitragszahlungen der Arbeitnehmer noch Rückstellungen der Arbeitgeber erfolgt sind. Verschiedene öffentliche Arbeitgeber, vor allem die Bundesländer, betrieben in den späten sechziger und frühen siebziger Jahren im Gegensatz zu ihrer späteren Praxis eine deutlich prozyklisch-expansive, auf die verstärkte Einstellung höher qualifizierter Arbeitskräfte ausgerichtete Personalpolitik. Dadurch wird die ehemals günstigere Altersstruktur der öffentlich Bediensteten zu einem immer grösseren Problem:

Zum einen steigen die Personalkosten unabhängig von anderen Faktoren (wie Einstellungen oder Entgelterhöhungen) allein aufgrund des Zusammenspiels von Laufbahnsystem und Dienstaltersstufen bei den Beamten bzw. deren Äquivalente bei den Angestellten und Arbeitern, woraus mit zunehmendem Alter deutlich steigende Einkommen resultieren („Prinzip des späten Lohns").

Zum anderen werden sich die Ausgaben für die Alters- und Hinterbliebenenversorgung vor allem deswegen vervielfachen, weil die Zahl der Versorgungsempfänger der Gebietskörperschaften von gut 800.000 im Jahre 1993 auf über 1,3 Millionen ab dem Jahr 2010 steigen wird. Von diesen Ausgaben sind aufgrund der Verteilung der Beschäftigten und ihrer ehemaligen Einstellungspolitik vor allem die Bundesländer, aber auch die Kommunen betroffen. Aktuelle Schätzungen zeigen, daß die Ausgaben für die Versorgungsleistungen sogar noch stärker steigen werden als die für die gesetzliche Rentenversicherung. Diese Entwicklung kann weitere Abstriche am Alimentationsprinzip, einem der „hergebrachten Grundsätze des Berufsbeamtentums", zur Folge haben.

Im Zusammenhang mit dem Rentenreformgesetz '92 kam es im Rahmen der *Beamtenversorgungsreform 1992* u.a. bereits zu folgenden Anpassungsmaßnahmen:

– Der bisher degressiv gestaffelte Steigerungssatz der Versorgungsansprüche wird durchgehend linearisiert und so gestreckt, daß die Höchstversorgung von 75 Prozent erst nach 40 anstatt wie bislang nach 35 Dienstjahren erreicht wird.

– Die allgemeine Altersgrenze wird bis zum Jahre 2002 schrittweise auf 65 Lebensjahre erhöht.

– Gestaffelte Versorgungsabschläge für die vorzeitige Inanspruchnahme des Ruhegehalts werden eingeführt.

Diese Maßnahmen greifen aber zu spät und führen nur zu geringen Einsparungen. Sie dürften sich aufgrund der immens steigenden Versorgungslastquoten als nicht ausreichend erweisen. Die Hoffnung auf „passive Sanierung" durch wirtschaftliches Wachstum wird sich aufgrund der demographischen Entwicklung nicht erfüllen. Möglicherweise wird der Gesetzgeber deshalb die Beamten sogar in die Finanzierung ihrer Alterssicherung durch eigene Beitragszahlungen schrittweise einbeziehen; verschiedene Bundesländer (Schleswig-Holstein, Rheinland-Pfalz) haben bereits mit der Einführung von Pensionsfonds reagiert. Eine Angleichung zwischen der Beamtenversorgung und der gesetzlichen Rentenversicherung (sog. *Harmonisierung der Alterssicherungssysteme*) hat schon die von der Bundesregierung eingesetzte „Sachverständigenkommission Alterssicherungssysteme" in den frühen achtziger Jahren gefordert.

Im Falle einer Angleichung der Leistungs- und Finanzierungsbedingungen würden die Versorgungsleistungen nicht mehr wie bisher direkt aus dem allgemeinen Steueraufkommen finanziert, sondern wie bei allen anderen Arbeitnehmern auch nach dem Versicherungsprinzip organisiert. Derzeit basiert die Berechnung der Alterseinkommen nicht wie in der gesetzlichen Rentenversicherung auf dem durchschnittlichen Lebenseinkommen, sondern vor allem auf dem Grundgehalt der beim Ausscheiden aus dem Erwerbsleben erreichten und damit höchsten Besoldungsgruppe; diese Regelung ist neben dem höheren Qualifikationsniveau dafür verantwortlich, daß die Ruhegehälter in der überwiegenden Mehrzahl über den Renten der in der Privatwirtschaft Beschäftigten liegen.

3.2. Die Entwicklung der *Arbeitsbeziehungen in den neuen Bundesländern* war gekennzeichnet durch die vollständige Beseitigung der Grundstrukturen des Gewerkschaftssystems der DDR sowie durch die *komplette Transplantation* des bundesrepublikanischen Systems (vor allem Tarifautonomie, Mitbestimmung, Einheitsgewerkschafts- und Industrieverbandsprinzip). Diese „Landnahme" erfolgte durchaus freiwillig und war von allen beteiligten Akteuren erwünscht; die Idee der Etablierung von überlebensfähigen, originären ostdeutschen Verbänden blieb angesichts des massiven Ressourceneinsatzes der westlichen Verbände und der Interessenlage der Betroffenen rein hypothetischer Natur. Damit existierte bereits nach kurzer Zeit ein funktionierendes Institutionengefüge.

Beide Tarifvertragsparteien waren aus ganz pragmatischen Gründen am zügigen Aufbau von Organisationen der Gegenseite sowie an der Entwicklung von stabilen Kooperationsbeziehungen interessiert. Auch auf seiten der öffentlichen Arbeitgeber haben sich die Interessenvertretungen ohne größere Probleme nach westdeutschem Muster konstituiert. Die ersten Tarifverhandlungen wurden auf beiden Seiten von Repräsentanten der westdeutschen Verbände geführt.

Das erklärte Ziel der Tarifpolitik der Gewerkschaften – wie auch der Interessenpolitik der Beamtenverbände – besteht aus legitimatorischen Gründen gegenüber den neuen Mitgliedern sowohl in der Privatwirtschaft als auch im öffentlichen Dienst nach wie vor in der *vollständigen Angleichung der Einkommens- und Arbeitsbedingungen* (u.a. Arbeitszeit, Urlaubsregelungen, Kündigungs- und Rationalisierungsschutz) an die westdeutschen Verhältnisse. Andere Akteure (u.a. die Bundesregierung, der Sachverständigenrat, die Bundesbank, die Unternehmerverbände) teilen diese Zielsetzung grundsätzlich, nicht jedoch die Vorstellungen über das Tempo ihrer Realisierung.

Die Gewerkschaften und Arbeitgeberverbände haben mit den bisherigen Tarifabschlüssen wesentliche Schritte in diese Richtung unternommen. Der öffentliche Dienst befindet sich, was die Geschwindigkeit und die relative Höhe der Entgelt-Anpassung anbelangt, ziemlich genau im Mittelfeld aller Tarifbereiche; Ende der neunziger Jahre lagen die Verdienste bei 85 Prozent des westdeutschen Niveaus, während die Wochenarbeitszeit noch bei 40 Stunden lag. Die Ablösung der auf Dauer wenig praktikablen gespaltetenen Tarifgebiete durch einheitliche Tarifverträge wird ebenso wie die Realisierung der „inneren Einheit" noch einige Zeit in Anspruch nehmen. In den kommenden Tarifrunden werden sicherlich Verträge mit Schwerpunkt auf der quantitativen Tarifpolitik dominieren.

Die DDR kannte weder ein eigenständiges öffentliches Dienstrechtssystem noch ein Berufsbeamtentum, das es nach dem Zweiten Weltkrieg nicht wieder geben sollte. Der Einigungsvertrag hingegen bestimmte explizit dies. Damit wurde der in der alten Bundesrepublik geltende Dualismus der Dienstverhältnisse auch für das „Beitrittsgebiet" festgeschrieben.

Zumindest bisher haben sowohl die Bundes- als auch die Länderregierungen von dieser Option der Verbeamtung nur recht zögerlich und vom Umfang her gesehen begrenzt Gebrauch gemacht; die Vorreiterfunktion übernehmen Landesregierungen vor allem in traditionell hoheitlichen Bereichen im engeren Sinne (Polizei, Justiz-, Ministerial- sowie Finanz- und Steuerverwaltung) sowie der Bund im Bereich der Verteidigung. Mitte der neunziger Jahre stand einem Beamtenanteil von ca. 41 Prozent in den alten Bundesländern eine Beamtenquote von lediglich 14 Prozent in den neuen Bundesländern gegenüber.

Die *erhebliche personelle Überbesetzung* des öffentlichen Dienstes der Ex-DDR erforderte einen nachhaltigen Personalabbau. Im Rahmen der personalrechtlichen Überleitung wurden im Einigungsvertrag verschiedene erweiterte Kündigungsmöglichkeiten geschaffen. Diese Regelungen führten in der Anfangsphase zu einem raschen Abbau von mehreren hunderttausend Beschäftigten; dieser Prozeß, der inzwischen weit fortgeschritten ist, verschärft die Beschäftigungsprobleme in den neuen Bundesländern zusätzlich. Vorsichtige Schätzungen gehen davon aus, daß am Ende des Personalabbauprozesses nur etwa 1,2 der ursprünglich über zwei Millionen Mitarbeiter (einschl. Reichsbahn und Bundespost) übrig bleiben.

3.3. Die Entwicklung der *Arbeitsbeziehungen in der Europäischen Union* ist noch nicht weit fortgeschritten. Der seit Mitte der achtziger Jahre auf gesamtwirtschaftlicher Ebene geführte Sozialdialog blieb lange Zeit recht unverbindlich und im wesentlichen Mittel symbolischer Politik. Die europäischen Dachverbände Union des Industries de la Communauté Européenne (UNICE), Centre Européen de l'Entreprise Publique (CEEP) und Europäischer Gewerkschaftsbund (EGB) trafen keinerlei verbindliche Abmachungen, sondern verabschiedeten lediglich einige gemeinsame Stellungnahmen zu bestimmten, von der EU-Kommission vorgeschlagenen Themen. Die bislang einzigen konkreten Ergebnisse stellen das 1995 getroffene Übereinkommen über den Elternurlaub von Arbeitnehmern sowie das 1997 geschlossene Abkommen über Teilzeitarbeit dar. Die Interessen des öffentlichen Dienstes sind in diesem zentralen Sozialdialog kaum repräsentiert, weil die beteiligten Arbeitgeberverbände vor allem im privatwirtschaftlichen Sektor organisieren.

Durch das *Protokoll über die Sozialpolitik*, das 1993 ratifiziert und Ende der neunziger Jahre in den Vertrag über die Europäische Union aufgenommen wurde, sollen die seit vielen Jahren auf informeller Grundlage bestehenden sozialen Dialoge auf Branchen- bzw. Sektorebene deutlich aufgewertet werden. Damit soll neben den horizontal-branchenübergreifenden gleichberechtigt der vertikal-sektorale *Dialog* treten. Die Sozialpartner können diese dezentralisierten Dialoge in gegenseitiger Übereinstimmung nutzen, um auf europäischer Ebene „zur Herstellung vertraglicher Beziehungen, einschliesslich des Abschlusses von Vereinbarungen" (Art.4, Abs.1) zu gelangen. Der Ministerrat verzichtet auf eine von ihm grundsätzlich als notwendig erachtete gesetzliche Regulierung, wenn die Sozialpartner ihrerseits eine vertragliche Übereinkunft erreichen und verleiht der freiwillig-kollektiven Vereinbarung Rechtskraft.

Der soziale Dialog wird im öffentlichen Dienst schwierig zu organisieren sein. Insgesamt nehmen nationale öffentliche Arbeitgeber, die sich bislang nicht zu einem Dachverband auf europäischer Ebene zusammengeschlossen haben, eher eine abwartende Haltung ein; erst seit Ende 1993 sprechen sie sich für die Einleitung sozialer Dialoge aus. Auf Arbeitnehmerseite existiert einerseits der dem EGB angeschlossene, als Sozialpartner seit langem anerkannte Europäische Gewerkschaftsaussschuß für den öffentlichen Dienst (EGÖD), andererseits die unabhängige Confédération Européenne des Syndicats Indépendants (CESI).

Weiterhin ist die Heterogenität nationaler Problem- bzw. europäischer Interessenlagen gerade im öffentlichen Dienst erheblich, was die Formulierung gemeinsamer Politiken deutlich behindert. Dieses könnte sich ändern, wenn die EU-Kommission bzw. der Ministerrat glaubhaft androhen, für Teile des öffentlichen Dienstes rechtliche Regelungen zu treffen, die für die Arbeitgeber- und/oder Arbeitnehmerseite Nachteile implizieren. In diesen konkreten Einzelfällen sind Verhandlungen vorstellbar, wenn die Sozialpartner meinen, eine für sich bessere Lösung erzielen zu können.

Derzeit verfügt auf beiden Seiten noch keiner der potentiellen Akteure über ein schlüssiges Konzept zur Organisierung und Implementierung dieser sozialen Dialoge; die Entwicklung von zeitlichen Perspektiven und inhaltlichen Konzepten gerät aufgrund der Probleme eines agenda setting und dem gegenwärtigen Mangel an Ressourcen in bezug auf Personal, Finanzen und Mandatierung in den Hintergrund.

Eine Lösung des derzeitigen Dilemmas wird erfolgen müssen; plausibel erscheint uns die Alternative, den sozialen Dialog nicht nur von der gesamtwirtschaftlichen auf die Branchen- bzw. Sektorebene zu verlagern, sondern ihn noch stärker zu desaggregieren und dezentralisieren, mit dem Ziel, innerhalb eines heterogenen Sektors homogenere Teileinheiten zu bilden. Ähnlich wie in verschiedenen Branchen der Privatwirtschaft werden sich allerdings auch im öffentlichen Dienst nicht alle Bereiche mit derselben Geschwindigkeit und auch nicht in dieselbe Richtung entwickeln. Eine Parzellierung des sektoralen sozialen Dialogs wäre die Folge, was bestimmte nationale (Richtungs-) Gewerkschaften durchaus wollen.

Dialoge und Verhandlungen werden in den stärker internationalisierten bzw. vergemeinschafteten Segmenten eher wahrscheinlich (u.a. Umweltschutz, Verbrechensbekämpfung) als in den Kernbereichen der öffentlichen Verwaltung. Verhandlungsähnliche Gespräche zeichnen sich auf der Ebene der lokalen und regionalen Verwaltungen sowie im Bereich der öffentlichen Versorgungsunternehmen (z.B. Elektrizitätswirtschaft) eher ab als auf der Ebene der Zentralverwaltungen und dem Sozialwesen; günstige Voraussetzungen bietet nicht zuletzt die Existenz von Arbeitgeberorganisationen in diesen Segmenten. In verschiedenen Ländern bestehen Trends der Dezentralisierung nicht nur in der Privatwirtschaft, sondern auch in den öffentlichen Diensten. Die skizzierten Entwicklungen würden sich nicht nur in diese Trends einfügen, sondern sie noch verstärken.

3.4. Mit der Vollendung des EG-Binnenmarktes Ende 1992 wurden die vier „Grundfreiheiten" des uneingeschränkten Verkehrs von Waren, Kapital, Dienstleistungen und Personen grundsätzlich realisiert. Art.48 EWG-Vertrag fixiert als zentrales Ziel des europäischen Einigungsprozesses die *Freizügigkeit der Arbeitnehmer*, d.h. die Abschaffung jeder auf der Staatsangehörigkeit beruhenden unterschiedlichen Behandlung der Arbeitnehmer der Mitgliedstaaten bezüglich Beschäftigung, Entlohnung und sonstiger Arbeitsbedingungen. Dieses Gebot wird jedoch in Art. 48, Abs. 4 EWG-Vertrag für den Zugang zur Beschäftigung im Bereich der öffentlichen Verwaltung wieder eingeschränkt.

Sowohl der Europäische Gerichtshof (EuGH) in einer Reihe von Einzelfallentscheidungen als auch die EG-Kommission in ihren politischen Absichtserklärungen, vor allem in Form einer systematischen Aktion, haben wiederholt und deutlich den Willen erkennen lassen, die Ausnahmevorschrift des Art.48, Abs.4 EWG-Vertrag eng auszulegen. Beide Institutionen begrenzen die Beschäftigung im Beamtenstatus, die nach wie vor den jeweiligen Staatsangehörigen vorbehalten bleiben kann, auf ganz bestimmte Kernfunktionen staatlicher Tätigkeit im Sinne klassisch-hoheitlicher Eingriffsverwaltung (u.a. Gesetzgebung, Rechtspflege, Streitkräfte, Polizei und sonstige Ordnungskräfte, Zoll- und Steuerverwaltung, Diplomatie). Sie fordern für alle übrigen Tätigkeitsbereiche die nichtdiskriminierende Gleichbehandlung ausländischer Gemeinschaftsangehöriger beim Zugang zum nationalen öffentlichen Dienst.

Diese Entwicklung hatte für die Bundesrepublik Folgen, da der Umfang des von der Freizügigkeit ausgenommenen Sektors deutlich größer war als von den EG-Organen intendiert. Die Wahrnehmung zahlreicher Aufgaben (u.a. in staatlichen Bildungseinrichtungen, im öffentlichen Gesundheits- und Verkehrswesen, bei öffentlichen Versorgungsbetrieben sowie bei der Bundesbahn und Bundespost) waren Ausländern weitgehend verschlossen. Als politisch konsensfähiger Kompromiß unterhalb der Schwelle von grundsätzlichen Eingriffen in das Berufsbeamtentum, die definitiv nicht auf der politischen Tagesordnung standen, bot sich am ehesten eine Erweiterung der Ausnahmen von der Staatsangehörigkeitsklausel an. Durch diese Strategie ließen sich Anforderungen des europäischen Rechts an das deutsche Dienstrecht erfüllen sowie der entstandene Veränderungsdruck neutralisieren.

Mit der Verabschiedung des „Zehnten Gesetzes zur Änderung dienstrechtlicher Vorschriften" hat der Bundesgesetzgeber Ende 1993 den Zugang zum Beamtenverhältnis für Staatsangehörige anderer Mitgliedstaaten der EU grundsätzlich ermöglicht. Damit müssen Bewerber, die die Staatsangehörigkeit eines EU-Landes besitzen, bei den Tätigkeiten, deren Ausübung nach Gemeinschaftsrecht keinen hoheitlichen Akt darstellt und damit der Freizügigkeit unterworfen werden muß, mit deutschen Bewerbern gleichgestellt werden. Eine Ungleichbehandlung aufgrund der Nationalität ist in den geöffneten Funktionen bzw. Bereichen rechtlich nicht mehr zulässig.

Grenzüberschreitende Mobilität hängt nicht zuletzt von der Verfügbarkeit von Arbeitsplätzen und den damit verbundenen Verdienstmöglichkeiten ab. Aus verschiedenen Gründen setzte auch nach der Vollendung des EG-Binnenmarktes kein plötzlicher Ansturm auf die bundesdeutschen Arbeitsmärkte ein. Am allerwenigsten waren die Arbeitsmärkte des öffentlichen Sektors von der Realisierung des Binnenmarktprojekts betroffen. Grundlegende Veränderungen in dessen Beschäftigtenstruktur sind aus verschiedenen Gründen auch in Zukunft nicht zu erwarten:

- Der Umfang der Neueinstellungen wird sich aufgrund der fortgesetzten Konsolidierungspolitik der öffentlichen Haushalte auch weiterhin in engen Grenzen halten, so daß trotz der Öffnung des Beamtenstatus für EU-Ausländer allenfalls langfristig mit einer spürbaren Zunahme des Ausländeranteils zu rechnen ist; für bereits Beschäftigte gilt ohnehin das Prinzip der Besitzstandswahrung bzw. -sicherung.

- Die Anstellung von Ausländern im privatrechtlichen Arbeitnehmerstatus als Angestellte oder Arbeiter ist rechtlich unproblematisch, da die deutsche Staatsangehörigkeit für diese Gruppen schon vor der Änderung keine Einstellungsvoraussetzung darstellte. Dennoch lag die Ausländerquote (als Anteil der ausländischen an allen sozialversicherungspflichtig Beschäftigten) z.b. bei den westdeutschen Gebietskörperschaften Ende 1996 nur bei ca. 3,5 Prozent und damit weit unter der von ca. 9,3 Prozent in der Gesamtwirtschaft. In Anbetracht der restriktiven Einstellungspolitik ist mit einer Erhöhung dieser Quote nicht zu rechnen.

- Aus empirischen Untersuchungen wissen wir, daß neben formalen auch informelle Benachteiligungen bestimmter Gruppen auf Arbeitsmärkten vorkommen. Indirekte Diskriminierungen durch die gängige, aber legale Praxis der internen Rekrutierung oder informelle Diskriminierungen ausländischer Bewerber aufgrund ihrer Staatsangehörigkeit durch faktische Nicht-Honorierung formal gleichwertiger Qualifikationen sind nicht auszuschließen. Letzteres ist von den Betroffenen kaum „gerichtsfest" nachzuweisen, falls sie überhaupt eine gerichtliche Überprüfung der Ablehnungsgründe verlangen.

- Zur Beurteilung der Gleichwertigkeit ausländischer Bildungsabschlüsse wird auch im öffentlichen Dienst die Dauer und nicht die inhaltliche Ausgestaltung der Ausbildung herangezogen. Bei einer als unzureichend erachteten individuellen Eignung bzw. Befähigung des ausländischen Bewerbers kann ein bis zu dreijähriger Anpassungslehrgang im Sinne eines „training on the job" oder eine obligatorische Eignungsprüfung (z.B. für den Zutritt zu den Laufbahnen des höheren allgemeinen Verwaltungsdienstes) verlangt werden. Derartige nationale Kompensationsregelungen können mobilitätshemmend wirken.

- Sprachprobleme im Sinne einer mangelhaften Beherrschung der jeweiligen Amtssprache sowie die fehlende Vertrautheit mit den administrativen Gewohnheiten und institutionellen Gegebenheiten des anderen Mitgliedstaates werden nur schwer zu beseitigen sein.

Diese und andere Barrieren (u.a. soziale Bindungen, Mobilitätskosten) bedingen, daß sich die Migration aus den Mitgliedstaaten in den öffentlichen Dienst der Bundesrepublik auch weiterhin in engen Grenzen halten wird. Die bisherige Entwicklung deutet jedenfalls nicht darauf hin, daß sich der Ausländeranteil im Beamtenstatus sichtbar erhöhen wird.

3.5. Bisher gibt es nur geringe Anzeichen für eine grenzüberschreitende „Europäisierung" der nationalen öffentlichen Dienste, die die letzte nationale Domäne bzw. Bastion zu sein scheinen. Der öffentliche Sektor ist dem internationalen Wettbewerbsdruck nicht in dem Maße ausgesetzt wie verschiedene Sektoren der Privatwirtschaft. Dennoch bestehen in einer Reihe von Ländern Initiativen zu einer grundlegenden Modernisierung und „Verschlankung" der öffentlichen Dienste durch Flexibilisierung, Deregulierung, Liberalisierung und Privatisierung. Infolge der fortschreitenden wirtschaftlichen Integration werden auch mehr Politikbereiche und damit die entsprechenden Verwaltungen durch supranationale Regelungen beeinflußt.

Außerdem setzt die Realisierung der geplanten europäischen Wirtschafts- und Währungsunion (WWU) die Erreichung der notwendigen Konvergenz der teilnehmenden Volkswirtschaften voraus. Die Erfüllung der im Unionsvertrag festgelegten Konvergenzkriterien, vor allem der kurz- und langfristigen Budgetdefizite (3% jährliche Neuverschuldung, 60% Gesamtverschuldung), wird alle EU-Mitgliedstaaten auch weiterhin zu einer restriktiven Haushaltspolitik anhalten. Von den Ausgabenbegrenzungen werden gerade die öffentlich Bediensteten nicht verschont bleiben: Neben einer im Vergleich zu vergangenen Perioden deutlich restriktiven Personalpolitik im Sinne nicht nur fehlender Stellenzuwächse, sondern sogar tatsächlicher Personalreduzierungen, wird insbesondere Druck auf die Einkommensentwicklung mit dem Ziel der Senkung des Personalkostenanteils an den gesamten Staatsausgaben ausgeübt.

Literatur

Brandes, W./Buttler, F. et al. (1990): Der Staat als Arbeitgeber. Daten und Analysen zum öffentlichen Dienst in der Bundesrepublik. Frankfurt/New York

Henneberger, F. (1997): Arbeitsmärkte und Beschäftigung im öffentlichen Dienst. Eine theoretische und empirische Analyse für die Bundesrepublik Deutschland. Bern/Stuttgart/Wien

Industrielle Beziehungen. Zeitschrift für Arbeit, Organisation und Management (1995): 2 (2): Schwerpunktthema: Öffentlicher Sektor – (1998): 5 (3) Schwerpunktthema: Modernisierung des öffentlichen Dienstes.

Jacobi, O./Keller, B. (Hg.) (1997): Arbeitsbeziehungen im öffentlichen Dienst Europas. Interessenvertretung und Mitbestimmung in der EU. Berlin

Keller, B. (1983): Arbeitsbeziehungen im öffentlichen Dienst. Tarifpolitik der Gewerkschaften und Interessenpolitik der Beamtenverbände. Frankfurt/New York

Keller, B. (1993): Arbeitspolitik des öffentlichen Sektors. Baden-Baden

Keller, B. (1997): Einführung in die Arbeitspolitik. Arbeitsbeziehungen und Arbeitsmarkt in sozialwissenschaftlicher Perspektive. 5. Aufl. München/Wien

Mettelsiefen, B./Pelz, L./Rahmann, B. (1986): Verdienstdynamik im öffentlichen Sektor. Göttingen

Mettelsiefen, B./Pelz, L./Rahmann, B. (1988): Verdienststruktur im öffentlichen Sektor. Göttingen

Naschold, F. (1993): Modernisierung des Staates. Zur Ordnungs- und Innovationspolitik des öffentlichen Sektors. Berlin

Schriftenreihe „Modernisierung des öffentlichen Sektors". 1993ff. Berlin

Transfer. European Review of Labour and Research (1997): 3 (1) The public sector in Europe: Modernisation and Social Dialogue

Interessenvertretung in Klein- und Mittelbetrieben

Josef Hilbert, Hans Joachim Sperling und Rainer Fretschner

In der Forschung über industrielle Beziehungen spielten Klein- und Mittelbetriebe (KMU) lange Zeit eine eher marginale Rolle. Hier galt das Interesse fast ausschließlich den betriebs- und personalwirtschaftlichen, organisatorischen und technischen Entwicklungen in industriellen Großbetrieben. Dabei wurde sowohl die wirtschaftliche als auch die soziale Bedeutung kleiner und mittlerer Betriebe unterschätzt. Die „große Industrie" – und mit ihr die dort vorherrschenden Rationalisierungsstrategien und Innovationsmuster – diente als vornehmlicher Bezugsrahmen sozialwissenschaftlicher Theoriebildung, und den Großbetrieben und Konzernen wurde die Funktion eines „Schrittmacher(s) der technischen und sozialen Modernisierung von Wirtschaft und Gesellschaft" (Manz 1993, S. 11) zugeschrieben. Kleine und mittlere Betriebe erschienen demgegenüber als defizitär, rückständig und damit als modernisierungsbedürftig.

Im Verlauf der achtziger und der frühen neunziger Jahre erlebten Klein- und Mittelbetriebe jedoch einen erstaunlichen Aufmerksamkeitsgewinn – sowohl von politischer als auch von sozial- und wirtschaftswissenschaftlicher Seite. Eine Reihe empirisch orientierter Studien stellten das Wissen über die ökonomischen und sozialen Spezifika der Klein- und Mittelbetriebe auf eine neue Basis und betonten deren besondere Bedeutung für Beschäftigung und Regionalentwicklung (vgl. Domeyer/Funder 1990; Hilbert/Sperling 1990; Kotthoff/Reindl 1990). Nicht zuletzt als Konsequenz der Debatte über Lean Production wurde der „Größe der Kleinen" (Aiginger/Tichy 1984) vermehrte Aufmerksamkeit zuteil. Vor allem die sozialorganisatorischen Verhältnisse – die kurzen Wege und flachen Hierachien, die direkte Kommunikation zwischen Eigentümern, Managern und Beschäftigten sowie die pragmatische Improvisationsfähigkeit bei der Gestaltung von Arbeit und Technik – wurden von vielen Großbetrieben und Konzernen als Vorbild für deren Restrukturierungsbemühungen angesehen: die Klein- und Mittelbetriebe traten damit aus dem Schatten der Großbetriebe heraus.

In den letzten Jahren haben die Klein- und Mittelbetriebe ihre wirtschaftliche Bedeutung behaupten können, bedingt durch die Dezentralisierungs- und Outsourcinganstrengungen von Großunternehmen und die Ausbreitung von Franchise-Systemen, durch vermehrte Anstrengungen bei der Existenzgründungsförderung und das wachsende Gewicht von Dienstleistungen sowie durch die Umstrukturierung der Wirtschaft in den östlichen Bundesländern.

Ob und wie sich diese jüngeren Entwicklungen im Hinblick auf die Sozialorganisation und insbesondere auf die industriellen Beziehungen niedergeschlagen haben, darüber lassen sich zur Zeit nur Hypothesen aufstellen. Gesicherte wissenschaftliche Grundlagen liegen nicht vor. In den einschlägigen Forschungsdisziplinen war die Renaissance des Themas Klein- und Mittelbetriebe in den achtziger und frühen neunziger Jahren nur von kurzer Dauer; insbesondere in der Industriesoziologie dominierten in den letzten Jahren wieder Studien, die ihre empirische Substanz hauptsächlich in größeren Betrieben suchten.[1] Gleichwohl läßt sich vermuten, daß die Welt der Klein- und Mittelbetriebe noch heterogener wird als sie es ohnehin schon war und daß sich für die Arbeitsbeziehungen – zumindest in einigen Bereichen – Rückschritte zu bereits überwunden geglaubten Zuständen abzeichnen. Die Ursachen für solche Entwicklungen liegen zum einen in der Annahme, daß die wachsende Vernetzung mit anderen Unternehmen die pragmatische und gemeinschaftliche Partizipationspraxis von Klein- und Mittelbetrieben unterhöhlt. Zum anderen könnte sich der wachsende Wettbewerbsdruck, dem sich gerade auch viele Klein- und Mittelbetriebe ausgesetzt sehen, als Druck auf Löhne und Arbeitsbedingungen auswirken.

In den nachfolgenden Ausführungen wird zunächst ein Überblick über die wirtschaftliche und beschäftigungspolitische Bedeutung von Klein- und Mittelbetrieben gegeben (1). Anschließend werden die Besonderheiten ihrer Sozialordnung überblicksartig dargelegt und, mit Blick auf Partizipationsmöglichkeiten und -formen, im Detail diskutiert (2). Den Abschluß bilden tentative Überlegungen zu den zukünftigen Herausforderungen für die Arbeitsbeziehungen in Klein- und Mittelbetrieben (3).

1. Die Bedeutung von Klein- und Mittelbetrieben für Wirtschaft und Beschäftigung in Deutschland

Gängige Definitionen von Klein- und Mittelbetrieben greifen sowohl auf quantitative als auch auf qualitative Kriterien und Indikatoren zurück. Die Variable „Größe" wird vor allem als Zahl der Beschäftigten und/oder Höhe des Umsatzes operationalisiert. Betriebe mit weniger als 50 Mitarbeiterinnen und Mitarbeitern gelten allgemein als Kleinbetriebe, Betriebe mit bis zu 500 Beschäftigten und einem Jahresumsatz von bis zu 100 Millionen DM zählen zur Kategorie der Mittelbetriebe. Es gibt jedoch keine einheitliche Definition; von Studie zu Studie finden wir variierende quantitative Kriterien, die eine vergleichende Betrachtung nicht unwesentlich erschweren.

Im Gegensatz zu den quantitativen orientieren sich die qualitativen Kriterien an spezifischen Merkmalen der Klein- und Mittelbetriebe, die sie von den Großunternehmen unterscheiden. Hier sind besonders die Funktion des leitenden und haftenden Eigentümers zu nennen, d.h. das spezifische Verhältnis des Eigentümers zu seinen Mitarbeitern oder die sehr kundennahen Produktions-, Dienstleistungs- und Absatzwege (vgl. Gruhler 1997; Hilbert/Sperling 1995). Eigentlich – so wird in der einschlägigen Literatur immer wieder betont – müsse man sich definitorisch an solchen qualitativen Fragen orientieren. Da dies aus forschungspragmatischen Gesichtspunkten in aller Regel je-

---

[1] Einen umfassenden Überblick über die einschlägigen Arbeiten liefern Baethge/Baethge-Kinsky 1998.

doch unüberwindliche Schwierigkeiten mit sich bringt, greifen fast alle empirischen Arbeiten auf quantitative Kriterien zurück.

Klein- und Mittelbetriebe in Zahlen

Die Zahlen sprechen für sich: Ende Juni 1997 standen den rund 5.000 Großunternehmen in der Bundesrepublik ca. 2 Millionen kleine und mittlere Unternehmen gegenüber. Damit entfielen ca. drei Viertel (ca. 21 Millionen) der Gesamtbeschäftigung auf mittelständische Unternehmen. Nach Betriebsgrößenklassen differenziert, ergibt sich folgendes Bild:

Tabelle 1: Anzahl der Betriebe und Beschäftigten nach Betriebsgrößenklassen in Deutschland (Stand 30.06.1997)

Betriebsgröße nach Beschäftigten	Betriebe		Beschäftigte	
	n	%	n	%
1-5	1.374.827	67,23	3.021.116	11,07
6-9	254.497	12,44	1.836.054	6,73
10-19	203.927	9,97	2.733.584	10,02
20-49	128.089	6,26	3.856.329	14,13
50-99	44.899	2,19	3.100.229	11,36
100-499	33.542	1,64	6.601.508	24,19
500 und mehr	4.992	0,24	6.130.757	22,47

Quelle: Bundesanstalt für Arbeit, eigene Berechnungen

Von herausragender Bedeutung sind Klein- und Mittelbetriebe auch im Hinblick auf die Arbeitsmarktdynamik. In den achtziger Jahren haben sie in weit überdurchschnittlichem Maße zu den positiven Effekten auf dem Arbeitsmarkt beigetragen. Und auch in den durch Beschäftigungsabbau gekennzeichneten Perioden der neunziger Jahre erwiesen sie sich als Bremsfallschirm gegen noch stärkere Einbrüche. Der zwischen 1994 und 1996 stattgefundene Beschäftigungsabbau von rund 530.000 Arbeitsplätzen beschränkte sich fast ausschließlich auf die Großbetriebe des sekundären Sektors, während in kleinen und mittleren Betrieben hingegen lediglich 4.600 Arbeitsplätze weniger zu verzeichnen waren (dies entspricht einem Anteil von weniger als 1 Prozent am Gesamtabbau). Im Bereich der Klein- und Mittelbetriebe kann nochmals nach Betriebsgröße und sektoraler Verteilung differenziert werden: Es reduzierten vor allem die großen Mittelbetriebe (100-499 Beschäftigte) ihre Arbeitsplätze (-197.000), während die Kleinbetriebe (bis 100 Beschäftigte) ihren Personalbestand sogar ausweiten konnten (+192.000). Der Arbeitsplatzabbau konzentrierte sich vornehmlich im industriellen Sektor, während im mittelständischen Dienstleistungssektor – und hier vor allem im Handwerk – sogar neue Arbeitsplätze geschaffen werden konnten (vgl. Gruhler 1997).

Heterogenität und Differenziertheit der Klein- und Mittelbetriebe

Die Erörterung der Entwicklungstendenzen machte deutlich, daß sich die Welt der Klein- und Mittelbetriebe äußerst heterogen darstellt. Besonders das Handwerk, aber auch die unzähligen Dienstleistungsunternehmen tragen zur Unübersichtlichkeit besonders bei. Eine genauere Analyse der Entwicklungstendenzen in diesem Bereich muß deshalb zwischen verschiedenen Regionen, Branchen und Sektoren differenzieren.

Regionale Aspekte. Es fällt auf, daß einige Regionen der Bundesrepublik besonders mittelständisch geprägt sind. Vor allem in Süddeutschland (Baden-Württemberg und Bayern), aber auch in einigen Regionen Nordrhein-Westfalens (Ost-Westfalen) sind Klein- und Mittelbetriebe überdurchschnittlich vertreten. Nach der Auflösung der volkseigenen Betriebe und Kombinate weisen auch die neuen Bundesländer insgesamt eine ausgesprochen mittelständische Struktur auf. Dort zeichnen sich besonders das Baugewerbe und der Handel durch einen überdurchschnittlich hohen Anteil an Klein- und Mittelbetrieben aus.

Tabelle 2: Arbeitsplätze im Mittelstand: Anteil der sozialversicherungspflichtig Beschäftigten in Betrieben unter 500 Beschäftigten (Stand 31.03.1996)

	Alte Bundesländer %	Neue Bundesländer %
Alle Wirtschaftszweige	75,2	84,3
Verarbeitendes Gewerbe	63,9	89,7
Baugewerbe	96,8	92,3
Handel	92,1	96,5
Banken und Versicherungen	65,1	82,7
Sonstige Dienstleistungen	79,3	80,9

Quelle: Bundesanstalt für Arbeit, Institut der deutschen Wirtschaft, zitiert nach Gruhler 1997.

Handwerk. „Die Struktur der Handwerksbetriebe ist eine kleinbetriebliche: Die *durchschnittliche Betriebsgröße* im Handwerk liegt bei *8 Beschäftigten.*" (Wassermann 1992, S. 88) Die Handwerkszählung vom März 1995 ergab, daß zu diesem Zeitpunkt 6,2 Millionen Beschäftigte in ca. 564.000 Handwerksbetrieben tätig waren, davon 4,8 Millionen in den alten und 1,4 Millionen in den neuen Bundesländern. In den alten Ländern entspricht dies einer Zunahme von rund einem Drittel (+1,2 Millionen) im Vergleich zur Handwerkszählung 1977. Bis 1997 hat sich der Betriebsbestand im Handwerk abermals erhöht: am Stichtag 30.06.1997 wurden 830.514 Betriebe gezählt (vgl. IGA 1998, S. 62). „Der Bereich Handwerk ist, bezogen auf die Zahl der Betriebe und der dort Beschäftigten, einer der bedeutendsten Wirtschaftsbereiche der Bundesrepublik." (Wassermann 1992, S. 88)

Dienstleistungssektor. Auch die Betriebe im Dienstleistungssektor weisen eine ausgesprochen mittelständische Struktur auf. Eine wichtige Ursache dafür ist, daß viele

Dienstleistungen nur „vor Ort" bei und zum Teil gemeinsam mit dem Kunden erstellt werden können und deshalb eine Konzentration der Dienstleistungspotentiale in einem oder wenigen Großunternehmen mit einem oder wenigen Standorten schwerfällt. Tabelle 3 weist den Anteil der Beschäftigten in Klein- und Mittelbetrieben der jeweiligen Branchen aus:

Tabelle 3: Anteil der Beschäftigten in Klein- und Mittelbetrieben (unter 500 Beschäftigte) der verschiedenen Dienstleistungs(DL-)branchen

Branche	Anteile KMU %
DL	88,6
Produktionsnahe DL	90,8
Distributive DL	89,9
Konsumbezogene DL	95,7
Soziale DL	90,1
Staatliche DL[2]	76,8

Quelle: IAT-Beschäftigtenbefragung 1998, eigene Erhebung und Berechnung

Besondere Impulse für das Wachstum der Dienstleistungswirtschaft kamen in den letzten Jahren aus den Bereichen der produktionsnahen Dienstleistungen sowie der gesundheitsbezogenen und sozialen Dienste. In beiden Bereichen wurde das Wachstum in äußerst starkem Maße von Klein- und Mittelbetrieben mitgetragen. Bei den Sozial- und Gesundheitsdienstleistern gab es sogar eine richtige Existenzgründerwelle, so vor allem im Bereich der Unterstützung und Betreuung zuhause lebender alter Menschen. Bei den unternehmensnahen Diensten verstecken sich hinter den Wachstumstrends zwar auch viele Verlagerungen ehemaliger Dienstleistungsabteilungen aus der Industrie in die Selbständigkeit, gleichwohl sind in diesem Bereich auch viele neue, zusätzliche Arbeitsplätze entstanden. Neben den Großunternehmen und dem „Mittelbau" wird etwa die Unternehmensberatungsbranche von einer großen und unüberschaubaren Anzahl von selbständigen Einzelberatern und kleinen Beratungsfirmen mit wenigen Mitarbeitern gebildet. Nach Schätzungen des Bundesverbandes Deutscher Unternehmensberater sind in der Managementberatung rund 40 Prozent als Einzelberater tätig, und rund drei Viertel (72 Prozent) aller Managementberatungsfirmen sind kleinere Betriebe, die weniger als eine Mio. DM Jahresumsatz erzielen (vgl. BDU 1998, S. 5).

Auch die im Dienstleistungssektor weit verbreiteten Franchise-Aktivitäten tragen dazu bei, daß Klein- und Mittelbetriebe in diesem Wirtschaftssektor weiterhin ein hohes Ge-

---

[2] Unter staatlichen Dienstleistungsbetrieben werden sowohl öffentliche Verwaltungen, Sozialversicherungsträger als auch staatliche Forschungseinrichtungen und öffentlich-rechtliche Anstalten verstanden. Als Betriebe gelten die jeweiligen örtlichen Verwaltungs- und Dienstleistungseinheiten.

wicht behalten werden. Der Schub, den die Welt der Existenzgründungen und Kleinbetriebe durch das Franchising erhält, wird von Jahr zu Jahr stärker. „Franchising ist ein System, bei dem ein selbständiger Unternehmer (Franchise-Nehmer) vom Franchise-Geber eine Lizenz für eine bewährte Vertriebsform für Waren oder Dienstleistungen erwirbt. Der Franchise-Nehmer arbeitet auf eigene Rechnung, zahlt dem Franchise-Geber jedoch meist eine einmalige Einstiegsgebühr und monatliche Fixzahlungen, z.B. in Form von Umsatzbeteiligungen. Spektakulärstes Beispiel von Franchising sind die Fast-Food-Restaurants von Mc-Donald's." (iwd vom 03.04.1997)

Existenzgründungen auf Franchise-Basis haben sich als deutlich erfolgreicher erwiesen als normale Existenzgründungen. Während sechs von zehn Existenzgründungen innerhalb der ersten fünf Jahre wieder schließen, scheitert von den Franchise-Nehmern lediglich ein Fünftel der Anfänger in der Startphase (Süddeutsche Zeitung vom 30.09.1997). Allerdings werden aus gewerkschaftlicher und arbeitsrechtlicher Perspektive immer wieder Bedenken gegenüber Franchise-Systemen geäußert. Der Vorwurf lautet hier, man nutze die Selbständigkeit nur, um sich von der Sozialversicherungspflicht zu befreien.

Die Franchise-Bewegung entwickelt sich außerordentlich dynamisch. Anfang 1998 gab es in Deutschland rund 600 Franchise-Systeme mit 25.000 Existenzgründungen, die insgesamt rund 270.000 Mitarbeiter beschäftigten (FAZ-Beilage vom 20.04.1998). Experten gehen davon aus, daß die Branche künftig alle zwölf Monate etwa 20.000 neue Arbeitsplätze schaffen wird (Süddeutsche Zeitung vom 30.09.1997). In letzter Zeit haben Anbieter im Bereich Bildung auf sich aufmerksam gemacht, etwa Musikschulen, Nachhilfeeinrichtungen oder Computer-Schulen (Futurekids).

2. Partizipation in Klein- und Mittelbetrieben

Die große und wachsende Bedeutung von Klein- und Mittelbetrieben für Wirtschaft und Beschäftigung steht in einem krassen Gegensatz zu dem geringen Interesse, das Betriebe dieser Größenordnung in der Arbeits- und Industriesoziologie sowie insbesondere in der Soziologie der industriellen Beziehungen gefunden haben.[3] Hier konzentriert man sich auf größere Betriebe und hält die dabei gewonnenen Erkenntnisse insofern für verallgemeinerungsfähig, als zumindest implizit angenommen wird, große und kapitalstarke Unternehmen seien Vorläufer von Entwicklungen, die sich auch später in anderen Bereichen durchsetzen würden.

---

[3] Die marginale Rolle der Klein- und Mittelbetriebe im System der industriellen Beziehungen fällt nicht zuletzt auch im Bericht der Kommission Mitbestimmung „Mitbestimmung und neue Unternehmenskulturen – Bilanz und Perspektiven" auf. Dort heißt es lapidar: „Ebenso wird angesichts der wachsenden Zahl von *Klein- und Mittelbetrieben* zu klären sein, ob und welche Maßnahmen zur wirksamen Gewährleistung von Mitbestimmung auch außerhalb des großbetrieblichen Sektors ergriffen werden sollen." (Bertelsmann Stiftung/Hans-Böckler-Stiftung 1998, S. 40)

Die achtziger Jahre waren jedoch eine Ausnahme von diesem *mainstream*. In dieser Zeit flammte die Klein- und Mittelbetriebsforschung auf und lieferte auch mit Blick auf die Soziologie der industriellen Beziehungen wichtige Erkenntnisse. Besonders hervorzuheben ist in diesem Zusammenhang, daß die bis dahin gängigen Vorstellungen über die Partizipationspraxis in diesen Betrieben differenzierter betrachtet und teilweise auch revidiert wurden. Ursache hierfür war vor allem die Tatsache, daß neben den offiziellen, formal abgewickelten, aber nur selten praktizierten Mitwirkungsmöglichkeiten des Betriebsverfassungsgesetzes vielfältige Möglichkeiten der informellen Mitwirkung bestehen, die von vielen Beschäftigten auch intensiv wahrgenommen werden.

Im folgenden wird zunächst ein Überblick über die Partizipationsverhältnisse in Klein- und Mittelbetrieben gegeben. Dabei wird zwischen der formellen und der informellen Dimension unterschieden. Daran anknüpfend wird die Partizipationssituation in Klein- und Mittelbetrieben auf Grundlage demokratietheoretischer Kriterien (Nutzungsmöglichkeiten, Soziale Teilhabe, Zukunftsfähigkeit) diskutiert.

Formelle Partizipation

In der Bundesrepublik stehen die gewerkschaftliche Interessenvertretung im Rahmen der Tarifautonomie sowie die betriebliche Mitbestimmung gemäß Betriebsverfassungsgesetz im Zentrum der formellen, indirekten Partizipation und bilden den Kern des Systems industrieller Beziehungen. Auf der überbetrieblichen Ebene handeln Gewerkschaften und Arbeitgeberverbände im Rahmen der Tarifautonomie branchenspezifische und regional begrenzte Vereinbarungen über Entgelttarife und Arbeitsbedingungen aus. Auf der betrieblichen Ebene stehen den von der Belegschaft gewählten Betriebsräten nach dem Betriebsverfassungsgesetz gesetzlich verbriefte Mitwirkungs- und Mitbestimmungsrechte in sozialen, personellen und wirtschaftlichen Fragen zu. Die Informations-, Vorschlags-, Anhörungs-, Beratungs- und Mitwirkungsrechte nehmen mit zunehmender Betriebsgröße ebenfalls zu.

Auch die Anzahl der Betriebsräte ist von der jeweiligen Betriebsgröße abhängig. Gemäß Betriebsverfassungsgesetz können Betriebsräte in Betrieben mit mindestens 5 Beschäftigten gewählt werden; in Betrieben mit weniger als 5 Beschäftigten ist kein Betriebsrat vorgesehen: damit haben in der Bundesrepublik ca. 3,5 Millionen Beschäftigte in 65 Prozent der Arbeitsstätten keinen Anspruch auf eine gesetzliche Interessenvertretung. Darüber hinaus müssen mit lediglich einem (nicht freigestellten) Betriebsrat jene 6 Millionen Beschäftigten zurechtkommen, die in Kleinbetrieben mit 5 bis 20 Mitarbeiterinnen und Mitarbeitern tätig sind. Insgesamt arbeiten in Betrieben mit weniger als 20 Beschäftigten (dies entspricht ca. 93 Prozent aller Betriebe) 35 Prozent aller Beschäftigten ohne Betriebsrat oder mit Betriebsräten, die nur aus einer Person bestehen. In Kleinstbetrieben sind also vom Betriebsverfassungsgesetz keine oder nur geringe formelle Partizipationsrechte vorgesehen – auch im Bereich der Mitbestimmung zeigt sich die eingangs erwähnte Orientierung am Modell der großen Industrie.

Über das tatsächliche Ausmaß formeller Partizipationsmöglichkeiten auf betrieblicher Ebene in Klein- und Mittelbetrieben liegen gleichwohl wenig verläßliche Daten vor. Nach dem IAB-Betriebspanel (5. Welle West, 2. Welle Ost) steigt der Anteil der Betriebe mit repräsentativer betrieblicher Interessenvertretung (Betriebsrat oder Personalrat) mit der Betriebsgröße (vgl. Tabelle 4).

Tabelle 4: Anteil der Betriebe mit Betriebs- oder Personalrat

Betriebsgröße nach Beschäftigten	West %	Ost %
5-20	7,5	5,7
21-100	37,6	32,8
101-299	80,1	73,3
300-1.000	91,5	87,8
1.001 und mehr	96,9	99,0

Quelle: IAB Betriebspanel 5. Welle West, 2. Welle Ost

Die Entscheidung, in kleinen und mittleren Betrieben einen Betriebsrat zu etablieren, hängt von mehreren Faktoren ab. So steigt die Wahrscheinlichkeit, einen Betriebsrat vorzufinden nicht nur mit zunehmender Betriebsgröße, sondern auch mit dem zunehmenden Alter eines Betriebes oder der Ausdifferenzierung einer gesonderten Leistungsebene (und der damit einhergehenden Konzentration des Eigentümers auf seine Managerfunktionen). Eine weitere wichtige Variable stellt der Standort des Betriebes dar; denn in Regionen mit einer ausgeprägten gewerkschaftlichen Tradition steigt auch die Bereitschaft, betriebsinterne Mitbestimmungsinstanzen zu etablieren (Kotthoff/ Reindl 1990, S. 348).

Im Durchschnitt jedoch ist der gewerkschaftliche Organisierungsgrad der Beschäftigten in Klein- und Mittelbetrieben äußerst gering. Auch hier läßt sich eine Abhängigkeit der Organisationsbereitschaft von der Betriebsgröße nachweisen: „Bislang herrscht in Betrieben ab 500 Beschäftigten ein durchschnittlicher Organisationsgrad, der ca. 60 Prozent beträgt, in Betrieben mittlerer Größenordnung (101 bis 500 Beschäftigte) liegt er bei ca. 40 Prozent, in Betrieben zwischen 11 und 100 Beschäftigten sind etwa ein Viertel der Beschäftigten gewerkschaftlich organisiert, in noch kleineren Betrieben ist der Organisationsgrad marginal." (Rudolph 1996, S. 23) Die Beschäftigten kleiner und mittlerer Betriebe scheinen sich offensichtlich von einer Gewerkschaftsmitgliedschaft nicht viel zu versprechen. Dies mag einen Grund darin haben, daß Klein- und Mittelbetriebe als „Trittbrettfahrer" im Bereich kollektiver Interessenvertretung gelten. Tarifvertraglich festgelegte Standards werden in der Regel – wenn bisweilen auch mit leichter zeitlicher Verzögerung – von Klein- und Mittelbetrieben übernommen. Die Kosten und Aufregungen der Tarifauseinandersetzungen werden jedoch ausschließlich von den Großen getragen. Der „soziale Friede" bleibt zumindest im eigenen Betrieb gewährleistet.

Obwohl Betriebsräte eine deutlich höhere Organisationsneigung als die Beschäftigten aufweisen[4], sind gewerkschaftlich getragene Betriebsräte vornehmlich in jenen Betrieben etabliert, in denen auch die Belegschaft zumindest in Kernbereichen einen vergleichsweise hohen gewerkschaftlichen Organisationsgrad erreicht. Diese Betriebsräte verfügen über Grundvoraussetzungen einer aktiven formalisierten Interessenvertretung und sind auch vom Unternehmen als Bestandteil der betrieblichen Sozialordnung akzeptiert. Die Präsenz von Gewerkschaftsmitgliedern im Betrieb erleichtert die Etablierung eines Betriebsrates, da gemäß Betriebsverfassungsgesetz entweder drei Arbeitnehmer oder eben eine im Betrieb vertretene Gewerkschaft eine Betriebsversammlung organisieren müssen, auf der ein entsprechender Wahlvorstand gewählt wird, der dann seinerseits eine Betriebsratswahl vorbereiten und durchführen kann.

Die Beziehungen zwischen Betriebsräten und Gewerkschaften sind relativ eng. Kottoff stellt in seiner Studie über „Wandel und Kontinuität betrieblicher Mitbestimmung" fest: „Die Betriebsräte wissen, daß ihre Macht im Betrieb nicht zuletzt von ihrer Identifizierung mit der Gewerkschaft abhängt. Von einer von den Betriebsräten vorangetriebenen organisationspolitischen Verselbständigung und Autonomisierung oder gar von Betriebssyndikalismus kann keine Rede sein." (Kotthoff 1994, S. 44) Es kann von einer eingespielten Arbeitsteilung zu beiderseitigem Nutzen zwischen Gewerkschaften und Betriebsräten ausgegangen werden.

Es gibt jedoch auch Ausnahmen, die diese Regel bestätigen. Die sogenannten internen Betriebsräte beispielsweise haben so gut wie keinen Kontakt zu den Gewerkschaften; Betriebsrat und Unternehmer sind sich weitgehend einig in ihrer Distanz oder gar Ablehnung gegenüber von außen in den Betrieb hinein agierenden Gewerkschaften.

Informelle Partizipation

Die in den achtziger Jahren aufgelebte Soziologie der Klein- und Mittelbetriebe hat herausgearbeitet, daß die informellen Partizipationsmöglichkeiten in Betrieben dieser Größenordnung im Vergleich zu den formellen Mitbestimmungsinstrumenten ein viel größeres Gewicht haben (vgl. Hilbert/Sperling 1990; Kotthoff/Reindl 1990). Idealtypisch lassen sich informelle Partizipationsstrukturen im Sinne einer „pragmatischen Produktionsgemeinschaft" (Kotthoff/Reindl 1990, S. 82ff.) wie folgt beschreiben:

So wie das Produktionsmodell und die spezifische Sozialordnung der Kleinbetriebe in der betrieblichen Arbeitspraxis sich in hohem Maße auf „persönliche Absprachen, horizontale Kommunikation, Improvisation und direkte Information" (ebd., S. 43) stützt, bedienen sich die Beschäftigten dieser Medien ebenso bei der Verfolgung ihrer sozialen und Arbeitsinteressen. Die Beteiligungsmöglichkeiten basieren somit wesentlich auf nicht-formalisierten, ungeschriebenen aber gelebten Regeln, denen ein Einverständnis und ein Vertrauensmechanismus zugrundeliegt.

---

[4] Während Betriebsratsmitglieder zu ca. 75 Prozent Mitglied einer Gewerkschaft sind, trifft dies für Arbeitnehmer nur zu 31 Prozent zu (Müller-Jentsch 1997, S. 130 u. 278).

Herausragendes Merkmal der „pragmatischen Produktionsgemeinschaften" ist deren geringe Ausprägung funktionaler Arbeitsteilung. In den meisten Fällen arbeitet der Eigentümer-Chef selbst in der Produktion, weshalb die Arbeitsbeziehungen zwischen Eigentümer und Angestellten wesentlich durch den Sozialcharakter des Eigentümers geprägt werden. Belegschaft und Eigentümer arbeiten gemeinsam zum Wohl des Betriebes, wodurch sich eine gemeinsam geteilte Weltsicht und eine darauf aufbauende Verständigungsorientierung einstellen. Finanzielle und wirtschaftliche Probleme des Betriebes werden von den Mitarbeitern zumeist direkt erfahren und die Sicherstellung der Funktionsfähigkeit des Betriebes gilt als oberstes Ziel aller Beteiligten.

Die fachliche Kompetenz und die formale Qualifikation der Belegschaft ist meist hoch und erlaubt einen flexiblen Einsatz der Arbeitskräfte. Der souveräne Facharbeiter bildet mit seiner Erfahrungskompetenz das eigentliche Rückgrat der Werkstatt, aber auch die flache Hierarchie der Betriebsorganisation prägt den kleineren Betrieb, der somit auf zentralistisch-bürokratische Steuerungsmechanismen verzichten kann. Die Mitarbeiter verfügen in der Regel über extrafunktionale Tugenden wie Zuverlässigkeit, Mitdenken, Kreativität und Motivation, die neben den Fachkompetenzen in die tägliche Arbeit eingehen. Dementsprechend orientieren sich die Kleinen in ihrer Personalrekrutierung nicht allein an Qualifikationszertifikaten, sondern an den sozial-normativen Orientierungen und Werthaltungen der Bewerber.

In den Kleinbetrieben findet somit in sehr vielen Fällen Mitbestimmung ohne Rückgriff auf die Institutionen des Betriebsverfassungsgesetzes statt. Die räumliche und soziale Nähe von Unternehmer und Mitarbeiter schaffen ein wechselseitiges Aufeinander-Angewiesensein. Auf dieser Basis werden einerseits die für das Überleben notwendigen Innovationsleistungen möglich und andererseits werden Mitbestimmungsmöglichkeiten eröffnet, die in manchen Punkten weiter gehen als jene, die in Großbetrieben mit Betriebsräten erzielt werden. Diese Formen der „Schattenpartizipation" (Hilbert/Sperling 1990) erschweren jedoch die Gründung einer formalen betrieblichen Interessenvertretung. Wo erhebliche Teile der Belegschaft Mitwirkungsmöglichkeiten auch ohne Betriebsrat wahrnehmen können, werden Initiativen für solche Interessenvertretungsorgane entweder gar nicht gestartet oder als überflüssig und störend empfunden – und zwar mehrheitlich sowohl von Unternehmern als auch von den Arbeitern und Angestellten. Die praktizierte Schattenpartizipation erodiert mithin die Grundlage für den Ausbau der formalisierten Mitbestimmung in Klein- und Mittelbetrieben.

Der leitende, haftende und in der Regel auch mitarbeitende Eigentümer ist der Dreh- und Angelpunkt der Sozialordnung zahlreicher kleiner und mittlerer Betriebe, und auch die spezifischen Ausprägungen der Partizipation und Mitbestimmung werden durch die quasi patriarchale Position des Eigentümers gekennzeichnet. Vor allem die Formen der Konfliktregelung, die Kommunikationsstrukturen und die Aushandlung von Arbeitsbedingungen (Überstunden etc.) werden durch die Person des Eigentümers und dessen Führungsstil wesentlich mitgeprägt. „Daß die Person des Unternehmers (Qualifikation, Biographie, Herkunft, Rollenverständnis, Wertvorstellung usw.) großen Einfluß auf die

Sozialbeziehungen sowie auf die Erzielung ökonomischer Bestandsfähigkeit kleiner Firmen hat, dürfte mittlerweile als unstrittig gelten." (Domeyer/Funder 1990, S. 84) Der dargestellte Idealtypus der „pragmatischen Produktionsgemeinschaft" ist keineswegs die einzige Form der Sozialordnung, die in der Welt der Klein- und Mittelbetriebe vorzufinden ist. Kotthoff/Reindl identifizieren sechs weitere Sozialordnungstypen, jedoch ist der oben geschilderte Typ der quantitativ weitaus bedeutendste. Gut ein Drittel der Klein- und Mittelbetriebe wird von Kotthoff/Reindl den „pragmatischen Produktionsgemeinschaften" zugerechnet. Die Erfahrungen, die Hilbert/Sperling (1990) im Rahmen ihrer Klein- und Mittelbetriebsstudie gemacht haben, bestätigen diese quantitative Einschätzung. Von besonderem Interesse sind „pragmatische Produktionsgemeinschaften" darüber hinaus auch deshalb, weil ihre typischen, qualitativen Merkmale – flache Hierarchie, hohe Qualifikation der Beschäftigten, geringe Arbeitsteilung, dezentrale (Selbst-)Koordination etc. – genau jenen Organisationsmerkmalen entsprechen, die in den Debatten über zukunfts- und wettbewerbsfähige Produktionsmodelle generell für erstrebenswert und wegweisend gehalten werden.

Bewertungskriterien der Partizipation in Klein- und Mittelbetrieben

Nach wie vor gibt es in der Diskussion über die Bewertung der industriellen Beziehungen in Klein- und Mittelbetrieben große Unterschiede; die einen sehen die Welt der Klein- und Mittelbetriebe als eine Mitbestimmungsdiaspora, die anderen halten sie für ein zukunftsweisendes Vorbild. Eine differenzierte Bewertung bedarf der Kriterien. Abgeleitet aus der Demokratietheorie kommen hierfür zum einen Verfahrensfragen, sprich: gleiche Mitwirkungsmöglichkeiten für alle, unabhängig von ihrer Stellung im Betrieb, zum anderen Ergebnisaspekte in Frage. Bei den letzteren wiederum kann zwischen den Auswirkungen auf die soziale Teilhabe der Beschäftigten und zwischen den Auswirkungen auf die wirtschaftliche Zukunftsfähigkeit bzw. Modernisierungsfähigkeit der Betriebe unterschieden werden.

Die Einschätzungen im Hinblick auf die Gleichheit der Mitwirkungschancen von Beschäftigten in Klein- und Mittelbetrieben müssen sich zuerst auf die formellen Aspekte der Mitbestimmung beziehen. Angesichts der oben geschilderten rechtlichen Grundlagen und der in Klein- und Mittelbetrieben nur selten etablierten Mitbestimmungseinrichtungen kann das Urteil nur negativ ausfallen. Wolfgang Rudolph kommt unter diesem Blickwinkel dann auch zu dem Resümee, daß sich Klein- und Mittelbetriebe „bezüglich individueller und kollektiver Schutzrechte eher in der 'sozialpolitischen Schattenwirtschaft' der Bundesrepublik" (Rudolph 1996, S. 21) befinden.

Aus einer rigoros verfahrensbezogenen, demokratietheoretischen Perspektive können auch die vielerorts anzutreffenden informellen Partizipationsmöglichkeiten allenfalls „Grauzonen der Mitbestimmung" sein. Verbriefte Mitwirkungsmöglichkeiten stehen in vielen Fällen eben nicht zur Verfügung.

Im Hinblick auf den Aspekt der sozialen Teilhabe sieht die Lage der Klein- und Mittelbetriebe im Urteil der Klein- und Mittelbetriebsforschung deutlich positiver aus. Kotthoff/Reindl ziehen in ihrer empirischen Studie ein sehr rosiges Fazit, demzufolge die kleinen und mittleren Betriebe „den Abstand zu den Großen verkürzt und sich weitgehend vom Makel der tariflichen und sozialen Rückständigkeit befreit" (Kotthoff/Reindl 1990, S. 341) haben. Die direkten und informellen Formen der Mitbestimmung gelten als gleichwertige und ebenso erfolgversprechende Möglichkeiten, die sozialen Interessen der Beschäftigten in den Betrieben zu realisieren.

Zu einer etwas differenzierteren Beurteilung gelangen Hilbert/Sperling; sie sehen zwar auch, daß durch informelle Partizipation soziale Interessen umgesetzt werden können, gewinnen der „Schattenpartizipation" aber nicht nur positive Seiten ab: „Schattenpartizipation hat Schattenseiten; sie ist zeitlich, sozial und sachlich eng begrenzt. Sozial bezieht sie vornehmlich qualifizierte Mitarbeiter ein, Ungelernte bleiben unberücksichtigt. Sachlich haben produktions- und innovationsbezogene Themen eindeutig Vorrang vor arbeitsplatz-, arbeitsgestaltungs- und arbeitnehmerbezogenen Fragen. Und in der zeitlichen Dimension ist damit zu rechnen, daß mit dem Wachstum der kleinen Unternehmen und dem damit zusammenhängenden Ausbau von Arbeitsteilung und Hierarchie die Chancen der einzelnen Arbeitnehmer sinken, auf die Unternehmensleitung Einfluß zu gewinnen." (Hilbert/Sperling 1990, S. 191) Schattenpartizipation ist demnach eine ambivalente Angelegenheit, die einerseits die notwendige Flexibilität und eine kooperative Gemeinschaftlichkeit ermöglichen, auf der anderen Seite aber auch die Gefahr birgt, sich nachteilig auf die Interessenvertretung schwächerer Arbeitnehmer auszuwirken.

Die informellen Partizipationsstrukturen in Klein- und Mittelbetrieben haben ihre Stärken vor allem im Hinblick auf die wirtschaftliche Zukunfts- und Modernisierungsfähigkeit der Klein- und Mittelbetriebe. Schattenpartizipation ermöglicht einen hohen Grad an Gemeinschaftlichkeit, der – im Zusammenwirken mit der Übersichtlichkeit und relativ gering ausgeprägten Arbeitsteilung – Flexibilität, Anpassungsfähigkeit und Innovation offenbar erleichtert.

Hermann Simon hat entdeckt, daß die Erfolge der deutschen Wirtschaft in den letzten Dekaden ganz wesentlich von hochleistungsfähigen mittelständischen Unternehmen, von sogenannten „Hidden Champions" (Simon 1996) mitgetragen wurden. Deren Leistungsfähigkeit ist offenbar ohne die pragmatische Gemeinschaftlichkeit nicht zu verstehen.

Sowohl die spezifische Sozialordnung als auch die vorherrschenden Partizipationsmuster der Klein- und Mittelbetriebe werden seit geraumer Zeit als Vorbilder großbetrieblicher Reorganisationsprozesse und Umstrukturierungsprogramme gepriesen. Vor allem in den Debatten über „Unternehmenskultur" und „lernende Organisationen" werden Aspekte des kleinbetrieblichen Sozialmodells als nachahmenswert empfohlen, aber auch in der Diskussion über neue Produktionskonzepte und Unternehmensmodernisierung läßt sich die neue Leitbildfunktion der Klein- und Mittelbetriebe nachweisen (vgl. Manz 1993). Wenn im Bereich der industriellen Serienfertigung heute Umgestaltungen in Richtung von Gruppentechnologie, Fertigungsinseln, Werkstattprogrammierung an Boden gewinnen, dann deshalb, weil die bisherigen Organisationsprinzipien arbeitsteiliger Fertigung an ihre Grenzen gestoßen sind. Mit einer Entdifferenzierung der Arbeitsteilung machen die größeren Betriebe nunmehr Anleihen bei kleinbetrieblichen Mustern, die in der Blütezeit des Taylorismus als altmodisch erschienen waren, nun aber den Schick des Modernen erhalten und deshalb auch Nachahmungen erfahren.

3. Zukunftsperspektiven

Zwar haben einzelne Elemente des Systems industrieller Beziehungen in Klein- und Mittelbetrieben Vorbildcharakter für eine Neuorganisation der Arbeitssysteme und industriellen Beziehungen auch in größeren Betrieben gewonnen. Dies bedeutet jedoch nicht, daß für die soziale Lage und das erreichte Partizipationsniveau in der Welt der Kleinen keine Gefährdungen bzw. Zukunftsherausforderungen bestünden. Empirische Untersuchungen zu aktuellen Veränderungen im Innenleben der industriellen Beziehungen in Klein- und Mittelbetrieben sind zwar nicht bekannt (wahrscheinlich ist dies weniger darauf zurückzuführen, daß es solche Veränderungen nicht gibt, sondern der Tatsache geschuldet, daß die in Frage kommenden wissenschaftlichen Disziplinen in Deutschland ihr Interesse an den Klein- und Mittelbetrieben verloren haben), gleichwohl lassen sich einige begründete Vermutungen anstellen, die gegebenenfalls durch empirische Forschung zu überprüfen wären:

- Neue rechtliche und tarifvertragliche Regelungen erlauben vielen Klein- und Mittelbetrieben, von den erreichten Standards nach unten abzuweichen. Die Angleichung der sozialen Lage und der Partizipationsmöglichkeiten von Beschäftigten in Klein- und Mittelbetrieben im Vergleich zu ihren Kolleginnen und Kollegen in der großbetrieblichen Wirtschaft hat in den letzten Jahren stark davon profitiert, daß (Flächen-)Tarifverträge in den Augen der beteiligten Akteure wie der interessierten Öffentlichkeit einen gesetzesähnlichen Charakter hatten. Aus diesem Grunde kam es in Klein- und Mittelbetrieben zu einem deutlichen Trend, sich auch an den entsprechenden Vorgaben zu orientieren. Ausgelöst durch verschiedene Entwicklungen (v.a. steigender Wettbewerbsdruck und Massenarbeitslosigkeit) ist in den letzten Jahren der Ruf nach Öffnungsklauseln und Differenzierungsmöglichkeiten größer geworden. Dies hat sich – insbesondere in Ostdeutschland – in vielen Branchen für Klein- und Mittelbetriebe in zahlreichen Vereinbarungen niedergeschlagen, unterhalb der „normalen" Standards zu bleiben (Bispinck 1997, S. 555f.). Unter dem Druck der hohen Arbeitslosigkeit werden vor diesem Hintergrund wachsende Einkommensunterschiede zwischen Groß- und Kleinbetrieben wahrscheinlich. Für zunehmende Ungleichheiten spricht des weiteren, daß auch die rechtlichen Vorgaben für den Kündigungsschutz in Kleinbetrieben eingeschränkt wurden.

- Das Wachstum des Dienstleistungssektors stärkt möglicherweise den Bedeutungsgewinn unterdurchschittlicher Arbeitsbedingungen. Zukünftige Wachstums- und Beschäftigungspotentiale der deutschen Wirtschaft werden vor allem im Dienstleistungssektor gesehen (vgl. Lehner u.a. 1998). Schon heute stellen die privaten Dienstleistungen einen Wirtschaftsbereich dar, der nur eine unterdurchschnittliche Tarifbindung aufweist[5]. Für die Zukunft dürfte die Bedeutung vereinheitlichender und anspruchsvoller Standards voraussichtlich noch zunehmen. Innerhalb des Dienstleistungssektors ist vor allem ein Ausbau bei personenbezogenen und sozialen Diensten wahrscheinlich. Diese Bereiche zeichnen sich schon heute durch vergleichsweise niedrige Löhne, schlechte Arbeitsbedingungen und eine geringe Rolle der Gewerkschaften aus. Der zunehmende Wettbewerbsdruck am Arbeitsmarkt wird wahrscheinlich dafür sorgen, daß sich diesbezüglich wenig ändert. Hinzu kommt, daß viele personenbezogene Dienste (etwa Haushaltshilfen) von vielen Arbeitsmarktpolitikern als ideale Experimentierfelder für die Suche nach neuen Einsatzgebieten für gering- und unqualifizierte Arbeitskräfte gesehen werden und dadurch die Bereitschaft besteht, Arbeitsbedingungen für akzeptabel zu halten, die sich am unteren Endes des Vertretbaren befinden.

- Die wachsenden (Kapital-)Verflechtungen in der Wirtschaft können die Besonderheiten der industriellen Beziehungen in Klein- und Mittelbetrieben aushöhlen. Insbesondere leistungsstarke Klein- und Mittelbetriebe sind Ziel vieler diversifizierungs- und übernahmewilliger Großunternehmen geworden. Dies führt dann oft dazu, daß in die aufgekauften Betriebe ein neues Management einzieht, das die gewachsenen Produktions- und Sozialordnungen nicht kennt und deshalb nicht pragmatisch und zielorientiert, sondern nach den Vorgaben betriebswirtschaftlicher Lehrbücher oder formalisierter Controllingsysteme entscheidet. Für „Schattenpartizipation" wird es unter solchen Bedingungen deutlich schwieriger. Ebenfalls negativer für die Partzipationsmöglichkeiten könnte sich die wachsende Bedeutung des Franchising auswirken. Zum einen sind formelle Mitbestimmungsstrukturen in Franchise-Betrieben nur selten vorzufinden, zum anderen erschwert die Übernahme weitgehend standardisierter Produktions- und Dienstleistungssysteme, daß sich eigenständige, betriebsspezifische Partizipationskanäle entwickeln.

Es fällt schwer, die Richtung der absehbaren Veränderungen in den industriellen Beziehungen der Klein- und Mittelbetriebe mit einem charakterisierenden Schlagwort zusammenzufassen. Deutlich wird, daß mit einer Pluralisierung zu rechnen ist. Darüber hinaus ist wahrscheinlich, daß die Löhne, Arbeitsbedingungen und Mitbestimmungsmöglichkeiten in einer wachsenden Zahl von Fällen eher schlechter werden, d.h. stärker nach unten von dem abweichen werden, was heute als Standard definiert ist. Wie durchschlagend und nachhaltig eine solche Entwicklung ist bzw. sein wird und ob

---

[5] Während im verarbeitenden Gewerbe 88,8 Prozent aller Beschäftigten in tarifgebundenen Betrieben arbeiteten, waren es bei den privaten Dienstleistungen nur 76,5 Prozent. Der Durchschnitt beträgt 84,0 Prozent (Bispinck 1997, S. 553).

es bereits gerechtfertigt ist, von Prekarisierung zu sprechen, kann gegenwärtig noch nicht ausgemacht werden. Um diese Fragen befriedigend beantworten zu können, wäre eine erneute Renaissance der Forschungsarbeiten über industrielle Beziehungen in Klein- und Mittelbetrieben anzustreben. Ein besonderes Augenmerk sollte dabei auf die „kleinen Diener", die Klein- und Kleinstbetriebe im Dienstleistungssektor, gelegt werden.

Literatur:

Aiginger, K./Tichy, G. (1984): Die Größe der Kleinen. Die überraschenden Erfolge kleiner und mittlerer Unternehmungen in den achtziger Jahren. Wien

Baethge, M./Baethge-Kinsky, V. (1998): Der implizite Innovationsmodus: Zum Zusammenhang von betrieblicher Arbeitsorganisation, human resources development und Innovation. In: Lehner, F./Baethge, M./Kühl, J./Stille, F. (1998), S. 99-153

Bundesverband Deutscher Unternehmensberater (BDU) (1998): Facts & Figures zum Beratermarkt 1997. Bonn

Bertelsmann Stiftung/Hans-Böckler-Stiftung (Hg.) (1998): Mitbestimmung und neue Unternehmenskulturen. Bilanz und Perspektiven. Bericht der Kommission Mitbestimmung. Gütersloh

Bispinck, R. (1997): Deregulierung, Differenzierung und Dezentralisierung des Flächentarifvertrags. Eine Bestandaufnahme neuerer Entwicklungstendenzen der Tarifpolitik. In: WSI Mitteilungen 50 (8), S. 551-561

Domeyer, V./Funder, M. (1991): Kooperation als Strategie. Eine empirische Studie zu Gründungsprozessen, Organisationsformen, Bestandsbedingungen von Kleinbetrieben. Opladen

FAZ vom 20.04.1998 (Verlagsbeilage): Franchising

Gruhler, W. (1997): Beschäftigung in mittelständischen Betrieben Ost- und Westdeutschlands. In: iw-trends (Quartalshefte zur empirischen Wirtschaftsforschung) 24 (2), S. 55-66

Hilbert, J./Schmid, J. (1994): Wirtschaftsstandort und Zukunft des Sozialstaats: Mitbestimmung vor neuen Herausforderungen. Marburg

Hilbert, J./Sperling, H.J. (1990): Die kleine Fabrik. Beschäftigung, Technik und Arbeitsbeziehungen. München und Mering

Hilbert, J./Sperling, H.J. (1995): Hoffnungsträger und Stiefkinder. Die Kleinen – eine europäische Großmacht. In: Die Mitbestimmung 41 (2), S. 12-16

iwd-Mitteilungen Nr. 14 (1997): Franchising. Unternehmer mit Tutor, S. 6-7

Kotthoff, H. (1994): Betriebsräte und Bürgerstatus. Wandel und Kontinuität betrieblicher Mitbestimmung. München und Mering

Kotthoff, H./Reindl, J. (1990): Die soziale Welt kleiner Betriebe. Wirtschaften, Arbeiten und Leben im mittelständischen Industriebetrieb. Göttingen

Lehner, F./Baethge, M./Kühl, J./Stille, F. (Hg.) (1998): Beschäftigung durch Innovation. Eine Literaturstudie. München und Mering

Manz, Th. (1993): Schöne neue Kleinbetriebswelt? Perspektiven kleiner und mittlerer Betriebe im industriellen Wandel. Berlin

Müller-Jentsch, W. (1997): Soziologie der industriellen Beziehungen. Eine Einführung. 2. erw. Aufl., Frankfurt/M.

IGA (1998): Betriebsbestand im Handwerk 1997. In: IGA. Zeitschrift für Klein- und Mittelunternehmen 46 (1), S. 62

Rudolph, W. (1996): Präsenz von Gewerkschaften und Betriebsräten in Klein- und Mittelbetrieben. In: Forschungsinstitut der Friedrich-Ebert-Stiftung (Hg.): Mitbestimmung in Klein- und Mittelbetrieben. Gesprächskreis „Arbeit und Soziales", Nr. 71, S. 17-26

Schnabel, C./Wagner, J. (1998): Betriebsräte. Verbreitung, Bestimmungsgründe und Effekte. In: Wirtschaftswissenschaftliches Studium (WiSt) 27 (4), S. 191-196

Simon, H. (1996): Die heimlichen Gewinner. Die Erfolgsstrategien unbekannter Weltmarktführer (Hidden Champions). Frankfurt/M.

Skarpelis-Sperk, S. (1996): Einführung. In: Forschungsinstitut der Friedrich-Ebert-Stiftung (Hg.): Mitbestimmung in Klein- und Mittelbetrieben. Gesprächskreis „Arbeit und Soziales", Nr. 71, S. 11-16

Wassermann, W. (1992): Arbeiten im Kleinbetrieb. Interessenvertretung im deutschen Alltag. Köln

Technik als Rahmenbedingung und Gestaltungsoption industrieller Beziehungen

Walther Müller-Jentsch

Begriffe sind ein Netz, das die Wissenschaften über ihre Gegenstände werfen. Das Netz der Sozialwissenschaften für den Realkomplex Technik ist geknüpft aus drei Komposita: Technikfolgen, Technikgenese, Technikgestaltung. In eben dieser Reihenfolge spiegelt sich der sozialwissenschaftliche Erkenntnisprogress wider. Zuerst fragten die Soziologen und Ökonomen nach den Folgen des technischen Wandels für Wirtschaft und Gesellschaft, ohne dessen Grundlagen und innere Dynamik weiter zu hinterfragen; dies blieb anderen, den Technik- und Naturwissenschaften überlassen. Später interessierten sich die Sozialwissenschaften für die spezifischen wirtschaftlichen und gesellschaftlichen Bedingungen, die technischen Fortschritt stimulieren und generieren. Und seit einiger Zeit fragen sie auch nach den Wahl- und Gestaltungsmöglichkeiten technischer Innovationen beziehungsweise nach dem Korridor, den industrielle und wirtschaftliche Nutzung für Alternativen offen lassen. Mit der erweiterten Fragestellung korrespondiert ein Paradigmenwechsel von strukturlogisch-deterministischen Technikanalysen zu handlungs- und akteursbezogenen Interpretationen des Verhältnisses von Technik, Organisation und Arbeitspolitik, sowie eine deutlichere Differenzierung zwischen Makro- und Mikroperspektive des technischen Wandels.

Die *black box* Technik und Technologie – zwischen beiden Termini trennscharf zu unterscheiden, fällt heute immer schwerer[1] – haben zwar schon früher so unterschiedliche Geister wie Marx und Gehlen aufzubrechen versucht, aber erst im Sog der dritten technologischen oder industriellen Revolution[2] richten die Wirtschafts- und Sozialwissenschaften ihre volle Aufmerksamkeit auf das gesamte Feld (Folgen, Genese, Gestaltung) von Technik und Technologie. Insbesondere drei Argumente werden in diesem Zusammenhang häufig genannt: 1. Im Vergleich zur Atom- und Gentechnologie ist die Mikroelektronik eine relativ „offene" Schlüsseltechnologie, die sie universell verwendbar und elastisch einsetzbar macht. 2. Eine neue Stufe der Automation resultiert aus ihren spezifischen Verwendungsmöglichkeiten als Organisations- und Kontrolltechnologie – im Sinne informationeller Kontrolle von Transformations- und Transmissionsprozessen. 3. Die auf der Grundlage dieser neuen Qualität der Automation sich

---

[1] Früher wurde mit Technologie die Wissenschaft von der Technik bezeichnet, aber mit zunehmender Verwissenschaftlichung der Technik ging auch die terminologische Differenz verloren; heute werden beide Termini als Synonyme benutzt.

[2] Von *technologischer* Revolution spricht Bell 1990, während Hack 1987, Müller-Jentsch/Stahlmann 1988 und Müller-Jentsch 1994 den Terminus *industrielle* Revolution bevorzugen.

vollziehende Entkopplung von Produktions- und Arbeitsprozeß vergrößert die arbeitspolitischen Interventionsmöglichkeiten im Hinblick auf Arbeitsstrukturierung und Organisationsgestaltung.

Im folgenden werden die Befunde der industriesoziologischen und *Industrial Relations*-Literatur über die Rolle der Technik im System industrieller Beziehungen in fünf Hauptthesen zusammengefaßt: (1) Technik als exogene Variable oder technologischer Determinismus; (2) Technik zwischen Produktions- und Subsumtionslogik; (3) Technik als strategische Variable oder ökonomischer Determinismus; (4) Technik als managerielle Gestaltungsvariable; (5) Technik als politischer Aushandlungsprozeß.

1. Technik als exogene Variable oder technologischer Determinismus

In der traditionellen *Industrial Relations*-Literatur figuriert die Technik als Rahmenbedingung und gesellschaftlich exogene Variable, mit deren Einfluß auf Akteure und Prozesse industrieller Beziehungen zu rechnen sei, die selbst aber durch diese kaum zu beeinflussen ist. Beispielhaft dafür ist Dunlops (1958) konzeptueller Bezugsrahmen für Systeme industrieller Beziehungen. Der Technik kommt darin – neben dem Markt und der Machtverteilung – der Status einer Kontext- oder Umweltvariablen zu. Als solche nimmt sie beispielsweise Einfluß auf Größe und Struktur von Belegschaften, auf deren Konzentration oder Verteilung, auf die Dauer der Beschäftigung, die Zusammensetzung nach Qualifikation und Geschlecht sowie auf Sicherheit und Gesundheit am Arbeitsplatz. Sofern technischer Wandel Veränderungen der Arbeitsorganisation erforderlich macht, kann dies die Akteure industrieller Beziehungen, die „rule-making bodies", zu einer normativen Anpassung an die technologisch bedingten Veränderungen der Produktions- und Arbeitsbedingungen veranlassen, indem sie die Regeln für die Arbeitsorganisation erneut verhandeln. Generell bleibt jedoch die Technik im Dunlopschen Bezugsrahmen ein exogener Faktor, den das Management kaum beeinflußen kann. Offenbar bleibt diesem nur die (Schein-) Option, den technischen Wandel zu implementieren oder es sein zu lassen.

Auch in der (retrospektiv gesehen: ersten) Automationsdebatte der fünfziger und sechziger Jahre figurieren Technik und technischer Wandel als exogene Variablen. Die Industriesoziologie widmete sich in jenen Dekaden der Erforschung der organisatorischen und qualifikatorischen Implikationen produktionstechnischer Neuerungen. In der angelsächsischen industriesoziologischen Forschung löste der „technology implications approach" (Rose 1975, S. 176) das bis dato vorherrschende *Human Relations*-Paradigma ab. Die Technik wurde in einer Reihe von englischen und amerikanischen Untersuchungen „the favourite variable for explaining industrial behaviour" (ebd., S. 175).

Die Annahme, daß Technik und technischer Wandel ihre Verwendungszwecke und Anwendungsbedingungen gleichsam zwingend vorschreiben, war ein verbreitetes Paradigma, das als *technologischer Determinismus* in sozialwissenschaftlichen Theorien

Eingang gefunden und einigen wichtigen industriesoziologischen Untersuchungen als analytischer Leitfaden gedient hat.

Amerikanische Industriesoziologie (Walker/Guest, Blauner)

Als determinierende Variable für Arbeitsverhalten und Deprivationserfahrungen figuriert die Technik (genauer: die Produktionstechnik) in den „Klassikern" der amerikanischen Industriesoziologie „The Man on the Assembly Line" (Walker/Guest 1952) und „Alienation and Freedom" (Blauner 1964).

„Die technologischen Faktoren der Automontagearbeit", schreiben Walker und Guest, „beeinflussen den Arbeiter sowohl direkt wie indirekt. Sie beeinflussen ihn direkt durch die unmittelbare Arbeitsstrukturierung und indirekt, indem sie die grundlegenden Strukturen der sozialen Organisation der Fabrik bestimmen." (1952, S. 20; eigene Übers.) Die Autoren identifizierten sechs charakteristische Merkmale der Massenproduktions-Technologie: *mechanical pacing, repetitiveness, minimum skill requirement, no choice of tools or methods, minute subdivision of product, surface mental attention.* Als direkte Konsequenzen technisch determinierter Arbeitsstrukturierung konstatierten die Autoren enge Grenzen sozialer Interaktion während der Arbeit und erhöhte menschliche Belastungen durch maschinengetaktete, repetitive Arbeitsvorgänge. Überdies wurden an Arbeitsplätzen mit diesen Merkmalen merklich höhere Absentismus-Raten festgestellt als an Arbeitsplätzen, die diese Merkmale nicht aufwiesen. Als arbeitsorganisatorische Maßnahmen, die Erleichterung bringen sollten, empfahlen die Autoren Arbeitsplatzwechsel (*job rotation*) und Arbeitserweiterung (*job enlargement*). Technische Alternativen zum Montageband traten ihnen noch nicht ins Blickfeld. In einem jüngeren Beitrag, der die Untersuchungsergebnisse im Lichte von zwei Folgestudien neu reflektierte, resümierte einer der beiden Autoren (Guest 1983), daß die Imperative der Produktionstechnologie und ihre Agenten, die Techniker und Ingenieure, weiterhin den Charakter der Arbeit am Montageband bestimmen, wenn auch durch die *Quality of Work Life*-Bewegung Anfang der siebziger Jahre die Arbeiter stärker in Problemlösungsprozesse einbezogen würden.

Auch in Blauners einflußreicher Studie hat die Produktionstechnik den theoretischen Status einer determinierenden Variablen:

„Mehr als jeder andere Faktor determiniert die Technik den Charakter der Arbeitsaufgaben, die die Handarbeiter auszuführen haben, und mehr als jeder andere nimmt sie Einfluß auf zahlreiche Aspekte der Entfremdung. Einer der wichtigsten Aspekte ist der technische Produktionsapparat mit seinem Einfluß auf die Machtlosigkeit des Arbeiters und auf das Ausmaß von Autonomie und Kontrolle, das er über seine Arbeitsumgebung ausüben kann. Technische Faktoren sind ebenfalls von größter Bedeutung in ihren Auswirkungen auf die Selbstentfremdung, da das Maschinensystem weitgehend darüber entscheidet, ob der Arbeiter direkt von der Arbeit gefesselt wird oder ob Gleichgültigkeit und Monotonie das allgemeine Ergebnis sind. Da technische Überlegungen häufig die Betriebsgröße bestimmen, beeinflussen sie auch darüber merklich das soziale Klima und den Grad des Zusammenhalts in der Belegschaft. Die Technik strukturiert auch die Existenz und Form von Arbeitsgruppen und beeinflußt damit den Zusammenhalt. Sogar der Charakter von Disziplin und Aufsicht hängt bis zu einem gewissen Grad von technischen Faktoren ab. Und schließlich determiniert die

Technik weitgehend die Berufs- und Qualifikationsstruktur innerhalb eines Unternehmens sowie die Grundbedingungen für Aufstiegsmöglichkeiten und normative Integration." (Blauner 1964, S. 8; eigene Übers.)

Unter dem technischen und ökonomischen Zwang, die effizienteste Produktionsmethode anzuwenden, entscheide letztlich der Charakter des hergestellten Produkts, welche Technik angewandt werde. Auf diese Annahme gründete Blauner seine bekannte Typologie und sein Phasenmodell der Produktionstechnik. Die für seine Untersuchung ausgewählten Industriezweige – Druck-, Textil- und Automobilindustrie sowie Petrochemie – lassen sich durch ihre je spezifische Produktionstechnik unterscheiden: Handwerk (*craft technology*), Maschinenarbeit (*machine-tending technology*), Fließbandfertigung (*assembly-line technology*) und kontinuierliche Fertigungsverfahren (*continuous-process technology*). Im großen und ganzen variiert ihr Charakter mit dem Maß der Produktstandardisierung. Die vier Industrien mit ihren spezifischen Technologien repräsentieren, Blauner zufolge, zugleich „stages in the long-run trend toward increased mechanization" (ebd., S. 8). Auf der Annahme, daß die vier Industrien auf allgemeinere historische Tendenzen des technischen Fortschritts verweisen, beruhte Blauners technologischer Optimismus. Die Entwicklung der menschlichen Entfremdung im Arbeitsprozeß (gemessen an den Indikatoren Machtlosigkeit, Bedeutungslosigkeit, Isolierung und Selbstentfremdung) koppelte er an die Entwicklung der Produktionstechnik, die ihm zufolge nach dem Muster einer inversen U-Kurve verläuft: Unentfremdete handwerkliche Arbeit wird abgelöst durch entfremdete Maschinenarbeit und Massenfertigung, die in Zukunft wiederum abgelöst wird durch nicht-entfremdete Arbeit in der automatisierten Industrie, für die kontinuierliche Prozeßproduktion ein fortschrittliches Beispiel darstellt (ebd., S. 182f.). Trotz einiger Mentalreservationen[3] verdanken sich die Ergebnisse und Schlußfolgerungen der Blaunerschen Studie einem theoretischen Verständnis von Technik, das zum einen ihre Genese und Formgestaltung unberücksichtigt läßt und zum anderen ihren Einflüssen auf Produktions- und Arbeitsprozeß einen sozial determinierenden Charakter zuschreibt.

Britische Industriesoziologie (Tavistock-Institut; Woodward)

In den Untersuchungen britischer Industriesoziologen jener Zeit nahm die Technik ebenfalls eine wichtige Rolle ein. Aber im Gegensatz zu den oben referierten amerikanischen Untersuchungen schrieben die Forscher des *Tavistock Institute of Human Relations* und Joan Woodward der Produktionstechnik keinen direkt determinierenden Einfluß auf das Arbeitsverhalten zu, sondern einen indirekten durch das Medium der ihr assoziierten Arbeitsorganisation, wobei die Arbeitsorganisation als mehr oder weniger variabel begriffen wird. Dies tritt insbesondere im sozio-technischen Ansatz des Tavistock-Instituts hervor.

---

[3] „The technology sets limits on the organization of work, it does not *fully* determine it" (1964, S. 9); „this study does not follow a *totally* deterministic approach." (Blauner 1964, S. 11) (Unsere Hervorhebungen)

Entwickelt wurde der sozio-technische Ansatz im Verlauf zweier großer Untersuchungen, die erste in den Kohlegruben in Durham/Großbritannien, die zweite in einer Textilfabrik in Ahmedadad/Indien durchgeführt. Schon im Titel der Publikation der ersten Untersuchung machten die Forscher programmatisch deutlich, worauf es ihnen ankam: „*organizational choice*"[4]. Ihr Hauptargument lautet: Die Ablösung der traditionellen Methoden durch mechanische Kohleförderung ist vereinbar mit verschiedenen Formen der Arbeitsorganisation. Oder genereller: Technische Systeme setzen Grenzen für die Form der Arbeitsorganisation, determinieren sie aber nicht; soziale Systeme haben soziale und psychologische Eigenschaften, die unabhängig von technischen Systemen sind.

Wenn der sozio-technische Ansatz auch kein technologisch deterministischer ist, dann ist er dennoch insoweit deterministisch, als er von der Annahme ausgeht, daß es möglich sei, jeweils „the best fit" zwischen den Anforderungen des technischen Systems und den Bedürfnissen des sozialen Systems, unter Berücksichtigung der Wirtschaftlichkeit, zu finden. Die Tavistock-Forscher zogen daraus die Konsequenz, daß ein effektives sozio-technisches System nicht in vollem Maße die jeweiligen Anforderungen und Bedürfnisse der beiden Subsysteme erfüllen könne; die Optimierung im Gesamtsystem mache vielmehr die Suboptimierung in den beiden Teilsystemen erforderlich. In diesem Zusammenhang wird von den Tavistock-Forschern erstmals das Konzept der *teilautonomen Arbeitsgruppe* entwickelt: zusammengesetzt aus Arbeitern mit verschiedenen Qualifikationen, soll sie selbstverantwortlich (*responsible autonomy*) die Arbeitsaufgaben innerhalb eines bestimmten Aufgabenbereichs verteilen.

Stärker in der Tradition des technologischen Determinismus stehen die Arbeiten von Joan Woodward (1965; 1970), die auch die Entwicklung der Organisationssoziologie (*Contingency Approach* beziehungsweise *Situativer Ansatz*) beeinflußten. Ihre Untersuchungen in hundert englischen Unternehmen mit verschiedenen Produktionstechnologien werden auch häufig mit dem sozio-technischen Ansatz des Tavistock-Instituts in Verbindung gebracht.

Woodward unterstellte einen engen Zusammenhang zwischen Produktionstechnologie, manageriellem Kontrollsystem und wirtschaftlichem Erfolg. In ihren empirischen Untersuchungen identifizierte sie elf verschiedenartige Varianten von Produktionssystemen, die sie nach dem Grad ihrer technischen Komplexität auf einem Kontinuum anordnete und in drei Hauptgruppen zusammenfaßte:

1. Einzelprodukt- und Kleinserienfertigung,

2. Großserien- und Massenfertigung,

3. Kontinuierliche oder Prozeßproduktion.

---

[4] Der volle Titel lautet: Organizational Choice: Capabilities of Groups at the Coal Face Under Changing Technologies. The Loss, Rediscovery and Transformation of a Work Tradition (Trist u.a. 1963).

Die wenig komplexe Einzelproduktfertigung liegt am Nullpunkt des Kontinuums, die sehr komplexe Prozeßproduktion am Endpunkt; dazwischen liegt die Serien- und Massenfertigung. Bei der Überprüfung der Variabilität der organisatorischen Strukturen ergab sich, daß Firmen mit ähnlichen Produktionssystemen auch ähnlich organisiert waren. Mit der Komplexität der Technik verlängert sich die Befehlskette und nimmt die Zahl der Managementebenen zu; desgleichen steigt der Anteil der in der indirekten Produktion und im Management Tätigen. Insbesondere zwei Thesen sind für den hier diskutierten Zusammenhang von Bedeutung:

(1) Für jedes technische Produktionssystem gibt es eine bestimmte, ihm angemessene Organisationsform, die den wirtschaftlichen Erfolg wahrscheinlich macht.[5]

(2) Die nach technischer Komplexität geordneten Produktionssysteme repräsentieren gleichzeitig eine chronologische industrielle Entwicklung.

Unter „Organisation" verstand Woodward im engeren Sinne das managerielle Kontrollsystem mit den Aufgaben der Planung, der Koordinierung, der Überwachung und der Rückmeldung über den Produktionsprozeß. Woodwards Typologie der Kontrollsysteme basiert auf zwei Parametern: erstens dem Ausmaß der persönlichen oder unpersönlichen Kontrolle und zweitens dem Ausmaß ihrer Integration oder Fragmentierung innerhalb der Organisation (vgl. Abb. 1).

Abbildung 1:Typologie managerieller Kontrollsysteme (Woodward 1980, S. XXI)

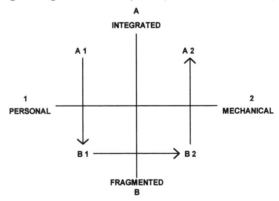

Es war Woodwards Überzeugung, daß der wirtschaftliche Erfolg sich am wahrscheinlichsten einstellen würde, wenn Firmen mit Einzelfertigung und Kleinserienproduktion Kontrollsystem A1, Firmen mit Serien- und Massenproduktion die Kontrollsysteme B1 und B2, schließlich Firmen mit Prozeßproduktion das Kontrollsystem A2 anwenden würden. Gemäß ihrer Evolutionsthese von der anwachsenden technischen Komplexität

---

[5] „It ... became apparent that there was a particular form of organization most appropriate to each technical situation." (Woodward 1980, S. 72)

glaubte Woodward, daß der technische Wandel die unternehmerischen Organisationen dazu veranlassen würde, ihre Kontrollsysteme in Richtung der durch die in der Abbildung eingezeichneten Pfeile zu entwickeln. Damit gelangte Woodward zu ähnlichen Schlußfolgerungen wie Blauner (vgl. dazu Gallie 1978, S. 13-16).

Westdeutsche Industriesoziologie

Auch unter den westdeutschen Industriesoziologen herrschte in den fünfziger und frühen sechziger Jahren die Neigung vor, „Technik und technologische Entwicklung als primäre Bestimmungsmerkmale menschlicher Arbeit in der Industrie zu sehen" (Lutz/ Schmidt 1977, S. 189). Eine der einflußreichsten industriesoziologischen Studien dieser Zeit brachte dies schon im Titel zum Ausdruck: „Technik und Industriearbeit" (Popitz/Bahrdt/Jüres/Kesting 1957). Gefragt wird darin nach der „technischen Bedingtheit der Arbeit" (ebd., S. VI) beziehungsweise den „technischen Bedingungen der Arbeitsvollzüge" (ebd., S. 27) und dem sich daraus ergebenden „Leistungsanspruch", den technische Industriearbeit an den Arbeiter stellt (ebd., S. 37). Man geht wohl nicht fehl in der Annahme, daß Fragestellung und Anlage dieser Untersuchung in bewußter Weise konzipiert worden waren gegen jene Forschungstradition, die – unter dem Einfluß der amerikanischen *Hawthorne*-Studien – eher die „subjektiven" und „weichen" Phänomene der industriellen Arbeitswelt, vor allem die informellen Gruppen, als Untersuchungsgegenstand der Industriesoziologie bevorzugten.

Gruppen, ihre Strukturen und Merkmale sind in der industriellen Arbeitswelt – dies die Hauptthese der Untersuchung – vor allem technisch bedingte Phänomene. In ihrer Analyse der *teamartigen* und *gefügeartigen* Kooperationsformen bemühten sich die Forscher um den Nachweis, daß Chancen und Formen der Gruppenbildung abhängig sind von den technischen Gegebenheiten des Arbeitsprozesses. In teamartig kooperierenden Arbeitsgruppen (das sind jene, die aufgrund einer lockeren Bindung an technische Anlagen über sachliche und zeitliche Dispositionschancen verfügen) kann sich der einzelne das wechselseitige Unterstützungsverhältnis und die gemeinsame Dispositionschance nur zunutze machen, wenn er sich „als Arbeitskraft und als Individualität in einem sozialen Zusammenhang" (ebd., S. 182) einordnet und dem Leistungsanspruch der Gruppe nachkommt, den diese durch „zusätzliche Soziierung" (ebd., S. 183) und „informelle Überformungen" (ebd., S. 184) durchzusetzen vermag. In solchen Arbeitsgruppen trifft man fast immer auf das für die Gruppensoziologie so entscheidende Merkmal eines „Wir"-Bewußtseins (ebd., S. 183). In gefügeartig operierenden Arbeitsgruppen (das sind jene, deren Arbeitsaufgaben durch enge Bindung an technische Abläufe und feste Systematik der Arbeitsplätze bis ins Detail vorgegeben werden) beruht hingegen die menschliche Zusammenarbeit „völlig auf der technischen Bedingtheit der Arbeit" (ebd., S. 185). Zwar verstärkt sich in dieser Kooperationsform die Abhängigkeit der einzelnen Arbeitskräfte voneinander, aber zur sozialen Verpflichtung wird die Erfüllung der Leistungsansprüche der technischen Anlage, weil andernfalls Belastungen und Gefährdungen der anderen entstehen. Eine „über den unmittelbaren

Zusammenhang der Arbeitskräfte hinausgehende Soziierung" (ebd., S. 185) wird nicht erforderlich; „die Versachlichung der Zusammenarbeit macht (...) jedes persönliche Engagement des Einzelnen unnötig" (ebd., S. 189).

Die von Popitz u.a. akribisch durchgeführte Untersuchung technisch bedingter Arbeitsprozesse in der Hüttenindustrie kommt zu einigen vorsichtig formulierten, aber für die westdeutsche Industriesoziologie in dieser Periode sehr wichtigen, ja paradigmatischen Schlußfolgerungen. Als Tendenz wird die „Ablösung der teamartigen durch die gefügeartige Kooperation" (ebd., S. 209) konstatiert und damit die „Auflösung der Gruppe innerhalb des Arbeitsgefüges" (ebd., S. 210). Mit der Konvergenz der technischen und sozialen Anforderungen an den einzelnen im Arbeitsgefüge werde die Eigenverantwortlichkeit des einzelnen Arbeiters gestärkt und die Befugnisse der Vorgesetzten reduziert (ebd., S. 212). *Versachlichung der Herrschaft* und *Funktionsverlust der Vorgesetzten* waren die Schlußfolgerungen, die als historische Tendenzen der technischen Entwicklung auch in anderen industriesoziologischen Untersuchungen dieser Zeit (vgl. dazu Lutz/Schmidt 1977, S. 189) eine prominente Rolle spielten. Daraus erklärt sich auch der damals vorherrschende „latente Optimismus der westdeutschen Industriesoziologie" (ebd., S. 192); die Hochmechanisierung wurde gleichsam „als Vehikel einer quasi-naturwüchsigen Emanzipation" (ebd., S. 193) begriffen.

Auf eine weitere wichtige Implikation dieses Technikverständnisses hat rückblickend insbesondere Burkart Lutz verwiesen. Mehr oder minder selbstverständlich sei die Technik als eine gesellschaftlich *exogene*, also außer- und übergesellschaftliche Größe begriffen worden. Mehr oder minder selbstverständlich sei unterstellt worden, „daß die Entwicklung industrieller Arbeit (...) durch die Eigenlogik technischer Innovationen determiniert ist" (Bechtle/Lutz 1989, S. 11). Diese retrospektive Deutung, von Lutz erstmals 1967 vorgetragen, relativierend, haben Brandt und Papadimitriou zur Ehrenrettung der Autoren eingewandt, daß diese die Technik „weniger als äußerliche Determinante industrieller Arbeitsformen verstanden, denn als Herausforderung, die demjenigen, der mit ihr konfrontiert ist, eine 'Antwort' abverlangt" (Brandt 1990, S. 191). Gleichwohl knüpften sich die Hoffnungen der frühen westdeutschen Industriesoziologie an das Rationalitätspotential der technischen Entwicklung, nachdem ihre politischen Erwartungen in den ersten Nachkriegsjahren enttäuscht worden waren. „Von einer bewußt und planvoll vollzogenen Erweiterung der technischen und arbeitsorganisatorischen zu einer sozialen Rationalisierung versprach man sich den 'Abbau traditionaler Herrschaftsformen', den die politische Entwicklung schuldig geblieben war." (Brandt 1990, S. 190f.) Endgültig zu Grabe getragen wurden solche Hoffnungen, Lutz und Schmidt zufolge, als die Automationsdebatte Themen wie technologische Arbeitslosigkeit und technisch bedingten Qualifikationsverlust auf die Tagesordnung setzte. Eine Revision der optimistischen Annahme über sich verstärkende Wechselwirkungen von technischer und sozialer Rationalisierung zeichnete sich in den sechziger Jahren ab; sie ging einher mit der Renaissance marxistischer Ansätze in der industriesoziologischen Analyse; getragen wurde sie vor allem von den Forschungsinstituten in München, Göttingen und Frankfurt.

2. Technik zwischen Produktions- und Subsumtionslogik

Der Gegenstand mutierte von Technik schlechthin zur „kapitalistischen" Technik, das heißt zu einer im Dienste der Kapitalverwertung instrumentalisierten Technik. Ins Blickfeld gerieten nun stärker die formbestimmenden Einflüsse der gesellschaftlichen Produktionsverhältnisse auf die Entwicklung von Produktionstechnik und Arbeitsorganisation. Mit der Wende zur gesellschaftlich *endogenen* Erklärung des technischen Fortschritts wurde die aktuelle Entwicklung der industriellen Arbeit unter kapitalistischen Produktionsverhältnissen „als längerfristig angelegte *Reorganisation des Produktionsprozesses* mit dem Ziel erhöhter Prozeßtransparenz, flexibler Anpassung an 'externe' (marktökonomische) Veränderungen und der Berechenbarkeit und Kontrolle menschlicher Arbeitsleistung" (Beckenbach 1984, S. 250) gedeutet.

Die industriesoziologische Forschung in der Bundesrepublik, die nach der produktiven Gründerphase kurz nach dem Kriege gegen Ende der fünfziger Jahre in eine Latenzphase eingetreten war, erlebte ab Ende der sechziger Jahre einen neuerlichen Aufschwung[6]. Im Vordergrund standen dabei die Rationalisierungs- und Krisenthematik sowie Fragen der „Humanisierung der Arbeit" und der Verwissenschaftlichung der Produktion; in allen drei Komplexen nahm die Technik einen zentralen Stellenwert ein. Kennzeichnend für diese Phase war, daß die Renaissance der Industriesoziologie einherging mit einer Aktualisierung der Marxschen Theorie. Gerhard Brandt hat darauf hingewiesen, daß zwar schon in der frühen Nachkriegsphase die Gründergeneration der westdeutschen Industriesoziologie, wenn auch teilweise in kritischer Absicht, die Marxsche Theorietradition zum Bezugspunkt hatte, die jüngste Phase jedoch gekennzeichnet sei durch eine „Engführung von industriesoziologischer Forschung und marxistischem Wissenschafts- und Gesellschaftsverständnis" (1990, S. 259). Im gleichen Kontext traf Brandt die Unterscheidung zwischen *Produktionsmodell* und *Subsumtionsmodell*, denen er die wichtigsten industriesoziologischen Forschungsstätten und Untersuchungen zuordnete.

„Produktionsmodell meint dabei in erster Annäherung, daß die Produktivkraftentwicklung und insbesondere die Entwicklung der menschlichen Arbeit das zentrale Thema der Marxschen Theorie und damit auch das einer an dieser Theorie orientierten Industriesoziologie bilden. Das Subsumtionsmodell dagegen unterstellt, es sei die Unterwerfung, die Subsumtion der Produktivkräfte und insbesondere wiederum die der menschlichen Arbeit unter das Kapital, die das zentrale Thema der Kritik der politischen Ökonomie als Kern der Marxschen Theorie ausmacht." (1990, S. 255)

Die große Untersuchung von Horst Kern und Michael Schumann über „Industriearbeit und Arbeiterbewußtsein" (1970), die am Beginn der intensiven Phase neuerer industriesoziologischer Forschung in der Bundesrepublik steht, ist zweifellos dem *Produktionsmodell* verpflichtet. Die Entwicklung der Produktionstechnik und ihre arbeitssoziologischen Implikationen stehen im Zentrum der Untersuchung, wie gleich zu Beginn der Forschungspublikation angezeigt wird:

---

[6] Zur Periodisierung vgl. Brandt 1978; zuletzt Beckenbach 1991

„Die vorliegende Untersuchung beschäftigt sich in ihrem ersten Teil mit typischen Erscheinungsformen industrieller Arbeit und deren Veränderungen unter dem Einfluß des technischen Wandels. Sie geht dabei von der Annahme heterogener Arbeitssituationen in der industriellen Produktion aus und versucht empirisch zu belegen, daß in der modernen Industrie unterschiedliche technische Systeme mit jeweils spezifischen Arbeitertätigkeiten existieren." (1979, Bd. 1, S. 22)

Aufgenommen wurde von den Autoren die Diskussion über die „Arbeitsfolgen des technischen Wandels" (ebd., S. 27). Gegen die Phasenmodelle von Blauner, Touraine und Bright machten sie „Ungleichzeitigkeiten der technischen Entwicklung" (ebd., S. 24) und folglich auch Differenzierungen der „technisch induzierten Arbeitsveränderungen" (ebd., S. 137) geltend. Jedenfalls schrieben die Autoren der Entwicklung der technischen Produktivkräfte keine eindeutige Entwicklungsrichtung zu: „In manchen Fällen zeigt sich eine sehr starke Tendenz zur Aufhebung restriktiver Arbeitssituationen. (...) Diesen Entwicklungen stehen technische Veränderungen gegenüber, durch die die Existenz restriktiver Arbeitsformen in der Industrie bekräftigt wird." (ebd., S. 163) Statt eines klaren Entwicklungsschemas konstatierten sie die Tendenz zur Polarisierung der Tätigkeitsgruppen und der ihnen abgeforderten Qualifikationen im Verlauf der technischen Entwicklung.

Mit der über die Grenzen der industriesoziologischen Profession hinaus populär gewordenen These der Qualifikationspolarisierung argumentierten die Autoren zwar gegen den „technologischen Ansatz" einer – sei's optimistisch (Blauner, Touraine), sei's pessimistisch gedeuteten (Bright) – Entwicklungsrichtung der Technikfolgen für die Arbeit. Einem technologischen Determinismus bleiben sie insofern verhaftet, als sie die konstatierten „Ungleichzeitigkeiten" wiederum als technisch induzierte Folgen verstanden. „Humanisierung der Arbeit", heißt es in den abschließenden Überlegungen, „ist nach den Ergebnissen der vorliegenden Studie kein 'automatisches' Beiprodukt der aktuellen technischen Entwicklung, sondern nur eine Folgeerscheinung spezifischer Mechanisierungssprünge, denen in anderen Bereichen technische Veränderungen mit dehumanisierender Wirkung entgegenstehen." (ebd., S. 279)

Die Feldarbeiten der Untersuchung waren noch vor der Marx-Renaissance abgeschlossen worden; ihr zollten die Autoren in den Schlußbemerkungen allerdings kurzen Tribut, indem sie darauf hinwiesen, daß „die fortdauernde Inhumanität der Industriearbeit (...) keine produktionstechnische Notwendigkeit, sondern Resultat und Ausdruck einer gesellschaftlichen Verfassung" (ebd.) sei. Ein nach Profitinteressen organisiertes Produktionssystem werde sich nur in Ausnahmefällen Maßnahmen zur Humanisierung der Arbeit leisten, wenn andernfalls restriktive Arbeitssituationen ökonomisch rentabler sind.

Dem *Produktionsmodell* rechnete Brandt auch die Untersuchungen der Berliner „Projektgruppe Automation und Qualifikation" zu. Theoretischer Leitfaden dieser Gruppe ist die Produktivkraftentwicklung, die sie – gemäß der Marxschen Geschichtstheorie und im Unterschied zu den Göttinger Forschern – als einen eindeutig gerichteten Prozeß sieht. Zwar konfligiere die fortschreitende Vergesellschaftung der Produktion mit den privaten, kapitalistischen Aneignungsbedingungen, doch sei unter dem

Zwang der Entwicklung der Produktivkräfte die Automation zu einem bestimmenden Faktor geworden, der „Möglichkeit und Notwendigkeit von Höherqualifikation schafft" (Projektgruppe Automation und Qualifikation 1980, S. 23). Zwar bedeutet dies „keinesfalls das automatische Eintreten derselben", sondern besage, „daß die zwangsweise technische Entwicklung für die Produzenten günstigere Ausgangspositionen für Entwicklung hervorbringt" (ebd.). Mit anderen Worten, die Produktivkraftentwicklung zur Automation setzt Potentiale frei, die die Entfaltung der produktiven Fähigkeiten der arbeitenden Menschen begünstigen; diese Potentiale zu realisieren, bleibe indessen eine gesellschaftliche Aufgabe, die unter Umständen gegen das Kapital durchgesetzt werden müsse.

Eindeutig dem *Subsumtionsmodell* zuzuordnen, sind die Frankfurter Untersuchungen über die Auswirkungen des Einsatzes von Computertechnologien in der Produktion (Brandt u.a. 1978; Benz-Overhage u.a. 1982). Der theoretische Leitfaden dieser Studien wurde gewonnen am Marxschen Subsumtionstheorem und an der Sohn-Rethelschen Unterscheidung von Markt- und Produktionsökonomie. Zentrale These der Autoren ist, daß mit fortschreitender Verwendung von Computertechnologien der Arbeitsprozeß zunehmend „abstraktifiziert" werde, das heißt die Arbeit werde „entstofflicht", das Produktionswissen der Arbeiter in Maschinen und Programmen objektiviert und durch das Management verfügbar gemacht. Lebendige Arbeit werde nur noch „Restfunktionen" im Produktionsprozeß ausüben (z.B. ungelernte repetitive Teilarbeit, Anlerntätigkeiten mit Bedienungs- und Überwachungsfunktionen, komplexe abstrakte Kopfarbeit) (Benz-Overhage u.a. 1982, S. 55). Es ist gar von einer „reellen Subsumtion zweiten Grades" die Rede: „Wie die Arbeit zum Anhängsel der Maschine geworden ist, wird jetzt die Arbeitsorganisation zum Anhängsel der Maschinerie." (Brandt u.a. 1978, S. 110f.) An solchen Belegstellen offenbart sich die von Brandt selbstkritisch hervorgehobene Neigung der Frankfurter Forscher, „sich eine totalisierte und apokalyptische Version der Subsumtionstheorie zu eigen zu machen und die reelle Subsumtion der Arbeit unter das Kapital als einen stetig fortschreitenden und sich vollendenden Prozeß zu begreifen" (Brandt 1990, S. 263).

Die Untersuchungen des Münchener Instituts für Sozialwissenschaftliche Forschung, die Brandt ebenfalls dem *Subsumtionsmodell* zuordnete, sind gegen eine derartig totalisierende Version indessen gefeit. Zwar lassen auch sie keinen Zweifel darüber aufkommen, daß die materiellen Produktionsbedingungen und die Nutzungsformen der Arbeitskraft durch betriebliche Strategien der Kapitalverwertung unterworfen sind, aber zum einen konzeptualisieren sie Produktionstechnik, Arbeitsorganisation und Arbeitskraft als „elastische Potenzen" mit Flexibilitätsspielräumen und Gestaltungsmöglichkeiten, zum anderen begreifen sie die menschliche Arbeitskraft in ihrer widerspruchsvollen Rolle „als einer widerständigen und zugleich bestandsnotwendigen Bedingung kapitalistischer Produktion" (Brandt 1990, S. 263). Der Betrieb als „historischer und systematischer Ort der Kapitalverwertung" (Altmann u.a. 1974) strebt nach Steigerung der Arbeitsproduktivität unter kontigenten Bedingungen. Die Gestaltung des Produktionsprozesses, das heißt die je spezifische Kombination von

Technik, Organisation und Arbeitskraft, folgt allein dem Ziel, Rentabilität sicherzustellen. Wie Bergmann (1990, S. 26) angemerkt hat, bleibt die lebendige Arbeit „im kategorialen Rahmen des Paradigmas wesentlich Objekt". In ihrer Untersuchung über „neue Arbeitsformen" haben Altmann und seine Kollegen weniger das Potential für eine „Humanisierung der Arbeit" exploriert, als ihre Funktionalität im Rahmen betrieblicher Rationalisierungsstrategien denunziert. „Mit neuen Arbeitsformen zielen die Betriebe auf die Lösung von markt-, produktions- und zeitökonomischen Problemen" (Altmann u.a. 1982, S. 30). Oder noch deutlicher:

„Die strategische Bedeutung neuer Arbeitsformen für die Durchsetzung des betrieblichen Nutzungsinteresses liegt darin, daß Betriebe durch die Neugestaltung der technisch-organisatorischen Auslegung der Produktionsprozesse, der Arbeitsorganisation und des Arbeitseinsatzes das Spektrum der im Arbeitsprozeß abfragbaren Leistung erweitern, das individuelle Leistungsvermögen breiter ausschöpfen und das gesamte kollektive Leistungsergebnis im Arbeitsprozeß sichern oder verbessern können." (ebd., S. 31)

Pointiert hat Bergmann das neue Analysekonzept des Münchener Instituts, die *systemische Rationalisierung*, als einen „neuen Triumph der kapitalistischen Ökonomie, eine neue Großtat des Managements" (1990, S. 27) gekennzeichnet. Zwar konstatieren auch Altmann und seine Kollegen mittlerweile eine Abkehr vom tayloristischen Rationalisierungsmuster, heben aber als Hauptstoßrichtung des sich abzeichnenden „Neuen Rationalisierungstyps" die systemische Integration inner- und zwischenbetrieblicher Prozesse auf der Basis informationstechnologischer Vernetzung hervor; dabei spiele der Einsatz und die Nutzung von Arbeitskraft nur eine nachgeordnete Rolle (Altmann u.a. 1986). Für die Münchener Forscher impliziert die systemische Rationalisierung einen „Bedeutungsverlust menschlicher Arbeit im Rahmen betrieblicher Rationalisierungsstrategien" (Sauer/Altmann 1989, S. 8), die sich stattdessen auf die flexiblen Potentiale der Informations- und Kommunikationstechnologien konzentrieren.

3. Technik als strategische Variable oder Braverman und die Folgen

Einen mächtigen Schub erfuhr die Renaissance marxistischer Theorie in der industriesoziologischen Forschung und Analyse durch die Veröffentlichung von Bravermans „Labor and Monopoly Capital" (1974). In Großbritannien und den USA löste diese Publikation eine ungemein fruchtbare Debatte (*Labour Process Debate*) über den kapitalistischen Arbeitsprozeß und seine Entwicklungstendenzen aus, die etwas verspätet auch in Deutschland und anderen westeuropäischen Ländern rezipiert wurde. Die Bravermansche Hauptthese wird bereits im englischen Untertitel seines Werkes formuliert: „The Degradation of Work in the Twentieth Century". Alle Bemühungen kapitalistischen Managements sind darauf gerichtet, die Arbeitskraft zu verbilligen und effektiver zu kontrollieren. In diesem Dienste stehen Arbeitsorganisation, Betriebsführung und Produktionstechnik.

Braverman versteht Technik und Maschinerie als elastische und strategische Variable, die das kapitalistische Management gezielt einsetzt, um die Arbeitskräfte der Kontrolle über den Arbeitsprozeß zu berauben. „Die Maschinen bieten dem Management Gelegenheit, mit ausschließlich mechanischen Mitteln das zu tun, was es zuvor mit Hilfe organisatorischer und disziplinarischer Methoden zu tun versucht hatte." (dt. Ausg. 1977, S. 152) Die Maschine wird dazu benutzt, um „genau dieselben Werkstattprobleme anzugehen, mit denen Taylor während so vieler Jahre zu ringen hatte" (ebd., S. 153). „Das Ideal, das der Kapitalismus anstrebt, ist die Herrschaft der toten über die lebendige Arbeit." (ebd., S. 177)

Fälschlicherweise haben einige Kritiker Braverman einen *technologischen* Determinismus unterstellt, obwohl er ausdrücklich hervorhebt, daß „die Maschinerie eine Unmenge von Möglichkeiten ein(schließt)"; diese würden jedoch „vom Kapital systematisch durchkreuzt statt gefördert" (ebd., S. 179). Nicht unberechtigt ist es indessen, in der Bravermanschen Analyse einen *ökonomischen* Determinismus am Werke zu sehen, der gleichsam durch die Technik hindurchgreift und sie zum Instrument der Potenzierung und Objektivierung kapitalistischer Herrschaft und Ausbeutung macht – mit der fortschreitenden Tendenz zur Dequalifizierung und Degradierung der Arbeit.

Bravermans Gewährsmann und Experte für Entwicklungstendenzen der Technik ist der Harvard-Professor James R. Bright, der in seinem bereits 1958 veröffentlichten Werk „Automation and Management" ein „Mechanisierungsprofil" mit 17 Ebenen aufgestellt hat (es reicht von der einfachen manuellen Arbeit bis zur vollautomatisierten Tätigkeit). Ein zentraler Befund Brights ist, daß mit zunehmendem Mechanisierungsgrad die dem Arbeiter abgeforderten Fertigkeiten abnehmen. Die von Bright als immanente technologische Entwicklung dargestellte Konsequenz wird von Braverman als vom Management intendierte umformuliert.

Gleichsam als Illustration zu der Bravermanschen These hat der amerikanische Historiker David Noble (1979) in einer Fallstudie über die Einführung der NC-Technik dargelegt, daß das Management bei alternativen produktionstechnischen Lösungen seine Entscheidungen nicht nur unter ökonomischen Gesichtspunkten fällt, sondern sich primär von Motiven zur Erhöhung der Kontrolle über die Arbeiter und den Arbeitsprozeß leiten läßt.

Die Analyse Bravermans, die einen linearen Prozeß der Dequalifizierung der lebendigen Arbeit und der Intensivierung managerieller Kontrolle subsumtionstheoretisch aus der Kapitallogik deduziert, ist nicht ohne Widerspruch geblieben. Im Rahmen der *Labour Process Debate* haben sich namhafte Soziologen, Politologen, Ökonomen und Historiker mit Bavermans Thesen differenziert auseinandergesetzt; Argument und Gegenargument, Kritik und Replik hatten eine kaum noch übersehbare Flut von Buch- und Zeitschriftenpublikationen zur Folge.[7] Die Kernpunkte der Kritik an Braverman sind die folgenden:

(a) die umstandslose Gleichsetzung von Managementstrategien mit dem „scientific management" Taylors;

---

[7] Die wichtigsten Autoren und Themen dieser Debatte sind in folgenden Sammelbänden zu finden: Knights/Willmott/Collison 1985; Knights/Willmott 1990; Wood 1982 u. 1989

(b) die Verwechslung von Management-Konzeptionen mit realer Praxis, die nicht als bloßer Ausfluß managerieller Entscheidungen, sondern als Produkt von Verhandlungen, Konflikten und Kompromissen zwischen Management und Arbeitnehmern (beziehungsweise ihren Interessenvertretern) zu begreifen sei;

(c) die zweifelhafte normative Basis der Dequalifizierungsthese, die aus dem Verständnis traditioneller Handwerkerqualifikationen formuliert worden sei;

(d) die einseitige Betonung der dequalifizierenden Folgen der neueren sozio-technischen Rationalisierungen, die den Blick auf die gegenläufigen Entwicklungen der Requalifizierung und Reprofessionalisierung verstelle.

Die mit der Dequalifizierungsthese behauptete generelle Tendenz des *downgrading* hat eine Reihe von Kritikern auf den Plan gerufen und empirische Forschungen provoziert, die im Gegensatz zu der Bravermanschen These eine Tendenz zum *upgrading* konstatieren (Kelley 1989a, 1989b; Adler/Borys 1989; aber auch Kern/Schumann 1984). Auch das Fundament der Bravermanschen Argumentation, das Brightsche Entwicklungsschema, ist einer kritischen empirischen Überprüfung unterzogen worden; Adler (1988) kommt für den Bankenbereich zu dem Schluß, daß mit zunehmender Automation der Anteil und Einfluß des Arbeiters an und auf den Arbeitsprozeß keineswegs durchgängig sich verringert, sondern in mindestens ebenso vielen Dimensionen ansteigt.

4. Technik als managerielle Gestaltungsvariable oder Neue Produktionskonzepte

Im Rahmen der *Labour Process Debate* ist von einigen Autoren (Child 1985; Coombs 1985) auch der Stellenwert der neuen Technologien für die Organisation des kapitalistischen Arbeitsprozesses erörtert worden. Bereits Anfang der siebziger Jahre hat sich Child (1972) mit seinem Konzept der „strategischen Wahl" (*Strategic Choice*) gegen die von Woodward und anderen Vertretern des *Contingency Approach* konzeptualisierte Determination unternehmerischer Strukturen durch Umweltbedingungen gewandt. Zwischen Organisationsumwelt und Organisationsstruktur, so Child, vermittle vielmehr die Strategie. Nach seinem Verständnis ist die Organisationsstruktur Ergebnis einer bewußten Entscheidung des Managements, zwar unter Berücksichtigung der Umweltbedingungen, aber nicht quasi-mechanische Anpassung jener an diese. Strategie suche sowohl die Organisation an der Umwelt wie die Umwelt an der Organisation auszurichten. Die sich aus diesem Modell ergebenden Wahlmöglichkeiten und Gestaltungsspielräume des Managements betont Child (1985) auch im Hinblick auf strategische Entscheidungen über Technik, indem er argumentiert, daß Managemententscheidungen über die Einführung einer neuen Produktionstechnologie nicht notwendigerweise aus Überlegungen zur Reorganisation des Arbeitsprozesses resultieren. Derartige Investitionsentscheidungen könnten auch zugunsten neuer Produkte, verbesserter Produktqualität, erhöhter Flexibilität etc. getroffen werden. Häufig sind dem

Topmanagement bei solchen strategischen Entscheidungen die möglichen Konsequenzen der Implementation neuer Techniken für die Arbeitsorganisation gar nicht bewußt.

„At this elevated hierarchical level managers tend to deal in terms of statistical abstractions such as throughput volume, wastage rates, stock levels, delivery performance, unit costs, budget variance, and employment costs. Managerial policies on new technology need not therefore articulate explicit statements about the organisation of the labour process." (Child 1985, S. 111)

Gewiß werden produktionstechnische Innovationen unter Berücksichtigung von Kosten- und Effizienzkriterien eingeführt; aber diese können sich sowohl in Frei- wie Umsetzungen, in De- wie Requalifizierungen, in Rigiditäten wie Flexibilitäten niederschlagen. Unter den vielen Faktoren, die managerielle Entscheidungen über Technikwahl und -implementation beeinflussen, sind die von Braverman herausgestellten Motive – Kontrolle und Intensivierung der lebendigen Arbeit – nicht einmal die wichtigsten. Die technologische Entwicklung strebt Child zufolge rapide einem Punkt zu, der andere Kosten- und Risikofaktoren wichtiger erscheinen läßt als die Arbeitskraft.

Zwei andere Autoren, Buchanan und Boddy (1983), argumentieren, daß der Entwicklungspfad des technischen Wandels durch sehr verschiedenartige Innovationsmotive des Managements bestimmt sein kann. Sie unterscheiden zwischen

(a) strategischen Zielen (z.B. Sicherung von Marktanteilen, Marktbeherrschung);

(b) operativen Zielen (z.B. Produktqualität, Kostenreduzierung, Verringerung der Ausschußproduktion) und

(c) Kontrollzielen (Verbesserung der Kontrolle des Produktionflusses, Verringerung der menschlichen Interventionsmöglichkeiten).

Die von den beiden Autoren durchgeführten Fallstudien zeigen, daß auf den einzelnen Managementebenen und in verschiedenen Managementfunktionen über technischen Wandel und seine Möglichkeiten recht unterschiedlich gedacht wird. Topmanager und Experten aus den Rechnungs- und Finanzabteilungen konzentrieren sich mehr auf die Fragen von Kosten, Rentabilität, Wettbewerbsfähigkeit. Das mittlere Management tendiert dazu, der Kontrolle des Produktionsflusses Priorität einzuräumen. Das Linienmanagement scheint großen Wert darauf zu legen, Unterbrechungen des Produktionsflusses und Frustrationen der Arbeitskräfte zu verringern. Verwaltungsabteilungen wiederum konzentrieren sich auf die Möglichkeiten der schnelleren Informationsverarbeitung.

In diesem Kontext ist auch auf die von Kern und Schumann (1984) thematisierte Differenzierung im kapitalistischen Management hinzuweisen. Die Autoren dichotomisieren einmal zwischen den „Traditionalisten" als den „Bewahrern fordistischer Strukturen" und den „Modernisten", ein andermal zwischen den „Verfechtern eines technokratisch-bornierten und eines empirisch-unideologischen Produktionskonzepts" (ebd., S. 325). Die von ihnen entdeckten „neuen Produktionskonzepte" des „modernistischen" Managements tragen den kontraproduktiven Folgen einer auf die Spitze getriebenen fordistisch-tayloristischen Managementkonzeption Rechnung; stattdessen zielen sie auf eine Lockerung der starren Arbeitsteilung und auf eine „ganzheitliche Nutzung" der Arbeitskraft:

„In einem historischen Moment der Explosion technischer Möglichkeiten zur Ersetzung menschlicher Funktionen, die gigantische Freisetzungen zur Folge hat (...) steigt auch das Bewußtsein für die qualitative Bedeutung menschlicher Arbeitsleistung und die Wertschätzung der besonderen Qualitäten lebendiger Arbeit. Das Credo der neuen Produktionskonzepte lautet: a) Autonomisierung des Produktionsprozesses gegenüber lebendiger Arbeit durch Technisierung ist kein Wert an sich. Die weitestgehende Komprimierung lebendiger Arbeit bringt nicht per se das wirtschaftliche Optimum. b) Der restringierende Zugriff auf Arbeitskraft verschenkt wichtige Produktivitätspotentiale. Im ganzheitlicheren Aufgabenzuschnitt liegen keine Gefahren, sondern Chancen; Qualifikationen und fachliche Souveränität auch der Arbeiter sind Produktivkräfte, die es verstärkt zu nutzen gilt." (Kern/Schumann 1984, S. 19)

Von betriebswirtschaftlicher Seite hat die Hauptthese von Kern/Schumann den Einwand provoziert, daß es nicht nur in den Lehrbüchern der Führungstheorie, sondern auch in der Praxis des Managements immer schon zwei Fronten gegeben habe: „Auf der einen Seite die 'technokratisch-borniertten' Konzepte, die auf *Maschinisierung* setzen, das heißt Menschen entweder durch Maschinen substituieren oder sie wie Maschinen einsetzen wollen (...), auf der anderen Seite die 'empirisch-unideologischen' Konzepte, die eher eine *Psychologisierung* betreiben, das heißt sozial-technologisch das Verhalten im Sinne einer Erhöhung der Leistungsmotivation und der Unternehmensbindung steuern wollen." (Osterloh 1987, 132 f.) Freilich wird auch von betriebswirtschaftlicher Seite der Personalpolitik und Personalplanung eine neue Qualität zugestanden; sie haben nicht mehr nur eine Anpassungsfunktion, um die technischen und marktlichen Entwicklungen zu erfüllen, sondern gewinnen mehr und mehr eine Initiativfunktion für die Einführung neuer Techniken; in diesem Sinne erhalte eine „initiative Personalpolitik sogar den Rang einer strategischen Ressource" (ebd., S. 135).

Wenn Child, Buchanan/Boddy und Kern/Schumann hervorheben, daß Entscheidungen über technische Innovationen variabel sind – je nach den spezifischen Managementzielen, die wiederum mit den unterschiedlichen Managementebenen und -funktionen variieren –, dann sehen sie dies primär aus der Perspektive nur eines, wenn auch nicht monolithischen Akteurs. Es wird nicht in Frage gestellt, daß für die Wahl zwischen unterschiedlichen technischen Lösungen allein das Management zuständig ist und es darüber, im Prinzip, nichts zu verhandeln gäbe, was nicht ausschließt, daß die (tatsächlichen, erwarteten, befürchteten) Reaktionen der Beschäftigten ins strategische Kalkül gezogen werden.

5. Technik als politischer Aushandlungsprozeß

Hat aber das Management Wahlmöglichkeiten in seinen Entscheidungen über technische Innovationen, dann darf man davon ausgehen, daß solche Entscheidungen von den Hauptverantwortlichen nicht immer unilateral getroffen, sondern in Frage gestellt, herausgefordert und unter Umständen auch ausgehandelt werden. Technologiewahl ist nicht nur eine Frage technischer und ökonomischer Kriterien, sondern auch eine soziale und politische Frage, die im Interessenstreit zwischen den Akteuren der industriellen Beziehungen entschieden wird. So hat beispielsweise Wilkinson (1986) in einer Reihe von Fallstudien evident gemacht, daß technischer Wandel als Resultat von Verhandlungen, Auseinandersetzungen und wechselseitigen Anpassungsprozessen zu begreifen ist. Wilkinson argumentiert, daß der Einfluß von Arbeitern und Arbeitsgruppen auf die Organisation und Kontrolle der Arbeit im Falle der Einführung neuer Techniken häufig ohne formale gewerkschaftliche Partizipation, gleichsam mit „subterranen" Mitteln erfolgte.

Die Einsicht, daß Unternehmungen nicht, wie in betriebswirtschaftlichen Lehrbüchern häufig beschrieben, „zweckrationale, wohlgeordnete und strikt an ökonomischen Effizienzkriterien orientierte Gebilde, input-output-Maschinen" (Ortmann 1990, S. 109) sind, sondern auch Orte des Interessenkampfes und der Konfliktaustragung, kurz ein „contested terrain" (Edwards 1979), verdanken wir der angelsächsischen Kritik an Braverman. Mittlerweile hat sich für dieses Phänomen auch der Begriff *Arena* eingebürgert. Mit diesem aus der Politikwissenschaft übernommenen (und dort anders verwandten) Begriff wird ein mehr oder weniger institutionalisierter Handlungsraum und Kampfplatz bezeichnet, den die jeweiligen Akteure nicht nur für die Austragung ihrer widerstreitenden Interessen nutzen, sondern deren (formelle wie informelle) Regelungen sie zu ihren jeweiligen Gunsten zu verändern trachten. Somit ist unter *Arena* zu verstehen: sowohl ein (wie immer komplexes) Institutionensystem, das festlegt, welche Formen, Gegenstände und Akteure zugelassen sind, als auch ein Aktionsfeld, das den Akteuren für die Lösung spezifizierter Probleme Handlungsmöglichkeiten (mit definierten Grenzen) einräumt. Arenen der Arbeitsbeziehungen konstituieren sich auf unterschiedliche Weise – durch Gesetz, Rechtsprechung und bilaterale Vereinbarungen (z.B. *Tarifautonomie* und *Betriebsverfassung*), aber ebenso durch informelle Regelungen, stillschweigende Übereinkünfte, eingespielte Praktiken, stumme Aushandlungen etc., wie die (ungeschriebene) *Arbeitsverfassung*.

Was bedeutet es nun, wenn wir sagen, daß *Technik in den Arenen der Arbeitsbeziehungen ausgehandelt* wird? Zunächst: daß das Ergebnis kontingent, aber gleichwohl nicht beliebig ist. Sodann: daß die involvierten Parteien keineswegs über gleiche Machtmittel zur Durchsetzung ihrer Interessen und Ziele verfügen. Kontingenz heißt, daß unter je spezifischen (branchen- und unternehmenstypischen) strukturellen und institutionellen Zwängen und Opportunitäten (*constraints and opportunities*) das Management seine strategischen Wahlen trifft. Asymmetrie der Machtmittel in den internen Auseinandersetzungen bedeutet, daß das Mangement in der Regel zwar eine überlegene Machtposition inne hat, aber daß seine Entscheidungen gleichwohl nicht unilateralen Charakters sind.

Einen strukturellen Bezugsrahmen für die Analyse der Beziehungen zwischen technischem Wandel und industriellen Beziehungen haben Sorge und Streeck (1988) elaboriert. Ihr Argument basiert auf zwei Gruppen (*clusters*) von Kontextvariablen, die den technischen Wandel und die industriellen Beziehungen sowohl getrennt als auch interaktiv beeinflussen: (a) Arbeitsorganisation und Qualifikationsstruktur, (b) Markt und Produktstrategie der Firma.

Die Variable Technologie interagiert einerseits mit der Produktstrategie der Firma und andererseits mit der Arbeitsorganisation. Die eine steht im Konnex mit dem Produktmarkt, die andere mit dem Arbeitsmarkt. Für das Management hat der Produktmarkt eine höhere Priorität als der Arbeitsmarkt, während die Gewerkschaften und die Institutionen der betrieblichen Interessenvertretung der Arbeitnehmer dem Arbeitsmarkt Priorität geben (vgl. Abb. 2).

Abbildung 2: Technologie und industrielle Beziehungen im Kontext (Sorge/Streeck 1988, S. 39)

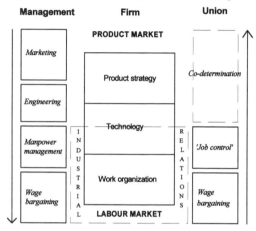

Im Gegensatz zum Management sind sie formell nur an jenen Unternehmensentscheidungen beteiligt, die sich auf Aspekte des externen und internen Arbeitsmarktes beziehen. Damit sind die gewerkschaftlichen Parameter in bezug auf Selektion und Implementation neuer Technologien inferior gegenüber den Parametern des Managements. In der Regel können Gewerkschaften und betriebliche Interessenvertretungen nicht über Aspekte des Produktmarktes verhandeln, aber sie können institutionelle Rigiditäten in bezug auf Entlohnung, Arbeitsorganisation und Techniknutzung errichten, die die manageriellen Entscheidungen über neue Technologien beeinflussen.

Die Erklärungskraft dieses formalen Bezugsrahmens ist begrenzt. Erst wenn man in ihn ein Erklärungsmodell mikro- und mesopolitischer Aushandlungsprozesse einträgt, können die Prozesse und Ergebnisse der „Technikaushandlung" erklärt werden. Dieses Modell, welches im folgenden expliziert wird, basiert auf dem *negotiated-order approach* (Strauss u.a. 1963), der Erkenntnis, daß „social orders are, in some sense, always negotiated orders" (Strauss 1978, S. 235). Auf unsere Fragestellung bezogen heißt das: In ihren kooperativen und konfliktären Interaktionen produzieren, reproduzieren und transformieren die Akteure industrieller Beziehungen teils implizit, teils explizit soziale Ordnungen von Organisationen und interorganisatorischen Netzwerken. Sie tun dies nach eingespielten Regeln und Gewohnheitsrechten (*custom and practice*), in stillschweigenden Übereinkünften und stummen Aushandlungen (*silent bargain*) oder auf dem Wege förmlicher Vereinbarungen und Verträge (*collective bargaining*).

Sobald das Management neue Technologie auf Unternehmens- und Arbeitsplatzebene einführt, ändert sich die für die Beschäftigten und ihre Interessenvertretung vertraute Situation. Dies kann Unsicherheiten, Ablehnung und offene Konfliktsituationen hervorrufen. Die Gewerkschaften können die entstandenen Unsicherheiten unter den Arbeitnehmern zu einem Konfliktthema machen und zu ihrem Vorteil ausnutzen. Um mit der neuen Situation umzugehen, wird das Management – teils stillschweigend, teils offen – eine neue soziale Ordnung mit den Arbeitnehmern und deren Interessenvertretern „aushandeln".

Eine neue soziale Ordnung wird von Akteuren ausgehandelt, welche über je spezifische Ressourcen verfügen, von denen sie wechselseitig abhängig sind. Indes konstituiert die wechselseitige Ressourcenabhängigkeit noch kein Machtgleichgewicht zwischen den Akteuren; die strukturelle Dominanz des Kapitals über die Arbeit bleibt erhalten. Aber da die Verhandlungen in mehr oder minder institutionalisierten Arenen erfolgen, können deren Handlungschancen und -restriktionen die gegebenen Machtvorteile teilweise kompensieren.

Qualifikation, Flexibilität, Motivation, Engagement etc. sind Ressourcen der Arbeitnehmer, an denen das Management im besonderen interessiert ist. Um diese Ressourcen optimal für den Arbeits- und Produktionsprozeß zu nutzen, kann das Management sich nicht allein auf Disziplin und Lohnanreize verlassen. Sicherheit (Arbeitsplatz, Qualifikation) und Partizipation (Arbeitnehmerbeteiligung, kollektive betriebliche Regelungen) sind Ressourcen, mit denen das Management seine weitergehenden Ziele erreichen kann. Berücksichtigen muß das Management überdies die kollektive Interessenvertretung der Arbeitnehmer, deren Ressourcen von Kooperation über Nicht-Kooperation bis zum Arbeitskampf reichen.

Ein erfolgversprechender Weg zur Erreichung seines Ziels besteht für das Management darin, Akzeptanz und *Commitment* der Beschäftigten durch Arbeitsplatzsicherheit und Arbeitnehmerpartizipation, in kooperativen Konsultationen und Verhandlungen mit den repräsentativen Vertretungsorganen der Beschäftigten zu entfalten. Dieses Ziel ist jedoch sehr stark von politischen und institutionellen Bedingungen bestehender Systeme industrieller Beziehungen abhängig. Sind solche Voraussetzungen nicht gegeben, muß das Management sie entweder selbst schaffen oder durch funktionale Äquivalente ersetzen.

Die Erfolgschancen des Managements sind abhängig von den Schlüsselvariablen des Systems der industriellen Beziehungen. Diese sind: Akteure, Verhandlungssysteme, Art der Vertrauensverhältnisse und Verhandlungsstrategien der Akteure. Die interdependenten Beziehungen, die zwischen diesen Variablen bestehen, bleiben im folgenden unberücksichtigt.

(1) Akteure

Im Hinblick auf den Akteur Arbeitgeber ist zunächst zwischen Management und Arbeitergebervereinigung zu unterscheiden. Aktivitäten und Übereinkommen der Arbeitgebervereinigung können gleichzeitig einschränkende und erleichternde Effekte für das Management haben. Die internen Gruppierungen innerhalb des Managements können außer acht bleiben, solange die Aushandlungsprozesse zwischen den Akteuren der industriellen Beziehungen und nicht so sehr die intraorganisatorischen Prozesse interessieren.

Auf seiten der Arbeitnehmer ist die Unterscheidung zwischen Gewerkschaft und betrieblicher Interessenvertretung relevant: Gibt es eine monistische oder eine duale Interessenvertretung? Wie repräsentativ und homogen ist die Organisation der Gewerkschaften und die Vertretung am Arbeitsplatz? Gibt es einheitliche („encompassing") oder plurale und konkurrierende Interessenvertretungen?

Hinsichtlich der Akteursvariable lassen sich folgende Hypothesen formulieren: (a) Hohe Organisierungs- und Steuerungsfähigkeit von Arbeitgebervereinigungen machen es leichter, bindende Regelungen für den Prozeß der technischen Implementation auszuhandeln und dem Management einen Rahmen für die Regelungen auf Unternehmensebene zu setzen. Umgekehrt werden niedrige Organisierung und mangelnde Steuerungsfähigkeit von Arbeitgebervereinigungen reine unternehmens- und betriebsbezogene Regelungen begünstigen. (b) Je repräsentativer und homogener die Arbeitnehmerorganisationen und -vertretungen sind, desto eher ist eine Realisierung der Beschäftigteninteressen in kollektiven Vereinbarungen durch formalisierte Verhandlungen zu erwarten.

(2) Verhandlungssysteme

Verhandlungssysteme sind komplexe Arenen, die in der Regel aus mehreren Subarenen bestehen. Wir können unterscheiden zwischen

(a) *formalisierten Verhandlungen* (Kollektivverhandlungen auf Unternehmens-, Branchen-, Industriegruppen- oder gesamtwirtschaftlicher Ebene);

(b) *formalisierter Mitbestimmung und Konsultation* (Verhandlungen und Konsultationen zwischen den Akteuren auf Arbeitsplatz- und Unternehmensebene);

(c) *informellen Verhandlungen* („silent bargain", „implicit negotiation", „custom and practice" auf der Arbeitsplatzebene) und

(d) *managementinitiierter Partizipation* (Teamwork, Projekt- und Arbeitsgruppen, Qualitätszirkel).

Eine generelle Hypothese lautet: Im Gegensatz zu einem „single-channel system" können in einem mehrstufigen und differenzierten Verhandlungssystem die aus dem Arbeitsverhältnis resultierenden Interessenkonflikte und Regelungsprobleme flexibler und sachadäquater gelöst werden. Die arbeitsteilige Problembearbeitung und differenzierte Interessenrepräsentation in Subarenen mit je verschiedenen Akteuren und unterschiedlichen Regelungsverfahren wirken der Kumulation von Konflikten entgegen.

(3) Vertrauensverhältnisse

Vertrauensverhältnisse, die wichtig für das Klima der industriellen Beziehungen sind, stellen eine sozialpsychologische Tatsache dar, entstanden aus objektiven Bedingungen (wie z.b. Autoritätsstruktur, Sozialorganisation, Geschichte der Arbeitsbeziehungen eines Unternehmens etc.); sie können als relativ autonomer Faktor die Beziehungen zwischen Arbeitnehmern und Management positiv wie negativ beeinflussen. Fox (1974) unterscheidet zwischen *low trust*- und *high trust*-Beziehungen. Wenn „Mißtrauensbeziehungen" vorherrschen, muß das Management erheblich mehr Ressourcen zur Erzeugung von Technikakzeptanz und *Commitment* der Beschäftigten einsetzen, verglichen mit den Ressourcen, die bei „Vertrauensbeziehungen" benötigt werden.

(4) Verhandlungsstrategien der Akteure

Walton/McKersie (1965) unterscheiden zwischen *distributiven* und *integrativen Verhandlungen*. „Distributive bargaining" verstehen sie als „bargaining" im striktesten Sinne; seine Funktion ist die Lösung authentischer Interessenkonflikte nach dem Muster von Nullsummenspielen: was die eine Seite gewinnt, verliert die andere. „Integrative bargaining" hingegen steht für Verhandlungen, die nach dem Muster von Positivsummenspielen ablaufen: beide Seiten gewinnen oder zumindest muß dem Gewinn der einen nicht ein äquivalenter Verlust der anderen Seite entsprechen. Das Management wird integrative Verhandlungen zum Erreichen seiner Ziele bevorzugen. Dies beinhaltet, daß es nach gemeinsamen Interessen suchen muß, die als stabile Basis für eine kooperative Problemlösung dienen können. Diese Strategie kann jedoch nur erfolgreich sein, wenn die andere Seite ebenfalls eine solche Strategie bevorzugt, oder wenn sie dazu gebracht werden kann, eine solche Strategiewahl zu treffen. Als „attitudinal structuring" bezeichnen Walton/McKersie jenen Teilprozeß, durch den die Verhandlungsparteien die Einstellungen der jeweils anderen Seite für sich positiv zu beeinflussen suchen.

Auf Gewerkschaftsseite entspricht den distributiven Verhandlungen eine *Schutzpolitik*, die sich hauptsächlich um die Sicherheit der Einkünfte und des Arbeitsplatzes kümmert, und den integrativen Verhandlungen entspricht eine *Gestaltungspolitik*, die Fragen wie Weiterqualifizierung, „Humanisierung der Arbeit" und direkte Arbeitnehmerbeteiligung beinhaltet. Gewerkschaften und betriebliche Interessenvertretungen, die als Folge der Einführung von Informations- und Kommunikationstechnologie negative soziale Auswirkungen für die Beschäftigten fürchten (müssen), werden eher der Schutzpolitik (und damit distributiven Verhandlungen) Priorität einräumen, während in Konstellationen, in denen die Gestaltungsvarianz der neuen Technologie einen höheren Stellenwert erhält, die betrieblichen und gewerkschaftlichen Akteure auch Gestaltungsforderungen aufgreifen werden.

Das Modell der mehrstufigen Verhandlungen auf „Shopfloor"-, Unternehmens- und Branchenebene kann dazu dienen, Forschungsergebnisse über die Implementation neuer Techniken und dadurch ausgelöste „negotiations of order" komparativ zu interpretieren (vgl. Müller-Jentsch u.a. 1997). Generalhypothese ist: Systeme industrieller Beziehungen sind mit unterschiedlichen (national- und branchenspezifischen) Steuerungsqualitäten ausgestattet; und diese entscheiden letztlich darüber, mit welchen Methoden und Erfolgschancen die durch Technikimplementation „gestörte" alte Sozialordnung durch eine neu auszuhandelnde ersetzt wird.

Literatur

Adler, P.S. (1988): Automation, Skill and the Future of Capitalism. In: Berkeley Journal of Sociology 23, S. 1-36

Adler, P.S./Boreys, B. (1989): Automation and Skill: Three Generations of Research on the NC Case. In: Politics and Society 17, S. 377-402

Altmann, N./Binkelmann, P./Düll, K./Stück, H. (1982): Grenzen neuer Arbeitsformen. Frankfurt

Altmann, N./Deiß, M./Döhl, V./Sauer, D. (1986): Ein „Neuer Rationalisierungstyp" – neue Anforderungen an die Industriesoziologie. In: Soziale Welt 37, S. 189-207

Bechtle, G./Lutz, B. (1989): Die Unbestimmtheit posttayloristischer Rationalisierungsstrategie und die ungewisse Zukunft industrieller Arbeit – Überlegungen zur Begründung eines Forschungsprogramms. In: Düll, K./ Lutz, B. (Hg.): Technikentwicklung und Arbeitsteilung im internationalen Vergleich. Frankfurt, S. 9-91

Beckenbach, N. (1983): Industriearbeit als gesellschaftliche Arbeit. Frankfurt

Beckenbach, N. (1984): Industrialisierung. In: Kerber, H./Schmieder, A. (Hg.): Handbuch Soziologie. Zur Theorie und Praxis sozialer Beziehungen. Reinbek bei Hamburg, S. 246-252

Beckenbach, N. (1991): Industriesoziologie. Berlin/New York

Bell, D. (1990): Die dritte technologische Revolution und ihre sozioökonomischen Konsequenzen. In: Merkur 44, S. 28-47

Benz-Overhage, K./Brumlop, E./Freyberg, T.v./Papadimitriou, Z. (1982): Neue Technologien und alternative Arbeitsgestaltung. Frankfurt

Bergmann, J. (1990): Rationalisierungsdynamik – Organisation industrieller Arbeit – Gesellschaftliche Ungleichheit. In: Institut für Sozialwissenschaftliche Forschung (Hg.): Vorträge zum 25jährigen Bestehen des ISF und zum 65. Geburtstag von Burkart Lutz. München, S. 23-31

Blauner, R. (1964): Alienation and Freedom. The Factory Worker and His Industry. Chicago

Brandt, G. (1978): Zentrale Themen und gesellschaftliche Bedingungen der Industriesoziologie seit Mitte der sechziger Jahre. In: Bolte, K.M. (Hg.): Materialien aus der Soziologischen Forschung. Verhandlungen des 18. Deutschen Soziologentages 1976 in Bielefeld. Darmstadt, S. 785-803

Brandt, G./Kündig, B./Papadimitriou, Z./Thomae, J. (1978): Computer und Arbeitsprozeß. Frankfurt

Brandt, G. (1990): Arbeit, Technik und gesellschaftliche Entwicklung. Frankfurt

Braverman, H. (1974): Labor and Monopoly Capital. The Degradation of Work in the Twentieth Century. New York

Braverman, H. (1977): Die Arbeit im modernen Produktionsprozeß. Frankfurt (dt. Ü. von Labor and Monopoly Capital)

Bright, J.R. (1958): Automation and Management. Boston

Buchanan, D./Boddy, D. (1983): Organizations in the Computer Age: Technological Imperatives and Strategic Choice. Aldershot

Burns, T. (1961): Micropolitics: Mechanisms of Organizational Change. In: Administrative Science Quarterly 6, S. 257-281

Child, J. (1972): Organizational Structures, Environment and Performance: The Role of Strategic Choice. In: Sociology 6, S. 2-22

Child, J. (1985): Managerial Strategies, New Technology and the Labour Process. In: Knights, D./Willmott, H./Collinson, D. (Hg.): Job Redesign. Critical Perspectives on the Labour Process. Aldershot, S. 107-141

Dunlop, J.T. (1958): Industrial Relations Systems. New York

Edwards, R.C. (1979): Contested Terrain. New York

Edwards, R.C. (1981): Herrschaft im modernen Produktionsprozeß. Frankfurt (dt. Ü. von Contested Terrain)

Gallie, D. (1978): In Search of the New Working Class. Automation and Social Integration within the Capitalist Enterprise. Cambridge

Guest, R.H. (1983): Organizational democracy and the quality of work life: the man on the assembly line. In: Crouch, C./Heller, F. (Hg.): Organizational Democracy and Political Processes. International Yearbook of Organizational Democracy Vol. I. Chichester, S. 139-153

Hack, L. (1987): Die dritte Phase der industriellen Revolution ist keine „technische Revolution". In: Bechmann, G./Rammert, W. (Hg.): Technik und Gesellschaft, Jahrbuch 4. Frankfurt

Kelley, M.R. (1989a): Alternative Forms of Work Organization Under Programmable Automation. In: Wood, S. (Hg.): The Transformation of Work. London

Kelley, M.R. (1989b): Unionization and Job Design Under Programmable Automation. In: Industrial Relations 28, S. 174-187

Kern, H./Schumann, M. (1970): Industriearbeit und Arbeiterbewußtsein. 2 Bde. Frankfurt

Kern, H./Schumann, M. (1984): Das Ende der Arbeitsteilung? München

Knights, D./Willmott, H./Collinson, D. (Hg.) (1985): Job Redesign. Critical Perspectives on the Labour Process. Aldershot

Knights, D./Willmott, H. (Hg.) (1990): Labour Process Theory. Basingstoke

Küpper, W./Ortmann, G. (1986): Mikropolitik in Organisationen. In: Die Betriebswirtschaft 46, S. 590-602

Küpper, W./Ortmann, G. (1988): Mikropolitik. Opladen

Lutz, B./Schmidt, G. (1977): Industriesoziologie. In: König, R. (Hg.): Handbuch der empirischen Sozialforschung. Bd. 8: Beruf, Industrie, Sozialer Wandel. 2. Aufl. Stuttgart

Lutz, B. (Hg.) (1985): Soziologie und gesellschaftliche Entwicklung. Frankfurt

Malsch, T./Seltz, R. (Hg.) (1987): Die neuen Produktionskonzepte auf dem Prüfstand. Berlin

McLoughlin, I./Clark, J. (1988): Technological Change at Work. Milton Keynes

Müller-Jentsch, W. (1994): Über Produktivkräfte und Bürgerrechte. In: Beckenbach, N./Treeck, W. van (Hg.): Umbrüche gesellschaftlicher Arbeit. Soziale Welt Sonderband 9, S. 643-661

Müller-Jentsch, W./Stahlmann. M. (1988): Management und Arbeitspolitik im Prozeß fortschreitender Industrialisierung. In: Österreichische Zeitschrift für Soziologie 13, S. 5-31

Müller-Jentsch, W./Sperling, H.J./Weyrather, I. (1997): Neue Technologien in der Verhandlungsarena. Schweden, Großbritannien und Deutschland im Vergleich. München.

Naschold, F./Dörr, G. (1990): Arbeitspolitk. In: WZB-Mitteilungen. Heft 50 (Dezember 1990), S. 12-14

Noble, D.F. (1979): Social Choice in Maschine Design: The Case of Automatically-Controlled Machine Tools. In: Zimbalist, A. (Hg): Case Studies on the Labor Process. New York

Ortmann, G. (1990): Mikropolitik und systemische Kontrolle. In: Bergstermann, J./Brandherm-Böhmker, R. (Hg.): Systemische Rationalisierung als sozialer Prozeß. Bonn, S. 101-120

Osterloh, M. (1987): Industriesoziologische Vision ohne Bezug zur Managementlehre? In: Malsch, T./Seltz, R. (Hg.): Die neuen Produktionskonzepte auf dem Prüfstand. Berlin

Popitz, H./Bahrdt, H.P./Jüres, E.A./Kesting, H. (1957): Technik und Industriearbeit. Soziologische Untersuchung in der Hüttenindustrie. Tübingen

Projektgruppe Automation und Qualifikation (1980): Automationsarbeit: Empirische Untersuchungen Teil 1. Argument- Sonderband AS 43. Berlin

Rose, M. (1975): Industrial Behaviour. Theoretical Development Since Taylor. London

Sohn-Rethel, A. (1972): Die ökonomische Doppelnatur des Spätkapitalismus. Neuwied

Sorge, A./Streeck, W. (1988): Industrial Relations and Technical Change: The Case for an Extended Perspective. In: Hyman, R./Streeck, W. (Hg.): New Technology and Industrial Relations. Oxford, S. 19- 47

Touraine, A. (1996): Le grand refus. Réflexions sur la grève de décembre 1995. Paris

Trist, E.I./Higgin, G.W./Murray, H./Pollock, A.B. (1963): Organizational Choice. London

Walker, C.R./Guest, R.H. (1952): The Man on the Assembly Line. Cambridge/Mass.

Wilkinson, B. (1986): The Shop Floor Politics of New Technology. London

Wood, S. (Hg.) (1982): The Degradation of Work? Skill, deskilling and the labour process. London

Wood, S. (Hg.) (1989): The Transformation of Work? Skill, flexibility and the labour process. London

Woodward, J. 1965 (1980): Industrial Organization: Theory and Practice. Oxford

Woodward, J. (1970): Industrial Organization: Behaviour and Control. Oxford

Zimbalist, A. (Hg.) (1979): Case Studies on the Labor Process. New York

Industrielle Beziehungen im Spannungsfeld von Globalisierung und europäischer Mehrebenen-Regulation

Klaus Dörre

Die Historie des Kapitalismus ist zugleich eine Geschichte wirtschaftlicher Internationalisierungsprozesse. Schon Marx galt die „Herstellung des Weltmarktes und einer auf seiner Basis ruhenden Produktion" als „eigentliche Aufgabe der bürgerlichen Gesellschaft". Während der sozialistische Theoretiker dem beständig revolutionierenden, über nationale Schranken und Vorurteile hinaustreibenden, alle Hemmnisse der Produktivkraftentwicklung niederreißenden Universalismus des Kapitals eine zivilisatorische Tendenz zuschrieb (Marx 1978, S. 360; 1974, S. 311ff.), wird die Globalisierungsdebatte am Ende des 20. Jahrhunderts von einem anderen Geist beseelt. Just zu einem Zeitpunkt, da der einheitliche Weltmarkt real zu werden beginnt, sind Utopien einer humaneren Weltgesellschaft in die Defensive geraten. Viele Interpreten assoziieren mit der intensivierten Globalisierung einen „Terror der Ökonomie" (Forrester 1997), dessen gierige Marktkräfte (Koch 1995) mit Sozialstaat, Gewerkschaften und parlamentarischer Demokratie zugleich die institutionelle Vielfalt entwickelter Kapitalismen bedrohen. Globalisierung also als Geburtshelferin einer institutionellen Monokultur aus deregulierten Märkten und sich verselbständigenden Unternehmenshierarchien (Crouch/Streeck 1997, S. 13), als Triebkraft einer entzivilisierenden Tendenz, die einem barbarischen Kapitalismus zum Duchbruch verhilft, in welchem wieder nur das Recht des Stärkeren zählt (Thurow 1996)?

1. Kapitalismus contra Kapitalismus

Als einer der ersten hat Michel Albert (1992) die neue Epochenkonstellation analysiert. Nach seiner Auffassung hat mit dem Ende des Ost-West-Gegensatzes eine Ära innerkapitalistischer Systemkonkurrenzen eingesetzt; ein Freund-Feind-Krieg, ausgefochten zwischen zwei „antagonistische(n) Denkweisen ein und desselben Kapitalismus", zwischen rheinischem (deutsch-japanischem) und angelsächsischem (neoamerikanischem) Modell. Während der angelsächsische Kapitalismus primär auf dem „individuellen Erfolg und dem schnellen finanziellen Gewinn" beruhe, favorisiere sein rheinischer Widerpart „den gemeinschaftlichen Erfolg, den Konsens und das langfristige Vorausdenken".[1] Zwar sei das Rheinmodell „gleichzeitig gerechter und effizienter",

---

[1] Die Tatsache, daß Albert den deutschen und den japanischen Kapitalismus auf einer Achse ansiedelt, zeigt, daß es sich um eine ausgesprochen grobe Modellierung handelt. Präzisere Typisierungen finden sich in Crouch (1993), Esping-Andersen (1996).

doch seine größere soziale Leistungsfähigkeit ändere nichts daran, daß es dem angelsächsischen Herausforderer im globalen Wettbewerb zu unterliegen drohe (Albert 1992, S. 25f.). In einer „regellosen" Weltwirtschaft besäßen die Kapitalismen einen Vorteil, denen aufgrund ihrer weniger rigiden, durchlässigeren und flexibleren Regulationssysteme Anpassungen an unsichere Märkte und rasche Innovationszyklen vergleichsweise leicht fielen. An Alberts Thesen anschließend, formuliert Streeck für den „deutschen Kapitalismus" eine ausgesprochen negative Zukunftsprognose. In der globalen Ökonomie kämen der diversifizierten Qualitätsproduktion, wie in Deutschland praktiziert, sukzessive die Spezialisierungsvorteile abhanden. Im Zusammenspiel mit der Vereinigungskrise erwachse daraus ein Problemdruck, an dem selbst das so überaus robuste deutsche Kapitalismusmodell zerbrechen könne (Streeck 1997a, S. 53).

Solche Einschätzungen sind für das Herzstück des „deutschen Modells", für die industriellen Beziehungen, folgenreich. Ein erster Blick auf die Realität des dualen Systems der Interessenrepräsentation scheint Negativszenarien zu bestätigen. Zwar gilt die einstige Hochburg des rheinischen Kapitalismus aus angelsächsischer, ja selbst aus schwedischer Perspektive noch immer als kooperativ organisiert, sozial gebändigt und vergleichsweise egalitär (so z.B. Lash 1996; Hirst/Thompson 1996; Pontusson 1997). Aber jene Institutionen, die – wie betriebliche Mitbestimmung, Flächentarifvertrag, duale Berufsausbildung und soziale Sicherungssysteme – über Jahrzehnte als Garanten eines langfristig orientierten, in breite gesellschaftliche Kompromißbildungen eingebetteten, aber dennoch überaus effizienten Wirtschaftsstils galten, sehen sich inzwischen Erosionsprozessen ausgesetzt. Wohl erstmals in der Nachkriegsgeschichte fordern Teile der Wirtschaftseliten nachdrücklich ein „Ende der Konsensgesellschaft". Plädoyers für ein Aufbrechen des „Tarifkartells", für betriebliche Lohnverhandlungen und eine neue, am Aktienwert orientierte Form der Unternehmenssteuerung sind zu ernsthaft diskutierten Optionen geworden. Unabhängig von der kontroversen Debatte schaffen zahlreiche „Standortpakte" in den Unternehmen Fakten. Seit geraumer Zeit werden tarifliche Vereinbarungen über Arbeitszeiten, Lohn und Leistung auf Betriebsebene durchlöchert. Doch es gibt auch Gegentendenzen. Angesichts der Erosion kollektiver Vertragsbeziehungen bemühen sich die Tarifparteien in wichtigen Branchen und Sektoren, das bewährte Regelungsinstrumentarium auf neuer Geschäftsgrundlage zu erhalten und weiterzuentwickeln. Insgesamt verläuft die reale Transformation der industriellen Beziehungen bislang weniger eindeutig als es die These vom bevorstehenden Ende des rheinischen Kapitalismus nahelegt.

Ähnliches gilt für wissenschaftliche Prognosen zur Zukunft des dualen Systems. Zwar ist sich die Mehrzahl der Beobachter darin einig, daß die Arbeitsbeziehungen in Deutschland eine Periode nachholender Dezentralisierung durchlaufen. Über das Ausmaß des Dezentralisierungsschubs und dessen Konsequenzen für die Stabilität organisierter Arbeitsbeziehungen wird jedoch kontrovers geurteilt. An einem Pol des Meinungsspektrums finden sich Verfechter einer „harten" Pfadabhängigkeitsthese. So konstatiert Müller-Jentsch (1995; 1998) einen erheblichen Modernisierungsbedarf des deutschen Systems industrieller Beziehungen. Die selektive Wirkung des bestehenden institutionellen Rahmens schließt jedoch nach seiner Auffassung „systemsprengende" Handlungsstrategien weitgehend aus. Aufgrund der immer wieder gezeigten Lernfähigkeit der Akteure sieht der Autor gute Chancen für eine pfadkonforme Evolution intermediärer Konfliktregulierung. Die Betriebsräte betrachtet er dabei als eine Art „Drehscheibe", um die herum die verschiedenen Ebenen der Interessenvertretung neu vernetzt werden könnten (Müller-Jentsch 1995, S. 74ff.). Dem widersprechen die Anhänger einer „harten" Konvergenzthese. Nach deren Auffassung verlangt der grenzüberschreitende Transfer von Kapital, Wissen und Technologie immer mehr nach einheitlichen Institutionen und Praktiken. Globalisierung wird als „großer Gleichmacher" begriffen, der nationale Unterschiede in den kapitalistischen Metropolen allmählich abschleift (Berger u.a. 1996). Konvergenz kann freilich höchst Unterschiedliches bedeuten. Japanisierungsszenarien (Dore 1996) stehen Mutmaßungen über Mischsysteme gegenüber, die sich im Verlauf einer langwierigen Angleichung an einem imaginären Konvergenzpunkt treffen (Inagami 1996). Nur *worst case*-Szenarien gehen indessen davon aus, daß der Niedergang staatlicher Steuerungsfähigkeit zur irreversiblen Schädigung von entscheidenden *governance*-Mechanismen des institutionellen Kapitalismus geführt hat. Aus einer solchen Perspektive scheint die Verwandlung des obligatorischen deutschen in ein unverbindlich-voluntaristisches, primär unternehmenszentriertes und sektoral ausdifferenziertes Regelsystem unvermeidlich (Streeck 1998; Strange 1997, S. 187).

Die Vieldeutigkeit der Szenarien und Prognosen läßt sich durchaus als Ausdruck einer relativ offenen Situation deuten, in der noch politisch beeinflußt werden kann, wohin die Reise gehen soll. Gewiß ist, daß mit dem wohlfahrtsstaatlichen Basiskonsens auch der Status quo in den nationalen Systemen industrieller Beziehungen in Bewegung gerät. Doch der Marsch in einen entzivilisierten Kapitalismus ist keineswegs schicksalhaft vorgezeichnet. Die ökonomische Globalisierung wirkt nicht als uniformierender Sachzwang. Ihre gesellschaftlichen Auswirkungen sind Gegenstand und Ergebnis der Interessenpolitiken von Unternehmen, Regierungen, Gewerkschaften, Verbänden und sozialen Bewegungen. In Abgrenzung zum grassierenden Globalisierungsfatalismus wird nachfolgend gezeigt, daß die offene internationale Ökonomie schon aus Selbsterhaltungsgründen nach langfristigen sozialen Kompromissen und Steuerungsleistungen verlangt. Grenzüberschreitende ökonomische Integrationsprozesse lassen sich nur zeitweilig von ihren sozialen Grundlagen abkoppeln. Die Stabilität der internationalen Ökonomie hängt auf mittlere Sicht wesentlich von der Fähigkeit ab, die Früchte der neuen Globalisierung so zu nutzen, daß die „Verlierer" wirtschaftlicher Integrationsprozesse halbwegs angemessen entschädigt werden. Da grenzüberschreitende Wirtschaftsaktivitäten in den jeweiligen Ländern noch immer auf spezifische institutionelle Traditionen, Politik- und Wirtschaftsstile treffen, kann nationalen Arbeitsbeziehungssystemen eine wichtige Regulationsfunktion zufallen. Die alten Stärken des rheinischen Kapitalismus lassen sich angesichts des erreichten Internationalisierungsniveaus allerdings nur ausspielen, wenn sie durch eine verbesserte grenzüberschreitende Politikkoordination der industriellen Akteure gestützt werden. Allen gegenläufigen

Tendenzen zum Trotz bietet die Europäische Union (EU) für eine Politik der Re-Regulation den geeigneten Rahmen.

2. Was ist Globalisierung?

Zur Begründung dieser Sichtweise soll zunächst der Globalisierungsbegriff präzisiert werden. In der internationalen sozialwissenschaftlichen Debatte stehen sich zwei scheinbar unvereinbare Grundpositionen gegenüber. *Globalisten* unterschiedlichster Coleur betrachten weltweit verflochtene Märkte und Produktionsketten bereits als nicht mehr hintergehbare Realität. Sie sprechen vom unwiderruflichen Ende relativ geschlossener Nationalökonomien und einer kaum mehr kontrollierbaren Macht transnationaler Unternehmen (Reich 1996; Ohmae 1996; Hobsbawm 1995). Folgerichtig gehen sie davon aus, daß die Ära, in der „der Staat den Unternehmen Regeln vorgeben konnte", definitiv vorbei ist (Thurow 1996, S. 189). *Anti-Globalisten* halten dem entgegen, das erreichte Niveau grenzüberschreitender ökonomischer Verflechtungen sei keineswegs einmalig; historisch entspreche es allenfalls dem Stand vor 1914. Internationalisierungsprozesse blieben im wesentlichen auf die Industrieländer beschränkt. Sie seien das Ergebnis relativ intakter Nationalstaaten und Nationalökonomien. Statt von Globalisierung könne bestenfalls von makroregionalen Blockbildungen gesprochen werden (Krugman 1996; Hirst/Thompson 1996; Ruigrok/van Tulder 1995).

Ein Grundproblem beider Betrachtungsweisen ist, daß sie mit dem Idealmodell einer weltumspannenden Ökonomie operieren. Während die Hyperglobalisten neue Entwicklungen in der Weltwirtschaft, die häufig über ein embryonales Stadium noch nicht hinausgekommen sind, überhöhen und verabsolutieren, konzentrieren sich die Anti-Globalisten darauf, das idealisierte Globalisierungs-Modell zu destruieren. Dabei haben die Skeptiker vielfach die empirischen Fakten auf ihrer Seite. In ihrer relativierenden Argumentation neigen sie jedoch dazu, qualitativ neuen Entwicklungen ungenügend Rechnung zu tragen. Eine Extremvariante reduziert das Phänomen gar auf die Wirkung einer Ideologie, auf den neoliberalen Globalismus.[2] Ungeklärt bleibt in solchen Betrachtungen, weshalb vermeintlich graduelle Veränderungen der internationalen Ökonomie so überaus dramatische soziale und politische Folgen zeitigen. Gegenüber beiden Interpretationen macht es Sinn, Globalisierung als einen vielschichtigen, widersprüchlichen, oftmals erst keimhaft entwickelten und partiell revidierbaren Prozeß zu begreifen, der den Akteuren der internationalen Ökonomie ein relativ weites Spektrum an Handlungsmöglichkeiten bietet und dessen konkrete Auswirkungen auf Wohlfahrtsstaaten und Arbeitsbeziehungssysteme erst über empirische Forschungen zu ermitteln sind.[3]

---

[2] Die Diagnose lautet schlicht: „Wer Globalisierung sagt, der will betrügen!" (Misik 1997, S. 38)
[3] Zu einer prozeßorientierten Globalisierungsdefinition vgl. z.B. Perraton u.a. (1998, S. 136f.), McGrew u.a. (1992, S. 23) sowie Giddens (1998, S. 28ff.)

Offene Weltwirtschaft und regelverändernde Restrukturierung

Was rechtfertigt nun die Redeweise von der neuen oder intensivierten Globalisierung? Historiker wie Braudel (1994) oder Weltsystemtheoretiker wie Wallerstein (1984) gehen davon aus, daß der Kapitalismus bereits im 16. Jahrhundert als internationales System entsteht – ein System, das sich in immer neuen Landnahmen tendenziell auf den gesamten Erdball ausdehnt. Die internationale Wirtschaft ist dabei in ein verzweigtes Netz von Macht- und Aushandlungsbeziehungen eingebettet, dessen konkrete Gestalt in der neueren Zeit wesentlich durch die Interaktionen zwischen Nationalstaaten, multinationalen Unternehmen und suprastaatlichen Institutionen (z.B. Weltbank, Internationaler Währungsfond, Welthandelsorganisation, UNO, regionale Handelsblöcke wie Mercosur, Nafta oder EU) bestimmt wird. Jede historische Konfiguration internationaler Beziehungen zeichnet sich durch spezifische Regeln (*international order*) aus, die – nicht ausschließlich, aber maßgeblich – von den jeweils hegemonialen Mächten definiert werden. Das internationale Wirtschaftsgeschehen ist in den Aufstieg und Niedergang solcher Hegemoniekonstellationen eingebettet.[4] In Phasen der Ausdehnung und Intensivierung grenzüberschreitender ökonomischer Austauschprozesse werden zugleich die Machtbeziehungen zwischen Staaten, Wirtschaftsorganisationen und deren Interaktionspartnern umgewälzt.

Für die Zeit nach 1945 lassen sich im Anschluß an Dunning (1992, S. 599ff.) drei Phasen der Internationalisierung skizzieren. Die *erste Phase* reicht von 1945 bis in die späten sechziger Jahre. Dies ist die Periode des aufsteigenden Fordismus, gekennzeichnet unter anderem durch technologische, ökonomische und militärische Hegemonie der USA (*Pax Americana*), Regulation über das System von *Bretton Woods* (feste Wechselkurse) und eine in diesem Kontext stattfindende, zunächst von amerikanischen multinationalen Unternehmen ausgehende „erste Welle" der Gründung von Auslandsniederlassungen. Die *zweite Phase* vom Ende der sechziger bis zur Mitte der achtziger Jahre ist bereits vom Niedergang der US-Hegemonie und dem Zerfall des *Bretton Woods*-Systems geprägt. In dieser Phase treten europäische multinationale Unternehmen auf den Plan, die den amerikanischen Internationalisierungspfad nicht mehr ohne weiteres kopieren können und die daher ein spezifisches eurozentriertes Entwicklungsmuster kreieren. Die *dritte Phase* beginnt Mitte der achtziger Jahre und reicht bis in die Gegenwart.

Zu ihren wichtigsten Charakteristika gehören geoökonomische Veränderungen, wie der Aufstieg Japans als ausländischer Investor, die Verwandlung der USA in einen großen Markt für ausländische Direktinvestitionen, das Ende der bipolaren Welt und die wirtschaftliche Öffnung Osteuropas, das Aufholen einiger *Newly Industrializing Countries* (NICs) mit eigenen multinationalen Unternehmen, eine allmähliche weltwirtschaftliche Integration großer asiatischer Flächenstaaten (China, Indien) in die Weltwirtschaft sowie das wachsende Gewicht makroregionaler Handelsblöcke in der

---

[4] Grundlegend für den hegemonietheoretischen Ansatz in der *International Relations*-Forschung Cox (1996a; 1996b); zur Einführung in die internationalen Beziehungen Strange (1994)

internationalen Ökonomie (Dunning 1992, S. 601ff. u. 615f.). Die Vernetzung wirtschaftlicher Aktivitäten erfolgt in einer polyzentrischen Welt, in der die USA als letzte verbliebene Weltmacht nur noch partiell in der Lage sind, *global leadership* auszuüben. Zu den geoökonomischen Verschiebungen kommen *technologische und logistische Neuerungen*, die die raum-zeitliche Koordination grenzüberscheitender Wirtschaftsaktivitäten berühren. Elektronische Informations- und Kommunikationssysteme sowie veränderte Organisationsmethoden erlauben tendenziell ein in Echtzeit koordiniertes Management grenzüberschreitender Unternehmensaktivitäten. Ein durch den Abbau von Handelshemmnissen zusätzlich unterstützter Effekt ist, daß Kommunikations- und Transportkosten tendenziell zu einer vernachlässigenswerten Größe geworden sind. Aufgrund solcher Entwicklungen verwandelt sich die internationale Wirtschaft allmählich in eine Weltökonomie, in einen Möglichkeitsraum, der die Chancen für eine flexible Nutzung komparativer Vorteile und zur Ausweitung grenzüberschreitender Unternehmensaktivitäten enorm erhöht. Entscheidend für die behauptete neue Qualität wirtschaftlicher Internationalisierung ist indessen, daß sich die Machtrelationen zwischen wirtschaftlichen und politischen Akteuren der internationalen Beziehungen gravierend zuungunsten der letzteren verändert haben (stellvertretend für viele: Stopford/Strange 1995; Strange 1997).

Für die vornehmlich national organisierten Arbeitsbeziehungen sind vier Entwicklungen besonders folgenreich.

Erstens die hypertrophe Entwicklung der internationalen Finanzmärkte. Grenzüberschreitende Finanztransaktionen sind seit 1970 um ein Mehrfaches stärker gewachsen als die weltweite Produktion von Gütern und Dienstleistungen (Sauernheimer 1997, S. 70). Die aufgeblähte Finanzsphäre, in der die reale Produktion kaum noch Beachtung zu finden scheint, ist für viele Autoren das entscheidende Merkmal einer neuen Globalisierung.[5] Deregulierte Finanzmärkte sanktionieren nationale Wirtschaftspolitiken; „Keynesianismus in einem Land" gilt inzwischen als aussichtsloses Unterfangen. Der Druck, sich an international üblichen Renditevorstellungen orientieren zu müssen, erzeugt in den Unternehmen einen Trend zur Anpassung an kurzfristige Verwertungszwänge. Auch dort, wo – wie in Deutschland – Aktienbesitz und Eigentumstitel traditionell eine geringere Rolle bei der Unternehmenssteuerung spielen, führt dies zu veränderten Machtbalancen, zu Konflikten zwischen Aktionären, Unternehmensführungen und anderen Interessengruppen.

Zweitens ein durch die veränderte organische Zusammensetzung des Kapitals bewirkter *Wandel des Integrationsmodus der internationalen Ökonomie*. Die im Verhältnis zu den Lohnkosten ständig steigenden Aufwendungen für Technologie, Forschung und Entwicklung, Werk- und Rohstoffe können sich häufig nicht mehr innerhalb nationaler Märkte amortisieren. Das zwingt weltmarktorientierte Unternehmen zur permanenten

---

[5] Zur Internationalisierung der Finanzmärkte und den daraus erwachsenden Regulationsproblemen s. Helleiner (1994); Herring/Litan (1995); Cerny (1993). Zu den Funktionsmechanismen internationaler Finanzmärkte: Henwood (1997).

Suche nach neuen Absatzchancen außerhalb der Nationalökonomien (Stopford/Strange 1995). Zwecks Verbesserung ihrer Marktchancen sind internationale Schlüsselunternehmen zunehmend bestrebt, selbst zu Insidern in fremden Territorien zu werden; ein Trend, der sich im ständigen Wachstum ausländischer Direktinvestitionen, in einer Vielzahl von Joint ventures, Fusionen und Übernahmen niederschlägt.[6] Ökonomische Verflechtungen realisieren sich daher nicht mehr ausschließlich in Handels-, sondern mehr und mehr in grenzüberschreitenden Produktions- und Zulieferbeziehungen.

Drittens *neue Rationalisierungsparadigmen*, an denen sich die internationalen Champions orientieren. Die multinationalen Unternehmen der ersten und zweiten Internationalisierungsphase operierten häufig mit parallelen Strukturen in verschiedenen Ländern. In der gegenwärtigen Phase basiert die Nutzung komparativer Vorteile mehr und mehr auf der Fähigkeit, sämtliche Aktivitäten entlang internationaler Wertschöpfungsketten zu integrieren. Dominantes Leitbild ist das transnationale Unternehmensnetzwerk, das alle seine Funktionen an räumlich optimalen Standorten plaziert und diese Funktionen und Standorte so kombiniert, daß Redundanzen vermieden und Lerneffekte innerhalb des Netzwerks rasch verallgemeinert werden können.[7]

Viertens eine in der Mehrzahl der Industrieländer zu beobachtende Synthese von *neoliberaler Wirtschafts-* und *nationaler Wettbewerbspolitik*, die sich bei der Entstehung und Ausgestaltung der Weltwirtschaft während der zurückliegenden beiden Dekaden als mächtigste politische Kraft erwiesen hat. Zwar ist die neoliberale Doktrin in keinem Metropolenstaat in Reinform verwirklicht worden. Doch in vielen Ländern dominierten restriktive Wirtschaftspolitiken (reduzierte Verschuldung, weniger Staatsausgaben, Steuersenkungen, Primat der Geldwertstabilität), die – verknüpft mit Privatisierungs- und Deregulierungsmaßnahmen – eine Selbstbeschneidung staatlicher Interventionsfähigkeit bewirkt haben. Diese Politiken sind nicht ohne weiteres revidierbar, denn der Einsatz nationaler Souveränität für die Liberalisierung der Märkte hat in den industriellen Metropolen zu strukturellen Veränderungen geführt. Er hat nicht nur eine „Klasse von Rentiers" (Kapstein 1998, S. 217), sondern eine breitere Schicht von „Globalisierungsgewinnern" entstehen lassen, die auf unterschiedliche Weise an der internationalen Ökonomie partizipieren. Diese Gruppen bilden die potentielle soziale Basis eines ideologischen Globalismus, der den Kampf um sozialen Wohlstand aus dem „Inneren" der Gesellschaften „nach außen" verlagert (Cohen 1998, S. 16) und ihn in eine Art Mega-Konkurrenz zwischen Volkswirtschaften und regionalen Handelsblöcken umdeutet.

Alle genannten Entwicklungen strukturieren die entstehende Weltökonomie, sie wirken jedoch nicht als einheitlicher Megatrend. Die Abstraktion von natürlichen und sozialen Grenzen der Kapitalmobilität gelingt am gründlichsten in der Finanzsphäre; schon im Bereich materieller Produktion machen sich vielfältige Bindekräfte als Hemmnisse

---

[6] Zu den ausländischen Direktinvestitionen: Wortmann/Dörrenbächer (1997); Härtel u.a. (1996)
[7] Mit unterschiedlichen Akzentuierungen: Porter (1993); Ohmae (1994); Hirsch-Kreinsen (1996)

grenzüberschreitender Wirtschaftsaktivitäten bemerkbar (Altvater/Mahnkopf 1996). Somit entpuppt sich die neue Globalisierung als komplexes In- und Nebeneinander konvergierender und divergierender Kräfte. Einerseits wächst das Machtpotential grenzüberschreitend agierender Unternehmensnetze, supranationaler Institutionen und Entscheidungszentren, die auf eine soziale Entbettung (*disembedding*) ökonomischer Aktivitäten drängen. Andererseits treffen wirtschaftliche Internationalisierungsprozesse noch immer auf national differierende Wirtschaftsstile, wohlfahrtsstaatliche Traditionen und Arbeitsbeziehungssysteme. Solche nationalen Konfigurationen wirken als institutionelle Filter (Hirst/Thompson 1996), an denen sich die angleichenden Kräfte ökonomischer Globalisierung brechen. Ein durch wirtschaftliche Internationalisierung verursachter Veränderungsimpuls kann daher von Land zu Land höchst Unterschiedliches bewirken. Charakteristisch für die Akteure der offenen Weltwirtschaft und insbesondere für die internationalen Schlüsselunternehmen ist, daß sie mehr oder minder gezielt versuchen, die Regeln zu beeinflussen, nach denen das globale „game of profit making" gespielt wird (Ruigrok/van Tulder 1995). Rivalitäten um den besten Weg internationaler Restrukturierung erhalten so eine regelverändernde Qualität. Aufgrund gewandelter Machtbalancen können ökonomische und politische Eliten immer wieder der Versuchung erliegen, eine Art Überanpassung an wirkliche und vermeintliche Zwänge der Globalisierung zu betreiben. Die Ausrichtung an einem „Shareholder-Kapitalismus" nordamerikanischer Prägung steht für eine solche Überanpassung.[8]

Überlegenheit des neoamerikanischen Modells?

Plädoyers für einen radikalen gesellschaftlichen Pfadwechsel stützen sich häufig auf das überraschende Comeback der US-Wirtschaft in den neunziger Jahren. Angesichts des Niedergangs der japanischen Ökonomie und der anhaltenden Massenarbeitslosigkeit in Westeuropa scheint evident, daß radikale Innovationen, wirtschaftliches Wachstum und die Schaffung von Arbeitsplätzen am besten in Gesellschaften gelingen, die sich – wie der nordamerikanische Kapitalismus – durch *short termism*, schwache zivilgesellschaftliche Assoziationen, Deregulierung und Entsozialstaatlichung auszeichnen. Prüft man die Quellen gängiger Amerikanisierungsthesen, stößt man indessen auf differenziertere Argumentationen.

---

[8] Die Annahme, Volkswirtschaften konkurrierten in gleicher Weise miteinander wie Unternehmen, ist als solche überaus problematisch. Krugman (1996) spricht gar von einer „gefährlichen Wahnvorstellung", weil sich Volkswirtschaften niemals wechselseitig substituieren, weil für die meisten Unternehmen der Binnenmarkt nach wie vor entscheidend ist und weil internationaler Handel bei spezialisierten Volkswirtschaften durchaus zum Positivsummenspiel werden kann. Krugman unterschätzt jedoch, daß die leitbildorientierte Megakonkurrenz zwischen unterschiedlich regulierten Kapitalismen u.a. wegen der stärkeren Exportabhängigkeit der meisten Industrieländer – ca. ein Drittel des privaten Outputs geht in Westeuropa inzwischen in den Export (Perraton 1997, S. 227) – zu einer handlungsleitenden Maxime geworden ist, die die politische Ökonomie (nicht nur) der kapitalistischen Zentren bestimmt.

So beschreibt Hollingsworth einen prekären wirtschaftlichen Dualismus. Neue Industrien und Unternehmen, die wegen des institutionellen Defizits in netzwerkartigen Kooperationsformen verbunden sind, koexistieren mit traditionellen Industrien, die relativ stabile Massenmärkte bedienen und deren Unternehmen sich nach wie vor durch eine klassisch-hierarchische Organisation auszeichnen. Während das flexible Regulationssystem die Clusterbildung bei wissensintensiven, durch rasche Innovationszyklen geprägten Wirtschaftszweigen (Biochemie, Biomedizin, Elektronik, Computer, Telekommunikation) erleichtert, erschwert es offenbar inkrementelle Innovationen in reifen Industrien. Die Folge ist eine fortschreitende Polarisierung von Arbeitsbedingungen und Löhnen innerhalb und zwischen industriellen Sektoren. Selbst im Mekka der Elektronik- und Computerbranche handelt es sich bei etwa der Hälfte der Beschäftigten um Un- oder Angelernte. Noch extremer ist die Polarisierung von Tätigkeiten, Qualifikationen und Einkommen in den traditionellen Industrien. Zwar verzeichnen die USA ein weitaus größeres Job-Wachstum als alle anderen Ökonomien. Und auch die Behauptung, der Beschäftigungszuwachs verdanke sich ausschließlich der Zunahme von „bad jobs" im Dienstleistungsgewerbe erweist sich als Legende. Doch ist die Zunahme qualifizierter Tätigkeiten eng an ein wachsendes Heer von Beschäftigten in wenig attraktiven, ungeschützten, befristeten und Teilzeitarbeitsverhältnissen gekoppelt. Als Folge der industriellen Umstrukturierung und des Niedergangs der Gewerkschaften hat die Lohnungleichheit drastisch zugenommen (Hollingsworth 1997, S. 143f.). Das amerikanische Jobwunder verliert weiter an Glanz, wenn man bedenkt, daß die Löhne der unteren Einkommensgruppen nicht zur Sicherung des Lebensunterhalts ausreichen. Auch das in den USA besonders ausgeprägte Problem sozialer Ausgrenzung wird durch den wirtschaftlichen Aufschwung keineswegs abgemildert. Jene Bevölkerungsgruppen, die unterhalb der Armutsgrenze leben, sind bis 1994 gewachsen; erst in der jüngsten Vergangenheit hat es einen leichten Rückgang gegeben. Vermittelt über die ethnische Segregation, die Auswanderung der weißen, wohlhabenderen Bevölkerung und die dadurch bedingten Steuerausfälle hat die Krise der Städte „staatsfreie" Zonen entstehen lassen, in denen die öffentliche Ordnung faktisch zusammengebrochen ist (Waquant 1997). Mit Blick auf die industriellen Beziehungen ist ein weiteres Phänomen interessant: Trotz (oder wegen?) stark geschwächter Gewerkschaften hat die US-Industrie ihre Produktivitätskrise nicht überwinden können. Das durchschnittliche Produktivitätswachstum stagniert bei jährlich 1,1 Prozent. Entgegen allen Versprechungen haben *lean management*, *reengineering* und *downsizing* der Belegschaften kaum Fortschritte gebracht (vgl. Sennett 1998, S. 61ff.).

Angesichts des erreichten Ausmaßes sozialer Desintegration hüten sich die wissenschaftlichen Beobachter vor eindeutigen Prognosen. Möglich ist, daß die USA in wissensintensiven Industrien mit kurzen Produkt- und Innovationszyklen weiter Spitzenpositionen besetzen, ihre Nachfrage nach qualifizierten Arbeitskräften mittels Einwanderung befriedigen und den militärischen Sektor nutzen, um weiterhin international gültige technische Standards zu setzen. Bei einer solchen Entwicklung könnte das obere Drittel der Gesellschaft, das am Weltmarkt und der sozialen Infrastruktur anderer Länder partizipiert, den partiellen Zusammenbruch der sozialen Ordnung durchaus verkraften. Wie lange der Spagat zwischen produktiven Industrien und zerstörtem gesellschaftlichem Umfeld durchzuhalten ist, vermag indessen niemand vorauszusagen. Ein alternatives Szenarium macht daher die Erneuerung sozialer Institutionen auf lokaler und regionaler Ebene zur Minimalbedingung, um dem drohenden gesellschaftlichen Kollaps in den städtischen Ballungsgebieten wirksam zu begegnen. Doch unabhängig von der sozialen Polarisierung gilt, daß der amerikanische Kapitalismus Produkt eines historisch einmaligen Evolutionsprozesses und einer individualistischen, Pioniergeist und Unternehmertum fördernden Kultur ist. Die ökonomischen Institutionen dieses Kapitalismus sind in einen umfassenderen Kontext eingebunden; sie „können nicht konvergieren" (Hollingsworth 1997, S. 133). Aus der kontinentaleuropäischen Perspektive bedeutet dies schlicht, daß das neoamerikanische Modell nicht kopierbar ist. Entsprechende Transformationsversuche liefen darauf hinaus, einen an der kurzen Frist ausgerichteten Wirtschafts- und Managementstil in einem institutionellen Umfeld zu implementieren, dessen Leistungskraft wesentlich auf längerfristig wirksamen Wettbewerbsvorteilen beruht. Übergang zum *short termism* hieße somit für den rheinischen Kapitalismus, an die Stelle politischen Lernens ein Zerstörungsprogramm zu setzen, das die soziale Kohärenz der bestehenden nationalen Industriemodelle weiter untergraben würde, ohne eine positive Restrukturierungsvariante wahrscheinlicher zu machen.

3. Internationalisierungsstrategien und Abhängigkeitsbeziehungen von Unternehmen

Gegen diese Interpretation ließe sich einwenden, daß sie die Hauptakteure der Weltwirtschaft, die wachsende Zahl multi- oder transnationaler Unternehmen, vernachlässigt. Mag eine rasche Angleichung nationaler Industriemodelle oder gar eine „Amerikanisierung" der Metropolenstaaten unwahrscheinlich sein; auf Unternehmensebene scheint eine gewisse Annäherung von Managementpraktiken und institutionellen Arrangements nicht nur möglich, sondern zwingend nötig. Dennoch gibt es gegen die Suggestion bindungsloser „postnationaler" Unternehmen gewichtige Einwände. Selbst die größten Konzerne betreiben ihre Internationalisierung niemals isoliert. Sie agieren als Zentren komplexer Abhängigkeitsbeziehungen und Verhandlungskonstellationen, die sich nach einem Ansatz der kritischen Unternehmensforschung als „industrielle Komplexe" analysieren lassen.

Industrielle Komplexe – eine Perspektive zur Erforschung internationaler Schlüsselunternehmen

Ein industrieller Komplex kann als Bargaining-Konfiguration definiert werden, die um ein Schlüsselunternehmen herum organisiert ist und die aus einer Gruppe von Akteuren besteht, welche direkt oder indirekt in die Produktion und Distribution eines gegebenen Gutes eingebunden sind (Ruigrok/van Tulder 1995, S. 66). Solche Konfigurationen von Akteuren und Aushandlungsmustern sind relativ stabil; die Interaktionen innerhalb eines Komplexes werden über relativ verfestigte Abhängigkeitsverhältnisse und Machtbeziehungen gesteuert. Die fokalen Unternehmen agieren gewissermaßen als „Spinnen" in einem verzweigten Beziehungsnetz. Sie sind am besten positioniert, um die vielfältigen Abhängigkeiten und Aushandlungen zu managen. Um das jeweilige Unternehmen herum sind mindestens fünf weitere Akteursgruppen plaziert: zum fokalen Unternehmen gehörende wie auch organisatorisch selbständige *Zulieferer*; formell selbständige oder in das Schlüsselunternehmen integrierte *Handels-* und *Marketingorganisationen*; die *Beschäftigten* des Schlüsselunternehmens mit ihren individuellen und kollektiven Arbeitsinteressen, gleich ob sie durch betriebliche Interessenvertretungen und/oder Gewerkschaften repräsentiert werden oder nicht; die *Finanziers* (Banken, Pensionsfonds, „parent companies") sowie die *politischen Institutionen* und *Regierungen* auf lokaler, regionaler, nationaler und gegebenenfalls auch supranationaler Ebene. Jeder industrielle Komplex konstituiert sich somit über mindestens fünf charakteristische Aushandlungsverhältnisse mit je eigenständigen Aushandlungsarenen und Prozeßlogiken.

Ein solches Beziehungsnetz entsteht zunächst an der heimischen Operationsbasis der Unternehmen; aber mit jedem Internationalisierungsschritt weitet es sich tendenziell auf die Außenstandorte aus. Auf diese Weise bildet sich ein komplexes Geflecht von Aushandlungsverhältnissen heraus, in das die Subsysteme industrieller Beziehungen integriert sind. Da der Internationalisierungsprozeß eines Schlüsselunternehmens rascher voranschreitet als die Internationalisierung seiner Aushandlungspartner, entsteht ein machtrelevantes Mobilitätsdifferential. Nutzt ein internationaler Champion seine Exit-Optionen (angedrohte oder reale Flucht aus der heimischen Operationsbasis) aus, kann er sich Vorteile gegenüber seinen Aushandlungspartnern verschaffen. Ein Unternehmen wird durch die Ausweitung grenzüberschreitender Wirtschaftsaktivitäten aber nicht wirklich bindungslos. In seinen Außenmärkten und -standorten trifft es in den genannten Arenen auf neue Bargaining-Partner und Regulationssysteme. Mit jeder Festlegung auf einen Standort entstehen zusätzliche Aushandlungsbeziehungen und Bindungen. Im Extremfall agiert ein Schlüsselunternehmen jeweils mit heimischen und fremden Zulieferern, Händlern, Gewerkschaften etc. – und das an einer Vielzahl von Standorten. Unwahrscheinlich ist allerdings, daß die Aushandlungsverhältnisse in den Außenstandorten rasch ein ähnlich großes Gewicht erlangen wie die Beziehungen an der heimischen Operationsbasis.

Die Vielfalt der Wechselbeziehungen zwischen den Schlüsselunternehmen bezeichnet das zentrale Managementproblem der internationalen Champions. Bei dem immer nur annäherungsweise gelingenden Versuch, Kontrolldilemmata zu lösen, nutzen die Unternehmen unterschiedliche Gestaltungsoptionen. Dabei hängt die Kohärenz eines industriellen Komplexes entscheidend von der Fähigkeit ab, ein gewähltes Kontrollkonzept auf möglichst viele Politikarenen auszudehnen. Ruigrok/van Tulder differenzieren insgesamt fünf Kontrollkonzepte: flexible Spezialisierung, industrielle Demokratie, Makrofordismus, Mikrofordismus und Toyotismus (Ruigrok/van Tulder 1995, S. 37ff.).

Wahl und Ausgestaltung von Kontrollkonzepten sind zunächst eine Sache von Aushandlungen an der *heimischen Operationsbasis* der Schlüsselunternehmen. Ist eine Wahl erfolgt, haben sich Aushandlungsbeziehungen verfestigt und Kompromißgleichgewichte eine institutionelle Gestalt angenommen, so kann von einem *Kontrollnetzwerk* gesprochen werden, das alle weiteren Aktivitäten des fokalen Unternehmens präformiert. Insofern läßt sich die heimische Aushandlungs-Umwelt eines Schlüsselunternehmens als die Wurzel jeder Internationalisierungsstrategie (ebd., S. 169) bezeichnen. Auch der jüngste Internationalisierungsschub hat nach Auffassung der Autoren an der Schwerkraft der heimischen Operationsbasis und ihrer Aushandlungsbeziehungen wenig geändert. Angesichts des noch immer relativ geringen Internationalisierungsgrades selbst der Creme der Schlüsselunternehmen sei es eine pure Untertreibung, wenn man für die Firmenebene feststelle, „that national borders matter" (ebd., S. 159; vgl. auch Mair 1997; Dörre 1997). Die Pointe dieser Argumentation besteht darin, daß aus der Schwerkraft der heimischen Operationsbasis ein spezifisches Verhalten der Schlüsselunternehmen abgeleitet wird. Als wahrscheinlich gilt, daß internationale Champions bestrebt sein müssen, die Logik ihres heimischen Kontrollkonzepts auch auf die Bargaining-Beziehungen an Außenstandorten zu übertragen. Daher könne die Internationalisierungsstrategie eines fokalen Unternehmens als direkte Verlängerung seiner heimischen Aushandlungsbeziehungen verstanden werden (ebd., S. 169). Anders gesagt: Die in den industriellen Komplexen dominanten Kontrollkonzepte leisten Geburtshilfe bei der Entstehung *je spezifischer Internationalisierungspfade*. Aus der Unternehmensperspektive läßt sich der internationale Restrukturierungswettlauf als Konkurrenz von Internationalisierungsstrategien begreifen, deren immanente Logik entscheidend durch die Aushandlungsbeziehungen an der heimischen Operationsbasis geprägt wird.

Rivalisierende Internationalisierungspfade

Vor dem Hintergrund dieser Annahmen läßt sich „das Neue" an der gegenwärtigen Etappe internationaler Restrukturierung präziser bestimmen. Der Möglichkeitsraum der offenen Weltwirtschaft provozierte internationale Schlüsselunternehmen während der achtziger Jahre zu Experimenten mit Kontrollkonzepten. In den Neunzigern sind die immanenten Dilemmata der gewählten Konzepte zu bewältigen. Das bedeutet eine Ausdehnung der Restrukturierung auf die *Modi, Institutionen* und *Regularien* der Aushandlungsbeziehungen. Laut Ruigrok/van Tulder sind solchen Experimenten allerdings Grenzen gesetzt. So eignet sich die *Globalisationsstrategie* mit weltweiter Arbeitsteilung und räumlich weit gestreuten Aktivitäten besonders für mikrofordistisch regulierte Unternehmen, denen Flucht aus und Rückkehr in die heimische Operationsbasis wegen schwacher in- und ausländischer Bargaining-Partner relativ leicht fallen. Dieser Pfad ist mit Niedriglohnoperationen, unternehmensweit standardisierten Vorgaben und direkter Kontrolle in vertikal integrierten Strukturen kompatibel. Anders die *Glokalisationsstrategie*, die mit toyotistischer Kontrolle verknüpft ist. Entsprechend agierende Unternehmen versuchen alles, um die Kohäsion von heimischer Operationsbasis und grenzüberschreitenden Aktivitäten so lange wie möglich aufrechtzuerhalten. Die Internationalisierung beginnt mit simplen Exportstrategien; erst wenn keine andere Möglichkeit besteht, geht man zu „screwdriver assemblies" über, und nur auf Druck von außen fällt die Entscheidung für die Gründung von Auslandsniederlassungen mit eigenen Zuliefernetzen, für *Glokalisation* (eine Wortschöpfung aus *globaler Lokalisation*). Dabei handelt es sich um eine Strategie, die auf Inter-Unternehmensarbeitsteilung in den Triade-Ländern, vertikaler Desintegration von Funktionen und struktureller Kontrolle über lokale Händler, Zulieferer, Arbeiter und politische Instanzen basiert. Globalisation und Glokalisierung bezeichnen rivalisierende Internationalisierungpfade. Innerhalb dieser Pfade seien – so jedenfalls eine begründete Hypothese – gravierende Veränderungen und Variationen möglich, radikale Pfadwechsel müßten hingegen als unwahrscheinlich gelten, weil sie eine völlige Umstrukturierung der Aushandlungsbeziehungen im industriellen Komplex erforderlich machen.

Bemerkenswert ist, daß sich die späten achtziger und frühen neunziger Jahre als Offensive des Glokalisationspfades verstehen lassen. In der anhaltenden Phase internationaler Restrukturierung erwies sich somit zunächst jener Internationalisierungspfad als überlegen, der kohärenten Beziehungen zur heimischen Operationsbasis die höchste Priorität einräumt, für den extensive Standort- und Unterbietungskonkurrenzen eher die Ausnahme sind, der Internationalisierung mit einer konsequenten Dezentralisierung der Unternehmensorganisation verbindet und der so hohe Anpassungsfähigkeit an lokale Sonderbedingungen erreicht. Der konkurrierende Pfad der Globalisation kommt zwar den gängigen Klischees von bindungs- und heimatlosen Unternehmen relativ nahe; die vergleichsweise große Mobilität entsprechend agierender Unternehmen und deren Fähigkeit zur Penetration von Außenstandorten geht jedoch unweigerlich zu Lasten der Kohärenz von Aushandlungsbeziehungen an der heimischen Operationsbasis, was sich früher oder später in Instabilitäten der Komplexe und damit in wachsenden Kontrollproblemen niederschlagen wird.

Für die Mehrzahl der – überwiegend mit starken Aushandlungspartnern konfrontierten, makrofordistisch regulierten – deutschen und westeuropäischen Schlüsselunternehmen gilt indessen, daß ihre Strategien auf keinem der beiden Pfade angesiedelt sind. Die grenzüberschreitenden Aktivitäten der in Deutschland beheimateten Champions folgen zumeist einem eigenen, *eurozentrierten Entwicklungspfad*, dessen Ursprünge bis in die sechziger Jahre zurückreichen.

Das Volumen deutscher Direktinvestitionen (DI) im Ausland hat sich allein zwischen 1991 und 1997 verdoppelt, aber über 90 Prozent der Investitionen werden im Inland getätigt. Von den deutschen DI sind 1995 über 60 Prozent in EU-Staaten gewandert. Die Internationalisierung ist zunehmend durch eine intraeuropäische und nicht durch eine globale Unternehmensverflechtung vorangetrieben worden. Ähnliche Relativierungen gelten auch für Niedriglohnoperationen. Von einer rasanten Abwanderung deutscher Unternehmen in Billiglohnregionen kann keine Rede sein.

Bei der überaus sensiblen Internationalisierung von Forschung und Entwicklung (FuE) läßt sich ebenfalls eine regionale und branchenspezifische Begrenzung feststellen. Im Kontrast zur stagnierenden Forschungstätigkeit in Deutschland haben hierzulande ansässige Unternehmen ihre FuE-Bastionen im Ausland kontinuierlich ausgebaut. Allerdings konzentrieren sich die meisten Aktivitäten auf vergleichsweise wenige Schlüsselunternehmen in Industrien mit hoher Wissensgenerierung und starker länderspezifischer Differenzierung. Schrittmacher bei der Internationalisierung von FuE sind vor allem die Informationstechnologie-Branchen und die chemisch-pharmazeutische Industrie, in der bereits Anfang der neunziger Jahre ein Viertel der FuE-Kapazitäten an ausländischen Standorten plaziert war. Trotz dieses Internationalisierungstrends kann jedoch von einer kontinuierlichen räumlichen Ausdehnung der FuE-Aktivitäten keine Rede sein. Für die neunziger Jahre ist eher das Gegenteil kennzeichnend. Die Zunahme externer FuE-Aktivitäten weicht seit einigen Jahren einem Rezentralisierungstrend. Waren die frühen achtziger Jahre durch Auslagerungen und die Suche nach immer neuen ausländischen Forschungs- und Talent-Pools geprägt, geht es in den Neunzigern um eine Reintegration der Aktivitäten und um bessere Abstimmung innerhalb der Unternehmensnetzwerke. Festzustellen ist „anhaltende Internationalisierung bei gleichzeitiger Bündelung, Fokussierung und strategischer Schwerpunktsetzung von Forschung und Entwicklung" (Gerybadze 1996, S. 199). Wie bei den DI-Strömen allgemein, bedeutet die Internationalisierung von FuE eine Konzentration auf den Wirtschaftsraum der EU.

Solche Daten sprechen für eine Kontinuität des eurozentrischen Internationalisierungspfades. Doch hochaggregierte Daten vermitteln nur einen Teil der Wahrheit und zwar aus drei Gründen. *Erstens* verdecken sie einen qualitativen Wandel, der sich in *einzelnen* Schlüsselunternehmen, in *einigen* industriellen Komplexen, Branchen und Wirtschaftssektoren vollzieht. In den Zahlenreihen verschwindet, daß es – etwa in der Auto-, Pharma- und Chemieindustrie – durchaus Schlüsselunternehmen gibt, die sich am Leitbild des „global player" orientieren. So läßt die Daimler-Chrysler-Fusion vielleicht erstmals Konturen einer „Welt AG" entstehen. Unübersehbar existiert auch bei den Wissensressourcen eine qualitative Problematik. Grenzüberschreitende FuE-Aktivitäten umfassen in einzelnen Schlüsselunternehmen bereits mehr als 50 Prozent des Bestandes. Allein bei Siemens hat sich der Anteil des im Ausland beschäftigten FuE-Personals binnen weniger Jahre auf ca. 75 Prozent erhöht (Meyer-Krahmer/Reger 1997). In manchen Fällen dient die Internationalisierung von FuE-Kapazitäten als Schrittmacher für weitere Verlagerungen, weil dem Know-how zu gegebener Zeit die Herstellungsfunktionen folgen. Ähnliches gilt für die Niedriglohnoperationen. Sie spielen für die industrielle Entwicklung Deutschlands quantitativ nur eine untergeordnete Rolle (Härtel u.a. 1996, S. 245). Dies ändert jedoch nichts daran, daß schon die Möglichkeit einer Produktionsverlagerung in Billiglohnregionen im betrieblichen Bargaining ein nur schwer kalkulierbares Drohpotential darstellt. *Zweitens* hat sich der

Kontext eurozentrierter Internationalisierungsstrategien gravierend gewandelt. Der europäische Binnenmarkt ist durch Erweiterung und Öffnung gegenüber Nicht-Mitgliedern selbst zum Kampfplatz rivalisierender Internationalisierungsstrategien geworden. Aus der Perspektive deutscher Unternehmen war die neue Phase internationaler Restrukturierung zunächst alles andere als ein expansiver Aufbruch kraftvoller Unternehmen. Eher handelt es sich um Reaktionen und Abwehrmaßnahmen von Firmen, die die Kohärenz ihrer bisherigen, makrofordistisch regulierten Internationalisierungspfade gefährdet sahen. Eben dies hat Schlüsselunternehmen dazu veranlaßt, ihre Exit-Option zu nutzen, um in heimischen Bargaining-Arenen Druck auszuüben. *Drittens* sagen quantifizierende Daten zu Ausmaß und Intensität ökonomischer Verflechtungen wenig über die Konkurrenzen, Aushandlungen, Machtspiele und Konflikte innerhalb der industriellen Komplexe aus. Ob Standortvergleiche stattfinden, wann und wie Exit-Optionen eingesetzt werden, welche Unternehmensteile betroffen sind und wie sich Geschäftsführungen, Belegschaften und Interessenvertretungen verhalten, verschließt sich einer solchen Perspektive (Junne 1996).

Diese häufig im Verborgenen stattfindenden Vorgänge sind jedoch für die betrieblichen Subsysteme industrieller Beziehungen ungemein folgenreich. Trotz aller Beschränktheiten ihrer Internationalisierungsstrategien müssen sich Schlüsselunternehmen am Weltmarkt für Finanzplätze, Produktions- und Innovationsstandorte interessieren, weil eine Chance, die man selbst ausläßt, sich rasch in einen Vorteil für die Konkurrenten verwandeln könnte. Der globale Möglichkeitsraum ist daher auch und gerade für das strategiefähige Management eine Quelle von Unsicherheit. Dies allein genügt, um den Planungshorizont der Unternehmen gravierend zu verändern. Beschränkung aufs Kerngeschäft und die vielfältigen Bemühungen der Unternehmen zur Stärkung interner Marktmechanismen sowie zur Dezentralisierung der Unternehmensorganisation sind eine Reaktion auf solche Unsicherheiten. Je komplexer strategische Entscheidungssituationen sind, desto stärker wird die Neigung der Verantwortlichen, Marktsignalen auch im Inneren der Unternehmensorganisation Priorität einzuräumen. Produkte, Investitionen, Innovationen, ja selbst Gesetze, Auflagen und Regularien werden zum Gegenstand internationaler Vergleiche. Diese Konstellation erzeugt – zumal unter Bedingungen von schwacher Konjunktur, Überkapazitäten und Verdrängungswettbewerb – eine Vielzahl nur schwer beherrschbarer Risiken.

In mikropolitische Entscheidungsprozesse übersetzt, führt das offenbar dazu, daß sich Anstrengungen zur Verbesserung der Wettbewerbsfähigkeit zunächst auf jene Faktoren konzentrieren, die am leichtesten beeinflußbar erscheinen: auf Arbeitskosten, Löhne, Sozialstandards, Arbeitszeiten sowie auf das Beschäftigungsvolumen. Dadurch geraten jene Spielregeln und Kompromißgleichgewichte unter Druck, die in der Arena kollektiver Arbeitsbeziehungen ausgehandelt werden. Bei den über die Unternehmenshierarchien verbreiteten Definitionen von Wettbewerbsfähigkeit handelt es sich somit um spezifische Versuche zur Reduktion von Entscheidungskomplexität. In dem Maße, wie entsprechende Definitionen zu hegemonialen, sich innerhalb der Hierarchie verfestigenden Deutungen avancieren, konstituieren sie Entscheidungskorridore (Ortmann

1995, S. 37ff.), deren einmal in Gang gesetzter Dynamik sich die betrieblichen Akteure einschließlich des lokalen Managements nur schwer entziehen können. Denn trotz anders gelagerter Internationalisierungsmotive (Markterschließung, Anschluß an regionale Innovationsnetzwerke) lassen sich Auslandsinvestitionen, Kooperationen oder Joint ventures stets dazu nutzen, um in heimischen Arenen Druck auf Löhne, Arbeitszeiten und Arbeitsbedingungen auszuüben. Die Vielschichtigkeit der Motive erschwert eine klare Zurechenbarkeit von Internationalisierungsfolgen. Häufig genügt daher in Aushandlungsprozessen schon der Hinweis auf Globalisierung, um Geschäftsleitungen, Betriebsräte, Gewerkschaften oder auch politische Entscheidungsträger gefügig zu machen. Tatsächlich werden bestehende Regulations- und Sicherungssysteme auf solche Weise permanentem Streß ausgesetzt (Altvater/Mahnkopf 1996). Doch der Druck auf die organisierten Arbeitsbeziehungen ist Mittel und Resultat konkreter Interessenpolitiken; er wird – gleich ob strategisch kalkuliert oder im Sinne „unvorhergesehener Nebenfolgen" – politisch hergestellt.

Globalisierung und die Dekomposition industrieller Beziehungen

Der Einsatz der „Option Globalisierung" als Machtfaktor hat in Deutschland die Dekomposition industrieller Beziehungen in den Kernbereichen gewerkschaftlicher Organisations- und Mobilisierungsfähigkeit erheblich beschleunigt. Das zeigt sich auf der Unternehmensebene wie auch in den Tarifbeziehungen.

In den Betrieben wird die Globalisierungs-Karte zur *Neuformierung lagerübergreifender Produktivitätskoalitionen* eingesetzt. Ein markantes Beispiel ist die Automobilindustrie. Hier zielen Aushandlungsstrategien des Managements immer wieder auf Kompensationsgeschäfte. Im Gegenzug für zeitlich befristete Beschäftigungsgarantien verlangen die Geschäftsleitungen von den Betriebsräten Zugeständnisse bei der Flexibilisierung von Arbeitszeiten und Arbeitsbedingungen, vielfach auch Lohnverzicht und die Preisgabe betrieblicher Sozialleistungen. Freilich führt „Concession Bargaining" nur selten zu offenen Konflikten. Im Gegenteil: Die Unternehmensführungen setzen auf das Interesse der Stammbelegschaften am Erhalt international wettbewebsfähiger Arbeitsplätze. Dabei sieht sich das Management gewerkschaftlich gut organisierten Belegschaften und einflußreichen Betriebsräten gegenüber, mit deren Verhandlungsmacht trotz veränderter Kräfteverhältnisse weiter zu rechnen ist. In solchen Konstellationen sind der Abwärtsspirale permanenter Standortkonkurrenzen Grenzen gesetzt. Betriebsräten, die mit dem Primat der Beschäftigungssicherung agieren, muß ihrerseits daran gelegen sein, den Bogen nicht zu überspannen; auch sie können sich Internationalisierungsschritten nicht um jeden Preis widersetzen. Vielmehr sehen sie sich zu einer selektiven Interessenpolitik genötigt, die zur Sicherung von Kernarbeitsplätzen an der heimischen Basis beiträgt. In solchen Konstellationen bleibt die wechselseitige Kompromißfähigkeit in der Regel erhalten. Es ist sogar möglich, daß sich die Betriebsräte als Krisenmanager und Konsensstifter zusätzlich profilieren. Aber die überkommenen fordistischen Wachstumspakte werden deutlich „nach unten" korrigiert und sie gelten nur noch für beträchtlich reduzierte Belegschaften. Dem muß nicht widersprechen, daß Beschäftigten und Betriebsräten mitunter Beteiligungsofferten gemacht werden, die auf eine möglichst nahtlose Integration in betriebliche Produktivitätskoalitionen hinauslaufen. Einiges deutet darauf hin, daß die Führungen wichtiger Automobil-Unternehmen zumindest zeitweilig den Wechsel von makrofordistischer Regulierung zu einer strukturellen Kontrolle der Arbeitsbeziehungen angestrebt haben (und vielleicht noch immer anstreben). In der Konsequenz werden Betriebsräte faktisch als Teil des Unternehmens behandelt, während Gewerkschaften als „äußerer" Störfaktor gelten. Die bestehenden institutionellen Konfigurationen mit starken Betriebsräten und zentralisierten Gewerkschaften waren bislang robust genug, um solche Experimente mit Kontrollstrategien zu überstehen. Der isolierte Blick auf die Neuformierung von Produktivitätskoalitionen im Inneren der Schlüsselunternehmen würde somit für einen inkrementellen Wandel, für das Fortbestehen institutionalisierter Austauschbeziehungen auf veränderter Vertragsbasis sprechen.

Bezieht man das überbetriebliche Verhandlungssystem ein, ergibt sich ein anderes Bild. Unter dem Einfluß der „Option Globalisierung" hat sich die *Lokomotivenfunktion internationaler Schlüsselfirmen* (am Beispiel VW: Wellhöner 1996) für das unternehmensübergreifende Regulationssystem faktisch umgekehrt. Dies nicht nur, weil Betriebsvereinbarungen immer häufiger zum bevorzugten Regelungsinstrument avancieren und darin Inhalte fixiert werden, die zumindest in einem Spannungsverhältnis zu tariflichen Standards stehen. Wichtiger noch, seit langem werden regional organisierte Industrieverbände von einigen Schlüsselunternehmen beherrscht. Während der langen wirtschaftlichen Prosperitätsphase war mit der Lokomotivenfunktion dieser Unternehmen ein positiver Geleitzugeffekt verbunden: die starke Stellung dieser Unternehmen in ihrem Verband erleichterte es, Abschlüsse zu vereinbaren und sodann zu verallgemeinern, die auch in andere, gewerkschaftlich weniger gut organisierte Bereiche ausstrahlten. Auf diese Weise konnten Belegschaften in der mittelständischen Metall- oder auch in der Zulieferindustrie indirekt an der starken gewerkschaftlichen Verhandlungsmacht in den regionalen Schlüsselunternehmen partizipieren. Diese positive Verstärkerwirkung hat sich – nicht zuletzt aufgrund der Standortpolitiken – mittlerweile erschöpft. In den gewerkschaftlich gut organisierten Schlüsselunternehmen sind die Belegschaften und ihre Interessenvertretungen noch immer in der Lage, vergleichsweise günstige Abschlüsse anzupeilen und diese über das Gewicht ihres Unternehmens im kollektiven Aushandlungssystem auch durchzusetzen. Doch die Fähigkeit zur Verallgemeinerung solcher Abschlüsse geht mehr und mehr verloren. Zwar gibt es – etwa mit dem Haustarifvertrag zur Beschäftigungssicherung bei VW – in einzelnen Schlüsselunternehmen noch immer beispielgebende, national ausstrahlende Regelungen. Ausschlaggebend ist jedoch, daß sich die Lokomotivenfunktion der Schlüsselunternehmen auf zweierlei Weise in ihr Gegenteil verkehrt. Kostensenkungsmaßnahmen und Flexibilitätsanforderungen, die in den Zentren der industriellen Komplexe nicht realisierbar sind, werden an Zulieferer, an ausgegründete, nicht mehr tarifgebundene Unternehmen und damit letztlich an Arbeitskräfte in weniger geschützten Arbeitsverhältnissen weitergegeben. Auf diese Weise wird die Zerklüftung der Industrie- und Beschäftigtenstruktur weiter vorangetrieben. Während internationale Konzerne ihre Bewegungsfreiheit auch zur Minimierung von Abgaben nutzen, müssen sich „steuerzahlende" kleine und mittelständische Unternehmen mit Abschlüssen arrangieren, die ihre wirtschaftliche Leistungskraft und arbeitspolitische Kompromißfähigkeit mitunter auf eine harte Probe stellen. Was bei Mercedes-Benz in Sindelfingen kein Problem ist, kann schon in der nahegelegenen Schwarzwaldregion zur existenziellen Bedrohung kleinerer Unternehmen werden. Da angesichts hoher Arbeitslosigkeit zugleich die Bereinigungsfunktion (Ausscheiden der am wenigsten produktiven Teilnehmer aus dem Wettbewerb) tariflicher Regelungen nicht mehr ohne weiteres akzeptiert wird, läßt sich der flächendeckende Egalitätsanspruch dieser Regelungen nur noch schwer realisieren. Integrativen Allianzen und sozialer Homogenisierung im Inneren der Schlüsselfirmen entsprechen schwindende Regulationsfähigkeit der intermediären Organisationen, Fragmentierung der Arbeitsbeziehungen und soziale Heterogenisierung der Belegschaften entlang der Wertschöpfungskette. Der Gewerkschaftseinfluß konzentriert sich immer stärker auf die relativ geschützten Kernbelegschaften in größeren Betrieben; die heterogenen Arbeitsverhältnisse an deren Peripherie (Leiharbeit, befristete Verträge, reale und Scheinselbständigkeit etc.) vermag er kaum mehr zu regulieren.

Mit *Branchen und Sektoren variierend*, haben Gewerkschaften und Industrieverbände den Modus intermediärer Interessenregulierung auf unterschiedliche Weise definiert und *divergierende Politikstile* entwickelt. Diese Unterschiede machen sich bei der Bewältigung von Internationalisierungsfolgen bemerkbar. Überraschend ist, daß sich das institutionelle Gefüge der am stärksten internationalisierten Chemie- und Pharmaindustrie formal als besonders robust und anpassungsfähig erweist, während bei tariflichen Arrangements in „nationalen" Branchen wie z.B. der Druckindustrie weitaus dramatischere Zerfallserscheinungen sichtbar werden. Diese Diskrepanz belegt zunächst, daß Globalisierung keineswegs als „großer Gleichmacher" fungiert, der die Strukturen nationaler Systeme industrieller Beziehungen unterschiedslos einebnet. Deutlich wird aber auch, daß konfliktpartnerschaftliche Politikansätze stärker unter Druck geraten als sozialpartnerschaftliche. In der Druckindustrie hat die ausgeprägter konfliktorische Politik der zuständigen Gewerkschaft für die durch sie repräsentierten Facharbeitergruppen über den Tarifvertrag ein hohes Maß an institutioneller Absicherung durchsetzen können. Einiges spricht dafür, daß Unternehmen die ihnen zugewachsene Exit-Option nun zur Flucht aus rigide empfundenen tariflichen Bindungen nutzen. Überdies haben größere Unternehmen durch die Bildung von Holdings mit nicht tarifgebundenen Töchtern häufig „stille Tarifflucht" begangen. Betroffen ist mit den Druck- und Verlagshäusern ausgerechnet das traditionelle organisatorische Herz der IG Medien. Im Vergleich dazu nimmt sich die Chemieindustrie auf den ersten Blick wie ein Hort der Stabilität aus. Sowohl in der Gewerkschaftsspitze als auch auf Seiten der zuständigen Industrieverbände gibt es öffentliche Bekenntnisse zum Flächentarif. Bei genauerem Hinsehen zeigen sich aber auch hier Erosionserscheinungen. In diesen Sektoren könnte das Regelungsinstrumentarium letztlich so ausgedünnt werden, daß in der Substanz kaum mehr bleibt als ein Kompendium relativ unverbindlicher Empfehlungen und Richtlinien, dessen inhaltliche Füllung im wesentlichen auf Betriebs- und Unternehmensebene geleistet wird. Während stärker konfliktorische Varianten tendenziell Gefahr laufen, ihren Widerpart zu überfordern und so die Erosion des Tarifsystems zusätzlich zu beschleunigen, bewahren Politiken wie die „Chemiepartnerschaft" (Kädtler/Hertle 1997) zwar die institutionelle Fassade, binden ihren Einfluß aber auf Gedeih und Verderb an die Kooperationswilligkeit wirtschaftlich starker Großunternehmen und der von ihnen dominierten Verbände. In einer Wirtschaftsumwelt, in der konsensorientierte Verfahren nicht mehr per se als überlegene Steuerungsform gelten, sind solche Vertrauensvorschüsse nicht unbedingt von Erfolg gekrönt. Schon deshalb ist die Annäherung an das Leitbild einer „wirtschaftsfreundlichen Gewerkschaft" (Hyman 1996) kein Allheilmittel, um der fragmentierenden Wirkung von Globalisierungsfolgen wirksam zu begegnen. Trotz des Drucks zur Angleichung der Politikstile ist wahrscheinlich, daß Ungleichzeitigkeiten, die durch die unterschiedliche weltwirtschaftliche Positionierung industrieller Sektoren und durch divergierende Regelungstraditionen erzeugt werden, eher zunehmen.

Vor dem Hintergrund der skizzierten Tendenzen zur Dezentralisierung und Fragmentierung organisierter Arbeitsbeziehungen läßt sich präzisieren, wie Pfadabhängigkeit von Internationalisierungsstrategien zu verstehen ist. Die von Ruigrok/van Tulder unterstellte enge Verzahnung von heimischer Operationsbasis, dominanten Kontrollkonzepten und grenzüberschreitenden Unternehmensaktivitäten hat sich zumindest in der Arena der Arbeitspolitik beträchtlich gelockert. Internationale Schlüsselunternehmen sind zu einer Politik aktiver Regeländerungen übergegangen, von der nicht im Vorhinein feststeht, ob sie sich pfadkonform oder pfadzerstörend verhält. Der in vielen industriellen Komplexen beobachtbare Trend zur Kurzfristigkeit, das Ausscheren wichtiger Unternehmen aus dem dualen Ausbildungssystem, das massive Auftreten von Anhängern einer *Shareholder value*-Orientierung oder die z.T. bereits erfolgte Anbindung von Managergehältern an die Aktienkurse erzeugen Anforderungen und Konflikte, die möglicherweise innerhalb der bestehenden Institutionen nicht mehr zu bewältigen sind. Und doch genügt die Bremswirkung verfestigter Abhängigkeitsbeziehungen noch immer, um radikalen Pfadwechsel zu einem risikoträchtigen Unterfangen zu machen. Selbst mächtige internationale Konzerne können das Geflecht gewachsener Aushandlungsbeziehungen nicht einfach abschütteln. Geschwächte Gewerkschaften sind – wie die erfolgreichen Streiks zur Abwehr von Lohneinbußen im Krankheitsfall gezeigt haben – in einer *Just in time*-Wirtschaft noch immer in der Lage, ein beachtliches Störpotential zu entfalten. Tarifverträge, die unterlaufen werden, markieren weiterhin eine Norm, an der sich Aushandlungsprozesse orientieren. Strategisch sensible Bankverbindungen lassen sich nicht ohne weiteres ersetzen. Einmal getätigte Investitionen – etwa in Gestalt neuer ausländischer Produktionsstätten – müssen sich amortisieren und schaffen neue Bindungen. Pfadabhängigkeit erweist sich so als Schwerkraft, die sich vornehmlich hinter dem Rücken der Akteure bemerkbar macht, ohne positive Lösungen vorzugeben. Wenn sich der Status quo nicht aufrecht erhalten läßt, ein Einbiegen auf den neoamerikanischen Weg jedoch ebenso unwahrscheinlich ist, müssen Lösungen der akuten Regulationskrise – auch – in einer Internationalisierung kollektiver Arbeitsbeziehungen gesucht werden. In diesem Kontext stellt sich die Frage nach einer europäischen Auflösung des Globalisierungsrätsels.

4. Ein „dritter Weg" für Europa? – Mehrebenen-Regulation und industrielle Beziehungen

Das neu erwachte Interesse an Europa basiert auf der Hoffnung, der nahezu geschlossene Wirtschaftsraum der EU besitze als größter Binnenmarkt der Welt auch für die Triaden-Ökonomie eine regelsetzende Potenz (Thurow 1996). Euroskeptiker geben einer europäischen Politik der Re-Regulation dennoch nur geringe Chancen. Nach Auffassung von Autoren wie Junne (1996), Streeck (1998) oder Keller (1997) ist die Chance zur Konstituierung eines sozialen Europas, das die Stärken des „rheinischen Kapitalismus" an veränderte Rahmenbedingungen anpaßt und weiterentwickelt, endgültig passé. Das Europa der Maastrichter Verträge müsse als neoliberales Deregulierungs-Projekt betrachtet werden, dem Marktfundamentalismus und interne Systemkonkurrenzen „endemisch" seien (Streeck 1998a, S. 8). Der europäische Binnenmarkt werde zu einem Zeitpunkt realisiert, an dem er „wegen der gleichzeitigen Liberalisierung des Weltmarktes, des Abbaus der Außenzölle und der ungehinderten Direktinvestitionen den europäischen Firmen keinen nennenswerten Schutz mehr" (Junne 1996, S. 520) bieten könne. Ökonomische Integration funktioniere für die Unternehmen besser ohne staatliche Intervention. Zudem seien die schwachen europäischen Institutionen nicht in der Lage, irgendetwas effizienter, besser oder wirksamer zu regeln als Nationalstaaten dies könnten (Streeck 1997b; vgl. auch die Beiträge in Boyer/Drache 1996). Statt die Vorteile europäischer Politikkoordination zu nutzen, lasse sich in vielen Bereichen eine Re-Nationalisierung beobachten. Die Europäische Union ist in dieser Sicht nichts weiter als eine „Globalisierungsmaschine", die den Druck der Weltmarktkonkurrenz mit brachialer Wucht an nationale Regierungen und industrielle Akteure weiterleitet. Und europäische Mehrebenen-Regulation steht für eine kaum revidierbare Dominanz internationaler Märkte, durch welche der in seiner Souveränität geschwächte, aber einzig handlungsfähige politische Akteur, der Nationalstaat, zu immer neuen Anpassungsleistungen gezwungen wird. Eine Europäisierung der industriellen Beziehungen oder gar die Herausbildung eines europäischen Verhandlungssystems, das die fortbestehenden nationalen Konfigurationen zumindest ergänzt und stabilisiert, gilt als unrealistisch. Damit verengt sich das Spektrum möglicher Regulations-Alternativen auf einen schmalen Korridor „zweitbester Lösungen". Im optimalen Fall bedeutet das Verteidigung nationalstaatlicher Handlungsspielräume, Konsenssuche von Regierungen, Gewerkschaften und Industrieverbänden in nationalen Wettbewerbskoalitionen sowie – bei einem Versagen nationaler Interessenaggregationen – korporative Arrangements auf Mikro- und Mesoebene. Das Kontrastprogramm dazu lautet: forcierte „neoliberale Flexibilisierung" und möglicherweise vollständiger Verlust einer eigenständigen Stimme organisierter Arbeitsinteressen. Selbst bei einem Erfolg der angebots-korporatistischen Variante wäre unsicher, ob die fortschreitende Erosion nationaler Systeme industrieller Beziehungen aufgehalten werden könnte. So erwartet Keller (1997, S. 145f.) einen allmählichen Zerfall unternehmensübergreifender Kollektivverhandlungen und einen schrittweisen Übergang zu losen konzerninternen Vereinbarungen.

Die Realitätsnähe solcher Überlegungen steht außer Frage. Tatsächlich schreitet die ökonomische Verflechtung gegenwärtig erheblich rascher voran als die soziale und politische Integration der EU. Deregulierung und Standortkonkurrenzen sind vor allem ein europäisches Problem. Nach vollzogener Währungsunion wird das westeuropäische Lohn- und Produktivitätsgefälle noch stärker als disziplinierender Faktor für gewerkschaftliche Lohn- und Verteilungspolitik durchschlagen. Schon jetzt verzeichnen die meisten EU-Mitgliedsstaaten aufgrund der an Maastricht-Kriterien ausgerichteten Wirtschaftspolitiken eine sinkende Lohnquote. Der Druck auf das System der Flächentarifverträge wird sich weiter erhöhen. Daher ist nicht auszuschließen, daß das deutsche System industrieller Beziehungen an der Nahtstelle von betrieblicher Mitbestimmung und Tarifautonomie auseinanderdriftet. Dem durch einen Export der Basisinstitutionen des „deutschen Modells" vorbeugen zu wollen, ist gänzlich unrealistisch. Die wichtigsten Argumente sind bekannt: Auf europäischer Ebene fehlt es an einem starken regelsetzenden Staat; die Gewerkschaften sind national und z.T. politisch zersplittert und haben in der EU keinen adäquaten Verhandlungspartner. Trotz taktischer Wendungen lehnen die Industrieverbände ein System europäischer Kollektivverhandlungen überwiegend ab. Zwar existieren europäische Institutionen wie der „soziale Dialog" oder die Euro-Betriebsräte. Aber diese Institutionen sind bislang schwach und keinesfalls in der Lage, die in nationalen Systemen virulenten Regulationsdefizite auszugleichen. Doch selbst wenn starke Interessen auf eine supranationale Verhandlungsarena drängten, würde ein solches Projekt aufgrund ungleicher Rechtssysteme und nationaler Interessendivergenzen auf erhebliche Implementierungsschwierigkeiten stossen. Diese Argumente sprechen zwingend gegen die Vorstellung eines supra- oder transnationalen Sozialstaates, der so etwas wie die europäische Ausgabe des „deutschen Modells" wäre. Dennoch muß europäische Mehrebenen-Regulation nicht zwangsläufig in eine Abwärtsspirale, die soziale Angleichung auf dem niedrigsten Niveau impliziert.

Dagegen sprechen mehrere Gründe. *Erstens* ist die EU längst mehr als ein zentrumsloser Nichtstaat. Selbst in einem eher marginalen Bereich wie der Sozialpolitik gibt es Hinweise auf ein – noch schwaches, aber immerhin existentes – politisches Zentrum der EU, das nicht unter fester Kontrolle seiner Mitgliedstaaten steht (Pierson/Leibfried 1998, S. 20). Zwar läßt sich das Werden eines europäischen Mehrebenen-Systems durchaus als kompetitive Staatenbildung begreifen und die Gefahr einer durch wirtschaftliche Integration in Gang gesetzten Deregulierungsspirale ist nicht von der Hand zu weisen. Doch das kann die Gliedstaaten, auch dazu veranlassen, vom europäischen Zentrum die zwingende Vorgabe gleicher Handlungschancen zu verlangen. In Mehrebenen-Systemen „geht es auch um 'Positiv-Summen-Spiele', in denen Verantwortlichkeiten über alle Ebenen so zugeordnet werden, daß sie den Bedürfnissen der meisten Beteiligten am besten entsprechen" (ebd., S. 33). Positivsummenspiele werden häufig durch Rivalitäten der konkurrierenden Einheiten erschwert oder gänzlich blokkiert. Sie sind aber – zumal bei wachsendem Problemdruck – eine reale Möglichkeit. Schon jetzt macht es kaum noch Sinn, die EU als internationale Organisation zu betrachten. Es geht zunehmend um *europäische Innenpolitik*. Die Währungsunion dürfte diese Entwicklung zusätzlich beschleunigen. Gerade weil die Vollendung der Wirtschafts- und Währungsunion unweigerlich zu sozialen Verwerfungen führen wird, kommen Interessenvertretungen und Gewerkschaften gar nicht umhin, den neuen Entscheidungszentren stärker Rechnung zu tragen.

Dem kommt *zweitens* entgegen, daß sich die politischen Kräfteverhältnisse in Europa zugunsten einer Politik der Re-Regulation verschoben haben. Mit wenigen Ausnahmen (Spanien, Irland, Luxemburg) werden die europäischen Staaten von sozialdemokratischen oder sozialdemokratisch geführten Formationen regiert. Noch bleibt das Projekt eines „dritten Weges" zwischen Marktfundamentalismus und staatlichem Dirigismus (Giddens 1997; 1998) vage. In der „neuen Sozialdemokratie" konkurrieren sozialliberal-kommunitaristische und angebots-korporatistische Ansätze, die die neoliberale Wirtschaftsdoktrin partiell akzeptieren, mit euro-keynesianischen Positionen, die in der EU den geeigneten Rahmen für ein makroökonomisches Umsteuern sehen. Die Gewerkschaften werden durch die neuen politischen Mehrheiten nicht automatisch an Stärke gewinnen. Für die Einbindung in den jeweiligen nationalen Konsens wird ihnen ein Preis in Gestalt von Lohnzurückhaltung und Zugeständnissen bei der Flexibilisierung von Arbeitsverhältnissen sowie beim Umbau des Sozialstaates abverlangt werden. Dennoch ist nicht zu übersehen, daß etwa „New Labour" trotz aller Betonung flexibler Arbeitsmärkte (Mindestlohn, Kündigungsschutz, verbesserte Zulassungsverfahren für Gewerkschaften in den Betrieben, „New Deal" zur Integration Langzeitarbeitsloser) durchaus gewerkschaftliche Forderungen aufgreift. In Italien und Frankreich haben die Regierungen auf Druck der Gewerkschaften Initiativen zur Einführung der 35-Stunden-Woche ergriffen. Insgesamt sind die Chancen für eine koordinierte europäische Industrie- und Beschäftigungspolitik deutlich gestiegen. Die neuen Regierungen sind immerhin mit dem Versprechen angetreten, die Arbeitslosigkeit zu reduzieren und den Druck auf die „Verlierer" wirtschaftlicher Internationalisierung zu verringern.

Nicht minder wichtig ist *drittens*, daß die europäischen Gewerkschaften allmählich die Notwendigkeit einer grenzüberschreitenden Politikkoordination zu erkennen beginnen. Allen Internationalismus-Bekundungen zum Trotz haben sie sich über viele Jahrzehnte mehr oder minder erfolgreich darauf beschränkt, Arbeitsinteressen innerhalb der Grenzen des Nationalstaates zu vertreten. Die nationale Fixierung ist inzwischen zu einem ernsten Hemmschuh geworden. Lernprozesse gestalten sich schwierig, aber es existieren erste Ansätze. In einer Reihe westeuropäischer Länder gibt es seit längerem eine informelle Orientierung an der Tarifpolitik der IG Metall (Jacobi 1992). Die stärkste Einzelgewerkschaft ist ihrerseits dazu übergegangen, Vertreter anderer europäischer Gewerkschaften als Beobachter an ihren Tarifverhandlungen zu beteiligen. In Grenzregionen – etwa zwischen Deutschland, Belgien und den Niederlanden – finden bereits seit längerem grenzüberschreitende Konsultationen statt (Schartau 1998). Der Europäische Gewerkschaftsbund koordiniert Pilotprojekte für eine tarifpolitische Zusammenarbeit einzelner Mitgliedsorganisationen. Zwar sind solche Bemühungen noch die Ausnahme; sie dienen vor allem der Herstellung tarifpolitischer Transparenz und haben noch keine operativ verbindlichen Ziele festlegen können. Aber sie zeigen, daß ein „bescheidener Internationalismus" (Lipietz 1998) der Gewerkschaften durchaus realisierbar ist – ein Faktum, welches auch für die Kapitalverbände zu einem Kooperationsanreiz werden könnte.

Viertens ist möglich, daß vorhandene europäische Institutionen wie die Euro-Betriebsräte bei grenzüberschreitenden Abstimmungen künftig eine Pionierfunktion erfüllen (Schulten 1998). Euroskeptiker haben mit Verweis auf die schwachen Informationsrechte davon gesprochen, diese Gremien seien weder „europäisch" noch „Betriebsräte". Neuere empirische Untersuchungen (Lecher u.a. 1998) zeigen indessen, daß zumindest ein Teil der inzwischen ca. 500 Euro-Betriebsräte institutionelle Defizite durch belegschaftsnahe Eigenaktivitäten partiell kompensieren kann. Zwar wird eine effiziente Vertretungspraxis durch Sprachbarrieren, unzureichenden Informationsfluß und die unterschiedlichen nationalen Arbeitsbeziehungssysteme erschwert. Zudem hat etwa die Hälfte der Unternehmen ihre Euro-Betriebsräte zu Gremien mit Minimalzuständigkeit degradiert. Doch zugleich hat die Institutionenbildung Mitbestimmungsansprüche geweckt, die auf ein Nachbessern der „Richtlinien" und auf eine Ausweitung rechtlicher Möglichkeiten drängen werden. Der durch die Schließung des Renault-Werks im belgischen Vilvoorde provozierte „Eurostreik" belegt, daß Euro-Betriebsräte schon jetzt in Konfliktsituationen eine wichtige Koordinationsfunktion für gewerkschaftliche Aktionen und Aushandlungsprozesse erfüllen können (Rehfeldt 1998, S. 450ff.).

Nun mag dies angesichts der ökonomischen Internationalisierungsdynamik wie der berühmte Tropfen auf den heißen Stein erscheinen. Doch immerhin werden Handlungsspielräume zur Durchsetzung organisierter Arbeitsinteressen sichtbar, für die der Euro- und Globalisierungsfatalismus systematisch den Blick verstellt.

5. Resümee: Ein europäischer Stakeholder-Kapitalismus als Alternative?

Intensivierte Globalisierung ist ein vielschichtiger, in sich widersprüchlicher Prozeß, der alle nationalen Kapitalismen einschließlich ihrer Systeme industrieller Beziehungen unter Veränderungsdruck setzt, ohne positive Lösungen vorzugeben. Eine ausschließlich defensive Verteidigung der Vorzüge des rheinischen Kapitalismus wird nicht von Erfolg gekrönt sein. Umgekehrt gibt es keinen Beleg für die These, daß eine Zerstörung langfristiger Interessenarrangements der einzige Weg ist, um international wettbewerbsfähig zu produzieren. Die Störanfälligkeit international operierender Unternehmensnetzwerke mit integrierten Aktivitäten kann im Gegenteil schon mittelfristig das Interesse an „sicheren", ausgehandelten Wettbewerbsbedingungen stärken. Unbestreitbare Erosionstendenzen des rheinischen Kapitalismus rühren weniger aus schwindender ökonomischer Wettbewerbsfähigkeit als aus dem Regulationsdefizit der internationalen Wirtschaft. Die räumliche Konzentration wirtschaftlicher Aktivitäten innerhalb der EU bietet Chancen für eine Politik der Re-Regulation. In seiner gegenwärtigen politischen Verfassung steht Europa allerdings eher für Problemverstärkungen als für einen Lösungsweg. Gegen die dem Maastricht-Europa immanenten System- und Standortkonkurrenzen wäre das *soziale Europa* erst noch neu zu erfinden. Die industriellen Akteure müssen lernen, von ihnen repräsentierte Interessen in einem System der Mehrebenen-Regulation wirksam zu artikulieren und durchzusetzen. Wichtigste politische Arena bleibt auf längere Sicht der in seinen Funktionen gewandelte, aber keineswegs ohnmächtige Nationalstaat. Nationale Bündnisse für Arbeit nach dem Vorbild der Niederlande oder Dänemarks können sinnvoll sein, um langfristig orientierten Interessenarrangements eine neue gesellschaftliche Basis zu verschaffen. Damit solche Bündnisse nicht zu Promotoren eines verkürzten Verständnisses nationaler Wettbewerbsinteressen degenerieren und hoffnungslos hinter das erreichte Niveau europäischer Innenpolitik zurückfallen, müssen sie in mindestens zwei Richtungen erweitert werden.

Wichtig ist einmal, daß nationale Politiken die *Bildung internationaler Institutionen und Regelwerke fördern*. Entsprechende Ansätze lassen sich nicht allein innerhalb der EU realisieren. Eine wirksame Kontrolle der internationalen Finanzmärkte, die über den Status quo eines „gemanagten Liberalismus" hinausgeht und die z.B. eine Besteuerung kurzfristiger Transaktionen durchsetzt (*Tobin-Tax*, vgl. Tobin 1978), ist nur im globalen Maßstab möglich. Dennoch könnte die EU wichtige Weichenstellungen in Richtung auf einen europäischen *Stakeholder*-Kapitalismus (Kelly u.a. 1997) vornehmen, der die alten Stärken des rheinischen Kapitalismus, insbesondere seine Fähigkeit, breite gesellschaftliche Kompromißbildungen mit hoher ökonomischer Flexibilität und Effizienz zu verbinden, in einem veränderten Kontext wiederbelebt. Erneuerte Gewerkschaften und gesellschaftliche Assoziationen mit einer verbindlichen Operationalisierung europäischer Ziele wären in einem solchen Szenario ein qualitativer Sprung, der auch den potentiellen Widerpart in Zugzwang bringen würde. Eine wirksame europäische Politikkoordination bedarf zum anderen einer *Stützung durch dezentrale Ebenen der Interessenaggregation*. Ökonomische Internationalisierungsprozesse lassen auf lokaler und regionaler Ebene neue Orte des Politischen entstehen, die – etwa in Gestalt von Innovationsprojekten, Ausbildungsverbünden, Beschäftigungs- und Qualifizierungsgesellschaften – Initiativen zu Sicherung „systemischer Wettbewerbsfähigkeit" ergreifen. Die Debatte, wie die Machtressourcen solcher Orte gestärkt und lokale Partizipationschancen erweitert werden können, um so eine überfällige Korrektur des Demokratiedefizits europäischer Institutionen zu fördern, hat noch nicht einmal begonnen.

Sicher ist indessen, daß das deutsche System industrieller Beziehungen seine Replazierung in der europäischen Mehrebenen-Regulation nicht unverändert überstehen kann. Ob Institutionen wie der Flächentarifvertrag im vollendeten Binnenmarkt eine dauerhafte Überlebenschance besitzen, ist ungewiß. Die gewerkschaftliche Schwäche in jungen Industrien, aber auch im Bereich prekärer Beschäftigung wird die Bedeutung des „politischen Tauschs" künftig (z.B. Einführung eines gesetzlich garantierten europäischen Mindestlohns) erhöhen. Schon das impliziert gravierende Veränderungen des Regulationsmodus. Doch wäre es falsch, die Diskussion um eine Rekomposition der Arbeitsbeziehungen primär „technisch" zu führen. Europa bedarf eines neuen Basiskonsens, eines Gesellschaftsvertrags, der ökonomische und ökologische Modernisierung mit elementaren Sicherheits- und Beschäftigungsinteressen verknüpft. Wollen die industriellen Akteure, insbesondere die Gewerkschaften, diesen Prozeß beeinflussen, benötigen sie eine europäische Identität.

Literatur

Albert, M. (1992): Kapitalismus contra Kapitalismus. Frankfurt/M.

Altvater, E./Mahnkopf, B. (1996): Grenzen der Globalisierung. Ökonomie, Ökologie und Politik in der Weltgesellschaft. Münster

Altvater, E./Mahnkopf, B. (1993): Gewerkschaften vor der europäischen Herausforderung. Tarifpolitik nach Mauer und Maastricht. Münster

Beck, U. (Hg.) (1998): Politik der Globalisierung. Fankfurt/M.

Beck, U./Giddens, A./Lash, S. (1996): Reflexive Modernisierung. Eine Kontroverse. Frankfurt/M.

Berger, S./Dore, R. (Hg.) (1996): National Diversity and Global Capitalism. Ithaca

Boyer, R./Drache, D. (Hg.) (1996): States Against Markets. London/New York

Büttner, H./Hampe, P. (1997): Die Globalisierung der Finanzmärkte. Auswirkungen auf den Standort Deutschland. Tutzinger Schriften zur Politik 4. Mainz

Cattero, B. (Hg.) (1998): Modell Deutschland – Modell Europa. Probleme, Perspektiven. Opladen

Cerny (Hg.) (1993): Finance and World Politics. Markets, Regimes and States in the Post-hegemonic Era. Aldershot

Cohen, D. (1997): Fehldiagnose Globalisierung. Die Neuverteilung des Wohlstands nach der dritten industriellen Revolution. Frankfurt/M.

Cox, K.R. (Hg.) (1997): Spaces of Globalization. New York

Cox, R.W. (1996a): Gramsci, Hegemony, and International Relations: An Essay in Method. In: Cox/Sinclair (1996), S. 124-143

Cox, R.W. (1996b): A Perspective on Globalization. In: Mittelman (1996), S. 21-30

Cox, R.W./Sinclair, Th. (Hg.) (1996): Appoaches to World Order. Cambridge

Crouch, C. (1993): Industrial Relations and European State Traditions. Oxford

Crouch, C./Streeck, W. (Hg.) (1997): Political Economy of Modern Capitalism. Mapping Convergence & Diversity. London

Dore, R. (1996): Unions Between Class and Enterprise. In: Industrielle Beziehungen 3 (2), S. 154-172

Dörre, K./Elk-Anders, R./Speidel, F. (1997): Globalisierung als Option. Internationalisierungspfade von Unternehmen, Standortpolitik und industrielle Beziehungen. In: SOFI-Mitteilungen Nr. 25. Göttingen, S. 43-70

Dörre, K. (1997): Globalisierung – eine strategische Option. Internationalisierung von Unternehmen und industrielle Beziehungen in der Bundesrepublik. In: Industrielle Beziehungen 4 (4), S. 265-290

Dunning, J. (1992): Multinational Enterprises and the Global Economy. Wokingham

Esping-Andersen, G. (1996): The Three Worlds of Welfare Capitalism. 6. Aufl. Cambridge.

Forrester, V. (1996): Der Terror der Ökonomie. München

Gerybadze, A./Meyer-Krahmer, F./Reger, G. (1996): Globales Management von Forschung und Entwicklung. Karlsruhe

Giddens, A. (1997): Jenseits von Links und Rechts. Frankfurt/M.

Giddens, A. (1998): The Third Way. The Renewal of Social Democracy. Cambridge

Härtel, H.H./Jungnickel, R. et al. (1996): Grenzüberschreitende Produktion und Strukturwandel – Globalisierung der deutschen Wirtschaft. Baden-Baden

Helleiner, E. (1994): States and the Reemergence of Global Finance. From Bretton Woods to the 1990s. Ithaca

Henwood, D. (1997): Wall Street. London

Herring, R.J./Litan, R.E. (1995): Financial Regulation in the Global Economy. Washington

Hirsch-Kreinsen, H. (1996): Globalisierung der Industrie: Strategien, Grenzen und Folgen. In: Jahrbuch Technikberichterstattung, S. 99-122

Hirst, P./Thompson, G. (1996): Globalisation in Question. Cambridge

Hobsbawm, E.J. (1995): Das Zeitalter der Extreme. Frankfurt/M.

Hyman, R. (1996): Die Geometrie des Gewerkschaftsverhaltens. Eine vergleichende Analyse von Identitäten und Idelogien. In: Industrielle Beziehungen 3 (1), S. 5-35

Hollingsworth, J.R. (1997): The Institutional Embeddedness of American Capitalism. In: Crouch/Streeck (1997), S. 133-147

Hollingsworth, J.R. (1996): Die Logik der Koordination des verarbeitenden Gewerbes in Amerika. In: Kenis, P./Schneider, V. (1996): Organisation und Netzwerk. Frankfurt/M., S. 273-312

Inagami, T. (1996): The death of the labour movement and the Japanisation of industrial relations. In: Industrielle Beziehungen 3 (2), S. 173-186

Jacobi, O. (1992): Industrielle Demokratie und intermediäre Organisationen in Europa. In: WSI-Mitteilungen 45 (12), S. 681-689

Jahrbuch für Arbeit und Technik 1996. Zukunft der Industriegesellschaft. Hg. von W. Fricke. Bonn

Jahrbuch für Arbeit und Technik 1997. Globalisierung und institutionelle Reform. Hg. von W. Fricke. Bonn

Jahrbuch Sozialwissenschaftliche Technikberichterstattung 1996. Schwerpunkt: Reorganisation. Hg. von IfS-Frankfurt/M., INIFES-Stadtbergen, ISF-München, SOFI-Göttingen. Berlin

Junne, G. (1996): Integration unter den Bedingungen von Globalisierung und Lokalisierung. In: Jachtenfuchs, M./Kohler-Koch, B. (Hg.): Europäische Integration. Opladen, S. 513-530

Kapstein, E.B. (1998): Arbeiter und die Weltwirtschaft. In: Beck (1998), S. 203-227

Kädtler, J./Hertle, H.-H. (1997): Sozialpartnerschaft und Industriepolitik: Strukturwandel im Organisationsbereich der IG Chemie, Papier, Keramik. Opladen.

Keller, B. (1997): Europäische Arbeits- und Sozialpolitik. München

Kelly, G./Kelly, D./Gamble, A. (Hg.) (1997): Stakeholder Capitalism. London

Krugman, P. (1996): Wettbewerbsfähigkeit – eine gefährliche Wahnvorstellung. In: Jahrbuch Arbeit und Technik 1996. Bonn, S. 37-49

Koch, C. (1995): Die Gier des Marktes. Die Ohnmacht des Staates im Kampf der Weltwirtschaft. Wien.

Lash, S. (1996): Reflexivität und ihre Doppelungen: Struktur, Ästhetik und Gemeinschaft. In: Beck u.a. (1996), S. 195-288

Lecher, W./Nagel, B./Platzer, H.W. (1998): Die Konstituierung Europäischer Betriebsräte. Vom Informationsforum zum Akteur. Baden-Baden

Leibfried, S./Pierson, P. (1998): Standort Europa. Europäische Sozialpolitik. Frankfurt/M.

Lipietz, A. (1998): Grün. Die Zukunft der politischen Ökologie. Wien.

Mair, A. (1997): Strategic Localization. The Myth of the Postnational Enterprise. In: Cox (1997), S. 64-88.

Marx, K. (1974): Grundrisse der Kritik der politischen Ökonomie. Berlin

Marx, K. (1978): Brief an Engels vom 8.10.1858. In: MEW 29. Berlin, S. 359-361

McGrew, A.G. (1992): Conceptualizing Global Politics. In: McGrew, A.G./Lewis, P. (Hg.): Global Politics. Globalization and the Nation-State. Cambridge, S. 1-28

Meyer-Krahmer, F./Reger, G. (1997): Die Technologiepolitik öffnet sich nur langsam globalem Denken. In: Frankfurter Rundschau vom 13.03.1997, S. 12

Mittelman, J. (Hg.) (1996): Globalization: Critical Reflections. London

Misik, R. (1997): Mythos Weltmarkt. Vom Elend des Neoliberalismus. Berlin

Müller-Jentsch, W. (1995): Auf dem Prüfstand: Das deutsche Modell industrieller Beziehungen. In: Industrielle Beziehungen 2 (1), S. 11-24

Müller-Jentsch, W. (1998): Krise oder Modernisierung der kollektiven Interessenrepräsentation? Über die Zukunft der Mitbestimmung. In: Cattero (1998), S. 139-158

Ohmae, K. (1996): Der neue Weltmarkt. Hamburg

Ohmae, K. (1994): Die neue Logik der Weltwirtschaft. Hamburg

Ortmann, G. (1995): Formen der Produktion. Opladen

Perraton, J. (1997): The Global Economy. In: Kelly u.a. (1997), S. 226-238

Perraton, J./Goldblatt, D./Held, D./McGrew, A. (1998): Die Globalisierung der Wirtschaft. In: Beck (1998), S. 134-168

Pierson, P./Leibfried, St. (1998): Mehrebenen-Politik und die Entwicklung des 'Sozialen Europa'. In: Leibfried/Pierson (1998), S. 11-57

Polanyi, K. (1977): The Great Transformation. Politische und ökonomische Ursprünge von Gesellschaften und Wirtschaftssystemen. Frankfurt/M.

Pontusson, J. (1997): Between Neo-Liberalism and The German Model: Swedish Capitalism in Transition. In: Crouch/Streeck (1997), S. 55-71

Porter, M. (1993): Nationale Wettbewerbsvorteile. Erfolgreich konkurrieren auf dem Weltmarkt. Wien

Reich, R.B. (1996): Die neue Weltwirtschaft. Frankfurt/M

Rehfeldt, U. (1998): Der Renault-Vilvoorde-Konflikt und seine Bedeutung für die europäische Gewerkschaftspolitik: In: WSI-Mitteilungen 51 (7), S. 450-458

Ruigrok, W./van Tulder, R. (1995): The Logic of International Restructuring. London/New York

Sauernheimer, K. (1997): Ursachen und Folgen der Expansion internationaler Finanzmärkte. In: Büttner/Hampe (1997), S. 69-86

Schartau, H. (1998): Von den nationalen Interessenvertretungen zur Euro-Gewerkschaft. Grenzüberschreitende Zusammenarbeit in der Tarifpolitik. In: Frankfurter Rundschau vom 08.10.1998, S. 20

Schulten, Th. (1998): Tarifpolitik unter den Bedingungen der Europäischen Währungsunion – Überlegungen zum Aufbau eines tarifpolitischen Mehr-Ebenen-Systems am Beispiel der westeuropäischen Metallindustrie. In: WSI-Mitteilungen 51 (7), S. 482-492

Sennett, R. (1998): Der flexible Mensch. Die Kultur des neuen Kapitalismus. Hamburg

Strange, S. (1997): The Future of Global Capitalism or: Will Divergence Persist Forever? In: Crouch/Streeck (1997), S. 182-192

Strange, S. (1994): States and Markets. Reprint. London

Stopford, J./Strange, S. (1995): Rival States, Rival Firms. Competition for World Market Shares. Cambridge

Streeck, W. (1997a): German Capitalism: Does it exist? Can it survive? In: Crouch/Streeck (1997), S. 33-54

Streeck, W. (1997b): Öffentliche Gewalt jenseits des Nationalstaates? Das Beispiel der Europäischen Gemeinschaft. In: Jahrbuch Arbeit und Technik (1997), S. 311-325

Streeck, W. (1998a): Globale Wirtschaft, nationale Regulierung. In: Cattero (1998), S. 13-32

Streeck, W. (1998b): Gewerkschaften zwischen Nationalstaat und Europäischer Union. In: WSI-Mitteilungen 51 (1), S. 1-14

Thurow, L. (1996): Die Zukunft des Kapitalismus. Düsseldorf

Tobin, J. (1978): A Proposal for International Monetary Reform. In: Eastern Economic Journal 4

Visser, J./Hemerijck, A. (1998): Ein holländisches Wunder? Reform des Sozialstaates und Beschäftigungswachstum in den Niederlanden. Frankfurt/M.

Wacquant, J.D. (1997): Über Amerika als verkehrte Utopie. In: Bourdieu, P.: Das Elend der Welt. Zeugnisse und Diagnosen des alltäglichen Leidens an der Gesellschaft. Konstanz, S. 169-178

Wallerstein, I. (1984): Der historische Kapitalismus. Berlin

Wellhöner, V. (1996): Wirtschaftswunder, Weltmarkt, westdeutscher Fordismus. Der Fall Volkswagen. Münster

Wortmann, M./Dörrenbächer, Ch. (1997): Multinationale Konzerne und der Standort Deutschland. In: Jahrbuch für Arbeit und Technik 1997, S. 28-42

Autoren

Reinhard Bispinck, geb. 1951, Dr. rer. pol., Diplom-Volkswirt, wissenschaftlicher Referent und Leiter des Tarifarchivs im Wirtschafts- und Sozialwissenschaftlichen Institut (WSI) in der Hans-Böckler-Stiftung, Düsseldorf.
Arbeitsschwerpunkte: Tarifpolitik, Industrielle Beziehungen, Sozialpolitik.

Wolfgang Brandes, geb. 1942, Dr. rer. pol., Diplom-Volkswirt, wissenschaftlicher Angestellter am Fachbereich Wirtschaftswissenschaften der Universität/Gesamthochschule Paderborn.
Arbeitsschwerpunkte: Arbeitsökonomik, Mikroökonomik.

Wolf-Matthias Braun, geb. 1966, Diplom-Kaufmann, Doktorand am Institut für Soziologie an der Universität Heidelberg.
Arbeitsschwerpunkte: Industrielle Beziehungen, Managementsoziologie.

Klaus Dörre, geb. 1957, Dr. phil., Diplom-Politologe, wissenschaftlicher Mitarbeiter am Institut für Soziologie der Universität Jena.
Arbeitsschwerpunkte: Globalisierung, Industrielle Beziehungen, Managementsoziologie, Jugend.

Paul K. Edwards, geb. 1952, B.A., PhD., Professor of Industrial Relations und Direktor der Industrial Relations Research Unit an der University of Warwick/Großbritannien.

Rainer Fretschner, geb. 1970, Student der Sozialwissenschaft an der Ruhr-Universität Bochum, Mitarbeiter am Institut Arbeit und Technik (IAT), Gelsenkirchen.

Fred Henneberger, geb. 1961, Dr. rer. soc., Diplom-Volkswirt und Diplom-Verwaltungswissenschaftler, wissenschaftlicher Mitarbeiter am Forschungsinstitut für Arbeit und Arbeitsrecht der Universität St. Gallen.
Arbeitsschwerpunkte: Arbeitsmarkt des öffentlichen Sektors, Direktinvestitionen.

Josef Hilbert, geb. 1954, Dr. soz. wiss., Diplom-Soziologe, Leiter der Abteilung Dienstleistungssysteme am Institut Arbeit und Technik (IAT) Gelsenkirchen.
Arbeitsschwerpunkte: Dienstleistungssektor, Modernisierung in der Sozial- und Gesundheitswirtschaft, Klein- und Mittelbetriebe.

Berndt Keller, geb. 1946, Dr. rer. soc., Diplom-Sozialwissenschaftler, Professor für Arbeits- und Sozialpolitik an der Universität Konstanz.
Arbeitsschwerpunkte: Arbeitspolitik und Arbeitsmarkt, Arbeitsbeziehungen des öffentlichen Sektors, Europäische Arbeits- und Sozialpolitik.

Heiner Minssen, geb.1951, Dr. rer. soc., Diplom-Soziologe, Professor für Arbeitsorganisation und Arbeitsgestaltung am Institut für Arbeitswissenschaft der Ruhr-Universität Bochum.
Arbeitsschwerpunkte: Organisationstheorie und Betriebssoziologie, Beratungsaktivitäten insbesondere bei Einführung von Gruppenarbeit.

Walther Müller-Jentsch, geb. 1935, Dr. rer. pol., Diplom-Soziologie, Professor für Soziologie (Lehrstuhl Mitbestimmung und Organisation) an der Ruhr-Universität Bochum.
Arbeitsschwerpunkte: Industrielle Beziehungen, Organisations- und Wirtschaftssoziologie, Soziologie der Kunst.

Ralf Rogowski, geb. 1953, Dr. jur., LL.M., Senior Lecturer in Law an der University of Warwick/Großbritannien.
Arbeitsschwerpunkte: Arbeitsrecht, Europarecht, Industrielle Beziehungen, Rechtssoziologie und Rechtsvergleich.

Rudi Schmidt, geb. 1939, Dr. rer. pol., Staatsexamen in Germanistik und Geschichte, Professor für Arbeits-, Industrie- und Wirtschaftssoziologie an der Universität Jena.
Arbeitsschwerpunkte: Transformationsforschung, Industrielle Beziehungen, Managementsoziologie, Rationalisierungsforschung,

Thorsten Schulten, geb.1966, Diplom-Politologe, wissenschaftlicher Projektmitarbeiter im Wirtschafts- und Sozialwissenschaftlichen Institut in der Hans-Böckler-Stiftung, Düsseldorf.
Arbeitsschwerpunkte: Europäische Tarifpolitik, Industrielle Beziehungen.

Hans Joachim Sperling, geb. 1945, Dr. soc. oec., Diplom-Soziologe, wissenschaftlicher Mitarbeiter am Soziologischen Forschungsinstitut (SOFI), Göttingen.
Arbeitsschwerpunkte: Unternehmensreorganisation und Internationalisierung der industriellen Beziehungen.

Jörg Sydow, geb. 1955, Dr. rer. pol., Diplom-Kaufmann, M.Sc., Professor für Betriebswirtschaftslehre an der Freien Universität Berlin.
Arbeitsschwerpunkte: Strategische Unternehmungskooperation, Vernetzung von Dienstleistungs- und Medienunternehmungen, Management- und Organisationstheorie, Industrielle Beziehungen.

Franz Traxler, geb. 1958, Dr. soc. oec., Magister soc. oec., Professor für Wirtschaftssoziologie an der Universität Wien.
Arbeitsschwerpunkte: Industrielle Beziehungen im internationalen Vergleich, Organisations- und Wirtschaftssoziologie, Politische Soziologie.

Rainer Trinczek, geb. 1958, Dr. phil., Staatsexamen in Englischer Philologie und Sozialkunde, Professor für Soziologie an der Universität München.
Arbeitsschwerpunkte: Industrielle Beziehungen, Arbeitszeit- und Rationalisierungsforschung.

Peter Weise, geb. 1941, Dr. rer. pol., Diplom-Volkswirt, Professor für Wirtschaftswissenschaft mit sozialwissenschaftlicher Ausrichtung an der Universität/Gesamthochschule Kassel.
Arbeitsschwerpunkte: Mikroökonomik, Arbeitsmarkttheorie, Evolutorische Ökonomik, Institutionenökonomik.

Hansjörg Weitbrecht, geb. 1938, Dr. phil., M.A., Diplom-Kaufmann, Honorar-Professor am Institut für Soziologie der Universität Heidelberg.
Arbeitsschwerpunkte: Industrielle Beziehungen, Organisationssoziologie, Human Resource Management.

Carsten Wirth, geb. 1966, Dr. rer. pol., Diplom-Volkswirt, wissenschaftlicher Mitarbeiter in einem DFG-Forschungsprojekt über Unternehmensnetzwerke in der Medienindustrie an der Freien Univerisät Berlin.
Arbeitsschwerpunkte: Unternehmungsvernetzung, Industrielle Beziehungen, Dienstleistungsarbeit.

SCHRIFTENREIHE INDUSTRIELLE BEZIEHUNGEN
herausgegeben von Walther Müller-Jentsch

Walther Müller-Jentsch (Hg.):
Konfliktpartnerschaft. Akteure und Institutionen der industriellen Beziehungen
Band 1, ISBN 3-87988-358-0, 3., überarbeitete und erweiterte Auflage, 1999, 327 S., DM 54.20

Josef Hilbert, Hans Joachim Sperling:
Die kleine Fabrik. Beschäftigung, Technik und Arbeitsbeziehungen
Band 2, ISBN 3-87988-057-3, 2. Aufl., München u. Mering 1993, 207 S., DM 36.80

Joachim Bergmann: **Rationalisierungsdynamik und Betriebsgemeinschaft.
Die Rolle der japanischen Betriebsgewerkschaften**
Band 3, ISBN 3-87988-002-6, Rainer Hampp Verlag, 1990, 96 S., DM 26.80

Ralf Greifenstein, Peter Jansen, Leo Kißler: **Gemanagte Partizipation.
Qualitätszirkel in der deutschen und der französischen Automobilindustrie**
Band 4, ISBN 3-87988-061-1, Rainer Hampp Verlag, München u. Mering 1993, 364 S., DM 52.80

Walther Müller-Jentsch (Hg.): **Profitable Ethik – effiziente Kultur.
Neue Sinnstiftungen durch das Management?**
Band 5, ISBN 3-87988-048-4, Rainer Hampp Verlag, München u. Mering, 1993, 268 S., DM 46.80

Reinhard Bahnmüller, Reinhard Bispinck, Werner Schmidt: **Betriebliche Weiterbildung und Tarifvertrag. Eine Studie über Probleme qualitativer Tarifpolitik in der Metallindustrie**
Band 6, ISBN 3-87988-066-2, Rainer Hampp Verlag, München u. Mering 1993, 295 S., DM 46.80

Michael Faust, Peter Jauch, Karin Brünnecke, Christoph Deutschmann:
**Dezentralisierung von Unternehmen.
Bürokratie- und Hierarchieabbau und die Rolle betrieblicher Arbeitspolitik**
Band 7, ISBN-87988-123-5, 2. verb. Aufl., München u. Mering 1995, 217 S., DM 39.80

Hermann Kotthoff: **Betriebsräte und Bürgerstatus.
Wandel und Kontinuität betrieblicher Mitbestimmung**
Band 8, ISBN 3-87988-095-6, Rainer Hampp Verlag, München u. Mering 1994, 347 S., DM 49.80

Thomas Breisig: **Betriebliche Konfliktregulierung durch Beschwerdeverfahren in Deutschland und in den USA**
Band 9, ISBN 3-87988-185-5, Rainer Hampp Verlag, München u. Mering 1996, 339 S., DM 49.80

Stephan Voswinkel, Stefan Lücking, Ingo Bode: **Im Schatten des Fordismus. Industrielle Beziehungen in der Bauwirtschaft und im Gastgewerbe Deutschlands und Frankreichs**
Band 10, ISBN 3-87988-193-6, Rainer Hampp Verlag, München u. Mering 1996, 341 S., DM 49.80

Aida Bosch: **Vom Interessenkonflikt zur Kultur der Rationalität.
Neue Verhandlungsbeziehungen zwischen Management und Betriebsrat**
Band 11, ISBN 3-87988-195-2, Rainer Hampp Verlag, München u. Mering 1997, 218 S., DM 46.80

Walther Müller-Jentsch, Hans-Joachim Sperling, Irmgard Weyrather: **Neue Technologien in der Verhandlungsarena. Schweden, Großbritannien und Deutschland im Vergleich**
Band 12, ISBN 3-87988-257-6, Rainer Hampp Verlag, München u. Mering 1997, 261 S., DM 49.80

Jörg Rosdücher: **Arbeitsplatzsicherheit durch Tarifvertrag.
Strategien - Konzepte - Vereinbarungen**
Band 13, ISBN 3-87988-258-4, Rainer Hampp Verlag, München u. Mering 1997, 288 S., DM 49.80

Bernd Sörries: **Europäisierung der Arbeitsbeziehungen.
Der *Soziale Dialog* und seine Akteure**
Band 14, ISBN 3-87988-341-6, Rainer Hampp Verlag, München u. Mering 1999, 253 S., DM 48.30